中国社会学年鉴
2003～2006

CHINA YEAR-BOOK OF
SOCIOLOGY

中国社会科学院社会学研究所　编

社会科学文献出版社
SOCIAL SCIENCES ACADEMIC PRESS (CHINA)

编辑委员会

当代中国的社会学研究与社会建设（代序）

朱佳木*

中国的社会学研究基础原本比较薄弱，加上中华人民共和国成立初期存在用马克思主义研究代替社会学研究的错误认识，因此发展十分缓慢，甚至一度停顿，直到1979年中共十一届三中全会之后才得以恢复。那时，中共中央批准成立了全国的社会学研究会；中国社会科学院率先设立了社会学研究所，并举办了两期讲习班，培养了一批社会学的研究骨干，编写了《社会学概论》等教材。与此同时，一些大学陆续建立了社会学系、所，招收社会学专业的研究生，有的还开办了社会学的专业班。到目前为止，中国的社会学研究机构已有50多个，社会学的分支学科有40多个；大学里的社会学系和专业有80多个，社会工作系和专业有200多个，专任教师约4000人，在校本科生和专科生约4万人；社会学学科的硕士授予点有115个，博士授予点（含人类学）有25个。这些数字表明，中国的社会学研究与教学在近30年里得到了十分迅猛的发展。当然，如果按所占人口比重来统计，这些数字与发达国家相比还是有很大差距的。

中国历史上长期处于封建社会和农业社会，加上近代以来遭受帝国主义侵略和封建势力对社会进步的顽固抵抗，因此战争连绵不断，人民流离失所，根本谈不上社会建设。中华人民共和国成立后，中国共产党和人民政府给无地和少地的农民分配了土地，镇压了残害人民、扰乱治安的土匪、恶霸、反动会道门头子，废除了工厂企业中的封建把头制度，确立了各民族一律平等和保障少数民族自治权利的原则，实行了男女平等、婚姻自由、一夫一妻和

* 作者为中国社会科学院副院长。

保护妇女儿童合法权益的制度，取缔了卖淫嫖娼、贩毒吸毒、聚众赌博等在旧中国绵延几千年的丑恶行为，并进而消灭了人剥削人、人压迫人的制度，使整个社会呈现出欣欣向荣、团结祥和的气氛。但是，由于一度过分强调阶级斗争，也使社会建设事业受到一定程度的延误，而且造成了社会关系的人为紧张。

20 世纪 70 年代末以来，中国实行以经济建设为中心的总方针和改革开放的总政策，社会政策得到了相应调整，社会建设也受到越来越大的重视。特别需要指出的是，由于经济的高速增长，社会建设有了比过去更为雄厚的物质基础。但随着工业化、城镇化、市场化、国际化的深入发展，以及多种所有制经济和多种分配方式的存在，社会结构和利益格局出现深刻变动和调整，社会经济成分、组织形式、就业方式、利益关系日益多样化，人们思想活动的独立性、选择性、多变性、差异性明显增强，从而使社会出现一些新的矛盾和问题。例如，城乡、区域、经济与社会发展的不平衡，人口资源环境压力的增大，就业、社会保障、收入分配、教育、医疗、住房、安全生产、社会治安等方面问题的突出，等等。正是针对这一趋势，中共中央在进入 21 世纪之初便及时提出了科学发展观的新理念和构建社会主义和谐社会的战略任务。所谓科学发展观，就是要以人为本，统筹城乡发展、区域发展、经济社会发展、人与自然和谐发展、国内发展和对外开放之间的关系，以便使经济社会全面协调可持续地发展。所谓构建社会主义和谐社会，其中既包括“大社会”的和谐，也包括“小社会”的和谐。“大社会”的和谐，要求经济建设、政治建设、文化建设、社会建设协调发展；而“小社会”的和谐，要求把解决人民群众最关心、最直接、最现实的利益问题作为重点，着力发展社会事业，促进社会公平正义，完善社会管理，增强社会创造活力，走共同富裕道路。

单从“小社会”的概念看，构建社会主义和谐社会与社会学意义上的社会建设之间，具有许多相同或相似的地方。例如，当前在中国，构建社会主义和谐社会要求推进使农村经济发展、生活富裕、管理民主、乡风文明、村容整洁的新农村建设；实施积极的就业政策，维护劳动者特别是农民工的合法权益；免除义务教育的学杂费，完善高等教育和高中阶段国家奖学金、助学金制度；坚持公共医疗卫生的公益性质，建设覆盖城乡居民的基本卫生保健制度；提高低收入者的收入水平，扩大中等收入者比重，调节过高收入，取缔非法收入；建立覆盖城乡居民的社会保障体系，实行基本养老金基础部分的全国统筹，建立城镇居民医疗保险和新型农村合作医疗；完善法律制度，尊重和保障人权，依法保证公民权利和自由；加强司法民主建设，健全公开审判、人民陪审员和人民监督员等制度；推行政务公开，增加政府公信力；

健全新型社区管理和服务体制，开展社区群众自助和互助服务，实现政府行政管理和社区自我管理的衔接；发挥行业协会、学会、商会等社会团体的社会功能，引导各类社会组织加强自身建设，提高自律性和诚信度；拓宽社情民意表达渠道，统筹兼顾各方面群众关切的问题，建立党和政府主导的维护群众权益的机制，实现人民调解、行政调解、司法调解的结合，把矛盾化解在基层，解决在萌芽状态；建立健全应急管理体制，提高危机管理和抗风险能力；加强社会治安的综合治理，增强人民群众的安全感；等等。显然，这些也都是社会建设的内容，是社会学领域的专家、管理者需要研究的问题。

胡锦涛总书记在刚刚闭幕的中国共产党第十七次代表大会上，再次重申要在科学发展观的指导下，积极构建社会主义和谐社会；进一步强调要把社会建设摆在更加突出的位置，与广大人民群众的切身利益紧密相连，使经济发展成果更多地体现到改善民生上。这为社会学领域的工作者提出了新的更为紧迫的任务；同时，也为社会学提供了新的更大的发展机遇和空间，可以说迎来了社会学学者的春天。目前，中国虽然有近万名社会学研究与教学人员，但研究员和教授却只有500人左右。虽然有40多万城市社区居委会工作者和不少于200万的农村乡镇及村一级从事社会工作的人员，还有已在民政部门登记的39万个社会组织（据说未注册的约有300万个），但其中学习过社会学课程的可以说寥寥无几，从社会学专业毕业的人恐怕为数更少。面对构建社会主义和谐社会的新形势新任务，中国的社会学研究和教育无疑需要得到更大更快的发展，其中包括进一步加强与国外社会学界的交流与合作，学习和借鉴国外社会学领域的专家和管理者进行补充教育和提高技能的新方法、新机制。

当前对我们国家来讲，是一个重要的战略机遇期。时代赋予了社会学工作者艰巨而光荣的使命，社会学工作者要有一种责任感和紧迫感，积极投入到中国改革开放的伟大实践中去，深入实际调查研究，抓住社会发展中的重大现实问题和理论问题，积极开展和谐社会理论的研究，加快推进以改善民生为重点的社会建设，促进社会事业健康发展，为解决好我国在快速经济发展和社会变迁中出现的各种社会问题，落实科学发展观和构建社会主义和谐社会的重大战略思想，做出社会学工作者应有的贡献。

前言

李培林

这是中国社会学研究所编的第六本社会学年鉴了。在此之前的五本年鉴，涵盖了改革开放和社会学恢复以来1979~1989年、1989~1993年、1992~1995年、1995~1998年、1999~2002年五个时间段，除了第一本年鉴记录了社会学十年的发展历程，其他的几卷一般是涵盖4年时间。这次的第六本社会学年鉴，沿用了这种惯例，时间跨度涵盖了2003~2006年。

什么是年鉴？年鉴的作用是什么？按照中国人的一般理解和习惯做法，年鉴就是一种资料性工具书，是把某个领域中一年内的进展情况、文献资料、重大事件、统计资料等分门别类地编纂起来，以便于人们了解事物发展的现状和趋势。从这个意义上说，我们所编的社会学年鉴，还不是一种严格意义上的"年鉴"，因为我们是数年编一本，而不是一年一本，这大概也反映了社会学作为一门正在恢复成长的学科的特点。

编年鉴在我国具有非常久远的历史。成书于14世纪40年代的《宋史·艺文志》中就有《年鉴》一卷，可是已经失传。如果从那时算起，我国年鉴就已有600多年的历史。

中华人民共和国成立以前，我国曾陆续出版过一些综合性年鉴，如《中国年鉴》、《世界年鉴》、《申报年鉴》等，较早的专业性年鉴是《中国经济年鉴》和《中国电影年鉴》。《中国年鉴》1924年由商务印书馆出版，这可能是我国当代最早的一部现代意义上的综合性年鉴。

改革开放以后，1980年首先出版的是《中国百科年鉴》、《中国出版年鉴》和《世界经济年鉴》等。1981年后出现了"年鉴热"，各种年鉴纷纷出台，如百科年鉴、统计年鉴、经济年鉴、历史年鉴、文艺年鉴、出版年鉴，等等。

年鉴这种编书体例并非中国所独有，在西方英文里叫做 year-book。但 year-book 的内涵比“年鉴”更加宽泛，是年鉴和年刊的一种统称。所以西方的一些专业学术年鉴，并非只是资料工具书，而是汇集一个学科一年中的代表性学术文章、书籍评论、思潮介绍等，实际上是一种学术年刊，更具有学术研究的意义。

而且，历史上还有一个以“年鉴”命名的学派。1929 年，法国史学家费弗尔（Lucien Febvre）、布洛赫（Marc Bloch）等人创办了一份后来被通称为《年鉴》（Annales）的学刊，围绕这个刊物所聚集起的一批史学家，被称为“年鉴学派”。其中心人物除了费弗尔、布洛赫外，还有布罗代尔（Fernand Braudel）等众多学者。年鉴学派不仅形成了年鉴史学传统，而且对很多学科都产生了深远的影响。年鉴学派有三大主导理念：第一是用以问题导向的分析史学取代传统的事件叙述；第二是以人类活动的整体的历史取代以政治为主体的历史；第三是实行跨学科研究，使史学与地理学、社会学、心理学、经济学、语言学、社会人类学等学科密切结合。年鉴学派对社会学也产生了重大影响，社会学对社会史研究的重视以及对社会史研究方法的改进，与年鉴学派的影响有密切关系。社会史的研究从此也不再仅仅关注历史事实发生了什么变化，而且更加关注对现象背后意义的解读和阐释。

结合中外的年鉴体例，我们可以看到，专业学科年鉴实际上有两个功能，一是资料咨询，二是学术思想探讨。

在上一本年鉴中，也就是 1999 ~ 2002 年社会学年鉴中，我们曾力图实现一种体例转变，即增加社会学年鉴的学术思想探讨意义，所以增加了一个栏目，是优秀学术论文选编。何以界定优秀呢？当时有一个契机，就是 2002 年《社会学研究》杂志举办的创刊百期优秀论文评选活动，那次评选专门成立了评委会，按照规范程序实行学术规避制度，经过三轮投票，选出 31 篇优秀论文，又按照年鉴时间要求，从中选出 1999 ~ 2002 年发表的 20 篇论文编入社会学年鉴。尽管这种编选办法没有涵盖在《社会学研究》杂志以外其他杂志发表的优秀文章，但毕竟是依据一种规范程序编选的。

这次第六本社会学年鉴，在这方面产生了难题，即如何筛选优秀论文？我们不可能再专门成立评委会，财力和时间都不允许。社会学年鉴又不是同仁年刊，需要反映学界的发展和共识，而且现在社会学发展很快，每年在各种刊物上发表的社会学文章浩如云海，大海拾贝极为困难。何况，中国社会科学院社会学研究所近若干年来一直在编选《中国社会学》，是专门编选优秀论文的辑刊。每年的中国社会学会年会，也把每年评选出的优秀会议论文结集出版。鉴于此，这次社会学年鉴取消了论文选编的栏目，大量增加了社会学分支学科的学术综述和社会学研究专题的学术综述，我们希望这种改变在不降低年鉴学术含量的同时，能够提供更丰富的学术信息。社会学年鉴的其他栏目，这次也都有了进一步的完善。

这本年鉴记载的2002～2006年时期，对于中国社会学的发展来说，是一个很不平凡的时期。在这个时期，中央提出了科学发展观和构建社会主义和谐社会的重大战略思想，极大地推动了社会学在中国的发展，社会学迎来了发展的春天和前所未有的机遇。社会学“热”了，也更加需要“冷”思考。当前社会学的发展，我个人认为需要特别注意处理好以下几个关系：

第一，学术积累和政策研究的关系。随着社会的快速发展，社会学的社会需求也快速增加，很多重大的现实社会问题等待社会学者的回答，政府也希望社会学能够发挥智囊团和思想库的作用，为解决各种社会问题提出政策建议，为解决一些中长期的战略问题提出设想。同时社会变化很快，很多新的问题、新的趋势需要社会学者去调查研究、思考分析。在这些方面，社会学必须承担起自己的社会责任。费孝通先生曾说，“为了中国”是他一生的追求，我们要学习这种精神。但是学术发展也有它自身的规律，必须注意学术积累，每个研究领域，都需要把已有的优秀研究成果积累起来，把理论综述完善起来，把参考文献规范系统化，努力减少重复劳动，提高学术质量。社会学必须关注和研究中国改革和发展的重要领域中的重大问题，对现实问题的研究要更有深度、更侧重于中长期的考虑，要具有独立的学术视角和长远眼光。

第二，理论研究和经验研究的关系。理论研究和经验研究在实践上是很难截然分开的，任何著名的社会学理论，都有其应用和解释价值，任何专门的经验研究也都有它的理论框架和假设。理论不仅仅是指通常由社会学史和社会学概论所涵盖的已有的体系，而且也包括各种针对研究难题而提出的命题和假设，包括与这些命题和假设相呼应的方法论预设。而且，多数社会学理论命题和法则的形成或破除，不是通过逻辑演绎的方式（当然，社会学的理论也必须是逻辑严密的），而是通过经验验证（或验误）的方式实现的。中国社会学自己的理论也必须从对“中国经验”的解释中形成。同样，任何经验研究也必须有理论指导和理论假设，偏重于资料，甚至认为“社会学就是调查”，这是社会学学术发展和学科建设的巨大障碍，同时如果认为理论高于经验，甚至认为理论可以脱离经验来完成，也是极为有害的。社会学毕竟是一门经验性的和应用性很强的学科，社会学、经济学和政治学在国际上被称为三大经验学科。

第三，定量研究和定性研究的关系。从方法上讲，在定量研究和定性研究之间，并不存在高低优劣之分。某种研究方法的选用，无论是基于抽样调查数据的统计分析，还是基于个别访谈和案例的类型分析，抑或是文献分析或人类学的参与观察，都是针对特定的研究对象的。所以，问题不在于使用了什么方法，而在于是否正确地选用并正确地掌握了研究方法，在于是否懂得哪类问题应当使用哪类方法和怎样使用它们。否则，定性方法会被简单化为一般性的访谈和描述，定量方法会被空洞化为数字游戏，社会学的实地调查也会被简化为开几个座谈会，再走走看看。

我们希望这次年鉴的编选能够真实反映社会学的进展，也希望大家多提宝贵意见以便今后进一步完善。此次年鉴内容的撰写和编辑，得到社会学界众多学者的大力支持，特别是撰写学术综述，是一件费力、费心而且需要信息完备、独具学术眼光的工作。年鉴的日常工作的统筹协调由年鉴副主编汪小熙主持，张宛丽和罗琳负责“学术综述”的征稿和编辑工作，刘志平负责“论著论文题录”，张志敏负责“社会学界重大活动”、“社会学大事记”和“社会学界重大课题介绍”，高鸽负责“社会学博士点情况介绍”以及“全国社会科学院系统机构目录”、“全国社会学会机构目录”，杨可负责“全国社会学教学机构目录”。社会科学文献出版社社长谢寿光，总编辑助理范广伟，责任编辑崔岩、谢蕊芬，对本书的出版给予了大力支持。对于上述各位的支持、帮助和贡献，我在此代表编委会表示真挚的谢意。

目　录

一　学术综述

二　论著论文题录

一　学术综述

社会理论学科发展报告

张旅平

社会学的产生是与传统社会的解体和现代社会的形成分不开的。因此，现代性或现代文明的问题始终是社会理论关注的重点。最近几年，随着中国社会的迅速变迁，社会理论越发把更多的目光投向非西方社会，尤其是中国社会的现代性问题，其中主要是关注现代性或者说现代文明传播到东方以后引起的变异问题。这大体包括“多元的现代性”问题、对韦伯有关理论的再认识以及文化的冲突与共生问题。

一　多元的现代性：对非西方现代性的再认识

现代性首先产生于西方。作为社会理论的一个分析范畴，它是指源于欧洲罗马法复兴、文艺复兴和宗教改革，在启蒙运动和产业革命后臻于成型的社会变迁现象。对于这种现象，社会理论界的讨论和争论持续不断。为了便于对这个问题的探讨有更深入的认识，我们有必要简略回顾社会理论有关基本共识。

首先，现代性的形成与发展是一个漫长的历史动态过程。现代性首先发端于西欧，然后向北美等世界其他地区扩散，直至全球几乎每一个角落，至今已有三四百年的历史。在这个过程中，作为一种文明形态，其在某些地区，如欧美，已逐渐趋于成熟并“定形化”（crystallization，或译结晶化）（Eisenstadt，2001），也就是说，从社会—文化进化的角度看，现代文明在这些地区正进入发展的相对“高台区”（文化在自我发展的单线脉络上趋于阶段性的尽头，“历史的终结”论是这种趋势的一种反映）；而在另一些地区（非西方）现代文明则处在变迁—形成或加速变迁—形成阶段。这两个阶段存在共性，也有重大区别。

其次，现代性不仅是一种文明，而且是一种新型文明，它虽然滥觞于以往的社会历史，从传统社会演变而来，但又有自身的独特性。这种文明是史无前例的。其独特性凸显出现代性文明与以往社会文明的本质区别。也就是说，现代性与以往社会虽有联系，但更侧重历史的非连续性。异质性远大于同质性，这就是为什么英国社会理论家吉登斯把现代性看做是社会变迁过程中的“断裂”（discontinuities）现象的根本所在（Giddens，1990）。吉登斯认为，现代性的断裂性问题“未受到完全重视”，现代性与传统之间尽管存在延续性，两者都不是凭空虚构出来的，“但是过去三至四个世纪以来出现的巨大转变如此剧烈，其影响又是如此广泛而深远，以至于当我们试图从这个转变以前的知识中去理解它们时，发现我们只能得到十分有限的帮助。”（吉登斯，2000：4）

再次，现代性作为新兴的人类生存和生活方式，在向全球扩展中，逐步孕育出带有普遍性和世界意义的社会结构、制度框架和符号系统的发展趋向，如社会的理性化、结构分化、工业化（信息化）、世俗化、都市化、民主化，等等。

这反映出现代性或现代文明是有非常多的共性特征的。从这个意义上讲，现代性不仅是一种新型的文明，而且还是人类共享的文明，亦即它是一种具有世界意义的普遍主义原则的文明。全球化是这一原则不断拓展的结果和反映。人类进化的历史表明，进化是有相对阶段的趋同性的，如古代早期城市文明或农业文明的创生和传播，其中都隐含着进化的主线。自16世纪到目前为止人类社会进化也同样具有明晰的主线，这个主线就是不断拓展着的现代性。现代性产生以后，世界仍然存在着种种人类社会进化的路线或潜能；这是因为存在许多不同的进化之源，但能够构成主线的，到目前为止唯有现代性。后现代性不过是现代性的进一步延伸、变种，是对现代性反思的产物，或现代性的“激进化”、“激烈形式”（S. 贝斯特、D. 科尔纳，2002：31）。尽管历史的发展有反复，现代性的演进不时地遭受挫折，但它还是不断地在全球各地顽强地成长和表现出来。

现代性是一种多少具有普遍主义（或普世性）的文明。在东方，如日本，出现相对成熟的现代性（实现现代化）以前，由于西方是现代性的发源地，在一段时期内又是唯一具有现代性的地区，因此，西方现代性的特征和现代化的模式当时便成为唯一的参照系，现代性几乎被认为等同于西方性（不仅西方这样认为，非西方也是如此，甚至马克思主义经典作家似乎亦同），发展就是沿袭西方之路，“脱亚入欧”或“全盘西化”是其极端的反映。它在理论上的表现便是“现代化理论”。这种状况和社会理论的认识只是在东方（尤其是东亚）部分国家和地区的现代化逐步获得成功，才被打破和改观的。东方部分国家和地区现代化的成功向世界发出了一个明确的信息：现代性不是西方的专利，西方现代文明只是现代性的一种形式，除此之外，世界还存在许多不同形式的现代性文明。作为一种全球的框架，现代性是一种共享的文明、“抽象的文明”、“世界文明”或“超文明”（Super-civilization）（F. 布罗代尔，1997：164～167），而包括西方在内的许多现代文明不过是这类文明的亚形态。

如此，国际社会理论界便引生出“多元的现代性”或“现代性的多元性”的概念，并从20世纪70年代开始不断给予讨论。其中，较早、最著名和最有影响的当属以色列学者艾森斯塔德的观点（参见艾森斯塔德，2006：导言）。由于身处几种文化碰撞和交融的中东地区，艾森斯塔德能够较早敏感地认识到这个问题。他认为，现代性演进的这种状况的出现，从根本上讲，是与世界诸社会文化差异密切相关的。人类生存的这个世界是由许多文明圈组成的体系。每个文明，尤其是主要文明，尽管发展过程和时间不同，但都有自己的“轴心时代”（Axial age），[①] 主要指公元前500年前后发生在世界诸地区高度文明中的一系列智识变革或文化转型时期（对人类发展至今仍具有直接而深远影响的伟大宗教、哲学和文明产生或重构的时期），如地中海（近东）地区、印度次大陆和东亚地区一系列智识变革或转型时期。当然，推而广之，它还应该包括已经死亡的古希腊和古罗马文明的形成时期。也就是说，轴心时代是指主要的古老而伟大文明的核心价值定型化时期。因此这个时期的文明也叫做轴心时代的文明。当代社会理论家把这个概念的重点放在“轴心”二字上，其意义是说不管一个伟大的文明如何演化或发展，她都在本质上无法完全脱离自己轴心时代的文化核心内容，即使自身最初定型化的那些东西。例如，西亚近东地区解释性的文化框架聚焦在宗教文本上（犹太教、基督教、伊斯兰教），后来的伊斯兰教文明是其突出的体现（犹太教文明遭到破坏、压制和离散，基督教在形成大文明之前西迁了）；印度次大陆文明在“文化的文学文本”（cultural literary texts）上；东亚儒教（儒学）地区，尤其是中华文明在政治—规范的符码或典章（即“礼”）上；古希腊在理性和哲理思考上；古罗马在法理上（再后，同理，现代西方文明，如雅斯贝尔斯认为的，更多聚焦在科学理性上，即从文艺复兴经宗教改革到启蒙运动的理性文化上，或更多地在工具理性上）。不管文明怎样发展，这些轴心的文化因素始终在或隐或现地发挥着深远而重大的影响。

国内（大陆）社会理论界对于现代性的多元性问题的最近一轮关注是从20世纪90年代开始的，主要源于东亚“四小龙”崛起的刺激，以及国际对东亚现代性问题的讨论和韦伯、艾森斯塔德等人著作的影响。近几年（2003年以来），随着中国大陆经济快速发展，社会急剧变迁，国际地位和影响力大幅度提升，文化自我肯定和声张的力度加大，对于东亚，尤其是中国现代性问题的讨论又一次成了社会理论关注的焦点。人们越发从轴心文明或文化的角度探讨非西方和中国的现代性问题，以变异的中国传统文化的视角和近年社会变迁的现实为基础对多元的现代性问题进行解释。强调文化与现代性的关系，以及文化对现代性在传播中发生变异的影响，是这次讨论的重点。夏光的《东亚现代性与西方现代性：从文化的角度看》（2005）一书的阐述具有较大的代表性。

这种讨论再次对现代化理论提出质疑，明确指出传统/现代性的两分法，现代性这样一个公式在东亚或中国是不太适合的，因为这样一个西方社会学的核心假定也是现代西方社会理论的核心范畴和基本信条，其是在西方社会变迁的背景下形成的，是在抽离掉文化因素的情况下向非西方世界传播和扩散的，它无法解释东亚，尤其是中国（大陆）的现实，不能说明东亚崛起是传统与现代性、东方（东亚）文化与西方文化以及在地性与全球性之整合的“社会事实”（东亚的现代化不是在根本否定传统的基础上发展起来的，恰恰相反，而是利用传统发展起来的，“后儒学价值”成为发展的不可或缺的因素）。这种两分法或这一对范畴尽管有其合理性——在没有其他参照系统的情况下为人们提供了思考范式，也部分反映了一定的社会现实（尤其是西方的现实），但毕竟是以一种一元的单线发展模式思考现代性问题，本质上是西方中心论的反映。如果夸大或不加修正地对这种模式加以使用，便会把非西方的现代化过程看成是西方现代化的复本，在实践上

① 轴心时代这个概念是由德国学者雅斯贝尔斯（K. Jaspers，1953）首先提出来的，以后艾森斯塔德等人对此又加以完善和解释［参见 Eisenstadt，S. N.（ed.），1986］。

是成问题的。具有不同的轴心时代文化的非西方国家是很难按照这种理论去进行现代化建设的。第二次世界大战后，以帕森斯理论为基础的现代化理论之所以不断受到质疑，其原因也在于此。实际上，西方在现代化过程中既没有也不可能完全消灭传统。西方现代性基本上是在融合部分古希腊—罗马文化、基督教文化和日耳曼文化传统的基础上形成和发展起来的，它首先是一种地方文化或文明。也就是说，西方现代性因素是在一种或几种地方文化的基础上发展出来的，具有很大的特殊性，它虽然因其强大的功效有扩张和传播的功能，但它“既不是柏拉图所说的超越于任何特殊性的普遍理念，也不是康德所说的其自身就具有普遍有效性的先天形式和先天范畴。这些因素都是在特殊传统中发明出来的，或者说它们是被发明的传统；要使现代性计划切实可行，就必须使这些因素地方化——无论是在西方还是在任何别的地方。也就是说，现代性（无论是西方还是非西方的）是一个双向的过程：它是传统与后传统之间的互动，也是全球化和地方化之间的平衡。正是在这一复杂的过程中有可能出现部分不同而部分重叠的多种现代性模式。其结果是，现代性在全世界的进程既是单一的又是杂多的，而不同的现代性模式彼此相似又互有差异”（夏光，2005：18）。随着东亚，尤其是近几年中国现代化的兴起，社会理论者越发认识到，对现代性问题应给予多样性或多元性的理解，确认它是统一性与多样性的矛盾体。

如果说日本和东亚“四小龙”现代化的成功，使得人们对现代性具有多元或多样性的特点只具有模糊、浅显和初步的认识，那么随着中国现代化的日益发展和向成功方向迈进，现代性的多元性的观念越发确立起来了。在此我们看到，理解这种多元或多样性的关键因素是引入文化的视角。因为文化是多元的（从轴心文明角度看更是如此），现代性不可避免地呈现出多元性。从文化上理解和解释社会发展，近现代著名的见于孟德斯鸠、韦伯、斯宾格勒、汤因比等人的观点，虽然他们的观点也谈及非西方文明和文化的作用，但都或明或暗地带有浓厚的西方中心的思想。艾森斯塔德虽然提出了多元的现代性的概念，但他的理论只是对现代化理论的修正，仍然强调西方现代性文化的主导性（以西方为主体的多元性）。要想在以文化视角探讨现代性的同时真正做到客观合理地看待这个问题，就必须对“西方中心论”进行解构。

从理论上对“西方中心论”进行解构是从萨伊德对“东方主义”的分析开始的。以后，与后结构主义或后现代社会思潮相关的学者又从多元主义和相对主义的立场出发更加强化了这种解构。不过，国内学者认为，萨伊德对东方主义（东方学）的分析，虽然指出了它的西方中心和西方文化帝国主义因素，但它仍然是在西方社会理论和话语范围内讨论问题，它没有、也不可能告诉人们真正的“东方”能否成为世界的另一个“中心”，“东方”文化是否能够摆脱西方文化中心论的阴魂，成为自主发展的强势文化。后结构主义或后现代理论对西方中心论的解构虽然在很大程度上引起人们对现代性单线发展论的反思或对西方中心论的批判，促使人们关心被现代西方资本主义制度压抑的另一面，关注非西方世界，但它们仍大体上局限于“话语实践”或“语言游戏”的范围（参见夏光，2006：结语），这种文化相对主义的“非中心化”观念和虚无主义态度，归根结底是一种西方人对西方文明，尤其是西方现代性的“某种自恋式的自我否定”（夏光，2006：25）。这似乎是西方文明发展处于高台区或即将进入衰落时期某种思潮的反映。其内心深处仍然是不想或不希望看到东方文化在经过融合和自我扬弃后的兴起。只有承认东方文化的应有地位和合理因素，并使其合理部分经过重新阐释后发扬光大起来，才能真正对西方中心论进行解构，从而使现代性的多元性的讨论公正合理地进行下去。

在对现代化理论提出质疑，对现代性问题给予多样性或多元性的理解的同时，国内理论界对“依附理论”（这是拉美的叫法，非洲称“不发达理论”）和“世界体系论”也提出了反思。这种理论尽管在一定程度上能够解释拉美和非洲发展缓慢的问题，但其最大的不足之处是无法说明东亚，尤其是近些年中国的崛起（当然也无法说明印度近些年的快速发展）。拉丁美洲和非洲的低度发展在某种意义上讲与资本主义全球体系（旧殖民体系瓦解后保留的不合理经济体系）相关，亦即它们的不发达是西方发达造成的，二者有负相关联系。但东亚（以及印度）基本上也可以说是处于这个旧体系之中（中国在改革开放前可以说多少游离于这个体系之外，但之后便更多地处于这个体系之中，与资本主义全球体系有了更多更紧密的联系）。然而，不同的是，东亚不仅没有被这个体系压制住，发展缓慢，甚至现代化进程受挫，反而利用这个体系发展起来了（对于东亚而言，全球化既是挑战和风险，更是机遇。虽然该地区多次遭受外部资本的打击，如 1998 年金融危机的打击，但危机过后却能迅速恢复和发展起来。东亚国家或地区本币近几年不断升值是其反映）。这就对这种理论提出了彻底的挑战。东亚迅速崛起必然有其内因，这就是它有自己的强势的轴心文化（拉美和非洲在这方面显然无法相比）。东亚始终是在深层内心世界不承认西方文化中心地位的情境中发展自己的现代化的。它既不像某些原教旨主义那样拒斥现代性，也不像许多其他发展中国家那样缺乏自主的文化精神，而是在大规模有选择地引入现代性因素的同时，又时刻强调自己的轴心文化的主导作用，把现代性的发展纳入自己的文化轨道。这就是东亚现代性的特点和成功之路。“依附理论”和“世界体系论”之所以不能解释东亚发展的情况，关键是作为西方社会理论界的另一派（尽管是左派），其尽管声称反对世界资本主义或帝国主义，但背后仍然有意无意地潜隐着西方中心的思想，总是从西方中心的角度看待问题。

中国近年发展的经验表明，现代性——从西欧地方文化发展起来的现代性——在传播或扩散中随着文化的不同会发生变异，与不同的具有轴心文化的文明相遇或碰撞时尤其明显。正是由于轴心文化的存在，它的持续和或明或暗的核心作用（“大传统”的作用或价值体系核心的作用。关于价值体系结构的划分和其核心作用，参见苏国勋，2005：198～201），才使现代性在向非西方世界传播的过程中发生变异。文化传统愈强而有力，其变异的程度便愈大。当然，文明的融合是存在的，但轴心时代的核心要素难以丧失，尽管可以变形，在遇到现代性时尤其如此。由于这些轴心文化在现代社会仍然起着重要作用，尤其是更多地发挥潜功能的作用，不同文化价值体系内的人们对现代性的理解、反应、接受、适应会有很大不同，现代性在传播过程中不断发生变异，在全球表现为多样性。例如，经济的市场化是现代性的一种表现，但由于经济和市场是“嵌入”和生长在受“大传统”或核心价值体系影响的社会结构和关系中的，因此同样是市场经济，在不同文化的国家会有很大的差异。可以说，在现代以前，有多少种轴心文明，当今世界就有多少种现代性。

研究现代性的多元性，最重要的是分析各文明赖以定形化的文化核心，也就是表现为大宗教或哲学并形成伟大传统的那些东西，如儒教（儒学）、印度教、佛教、希腊哲学、罗马法、基督教、伊斯兰教和日耳曼精神。它们于历史的转折点上产生，过去扮演文化演化的“扳道工”角色［韦伯语，参见 Gerth and Mills（eds.），1970：280］，现在仍对历史的变迁具有或隐或现的重要影响。无论现代性的意识形态抑或马克思主义的意识形态都不得不受其影响并与之相适应，或者说相互适应。这是目前社会理论所强调的。

二　对 M. 韦伯相关观点的讨论

韦伯有关社会理论探讨的主题是，在世界各主要文明中，为什么只有西方首先独立地产生现代性文明。这个问题不断地引起人们的讨论，其背后的意义始终是非西方文化与现代性的关系问题。

众所周知，韦伯是把西方现代化的过程看成是其背后起根本作用的理性化过程的表现，认为西方现代性的产生是借助新教的特殊作用（现在认为本质上是借助西北欧日耳曼文化中的理性因素）打破传统（特别是天主教教会传统）束缚的结果，而非西方社会在西方出现现代性以前之所以没有独立地产生现代性，主要是因为其文化中的“非理性”因素或传统主义在文化上始终占据主导地位，这种传统主义“非理性”因素阻碍了非西方社会独立产生现代性（现代资本主义）。韦伯的观点尽管带有浓厚的欧洲中心论成见，但却有正确性的一面，这就是，古老的文化传统对于社会的现代化是有阻碍作用的。

直到日本现代化成功之前，韦伯的观点并没有引起人们的反思。实际上，在日本加入帝国主义行列后，社会理论界并没有意识到现代性的多元性，日本被视为正在走西方的老路。战后初期西方“现代化理论”甚至认为非西方国家要想现代化就必须步西方之后尘。直到战后 70、80 年代日本在现代化上再次成功，以及紧接着东亚“四小龙”的崛起，再次印证了东方（东亚）可以走出既有共同点又不同于西方的现代化的成功之路，韦伯的观点才受到质疑，现代性的多元性也不同程度地得到理论界的认可。从 20 世纪 70 年代起出现了许多现代性比较研究著作，如艾森斯塔德、杜维明的著作（前者是现代性的多元性概念的创始者，后者擅长西方与东亚现代性的比较研究），它们都批判地借鉴韦伯的方法从文化的角度对现代性问题进行了充分的研究。

由于东亚近些年来的崛起（主要是泛儒教文明圈的崛起），人们自然把目光和分析的重点聚焦在这个地区。以杜维明为代表的“新儒学”（所谓“后儒学价值”）观点是典型。该观点认为，儒学是理性的（起码是“直觉理性的”）和世俗性的。与韦伯假设的相反，儒学不仅不是现代性的障碍，反而是有助于现代化发展的促进因素。也就是说，东亚的崛起和成功，除了有西方的刺激—反应外，主要是与儒学的文化作用分不开的［过去西方与众不同的崛起在很大程度上是因为新教（西北欧日耳曼文化），现在东亚在非西方的与众不同的崛起自然便被认为与儒教文化有关了］。因此韦伯的观点受到质疑。国内许多学者也持同类观点，如 2005 年出版的夏光的《东亚与西方的现代性之比较：从文化的角度看》便是如此。这种观点的标志性话语便是“和魂洋才”（日本）或“中体西用”（中国）。这实际上是老问题了。每当东亚的现代性受挫的时候（如日本 20 世纪 90 年代经济泡沫破灭时的金融问题，或 1998 年的东亚金融危机），其文化便受到批评，而东亚在现代化道路上又一次向前迈进时，它又受到褒奖。中国近些年的崛起，更加剧了这方面的讨论。那么人们应当如何看待这个问题呢？

这个问题的根本在于，如果说儒学对东亚的现代性的形成（现代化的成功）起着关键作用，那么为什么在西方现代性刺激或冲击以前没有独立地促生现代性呢？再说，自民国初年，尤其是五四运动以来，人们往往把中国传统社会的停滞归咎于“孔孟之道”（儒学），而现在又认为它对现代化有促动意义，这究竟是什么原因呢？为了说清楚这个问题，我们必须首先简略地看一看西方是如何自我产生现代性的。弄清楚这个问题，其他问题便迎刃而解了。

按照当代社会理论的观点，西方自我产生现代性，自然与西方的传统文化的“独特”因素（希腊罗马文化、基督教文化、日耳曼精神）分不开。但是西方传统文化是一个庞大的体系，在中世纪占统治地位的是基督教（天主教）文化，其余则处在萌发或前发现或未复兴状态，居于次要地位。西方只有在打破天主教的统治地位，进而打破宗教（基督教）的统治地位，自我否定居支配地位的传统文化权威（不仅是世俗化，而且使某种世俗的文化居主导地位）后，才形成现代性的。也就是说，西方独立地产生现代性，是自我否定其中世纪形成的传统权威的结果（为什么能够与众不同地自我否定以往的文化权威？而东方虽有许多推翻王朝的暴力活动，但并不本质上否定传统权威，这是一个非常值得深思的问题，容在此暂不作论述[①]）。西方在中世纪不断出现各种各样的修道会和派别，其中许多对教廷（或教会）持批评态度，并且是针对后者而产生的。从这些修道会或派别到阿尔比派的反叛，最终发展至路德的宗教大抗议（宗教改革）。而新教与天主教之争，本质上是欧洲北南文化（日耳曼与拉丁两大不同文化）冲突的反映。西方首先是引进和复兴了希腊—罗马的部分文化，[②] 然后在几种文化之间形成的张力的作用下，否定（至少部分否定）了教廷（教会）的权威，最后随着异样的世俗、理性的文化的成长并伴随着社会结构多样性的发展，逐渐打破了圣经的垄断地位，加剧了传统宗教文化的衰落（新教打破天主教统治地位后带来了许多意想不到的结果，包括基督教或宗教本身的衰落）。这是一个此长彼消的过程。现代性即是在这样一种社会过程中借助过去处于边缘（或次级）地位的文化形成和创造出来的。

因此，不从整体框架上打破传统文化的权威，没有有意无意在相当程度上的文化自我否定，现代性是不可能生长的。而缺乏文化张力，传统权威也是难以破除的。在这个意义上讲，韦伯所论述的东方传统文化某些因素阻碍了其现代性的自我产生的说法是正确的（实际上，不仅东方如此，西方也是一样。西方权威传统文化难道不对其自我产生现代性构成障碍吗？否则启蒙运动和大革命就没有意义了。关键是西方社会的过去还有别的有势力的文化，凸显文化和结构的多元或多样性，或者说还有别的想象的作为其源泉的文化，如古希腊文化，并且能够利用这些因素自我打破旧的传统权威。在此，文化张力是重要的。文化张力究竟如何推动现代性产生，则需要进一步研究）。这里的关键是，必须搞清楚东方的文化核心因素在何种情况下阻碍了社会向现代性转变，为什么在当代又能够与现代性相融合（相适应）并对现代化有推动作用（如东亚的情况）。

---

① 简而言之，西方社会和文化方面始终存在结构多样性和张力，而东方则缺乏这种因素。文化张力（如希腊—罗马文化、基督教文化，以及日耳曼文化之间的张力）是打破原有权威的垄断，出现新形态的关键动力。

② 希腊—罗马文化的复兴和成长，不仅仅是内部问题，它主要是引进问题。从西班牙和意大利南部阿拉伯人那里引入“古典文化”，促进了西方大学学术和文化的成长。西方文化与“古典文化”在许多方面本质上是不同的（如希腊人的静力学或静态的世界观、俄狄浦斯式的宿命论、历史循环论、无方向感，这些都是西方文化没有的）。前者不是“继承”了后者，而是有选择地容纳了后者的一部分。

儒学（传统文化）只有在它从整体框架上失去权威地位后，才能对现代性起适应性的推动作用，而这时的儒学（“新儒学”或“后儒学价值”）已不是儒学最重要的东西了。或者说，它与原有的儒学已经不是一个东西了，而是一种经过相当程度变异的“传统”文化，是被现代人重新诠释的“传统”文化（这与被重新诠释的现代基督教文化的状况大体是类似的）。它有遗传下来的对应的基因，又有天择的变异，经过选择的变异的基因才有生命力，才会遗传下去。文化基因得以复制是演化的基础，但发展的社会只复制该变异的基因（参见罗伯特·赖特，2005：导言）。这种文化演化论的观点虽然有些生物学的味道，但这种生物学原理，对于社会似乎也适用，自然法则与社会法则没有绝对的鸿沟，两者存在共相。作为人类建构物，文化也要接受天择，本质上也要进行有选择和有变异的复制和演化，其原理有许多相同之处。因此，东亚的崛起主要是逐渐接受现代性文化，而不主要是儒学本身促进的结果。前者是第一性的，后者是第二性的。也就是说，当代东亚或中国的发展，同时也是文化重建的过程。这种发展，与西方类似，归根结底是在不断重建的新文化中进行的。当然，儒学文化中的理性、勤俭、和睦、耐劳、重视家庭和教育等的文化因子是有助于现代化发展的，但仅此而已。同是儒学文化过去没有促生现代性，现在能够在现代化上发挥积极作用，是因为儒学传统文化已是被天择过的并且纳入现代性框架的儒学文化。它只有在与现代文明融合的过程中才能发挥这样的作用。虽然它对现代性进行文化规范，把现代性纳入不同于西方的轨道，但引导社会列车前进的主要因素则是现代性。就儒学文化比较宽容，相对而言易于接受或容纳现代性文化，较为容易与现代性融合（在东亚以各种形式）来说，它是有利于现代性发展的，这也是殖民体系瓦解后，东亚在非西方世界为何先于许多地区崛起并获得较大成功的原因，但这不是根本原因。很有可能我们将会看到，其他国家，如印度，在其传统文化权威逐渐衰落，文化也变得宽容，易于容纳现代性和发生有选择的变异后，同样会崛起，到那时人们可能又会谈论某某传统文化——如印度教文化——的促进价值了。

因此，国内社会理论界也有人认为（张旅平，2006），对韦伯的命题（儒家伦理阻碍资本主义发展）提出质疑，是可以理解的，但就东亚的发展对此提出否定，甚至“翻案”，则是对韦伯的命题的误解。实际上，韦伯从来没有笼统地说过儒家文化或伦理有碍现代资本主义的发展，而是说传统主义在文化中占据主导地位时与对理性和现代性不感兴趣的士大夫阶层（传统主义的主要载体）一道阻碍了社会向资本主义（现代性）发展。韦伯甚至说过“中国人完全有可能，甚至比日本人更有能力在文化领域中吸收已经在技术和经济上完全成熟的资本主义。”（Weber，1964：248）显然，韦伯的命题本质上没有错误，只要传统主义占据统治地位，现代性就不会产生和发展（东西方都是如此）。事实也证明了这一点。所有类型的现代性都是在打破传统主义的统治地位后发展起来的。如果说韦伯的观点有什么问题的话，那便是由于西方中心论的碍眼，它既没有认识到西方某些文化对现代性也同样有阻碍作用，也没有想到儒家文化的变异以及对现代性的适应性。正是儒家文化有这种适应性——对现代性的适应性的特性，在非西方世界中，现代化才能够首先在东亚获得成功。而非西方世界的其他地区（尤其是伊斯兰教地区）因其文化缺乏这种适应性，或适应性相对低下，才在现代化道路上发展缓慢。值得注意的是，东亚的崛起是在20世纪后半叶开始的（日本是60、70年代，“四小龙”是70、80年代，中国大陆是20世纪末）。这一时期也正是西方现代性、世界现代性、全球化深入发展的时期。东亚之所以在这个时期崛起，与世界的现代性潮流迅猛发展、其自身的传统进一步衰落是一致的。在这种情况下，当代东亚的文化早已不是传统的儒家文化，精英也不是传统武士或士大夫那样的精英，百姓也不是传统臣民那样的百姓。文化和载体都已发生天翻地覆的变化。虽然我们对当代东亚或中国文化无法确切地给予界定，但他们与传统的东西有本质的区别是可以肯定的（换言之，我们正在创造一种与传统既有联系又有本质区别的新文化）。现代性在东亚的快速发展是文化融合的结果，是文化变革的结果，是新文化或文化重建作用的结果，它不是仅仅用后儒学价值能够充分解释的。儒家文化是一种适应性文化，它能使我们适应或实现现代化，但是否能够有颠覆性的创造性和像当年西方文化那样具有统领世界发展潮流的特性，还缺乏充分的证据。

三 当代文化冲突与共生问题

当代世界是在统一性与多样性的矛盾（全球化与在地性的张力）中发展的。因此对现代性的多元性的讨论，必然涉及文化的冲突与共生（融合）问题。这又是一个老问题了。国内理论界对此有许多讨论。最近较突出的是苏国勋等人写作的《全球化：文化的冲突与共生》（2006）一书，它比较全面地讨论了这个问题。书中值得注意的是，它指出了文化冲突与共生是人类在文化发展上既相关联又相矛盾的两重特性，其本质上是人类“天性”的表现，是人类“天性”的两个方面。人类总是在斗争与合作中发展的，其在文化上的表现便是冲突与共生的不断持续。文化冲突与共生（或融合）始终是客观的现实存在。我们不妨先来看看文化的冲突方面。

从文化演化论和博弈论的观点看，文化的冲突是难以避免的，原因在于文化形成的源头和核心是多样的（特殊性），文化演化的方向总是朝着最有创造性最具活力和效用的方向发展的（普遍性）。当某种文化具有这一特点的时候，其扩展或扩散是不可避免的。在文化传播中便往往会发生冲击甚至冲突。任何文化——不管是儒学的、印度教的、古希腊—罗马的，还是基督教的，或伊斯兰教的，历史上一路走来都必须经历“天择”这一关。“天择”虽有残酷性，但难以完全避免。强势文化之所以强势，是经过不断选择的结果——如西方的强大都有这样的一个过程，而弱势文化之所以弱势是缺乏或少于选择的结果。经不起“天择”的文化终究是要遭淘汰或处于弱势的（“文化上的民主”是一种理想，但还要看“天择”是否允许）。“天择”固然受制于文化核心（“轴心时代”文化或文化价值体系的深层或最高部分）的约束作用，但不是以主观愿望为转移的。有人想过田园牧歌式的生活（不喜欢工业化），但作为主要文明中的整体主权实体，在现代竞争生存的环境之下，又如何能过这样的生活呢？这里不取决于善良的愿望，而决定于生存竞争的现实。如果整体上你的文化与别的文化一样强大或更强大（通过田园牧歌式的文化就可以跟别人一样强大或比别人强大），就可以过田园牧歌式的生活，否则，就必须改变。保持原有的状态会处于生存的被动性或危险之中。落后意味着挨打就是这个道理。因此，文化选择，至少或往往是部分选择，是不可避免的。在选择过程中，往往会出现文化的冲突，西方的历史说明了这一点（有人总是认为文化选择是近现代东方的事情，其实西方也一样，没有经过痛苦的文化选择，西方的强大是不可思议的），东方的历史同样说明了这一点。变则灵，不变则亡。在这个意义上讲，冲突是有意义的。这里关键是不能宿命地对待问题，人们可以把冲突限制在一定的合理范围内，降低冲突的负作用，减少（不是避免）冲突的痛苦，以争取我们文化—社会变迁的最佳形式。

文化演化过程中每次重大的转折所显示的强大传播力量，与其说表明某种传播着的文化有多么伟大，不如说人类的统一性决定的文化整体的伟大。基本公认的有价值的文化源于人类的整体创造和贡献（主要的文化都是杂生的），最终又会漠视任何单独地区的政体。因此文化传播是不可避免的。

当然，强势文化或文化演化的领导者是变化无常的。千百年来世界主要文化主体都曾经站在最前端，也有过落后的日子，此起彼伏，故事还在继续。这决定了文化演化在趋向统一性的同时，又保持了多样性。至于谁能成为文化演化的领导者，不会由投票决定，也不会主要取决于“道义”，而是由文化的创造性和功效决定的。也就是说，文化的强势最终体现在经济—社会发展层面上，强势文化总是那些最具创造力，从而最能合理推动经济—社会发展的文化。人类文化演化永不休止的动力在历史上已推动人类社会跨过了几个门槛，现在正在从不均衡走向均衡（西方的发展在减速，东方的发展在加速），从而似乎推动社会走向另一个新的关卡。谁能首先跨越这个关卡，则取决于文化的变革和创造性。

文化冲突的不可避免性，并不是说文化的共生或融合就不存在，相反，共生正在日益增强。如果我们从人类久远的过去一路扫描过来，便会发现，人类天生是玩零和与非零和游戏的动物。不过从古至今，尤其是当代，“天择”使得文化演化的趋向是零和互动在减少，而非零和互动在不断增加。虽有反复，但总的趋向是朝向非零和方面的。这种趋势并不意味着不存在零和互动，而只是表明非零和互动是人类互动的主要方面。这是文化共生的基础，为某种文化—社会以自己意愿和适合的形式（自我选择的形式）进行变迁提供了有利的机会。

文化共生的加强，是人类文化危机的反映。我们知道，人类有关文化或文明共生的观念在过去是相对淡薄的，千百年来文化的多样性在减少是证明。前现代的人类共生大多是无意识的，主要靠文化或文明的均势（主要文明之间）或不平等的依附关系（弱者对强者的臣服换来庇护）实现的。现代以来，在相当长的一段时间内，世界的格局演变成一种文化或文明（西方）对其余所有文化或文明的冲击。这导致世界形成一个有意识互动的体系，出现全球化的趋势，但也使文化的共生处于失衡（不平等）的状态（零和的相互依存不断增加），一种文化或文明的发达是建立在对其余文化或文明的压抑和破坏的基础上的，文明的共生在全球殖民体系中进行。这导致非西方文化或文明的衰落，甚至丧失，多样性急剧减少。地球失去了生物种群多样性会怎样，世界失去了文明多样性会怎样，民族国家的社会失去（社会学意义的）文化多样性又会怎样，这是我们当代人十分清楚的。文化共生处于十分不合理状态的现象，显然是不能持久存在的。

因此，在当代，人类比任何时候都意识到文化多元性和共生的意义。那么如何共生呢？近些年国内学界达成的基本共识是“和而不同”。和而不同是一种理想，其基本意义就是在坚持文化多样性的同时做到各个文化的和谐共存。在此，既要反对否定文化同一性的相对主义解释和我族中心主义，也要反对文化帝国主义。它要求人们改变理性主义与相对主义二元对立的思维习惯，正视多样性与同一性共存的现象（在地性与全球化同在现象）和两者的协调。

参考文献

A. 吉登斯，2000，《第三条道路》，北京：北京大学出版社。

F. 布罗代尔，1997，《资本主义论丛》，北京：中央编译出版社。

S. 贝斯特、D. 科尔纳，2002，《后现代转向》，南京：南京大学出版社。

S. N. 艾森斯塔德，2006，《反思现代性》，北京：三联书店。

罗伯特·赖特，2005，《非零年代：人类命运的逻辑》，上海：上海人民出版社。

苏国勋，2005，《社会理论与当代现实》，北京：北京大学出版社。

苏国勋等，2006，《全球化：文化的冲突与共生》，北京：社会科学文献出版社。

夏光，2005，《东亚现代性与西方现代性：从文化的角度看》，北京：三联书店。

张旅平，2006，《社会理论前沿扫描》，11 月 28 日第 2 版《中国社会科学院院报》。

Gerth，H. H. and Mills，C. Wright（eds.），1970，*From Max. Weber*. London：Routledge & Kegan Paul.

Giddens，A. 1990，*The Consequences of Modernity*. Basil Blackwell Ltd.

Eisenstadt，S. N. 2001，"The vision of modern and contemporary society." in Eliezer Ben-rafael & Yitzak Sternberg（ed.），*Identity*，*Culture and Globalization*. Lei-den，Boston，Koln：Brill.

Eisenstadt，S. N.（ed.）1986，*The Origins and Diversity of Axial-Age Civilizations*. Albani，NY：SUNY Press.

Jaspers，Karl，1953，*The Origin and Goal of History*. New Haven：Yale University Press.

Weber，Max，1964，*The Religion of China*. NewYork：Free Press.

作者单位：中国社会科学院社会学研究所

社会学方法研究综述*

陈婴婴

随着社会学研究的发展与繁荣，2003~2006年间，我国的社会学界对于社会研究方法的研究也日益深入，在社会学研究方法论以及具体的调查方法、分析技术、研究方法等方面取得了长足的进步。这些研究对于规范社会学研究、提高研究水平和质量起到了重要的作用。同时，对于研究方法的研究是在对中国社会的研究实践中展开的。社会学界在使用不同方法对中国社会进行研究的过程中，对这些方法的普适性与本土化的问题进行了深入的思考，对使用相关方法工具把握当前中国社会的剧烈变迁等问题进行了有益的探索。

一 社会学方法论研究

2003~2006年间，社会学方法论的探索首先围绕社会学本土化的讨论展开。社会学恢复以来，社会学的本土化或中国化始终是社会学界持续关注的问题，对此，社会学界展开过多次讨论。如何选择研究当代中国社会的方法，通过何种途径认识中国社会的事实，这是社会学本土化讨论中一个核心的内容。2006年《社会学研究》编辑部组织了"重新认识中国社会学的思想传统"的研讨会，虽然讨论围绕中国社会学思想史展开，但是大家关心的实质问题则是如何研究当前的中国社会。研讨中提出，中国社会学若要深入理解和反思现代中国百年来的社会变迁，特别是30年来社会转型和建设的过程，仅靠社会学的学科化和规范化的努力是不够的，也不能仅仅依赖对西方社会理论的模仿和移植，不能仅仅依赖未经理论准备和反思的单纯的本土田野调查。我们必须通过全面系统地整理、挖掘和诠释社会学前辈留给我们的思想遗产，以中国经验本身为基础，摸索现代中国的可能性出路，从根本上再造中国社会学的核心问题和精神气质（应星等，

* 本综述参考了张宛丽提供的风笑天、张宛丽撰写的《社会学方法与方法论研究的回顾与思考》(2006，待发表)和杨善华的论文《社会学方法论研究》(2007，待发表)，特此致谢！文责笔者自负。

2006）。这些对于中国社会学的本土化传统的讨论具有很强的方法论意义。2006 年 8 月，教育部社会学学科指导委员会暨系主任联席会，就"社会学教学与社会学研究的中国问题"进行了讨论，《社会》杂志将与会者的发言整理成文，以笔谈的形式发表。笔谈中探讨了社会学的本土化与国际化、社会学研究过程中的特殊性与"通则"等问题，如王宁提出在推进社会学本土化的过程中应处理好几个关系：研究对象的特殊性和研究规范、通则与逻辑的普适性关系；实质理论的特殊性和形式理论的普适性的关系；归纳性概念的特殊性与分析性概念的普适性关系；认为在现实中"食洋不化"的西学教条主义与"食土不化"的伪本土化现象同时并存（王宁，2006）。

沈原的论文《"强干预"和"弱干预"：社会学干预方法的两条途径》在中国社会研究的方法论上做了一些新的探索。论文对于如何研究转型期中国的社会变迁进行了深入讨论，指出重建的中国社会学陷入了"一场悖论"。这一悖论表现在：①就"问题意识"的生产而言，面对巨大的社会转型，社会学本来应当具有把握社会制度和阶级再形成的宏观眼光，培育生产宏大话语的能力，但却因遭遇"后现代"思潮，接受了强调"碎片化"的思维方式而丧失了这种能力；②在理论和技术方面，本来应当发展出有能力把握剧烈社会变动的理论和方法，但却接受了最适合于测量稳定社会的理论模型和技术手段，并且逐步将之奉为主流而忽略了发展其他的方法。文章认为，社会学应当"寻找适合探索转型逻辑的社会学理论和方法"，而"这些理论和方法或许与观测稳定社会的理论和方法大相径庭"。为研究转型过程中的中国社会就必须努力寻求"工具实证主义"以外的社会学研究手段，以便有能力面对剧烈变动中的社会结构和社会安排。奠基于"行动社会学"之上的"社会学干预"可能是我们研究转型问题的有效工具之一。面对发育不均衡的社会，作者将"社会学干预"区分为"强"与"弱"两种。主张在社会自组织机制得到较为充分发育和显现的地方运用"弱干预"手段，而对于"弱社会"即社会自组织机制难以在短期内自动修复的条件下应采用"强干预"的手段。文章介绍了使用"强干预"和"弱干预"的方法进行的研究，指出"强社会，弱干预；弱社会，强干预"，是在中国转型条件下运用社会学干预方法的一个基本原则（沈原，2006）。

方法论研究的另一个热点是对于女性主义方法论的研究。近年来，女性主义独特的视角和命题模式越来越受到国内社会学者的关注，张宛丽从知识建构的角度，对女性主义方法论进行了探讨，指出女性主义方法论最重要的价值在于"开辟了与以往的这些知识体系所不同的另一种认识视角及领域"。作者认为，女性主义社会学方法论主要包括两个方面：一是其最重要的、也是其最首要的价值所在，即方法论意义上的知识革命；二是在探索相关知识时，对知识获得的方法的特点的再认识。根据这种认识，作者进一步分析了女性认知方式所具有的不同于男性认知方式的特点，即知识活动更具有开放性、主观体验性、建构性。作者指出："包括社会学在内的现有的所有的社会科学，在追求'客观性'、'真实性'知识的过程中，其建立的无一不是展现人类对外部世界的扩张来获得自己的生存空间的'合法性'这一逻辑起点上的知识架构。而曾出现于人类史前史的'女性行为'模式，其实只是一种向内发掘的知识，体现的是人类所具有的一种内在文明的能力及其知识系统。从这一意义上讲，'女性行为'的文明模式，已经积累了、并正在重新提炼、凝聚着人类文明演进的新的知识动力"（张宛丽，2003）。

吴小英的"当知识遭遇性别"则对女性主义的方法论之争进行了系统地分析。作者认为，从总体上说，女性主义对以实证主义为代表的主流社会学方法论持批判态度，他们追求以批判性、反思性和参与性为特征的独特的女性主义方法论规则，但大多数女性主义者并不认为存在什么独特的女性主义研究方法，而是主张方法的多样性和包容性。女性主义经验论、立场论以及后现代女性主义认识论取向反映了女性主义关于知识与性别关系的三种基本形态。女性主义的方法论尝试在理论上具有启发意义，许多在正统的社会学范式中被忽略、被遮蔽、被扭曲的东西在女性主义这里重新被挖掘出来或得到了补充和修正。作者指出，从知识论上看，女性主义基本上是个文化建构论者，他们强调社会性别在这种建构过程中无处不在的影响，强调个人经验（无论是作为研究者还是作为被研究者）在知识构成中的价值，强调以建立一个没有权威和权力控制的真正民主的认知方式作为解放的社会科学的目标（吴小英，2003）。

二　调查方法、分析技术与研究方法

2003～2006 年期间，社会学研究者围绕中国的社会转型与社会变迁进行了大量的调查，对于调查方法的研究也进一步深入。风笑天通过对 1990 年代以来发表在《中国社会科学》和《社会学研究》上的 141 篇调查研究论文进行分析，指出 1990 年代末期以来社会学研究中对于抽样调查方法的应用与抽样过程的规范方面都有了显著的进步，但研究者在方法运用和结果表达方面仍存在着一些问题。“作者指出，作为一种高度结构化、高度程序化、高度数量化的社会研究方式，调查研究无法回避科学方法论对其严格的、详细的程序检验的要求。对研究方法的详细介绍，不是教条，不是框框，也不是‘洋八股’，而是科学研究论文的必备条件，是其结论成立的前提和依据，也是研究者科学精神和科学态度的一种体现。它既可以在一定程度上约束研究者的研究行为，同时也可以使读者和同行切实地了解作者所得研究结论的正确性、普遍性和适用性。研究者只有对研究过程、操作效果、方法局限等方面做到心中有数，才能在得出调查结论时做到实事求是，恰如其分”（风笑天，2003）。在调查方法方面，边燕杰、李路路、蔡禾等人所著的《社会调查方法与技术：中国实践》一书，从中国社会调查的实践出发，对社会调查的本土实践经验进行了介绍和分析，内容涉及社会调查的问卷设计、抽样方法、编码方法、调查资料的清理和校验、问卷调查中的调查员与被访者、调查中的行政资源等等。这本书围绕如何在中国进行大规模抽样调查的问题展开了讨论，对影响调查质量的因素进行了分析，在社会调查方法的中国本土应用研究方面做出了有益的尝试。方长春的论文《从方法论到中国实践：调查研究的局限性分析》试图从方法论和本土实践两个角度出发，探讨调查研究作为社会研究一种方式的局限性。作者将调查研究定义为“采用自填问卷或结构式访问的方法，系统地、直接地从一个取自总体的样本那里收集量化资料，并通过对这些资料的统计分析来认识社会现象及其规律的社会研究方式”。作者认为，这样的研究方式的方法论基础是实证主义，强调社会现象因果律的普遍性，研究对象的外在性、客观性，研究结论的经验可验证性和研究程序的可重复性，这是调查研究在方法论上的特点。同时，正是方法论上的这些特点，使得调查研究在探究关乎人与社会的知识时，表现出一种本质上的局限性。这种局限性首先表现为人们对社会现象是否存在普适之因果律的质疑，实证主义只看到了社会与自然的相同的方面，而没有看到社会与自然不同的方面。作者还对调查研究在中国社会研究中的应用进行了分析，认为由于中国社会的特点，中国的调查研究具有某种独特性，由于这种独特性，本土调查研究在技术和手段层面都具有一定的局限性。作者认为，调查研究在方法论上的局限性表明，有关社会的知识是复杂与多样的，因此探寻有关社会的知识的方法也是多样的，将某一种认知社会的方式普遍化与绝对化将不可避免地陷入困境。

在定量分析模型的研究方面，宋时歌与陈华珊的文章《纵贯性数据与生长模型在社会科学实证研究中的应用》对于如何使用定量方法对“变化”与“趋势”进行分析的问题进行了研究。文章指出，社会科学研究诸多领域中都涉及了“发展”、“变化”、“趋势”等动态概念，但对于“变化”与“发展”的定量分析却停留在较低的水平。作者对纵贯性数据在社会学研究中的主要优点进行了讨论，通过比较几种纵贯性数据分析方法，指出基于多层模型的生长模型是对于纵贯性数据进行分析的最有力的工具。为了帮助读者更好地理解文中讨论的分析技术并在研究中使用这些技术，作者使用对儿童身高发育研究的例子来解释文中提到的主要概念和分析策略。作者指出，基于多层模型的生长模型的主要优点是它对于不规则数据结构有较强的处理能力，使用这一工具不但可以研究社会现象变化的轨迹，还可以将个体生长变化这一动态的个体过程放到一个更宏大的社会经济制度背景下，对宏观因素如何影响个体发展进行实证分析。文章还讨论了简单生长模型的几种延伸，包括对模型中固定效应的延伸和对随机效应的延伸。作者认为，根据国际上社会科学近几十年的发展经验，新的研究问题、新的分析方法和新的研究设计与数据结构是一种互相促进的关系。在国际主流的社会科学研究越来越重视使用纵贯性数据和动态模型来提出和回答关于变化和趋势的研究问题的潮流下，国内的实证研究领域也会不可避免地走出这从静态模型到动态模型的关键的一步（宋时歌、陈华珊，2005）。

因果分析始终是社会学及其他科学研究的核心问题，王天夫强调因果分析对于社会研究的重要性，试图对社会研究中的因果关系的概念进行新的梳理，提供一个清晰的因果关系概念，在指出当前社会研究中的因果分析存在的问题的同时，给出应用因果分析的一些基本原则和技术。文章从休谟对于因果关系的经典阐述开始，对因果关系概念的扩展、因果关系的概然性及如何确定因果关系等问题进行了讨论。作者认为，因果关系是具有一定的情境背景的，描述这样的背景对于我们理解因果机制有着重要意义。因果分析的类型与社会研究的几个领域是相对应的，通常只有外来因素才可能构成导致结果的起因。作者对社会研究中的时间和层次问题进行了讨论，认为在某些情况下，社会现象中的起因和结果是难以分清的。社会研究所关注的是社会群体、制度以及结构上的起因。文章提出了确定因果顺序的一些启示性的原则和具有帮助性的技巧，如使用路径图使复杂的因果过程显得清晰和简洁，等等。在对定性和定量研究的讨论中，作者认为它们有着相同的因果分析的逻辑（王天夫，2006）。

风笑天以著名社会学家英克尔斯的“现代人研究”为例，对经验研究的过程与方法进行了分析。文章对英克尔斯在“现代人研究”中的研究设计、概念测量、数据分析、结果陈述等方法进行了研究，指出“现代人研究”的研究过程与方法运用为社会研究中科学精神的关键内容以及如何坚持这种科学精神做出了明确而具体的注解。也就是说，科学并不是意味着定量，也不是意味着精确，而是意味着逻辑，意味着严密，意味着实事求是。英克尔斯的“现代人研究”还告诉我们，在社会研究过程中，要非常重视和详细陈述研究的方法。因为方法是研究者走向研究目标所借助的船和桥，是研究者得出研究结论的逻辑过程，是研究者解剖现象、发现规律时所用的工具。同时，还应认识到，方法是为目的服务的，只有从现实出发来设计和选择适合研究目标的方法，才能帮助我们从理想到现实、从理论到实践，才能使我们最终走向研究的目标。作者认为，以逻辑性、严密性、现实性以及实事求是为主要特征的科学精神，是经验性社会研究的立命之本。认识并努力加强这种科学精神，对于提高我们的社会研究质量和水平具有十分重要的意义（风笑天，2004）。

定性研究方法是社会学中传统的研究方法，但是随着定量研究方法与技术的发展，定性研究逐步失去了它过去在研究方法领域的主导地位。近年来，定性研究方法再度引起学界的关注，研究的方法与技术也有了很大发展。社会学界有关定性研究方法的论文尚不多见，其中杨善华、孙飞宇的论文《作为意义探究的深度访谈》着重从意义关联的角度对社会科学田野工作中的深度访谈法进行了研究。文章从深度访谈的性质出发，尝试对与访谈有关的诸种意义体系进行了分析，并对相关的访谈方法进行了讨论。作者以韦伯的解释社会学为起点，接受舒茨在其现象学社会学的著述中对韦伯的解释社会学的批评和发展，以如何达到对社会行动者赋予自己行动的主观意义的理解为切入点，从认识论的层面探索了以理解社会行动的意义为目的的社会学研究的实质。文章指出，深度访谈作为一种理解主观意义的方法，它所承担的不仅是收集资料的功能，还包括研究的功能。这样的研究其实在研究者进入访谈现场的当时就已经开始，这是因为访谈现场（包括被访人的话语和访谈当时的场景）是被作为社会行动者的被访人赋予了意义的。文章对叙述的意义、访谈的原则、访谈的切入点、访谈中的全方位观察、对访谈文本的分析等问题进行了详细的论述。作者主张，作为意义的探究的“深度访谈”涉及的是一种研究者与被访者面对面情况下的我群关系。在这种关系中，研究者需要悬置自己的知识体系与立场，通过交谈，进入到被访者的日常生活中去；同时还需要随时保持反思性的观察，以便能够发现并追问问题与事件。访谈的结构需要依从日常生活本身的结构，需要从被访者的生活世界与生命史当中去寻求事件的目的动机与原因动机、主观与客观方面的意义。这样才能够对事件或者问题做出判断，进而对被访者做出“类”的概括并达到对访谈内容的普遍意义的认识（杨善华、孙飞宇，2005）。

三 国外社会学方法著作的翻译与介绍

社会学恢复二十余年来，在致力于社会学研究中国化的同时，引进国外最新的研究方法与技术始终是社会学研究方法领域的重要工作。20世纪80年代以来，国外社会调查技术与社会研究方法的发展突飞猛进，定量研究中处理潜变量模型、非线性关系、多层次模型等方法日趋成熟；定性研究中的分析方法与计算机处理技术也有了突破性的进展。与此相比，国内对于这些方法研究与介绍则不够系统和深入。就定量研究方法来说，虽然翻译了少数国外经典的定量研究教材，但没有系统地介绍反映当前社会研究方法最新进展的成果，对于近年来迅速发展的定性研究方法的研究和介绍则更为缺乏。2003年重庆大学出版社曾对美国与中国社会科学研究方法的出版物进行过比较，美国在社会科学研究方法方面出版物的数量之多令人惊讶。比如美国的SAGE出版公司，1999~2002年的4年间出版的社会科学研究方法方面的书籍便超过百种，其中既有一两百万字的大部头工具书，也有10万字左右的口袋书。特别是一些系统介绍社会研究方法的系列丛书，成为社会研究发展和繁荣的重要支撑。与此相比，中国大陆这期间出版的包括教育学、心理学、社会学、经济学在内的社会科学领域的研究方法著作仅四五十本，而且大多是面面俱到的教科书式的著作，很少有对一种方法进行深入研究的图书，更没有像美国那样形成比较系统的研究社会科学研究方法的系列丛书（雷少波、崔祝，2004）。重庆大学出版社认为，要繁荣我国的社会科学，必定先要规范社会科学，要规范社会科学，离开了科学的方法是不可能的。为此，重庆大学出版社制定了出版“万卷方法”丛书的计划，旨在系统地向国内研究者介绍国外最新的社会科学研究方法著作，给广大学者提供一个研究方法 的“工具箱”。自2004年开始，重庆大学出版社组织国内社会研究方法领域的专家，从美国海量的社会研究方法的出版物中选择了一批既适应目前国内研究的需要、又代表了国外社会研究方法的前沿成果的著作，组织从事社会研究的专业人员翻译出版。丛书中大多数著作是每本书系统讲授一种方法，结合作者的研究经验，提供运用这一方法进行研究的实例，具有较强的操作性，读者易懂易学易用，具有较高的借鉴价值。丛书的出版者重庆大学出版社计划在2008年底将“万卷方法”打造成一个相对完善的书系，使其成为社会科学研究者手头必备的“工具箱”，成为我国社会科学研究方法图书的第一品牌；丛书的翻译者则希望通过丛书的翻译，普及社会研究方法的最新研究成果，提高国内社会研究方法研究与应用的水平。“万卷方法”丛书自2004年7月以来陆续出版，到目前为止，这套丛书已经出版了三十多个品种，内容包括定性研究方法、调查研究方法、案例研究方法、电话调查方法、研究设计、网络分析方法、抽样调查设计、分组分析方法，等等。如此系统地介绍国外社会研究方法的前沿成果，这应当说是社会学恢复以来的第一次。这是社会研究方法的研究者与出版机构合作的一项成功的尝试，对于国内社会研究方法的普及与提高起到了重要的推动作用，在社会学界及整个社会科学界引起了较大的反响。

这一综述可能不能完全概括过去四年中社会学研究方法的全部成果，不过由此我们已经可以看到，2003~2006年间，社会学方法的研究无论是在对方法论的研究还是在对具体方法和技术的研究方面都取得了不少成果，研究水平也有很大程度的提高。但是，不可否认，无论是就国际社会学方法的发展水平来说，还是就中国社会研究的需要来说，社会学方法的研究仍相对滞后，在社会学方法领域仍有不少空白有待填补。从社会学各领域的研究成果看，一些研究者尚不能熟练、正确地运用社会学研究方法，误用研究方法及分析方法现象仍然存在。面对日益增加的大规模的社会调查和社会研究，对于研究设计、测量、抽样、统计方法及定性研究方法等问题的深入研究需要进一步加强；同时，我们也不可忽略社会基本研究方法的介绍与普及。此外，在研究方法领域的学术交流与学术争鸣不足，这也在一定程度上限制了方法研究的发展。在中国研究的实践当中普及社会研究方法的知识、规范方法的使用、同时深入探讨适用于中国社会研究的方法与技术，这是社会研究方法领域今后面临的重要任务。

参考文献

边燕杰、李路路、蔡禾，2006，《社会调查方法与技术：中国实践》，北京：社会科学文献出版社。

方长春，2006，《从方法论到中国实践：调查研究的局限性分析》，《华中师范大学学报（人文社会科学版）》第 3 期。

风笑天，2003，《结果呈现与方法运用——141 篇调查研究的解析》，《社会学研究》第 2 期。

风笑天，2004，《英克尔斯“现代人研究”的方法论启示》，《中国社会科学》第 1 期。

雷少波、崔祝，2004，《为方法理性鼓与呼》，《万卷方法丛书·出版说明》，重庆：重庆大学出版社。

沈崇麟、夏传玲，2007，《社会研究方法的现状及其发展趋势》，《万卷方法丛书·总序》，重庆：重庆大学出版社。

沈原，2006，《“强干预”与“弱干预”：社会学干预方法的两条途径》，《社会学研究》第 5 期。

宋时歌、陈华珊，2005，《纵贯性数据与生长模型在社会科学实证研究中的应用》，《社会学研究》第 5 期。

王宁，2006，《社会学的本土化：问题与出路》，《社会》第 6 期。

王天夫，2006，《社会研究中的因果分析》，《社会学研究》第 4 期。

吴小英，2003，《当知识遭遇性别——女性主义方法论之争》，《社会学研究》第 1 期。

杨善华、孙飞宇，2005，《作为意义探究的深度访谈》，《社会学研究》第 5 期。

应星等，2006，《重新认识中国社会学的思想传统》，《社会学研究》第 4 期。

张宛丽，2003，《女性主义社会学方法论探析》，《浙江学刊》第 1 期。

作者单位：中国社会科学院社会学研究所

社会分层与社会流动机制研究

仇立平

过去四年，中国社会分层和社会流动机制研究给人留下了深刻的印象。伴随着中国社会结构的转型，社会学研究者对此做出了迅速和敏锐的反应，使社会分层和社会流动机制研究进入到一个新的阶段。它涉及对我国社会分层结构的认识、中国社会分层研究的阶级或阶层的导向、社会阶级或阶层意识及其冲突以及社会地位获得和流动机制的深入讨论。

一　当代中国社会分层结构："倒丁字型"还是"洋葱头型"

在社会结构研究中，人们通常用"金字塔型"或"橄榄型"、"纺锤型"形象地描述一个国家或地区的社会结构状态。李强（2005）采用国际社会经济地位指数方法分析我国"五普"数据，敏锐地发现中国的社会结构是"倒丁字型"的，即它的一横是巨大的农村社会阶层，一竖更多是城市社会阶层。作者认为丁字型显示的阶层之间的界限更为突出，直角形的下层与其他阶层之间几乎没有缓冲或过渡，是非此即彼的二分式结构。这样的社会结构会造成持续的"社会结构紧张"，即社会群体之间处于一种对立的、矛盾的或冲突的状态，社会关系处于一种很强的张力之中，社会矛盾容易激化，社会问题和社会危机容易发生；几乎所有的社会问题都来自于这样的社会结构紧张。造成丁字型结构的主要原因是城乡分隔，改变丁字型结构的核心是实现群体结构或阶级结构的转变。作者这一严峻的发现如果被确认的话，将预示中国的社会结构转型是一个漫长的过程，也就是说，中国的社会结构首先要过渡到"金字塔型"，才能转变为"橄榄型"。显然，这一发现与以往研究得出的结论（陆学艺主编，2002：26，2004：导言）是相悖的：即认为中国已经形成一个现代化社会阶层结构，虽然"该缩小的阶层还没有小下去，该扩大的阶层还没有大起来"，但还是现代化社会阶层结构的"雏形"。

与李强研究结果相印证的是张翼、侯慧丽（2004）的研究。他们利用"五普"资料，结合国际职业声望量表和每一种职业中高中及以上文化程度劳动者所占的比率，估计中国就业人口的阶层结构状况。结果发现，位于社会底层的农民占阶层总人数 64% 左右，“蓝领”工人占 23.9%，“白领”阶层占 12.2%，“白领”阶层中最上层的专业人员阶层和管理者阶层仅占社会劳动者总数的 1.1%。作者认为，中国阶层结构还是一个底盘很庞大的“烛台”。

郑杭生（郑杭生主编，2004）主持的一项研究，以在 2000 年对全国 10 个城市的居民进行“严格的抽样的调查”为总体进行分析，其统计结果是：管理阶层占 10.7%，技术人员阶层占 11.1%，办事人员阶层占 22.9%，工人阶层（在职）占 30.1%，下岗工人占 15.7%，自雇佣者占 8.1%，私营企业主占 0.8%。研究认为我国城市社会结构正处于从传统的金字塔型向纺锤型过渡的状态之中（工人占总体近 46%，以脑力劳动为生的中间阶层近 45%）。

但是，笔者（仇立平，2007）根据张翼、侯慧丽（2004）的研究数据重新计算发现，扣除农民人数，城市社会劳动者总数约 248780 人，其中工人占 64.2%，白领占 32.8%，专业人员和管理者占 3.0%，中间阶层（白领、专业人员、管理者）约占 35.8%。与郑杭生主持的研究相比较，“五普”长表抽样数据中，工人的比率要高 18.4%，中间阶层的比率要低 8.9%。显然，“五普”长表抽样数据显示的我国城市社会结构比较接近于金字塔型。李强（2005）的研究结果基本上与张翼、侯慧丽相似（如果扣除 64.7% 的以农业劳动为主的农村社会阶层，城镇社会劳动者总数约为 226466 人，其中蓝领工人占 67.1%，白领包括社会上层占 32.9%）。对当代中国社会分层结构的判断，影响最广的莫过于孙立平（2003，2004）提出的“断裂社会”论。他认为断裂社会是一个存在主要断裂带的社会，表现为城市下岗失业工人无法回归原来的产业体制，被社会永久淘汰；农业无法形成产业，农村和农民无法与日益工业化和现代化的社会成为一体，农民无法融入城市，成为游离于社会结构之外或者被社会结构所抛弃的中国最大的群体。但是，李春玲（2005a：550～551）根据全国 6240 份抽样调查的数据分析表明，目前的社会分化未表现出断裂状态，除非出现特殊情况，其分化趋势不太可能导致断裂社会。断裂化的趋势和中产化的趋势相互作用和制约，使断裂社会不太可能出现。

二 社会分层：阶层还是阶级

马克思的话语在中国社会学的沉寂是一个悖论。一方面，20 世纪 70 年代末的经济改革，国家宣布从阶级斗争转向经济建设为中心之后，阶级、阶级斗争从官方的意识形态中被取消了，与此同时，作为学术范畴的阶级分析也从学术话语中逐渐消失了（李静君，1999）；另一方面，具有讽刺意味的是，恰恰在这段历史时期我们看到了基于市场利益和私有制的阶级社会出现了（李静君，2006）。这种状况不能不引起学者的反思：为什么一个以马克思主义为意识形态的国家居然会“忽视”真正意义上的马克思主义的社会阶级理论?！马克思主义的社会阶级分析方法在我国何以为不能，又何以为可能（仇立平，2006）？我国社会分层研究基本上是静态的或描述性的，缺少关系性的社会分层研究，缺少对社会内部分化和紧张关系的揭示。由马克思的生产资料占有关系的命题转换成稀缺性生产要素占有关系的命题，分析发现，当代中国存在四大阶级：即管理阶级、资本所有者阶级、专业与技术人员阶级和劳动阶级，其中占主导地位的是管理阶级和资本所有者阶级；但是承认阶级的存在，并不意味着阶级对抗甚至暴力革命（仇立平，2006）。

社会分层研究从阶层分析转向阶级分析的一个重要标志是以辑刊形式出版的《转型与发展——当代中国社会分层：理论与实证》（李友梅、孙立平、沈原主编，2006）。编者在发刊词中开宗明义地指出，面临第二次大转变的中国社会与马克思、韦伯、涂尔干等古典社会学家在社会学研究母题上具有相似性。因此，重温古典社会分层研究的要求，正确对待社会变迁研究的两个模式：分层模式和阶级模式，在今天的中国语境中显得十分必要和迫切。分层模式和阶级模式之间有着重要的差别：①阶级表明的是一种以资源占有关系为基础的结构位置；分层模式根据的是结构而不是群体的结构性位置。②阶级是一种关系性概念，即相互之间的关系中体现各自的特征。不同阶级之间的实质性关系，如剥削，只有在不同阶级行动中才能发现和解释。③阶级是某种程度的共同利益的承载者；阶层即使有某种相同或相似的利益，一般也不是在结构性位置的相对关系中凸现的。④阶级的内部是相对同质的，也就是说分化不可能太大，内部要存在一定的整合和自我认同，即阶级意识；而阶层并不必然涉及整合和认同的问题。⑤阶级可以是行动的主体，阶层基本不会成为行动的主体。阶级行动有两种方式，一是整个阶级的行动；二是有阶级背景的利益群体在行动，但利益群体不一定和阶级相联系。

社会分层研究转向的一个重要特点是对当前正在形成的工人阶级和底层群体的研究。

肇始于20世纪70年代末的市场转型带给中国社会最值得关切的问题莫过于一个数量不菲的社会底层的出现。对底层的关注和研究同样给社会学带来了新的考验（秘舒，2006）。用“真实的”视角观察和审视社会底层的形成，要求我们重新把社会学视角转移到“社会”上来（肖瑛，2006）。

沈原（2006）从中国工人阶级再形成角度表达了“把工人阶级带回分析中心”的紧迫性和必要性。他提出，中国“世界工厂”的地位使得世界上最庞大的产业工人阶级正在中国形成。正在形成的工人阶级的命运对社会转型的作用和对未来发展的影响应当成为中国社会学关注的中心问题。沈原借助劳工社会学的理论透镜，分析了“老工人”——原来的产业工人和“新工人”——农民工不同的结构特征和不同的行动能力。李静君（2006）将中国城市工人阶级的转型分为三个模式：流动民工的形成、社会主义工人的再造以及下岗工人的消解。通过对广东和沈阳实证资料的分析，从工厂政体、劳工的抵抗与调适，以及矛盾的意识几个方面，阐述了流动民工在工厂生产体制下的压制性、民工反抗的自发性和破坏性，以及这一群体融入城市和被城市排斥产生的矛盾意识。国有企业工人面对着从“国家工人”到“契约工人”转变所体会到的侮辱和不平，促使这一群体对“阶级意识”的重新唤回，以在国家意识形态中寻找道义支持；但是，对毛泽东时代的反思和市场改革带来的物质进步又使他们对现存社会秩序有既支持又批判的矛盾心理。下岗工人在国家再就业工程以及逐步开展的社会保障和社会救助体系的庇护下，工人阶级的主体意识逐渐消解。许叶萍、石秀印（2006）通过对工人阶级形成理论的回顾和实证分析认为，决定工人能否成为一个具有行动能力的阶级，关键是社会体制能否对工人阶级的诉求进行合理的回应，能否在回应困难的时候对现存体制进行修改，以期实现工人所期望的社会公平。如果工人的行动被导向体制外，与现存体制对立，那么工人阶级就难免形成。鉴于目前体制的合理回应能力和动力不足，作者认为工人阶级的形成过程已经启动。

在对工人阶级的研究中，佟新（2006）通过对一起国有企业工人集体行动的个案分析，发现工人们在市场经济条件下的负面经历凸显了他们对社会主义文化传统的认同，工人借助国有企业的文化传统为其群体利益的实现寻找合法性和可能性。这种延续着的社会主义文化传统亦可能改变中国市场化发展的路径。谢桂华（2006）通过对国有企业下岗工人的实证研究发现，在市场转型过程中，工人的人力资本和政治资本都是决定是否下岗的重要因素，拥有更多人力资本或政治资本的工人，其下岗的概率也低；企业的级别和规模在很大程度上丧失了对工人收入的影响，取而代之的是企业的市场效益成为影响工人下岗或当前收入的关键因素；劳动者的年龄和性别也成为重要的因素。吕鹏（2005）对东北长春市的新失业群体——即“文革”后出生的失业群体做了详细的个案调查，指出新失业群体面对的是其他失业群体不曾面对的“制度真空”，他们的父辈大多也是失业工人，从而使他们在社会保障、国家政策、就业机会、教育等方面处于更加不利的地位。

任焰、潘毅（2006a）从劳动实践、生活策略、文化惯习以及抗争行动等微观层面入手，对中国近代产业发展初期工人主体身份的演变和构成进行考察，认为封建文化以及行业传统等因素相互嵌入工人的日常生活实践与共同行动之中，不仅塑造了政治意义上的阶级主体，同时使得工人的行动更具有操演性文化产物以及实践性关系的特征。游正林（2006）通过对西方学者关于劳动过程中管理控制和工人抗争的理论的述评，认为随着我国私营企业和市场经济的迅猛发展，劳动关系问题理应成为学者关注的重要问题。对国外理论的回顾启示我们应该承认劳资之间利益的不一致，正视工人的抗争行为，同时建议加强有关的制度建设，降低工人对雇主的依赖性，使劳资之间的力量对比基本保持平衡。余晓敏（2006）通过对经济全球化背景下美国“反血汗工厂/公司行为守则运动”中的行动者、行动及过程复杂性的分析，剖析了其不同于传统劳工运动的特质；并围绕该运动对于劳工维权和劳工赋权的影响力和局限性，提出未来研究面临的现实和理论问题。鉴于非政府组织、非市场组织的第三部门的劳工保护运动的社会实践，为中国劳动权益维护提供了一条可资借鉴和参考的方式。

在劳资关系规范性研究中，任焰、潘毅（2006b）分析了全球化时代的宿舍劳动体制对劳资关系的影响。他们通过对工厂宿舍体制的历史性回顾和比较，概括了这种劳动体制的一般特征和对塑造当代中国新打工阶级的意义：宿舍劳动体制使资本对劳动力的全面控制成为可能，并与户籍制度相配合使得打工者无法在城市扎根，以形成工人阶级的生活社区；但是也为劳动团结、抗争以及新型劳动关系的出现提供了一种可能。贾文娟（2006）通过对珠三角地区一家小型私营企业的参与观察和访谈，研究了工头的权力及其在劳资关系中的作用。她认为，由于工头处于劳动力流动网络中的信息中介位置、技术交换网络中的单边垄断位置和组织体系内部的管理中介位置，具备了与企业主相博弈的权力，从而对劳资关系产生了重要影响。

但是，多元的社会分层研究仍然是学术界主流。近年来，这样的研究已经不再局限于以往财富、声望、权力等多元变量，采用居住空间、居住质量、住房产权、生活方式、社会交往等研究中国社会分层或阶层化的状况。刘精明、李路路（2005）的研究探讨了中国城镇社会中客观阶层位置在有关社会领域中的后果和影响。他们以居住模式、社会交往、生活方式、阶层意识为四个分析维度，认为在居住、交往和认同维度上，尤其是在客观分层结构的两端已经形成了阶层化的主要趋势，但是在生活方式维度上的阶层化趋势并不明显，并且四个维度都存在程度不同的不对应关系。边燕杰、刘勇利（2005）则从住房角度研究中国城市的社会分层，认为在改革开放的中国城市，拥有住房是经济成功的一个重要标志；拥有住房产权的比率从非精英到专业精英再到管理精英依次递增。从住房的获得方式来看，“权力维续”依然起着明显的作用。

三 阶层或阶级建构：阶层意识和制度基础

近年来，社会学界有关阶层或阶级建构的研究，一方面延续着以往的阶级或阶层意识、职业声望分析框架的研究；另一方面开始探索社会阶层结构形成的制度基础。在社会冲突意识研究方面，李培林（2005）从社会冲突的角度分析当下中国的阶级意识。根据他所领导的课题组对我国31个大城市1万多市民抽样调查的分析结果，中国当前社会冲突意识主要表现为：社会阶层地位与社会阶层冲突意识是反比关系，决定人们阶层认同的主要因素是“父辈的社会地位”；阶层自我认同表现出明显的“向下偏移”倾向，即自我认同社会中层的偏少，认同社会底层的偏多；社会价值观念的差异有可能导致社会冲突；社会分化的两极更具有社会冲突意识；党政干部被认为改革开放以来受益最多的群体；劳动关系和劳资关系成为人们普遍关注的问题。张翼（2005，2006）利用调查数据，分析了中国当前省会城市的阶级阶层冲突意识，认为那些收入并不低但却在参照群体中将自己认同在最下层的人们更易于产生不满；那些真正位于社会底层的人们，具有产生物质性冲突的可能，但这种冲突并不直接指向社会的合法性和合理性；中间阶层作为社会的“稳定器”是有条件的；客观阶级并不必然形成阶级意识，因此也形成不了大规模的阶级对抗；收入分配和财产占有方式的不公正是当前社会稳定的最大威胁。李春玲的研究（2006）发现，文化程度较高的人能够区分阶级和阶层，文化程度较低的人对两者未加严格的区分；人们已经比较明确地感知当前的社会结构是一个等级分化的、边界清楚的形态；人们对现实的不满主要是对导致社会经济差异的某些机制不满，而不是社会经济差异本身。

关于阶层认同，李春玲（2004）认为，在我国的十大社会阶层中，人们对社会阶层的身份认同是不同的，各阶层的身份认同的一致性程度各有不同，认同率高或者低取决于该阶层所处的状态：处于社会分层两端的内部身份认同率较高，处于中间阶层认同较模糊。与此相似，刘精明、李路路（2005）的研究认为处于社会阶层地位较高和较低的，他们的客观位置和自我认同存在着较高的对应性；客观位置处在中间状态的，阶层地位自我认同则比较分散或者比较模糊。另外，中国社会科学院“当代中国人民内部矛盾研究”课题组（2004）的随机抽样问卷调查的结果表明，自认为处于社会中层的比率最高（46.9%），以下依次为：社会“中低层”（26.5%）、社会“底层”（14.6%）、社会“中高层”（10.4%）和“高层”（1.6%）。

童根兴（2005）分析了美国社会学家布洛维的《制造共识》的主要成果，认为资本主义生产管理方式对于“共识型工人”的生产起到重要作用。显然，布洛维从生产管理方式研究工人意识的生产，对我国的阶级意识的研究是有借鉴的。

在职业声望研究中，许欣欣（2005）发现属于蓝领的体力劳动职业仍然是低等声望的职业；但与1999年调查相比，许多职业的声望得分有了明显提高，如自然科学家和社会科学家的职业声望大大提高。职业评价最看重的三项标准主要是："收入"、"知识、技能"和"对社会的贡献"。并且认为，人们的职业评价和未来择业取向的变化，以及实际的流动状况，揭示出中国社会结构深层的变动趋势。李春玲（2005b）的研究认为，当前中国社会中决定人们声望地位的主要因素是教育、收入、权力、就业单位性质和是否从事受歧视职业；声望评价的主导标准是工业社会的普遍主义价值；但是相互冲突的多元评价标准仍然存在。近年来，一些学者已经注意到我国社会阶层结构形成的制度条件。刘欣（2005a，2005b）认为社会分层机制总是嵌入在特定社会经济形态之中，并由规定着社会经济形态特征的产权所有制及其与国家权力之间的关系来解释的。在当前中国市场经济情形下，公有资产的既具行政性又具契约性的委托—代理制度，以及嵌入在政治权威结构之中的市场制度，共同构成了阶层分化的制度基础。再分配权力、寻租能力、市场能力共同构成了阶层分化的动力基础。权力衍生论要比"权力转移论"和"权力持续论"更能解释当前中国社会的精英循环或再生现象。

四 宏观制度—政策安排：地位获得和社会流动机制

近几年来，地位获得和社会流动机制研究已经不再满足于一般的"先赋—后致"作用机制的分析，而是根据中国的实际情况，认为50多年来，"宏观制度—政策安排"是影响地位获得和社会流动更深刻的机制，其中包括生产资料所有制形式、经济运行模式和资源配置模式等。它不仅直接决定了社会流动及其方式，而且可能对"先赋—后致"其中的一个方面起着抑制或支持的作用，造成地位获得和社会流动的不公正（陆学艺主编，2004：26～28）。根据陆学艺学术团队的研究，50多年来，我国社会流动的主要特点是：中国社会流动模式与工业化国家社会流动模式是不同的；改革开放前后，社会流动模式、流动机制发生了巨大变化；职业结构渐趋高级化；未来10年，职业高级化水平将有一个跳跃式提高，中间阶层将有一个跳跃式扩大；中国正在逐步走向一个开放的社会；但是，公正、合理、开放的现代社会流动模式尚未最终形成（陆学艺主编，2004：26～28）。

与此相似，李路路（2003）的研究是从制度转型分析阶层化机制的变迁，他认为在从再分配向市场体制的渐进式变迁中，市场机制的引入和发展将导致与再分配体制相联系的政治因素在社会地位获得中的作用下降，教育的作用将得到维持或延续，家庭背景的影响将由于经济机制的变化凸现出来。结构化机制变革的结果并非导致社会分层结构的重组，更有可能导致维持甚至强化社会地位的代际再生产；不同的社会阶层由于原有社会地位的不同、在制度转型过程中的位置不同，市场机制的作用，以及再生产的程度也应有所不同。在进一步研究中，作者从"再生产"和"统治"两种机制的角度，对代际关系模式所表现出来的普遍特征进行了实证分析和理论探讨，认为在工业化机制和制度机制的后面，在我国还存在着至少与工业化机制和制度机制共同决定社会流动过程和结果的其他机制，即社会集团或社会群体的再生产机制和统治权力机制。在再生产机制下，社会分层结构实际上是一个具有很强"刚性"的结构；包括制度化权力和合法化权力在内的统治权力机制是再生产机制的条件（李路路，2006）。王春光（2003）的研究表明，尽管改革开放以来，市场因素对就业分配的配置作用越来越大，但是对职业合理流动的制度性限制和结构性限制还是存在，从而产生社会不平等。李若建（2006）根据广东深圳宝安区2000年人口普查长表抽样资料，对该区社会结构进行初步的描述分析，指出权力垄断、地缘集聚与市场竞争是形成这种结构的主要原因。在这种结构下，市场给予了人们获得地位的机遇，然而权力垄断、地缘集聚则成为获得地位的障碍，个人素质则是克服障碍的重要条件。

除此之外，梁玉成（2006）比较了渐近转型与激进转型对于分层秩序的影响，认为中国渐进转型的分层秩序导致中国收入回报的决定因素中，既存在着行动者所处的劳动力部门的所有制效应，也存在着年龄和劳动力部门所有制之间的交互效应。张翼（2004）在影响中国人初职与现职地位获得的模型建构和分析中显示：后致性因素要比先赋性因素更为重要，但是父亲职业地位仍然具有影响力；教育等已经成为人们社会地位获得的重要中介变量，不同性别子女的社会地位获得主要在于家庭在教育投资方面的差异；不同的历史时段，党员身份与受教育程度的作用力有着此强彼弱的表现；户籍制度所造成的社会隔离严重影响着人们初职地位的获得、教育资本的积累和现职地位的提升。唐世平（2006）认为支撑社会流动的制度安排是经济增长的整个制度基础中的一个关键维度，它调控地位市场的激励结构。当“社会不流动”时，它将阻碍经济增长；因此，理解物质市场和地位市场中两种激励结构之间的相互作用，及其对经济和社会发展的影响，有助于理解人类社会的演进过程。

以上对近几年来我国社会分层和社会流动机制研究状况作了大致的梳理。笔者认为，我国社会分层和社会流动机制研究已经进入一个比较深刻的领域，无论是对中国社会结构性质和形态的认识，还是社会分层研究的阶级转向，及其包括农民工在内的中国工人阶级的再造，社会流动机制研究和对中国社会分层结构的制度基础探索，以及大规模抽样调查方法的科学性等，都包含着中国社会学研究的重大议题或需要回应的重大问题。

参考文献

边燕杰、刘勇利，2005，《社会分层、住房产权与居住质量》，《社会学研究》第3期。

贾文娟，2006，《“工头”：权力来源及其对劳资关系的影响——一种历史比较视角》，《社会》第5期。

李友梅、孙立平、沈原主编，2006，《当代中国社会分层：理论与实证》，北京：社会科学文献出版社。

李培林，2005，《社会冲突与阶级意识》，《社会》第1期。

李强，2005，《“丁字型”社会结构与“结构紧张”》，《社会学研究》第2期。

李静君，1999，《劳动与性别：西方学界对中国的分析》，清华社会学网 http://www.tsinghua.edu.cn/docsn/shxx/site/chinac。

——2006，《中国工人阶级的转型政治》，李友梅、孙立平、沈原主编《当代中国社会分层：理论与实证》，北京：社会科学文献出版社。

李春玲，2004，《社会阶层的身份认同》，《江苏社会科学》第6期。

——2005a，《断裂与碎片：当代中国社会阶层分化实证分析》，北京：社会科学文献出版社。

——2005b，《当代中国社会的声望分层——职业声望与社会经济地位指数测量》，《社会学研究》第2期。

——2006，《当前中国人社会分层想象》，李友梅、孙立平、沈原主编《当代中国社会分层：理论与实证》，北京：社会科学文献出版社。

李路路，2003，《制度转型与阶层化机制的变迁——从"间接再生产"到"间接与直接再生产"并存》，《社会学研究》第5期。

——2006，《再生产与统治——社会流动机制的再思考》，《社会学研究》第2期。

李若建，2006，《地位获得的机遇与障碍：基于外来人口聚集区的职业结构分析》，《中国人口科学》第5期。

梁玉成，2006，《渐进转型与激进转型在初职进入和代内流动上的不同模式——市场转型分析模型应用于中国转型研究的修订》，《社会学研究》第4期。

陆学艺主编，2002，《当代中国社会阶层研究报告》，北京：社会科学文献出版社。

——2004，《当代中国社会流动》，北京：社会科学文献出版社。

刘精明、李路路，2005，《阶层化：居住空间、生活方式、社会交往与阶层认同——我国城镇社会阶层化问题的实证研究》，《社会学研究》第3期。

刘欣，2005a，《当前中国社会阶层分化的制度基础》，《社会学研究》第5期。

——2005b，《当前中国社会阶层分化的多元动力基础——一种权力衍生论的解释》，《中国社会科学》第4期。

吕鹏，2005，《他们不再是孩子——关于"新失业群体"现状的社会学报告》，《社会》第4期。

秘舒，2006，《无声的底层和底层的无声——"底层研究"述评》，李友梅、孙立平、沈原主编《当代中国社会分层：理论与实证》，北京：社会科学文献出版社。

仇立平，2006，《回到马克思：对中国社会分层研究的反思》，《社会》第4期。

——2007，《社会结构与阶级的生产》，《社会》第2期。

任焰、潘毅，2006a，《工人主体性的实践：重述中国近代工人阶级的形成》，《开放时代》第3期。

——2006b，《跨国劳动过程的空间政治：全球化时代的宿舍劳动体制》，《社会学研究》第4期。

孙立平，2003，《断裂：20世纪90年代以来的中国社会》，北京：社会科学文献出版社。

——2004，《转型与断裂》，北京：清华大学出版社。

沈原，2006，《社会转型与工人阶级的再形成》，《社会学研究》第2期。

佟新，2006，《延续的社会主义文化传统》，《社会学研究》第1期。

童根兴，2005，《共识型工人的生产——从新制度主义框架看布洛维的〈制造共识〉》，《社会学研究》第1期。

唐世平，2006，《社会流动、地位市场与经济增长》，《中国社会科学》第3期。

王春光，2003，《中国职业流动中的社会不平等研究》，《中国人口研究》第2期。

谢桂华，2006，《市场转型与下岗工人》，《社会学研究》第1期。

肖瑛，2006，《回到"社会的"社会学》，《社会》第5期。

许叶萍、石秀印，2006，《工人阶级形成：体制内与体制外的转换》，《学海》第4期。

许欣欣，2005，《社会、市场、价值观：整体变迁的征兆——从职业评价与择业取向看中国社会结构变迁再研究》，《社会学研究》第4期。

游正林，2006，《管理控制与工人抗争——资本主义劳动过程研究中的有关文献述评》，《社会学研究》第4期。

余晓敏，2006，《经济全球化背景下的劳工运动：现象、问题与理论》，《社会学研究》第3期。

郑杭生主编，2004，《当代中国城市社会结构——现状与趋势》，北京：中国人民大学出版社。

张翼、侯慧丽，2004，《中国各阶层人口的数量及阶层结构——利用2000年第五次全国人口普查所做的估计》，《中国人口科学》第6期。

张翼，2004，《中国人社会地位的获得——阶级继承和代内流动》，《社会学研究》第4期。

——2005，《中国城市社会阶层冲突意识研究》，《中国社会科学》第4期。

——2006，《城市社会阶级阶层冲突意识的差异及其原因》，李友梅、孙立平、沈原主编《当代中国社会分层：理论与实证》，北京：社会科学文献出版社。

中国社会科学院“当代中国人民内部矛盾研究”课题组，2004，《城市人口的阶层认同现状及影响因素》，《中国人口科学》第5期。

作者单位：上海大学社会学系

革命与中国乡村社会变迁

卢晖临

由一场革命而引发的长达四十多年的社会主义实践对中国社会特别是农村社会产生了什么影响，这是一个历来为人们所关注的话题。20世纪80年代以前，国内学者最习惯做的一项工作是进行“社会主义新农村”与“半殖民地、半封建旧农村”的对比。在这种对比中，变迁的起点和终点清晰而明显，而起点与终点之间的变迁过程则被形象地称作“翻天覆地”、“暴风骤雨”，前者意指变迁的性质和方向，后者意指变迁的剧烈程度。而在同一时期，无论是出于对共产主义革命的恐惧还是期望，国外学者对于这一话题也倾注了极大的关心。他们关心的核心问题是：“一个社会，尤其是一个有着强固的农民传统的社会，能够被立志消灭旧制度、引进新制度的国家政权推动多远？”（Unger，1984）这一被称作“社会工程”的提法，把握住了社会主义运动区别于资本主义的重要特征，凸显了社会主义意识形态的实践效能。在国外学者眼中，这场规模宏大的“社会工程”不仅是对西方理论的挑战，而且是对人类实践之可能性的探索。可以说，整个国外的当代中国研究，都是在这样一种价值关怀下开展的。

20世纪80年代之后，随着“后革命时代”的来临，“告别革命”逐渐成为中国社会的时代旋律。恰恰是在这种背景下，越来越多的国内学者开展了对于革命及其影响的相对独立的研究。①经过二十多年的积累，在我们通常称作“乡村社会史”的这一领域，出现了一批令人瞩目的研究成果。在很大程度上，这些研究都是在与国外当代中国研究的对话中开展的。本篇综述性文章，将以国外中国学研究的既有发现为出发点，重点梳理和评述2003年以来中国学者的研究进展。文章分为三个部分，第一部分讨论有关近代中国乡村社会性质的研究，第二部分讨论针对革命本身的研究，第三部分讨论革命带来的乡村社会变迁。

① 社会科学研究大多难以做到纯粹的“价值中立”，这里所说的“相对独立”，指的是和政治意识形态的相对疏离，指的是在一种相对远离政治压力的情况下从事研究的状态。

一 近代中国乡村社会的基本特征

（一）村落共同体抑或小农聚落？

近代中国乡村是村民互帮互助、因道德而紧密团结的村落共同体，还是小农各行其是、因理性而松散结合的聚居群落？半个多世纪以来，国外学术界围绕这一问题的争论从来就没有停止过。争论的源头可以追溯到20世纪30～40年代日本学者戒能通孝与平野健太郎之间的论争（张思，2005）。其后，美国学者斯科特与波普金之间有关农民社会一般性质的论战又激发了更多对中国乡村社会性质认识的分歧（Scott，1976；Popkin，1979）。

中国学者基于基层资料的最新研究似乎更加倾向于支持小农聚居群落的认识。张思利用满铁调查资料，细致描述华北农民在农耕生产上的种种结合形式。文章指出近代华北农村小农经济的基本特征是个体经营，“一家一户的经营方式以及与之相伴随的私有观念已渗透到社会的经济生活的各个方面，即使在同一宗族内部甚至分家后的父子、兄弟之间也不乏基于合理的、计算的、对等交换的行为”（张思，2005：39）。张乐天根据他在浙北乡村所做的田野调查，明确反对村落共同体的说法，他指出，“新中国成立前夕，浙北的自然村完全不是那种带有自治特征的小共同体，而是农户比邻而居、血缘地缘合一的乡村聚居群落”（张乐天，2005：206）。

但是，张思和张乐天同时也注意到一些似乎相反的证据。张思指出，“个体小农在风险面前的脆弱性以及经营能力的不足使他们不能彻底地独立于其他共同体成员。对共同体的依赖使极端的自我中心主义的行为也受到限制。因此在具有对等交换性格的换工习惯中也有很多不追求绝对的等量、等价交换、或牺牲一方一定的利益的情况出现”（张思，2005：39）。张乐天也指出，“自然村内有一种特别的亲情”，“共同生活形成的村落文化又约束着每个人的行为，保持着村落生活的有序与传统”（张乐天，2005：207）。其实，我们还可以不费力地找到更多支持“道义经济”、“乡民社会”的证据，譬如，流行于乡间的很多“习俗”，其核心都是强调穷人的生存权利，反过来，是对富人所需履行义务的要求（卢晖临，2003）。这种看似矛盾的证据表明，我们还需要对这个问题做进一步的研究和阐述。

（二）乡绅—宗族的“自治体”抑或皇权渗透的“吏民社会”？

早在20世纪初，韦伯就指出中国村庄的“自治体”特征：宗族势力和以宗族为基础的自治组织支配着村社生活，使得村庄成为“一个没有朝廷官员的自治的居民点”（Weber，1951：91）。韦伯之后，国内外众多学者的实证研究为我们提供了一幅乡绅、宗族势力在乡村社会经济、文化系统和政治权力方面结合为一体的画面。有学者将其形象地概括为“国权不下县，县下唯宗族，宗族皆自治，自治靠伦理，伦理造乡绅”（秦晖，2003：2）。

与之相反的观点在20世纪50年代之后逐渐流行。受“东方专制主义”之说影响，这一时期的研究强调皇权和国家权力的专制特征，否定乡村自治之说。譬如，萧公权指出，尽管朝廷没有能力将行政力量延伸到基层乡村社会，不得不依靠一套“准行政”制度，但由于基层准行政人员更多扮演国家代理人的角色，因而基层乡村社会并不能摆脱政府的监控和指导（Hsiao，1960）。

秦晖近年发表的一篇文章也明确质疑乡绅—宗族的“自治体”模型。该文通过分析长沙走马楼吴简资料和敦煌文书，揭示出汉唐间的乡村社会姓氏高度杂居的状况。作者指出，在那样一种条件下，“哪怕是最简单的宗族组织都是难以存在的”（秦晖，2003：16）。另一方面，作者又在吴简对乡吏活动的记载中，发现国家政权在乡村社会的活动与控制十分突出，呈现出一派“吏民”社会的景象。

李怀印利用河北获鹿县衙门档案资料，考察晚清及民国早期村级治理实践，他得出的是一个总体上支持乡村自治论的结论。他指出，在当地村庄中承担地方治理职能的乡地制，是一种村民自愿组成的、平衡相互间权利与义务的合作性制度安排。“在这种制度下，地方社会的日常治理，的确未卷入任何形式的国家权力”，“获鹿县的绝大多数村庄，的确存在相当程度的、明确无误的自主”（李怀印，2003：80）。

将秦晖和李怀印的文章放到一起看，会产生非常有意思的问题。秦晖的文章提醒我们以明清论传统的危险，主要以明清社会为蓝本的乡绅—宗族模型，往往不经意间被学者们扩展为对整个传统社会的认识。假如秦晖的考证和解读都是正确的，并且他使用的材料对汉唐乡村社会有代表性，那么如何解释乡村控制由汉唐到明清的转型呢？分别借用两位作者的话，“极端‘非宗族’的‘吏民’社会”是如何转变为“相当程度的、明确无误的自主”的社会的呢？

李怀印的文章提供了部分答案。他发现，作为乡村自治重要资源的乡规、村规、族规等，历来得到官府的认可、支持，县衙门与乡村社会在确保乡规、村规和族规的运转上，是相互合作的。作者指出，在这种合作关系背后，隐含着朱熹以来宋明理学大力倡导的“公私一体”的统治理念。在宋明儒家看来，村社治理的最佳方式，不是依赖官方的强制，而是民间的自我管理和互助合作。就此而言，明清时期的乡村自治，不能被简单地理解为地方社会抵制国家渗透的结果，而在很大程度上是国家基于其统治理念做出的有意识的设计。只有考虑到这一点，才能理解高度中央集权的明清政府（相对于汉唐）与表面上松散的乡村控制这种反差。

如果我们再将刘志伟的研究纳入进来，答案就更加完整了。在《边缘的中心》一文中，刘志伟以位于珠江三角洲沙田区的沙湾为例，考察在地理和政治格局中的边陲之地，中心的权力如何得以建立（刘志伟，2003）。我们看到，沙湾社区的大族豪绅们，精心地动用宗族、村庙等组织和文化资源，建立其控制沙田区的稳固的“中心”地位。在这个过程中，难得一见国家的身影，乡村社会似乎纯粹是乡绅和宗族发挥作用的舞台；但是，乡绅和宗族恰恰是通过掌握和利用国家话语，通过基于王朝国家的种种制度性、合法性和象征性资源的运用来实现其自身的“中心”地位的。换言之，乡村自治中的乡绅和宗族的中心性，恰恰从另一个意义上强化了民众关于国家的“正统性”观念（陈春声，2004）。

二 解释中国革命

20世纪60年代之前，美国学者对中国革命成功的解释主要受到塞兹尼克（Selznick，1952）“组织武器”概念的影响，强调高度纪律化和职业化的共产党组织在操纵民众方面的巨大作用。约翰逊在他1962年发表的著作中，提出著名的“农民民族主义”的观点（Johnson，1962）。约翰逊认为，中国共产党的成功不是由于“组织武器”，而是其坚定的抗日立场和成功的抗战宣传赢得了抗日民族主义不断高涨的农民的支持。和约翰逊一样，塞尔登拒绝“组织武器”说，强调农民支持的重要性，但是他认为农民不是为民族主义和中国共产党的抗战立场所激发，而是为中国共产党的社会经济政策所吸引（Selden，1971）。撒克斯顿更进一步从社会文化意义上找寻共产革命成功的奥秘。他指出，中国共产党在华北的成功，很大程度上归功于他们施行的使得那些不幸的佃农“重新获得他们失去的世界”的政策——在后者那里，中国共产党的合法性也许被理解为是对传统道德、生存经济的回归（Thaxton，1975）。

陈永发更为晚近的研究看起来像是重拾三十年前的“组织武器”说，在《制造革命》一书中，他指出共产党激进的经济政策并不一定为农民所接受，共产党的成功很大程度上靠的是组织阶级斗争。共产党组织贫农，斗争地主，重新安排了原有的乡村秩序（Chen，1986）。

过去的半个世纪，西方关于中国革命的研究基本上围绕着组织武器、民族主义情感和社会经济诉求这三个因素展开，这些研究虽然都有实证资料支撑，但均采用类似的总体性论述风格，以探寻革命成功的奥秘。

刘昶的研究，为我们提供了第二次革命战争时期中国共产党在江南未能取得成功的解释。江南地区有着全国最发达的租佃关系，地主和佃农之间围绕收租问题而展开的阶级斗争非常激烈。可是恰恰在这一地区，中国共产党无法将农民的抗租斗争转化为以推翻现存秩序为目标的革命。我们可以将刘昶的解释总结为以下几点：第一，江南地区高度商品化的经济为农民提供了谋生机会，使得当兵吃饷没有吸引力，中国共产党招募不到兵源。第二，江南地区的地主大多居住在城市，中国共产党无法以村庄为基地组织起佃农对地主的斗争，因而也不能像华北一样将村庄锻造成革命的堡垒。第三，江南的农民大多数是佃农，不负有向国家纳税的义务，因而中国共产党无法通过接管粮税获得稳定的物资支持，更无法发动农民进行以推翻国家为对象的斗争（刘昶，2003）。这种看似简单却卓有成效的解释，将“当兵吃饷”这样日常生活化的细节问题带入革命研究中来。

陈德军对赣东北革命根据地乡村社会的分析，除了重视中国共产党为农民所提供的新型组织之外，特别指出了革命爆发地区原有组织缺乏的特点：那些爆发革命的村庄，绝大部分都没有什么政治组织和其他社会组织，缺乏社会凝聚力，这种一盘散沙的状况提供了一种发生革命的可能性社会空间（陈德军，2005）。陈德军进一步指出，村庄里最早起来响应革命的人——所谓“盗火者”——大多是村庄里的边缘性人物：贫穷、未成家立业、未被土地劳作完全束缚。

刘昶和陈德军的文章触及了革命中的一些很关键的细节问题，并提供了有说服力的分析，不过，要形成对革命更完整的解释链条，有一个环节是无法回避的。

中国共产党领导的革命不同于传统意义上的农民暴动。带有强烈的理想主义色彩和明确的意识形态追求的共产主义思想，是如何进入乡村成为动员农民的力量的呢？陈德军文章中的“盗火者”，其实是任何一个时代农民暴动中的铤而走险者，他们无力承担“盗取”共产主义之火的使命；中国共产党的精英人物，如毛泽东、彭湃等，虽然有着丰富的农村工作经验，并深入乡村宣传共产主义，发动农民斗争，但他们所能做的只是种下“星星之火”，要成“燎原之势”，必须仰赖一个更大规模的群体。

也许正是出于这种考虑，从小平将目光转向中国共产党在乡村地区的基层组织者和领导者，在他看来，这些人才是中国共产党革命理想与农民现实主义之间的桥梁（从小平，2006）。从小平考察河北和山东的师范教育，他指出，正是20世纪30年代师范学校在乡村地区的发展，为中国共产党培养了大量的草根干部，成为大革命失败之后中国共产主义转型以及中国共产党再起的契机。在国民党政府发展乡村师范、扩展乡村教育的政策下，一大批家境贫寒的乡村青少年得以接受中等教育，他们学业优良，志向高远，但由于家境贫寒，不得不选择师范学校。由于对自身出路的挫折感、对社会现实的不满，加之30年代全国性民族主义情绪的高涨、中国共产党力量的渗透与动员等种种因素，这群青少年在寻求解决社会问题的方案时，更易于接受共产主义/社会主义理论，倾向于激进的社会变革。机缘巧合的是，地方师范学校在1927年后，收留了一批逃亡的中共党员和左翼知识分子为教师，他们将师范学校当成了传播共产主义思想的基地。从这批师范毕业生中，走出大量的基层党员干部，他们理解党的目的和政策，接受民族主义思想，他们了解农村状况，理解农民处境，具有与农民沟通的能力——正是他们将一种源于西方的共产主义理想、城市知识分子对公正社会的憧憬、一种抽象的现代民族主义观念转化为农民理解的语言，转化为他们对现实和自身利益的关切（从小平，2006）。

无独有偶，在近日由黄宗智教授主持召开的一次研讨会上，刘昶提交的论文题目就是《革命的普罗米修斯——民国年间的乡村小学教师》，他讨论的正是这批师范毕业生回到乡村以后的情况。

三 革命带来的乡村社会变迁

20世纪60年代后期，舒尔曼（Schurmann，1966）和傅高义（Vogel，1969）先后发表《共产主义中国的意识形态和组织》与《共产主义制度下的广州》，前者探讨“一个有组织的中国”（共产主义体制的国家）如何从传统中国社会制度的瓦解中产生，后者谈论的是“对社会的政治征服”，其重点是中国共产党人如何构建了一个足以控制和变革社会的庞大的政治体系。两本书都描绘了一幅现代国家取代传统社会的图景。

进入20世纪80年代以来，越来越多的国内外学者注意到下述一些发生在中国农村社会里的现象：曾经被严厉限制的家族组织和家族活动开始复苏，曾经被坚决取缔的民间宗教、仪礼活动开始死灰复燃……总之，很多“旧农村”的东西又顽强地出现在经过“翻天覆地”和“暴风骤雨”洗礼之后的“新农村”。于是，这些学者就此提出疑问：四十年前的那场革命和随后的社会主义实践是否真的触及了中国社会的最底层？或者，它们只是一场掠过海面的风暴，虽然掀起了巨浪，但海底依然平静如故？在以上想法的指导下，这些学者进行了探索农村社会延续性的努力，他们力图证明，“翻天覆地”和“暴风骤雨”虽然可能改变农村社会的阶级和社会结构，但农民根深蒂固的观念和绵延流长的行为却顽强地潜伏下来，一俟外界的压力减轻，他们即恢复自己本来的面目。

最典型者如莫希尔，他在改革伊始就进入中国农村进行田野调查，他发现，“尽管经过世界上配合得最好的宣传机器几十年的驯化，大多数中国人仍然固守着传统价值和信仰”，“二十五年的集体生活，没有能够将农民改造为好的集体主义分子”，“正是在以无私为基础的体制中发现的这种根深蒂固的自私自利，消除了我从宣传中得来的社会主义正在形成的印象”（Mosher, 1983：7, 40, 43）。稍晚在广东完成田野调查的波特，得出类似的结论：“在增埗1949～1985这36年的革命过程中，虽然有很多表层的变迁，但我印象最深的还是明显的连续性。婚姻模式出现了一些改革，但是没有根本的变化；宗族表面上改变了，但是其深层结构特征在毛时代则一如既往，在后毛时代，甚至像祖坟、祠堂和龙船比赛这样的外在符号也出现了。就我所知，传统的宗教和巫术信仰都复兴了，与革命以前有着同样的内容和意义”（Potter & Potter, 1990：24－25）。

上述两种观点代表了认识中国乡村社会变迁的两种典型态度，前者强调“变化”的一面，后者强调“延续”的一面。西方学者早期多强调“变化”，近期则强调“延续”。不过，在近期一片强调延续的声浪中，也有持异议者。萧凤霞认为，不能从宗族、社区和宗教活动在20世纪80年代以后的复兴，就得出社会主义国家没有能够按其意愿转变社会的结论，“学者们在80年代观察到的传统村庄生活的特征——从民间仪式到以社区和宗族联系为基础的地域认同——无论是形式还是意义上都与过去有很大的不同”（Siu, 1989：291－292）。她提醒人们注意宗教“复兴”所采取的方式，即那种个人主义的、竞争式的宗教仪式繁盛，而公共仪式（宗族仪式、社区庆典）阙如。按照她的解释，是国家对政治和象征领域的支配，将“复兴”的宗教引导到家庭的私隐角落。针对那些似乎被视作“持续”的现象，她这样评论：“今天民间宗教仪式‘复兴’的方式使我们想起的不是过去剩下了什么，而是农村社会在革命之后被改造了多少。”

面对如此针锋相对的争论，我们是否只有在两种立场中择一站队的选择呢？我们很容易在轰轰烈烈的社会变迁背后找到深深的延续性，同样，在看似一平如镜的社会生活中，也可以毫不费力地发现变迁的成分。事实上，变迁和延续是内在于任何社会实践之中的。我们甚至可以像武雅士一样说，“所有的都改变了，但是又没有任何东西变化”（Wolf, 1974：133）。

近年来，中国学者也广泛加入到这一研究阵营中，用更加丰富的田野调查和地方档案材料分别为“变化”和“延续”的对立观点提供更翔实的注脚。但我认为，社会学分析不应仅仅止步于告诉人们发生了什么变化和持续，而是应该进一步探讨这些变化和延续是如何达成的。以下综述的几篇文章，力图跳脱出“变化”和“延续”的不休争论，尝试开展出一条认识革命和社会变迁的新方向。

郭于华的《心灵的集团化：陕北骥村农业合作化的女性记忆》，以陕北一个村庄中女性口述的集体化经历、感受和记忆为主要分析对象，以一种非常细致和精巧的方式，显示出由象征权力所建立的支配治理关系，在生产劳动和生活的集体化过程中完成了心灵的集体化的过程，在重构乡村社会结构的同时也重构了农民的心灵。它让我们洞悉集体化作为一种治理过程的复杂与微妙之处。该文特别指出，象征权力之所以具有强大的支配力量，重要的原因之一在于它与人们日常生活世界的逻辑、生活理念和生存理想有着暗中的契合，集体化不是自上而下的一种凭空建构，而是融合了农民生活世界中的一些传统理念和基本要求。另一方面，作为被支配一方的农民也不仅仅是接受和认可符号权力，而且对它做了创造性的理解和解释（郭于华，2003）。这种往往被人忽略的主体性，以一种隐晦的方式，造就出历史过程最终偏出其设计者预定的轨道的“意外后果”。

卢晖临的《革命前后中国乡村社会分化模式及其变迁》通过系统梳理已有的实证研究成果，试图描画、对比革命前乡村和革命后中国乡村社会分化的不同模式。文章提出“社会分化的文化网络”概念，用以说明那些有助于农民接受现存社会分化机制及其结果，认同其合法性的重要文化因素。文章指出，土地改革在村庄内部的深入开展，摧毁了革命前乡村社会分化体系本身及其合法性，使得革命前潜藏于农民文化和心理角落的农民平均主义得以借助“阶级剥削”、“翻身”等新的政治话语“浮出表面”，进入日常生活领域并在新的集体制度形成过程中扮演重要角色（卢晖临，2003）。作者的另外一篇文章《集体化与农民平均主义心态的形成》通过讲述后集体时代发生在一个村庄里的楼房竞赛故事，分析这一现象背后的农民平均主义心态，并特别探讨集体化经历与这一心态形成之间的关系（卢晖临，2006）。

张小军的《阳村土改中的阶级划分与象征资本》，研究焦点是土改中阶级的象征资本生产和再生产，以及新社会秩序的建构逻辑。文章指出，土改中“阶级”从象征生产到制度实现的过程，是一个经济、政治、社会等资本与象征资本相互转换的过程，也是一个象征资本再生产的过程。通过象征资本的观点考察土改这样的全国性运动，必然会凸现普通农民作为行动者的角色。具体而言，在面对一个强势国家时，农民扩展自己资本和资源的最有效节省的手段就是接受和借用国家的象征资本，包括阶级斗争、政治权力和国家意识形态，去生产、转换和增值他们自己的资本（张小军，2004）。

应星的《身体与乡村日常生活中的权力运作——对中国集体化时期一个村庄若干案例的过程分析》，将探索的触角伸展到乡村日常生活当中最琐细的性事活动中。不过，作者并不是对性事本身感兴趣，而是通过对不同类型的刑事案件的过程分析来展现集体化时期中国乡村日常生活的权力实践。文章为我们展现了国家通过身体实现的向乡村社会的权力渗透，也展现了农民对于身体的策略性运用。作者指出，“国家实现治理的目标与村民谋求自己利益的目标是相互为用的，或者说，在国家权力深入乡村社会的过程中，村民所起到的是带着自己的目的积极参与其间的‘同谋’作用”（应星，2004）。

迄今为止，关于中国革命与中国农村社会变迁之关系的研究，尚未就许多相关问题为我们提供命题式的答案，但都在某种程度上从各自的角度揭示出了一些背后的微妙机制。

参考文献

陈春声，2004，《乡村的故事与国家的历史》，黄宗智主编《中国乡村研究》第二辑，北京：商务印书馆。

陈德军，2005，《乡村社会中的革命：组织、“敌人”与控制》，复旦大学历史学系、复旦大学中外现代化进程研究中心编《近代中国的乡村社会》，上海：上海古籍出版社。

丛小平，2006，《通向乡村革命的桥梁：三十年代地方师范学校与中国共产主义的转型》，《二十一世纪》8月号。

复旦大学历史学系、复旦大学中外现代化进程研究中心编，2005，《近代中国的乡村社会》，上海：上海古籍出版社。

郭于华，2003，《心灵的集团化：陕北骥村农业合作化的女性记忆》，《中国社会科学》第4期。

黄宗智主编，2003，《中国乡村研究》第一辑，北京：商务印书馆。

黄宗智主编，2004，《中国乡村研究》第二辑，北京：商务印书馆。

李怀印，2003，《中国乡村治理之传统形式：河北获鹿县之实例》，黄宗智主编《中国乡村研究》第一辑，北京：商务印书馆。

刘昶，2003，《在江南干革命：共产党与江南农村，1927～1945》，黄宗智主编《中国乡村研究》第一辑，北京：商务印书馆。

刘志伟，2003，《边缘的中心——"沙田—民田"格局下的沙湾社区》，黄宗智主编《中国乡村研究》第一辑，北京：商务印书馆。

卢晖临，2003，《革命前后中国乡村社会分化模式及其变迁：社区研究的发现》，黄宗智主编《中国乡村研究》第一辑，北京：商务印书馆。

——2006，《集体化与农民平均主义心态的形成——关于房屋的故事》，《社会学研究》第6期。

秦晖，2003，《传统中华帝国的乡村基层控制：汉唐间的乡村组织》，黄宗智主编《中国乡村研究》第一辑，北京：商务印书馆。

应星，2004，《身体与乡村日常生活中的权力运作——对中国集体化时期一个村庄若干案例的过程分析》，黄宗智主编《中国乡村研究》第二辑，北京：商务印书馆。

张乐天，2005，《嵌入式社会变迁及其界限：对浙北一个村落的个案研究》，复旦大学历史学系、复旦大学中外现代化进程研究中心编《近代中国的乡村社会》，上海：上海古籍出版社。

张思，2005，《近代中国农村的村民结合与村落共同体——旧华北农村农耕结合形式研究》，复旦大学历史学系、复旦大学中外现代化进程研究中心编《近代中国的乡村社会》，上海：上海古籍出版社。

张小军，2004，《阳村土改中的阶级划分与象征资本》，黄宗智主编《中国乡村研究》第二辑，北京：商务印书馆。

Chen, Yung-fa, 1986, *Making Revolution: The Communist Movement in Eastern and Central China, 1937–1945*. Berkeley: University of California Press.

Foster, George M., 1965, "Peasant Society and the Image of Limited Good." *American Anthropologist* 67 (2).

Hsiao, Kung-chun, 1960, *Rural China: Imperial Control in the Nineteenth Century*. Seattle: University of Washington Press.

Madsen, Richard, 1984, *Morality and Power in a Chinese Village*. Berkeley, CA: University of California Press.

Mosher, Steven W., 1983, *Broken Earth: the Rural Chinese*. New York: The Free Press.

Johnson, Chalmers, 1962, *Peasant Nationalism and Communist Power*. Stanford: Stanford University Press.

Popkin, Samuel L., 1979, *The Rational Peasant: The Political Economy of Rural Society in Vietnam*. Berkley: University of California Press.

Potter, S. & J. Potter, 1990, *China's Peasants: The Anthropology of a Revolution*. Cambridge: Cambridge University Press.

Redfield, Robert, 1930, *Tepoztlan, A Mexican Village: A Study of Folk Life*. Chicago: University of Chicago Press.

Schurmann, Franz, 1966, *Ideology and Organization in Communist China*. Berkeley: University of California Press.

Scott, James, 1976, *The moral economy of the peasant: rebellion and subsistence in Southeast Asia*. New Haven: Yale University Press.

Selden, Mark, 1971, *The Yenan Way in Revolutionary China*. Cambridge: Harvard University Press.

Selznick, Philip, 1952, *The Organizational Weapon: A Study of Bolshevik Strategy and Tactics.* New York: McGraw Hill.

Siu, Helen F., 1989, *Agents and Victims: Accomplices in Rural Revolution in South China.* New Haven, CT: Yale University Press.

Thaxton, Ralph, 1975, "Tenants in revolution: The tenacity of traditional morality." *Modern China* 1 (3).

Unger, Jonathan, 1984, "The class system in rural China." In James Watson (ed.), *Class and Social Stratification in Post-Revolution China.* Cambridge: Cambridge University Press.

Vogel, Ezra F., 1969, *Canton under Communism.* Cambridge: Harvard University Press.

Weber, Max, 1951, *The Religion of China.* Glencoe, Illinois: The Free Press.

Wolf, Arthur P., 1974, "Gods, Ghosts, and Ancestors." In Arthur P. Wolf (ed.), *Religion and Ritual in Chinese Society.* Stanford: Stanford University Press.

作者单位：北京大学社会学系

社区建设研究综述

肖 瑛

社区研究在中国现代学术史上具有非同寻常的地位，可以被视为早年中国社会学走向成熟和本土化的标志（宣朝庆、王处辉，2006）。进入1980年代以后，伴随着社会学学科的恢复，国家经济、社会以及政治体制的改革，社区研究再次成为中国学界一个跨学科的重要论域。特别是随着“社会建设”在中国改革日程表上的地位的持续提升，“社区建设研究”在21世纪初的地位更为突出。从2003年到2006年，大陆学界发表城市和农村社区建设方面的专著近100种，硕士和博士学位论文100余篇，学术论文难以计数，涉及城市社区自治和治理模式（王邦佐，2003；李亚雄，2003；徐永祥，2003；王振海，2003；陈伟东，2004；于燕燕，2005；白友涛，2006；邓泉国，2004；郭圣莉，2006；王剑敏，2006；王敬尧，2006；徐祖荣，2006；杨波，2006；张宝锋，2006）、社区建设理论（冯钢、史及伟，2003；潘小娟，2004；黎熙元、童晓频、蒋廉雄，2006）、中外社区建设比较研究（叶南客，2003；马西恒，2006）、性别与社区建设（刘继同，2003c；江波，2006）、中国社区建设成果的个案研究和经验总结（徐振中、李友梅，2003；尹维真，2003；田毅鹏，2004；田毅鹏、漆思，2005；王敬尧，2005；周运清，2005；侯伊莎，2006）等多个主题。本文将围绕社区建设目标、社区治理路径和权力结构、社区运动、社区认同等4个主题，对2003～2006年国内城市社区建设研究的主要成果做一梳理，希望能起到管中窥豹的效果。

一　从生活空间到公民社会：社区建设目标的多元化

大体而言，国内学者在界定“社区”的具体内涵时总会自觉不自觉地预设两个参照系：要么回到腾尼斯的“共同体”，要么以中国独特的“单位制”为比照。回到腾尼斯，“社区”就有了两种非此即彼的内涵：作为地域的或者脱域的共同体（王小章、王志强，2003），作为情感的共同体或者“互不相关的邻里”（桂勇，2005；桂勇、黄荣贵，2006）。以“单位”为参照，“社区”的内涵也能呈现出多元化：“单位”是“无限社区”

或“全能主义社区”，当下的新型“社区”是“有限社区”和“后全能主义社区”（沈新坤，2003；顾骏，2005）；“单位”是“单一社区”，当下的新型“社区”是“复杂社区”和“流动社区”（李友梅，2003b）；“单位”是全能主义国家对社会的全面控制即“行政社区”，当下的新型“社区”是单位的变形，或者是公民自治和公民社会的空间即“公民社区”（陈云松，2004）。

对“社区”参照系的选择以及对“社区”具体内涵的界定，并非科学主义意义上的描述，而是带有浓郁的规范性特征，其实质就是不同学者对中国语境下的社区建设目标的不同理解。刘为民（2004）认为，中国当前关于城市社区建设目标的观点大致有六种：社区居民自治说；构建强社会体系，与强国家相配而行说；构建自主与能动的“地方性社会”，重构城市社会基础说；加强基层政权和民主建设说；走善治之路，重建社会资本说；构建与国家相制衡的市民社会说。彭勃（2006）总结了四种社区建设目标：作为国家治理的新单元，充当计划经济时代“单位”的替代品；作为“块”或地域空间；作为国家监控和行政管理的单元；作为社会空间，强调社区的社会属性，希望将社区作为凝聚社会认同、沟通社会联系的空间。即使在国家视野中，社区定位也是多样的：“行政国家”把社区视为单位制的替代品；“政党国家”试图使社区成为执政党掌握社会领导权的新政治空间；“社会化国家”把社区看成国家重新深入社会的舞台。

此外，刘继同（2003a）提出，目前我国城市社区建设的主要目标应该是“通过发展社区福利，改善社区居民的生活状况，提高全体社会成员的生活质量和福利水平，最终形成由共同利益联系的文化共同体，实现经济发展与社会进步的过程目标”；顾骏（2006）则认为，进入后单位制时代后，城市社会生活呈碎片化趋势，个人缺失单位制条件下的体制保护，因此，社区建设的目标从根本上看应是重建城市基层生活，实现城市基层生活的整体化。

显然，在社区建设目标问题上，学者的思考与国家的界定并不完全重合。国家渴望把社区建设成为后单位制时代城市人生活的基本空间，成为党和政府建设基层政权、构建城市基本秩序的“抓手”，成为发展社会民主、居民自治的基础；学者们则渴望社区不仅应该成为城市人社会生活的基本倚靠，而且应该作为公民社会发育的重要载体，形塑国家权力秩序之外的自主性空间（李友梅，2006；杨寅，2006；刘继同，2003b）。在学者和国家的以上各自表述之间，存在一个社区建设目标的“连续体”：作为城市生活空间的社区是最基本的目标，居民自治属于中间目标，公民社会则是最高层次目标。当然，这三者之间并非简单的因果式递进关系，而是循环性的、互为前提和因果的关系，其中，公民社会最为重要。没有公民社会的发轫，就没有对社区中各种国家权力的监督和制约，社区作为生活空间所必需的平等、公正标准就难以可能，居民对公共事务的参与也难以为继（林尚立，2003：16～17）。

二　权力结构变革：社区治理的基本问题

无论是建设自治型社区还是公民社会型社区，核心内容之一就是改变社区管理体制，重建社区组织（徐道稳，2003），其实质就是改革社区权力结构（李友梅，2003a；2003b；2006）。大多数学者认为，社区建设应该引进治理（governance）理论。从抽象的治理理论角度看，社区自治突出表现在政府与各社区组织以及作为个人的社区市民之间的平等互动和协商，政府不直接管理和操作公共事务（冯玲、王名，2003）。但是，一些经验研究发现，这种西方化的理论很难解释当代中国城市社区建设（沈新坤，2003；海贝勒、绍斯米卡特，2005；范明林、程金，2005；陈映芳，2006）。德国学者海贝勒（2005）的研究表明，中国社区的管理和运作基本上是在强国家作用下进行的，动员式参与居于主要地位，缺乏公民的自觉、自愿、自主的参与。这一问题的症结在于政府对公民参与的矛盾态度：既渴望公民的热情与自觉，以求借此增强政治稳定性与合法性，又担心自治式参与会回避动员式参与，造成某些副作用，因此极力监控参与。陈映芳（2006）则发现在西方政治和社会理论中被认为是社会变革和稳定的中坚力量的中产阶级，在国内维权运动中的表现并不完全是那么回事。林尚立（2003：16~17）认为，改革开放以后居民的社区参与经历了两个阶段：第一阶段是改革开放初期的“被动参与”，第二阶段是20世纪80年代中期后的“弱参与”。前者源于居民对居委会的资源依赖，后者源于居委会的行政化，只有完全实行基层群众自治条件，居民的社区参与才能摆脱现有限制。

陈云松（2004）发现在社区建设问题上中国政府与联合国之间的差别：中国“社区建设”的推动来自政府，目的是寻求社会的稳定和发展；联合国“社区发展”的动力则来自社区，目的是寻求善治。中国社区建设的这种目标和路径定位造成了二元动力机制与一元决策主体的结构性矛盾，直接表现是社区居民参与社区建设的积极性不高。这一点在任远（2005）的研究中也有体现。陈云松认为，一元决策主体引发的这种困境，根本症结在于缺乏一个把公民参与从可能变为现实的转化机制与空间，因此，深化社区建设与其说是管理体制改革，毋宁说是意义更为深远的政治制度创新。

上述认识都暗含着同一个观点：城市社区参与率低并不是公民社会理论和治理理论不适合中国国情，而是没有努力在社区建设中引入和实践治理理论，社区建设的权力结构依然以国家为绝对主导的结果。

李友梅（2003a，2003b）指出，变革社区权力结构是社区本身的结构性变动的必然。传统街居制本质上是行政的，权力来源是纯粹国家的和垂直型的，居民只有一种身份，属于“单一社区”类型；随着住房体制改革等各种改革措施的推进，行政权力逐步相对化，参与社区管理的力量不断增多，居民身份开始多样化，社区变为“复杂社区”。这两类社区都是地域性的。在现代性的“脱域”机制作用下，部分社区居民的行动开始摆脱地域限制，发展出一种运作逻辑完全不同于地域性社区的“流动社区”类型。这三类社区既相互重叠、交叉，互为基础，又相互分离。社区结构的这些变化不仅带动了社区内部权力结构的复杂化，也带动了城市基于社区治理的权力结构的复杂化，重建社区权力结构，成为社区建设的基本前提。然而，新的权力秩序必须依托治理结构才能逐步建立起来。李友梅认为，现代城市社区的治理结构具体表现为由代表科层制逻辑的居民委员会、共同体逻辑的业主委员会和市场逻辑的物业管理公司这“三驾马车”平等协商、共同治理，即使行政力量和党组织对社区的介入也应遵循这种横向互动的共治原则。徐永祥从现实主义角度对当前社区权力结构的“单位化”的描述分析，更加凸显权力结构变革对于社区建设的核心意义。徐永祥（2006）认为，虽然为适应社区制发展，我国政府在城市社会管理体制方面作了一系列的改革和调整，但这仅仅是政府内部行政权力与职能的重新分配，并没有改变传统社会体制的本质，即没有超越计划经济时代社会领域中的“政社不分”、“政社混淆”、“以政代社”的弊端，没能重构政府与社会（社会组织）的应有关系。在社区建设的实践中，这种“政社不分”的政府职能或行政化体制的弊端，突出表现为政府职能严重缺位与严重越位的并存。

李和徐的分析都在说明：调整社区权力结构的关键是改变国家在社区建设中的权力渗透方式和运作逻辑。这几年关于城市社区的经验研究，都在直接或者间接地证实这个观点。张磊和刘丽敏（2005）在业主维权的个案研究中发现，住房体制改革把国家置于一个两难困境：要把解决住房问题的责任转移给社会，就必须给予社会相应的自治权，但国家不甘于地位的下降，仍希望在新体制下继续保持对物业运作的支配权，更好地谋求自身利益，其结果是国家权力过度化，社会力量的权利不足，国家力量和社会力量竞争新公共空间权力/利的现象由此引发。石发勇（2005）在上海市一个居委会改革的实践中发现，尽管改革让社区组织和居民都多少发挥了一些作用，但行政权力在微型社区权力结构中仍然占据主导地位，居委会难以顺利成长为真正的居民自治组织。其关键症结在于现有城市管理体制的制度性缺陷，制度变迁的报酬递增性质使得基层政府机构成了居委会“行政化”的受益群体从而不断强化其“行政性”，基层政府机构和居委会之间控制关系的这种“固定化”，使得城市微型社区治理陷入“闭锁”困境。要从根本上实现基层民主化和社区善治，必须对整个城市管理体制进行改革，而不能仅限于选举改革。

在研究社区治理结构时，必须区分作为理想模型的权力结构和作为过程的权力结构变革之间的关系。前者给研究者提供了批判的武器，后者能使研究者看到变化的趋势和目标达成的可能性。社区研究同样如此，与不尽如人意之处并存的还有许多积极的变化，如自治式参与比例的提升、行使自己的公民权现象的增多（海贝勒，2005）。把社区权力结构调整当作一个过程，实质上就是在中国这样一个强国家弱社会的背景下，以公民社会或公民自治为目标的社区建设不应被当作一蹴而就的行动，而应是渐进的过程，是根据具体的社会和政治背景对国家和社会的关系进行逐步调整的过程，国家应在其中继续扮演积极的角色（刘继同，2003b）。有鉴于此，刘为民（2004）认为，转型期我国城市社区建设的制度变迁应走“强制性—诱致性—自主性”的路径，社区模式也应历经“依附型—合作型—自治型”三个递进层次，政府在社区建设早期积极介入，但同时也应给社区自治预留空间，为把社区最终发展成为公民自治的基础做制度上的准备。郭圣莉（2004）也认为，国家在社区建设前期应扮演积极的角色，帮助建立有效的社区自治和自我管理体系，然后急流勇退。

三　组织关系转向：对社区权力结构调整的理论预设的反思

李友梅（2006）指出，国内关于社区建设的几乎所有文献都无反思地选取了国家与社会关系理论作为分析框架。该理论预设了国家与社会之间的二元论关系。但实际的权力运作逻辑并非如此，特别是在中国语境中，不同权力往往相互纠缠、你中有我、我中有你。因此，国家—社会范式很难有效解释中国城市社区权力结构调整的实际。此外，该范式同宏大叙事勾连在一起，难以落实到社区建设的实践层面。制度分析路径回避了宏大叙事，在中观层面上讨论问题，但忽视了行动者在社区权力结构调整、运作和再生产中的能动性、自主性以及制度本身的多余度存在。有鉴于此，李提出把法国组织决策分析学派的组织关系理论引入社区建设研究中，以求更贴近基层社会生活，探讨其中权力结构调整的具体过程。组织关系视角强调正式制度运作中行动者的积极性和主动性，行动者以其理性能力可能巧妙地突破正式组织的边界，运用包括正式制度在内的各种资源来实现自身权力的生产和再生产，在此基础上实现社区权力结构的动态重构。张虎祥（2005）研究上海市KJ社区时采用的分析工具基本上属于“组织关系”视角，并且间接证明了组织关系理论对于中国社区研究的有效性。

蓝宇蕴（2005）对“公司办社区”现象的发现也是对国家—社会范式的一种超越。蓝认为，转制公司“办”社区一方面是在特定时期政府、公司和社区之间权力分配结构的产物，另一方面是基于独特的经济、文化、历史共同体组织中的自主治理行为，是公司同社区之间错综复杂的社会资本关系的结果，对于培育具有鲜明过渡性意涵的都市村社型共同体，构建弱势的非农化群体的“小传统”得以依托、行动逻辑得以体现的社会场域，其积极意义不容小觑，因此不宜用是否符合政企分开、社企分开的标准来评价。

四　社区运动：住房私有化催生权利意识

近年来中国房屋产权的私有化变迁，促使居民的居住空间和利益空间合而为一，推动着居民对公共事务的参与（参见刘春荣，2005），其直接表现就是居民自觉自愿地参与各种与居住相关的维权活动，如成立业主委员会，发动社会运动。张磊（2005）从利益集团理论角度探讨了中国城市业主维权运动出现的深层原因，认为在房地产开发和物业管理领域，以开发商和物业公司为主体，包括房管局小区办、地方法院和街道办事处等相关政府部门和政府官员在内的、一个具有分利性质的房地产商利益集团已经形成，使开发商和物业公司普遍而广泛地侵害广大业主的合法权益，由此促使业主维护自身正当权益及其运动的兴起。邹树彬（2005）指出，维护房产权益、实行业主自治、策略性集体行动的广泛采用、维权精英的积极引导和专业人士的技术性支持，是城市业主维权运动的基本特点。陈映芳（2006）对中产阶级业主在组织化维权运动中的表现做了系统考察，指出中产阶级业主的社会地位认同对于其参与和推动维权运动具有一定的积极意义，但国家权力结构和资源控制手段的强势作用，以及中产阶级对国家权力的太多依赖，又制约了他们维权的决心和能力。

居住改变中国。住房私有化推动了城市居民权利意识的觉醒，也促使他们拿起法律武器、运用组织化路径捍卫自身合法权益（沈原，2006）。由此可见，维权运动作为都市社会运动的一种，对促进私有财产权的宪政建设、公民社会的培育、城市政治发展、社区治理结构及运行机制的重构具有重要意义（邹树彬，2005）。张磊、刘丽敏（2005）甚至断言，业主委员会实际上是中国特色的市民社会在社区层面的发育。当然，也有作者并不苟同上述观点，如顾玫（2005）就认为，在法规、组织机构和人们目前对这一制度所持的看法这三方面都没有体现或达到自治的核心精神，说业主委员会为基层民主参与创造了制度平台还为时过早；陈映芳（2006）也指出，自主的市民团体的合法化已构成“社会”发育的一个制度瓶颈，国家应当提供合适的途径让城市中具有相应的政治理性和合法行动能力的居民有效地表达自己的利益诉求，从而降低集合行动的破坏性。

台湾地区的公民社会发育比大陆早且成熟。庄雅仲（2005）对台北一个社区的都市运动的研究可以作为大陆社区运动研究的参照。庄把这个社区的都市运动同社区居民寻求新生活意义即社区意识勾连起来，将之放到全球化和地方性的关系结构中进行思考。从庄的研究中可以发现海峡两岸社区运动之间的差异：台湾地区的社区运动在很大程度上体现了共治思想，各种力量之间处在相对平衡的互动状态；在解决权利和权力问题后，台湾地区的社区运动开始转向全球化和现代性背景下“共同体”的重建，即寻求社区在现代性条件下向“共同体”回归的可能路径。

五　社区意识：现代性条件下“共同体”的命运

社区意识是社区成员的相关心理或情感活动，同社区归属、社区认同直接联系（高鉴国，2005）。在过去几年中，国内相关文献比较丰富（参见桂勇，2005）。

桂勇（2005，2006）以腾尼斯的“共同体”（community）为参照系来研究现代性条件下城市居民的社区意识。他发现，虽然当代城市社区存在一定程度的社区归属感，但邻里关系的重要性却日渐下降，居民的邻里互动减少，社区参与水平低下，城市社区不再是传统意义上的共同体；随着商品房社区的增加，城市社区的共同体色彩还可能进一步淡化。需要指出的是，“社区参与”是一个多样化的概念，至少表现为海贝勒意义上的政治参与、业主维权意义上的社会参与、邻里日常生活中的互动等三种内涵。虽然庄雅仲的研究表明社区运动的参与对于社区认同和社区意识产生了关键性推动作用，但在当下中国大陆，政治参与的被动性和维权运动参与的临时性都使这类参与活动很难直接转化为社区意识和社区认同。但是，桂勇（2005）把社区参与作为经典的基层共同体的一个构成性因素时并没有区分“社区参与”的不同类型对共同体存续的不同影响，这样就把基于政治参与的“公民社会”和基于日常生活交往的生活世界意义上的“共同体”混淆起来了，并把林尚立基于政治学的研究结果作为自己的批评对象。

与桂勇等人的研究结果相反，单菁菁（2005，2006）认为，虽然当前中国城市社区居民的社区归属感有不同程度的下降，但传统的地域社区和社区情感并未走向衰败乃至消亡，人们对所居住的社区依然怀有较强烈的归属感，如对地域社区的喜爱、认同、依恋、责任感以及地方意识和群体意识等；这种归属感直接来自于人们在社区日常生活中获得的满足感；因此，加强社区环境的整体建设，努力提高社区生活质量，不断提升人们对社区生活的满足感，应当作为今天社区建设与发展的首要目标和根本途径。

与当前学术界对后单位制时代的社区、社区制以及社区建设的关注不同，王小章等人（2003）认为，对社区建设的强调预设了社区这一地域性共同体在居民生活中的重要性；但事实上，在全球化的今天，这种重要性已大大弱化；因此，今天我们与其关注地域性社区，不如重视各种“脱域的共同体”。王小章看到了传统社区与现代社区之间的显著差别，并从中找到了社区研究的新的学术增长点，但是，若因“社区”的传统意义的消失而否认今天地域性社区建设研究的意义，就偏颇了，因为后者无法完全为前者所取代。

六 结 论

我国社区建设研究虽然近几年来取得了长足进展，但总体上还是处在比较初级的层次，以后的研究需要进一步转换视角，拓展领域，深入社区制运作的内在结构。

首先，要加强对国内社区研究成果的认识论和方法论的反思，检讨理论工具选择和建构同我国社区建设实践之间的契合性，为社区建设研究提供新的更为有效的视角、方法论和分析框架，若缺失这一反思性努力，就难以引入和生产出新的理论工具和研究视角，中国社区建设研究也就难有根本性的进步。

其次，要解决研究对象的地区分布不平衡问题。当前我国社会建设研究的队伍、对象和成果大部分集中在上海，相比之下国内其他地区的相关研究显得严重不足，这就难免出现以偏概全的情况。

最后，要改变大规模的宏观研究和比较研究不足的问题。当前我国社区建设研究以个案研究为主，缺乏在共同的问题框架内对全国社区建设的总体性把握和比较研究，容易造成各说各话的困境。

参考文献

白友涛，2006，《城市社会建设新杠杆：社区民间组织研究》，南京：东南大学出版社。

陈伟东，2004，《社区自治：自组织网络与制度设置》，北京：中国社会科学出版社。

陈映芳，2006，《行动力与制度限制：都市运动中的中产阶层》，《社会学研究》第4期。

陈云松，2004，《从"行政社区"到"公民社区"——由中西比较分析看中国城市社区建设的走向》，《城市发展研究》第4期。

邓泉国，2004，《中国城市社区居民自治》，沈阳：辽宁人民出版社。

范明林、程金，2005，《城市社区建设中政府与非政府组织互动关系的建立和演变：对华爱社和尚思社区中心的个案研究》，《社会》第5期。

冯钢、史及伟，2003，《社区：整合与发展》，北京：中央文献出版社。

冯玲、王名，2003，《治理理论与中国城市社区建设》，《理论与改革》第3期。

高鉴国，2005，《社区意识分析的理论建构》，《文史哲》第5期。

顾骏，2005，《"有限社区"理论质疑居委会权威》，《社区》第4期（下）。

——2006，《社区建设就是重建基层生活》，《社区》第4期。

顾玫，2005，《商品房住宅区公共物业自治管理制度分析：以上海水仙苑小区为例》，《社会》第4期。

桂勇，2005，《城市"社区"是否可能？——关于农村邻里空间与城市邻里空间的比较分析》，《贵州师范大学学报（社会科学版）》第6期。

桂勇、黄荣贵，2006，《城市社区：共同体还是"互不相关的邻里"》，《华中师范大学学报（人文社会科学版）》第6期。

郭圣莉，2004，《上海社区建设强政府色彩的反思与启示》，《城市管理》第4期。

——2006，《居民委员会的创建与变革：上海市个案研究》，北京：中国社会出版社。

海贝勒，2005，《中国的社会政治参与：以社区为例》，《马克思主义与现实》第3期。

海贝勒、绍斯米卡特，2005，《西方公民社会观适合中国吗?》，《南开学报（哲学社会科学版）》第2期。

侯伊莎，2006，《透视“盐田模式”》，重庆：重庆出版社。

江波，2006，《社区的历程：社会性别与社区发展的本土经验》，兰州：甘肃人民出版社。

蓝宇蕴，2005，《对改制公司“办”社区的思考》，《社会》第2期。

黎熙元、童晓频、蒋廉雄，2006，《社区建设：理念、实践与模式比较》，北京：商务印书馆。

李亚雄，2003，《第三部门的发展与我国的城市社区建设》，《华中师范大学学报（人文社会科学版）》第3期。

李友梅，2003a，《全面建设小康社会与社区党建创新——以迈向现代化国际大都市的上海城市基层社区为例》，《毛泽东邓小平理论研究》第1期。

——2003b，《城市基层社会的深层权力秩序》，《江苏社会科学》第6期。

——2006，《基层社区研究提问法及其变化》，李友梅、孙立平、沈原主编《当代中国社会分层：理论与实证》，北京：社会科学文献出版社。

林尚立，2003，《社区民主与治理：案例研究》，北京：社会科学文献出版社。

刘春荣，2005，《中国城市社区选举的想象：从功能阐释到过程分析》，《社会》第1期。

刘继同，2003a，《国家话语与社区实践：中国城市社区建设目标解读》，《社会科学研究》第3期。

——2003b，《从居民委员会到社区委员会：内源性革命与民间社会的兴起》，《社会科学辑刊》第4期。

——2003c，《社区就业与社区福利：劣势妇女需要观念与生活状况》，北京：社会科学文献出版社。

刘为民，2004，《转型期我国城市社区建设的政治学分析》，《求实》第1期。

马西恒，2006，《中加社区治理模式比较研究》，上海：上海人民出版社。

潘小娟，2004，《社区治理研究》，北京：中国法制出版社。

彭勃，2006，《国家权力与城市空间：当代中国城市基层社会治理变革》，《社会科学》第9期。

任远，2005，《草根的全球化与本土化：我国和西方城市社区发展的比较研究》，《社会科学研究》第6期。

单菁菁，2005，《社区情感与社区建设》，北京：社会科学文献出版社。

——2006，《从社区归属感看中国城市社区建设》，《中国社会科学院研究生院学报》第6期。

沈新坤，2003，《城市社区建设中的全能主义倾向》，《社会》第6期。

沈原，2006，《“强干预”与“弱干预”：社会学干预方法的两条途径》，《社会学研究》第5期。

石发勇，2005，《城市社区民主建设与制度性约束：上海市居委会改革个案研究》，《社会》第2期。

田毅鹏，2004，《“典型单位制”对东北老工业基地社区发展的制约》，《吉林大学社会科学学报》第4期。

田毅鹏、漆思，2005，《“单位社会”的终结：东北老工业基地“典型单位制”背景下的社区建设》，北京：社会科学文献出版社。

王邦佐，2003，《居委会与社区治理：城市社区居民委员会组织研究》，上海：上海人民出版社。

王剑敏，2006，《城市社区政治发展》，北京：社会科学文献出版社。

王敬尧，2005，《“互动合作”的制度变迁模型——以武汉市江汉区社区建设为例》，《华东师范大学学报（哲学社会科学版）》第5期。

——2006，《参与式治理：中国社区建设实证研究》，北京：中国社会科学出版社。

王小章、王志强，2003，《从“社区”到“脱域的共同体”——现代性视野下的社区和社区建设》，《学术论坛》第6期。

王振海，2003，《社区政治论：人们身边悄悄进行的社会变革》，太原：山西人民出版社。

徐道稳，2003，《社区建设抑或“社会”建设——社会结构视野中的社区建设》，《城市问题》第2期。

徐永祥，2003，《法治与自治：社区建设组织体制研究》，北京：中国社会出版社。

——2006，《政社分工与合作：社区建设体制与改革研究》，《东南学术》第6期。

徐振中、李友梅，2003，《生活家园与社会共同体》，上海：上海大学出版社。

徐祖荣，2006，《城市社区民间组织研究》，杭州：杭州出版社。

宣朝庆、王处辉，2006，《从社区研究看社会学的中国风格》，《河北学刊》第1期。

杨波，2006，《从冲突到秩序：和谐社区建设中的业主委员会》，北京：中国社会出版社。

杨寅，2006，《城市社区建设与公民社会之培育互动》，《法制论丛》第3期。

叶南客，2003，《都市社会的微观再造：中外城市社区比较新论》，南京：东南大学出版社。

尹维真，2003，《中国城市基层管理体制创新：以武汉市江汉区社区建设实验为例》，北京：中国社会科学出版社。

于燕燕，2005，《社区自治与政府职能转变》，北京：中国社会出版社。

张宝锋，2006，《现代城市社区治理结构研究》，北京：中国社会出版社。

张虎祥，2005，《社区治理与权力秩序的重构：对上海市KJ社区的研究》，《社会》第5期。

张磊、刘丽敏，2005，《物业运作：从国家中分离出来的新公共空间》，《社会》第1期。

张磊，2005，《业主维权运动：产生原因及动员机制》，《社会学研究》第6期。

周运清，2005，《城市政府工作进社区与执政能力创新——“武汉883行动计划”与和谐社区建设研究》，《中南民族大学学报（人文社会科学版）》第6期。

庄雅仲，2005，《五饼二鱼：社区运动与都市生活》，《社会学研究》第2期。

邹树彬，2005，《城市业主维权运动：特点及其影响》，《深圳大学学报（人文社会科学版）》第5期。

作者单位：上海大学社会学系

中国组织社会学研究状况述评

王水雄

组织，在社会学中占有相当重要的一席之地。几乎所有的社会现象都渗透着组织问题，许多学者将其理解为社会学把握社会的基础或方便的着眼点。如果按照国际组织社会学界通行的做法，将组织理解为一个开放的系统，那么组织社会学所囊括的内容就是相当丰富的。难怪有学者（赵孟营，2004）会感到组织社会学存在过度的“建构性张力”，有落入泛泛的而不是社会学的组织研究的危险。不过，从学术发展的角度来看，这种建构性张力正表明了组织社会学的生命力。何况，国外组织社会学研究的内容同样庞杂。W. R. 斯科特（2006：13）在对主要是美国的组织社会学近五十年来的回顾中说道：“组织社会学领域中的学者，像其组织研究这一更广泛领域中的同行一样，没有接受一个单独的、统一的范式。”笔者正是遵循这一暗示，对 2003～2006 这四年间的中国组织社会学研究状况进行述评。①

一　研究范畴、层次与分析单位和工具

组织社会学所探讨的范畴在最初的时候，是组织内部各要素（包括人、人的行为、规则、精神理念等）间的关系，随着开放系统模型的引入，组织作为一个整体与外部环境、特别是与其他相关组织之间的关系，也成了组织社会学探讨的重要范畴。如此，组织社会学的研究层次，从大的方面来讲，可划分为两个：①组织内部的各要素间关系的研究；②组织与其外部环境间关系的研究。这两个大的层次又可依不同的分析单位和逻辑链条做进一步的划分。例如，可以某一类特定的组织行为为分析单位，通过人与人之间的策略性互动或组织内部规则所形成的结构来揭示其规律或形成的秩序；也可以组织成员的思想观念为分析单位，通过其在组织之中所处的特定位置来解释之；还可以将诸

① 鉴于组织社会学领域中的学者们这四年来出版的专著和论文不少，笔者于此的述评难免疏漏、不当，诚待指正。

多组织所构成的“种群”作为分析单位，通过组织之间的相互模仿或学习机制来揭示该种群的规律或情态。

通过对组织社会学基本的分析单位与逻辑链条的把握，可以将许多较基本的组织社会学理论进行大致定位。《组织社会学十讲》（周雪光，2003）中详细介绍的效率机制、合法性机制、网络机制、组织决策理论等都可以在其中大致地找到自己的位置。值得引起重视的是，在过去的四年里，虽然经由周雪光的介绍，合法性机制等社会学新制度主义的观点已大行其道并为许多学者所接受，还有不少的评论问世（如曹正汉，2005；赵孟营，2005），但是中国组织社会学于基本研究范畴中，围绕上述相关的逻辑链条进行基础理论建构的并不多，王水雄（2003）的《结构博弈》可算作是其中一个尝试。结构博弈意味着围绕产权的争夺展开的一整套具有多个层次的人际互动系统；其核心概念“结构运作”是策略性互动者通过引入人与人之间的关联模式（结构）来引入互动规则，标定对方（有时也是自己）某一时空条件下的行为空间的活动。遵循这一逻辑，新制度主义所谓合法性机制的微观基础问题一定程度能够得到解决。曹正汉（2005）根据周雪光关于组织采纳广为接受的制度安排是为了向外界发送有关自己类型和身份的看法，认为合法性机制的微观基础应该是经济学的理性选择（当然这只不过是弱合法性机制的微观基础，强合法性的微观基础尚不得而知）。结构博弈所展现出来的逻辑既有理性选择的成分，又有规则限制及情感扰动的因素，非常直观地将个体行为与更大的开放系统建立了联系，合法性机制正是在这一过程中得以建立。不过，结构博弈作为一个分析工具还太粗糙。

赵孟营嫌目前组织社会学研究过度宽泛因而提出：“我们应当为组织社会学的知识体系寻找到新的学术基础，这个学术基础可以让知识体系得到整合，形成一个无建构性张力的知识领域”（赵孟营，2004：161）。基此目的，他以“组织理性”概念为基础，指出组织理性通过影响组织合法性来影响现实世界的组织的生存和发展。组织理性与个人理性的一致性是组织内部合法性的源头，组织理性与社会理性的一致性是组织外部合法性的源头（赵孟营，2005）。随后他又特别地通过“理性的行动关联”（最核心的机制是个人理性向组织理性的“跃迁”和组织理性向个人理性的“嵌入”），在个人与组织之间建立联结（赵孟营，2006b）；通过“理性的类型关联”（最核心的类型是历史—社会维度的宫廷理性、技术理性和沟通理性，以及指向特征维度的形式理性和实质理性），在组织与社会之间建立联结（赵孟营，2006c）。赵孟营尝试建构的这一组织社会学“学术基础”规模不可谓不宏大，逻辑链条不可谓不长，虽然有一定启发意义，但其缺陷也非常明显：①它基本上是一个分类的理论体系，而不是分析性的理论格式，适合于整合既有知识系统，却不适合作为分析工具创造新的知识；②“个人理性”、“组织理性”和“社会理性”等核心概念人为建构的成分较多，操作性较弱，不易于在现实生活中把握，其定义阐述本身需要花大量笔墨，所以容易陷于无谓的争议之中，而且在理论上容易制造一些虚假命题；③虽然使用了“跃迁”、“嵌入”等相对动态的词语，但是其模型基本是静态的，而且在各部分的连接中，既有的组织理论已经积累了远远超出这些联结机制的知识体系，比如在个人理性如何与组织理性挂钩的问题中，博弈论已有大量研究，而围绕集体行动的逻辑无论经济学、社会学和人类学都有大量的探讨，这些既有的研究和探讨赵孟营的模型尚需很好地整合。

在笔者看来，正因为“中国社会组织研究的学术逻辑尚在成熟之中”（赵孟营，2004：163），所以当前相当紧迫的理论任务还在于对一些如“差序格局”之类有中国特色的分析工具的提炼与应用。

二 观察对象、问题取向与主要观点

刘玉照、应可为（2007）在对“社会学中的组织研究”进行综述的时候，主要是从组织社会学观察对象的角度展开的。然而，社会学界，至少是组织社会学学术领域中的学者们，大多号召研究“要命而有趣”（渠敬东、孙立平等语，此语也许意味着学者们在其研究过程中“痛并快乐着”）的重大问题，努力从组织的角度去把握当前社会转型的本质和社会整合的机制。基于这样的看法，笔者倾向于将这几年的组织社会学研究主要归为如下四种问题取向并对其进行归纳和总结：①经济增长和社会发展取向；②福利提供与权利界定取向；③社会控制与秩序整合取向；④权力争夺与集体抗争取向。

（一）经济增长和社会发展取向的组织社会学研究

对于经济增长的“中国奇迹”，已有不少经济学家进行了解释。其中钱颖一等的解释是从组织的角度进行的，在此中国政府组织特别是其相关制度安排是他们进行问题分析的核心。他们认为政府分权，特别是财政分权产生了两方面的效果，有利于经济增长：一是竞争效应，即在要素流动的条件下，地方政府之间的财政竞争会增加地方政府扮演救济者的机会成本；二是货币集权与财政分权会导致利益上的冲突，因此能够硬化预算约束并降低通货膨胀（参见杨开忠、陶然、刘明兴，2003：8）。苏力（2004）从毛泽东的《论十大关系》谈起，追溯了中央与地方分权关系制度化的过程，即从毛泽东的政治策略向日益强调经济手段的中国政治制度的组成部分转变的过程，与钱颖一一样，他也承认：“允许地方自治或在治理上有一定的自主权，实际上具有一种激励制度创新的功能和制度竞争的功能”（苏力，2004：43）。

这一分权逻辑在组织社会学的研究者那里得到了更加细致入微的研究，主要体现于市场转型过程中地方政府的角色研究取得了丰富的成果，相继提出了“地方法团主义”、“地方政府即厂商”、“地方性市场社会主义”、“村镇政府即公司”和“谋利型政权经营者”等观点。认为20世纪80年代以来的财政体制改革使乡镇等基层政权获得了谋求自身利益的动机和行动空间，扮演着国家利益的代理人和谋求自身利益的行动者的双重角色（参见邱海雄、徐建牛，2004）。张闫龙（2006）利用文献材料，将对象锁定在省以下政府间关系之上，展开了较为详细的个案研究。他强调80年代财政分权改革之后，地方政府决策过程日益以对自身利益的关注为主导，一方面勇于跟上级讨价还价，另一方面积极推进下级和作为其重要财源的辖区内各种经济体的发展。基于这些分析，他赞同戴慕珍的观点，即地方官员在这一体制环境下，不仅是动机良好的企业家，而且也是社区福祉的守望者。

但是，自从1994年中央进行分税制改革之后，情况发生了非常大的变化。随着1998年我国进入经济过剩时代，国家财政政策干预的效果不足和经济运行失衡现象，引起了经济学者的极大关注，我国宏观经济运行中的结构性问题凸显出来。吕炜（2004）指出，经济运行失衡是消费的体制性压抑、投资的体制性冲动双重约束的结果。对这样的结构性问题，组织社会学者们当然也没有轻易放过。周飞舟（2006b）指出，分税制不仅未能通过中央的转移支付很好地平衡地区间的财力和公共服务水平不均问题，使得中部地区严重落后于东部和西部地区；其集权效应还引起了地方政府的一系列变化：由于中央和地方的预算收入采用相对固定的分税种划分收入的办法，为了增加地方财政收入，地方政府将组织税收收入的主要精力放在发展营业税第一大户——建筑业上，特别是自2002年中央进一步分税以来，其对土地开发、基础设施投资和扩大地方建设规模的热情空前高涨，对发展企业的心思则相对弱化。由于地方财政吃紧，加上干部晋升制度和信息不对称条件下干部发送自身能力信号的需求，基层政府官员还有追求资源密集型政绩工程的投资饥渴，这导致了基层政府官员“逆向软预算约束”的行为特征（周雪光，2005b），即：不是自下而上地向上级部门索取资源，而是自上而下地索取资源，从而经常性地突破已有预算约束，实现预算外资源。比较典型的如“自上而下的‘钓鱼工程’……上级政府拿出很少的一部分资金作为‘诱饵’，鼓励下级政府或单位用各种方式集资来完成某项工程”（周雪光，2005b：134）。对于这种行为，基层的上级政府虽有能力约束，但因为业已形成共同利益联合，所以不会有较强的抵制动机；相关利益受损的组织和民众虽有抵制的强烈动机，却由于组织能力的不对等，而无法有效实现。有意思的是，在这样的政府体系框架下，通过金融工具来“向上”索取资源仍然是可能的：刘世定（2005）通过农村合作基金会的细致观察，非常明确地指出了这一点（当然目前农村合作基金会并没有很好地发展起来，但是脱出中央政府直接掌控和自身利益直接约束的其他金融机构仍有可能扮演类似角色）。在有了农村合作基金会之后，低层政府在政绩工程投资饥渴下，会表现出软风险约束的行为特征，因此带来的金融风险可以通过“借助行政手段吸收存款”（这可以说是逆向软预算约束在金融领域的体现）、“向下届政府转嫁”、“向上级政府转嫁”（这毫无疑问是在向上级索取资源，拐了一道弯之后体现为真正的软预算约束）。

将周飞舟、周雪光、刘世定等人的上述研究融合起来，放置在当前中国宏观经济体系中来看，会发现这样的组织社会学研究对于如何看待中国经济增长和调控等宏观经济问题是一个有益的补充。在现有体制下，在以经济建设为中心的号召下，基层政府的投资饥渴是既存事实，如果是在短缺经济时代，财税包干、“金融漏损”（指的是金融资源从国有部门流向私人部门，参见卢峰、姚洋，2004）以及农村合作基金会等中央政府直接掌控之外的各种金融组织的存在，无疑有利于经济改革自下而上的突破和经济大增长（这与钱颖一有关货币集权、财政分权的判定存在一定差异）。但是，如今过剩经济时代，分税制、货币集权、要素市场的政府管制加上市场空间的人为阻隔，很容易要么扭曲中国的产业结构，要么过早窒息中国的经济增长，甚至对于整个社会发展也将是一个重大损失。

为了避免这一问题，中国组织和制度创新与变迁作为社会发展的重要组成部分一定要及时跟上。比如，分税制安排、金融市场安排、官员晋升制度、政府的工作重心等需要进行调整和变革。正是在这样的背景之下，把握组织和制度变迁的社会过程具有非常独特的意义。李汉林、渠敬东、夏传玲、陈华珊（2005）总结了这一过程的规律，强调了组织和制度变革渐进性的原因（路径依赖不可避免），操作的规则（边缘性制度或保护带先调整，内核保持相对稳定；同时保持与结构性环境的契合）和应该注意的事项（注意意识形态与连带价值体系的重要性）。这可以说是对我国渐进性改革的组织社会学的研究和论证。

除了以上对经济增长和社会发展具有宏观意义的组织社会学研究之外，在中观或微观层面，学者们也关注经济性组织和一些社会性组织自身的能量问题，最近四年沿着社会资本、组织形式和组织技术应用等角度，进行了一些重要的探讨。

社会资本理论很长一段时间以来就是社会学借以对经济增长和社会发展扩充发言权的工具。通过对珠三角企业家的访谈，边燕杰（2006）揭示了企业是如何从社会网络中脱生的，强调了企业家自身已有网络和营造新网络，加上市场需求的持续性程度对企业产生和发展的制约和约束性。工珺（2004）的研究表明，产业集群不仅仅受生产方式（柔性专业化还是福特制）的影响，同时还是社会资本丰裕程度的函数：社会资本相对丰裕，则生产经营更容易外部化，甚至跨地区形成分包网络，从而构成产业集群和产业网络。李培林、梁栋（2003）通过北京中关村 200 家高新技术企业的调查，试图证明，企业组织的网络化趋势已经在中国的一些高新技术企业中呈现出来了，这种网络化趋势便于充分调动和培育社会资本，对于企业的绩效有正向的影响，甚至使得产业集群效应越来越明显。任海英（2005）也在一个企业个案研究的基础上提出了企业家社会资本对克服企业生命周期，并促使企业充分发挥政策生命周期的意义。为了更好地发挥社会资本这一工具的作用，张文宏（2003）通过回顾性文章尝试澄清与社会资本相关的争论。

与以上组织社会学研究相比，虽然同样关注经济增长和社会发展，邱泽奇（2005）近期的研究相对微观一些：他关注技术（特别是目前比较热门的信息技术）与组织的关系问题，并尝试通过这一机制的把握更好地推进组织效率乃至经济和社会的效率。他指出，信息技术因其技术结构性而具有一定的组织适配范围；同样，组织结构也具有一定的技术适配范围。在信息技术的引入过程中，既有的组织因为信息技术的组织适配范围而产生结构重组；同时，建构中的技术也会因为组织结构的技术适配范围而被修订或改造。由此形成了技术与组织之间的相互建构。信息技术的应用是否成功，既取决于技术本身的可互构性，也取决于组织结构的可互构性。王水雄（2003）的研究则强调作为信息技术之一的互联网的社会筛选性，指出原有的社会结构能够在其中复制自身。

总结以上探讨，不难发现：①在中国的经济增长和社会发展中，政府组织扮演着相当重要的角色，而我国组织社会学在这一领域中的研究分量仍觉不够，特别是有关宏观调控的研究特别呼唤组织社会学的声音，却基本被经济学所把持。过去四年里，周飞舟、周雪光、刘世定等人的研究在这些方面做出了有益的尝试。②组织社会学效率取向的中观和微观研究，通常注意把握组织内部各要素之间的联系，以及这种联系所产生的经济力量；而对于中国基层政府之类稍微宏大的组织的社会学研究则通常是将其放置在一个开放的系统中，通过组织与组织之间及其外部环境的关系（如政府的上下级关系，以及基层政府与外部环境的关系等）来把握，其中涉及诸多经济学和社会学的逻辑有待进一步总结。

（二）福利提供与权利界定取向的组织社会学研究

福利提供与权利界定毫无疑问也是社会发展的一项重要内容，之所以单独列出来，是因为前一小节我们综述的内容主要涉及的是效率问题，这一小节则更多强调更具公平性的福利和权利问题。

在改革以前的中央集权体制下，我国（特别是城市）的社会福利提供者主要是政府。改革开放之后，虽然有部分福利提供问题由市场解决了，但由于我国仍然是“大政府、小社会”的格局，民间组织不成熟带来的“社会结构洞”，导致大量的公共产品和公共服务仍然需要政府来承担。随着税费改革特别是农业税的取消，不仅农村公共产品的提供出现了新的问题，而且中央政府与农村基层政府之间的关系、国家与农民的关系等都发生了重大变化。

李芝兰、吴理财（2005）非常细致地描述了农村税费改革前后中央与地方之间的互动，特别是农村基层政府在这一博弈过程中的策略性行为：被动地以“弱者的手段”回应上级迫使其改革自身的压力，使得农村公共产品阙如，出现新一轮治理危机，从而“反倒逼”中央和省级政府出来向农村投放更多资源。周飞舟（2006a）也观察到了类似的农村基层政府在农村公共产品和服务方面不作为的情况，不过他并未将这一观察放到中央试图“倒逼”农村基层政府改革的意图框架中来看待。李芝兰和吴理财强调中央和省级政府将来继续投放更多资源解决农村问题；周飞舟则主张设计一些新的制度，“这种制度要为基层政府留出一定的灵活财力和活动空间，让基层政权自主、积极地运转，在此基础上，制度规定于前，监管跟踪于后，才能够摆脱‘一收就死、一放就乱’的治理怪圈，实现农村社会的稳定和繁荣”（周飞舟，2006a：37）。[①]

不过制度设计总面临走样的困境，对此林梅借助环境政策实施机制过程的观察很好地呈现了出来。她指出：“由于政策制定的不完全性、人们对政策与环境的认知差异、正式规则与非正式规则的互补与摩擦、组织借助中的规范多重性以及政策实施中监控问题的存在，导致政策执行有可能偏离决策者的初衷而出现意想不到的结果”（林梅，2003：104）。周飞舟在解释为什么“三年自然灾害”会维持三年之久时，也意识到了体制和组织反映的“滞后”问题。根据周飞舟的观察，省级政府是了解灾荒实情的，但因为灾荒开始时恰值“反右倾”运动，为了不担政治罪名，他们只好隐瞒实情不敢向中央求援。急切之下，一方面，他们返销大量的省内谷物以减轻内部的灾荒；另一方面，他们也向外转让谷物，以缓解其他省份的灾荒。但返销和外转的谷物很难及时地传递到灾民的手中，原因在于计划性的谷物分配机制无法探明粮食在地区间的真正供需状况，加上“浮夸风导致的‘大购大销’严重增加了运输体系的负担”（周飞舟，2003：62），灾荒来临时，这套原本运作就有问题的机制基本已经崩溃。

回过头来看福利提供问题，除了政府之外，事实上也可以考虑民间组织或者非营利组织（NGO）的作用。不过除了因为搭便车导致福利供给不足的问题之外，时下已经有不少论者注意到了中国NGO生存与发展的难题。邓莉雅、王金红（2004）以广东番禺打工族文书处理服务部为例，指出NGO的发展面临着体制性资源（体制和法律）和社会性资源（资金、人力资源、社会协作和认同等）的双重约束。田凯（2004）也意识到了这

① 毛丹、王萍（2004）对村级组织农地调控权的理解与此类似。

种约束的存在，他还观察到有些组织为了获得外部支持、实现稳定，倾向于把各种不相容的结构要素吸纳到组织之中，从而使组织呈现出外形化特征，[①] 进而面临“非协调约束”。深究组织外形化的根源，田凯指出乃是因为国家处于垄断的、合法的使用暴力和强制的地位，它能“通过制度化的控制，实现对组织内部管理和运行方式的操纵，使组织按照自己的利益偏好来运行，从而偏离该组织原有的、组织形式规定的运作模式”（田凯，2004：72）。不过，田凯对这种组织形式与运作逻辑相分离的组织外形化现象态度并不明朗。一方面他感到这种比较“亲政府”的外形化并不一定有利于组织运作效率，另一方面由于中国非营利组织的先天不足，他（2003）又认为建立起政府与非营利部门之间的伙伴关系为时过早，从而主张在中国“合适的福利模式应该是政府主导的福利多元主义”。

再退而求其次，按照新自由主义的逻辑，福利提供问题似乎可以一定程度上通过权利明确（特别是产权明晰）然后再自由交易的方式来解决。不过，巴泽尔（1997）早就指出，如果交易费用为零，则产权的初始配置并不会影响资源效率的说法是错误的，因为产权界定中总是存在交易费用，产权是自己努力维护、他人试图夺取、第三方予以保护的函数。

张静（2003）发现中国的土地使用规则是一个具有多个合法性声称的系统［用刘世定（2003）的话来说就是具有多种社会认定机制，因此其中也就存在王水雄（2003）所谓的多种力量试图进入的“公共领域”］。“由于合法性身份很多，国家、基层干部、群众集体和当事人都可以参与，如果他们有分歧，只能通过力量竞争解决问题”（张静，2003：122）。于是，土地纠纷的解决过程不是法律判决，而是政治协调。“所有权结构是由政治因素决定的，同时，这些结构又对财富和政治权力实行重新配置”（张静，2003：116）。张小军（2004）则揭示了“地权可能通过政治权力的强迫或者社会观念的改变而改变”的看法。这一理论问题在刘世定（2003）那里通过“社会认定机制”概念得到了普遍性阐述，并在王水雄那里通过结构博弈模型（表现为“占有状况—占有标识—结构运作—博弈地位展现—博弈地位”这一逻辑链条的循环往复）及其均衡被进一步细化了。申静、王汉生（2005）对四川省中部一个村庄的个案研究也能够与此相印证，不过她们的提法是：“财产权利关系结构表现为一个动态的均衡过程。”周雪光（2005a）更是提出了“产权是一束关系”的“关系产权”看法，认为它是“一个组织应对所处环境的适应机制”，表现为“一个组织与其环境——即其他组织、制度环境，或者组织内部不同群体之间稳定的交往关联”。折晓叶、陈婴婴（2005：3）有关产权如何界定的思考与以上研究思路一脉相承，不过她们更多地关注：“在集体制的制度框架和意识形态下，何以最终会产生出排斥集体的力量？”该问题的回答应该能够从巴泽尔（1997）解答“奴隶为什么能够自赎”的问题中得到启示。而刘玉照（2005）也面对过类似问题，并以“非正式占有的制度化”作出了解答。不过，折晓叶、陈婴婴在其“集体企业”改制个案研究的基础之上，指出了其中存在的“社会合约性”，非常具有启发意义。

---

① 比如，中国的多数慈善组织在组织形式上都具有民间非营利机构的外形，但其主要成员来自于政府，以与政府极其相似的逻辑运作，看来更像是政府的一个部门。这种情形就是慈善组织外形化。

以上产权社会学的研究表明，通过恰当的权利界定是可以在一定程度上（虽然不可能全部）解决福利提供问题的。折晓叶、陈婴婴言辞间所表现出来的对于“社会合约性产权”的偏爱，[①] 以及周雪光对“关系产权”的本质把握，都无疑揭示了这一点。然而，权利界定从而推进福利提供，并不足以囊括产权社会学的所有取向。实际上产权社会学的取向有多种：在刘世定、周雪光那里，其取向偏效率（经济增长）；在张静、折晓叶、陈婴婴那里，其取向偏公平（社会和谐）；在王水雄那里，其取向偏结构分化与秩序……由此也可见产权社会学研究在当前中国组织社会学研究中的基础性、工具性地位。

对以上探讨作一小结，可以发现：①有关福利提供的三种取向都各自有了一些高水平的研究成果，但将三者［政府、社会（民间组织）、市场］结合起来形成更为系统的“福利提供组织社会学研究”（不难看出福利提供的三种组织形式不可偏废，但是这三者如何相互补充，相得益彰，需要从组织社会学的角度加以思考），仍有待进一步的理论工作。②中国产权社会学的研究在最近四年呈现出繁荣的态势，学者们彼此之间也有较多的深入交流（冯猛、刘玉照，2006），不过其理论基础性、分析工具性地位仍然有待进一步的凸现，相关应用性研究有待铺开。

（三）社会控制与秩序整合取向的组织社会学研究

对社会秩序的关怀是社会学的经典取向之一，毫无疑问，秩序问题可以部分地从组织内部的权利安排、权力运作，以及组织之间的合作和支配关系中得到解释。

承袭其有关产权社会学的研究，张静（2005）通过剖析一个财产纠纷案中权利声称和利益分配分开处理、虽名不符实却并行不悖的现象，提出了“二元整合秩序”的概念（这可以视为产权社会学应用研究的一个重要成果）。虽然张静提供的案例有一定的特殊性（财产纠纷的标的物其时已不存在），“二元整合”对于理解组织或社会一段时间的秩序与平衡问题是有帮助的；[②] 而且与李原、郭德俊（2006）有关员工心理契约的研究在一定程度上相呼应；[③] 此外，在基层法官的充满本土智慧的摆平术（苏力，2000；赵晓力，2005）中也经常能够看到。

不过，名实相符毕竟是大势所趋，这正如折晓叶、陈婴婴（2006）研究案例中“社会合约性产权”基础上的集体企业最终要私有化，“非正式占有”最终要“制度化”（刘玉照，2005）一样。同样是“公”、“私”之间的财产纠纷，在张佩国（2006）的研究案例中，我们更多地看到的则是根据不同的观念，“村队成员”因为名实可能不符造成的内在紧张。所以，更多的注意力需要投注到虽然已经明显分化甚至是两极化、却“名实相符”而又“言行一致”的组织的秩序问题上，事实上在这里我们更多看到的是“二元整

① 她们担心新的产权明晰的制度设计完全替代原有产权中的“社会合约性”之后，可能导致社区持续发展的困难。

② 比如在大学校园中有些班集体为了内部团结，对于上面提供的奖励往往采取“荣誉给个人，钱财大家分”的潜规则，由此带来的皆大欢喜格局实际上可视为“二元整合秩序”。不过需要注意班集体毕竟是一个持续时间不长的组织，而这一做法也并不特别普遍。

③ 根据张静的研究，我们可以推论：如果组织对员工承担的责任、提供的好处越多（利益分配倾斜），则员工对组织承担的责任也就越大、越忠诚（权利声称认同）；李原、郭德俊的实证研究一定程度支持了这一点。

合难题”。

周怡发现，虽然H村的社会分化和阶层分化造成了巨大的不平等，基尼系数甚至已经远远大于国际警戒线，但村庄共同体层面的社区整合却依然完好。这是为何？周怡强调其中权力的重要性，认为权力一方面充当了分化的载体，另一方面又促使“分化获得了意识形态上的正当性和制度上的合法性”（周怡，2006：82）。不过这种文化建构过程在中国社会转型的现阶段是艰巨而有所反复的。卢晖临（2006）在其精心观察和分析的一个村庄关于房屋的历史和现实故事中，阐释了农民对待私有财产的心态变化，以及平均主义心态的由来——他们从集体化经历中感受到的文化功不可没。佟新（2006）则在一起国有企业工人集体行动的个案分析中，看到了“延续的社会主义文化传统”。毫无疑问，无论是农民还是工人，他们都已比较难于找回那个年代纯粹的集体主义和社会主义文化了，只是其留下的一点“烙印”，在当今中国社会也足以带来一定的秩序难题：在卢晖临那里，房屋竞争可能带来无所谓的资源浪费；在佟新那里，“延续的社会主义文化传统”作为号召集体行动的武器，甚至“可能改变中国市场化发展的路径”。

与比较适合于转型性组织的“二元整合秩序”和所谓“二元整合难题”相对应，比较具有传统性的“一元秩序”同样值得关照。郭于华（2003）在陕北骥村农业合作化的女性记忆中观察到的现象似乎与张静的逻辑恰恰相反：在合作化这一无论“权利声称”还是“利益分配”向国家一边倒的、宏大的社会工程中，女性承受了生命中巨大的苦难，却同时感受到精神的快乐。[①] 郭于华认为，合作化带来的“集体欢腾”的仪式是集体认同、愉悦乃至“妇女”解放幻象的来源，同时维持了“运动经济”，这其中的秩序是建立在既是认识又是“误识”基础上的“符号权力”治理功效的体现。类似的深入到身体中的权力和政治过程，同样体现在军营新兵训练的组织之中（江中，2004）。而符号权力所涉及的情境定义、手头库存知识，以及认识和误识等问题，甚至可以在非常微观的夫妻关系“定势”与家庭权力策略中得到体现（郑丹丹、杨善华，2003）。当然，在更为宏大的层面上，对国家的治理来说，富有激励性的制度设计无疑仍然是相当重要的。张维迎、邓峰（2003）对中国古代连坐、保甲制度的理论解释表明，由于早期国家控制能力有限，以及中央与地方、上级与下级信息严重不对称，所以连坐和保甲制度所包含的连带责任有效地利用了分散化的信息，对维护国家的大一统以及社会稳定起到了重要作用。当然，他们也看到了连带责任的一些负面影响和建立在血缘、地缘及身份基础上的连带责任在现代法律中的不适用性。

如上所述，血缘、地缘及身份基础上的连带责任已不适用于现代法律，而传统乡村礼治秩序也已所剩无几，[②] 近年来乡村社会的秩序问题赤裸裸地摆在了管理者和学者们的面前。管理者似乎倾向于通过自治、通过民主选举的制度设计及村民参与来解决乡村治

① “整个‘拉话’的过程中除了上述对苦难的回忆引致的哭泣流泪外，也不时有同样发自内心的笑语欢声。这种情绪主要出现在对集体劳动和活动的氛围进行回忆和讲述的时候”（郭于华，2003：85）。

② 李国庆（2005）在20世纪40年代日本学者对中国村落社会结合性质的争论加以研讨的基础上指出，“大多数学者认为中国村落是以完成特定功能为目的的结社，村落由于阶层分化和宗族组织而缺少凝聚力，村干部并非村民利益的代表因而缺少绝对权威。村民之间的互助行为是一种最低限度的经过合理计算的交换行为，村落仅仅是维持生活所必需的‘生活共同体’。”这一对中国村落社会结合性质的判断，实际上是比较贴近于目前中国乡村状况的。

理的难题。孙龙（2005）的观点可以从一元整合的视角来看待，他注意到，随着中国乡村直接选举的规范化，有关部门已经开始把中国层级最低的干部——村民委员会主任纳入到培训体系中来，培训制度实际上重建了上级政府与村庄之间的层级关系。仝志辉的研究（2004）尝试将村民自治（具体而言就是选举事件）放在农民总体的日常生活实践逻辑①之中来看待，指出农民对选举的参与很大程度上是为了在村庄中的面子、权威和生存机会的扩展，是关联性参与。李国庆（2005）的有关研究则强调："今天中国农村在推进向以功能组织为主导的村落类型转变的过程中，亟需加强村落的共同体性质，强化村民对村落的认同感，修复村落的过度分化，促进村落社会的整合与稳定。"但是，这种村落的共同体性质或者村民对社区的认同究竟该如何建构呢？面对村落变革的日新月异，蓝宇蕴（2005）对都市村社的研究似乎提供了一种路径：建构经济关联型与拟家族化相结合的权力运作模式。这最后似乎又落到了张静所谓的"二元整合"之中。

"二元整合"之所以那么有魅力，在笔者看来很重要的原因是它的逻辑与布劳所谓交换与权力的逻辑是暗合的：张静的案例中可以看做是"权利声称"与"利益分配"的合理交换实现了秩序。李姿姿（2004）也正是基于这一交换与权力的逻辑（具体而言就是"交换平衡或合理"＝"秩序"），详细地分析了北京市海淀区个体劳动者协会与个体工商户之间的三种交换样式，尝试以这一交换中的平衡性，解答城市生活中扮演重要角色的非自愿组成的社团的运行和秩序问题。李璐（2005）在对一个企业核心层互动关系与合约关系动态展现的基础之上，提出了道德博弈与利益博弈的摆动及其均衡问题，在笔者看来其中存在的两种博弈的镶嵌性和交换性，也是企业内部秩序和稳定的关键。高丙中更是将这一逻辑推到了更大的社会领域之中："足够多的社团能在自主、平等的基础上与其他的组织进行协商、合作，就能在整体上代表社会的一种有机团结"（高丙中，2006：118）。

由上述探讨能够发现：①随着社会转型的日益深入，社会分化的日益严重，社会主义传统文化与人们的现实生活观照之间的差异日益凸现，社会整合与秩序问题越来越突出；组织社会学关注了这一重大问题，不过各种分歧的观点并未实现有机融合。②一元的社会控制、整合方式及相关的制度设计，作为传统社会或社会学传统的经验总结，对当今社会仍然具有一定的启发意义（比如，根据以上周怡、卢晖临、佟新、李国庆等人的相关研究发现，可以推断我国的传统文化复兴和文化重构任重而道远），而对于组织秩序理论的丰富也具有相当大的价值。③"二元整合"依托交换理论，取道契约性整合，对于深化我们对转型期社会秩序问题的理解有非常重大的帮助，其理论价值和中国独特性还有待组织社会学研究的进一步挖掘。

（四）权力争夺与集体抗争取向的组织社会学研究

如上所述，在社会普遍分化、层级化的背景之下，"二元整合"所依托的交换的平衡与合理往往不容易达成。一些学者倾向于直面弱势群体的苦难，甚至利用一定的力量进行干预，这种取向的组织社会学研究因为实践的紧迫性和中国传统知识分子的情怀推动，

① 不过在应星（2005）看来，由于缺乏对占绝大多数的一般村民态度和行为的描述，仝志辉在这一点上似乎做得并不成功。

在最近几年里日渐形成了一股不容忽视的潮流。鉴于对集体行动问题的研究本年鉴已有专述，笔者谨借此从组织社会学研究的相关取向的角度，提出一些问题而不再陈述已有的相关观点。

①权力争夺与集体抗争取向的组织社会学研究不少有具体的现实关怀，其对民众权利意识的启发、对公平性的追求，对于实现转型期中国社会的契约性整合有相当直接的实践启发意义。②在理论上，搭便车理论是该取向研究的核心对话点，而事实上更进一步的组织社会学理论范式应该在其中发挥对话平台的作用。③斯科特（2006：13）根据美国组织社会学最近五十年的研究状况指出："最近出现的迹象表明，组织研究学者正在向社会运动学者——既包括政治学家，也包括政治社会学家——的工作、法律和社会研究、经济社会学以及文化社会学学习，并且也为这些领域做出了贡献。"反观中国的情况，劳工研究及其涉及的社会运动研究与组织社会学研究的融合还在进一步的建设之中，前者对后者的贡献和后者对前者的贡献都需要进一步的理论梳理。

限于篇幅，本综述尚未述及大学改革、医疗改革等事务取向的争论对组织社会学的意义，也未对新型信息技术对社会组织形式的革新意义做进一步深究。总体来看，在理论层面上已有研究提出的"占有的社会认定机制"（刘世定，2003）、"关系产权"（周雪光，2005a）、"社会合约性产权"（折晓叶、陈婴婴，2005）、"二元整合"（张静，2005）、"组织与技术互构"（邱泽奇，2005）等都是组织社会学领域中把握组织问题的相当不错的概念工具。当然，这些具有中国特色的概念工具与组织社会学总体理论脉络之间的关系尚需进一步提炼，其作为分析工具性质的运用有待进一步推进。

参考文献

边燕杰，2006，《网络脱生：创业过程的社会学分析》，《社会学研究》第6期。

曹正汉，2005，《无形的观念如何塑造有形的组织——对组织社会学新制度学派的一个回顾》，《社会》第3期。

陈映芳，2006，《行动力与制度限制：都市运动中的中产阶层》，《社会学研究》第3期。

邓莉雅、王金红，2004，《中国NGO生存与发展的制约因素——以广东番禺打工族文书处理服务部为例》，《社会学研究》第2期。

冯猛、刘玉照，2006，《倡导专业规范，培养研究队伍，打造学术共同体》，《社会》第4期。

冯仕政，2006，《单位分割与集体抗争》，《社会学研究》第3期。

高丙中，2006，《社团合作与中国公民社会的有机团结》，《中国社会科学》第3期。

郭于华，2003，《心灵的集体化：陕北骥村农业合作化的女性记忆》，《中国社会科学》第4期。

江中，2004，《身体：以军营新兵训练为例——兼就若干身体理论问题与郑震先生商榷》，《社会学研究》第3期。

蓝宇蕴，2005，《都市村社共同体——有关农民城市化组织方式与生活方式的个案研究》，《中国社会科学》第2期。

李铒金，2003，《车间政治与下岗名单的确定——以东北的两家国有工厂为例》，《社会学研究》第6期。

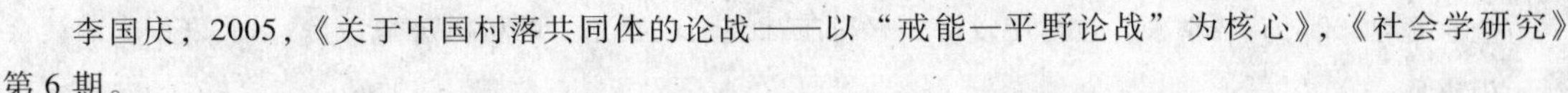

李国庆，2005，《关于中国村落共同体的论战——以“戒能—平野论战”为核心》，《社会学研究》第6期。

李汉林、渠敬东、夏传玲、陈华珊，2005，《组织和制度变迁的社会过程》，《中国社会科学》第1期。

李璐，2005，《协调博弈的摆动均衡：企业核心层关系的一个分析》，《社会》第1期。

李培林、梁栋，2003，《网络化：企业组织变化的新趋势——北京中关村200家高新技术企业的调查》，《社会学研究》第2期。

李原、郭德俊，2006，《员工心理契约的结构及其内部关系研究》，《社会学研究》第5期。

李芝兰、吴理财，2005，《“倒逼”还是“反倒逼”——农村税费改革前后中央与地方之间的互动》，《社会学研究》第4期。

李姿姿，2004，《社会团体内部权力与交换关系研究——以北京市海淀区个体劳动者协会为个案》，《社会学研究》第2期。

林梅，2003，《环境政策实施机制研究——一个制度分析框架》，《社会学研究》第1期。

刘爱玉，2003，《国有企业制度变革过程中工人的行动选择——一项关于无集体行动的经验研究》，《社会学研究》第6期。

刘世定，2003，《占有、认知与人际关系》，北京：华夏出版社。

——2005，《低层政府干预下的软风险约束与“农村合作基金会”》，《社会学研究》第5期。

刘玉照，2005，《非正式占有的制度化——山东BY镇乡镇企业改制的个案研究》，王水雄主编《经济社会学（一）：制度变迁中的行为逻辑》，北京：知识产权出版社。

——2006，《遭遇修路事件的村庄选举——双重选择的集体行动》，《社会》第5期。

刘玉照、应可为，2007，《社会学中的组织研究在研习和交流中走向规范》，《社会》第2期。

卢峰、姚洋，2004，《金融压抑下的法治、金融发展和经济增长》，《中国社会科学》第1期。

卢晖临，2006，《集体化与农民平均主义心态的形成——关于房屋的故事》，《社会学研究》第6期。

吕炜，2004，《体制性约束、经济失衡与财政政策》，《中国社会科学》第2期。

毛丹、王萍，2004，《村级组织的农地调控权》，《社会学研究》第6期。

邱海雄、徐建牛，2004，《市场转型过程中地方政府角色研究述评》，《社会学研究》第4期。

邱泽奇，2005，《技术与组织的互构——以信息技术在制造企业的应用为例》，《社会学研究》第2期。

任海英，2005，《社会资本和企业生命周期的克服——一个企业的成长史》，王水雄主编《经济社会学（一）：制度变迁中的行为逻辑》，北京：知识产权出版社。

申静、王汉生，2005，《集体产权在中国乡村生活中的实践逻辑——社会学视角下的产权建构过程》，《社会学研究》第1期。

沈原，2006a，《“强干预”与“弱干预”：社会学干预方法的两种途径》，《社会学研究》第4期。

——2004，《当代中国的中央与地方分权——重读毛泽东〈论十大关系〉第五节》，《中国社会科学》第2期。

苏力，2000，《基层法官的司法素质——从民事一审判决上诉率透视》，《法学》第3期。

孙龙，2005，《基层选举、“村官”培训与层级结构的再生产》，《中国社会科学评论》第3卷，北京：法律出版社。

田凯，2003，《机会与约束：中国福利制度转型中非营利部门发展的条件分析》，《社会学研究》第2期。

田凯，2004，《组织外形化：非协调约束下的组织运作——一个研究中国慈善组织与政府关系的理论框架》，《社会学研究》第4期。

仝志辉，2004，《选举事件与村庄政治——村庄社会关联视角下的村民选举参与》，北京：中国社会科学出版社。

佟新，2006，《延续的社会主义文化传统——一起国有企业工人集体行动的个案分析》，《社会学研究》第1期。

童根兴，2005，《共识型工人的生产——从新制度主义框架看布洛维的〈制造共识〉》，《社会学研究》第1期。

W. R. 斯科特，2006，《对组织社会学50年来发展的反思》，《国外社会科学》第1期。

王珺，2004，《社会资本与生产方式对集群演进的影响——一个关于企业集群的分类与演进框架的讨论与应用》，《社会学研究》第5期。

王水雄，2003，《结构博弈——互联网导致社会扁平化的剖析》，北京：华夏出版社。

Y. 巴泽尔，1997，《产权的经济分析》，上海：上海三联书店、上海人民出版社。

杨开忠、陶然、刘明兴，2003，《解除管制、分权与中国经济转轨》，《中国社会科学》第3期。

应星，2005，《评村民自治研究的新取向——以〈选举事件与村庄政治〉为例》，《社会学研究》第1期。

游正林，2005，《也谈国有企业工人的行动选择——兼评刘爱玉〈选择：国企变革与工人生存行动〉》，《社会学研究》第4期。

游正林，2006，《管理控制与工人抗争——资本主义劳动过程研究中的有关文献述评》，《社会学研究》第4期。

张静，2003，《土地使用规则的不确定：一个解释框架》，《中国社会科学》第1期。

——2005，《二元整合秩序：一个财产纠纷案的分析》，《社会学研究》第3期。

张磊，2005，《业主维权运动：产生原因及动员机制——对北京市几个小区个案的考察》，《社会学研究》第6期。

张佩国，2006，《公产与私产之间——公社解体之际的村队成员权及其制度逻辑》，《社会学研究》第5期。

张维迎、邓峰，2003，《信息、激励与连带责任——对中国古代连坐、保甲制度的法和经济学解释》，《中国社会科学》第3期。

张文宏，2003，《社会资本：理论争辩与经验研究》，《社会学研究》第4期。

张小军，2004，《象征地权与文化经济》，《中国社会科学》第3期。

张闫龙，2006，《财政分权与省以下政府间关系的演变——对20世纪80年代A省财政体制改革中政府间关系变迁的个案研究》，《社会学研究》第3期。

赵孟营，2004，《论组织社会学之建构性张力及其消解》，《人文杂志》第6期。

——2005，《组织合法性：在组织理性与事实的社会组织之间》，《北京师范大学学报（社会科学版）》第2期。

——2006a，《论现代社会中的关键组织》，《南京社会科学》第5期。

——2006b，《现代社会中个人与组织如何联结：理性的行动关联》，《人文杂志》第2期。

——2006c，《现代社会中组织与社会的联结：理性的类型关联》，《宁夏社会科学》第1期。

——2006d，《组织格局：抽象社会中的社会组织》，《北京师范大学学报》第2期。

赵晓力，2005，《基层司法的反司法理论？——评苏力〈送法下乡〉》，《社会学研究》第2期。

折晓叶、陈婴婴，2005，《产权怎样界定——一份集体产权私化的社会文本》，《社会学研究》第4期。

郑丹丹、杨善华，2003，《夫妻关系“定势”与权力策略》，《社会学研究》第4期。

周飞舟，2003，《“三年自然灾害”时期我国省级政府对灾荒的反应和救助研究》，《社会学研究》第2期。

——2006a，《从汲取型政权到“悬浮型”政权——税费改革对国家与农民关系之影响》，《社会学研究》第2期。

——2006b，《分税制十年：制度及其影响》，《中国社会科学》第6期。

周雪光，2003，《组织社会学十讲》，北京：社会科学文献出版社。

——2005a，《“关系产权”：产权制度的一个社会学解释》，《社会学研究》第2期。

——2005b，《“逆向软预算约束”：一个政府行为的组织分析》，《中国社会科学》第2期。

周怡，2006，《寻求整合的分化：权力关系的独特作用——来自H村的一项经验研究》，《社会学研究》第5期。

作者单位：中国人民大学社会学系

法社会学研究（民间法、习俗）

张佩国

2003～2006年这两年内，法律社会学研究愈来愈引起包括法学、社会学、经济学、人类学、历史学等不同学科的学者们的关注，以至于成为具有跨学科性质的学术领域，北京大学法学院苏力教授主编的《法律和社会科学》就很清楚地表明了法律社会学研究的这一前沿趋向（苏力，2006a）。法国年鉴学派将历史学称之为“历史社会科学”，显示了他们的总体史解释的努力，“法律社会科学”是否也预示了一种总体社会科学解释的学术方向，现在还不得而知，至少在中国法律实践的分析与解释文本中，已经可喜地显现了学者们试图打破狭隘的学科本位观念的尝试。这一尝试的最主要表现就是“实践”成了这两年法律社会学研究中的带有方法论意义的关键词。围绕这一关键词，具有不同学科背景的学者就民间法、民间法与国家法的关系、纠纷解决机制、基层司法运作、民间法秩序、产权与社会秩序等中国经验进行了较为深入的研究。

一　实践解释与文化解释

黄宗智在新法律史著作中，力图揭示成文法、民间习俗与司法实践的多重而复杂的关系，通过对这三个层面间相互作用的考察揭示清代至民国间民事法律制度的变化与连续。而要“了解这些变化与连续的具体内容，我们必须摒弃传统对现代、中国对西方的二元推论结构。变换与连续的过程涉及两者间多侧面的相互作用，既有妥协/适应，也有反对/对抗，每一方都同时牵涉到法典、习俗与司法实践的多个层面”（黄宗智，2003：6）。黄宗智注意到历时性（过程）一面的连续性，在方法论上试图突破传统—现代的二元论，是可取的，但对共时性（结构）层面仍然是按照以往的二元论模式将国家法、民间法与司法实践做了相对化的界分。黄宗智受福柯的影响，从表达和实践的背离来理解清代和民国国家法、民间法和司法实践的关系，并且受布迪厄的启发，力图揭示法律实践的逻辑。对此，我基本同意，但是在研究策略上，将国家法、民间法、司法实践看做法律实践的三个层面，也只是为了分析方便而做的一种理论假设，而法律实践的运作，实际上可能既有断裂，也有某种不可明确界分的“模糊感”。

之后，黄宗智又进一步在方法论层面探讨了历史视野中的“法律实践”问题。黄宗智提出了“走向从实践出发的社会科学和理论”这样的口号（黄宗智，2005a）。他特别不同意孙立平“过程—事件”分析策略对“实践”的方法论指向，作为一位历史学家，他更倾向于在一个相对的长时段中理解和解释历史实践的内在逻辑。黄宗智又提出“悖论社会”和“现代传统”的概念，以此来突出一个半世纪的中国历史所包含的“实践逻辑”，并进而探讨现代传统中的理念传统，最终寻找建立符合中国实际的学术理论和发展道路的方向（黄宗智，2005b）。在实践取向的社会科学方法论探讨的基础上，黄宗智以20世纪50年代以来的离婚法实践为经验对象，将离婚法实践归结为所谓“毛主义法律制度”的核心，这是当代中国整个民事法律制度最具特色的部分，从中可以看到有关当代中国法庭调解的起源、虚构和现实（黄宗智，2006）。我基本同意其理论解释的努力方向，但“长时期的历史实践变迁”可能会多少忽视了地方社会中的时间感、空间感以及社会大众书写自己历史的“历史感”。

一些有着法理学学科背景的学者，诸如傅郁林、贺欣、刘思达、丁卫等，主要关注基层司法实践中的制度逻辑，在揭示基层司法运作机制的实践逻辑中，注意政治、经济等相关性因素的影响（傅郁林，2006；贺欣，2005，2006a，2006b；刘思达，2005；丁卫，2006）。比如，贺欣就将政治学引入法学的视野，提醒人们：中国的司法机构特别是基层的司法机构在很大的程度上依然是一个政治组织，它不是生长在世外桃源里，而必须随时处理和协调与其他政治组织的关系（贺欣，2006a）。

朱晓阳则从整体社会科学的学术创新角度出发，认为所谓要“从实践出发”是眼下一句被说滥了的话，不能提供更具体一点的指引，因此与坚持“从实践出发”者不同，他基于实地调查材料，对国有企业改制期间的职工代表大会职能及其在集体性行动中的意义进行文化解释，他提出，在这一过程中行动者和地方政府依据地方尺度“集体误读”国家的法律规范；以误读法律为外貌的互动过程，体现出深入人心的价值和信念决定着人们读解和选择使用法律规范，这种“误读”导致企业治理结构的多样性，并有助于经济—社会转型时期地方社会秩序的维护（朱晓阳，2005，2006）。

苏力和徐忠明的研究虽然与朱晓阳的研究路径不同，但也可以归结为一种新法律史取向的文化解释。苏力以传统戏剧为基本素材，力求从常识出发，把握戏剧中人物之间以及一般人物与经济生活条件、社会结构、科学技术发展水平、制度等社会更基本的力量的复杂关系（苏力，2006b）。徐忠明以案例和民间故事为基本资料，揭示了司法档案中虚构与事实并存的修辞策略、民事纠纷的调解策略、“诉冤”所隐含的民间法律意识等（徐忠明，2006）。

二　社区成员权

与黄宗智的问题意识相近，卢晖临、申静、王汉生、张静、折晓叶、高永平、张佩国等学者在实践层面探讨了乡村产权的中国经验意义。卢晖临把在后集体化时代观察到的房屋换代潮，当做向集体时代提问的线索，最终目的是去理解集体化在乡村社会分化层面造成的影响，分析集体化在农民平均主义心态形成过程中的作用。与动辄将平均主义归咎于中国传统文化的做法不同，他利用田野资料，结合更宏大的历史文化背景，精心建构出一个故事脉络，以特别探讨集体化经历与这一心态形成之间的复杂的实践关系（卢晖临，2006）。社会学解释的问题意识配合了人类学田野观察的视角和方法，使其文本显示了呈总体性面相的"社会学事实"，但他将"革命"的社会文化网络与"革命后"时代做了截然不同的区分，似乎在一定程度上割裂了历史的连续性和整体性。

申静、王汉生以四川省中部一个村庄的实地研究为例，通过对乡村社会中集体产权的社会学透视，提出产权关系是个体行为者与其所处的社会环境不断互动的动态的均衡过程，由此可以洞察乡村社会结构及其运行机制（申静、王汉生，2005）。张静通过一个公共财产纠纷案的分析，注意区分纠纷过程中表达与实践的分离，揭示了纠纷解决机制中既承认个人投资、也承认公共服务和管理作为财产身份的合法性来源，其运行路径是将权利声称与利益分配分开处理，并可以根据不同乃至相悖的原则进行，作者称之为"二元整合秩序"（张静，2005），这和她在关于村集体土地纠纷的研究中所归结的"法律衡量"模式和"利益政治"模式是一脉相承的（张静，2006：260）。

折晓叶、陈婴婴在对20世纪90年代中期以来苏南乡镇企业改制的集体产权私化的个案研究中，通过对苏南乡镇企业改制以来集体产权私化的经验事实的分析，指出社区集体产权主要不是一种市场合约性产权，而是一种社会合约性产权，是特定行动关系协调的产物，反映的是一种社会和谐秩序（折晓叶、陈婴婴，2005）。社会学分析取向使其基本忽略了地方文化的意义，更不用说历史实践对于社区产权的解释意义了。

高永平在对河北省平安村"续夫"婚姻和家产继承的研究中，呈现了"续夫"婚姻习俗中村落成员权的文化拟制原理和家产继承中的家系主义逻辑（高永平，2005，2006）。张佩国则以国家法、民间法、村规民约的多元性法律实践关系为视角，通过对有关乡村宅基地和房产纠纷的法律案卷的深度解读，讨论了以村落成员权为核心的集体主义传统的"发明"过程，认为财产纠纷中当事人的诉讼策略离不开日常生活中的道德话语和以财产关系及相应道德观为核心的民间法秩序，强调呈现一个地方社会"总体性秩序"实践面相的方法论意义（张佩国，2005，2006a，2006b，2006c）。

三 纠纷解决机制

与上述学者关注财产纠纷背后的法秩序或社会秩序不同，赵旭东、陈柏峰、杨方泉等学者则更关注纠纷解决机制的实践逻辑。相对于非争讼的日常生活来说，纠纷更能凸显"法"的意义，民事审判、民间调解和纠纷解决机制遂成为法律史、法社会学、法人类学者关注的对象。赵旭东对此有这样的判定："当今的法律人类学正在悄悄发生着一种研究兴趣的转向，即从社会秩序何以得到维持以及社会构成的原则这样的问题，转变到了对纠纷解决过程的研究上来。……这样的转变，使得社会人类学者有可能更多地关注正式的国家法律制度与习俗惯例同时出现在一起纠纷中的相互作用的过程"（赵旭东，2003：6）。也许存在着这种法人类学的研究趋势，但问题的关键在于如何解释纠纷解决过程。赵旭东以法律多元和权威多元为方法论层面的关键词，解释了位于华北平原的李村纠纷解决的实践机制，关注的焦点是国家法律机构与民间习俗之间的互动，他也反思了自己“对于习俗究竟怎样向国家的权力机构渗透，或者说通过什么样的渠道获得其生存的合法性并没有给予太多的注意”（赵旭东，2003：340）。究其原因就在于法律多元的概念虽有在实践层面理解国家法与民间法互动关系的研究进路，但毕竟还是将国家法与民间法当作两个相对独立的经验实体，而纠纷的发生学机制则可能是一个更为复杂的实践过程。

之后，赵旭东以河北李村以及广西金秀的田野考察为例，揭示了乡村社会诸多纠纷的解决主要还是依靠调解的方式而非直接诉诸法庭判决的方式，因此，习俗在约束当地人的行为上有着一种外在的法律所不可替代的角色，而调解作为一种地方性的习俗同样具有这种不可替代性（赵旭东，2005）。他又进一步探讨明清诉讼解释模式背后所隐含的“报应”的宇宙观，这种宇宙观的制度之运作是整体性的，与政治、经济以及个人心理密切相关并相互依赖（赵旭东，2006）。

陈柏峰通过湖北陈村的法律民族志书写，揭示了这样一个法律实践逻辑，现代性的纠纷解决方式导致的新冲突，使得村落社区共同体的和谐关系的维持变得困难，使得乡村社会进一步陷入无序状态；作为建构力量的法制现代化尚未完成，乡土社会就陷入无规则之治的泥潭，暴力和“国家不在场”成了乡土社会纠纷解决的关键词（陈柏峰，2006a，2006b）。此外，他还探讨了村落成员权层面的“外人”在村落纠纷发生和解决机制中的意义（陈柏峰，2006c）。

杨方泉运用法律民族志的延伸个案法，围绕广东塘村发生的大规模械斗事件，以土地纠纷为线索，通过考察各种历史事件的社会脉络，解释围绕纠纷产生与解决的社会关系互动机制，研究村落社区长期以来存在的权威结构及其变迁（杨方泉，2006）。

四 “寻法下乡”

近两年来还有一个值得关注的学术“增长点”是2004年《黄岩诉讼档案及调查报告》的出版所带来的学术冲击波。该研究项目的主要主持人田涛对这次调查是这样介绍的：“这是我国对发现的历史档案进行的第一次对应性调查，调查中可以直观地了解到《黄岩诉讼档案》中涉案当事人的生活环境，甚至通过观察案发地与黄岩县城的距离和交通情况，更多地了解到当时告状的实际条件。其中距离的比较与案件性质的比较可以观察到告状时的相对环境，这为我们多年来讨论的传统司法中的所谓‘息讼’观念，提供足以印证的资料。”“这种对应性调查在已经发现的清代档案中尚属首次，其研究价值无论在法学、历史学、社会学、人类学、档案学中都将产生深远的影响。另一方面，我们还希望在调查中能够直观地了解黄岩一带的社会现状，并争取采集到与民间分家析产、遗嘱继承、买卖交易等有关的民事契约，以便观察当地传统民事契约的遗存。”（田涛等，2004：3～4）

人类学家王铭铭对这一工作做了高度评价，认为这批诉讼档案的发现以及调查者的对应性调查，对于理解清代司法实践有着重要意义，当然从历史人类学的角度看，还有更宽广的学术空间有待于开掘，就是在特定的时空坐标中发现“没有记载”的地方民众日常生活的历史，以及对政治性场景的深入解读（王铭铭，2005）。

这一“寻法下乡”的工作对大批以法理学为知识背景的民间法研究者也产生了示范

效应（戚阳阳、田梅梅，2006），此前他们是苏力“送法下乡”文本的模仿者。这批学者对民间法的研究还停留在形式化的分析水平上，他们的重要学术平台是一本以《民间法》命名的“以书代刊”的学术期刊，大部分作者的学科背景是法理学和法律史研究，他们较多地专注于民间法概念的形式化界定，如田成有认为：“民间法是独立于国家法之外的，是人们在社会中根据事实和经验，依据某种社会权威和组织确立的具有一定社会强制力的人们共信共行的行为规范”，有着乡土性、地域性、自发性和内控性等特点（田成有，2002，2005）。如此一来，概念的形式化意义倒是如教科书般清晰了，可是“社会学的想象力”却没有了，对于充满模糊感的民间法实践，其解释意义则显得相对贫乏。

五　民间习惯：日常生活的视角

当学者们的学术兴奋点大都集中在纠纷的发生学及纠纷解决机制的解释上时，还有一些学者虽然并没有很明确的法律社会学和法律人类学学科意识，但他们研究更多的是日常生活中的习惯和秩序，这在方法论层面可能会给法律社会学和法律人类学研究带来一定的学术创新契机。阎云翔基于黑龙江省下岬村田野调查的第二个民族志文本，主题虽然是围绕中国农民家庭生活中的个人与情感问题，但其研究范围很广，从社会关系、家庭财产和赡养老人等比较公共的话题，到像风流韵事、两性关系、节育和性动力等私密的话题，展示了如作者所说的“个人中心的民族志”方法的解释力量（阎云翔，2006）。财产关系的发生学不是从纠纷与诉讼机制中，而是从日常生活中的个人生命体验中得到解释，这是否比所谓的法律民族志更富有解释力呢？在阎云翔的民族志文本里，个人的道德体验反映在当地人日常生活的诸多方面，从公共话题到私密领域，可以说是无处不在，而涉及家庭财产、赡养老人、夫妻关系这样的带有“法秩序”倾向的问题时，基于道德体验的道德评价的作用尤不可低估。或者反过来说，所谓“法意识”不是孤立的社会意识形式，而是弥散在日常生活的道德体验中。

历史学者张思延续了“满铁”、“中国农村惯行调查”的法律人类学学术传统，通过对北京市顺义县沙井村近代帮工搭套习惯的历史民族志书写，集中考察了近代华北农村在农耕生产上的各种结合关系，特别是在当时极为流行的搭套、合具、换工、帮忙、役畜借用等农耕结合习惯，意在揭示农民“日常的细小行为乃扎根于一片深厚的文化土壤中”，平凡而普通的农耕习惯背后隐藏着乡村社会的基本性格（张思，2006）。

通过对非纠纷和诉讼场合的日常生活中的习俗及相关社会生活“细事”的解读，可能更有利于解释呈整体性面相的法秩序，进而更深刻地理解社会秩序究竟是如何可能的。也就是说，要将纠纷消解在当地人的日常行为中，这些行为如朱晓阳所说，表现为散布在时间中的过程和一系列的零散行动，“它们不以争端的方式出现，不像以争端为核心的个案那样形式公开，也不像传统个案一样伴随着一次裁决或者决定，从而使个案终结”（朱晓阳，2003：7），也不能完全消弭纠纷与零散化的日常行为的界限，二者的相对化区分又是有必要的，其解释策略是要将纠纷的发生放在一个特定的文化场景中，当地人的道德言说、互惠习俗、交易惯例、民间传说等“小传统”甚至成为纠纷链条中的某个重要环节。研究者不能将自己限制在所谓法律人类学的学科范围内，研究只是盯着纠纷不放。相反，更合理的策略是，不以纠纷为研究的契入点，只是研究民间习惯的发生，如遇纠纷事件则将其作为解释民间习惯的素材。

在当下“法律的社会—文化研究”① 中存在着这样一种悖论，一方面是跨学科研究的整体社会科学的努力，一方面不同学科背景的学者依然有着一定的学科隔阂，比如法律社会学研究者对普遍性知识或抽象性知识与地方性知识的二元论界定，在法律人类学研究者看来则没有特别的解释意义。也许这样一种知识状态可能还要长久地延续下去，因为并不存在一种学科意义上的“整体社会科学”。方法论层面的“整体社会科学”诉求其实对各门学科的“技术含量”要求更高了，法律民族志文本中的延伸个案法、个人中心的民族志、多点民族志等新方法的运用就是这一趋势的证明（克利夫得、马库斯，2006）。正如高丙中和章邵增在关于法律民族志的文献评述中所说的，人类学所直面的“社会总体面相”既然要得到法学、政治学、经济学、宗教学等专门领域研究的支持，人类学在发挥自己把握社会整体性优势的同时，也有必要与这些专门领域研究的学科相结合，从泛泛的一般人类学发展到更专业的分支人类学，法律人类学本身就是这一学科交叉的产物（高丙中、章邵增，2005），而学科的交叉、融合又是以学科的专门化为前提的。

参考文献

陈柏峰，2006a，《脸面、暴力与国家不在场——鄂南陈村家事纠纷的关键词》，吴毅主编《乡村中国评论》第一辑，桂林：广西师范大学出版社。

——2006b，《暴力与屈辱：陈村的纠纷解决》，苏力主编《法律和社会科学》第一卷，北京：法律出版社。

——2006c，《村落纠纷中的“外人”》，《社会》第 4 期。

丁卫，2006，《秦镇人民法庭的日常运作》，苏力主编《法律和社会科学》第一卷，北京：法律出版社。

傅郁林，2006，《中国农村基层法律服务的现状与发展——以基层法律服务所为窗口》，吴毅主编《乡村中国评论》第一辑，桂林：广西师范大学出版社。

高丙中、章邵增，2005，《以法律多元为基础的民族志研究》，《中国社会科学》第 5 期。

高永平，2005，《河北平安村的“续夫”婚姻》，《社会》第 4 期。

——2006，《中国传统财产继承背后的文化逻辑——家系主义》，《社会学研究》第 3 期。

贺欣，2005，《在法律的边缘——部分外地来京工商户经营执照中的“法律合谋”》，《中国社会科学》第 3 期。

——2006a，《意识形态还是政治现实？——当代中国农村司法难以独立的根源》，吴毅主编《乡村中国评论》第一辑，桂林：广西师范大学出版社。

——2006b，《运作不良的基层法院？》，苏力主编《法律和社会科学》第一卷，北京：法律出版社。

① 只能大概地用“法律的社会—文化研究”来涵盖所谓法律文化、民间法研究、新法律史、法律社会学、法律人类学等不同知识论背景的研究取向，并不是说存在着这样一个统一的研究纲领。

黄宗智，2003，《法典、习俗与司法实践：清代与民国的比较》，上海：上海书店出版社。

——2005a，《认识中国——走向从实践出发的社会科学》，《中国社会科学》第 1 期。

——2005b，《悖论社会与现代传统》，《读书》第 2 期。

——2006，《离婚法实践——当代中国民事法律制度的起源、虚构和现实》，黄宗智主编《中国乡村研究》第四辑，北京：社会科学文献出版社。

刘思达，2005，《法律移植与合法性冲突——现代性语境下的中国基层司法》，《社会学研究》第 3 期。

卢晖临，2006，《集体化与农民平均主义心态的形成——关于房屋的故事》，《社会学研究》第 6 期。

戚阳阳、田梅梅，2006，《预流之士与求实之作——简评〈黄岩诉讼档案及调查报告〉》，谢晖、陈金钊主编《民间法》第五卷，济南：山东人民出版社。

申静、王汉生，2005，《集体产权在中国乡村生活中的实践逻辑——社会学视角下的产权建构过程》，《社会学研究》第 1 期。

苏力，2006a，《法律和社会科学》，北京：法律出版社。

——2006b，《法律与文学：以中国传统戏剧为材料》，北京：三联书店。

田成有，2002，《乡土社会中的国家法与民间法》，谢晖、陈金钊主编《民间法》第一卷，济南：山东人民出版社。

——2005，《乡土社会中的民间法》，北京：法律出版社。

田涛、许传玺、王宏志，2004，《黄岩诉讼档案及调查报告》，北京：法律出版社。

王铭铭，2005，《读〈黄岩诉讼档案及调查报告〉》，邓正来主编《中国书评》第二辑，桂林：广西师范大学出版社。

徐忠明，2006，《案例、故事与明清时期的司法文化》，北京：法律出版社。

阎云翔，2006，《私人生活的变革：一个中国村庄里的爱情、家庭与亲密关系，1949～1999》，上海：上海书店出版社。

杨方泉，2006，《塘村纠纷：一个南方村落的土地、宗族与社会》，北京：中国社会科学出版社。

詹姆斯·克利夫得、乔治·E. 马库斯，2006，《写文化——民族志的诗学与政治学》，北京：商务印书馆。

张静，2005，《二元整合秩序：一个财产纠纷案的分析》，《社会学研究》第 3 期。

——2006，《现代公共规则与乡村社会》，上海：上海书店出版社。

张佩国，2005，《乡村纠纷中国家法与民间法的互动——法律史和法律人类学相关文献述评》，《开放时代》第 2 期。

——2006a，《乡村纠纷中的国家法、民间法与村规民约——山东郜县的房产和宅基地纠纷》，吴毅主编《中国乡村评论》第一辑，桂林：广西师范大学出版社。

——2006b，《乡村房产纠纷中的成员权及其实践逻辑》，《社会》第 4 期。

——2006c，《公产与私产之间——“公社”解体之际的村队成员权及其制度逻辑》，《社会学研究》第 5 期。

张思，2006，《近代华北村落共同体的变迁——农耕结合习惯的历史人类学考察》，北京：商务印书馆。

赵旭东，2003，《权力与公正——乡土社会中的纠纷解决与权威多元》，天津：天津古籍出版社。

——2005，《纠纷调解与法律知识——以河北李村以及广西金秀的田野考察为例》，周晓虹、谢曙光主编《中国研究》第 1 期，北京：社会科学文献出版社。

——2006，《“报应”的宇宙观：明清以来诉讼解释模式的再解释》，苏力主编《法律和社会科学》第一卷，北京：法律出版社。

折晓叶、陈婴婴，2005，《产权怎样界定——一份集体产权私化的社会文本》，《社会学研究》第4期。

朱晓阳，2003，《罪过与惩罚，小村故事：1931～1997》，天津：天津古籍出版社。

——2005，《“误读”法律与秩序建成：国有企业改制的案例研究》，《社会科学战线》第3期。

——2006，《纠纷个案背后的社会科学观念》，苏力主编《法律和社会科学》第一卷，北京：法律出版社。

作者单位：上海大学社会学系

国内消费社会学研究回顾

王 宁

从20世纪90年代末起，消费逐渐成为我国社会科学研究的一个热门现象。消费研究不仅在经济学、管理学等传统研究领域得到高度重视，而且也引起了其他人文、社会科学各分支的兴趣，社会学也不例外。本文在对2003～2006年间国内（不含港台）消费社会学研究做大致的回顾和总结（为了论述的连续性，一些文章超越了这个时间范围）中，涉及如何筛选文献的问题。我所采用的筛选标准包括：第一，学科专业性（属于社会学的研究角度，或与社会学密切相关）；第二，规范性（文章大致符合学术规范）；第三，积累性（文章对学术进展与积累有一定意义）。[①] 本文分三大部分：一是对这四年消费社会学研究现状做一概览；二是就几个主要专题的研究回顾；三是对今后研究进行展望。

一 研究概览

在中国，有关消费社会学的研究，可以追溯到20世纪80年代以来的生活方式研究（领军人物是王雅林）和90年代的时尚研究（领军人物是周晓虹）。尽管这些研究者并未声称他们是在从事消费社会学研究，但其研究却是同消费社会学相交叉的。不过，社会学者以比较直接的方式介入消费研究，是从20世纪90年代中后期开始的。黄平在1995年所发表的对消费主义批判的文章（黄平，1995），以及郑也夫（1994）和樊纲于90年代中期在《光明日报》上展开的有关轿车文明的大论战（涉及消费方式问题），意味着社会学家最早对消费的关注是从公共话语入手的。此后，社会学者亦从专业视野展开了消费研究。例如，经济社会学的研究者在有关经济社会学的论著中，往往也会涉及消费。但以系统的方式对消费进行社会学论述的，当属南开大学彭华民（1996）于1996年所发

① 尽管如此，在具体操作过程中难以做到面面俱到，所以，挂一漏万实属难免。

表的《消费社会学》一书。之后，王宁于2001年也发表了《消费社会学——一个分析的视角》，试图在国内外文献的基础上构建消费社会学的研究框架。不仅如此，彭华民还率先（王宁则从2000年开始）在国内高校社会学系开设消费社会学课程。

与此同时，国内经济学家们围绕《消费经济》杂志，对消费文化展开了多年的研究。其领军人物是尹世杰。[①] 另外，随着管理学、尤其是市场营销学领域翻译和引进了大量的西方消费者行为的教程和专著，这也给社会学者介入对消费的研究提供了大量相关信息。

消费社会学是一个新兴学科分支，国内学者面临的主要困难是理论的不足和缺乏。有鉴于此，国内学者对西方消费社会学理论进行了大量的介绍、引进和翻译。此前，费瑟斯通的《后现代主义与消费文化》（迈克·费瑟斯通，2000）和格罗瑙的《趣味社会学》（格罗瑙，2002）已经出版。2003年后，国内学者对西方消费社会学理论的介绍、翻译和引进出现了高潮。如罗钢、王中忱主编的《消费文化读本》（2003），卢瑞的《消费文化》（2003），埃尔潘的《消费社会学》（2005），波德里亚（或译鲍德里亚、布西亚）、鲍曼等人的消费社会学著作，以及坎贝尔的论文也被陆续翻译出版。与此同时，国内学者也对西方的相关理论进行了大量的介绍、评述或分析，包括：西方消费社会理论（如：姜继红、郑红娥，2005；郑红娥，2006a，2006e；张卫良，2004）；西方消费文化理论（如：罗钢，2003；杨魁、董雅丽，2003；蒋建国，2005）；西方消费方式理论（如：姚建平，2005）；波德里亚的思想（如：许斗斗，2004；吴兴明，2006）；列斐伏尔的思想（如：刘怀玉，2005）；瑞泽尔的思想（如：张敦福，2006a，2006b）；卡斯特和桑德斯的集体消费理论（如：蔡禾、何艳玲，2004）；视觉文化理论（如：周宪，2004），等等。

在介绍、翻译国外的理论的同时，国内学者也开始进行一些消费社会学的实证研究，并尝试本土化的消费社会学研究。国内学者在此期间的研究成果，集中体现在以下几个方面：①消费主义与消费社会批判；②社会转型与消费变迁；③社会分层与消费模式；④消费、认同与时尚；⑤中国消费者行为研究。此外，学者们也发表了大量的有关大学生消费、可持续消费等主题的文章，鉴于篇幅限制，恕不在此介绍。

二　专题研究进展

（一）消费主义与消费社会批判

国内关于消费主义批判的文献甚多，所涉学科也较庞杂，这里无法一一叙述，只能选择与社会学有关的文章做一概要介绍。

黄平是国内较早对消费主义进行批判的社会学者。他指出，消费主义是资本介入日常生活、重构生活方式、对社会实行软控制，并因此创造出源源不断的获利空间的后果（黄平，2003a，2003b）。他认为，消费主义是这样一种生活方式：消费的目的不是为了实际需要的满足，而是不断追求被制造和刺激起来的欲望的满足。消费主义的“需求”

① 有关国内消费文化研究的介绍，参见斯人，2002。

是被创造出来的。它总是使人处于一种“欲购情结”中，从而无止境地追求高档商品符号所代表的生活方式（黄平，2003b：53～54）。

从黄平所倡导的葛兰西的“文化主导权”的立场出发，陈昕（2003）通过问卷调查和田野观察对中国城乡的消费主义进行了实证研究。陈昕认为，在现实生活中，消费主义主要有三个方面的表现：第一，观念性高消费与实际的高消费；第二，大众传媒的推动和示范影响；第三，追求消费的符号象征意义（陈昕，2003：9）。他的结论是，消费主义生活方式正在中国城乡形成（陈昕，2003）。陈昕的著作是国内第一部以实证调查方式研究中国城市消费主义以及消费主义从城市向乡村蔓延的著作。虽然郑红娥（2005b）等学者对他的测量指标提出质疑和批评，但是这一研究对推动国内对消费主义的实证研究起到了重要作用。

郑红娥与陈昕持不同意见。她（2005b）认为，在国内消费主义研究中出现一种将合理生活追求与消费主义混为一谈的弊端，夸大了中国人生活中的消费主义。以国人买洋品牌为例，国人倾向于洋品牌可能是由于国产品牌质量低劣，而洋品牌质量好，不一定是由于消费主义的影响（2005b：117）。她认为，应该将合理生活追求和消费主义区分开来。

国内学者还力图揭示中国消费主义与西方发达国家的消费主义不同的特点或表现形式。学者们认为，在中国所兴起的消费主义具有一些独特的特点。例如，郑红娥（2005b：118）列举了中国消费主义的一些主要表现：第一，对交换性消费过分倚重，过分重视“面子”消费；第二，职位消费盛行；第三，集团性或公款性消费泛滥。传统文化、权力腐败及其衍生的各种“潜规则”等特殊国情，均是造成消费主义“中国化”的因素。

学者们还对有关消费主义的成因进行了探讨。郑红娥（2005a）认为，消费主义在中国的出现，其实是发展主义演变的一种结果。郑也夫（2006a）认为，有关消费主义或消费社会的产生，有两种解释：一种观点认为消费是厂商创造的，厂商造就了消费主义或消费社会；另外一种观点认为，消费是由消费者通过炫耀、模仿和借助消费证明自身的动机而拉动的。他认为，这两种观点都有片面性，只有二者的综合，才能解释消费社会或消费主义的产生。对于黄平和陈昕所认为的广告促进了消费主义，郑也夫（2006b）有不同的看法。他认为，广告的促销效果其实是有限的，大众对广告的抗体也在增长。

王宁（2006b）认为，可以把消费主义看做是一种现代欲望形态。伴随着“经济起飞”，中国城市社会也在经历着“欲望起飞”的过程。从社会学角度看，中国所兴起的消费主义是中国社会转型的一个副产品，也是社会转型的一个组成部分。其成因包括：一是国家与个人关系发生变化的结果。一方面，消费主义是国家经济主义意识形态的一个副产品。另一方面，国家默认甚至直接或间接鼓励消费主义的兴起，其实是在用居民的生活标准的改善来换取居民的政治节制和社会稳定。二是社会互动模式（从模仿导向到攀比导向）发生变化的结果。三是话语模式发生变化的结果，即从国家所垄断的泛政治化话语向市民话语（商业话语、市场话语、民间话语）转变的结果。

与消费主义相关联的一个概念是“消费社会”，国内学者也对此进行了讨论。郑红娥（2006e）在对西方消费社会理论进行梳理的基础上，分析了现行消费社会悖论式的运作方式，从而展开对消费社会的批判。她（2006d）认为，消费社会中的消费仅仅是针对现实生活中、特别是工作中缺乏获取尊重和自我实现途径的补偿，因此，消费社会的富裕、平等、民主仅仅是表象而已。针对发展的两难困境——经济发展与道德沦丧、生活水平提高与生态环境破坏，她（2006b，2006f）提出了新的发展观，即注重消费的生产作用（促进人性的发展、个性的自由以及社会的全面进步）的发挥的发展观（消费发展观）。王忠武（2006）从消费的外部效应出发，分析了当前中国消费生活中的诸多不和谐现象。消费的不和谐既是社会不和谐的重要表现形式，又是社会不和谐的引致条件。因此，要构建和谐社会必须促进和实现消费和谐。李程骅（2006b）则从资本对消费空间的控制的角度分析了当代零售制度对消费文化的操控作用、对消费主义的潜在助长，以及对消费个性的剥夺和对本土消费文化的挤压。

（二）社会转型与消费变迁

中国的社会变迁与社会转型是许多国内外学者关注和研究的一个热点问题。社会学者往往把消费变迁放在社会转型这个社会背景下来考虑。例如，由 Deborah Davis 主编的 *Consumer Revolution in Urban China*，① 就是从社会转型的角度来看中国的消费革命；从国家与社会关系的角度，从多个侧面对中国城市的消费革命和中国消费者自主性的兴起进行了研究。卢汉龙在所写的中文版序中，对中国城市从计划体制到市场体制的转型过程中消费者自主性的兴起过程进行了扼要的回顾。

王忠武（2005）从一个更大的视野探讨了消费文化与中国现代化的关系。他指出：现代化之所以没有首先在中国实现，除了生产方式、政治制度、意识形态和地理环境等因素外，消费文化的落后和阻碍作用也是一个不可忽视的重要因素。中国传统消费文化的主要特点就是“抑奢崇俭”。这种消费文化对中国现代化的具体启动与发展产生十分明显的负面作用。片面崇尚节俭的传统消费文化造成了贫困的长期蔓延和资本的长期短缺，使中国陷入了“贫困—节俭—贫困”的恶性循环。

郑红娥（2006f）借鉴消费社会学的相关理论，采用问卷调查、深入访谈、个案研究和政策分析的方法，对中华人民共和国成立以来不同阶段的城镇居民消费观念和消费行为演变做了比较分析。研究显示，当前中国社会存在六种消费观念类型，分别是节俭消费观、大众化消费观、追求现代物质生活消费观、后现代消费观、成就消费观和发展消费观。她指出，当前中国社会的特征是发展主义观念和消费主义观念并存，而中国城市居民的消费观念则是在逐步认同西方消费主义观念和逐渐扬弃中国传统消费观念的基础上形成。

郑也夫（2006e）则从历史角度探讨了消费的演变趋势。他认为，在漫长的进化历史中，物质深刻地影响着人类的精神世界。人类形成了拜物的意识，以物质证明社会身份。资本主义导致的商品拜物教则是对拜物的第一次超越，它开始崇拜价值，而非物质。当代社会生活呈现出这样的趋势：GDP 中物质的比重下降，设计的比重上升；消费中衣食的比重下降，通讯和文化娱乐的比重上升；人们越来越生活在非物质和虚拟中。消费的非物质化和虚拟化已成趋势；而其中游戏将是未来生活中最重要的组成部分。他（2006d）还尝试对现代消费机制进行解释：消费机制由五种行为或心理构成：广告、降

① 该书于 2003 年被翻译成中文出版，译者为戴慧思、卢汉龙。

低消费门槛、商人通过买通官员和专家而操控社会、物质崇拜心理、时尚。

王宁（2006c）从消费者增权/去权的角度对中国的宏观消费模式转型进行了分析。他认为西方学者所持的消费者增权模式主要是一种信息供给型模式，与此相对应，他提出制度供给型消费者增权模式。从这一增权角度出发，他重新审视了中国城市宏观消费模式转型的性质和路径。对比改革开放前的消费模式，改革开放以来的消费模式总体上是具有消费者增权效果的。但是，从20世纪90年代以后所进行的集体消费模式的改革，却在一定程度上抵消经济改革所带来的消费者增权的效果。由于收入分配制度和社会保障制度的改革所带来的问题，导致了许多消费者在一定的范围内处于去权或无权状态。这种结果，背离了改革开放的初衷。

消费变迁也体现在空间方面。李程骅（2004）以南京为个案，从商业零售的空间布局的角度研究城市消费的变迁，探讨了商业零售布局与居民消费行为之间的互动与重构关系。他还分析了大卖场、超市、便利店等现代零售新业态对当今城市家庭消费出行半径和消费方式的影响（李程骅，2006）。

（三）社会分层与消费模式

社会分层是社会学研究的重点问题之一。由于消费与社会分层具有某种内在的联系，二者的关系受到消费社会学者的重视。国内的学者从两个方面进行了研究：一方面，探讨社会分层地位对人们的消费模式的型塑作用；另一方面，分析消费对社会分层与社会流动所产生的影响作用。

1. 社会分层地位对消费行为模式的型塑

（1）中产阶层与消费模式

王建平（2005）对“中产阶层的消费及其社会逻辑”的研究显示，目前中国城市中产阶层的消费行为与传统的有关中产阶层的消费论述有一定出入。中产与非中产消费方面的比较显示：一方面，阶层价值的消费分化已很明显，以致在很多方面形成了显著差异；另一方面，目前我国城市的社会阶层分化还正在进行中，这种分化并不像人们想象中的那样彻底。在随后发表的文章中，王建平（2006a，2006b）在梳理了西方消费社会学理论的基础上，总结了西方学者所论述的中产阶级的消费逻辑。他（2006c）还认为，处在社会转型期的中国城市中产阶级的消费打上了明显的传统与现代的印痕，从而处于明显的消费张力之中，即节俭与奢侈、激情与理性、主动与被动、雅与俗、个性化与阶层化之间的张力。这一张力同这一新生社会阶层的突生性和社会转型期的消费观念和行为的转型密切相关。

郁方（2005）认为当代中产阶级的消费文化是传统消费文化与外来消费文化共同作用的产物。夏建中、姚志杰（2005）对北京市高新技术企业的白领群体的生活方式进行了抽样调查，通过数据分析展示了城市白领群体以及中产阶级的生活方式的一些特征：白领群体不同于普通人群体，越来越重视追求有品味、时尚的生活方式，他们的消费也具有更多的个性化和炫耀性特点。但与此同时，他们的消费也体现出传统与现代并存的特点。

与上述学者的观点有所不同，程巍（2003）认为，中国不存在一种叫做中产阶级的阶级意识。所谓中产阶级，实际上是一个松弛的人群，通常是奢侈消费的人群（通过奢侈消费购买社会优越感），除了奢侈消费，它并没有显示出足以与其他人群区分开来的阶级特征（程巍，2003：172）。因此，无论是“中产阶级”，还是“工薪阶层”或“小资”，都是一些伪概念，人们之所以需要它们，是想在一个激烈变化的模糊时代获得自身身份的清晰感和对相同状况人群的认同感，以便对自己的社会处境提供一种合理化的解释（程巍，2003：172）。刘精明、李路路（2005）基于大样本量的问卷调查资料的分析也得出结论，中国城镇居民在生活方式上的阶层化还比较模糊。

（2）底层阶层与消费模式

近年来底层阶层的处境和消费也引起了学者的注意。例如，李伟东（2006）对北京市的农民工的消费、娱乐和社会交往进行了问卷调查，发现他们的消费处在生存性消费状态，以维持温饱为目的；日常娱乐较单调，以看电视、聊天为主；与北京市民的交往较少，对社区公共生活的参与度低。他的结论是，农民工与城市处于疏离状态。李运庆、余秀兰（2006）通过对南京市一所民工子弟学校的民工子女的观察和访谈发现：他们的总体消费水平很低，很少涉及文化层面的消费，休闲也不如城里的孩子，以看电视为主，显得比较单调。这使得他们区隔于城市社会，并因此有可能使得父辈的社会地位在子女身上继续延续。

刘桂茹（2006）认为，底层面对当地消费文化的诱惑所产生的消费欲望，与他们的实际支付能力和真实存在构成了悖谬。他们充满了消费欲望却不具备现代消费能力。“底层”在消费社会中不过是另类的符码。随着底层的艰辛与困苦被越来越多的城里人所同情，并被大众媒体所聚焦以后，底层可能变成一种符号或标签而进入被消费的商品之列。而频繁的媒体曝光换来的是受众的视觉疲劳，从而可能是受众更深的麻木，因此，被消费的底层的悲剧就还将继续上演下去。

除了阶层与消费的关系，也有学者探讨了女性与消费的关系（郭景萍，2003；方英，2006）。篇幅所限，恕不在此介绍。

2. 消费作为社会分层机制

在以往有关社会分层与消费模式之关系的文献中，学者们更多地关注前者对后者的决定或影响作用，而对后者对前者的影响作用估计不足。目前这种情况已有所改变。受布迪厄影响，国内的学者们开始研究消费对社会分层与社会流动所发挥的作用。

王宁（2006a）认为，消费并不是纯粹耗费性活动，而且是一种广义上的生产性活动。它不仅具有即时效应，而且具有滞后效应。这种滞后效应能够随着时间的推移而被积累，到了一定程度就会导致个人某个方面的质的变化，并因而影响个人的生活机遇和社会境况。在某种意义上，消费是一种隐性投资，对个人的社会身份和社会境遇具有建构作用。因此，消费不但是社会分层的一个结果，而且是阶层分化的机制之一（如：教育消费）。在此基础上，王宁（2006a）提出了社会学意义上的“消费资本”理论。消费者的消费投入，可以看做是一种“消费资本”。消费过程就是通过私人的各种资本形态的转换来达到个人社会价值的增值的目的。可见，消费其实跟生产一样，也构成阶层分化和社会流动的一个机制。

在各种消费活动中，教育消费与社会分层的关系尤为密切，因此引起了学者们的格外注意。张杨波（2005）和陈曙红（2006）均认为，教育消费的目标在于追求布迪厄所说的体制化文化资本，并将其运作转化为经济资本、社会资本以及其他符号资本。刘录护（2007）指出，在国家教育投资不足的背景下，家庭子女教育消费差异导致了子女教育的不平等，并影响着子女的社会阶层地位与社会流动；家庭子女教育消费中的经济不平等通过教育的社会分层器功能，转变为社会不平等；社会不平等也就转变为累积性的不平等，现存社会结构因此产生了代际复制并自我强化。

（四）消费、认同与时尚

消费不仅仅是一种经济活动，而且是一种社会和文化活动（王宁，2001a）。消费的社会性和文化性集中体现在它与认同的关系以及与时尚的关系。学者们在这两方面都进行了较深入的研究。

王宁在国内首先对消费与认同之关系进行探讨（王宁，2001b）。此后陆续有学者对这一问题展开研究。韩震结合全球化的背景指出，在生产高度一致化的同时并行着消费的差异化，消费构成自我认同的最主要动力（韩震，2005）。姚建平（2006）通过在中部某省 C 镇实证研究，验证了消费方式作为表现和维持阶层身份认同的重要手段。

伍庆在梳理了认同与同一性、身份等同源概念的关联与区别之后，认为现代性条件下认同建构的需要显得更加迫切，而由于消费对象的符号化、消费行为内在化以及消费主体大众化，使得消费可能成为建构认同的重要手段。他提出了消费建构认同的价值创造模式，即文化世界的意义转移到商品中形成符号价值，主体以不同方式的消费行为对符号价值进行再创造以建构认同，并进一步反思了这种消费认同可能被利用作为一种新的意识形态，并导向其自身的终结（2007a，2007b）。

时尚作为认同建构的一种最主要方式，得到消费社会学者的格外重视。从国外来看，时尚是消费社会学的一个最具有历史渊源和传统的研究领域。国内社会学界对时尚最早进行系统研究的，当属南京大学周晓虹。他在 20 世纪 90 年代中发表了一系列有关时尚的论文（如：周晓虹，1995）。

近年来，随着齐美尔、坎贝尔等西方社会学家有关时尚的论著被翻译成中文发表，国内重新兴起了对时尚研究的热潮。郑也夫（2006c）对齐美尔和坎贝尔的时尚理论进行了介绍，并认为二者的理论仅适用于各自所在的时期。如果齐美尔说的普遍性与特殊性是追求时尚的心理机制，那么，根据坎贝尔的“求新”理论，熟悉与新奇也是时尚的心理机制。汪新建、吕小康（2005）对麦柯拉肯的有关商品消费中“意义转移模式”（McCracken，1988：72）进行了改造，把单项意义流动改造为双向互动过程，即“意义互动模式”，在此基础上论述了时尚消费对于自我的意义表达和自我认同的建构功能。黄勇（2005）认为，对平等性认同和歧视性认同的追求是时尚风靡的根源。

孙沛东（2007）运用质性研究法对“文革”时期的着装时尚进行了深入研究。她认为，西方的时尚研究主要是针对自由市场经济的环境，而集权主义环境下同样也有时尚，如“文革”期间的着装时尚。这种时尚同市场经济条件下的时尚既有相同之处，也有不同的特点和运行机制。王宁（2005b）从政治经济学的角度对时尚进行了重新解读。他认为，时尚本质上是一种消费剥削机制。时尚是一种缩短产品的使用期限，从而增加市场需求的一种运行机制；时尚借助于“趣味霸权”强行宣判许多使用价值依然完好的产品为“过时”，从而诱导消费者购买符合当下时尚标准的新产品来替代它们。在某种意义上，时尚乃是一种由资本所操纵的消费剥削机制。随着生产剥削的边际空间的日益缩小，消费剥削成为资本获利的日益重要的新途径。

（五）中国消费者行为的本土化社会学研究

国内消费社会学界所面临的一个问题是，西方的消费社会学理论是针对西方社会实际而提出的，并不能完全适用于解释中国消费者行为。针对这种情况，国内消费社会学者开始尝试对中国消费者行为进行本土化的社会学研究。本土化消费社会学的尝试从20世纪90年代就开始了。例如，冯小双（1995）通过对山西农村妇女的消费的研究发现，农村妇女的消费具有一种明显的二元特征，在私人或隐蔽的领域，她们十分节省；但在公开的地方，她们的消费受“面子”原则的支配，并因此更舍得花钱。与面子消费类似，人情消费也提供了一个从本土化角度进行消费社会学研究的视角。在这方面，阎云翔（2000）有关东北农村礼物交换的人类学研究，朱晓莹（2003）对苏北农村人情消费泛滥及其所造成的经济负担的现实的描述，秦广强（2006）对鲁西北一个村庄的人情消费及其变化的调查等，发现农村的人情的类型和特点都发生了很大变化。

陈映婕（2006）受格尔茨的“地方性知识”概念的启发，提出了“地方性消费”的概念。她认为该概念涉及几个不同的维度：第一，作为地方知识结构中的消费；第二，作为历史和生态结构中的地方性消费；第三，作为文化生产意义上的地方性消费。她强调，我们要发现消费表象后面所蕴藏的地方语法和文化逻辑，即“文化图式”。

受到冯小双（1995）的“面子消费”的概念的启发，王宁（2005a）提出了“两栖消费”的概念。他观察到，尽管中国人目前还没有达到普遍富裕的程度，但中国人的“富裕”消费表象却比比皆是。为什么会这样呢？他认为，中国消费者在消费总量增加不多的前提下，通过精明的消费预算而实现了局部消费水平的升级换代。即他们分别在不同的消费领域运用了两种不同的消费预算策略，并用一方的收敛节俭来支持另一方的支出花费，从而顺利实现了局部消费水平的提高。他们有如两栖动物，在水域和陆地分别按不同的规则来生存。因此，可以被形象地称为“两栖”消费者。“两栖”消费者在长期消费和即期消费、显性消费和隐性消费、子女消费和自己消费、交际消费和私人消费上，分别采取了“奢侈”和“节俭”的预算策略。“两栖”消费本质上是一种中国社会的“转型期”现象，它带有消费模式的“过渡”特征和消费中间层的特征（王宁2005a）。此外，王宁（2003）还尝试对传统消费行为滞后于现代生产力要求的状况和根源进行分析。

三 展 望

综上所述，近四年消费社会学领域的研究取得了较大的进展，但同时也有某些不足：介绍西方消费社会学论著的文章较多，而对中国本土消费实际的研究成果较少；理论性/议论性研究论著较多，而实证性研究成果较少；宏观视角的总体宏论较多，而微观视角的深入探究较少。令人欣喜的是，对比四年前，国内的消费社会学研究已经初步形成了一支队伍。消费社会学是具有远大的发展前景的：一方面，它是社会学学科体系建设上不可缺少的一部分，并具有大量的研究机会；另一方面，它又具有十分重要的运用价值，它所提供的成果，既可为企业和市场所用（如：消费行为研究、消费文化研究），又能为政府制定经济政策和社会政策提供参考和依据（如：集体消费研究、消费问题研究等）。

参考文献

蔡禾、何艳玲，2004，《集体消费与社会不平等——对当代资本主义都市社会的一种分析视角》，《学术研究》第1期。

陈曙红，2006，《新中产阶级的教育消费及其动因探析》，《学术交流》第9期。

陈映婕，2006，《地方性消费：一个新的消费文化研究视角——概念的提出及其民俗学意义》，《浙江师范大学学报（社会科学版）》第6期。

陈昕，2003，《救赎与消费：当代中国日常生活中的消费主义》，南京：江苏人民出版社。

成伯清，2006，《走出现代性：当代西方社会学理论的重新定向》，北京：社会科学文献出版社。

格罗瑙，2002，《趣味社会学》，向建华译，南京：南京大学出版社。

程巍，2003，《奢侈：商品的象征价值的消费》，《天涯》第3期。

Deborah Davis 主编，2003/2000，《中国城市的消费革命》，戴慧思、卢汉龙译，上海：上海社会科学院出版社。

方英，2006，《消费社会中女性的身体消费》，《河南社会科学》第4期。

冯小双，1995，《面子文化的位置——农村妇女消费观调查》，《二十一世纪》第3期。

郭景萍，2003，《女性消费文化的社会意义分析》，《湖南师范大学社会科学学报》第6期。

韩震，2005，《全球化、现代消费和人的认同》，《江海学刊》第5期。

黄平，1995，《面对消费文化：要多一分清醒》，4月3日第11版《人民日报》。

——2003a，《生活方式与消费文化》，《天涯》第6期。

——2003b，《生活方式与消费文化：一个问题、一种思路》，《江苏社会科学》第3期。

黄勇，2005，《消费时尚的社会学分析》，《西南师范大学学报（人文社会科学版）》第4期。

姜继红、郑红娥，2005，《消费社会研究述评》，《学术研究》第11期。

蒋建国，2005，《西方消费文化理论研究的发展、演变与反思》，《消费经济》第12期。

李程骅，2004，《商业新业态：城市消费大变革》，南京：东南大学出版社。

——2006a，《论商业新业态对家庭消费出行空间的影响——城市空间“沃尔玛化”研究的一个视角》，《江苏社会科学》第3期。

——2006b，《关注商业新业态下本土消费文化的“迷失”》，《南京社会科学》第3期。

李伟东，2006，《消费、娱乐和社会参与——从日常行为看农民工与城市社会的关系》，《城市问题》第8期。

李运庆、余秀兰，2006，《民工子弟的消费与休闲——以南京市一所民工子弟学校为例》，《学习与实践》第6期。

刘桂茹，2006，《底层：消费社会的另类符码》，《东南学术》第5期。

刘怀玉，2005，《消费社会批判：西方马克思主义的一次重要转向——以列斐伏尔为主线的研究》，《理论探讨》第2期。

刘精明、李路路，2005，《阶层化：居住空间、生活方式、社会交往与阶层认同——我国城镇社会阶层化问题的实证研究》，《社会学研究》第3期。

刘录护，2007，《家庭子女教育消费：社会不平等机制的微观建构》，《辽宁教育研究》第2期。

卢瑞，2003，《消费文化》，张萍译，南京：南京大学出版社。

罗钢，2003，《西方消费文化理论述评》（上、下），《国外理论动态》第6~7期。

罗钢、王中忱主编，2003，《消费文化读本》，北京：中国社会科学出版社。

迈克·费瑟斯通，2000，《后现代主义与消费文化》，刘精明译，南京：译林出版社。

尼古拉·埃尔潘，2005，《消费社会学》，孙沛东译，北京：社会科学文献出版社。

彭华民，1996，《消费社会学》，天津：南开大学出版社。

秦广强，2006，《农村人情及人情消费的变迁——鲁西北A村调查》，《莱阳农学院学报（社会科学版）》第3期。

斯人，2002，《1985~2001年中国消费文化讨论综述》，《学术研究》第8期。

孙沛东，2007，《全能主义背景下的时尚》，中山大学博士学位论文。

汪新建、吕小康，2005，《时尚消费：意义表达与自我建构的工具》，《心理科学》第4期。

王建平，2005，《中产阶层的消费及其社会逻辑》，周晓虹主编《中国中产阶层调查》，北京：社会科学文献出版社。

——2006a，《国外有关中产阶级消费的社会学研究述评》，《天府新论》第2期。

——2006b，《浪漫伦理与现实理性：中产阶级的消费伦理及其两面性》，《国外社会科学》第5期。

——2006c，《存在与困惑：中国城市中产阶级的消费张力》，《学术交流》第10期。

王宁，2001a，《消费社会学：一个分析的视角》，北京：社会科学文献出版社。

——2001b，《消费与认同——对消费社会学的一个分析框架的探索》，《社会学研究》第1期。

——2003，《传统消费行为与消费方式的转型》，《广东社会科学》第2期。

——2004，《消费劳动与消费发展——关于社会发展的另一种思路》，《广东社会科学》第2期。

——2005a，《“两栖”消费行为的社会学分析》，《中山大学学报（社会科学版）》第4期。

——2005b，《时尚是一种消费剥削机制》，王宁著《消费的欲望》，广州：南方日报出版社。

——2005c，《消费的欲望——中国城市消费文化的社会学解读》，广州：南方日报出版社。

——2006a，《消费资本探析——消费社会学的一个研究框架》（上、下），《中国城市评论》第2~3辑，南京：南京大学出版社。

——2006b，《转型社会中的“欲望起飞”》，《广东社会人口发展蓝皮书·2006》，广州：广东省出版集团、广东经济出版社。

——2006c，《消费者增权还是消费者去权——中国城市宏观消费模式转型的重新审视》，《中山大学学报（社会科学版）》第6期。

——2007，《消费制度、劳动激励与合法性资源——围绕城镇职工消费生活与劳动动机的制度安排及转型逻辑》，《社会学研究》第3期。

王忠武，2005，《消费文化与中国现代化》，《学习与探索》第6期。

——2006，《消费和谐与社会和谐》，《河南社会科学》第1期。

吴兴明，2006，《反思波德里亚：我们如何理解消费社会》，《四川大学学报（哲学社会科学版）》第1期。

伍庆，2007a，《消费如何建构认同及其反思》，《云南社会科学》第2期。

——2007b，《消费社会中的认同》，中山大学博士学位论文。

夏建中、姚志杰，2005，《白领群体生活方式的一项实证研究》，《江苏社会科学》第1期。

许斗斗，2004，《消费现象的社会批判——对马克思与波德里亚之消费理论的比较分析》，《马克思主义与现实》第6期。

阎云翔，2000，《礼物的流动》，李放春、刘瑜译，上海：上海人民出版社。

杨魁、董雅丽，2003，《消费文化——从现代到后现代》，北京：中国社会科学出版社。

姚建平，2005，《消费阶级到自我：西方消费方式研究的理论发展》，《南京社会科学》第3期。

——2006，《消费认同》，北京：社会科学文献出版社。

郁方，2005，《19世纪以来中国中产阶层消费文化变迁与特征》，《学术研究》第7期。

张敦福，2006a，《迈向"虚无之物"的日常生活消费实践——一个消费者的视野》，《社会》第2期。

——2006b，《"Nothing"：消费的社会形式的一个理想类型——一个方法论的考评》，《上海大学学报（社会科学版）》第6期。

张卫良，2004，《20世纪西方社会关于"消费社会"的讨论》，《国外社会科学》第5期。

张杨波，2005，《教育消费成为文化资本的竞争领域》，王宁著《消费的欲望》，广州：南方日报出版社。

郑红娥，2005a，《发展主义与消费主义：发展中国家社会发展的困厄与出路》，《华中科技大学学报（社会科学版）》第4期。

——2005b，《中国的消费主义及其超越》，《学术论坛》第11期。

——2006a，《消费社会研究述评》，《哲学动态》第4期。

——2006b，《消费发展观：社会发展的新范式》，《学术界》第2期。

——2006c，《消费革命：中国"生活政治"的嬗变》，《河南社会科学》第1期。

——2006d，《消费社会：人类千禧王国的到来还是新一轮困厄的开始》，《江西社会科学》第10期。

——2006e，《消费社会理论反思》，《南京社会科学》第7期。

——2006f，《社会转型与消费革命——中国城市消费观念的变迁》，北京：北京大学出版社。

郑也夫，1994，《轿车文明批判》，8月9日《光明日报》。

——2006a，《消费：解释、批判与辩护》，《河南社会科学》第2期。

——2006b，《广告的社会学思考》，《首都师范大学学报（社会科学版）》第2期。

——2006c，《论时尚》，《浙江社会科学》第2期。

——2006d，《后物欲时代的来临·序言》，《博览群书》第6期。

——2006e，《从物质崇拜到非物质化趋势》（上、下），《中国城市评论》第2～3辑，南京：南京大学出版社。

周宪，2004，《视觉文化的消费社会学解析》，《社会学研究》第5期。

周晓虹，1995，《时尚现象的社会学研究》，《社会学研究》第3期。

朱晓莹，2003，《"人情"的泛化及其负功能——对苏北一农户人情消费的个案分析》，《社会》第9期。

McCracken，G.，1988，*Culture and Consumption*. Bloomington：Indiana University Press.

作者单位：中山大学政务学院社会学系

成长中的中国环境社会学*

洪大用

近三十年来，中国经济高速成长，人民生活水平大大提高。但是，与此同时，中国环境状况却未见明显好转，已对中国经济的进一步增长和人民生活质量的进一步改善构成了重大威胁，并对全球环境变迁形成了重要影响。我们注意到，中国政府和学术界日益关注环境问题，并提出了建设“资源节约型、环境友好型”社会的目标，中国环境社会学的学术研究也取得了一定进展。本文在界定“中国环境社会学”的基础上，分析中国环境社会学的成长过程，讨论中国环境社会学的未来发展。

一　何谓“中国环境社会学”？

首先需要说明的是，这里的“中国”主要是指中国大陆地区，没有包括中国台湾、香港、澳门地区。在中国的港、澳、台地区，环境社会学有着与西方环境社会学几乎同步的发展。特别是在台湾地区，自上世纪80年代以来，环境社会学的教学与研究已经取得了非常丰硕的成果（萧新煌，1980），但是迄今为止两岸之间在此领域的学术交流还非常有限。

其次，我们在这里所讲的“中国环境社会学”，是指针对环境问题开展社会学研究的一门社会学分支学科。具体来讲，大致可以从以下两个方面进行界定。

第一，“中国环境社会学”是相对于外国环境社会学而言的，特别是相对于以美国为代表的西方环境社会学而言的。

西方环境社会学，特别是美国环境社会学，其成长伴随着对西方主流社会学的批判，正是在这种批判中提出的新的理论取向成为凝聚环境社会学者的重要基础，这种新的理

* 笔者感谢美国 Albright College 社会学系助理教授肖晨阳博士对本文的评论，感谢我的博士研究生龚文娟、房莉杰在协助搜集资料方面付出的努力。笔者努力客观、全面地分析中国环境社会学的发展历程，但是囿于个人见识，仍然难免一些疏漏和偏误，笔者愿意为此负责，敬请各位同行批评指正以利改进！

论取向就是卡顿和邓拉普明确提出的“新环境范式”（New Environmental Paradigm，简称NEP）（Catton & Dunlap，1978）。

卡顿和邓拉普指出，自杜尔凯姆以来所形成的西方社会学，虽然看上去存在着各种理论上的分歧，但是在秉持人类中心主义这一基本观念上是共同的，也就是都把人类及其文化看成是特殊的，都遵从着“人类例外范式”（Human Exceptionalism Paradigm，简称HEP）。恰恰是对这种范式的遵从，使得西方社会学在20世纪60～70年代面对日益严重的环境问题，在很大程度上表现出了集体失语。为此，有必要反思原有的社会学研究范式，更多地关注社会研究的环境维度，也就是采用新的研究范式，关注环境因素对社会运行的影响。可以说，卡顿和邓拉普的范式区分奠定了西方环境社会学作为一门分支学科的重要基础，并影响着西方环境社会学的后来发展（Buttel，1996；Mol，2006）。

但是，回顾中国环境社会学的成长历程，我们发现它并没有伴随着对主流社会学的激烈批判与新型研究范式的建构。为什么？我想这是与中国社会学的特性有关的。回顾中国社会学的历史，我们可以看到：虽然这门学科是从西方引进的，但是，受到中国传统文化的影响，中国社会学一直很重视环境因素对社会结构和社会运行的影响，把环境因素看成是社会系统的重要构成要素或者是社会运行的重要条件。在1949年以前的中国社会学中，社区研究学派是一个很重要的学派，这个学派在社区研究中纳入环境因素的做法是非常明显的。

从另外一方面讲，社会学于上个世纪70年代末期在中国恢复重建之时，正是环境问题引起世界关注并在中国开始凸显之时。在一定程度上，中国社会学的恢复重建伴随着中国环境状况的持续恶化。面对这样一种客观现实，中国社会学者已经无法回避环境问题。因此，中国社会学并不排斥对环境问题的研究，尽管专门的环境社会学研究开始较晚。

事实上，中国一些重要学者在对社会学研究对象的界定中，已经内在地包含了对环境问题进行研究的必要性的认识。例如，郑杭生教授在1985年发表的文章中明确提出：“社会学是关于社会良性运行和协调发展的条件和机制的综合性具体社会科学”（郑杭生，1985），这种关于社会学的理解必然意味着要重视研究环境对社会运行和发展的各种影响。在其后来的一系列研究中，郑杭生教授及其学术团队始终很注意分析社会运行的环境条件（郑杭生、李强等，1993）。

因此，中国社会学的特性决定了中国环境社会学的诞生没有必要与主流社会学决裂，与主流社会学进行论辩以建构新型研究范式也并不是中国环境社会学作为一门分支学科成立的前提。事实上，中国环境社会学更多是在社会学者建构新的研究议题，主张汲取社会学的知识，从社会学角度深入研究环境问题的过程中不断发展的一门分支学科。由此，关注环境研究的社会维度成为凝聚中国环境社会学者的基本观念，这是与以美国环境社会学为代表的西方环境社会学有所不同的。不过，在某种程度上，中国环境社会学也许与欧洲环境社会学有点相似（Mol，2006）。

第二，“中国环境社会学”是相对于国内其他学科的环境研究而言的。

相对中国国内的其他学科而言，中国环境社会学是较晚发展、但是具有自身特色的一门分支学科。

在中国，正像在其他一些国家一样，早期的环境研究主要局限于自然科学和技术科学领域，这些领域的研究把环境问题看成是一个技术问题，可以通过技术手段加以解决。事实上，直到20世纪90年代中期，仍然有学者慨叹：相对于技术科学和自然科学的环境研究来说，社会科学的环境研究在一定意义上还只是二等公民或三等公民（徐嵩龄，1996）。

尽管如此，鉴于自然科学和技术科学关于环境研究的严重缺陷，还是有一些社会科学的先行者从自己的学科视角开展了环境研究，并逐步发展出一些重要的环境社会科学分支学科，例如环境哲学、环境伦理学、环境经济学、环境法学、环境政治学和环境社会学等。其中，环境哲学、环境伦理学、环境经济学和环境法学已经相对比较成熟，而环境政治学、环境社会学则可以说仍然是在建构之中的学科。

相比其他学科的环境研究而言，环境社会学的环境研究正在显现以下四方面的特色。

（一）环境社会学作为一门社会科学，更加关注环境问题的社会原因

特别是与自然科学、技术科学的环境研究相比，环境社会学更加重视环境与社会之间的互动关系，更加强调环境衰退的社会因素，尤其是当前中国正在经历的剧烈而深刻的社会转型对于环境的消极影响（洪大用，2001a）。

中国环境社会学的这一特色是与西方环境社会学相一致的。我们注意到，西方环境社会学在一定程度上也是通过反思和批评自然科学的环境研究而逐步发展起来的，最典型的就是对以保罗·伊里奇（Paul Ehrlich）为代表的“人口论”和以巴里·康芒纳（Barry Commoner）为代表的“技术论”的反思与批评（Schnaiberg，1980；Dunlap，1994）。

（二）环境社会学作为社会学的分支学科，更加关注环境问题之社会原因的综合性

社会学作为一门重要的社会科学，它关注的是社会整体的运行和发展以及社会整体中的个人，社会学的分析具有明显的综合性视角。换句话说，社会学研究涉及整个社会系统、系统与各子系统以及各子系统各个层次之间的关系，社会学并不是那种以社会的某一个子系统为自己研究对象的单科性学科，例如政治学、经济学、法学，等等。因此，相比环境经济学、环境政治学、环境法学等学科的环境研究而言，环境社会学更加倾向于从综合性、整体性、全局性的视角来分析环境问题。

在环境社会学看来，环境问题不仅仅是社会系统的某个局部失调所引起的，而是具有多重复杂因素和作用机制，既有经济技术层面的原因，更有社会结构和价值层面的原因。事实上，环境社会学的重要创始人邓拉普和卡顿在20世纪70年代，就借用邓肯（Otis Dudley Duncan）在1961年提出的“生态复合体”（ecological complex）概念，从多个层面阐释了环境问题的复杂原因，以及各种原因之间的相互影响（Dunlap & Catton，1979）。中国环境社会学在很大程度上也继承了这一点。

（三）环境社会学作为社会学的分支学科，更加注重分析具体的社会过程对于环境的影响

社会学不仅关注社会的结构，而且关注社会的过程；不仅关注社会制度的文本，而且关注社会制度的实践过程。社会学的这种分析特色为环境社会学所继承。

相比其他一些环境社会科学（例如环境经济学和环境法学，特别是环境法学，其基本研究对象就是环境法制建设）而言，环境社会学对于环境衰退以及环境治理的具体过程分析，可以提供更为丰富、更为具体的洞见，从而不仅增进人们对于环境问题的具体理解，而且对改进和完善环境政策大有裨益。我们注意到，国内一些环境社会学者在分析环境政策的执行过程以及环境问题的社会致因时，已经做出了一些有益的尝试（林梅，2001）。

（四）环境社会学作为社会学的分支学科，更加注重对环境问题的经验分析和研究

在很大程度上可以说，社会学是一门经验学科，基于经验调查和分析而开展学术研究是社会学的重要传统。在这方面，社会学明显区别于哲学等学科。环境社会学继承了社会学的这一重要传统，从而使得它与其他一些环境社会科学有着显著的区别。环境社会学研究特别是与环境哲学、环境伦理学等学科的研究有很大不同，后者具有较强的抽象思辨色彩，更加重视探讨人类社会与环境的一般规律，而前者更多地采用社会学的一些经验研究方法，在掌握经验资料并对之进行分析的基础上，更加倾向于发现和总结环境与社会互动关系的具体规律。当然，从理论层面讲，两者还是相互联系、相互补充的。

二　中国环境社会学的成长阶段

相较西方环境社会学的发展而言，中国环境社会学的发展明显要晚一些。我们注意到，虽然在20世纪80年代初期，国内就有人介绍西方的环境社会学，但是，环境社会学文献的大量出现还是20世纪90年代中后期，特别是21世纪以来的事情。

如果从环境社会学研究与环境社会学学科建构意识之关系的角度来看中国环境社会学的成长，那么实际上可以将20世纪80年代以来的中国环境社会学区分为两个阶段，即20世纪90年代中期以前和20世纪90年代中后期以来。前一阶段的中国环境社会学基本上可以说是“无学科意识的自发介绍与研究”，而后一阶段的中国环境社会学则可以说是“有学科意识的自觉研究与建构”。目前中国环境社会学的发展正在呈现一些新的趋势。

（一）无学科意识的自发介绍与研究阶段

根据目前所掌握的文献，狄菊馨、沈健（1982）编译的美国环境社会学家邓拉普和卡顿的一篇文章，是国内社会学恢复重建以来环境社会学领域的第一篇文献。从那时起直到20世纪90年代中期的中国环境社会学文献大体上包括了以下几个方面：第一，对“环境社会学”这门学科的简单介绍。第二，对国外环境社会学学术会议的介绍。例如，1992年，国际社会学会“环境与社会”专题组在荷兰召开会议，讨论环境社会学的发展趋势，并正式成立环境与社会研究委员会，国内学者就编译了一些关于这次会议的介绍（立早，1993；冯桂林，1994）。第三，编译国外环境社会学者的论文。除了狄菊馨、沈健（1982）编译的文章外，刘霓（1990）还编译了美国环境社会学家弗罗伊登伯格（Freudenburg，W. R.）的一篇文章，介绍了美国环境社会学的产生以及邓拉普和卡顿对环境社会学这门学科的重要贡献。第四，针对环境问题开展社会学研究（麻国庆，1993；

卢淑华，1994；洪大用，1995）。应该说，这些研究是这一阶段环境社会学发展的亮点，体现了社会学者对于环境问题的关注。

但是，整体而言，在20世纪90年代中期以前，中国环境社会学并没有自觉的学科意识，从事相关介绍与研究工作的人也许并没有意识到自己是在建设社会学的一门分支学科，最多只是在自发研究的过程中，注意到了社会学这门学科在环境研究中有着独特视角，可以发挥其应有的作用。

（二）有学科意识的自觉研究与建构阶段

中国环境社会学作为一门学者们自觉研究和建构的学科，应该说主要是从20世纪90年代中后期开始的。回顾20世纪90年代中后期以来的环境社会学文献，我们可以看到以下一些特征。

第一，明确提出要建设中国环境社会学学科，并对这门学科进行了必要的界定（马戎，1998；洪大用，1999）。

第二，开始系统地研究和介绍西方的环境社会学（哈珀，1998；饭岛伸子，1999；洪大用，1999）。在这方面，肖晨阳等（1998）翻译出版的美国环境社会学家查尔斯·哈珀撰写的《环境与社会——环境问题中的人文视野》以及包智明（1999）翻译出版的日本环境社会学家饭岛伸子的《环境社会学》，可以说是两本重要著作。其他学者对于西方环境社会学理论流派、研究范式以及关于环境意识与行为研究的系统介绍，也都对促进中国环境社会学学科建设发挥了重要作用。

第三，开始自主编写教材，开设环境社会学课程。自20世纪90年代中期以来，越来越多的学校开设了环境社会学的本科课程和研究生课程。在教学和研究过程中，一些初步的教材也正式出版了（姜晓萍、陈昌岑主编，2000；左玉辉主编，2003；李友梅、刘春燕，2004；沈殿忠主编，2004），这些教材的出版可以说是中国学者自觉建构环境社会学学科的重要标志。

第四，开始结合中国实际环境状况开展经验研究，自觉建构中国环境社会学的“中程理论”（洪大用，2001a，2001b，2006；李澍卿等，2001；林梅，2001；陶传进，2005；陆益龙，2004；江莹，2007；王芳，2007）。

其中，洪大用（2001a）出版的《社会变迁与环境问题》，联系当代中国社会转型的实际情况，具体探讨了环境与社会互动的机制与过程，从整体上揭示了当代中国环境衰退的社会因素，并提出通过组织创新以优化社会结构，进而促进中国环境保护的政策思路。林梅（2001）则基于对湖南省洞庭湖区环境政策实施过程的考察，着重研究了环境政策的实施问题，探讨了环境政策实施中的重要机制以及这些机制存在和发挥作用的条件。李澍卿等（2001）从区域环境问题入手开展了环境社会学的经验研究，出版了《旱区环境社会学》一书，针对旱区的经济社会、生态环境与人类行为的相互作用、相互影响过程进行了交叉性探讨，初步提出了旱区环境社会学的分析框架。陶传进（2005）出版的《环境治理：以社区为基础》，在经验研究的基础上，分析了政府、市场与社区在环境治理中的不同作用，阐述了通过促进社区合作、完善社区治理以促进环境保护的若干问题。

从以上分析可以看出，20世纪90年代中期以来，中国环境社会学者的学科建构意识大大增强，正是在学者们共同的自觉努力下，中国环境社会学取得了明显进步，正在展示其初步的轮廓。

（三）中国环境社会学的最新趋势

回顾中国环境社会学的成长历程，我们注意到中国环境社会学正在呈现一些新的趋势，即走向深化、走向对话、走向组织化和走向国际化的新趋势，这些趋势指引着中国环境社会学逐渐走向成熟。

就中国环境社会学走向深化的趋势而言，主要体现在两个方面：一方面，学者们对环境社会学理论体系的思考不断深化，开始自觉地结合中国社会与环境互动的具体特点，探索中国环境社会学的理论内涵；另一方面，学者们在各种经验研究中，针对环境关心、环境行为、环境问题的社会原因以及环境政策的执行过程等开展了更为深入的研究，得出了一些环境社会学的洞见。

就环境社会学走向对话的趋势而言，主要也是体现在两个方面：一方面，一些学者在学习、借鉴国外环境社会学研究和开展中国经验研究的基础上，开始与国外学者对话，针对一些研究议题报告或同或异的研究发现，并进行理论上的反思，例如关于中国公众环境关心的研究；另一方面，一些国内学者之间也开始就一些共同的议题进行研讨与交流，例如关于中国环境问题分析视角的讨论。这类相互切磋表明环境社会学正在由各个学者孤立研究的阶段走向学者们集体推动的阶段，环境社会学者们开始萌生学术共同体的意识。

就环境社会学走向组织化的趋势而言，主要是指中国环境社会学者之间的联系日益密切。在此方面，2006 年 11 月 11～12 日在北京成功召开的首次“中国环境社会学”学术研讨会是一个标志性事件。这次会议由中国人民大学社会学理论与方法研究中心、中国人民大学社会学系联合举办，来自全国 20 多个省市 30 多家教学、科研、出版单位的 50 余名专家、学者出席了会议。与会学者呼吁进一步加强环境社会学的学术共同体建设，组建环境社会学研究专业委员会或环境社会学研究网络，推动学术交流的经常化、制度化，以此凝聚集体的力量，共同推动中国环境社会学发展。

就环境社会学走向国际化的趋势而言，主要是指中国环境社会学正在引起国际关注。在此方面，2007 年 6 月 30 日～7 月 1 日在北京成功召开的“2007 年中国环境社会学国际学术研讨会”是一个标志性事件。这次会议由中国人民大学社会学理论与方法研究中心、中国人民大学社会学系、河海大学社会学系、国际社会学会环境与社会研究委员会联合主办，吸引了国际环境社会学界的广泛注意，来自美国、加拿大、英国、法国、德国、奥地利、意大利、新西兰、日本、韩国、伊朗等十几个国家和中国香港、台湾地区以及大陆的 20 余家高校和科研机构的 120 多位专家学者参加了会议研讨。这次会议既体现了中国学者提升中国环境社会学学科国际性的自觉努力，也标志着国际环境社会学界开始关注中国环境社会学学科的成长。

三 中国环境社会学的未来发展

尽管如上所述，中国环境社会学的建构已经取得一些实质性进展，但是，它离一门成熟的社会学分支学科仍然有较大差距。目前我们迫切需要的是进一步明确凝聚这门学科的核心理念和若干重要议题，从而奠定这门学科持续发展的坚实基础。那么，中国环境社会学未来的核心理念和重要议题究竟应该是什么？

（一）中国环境社会学的核心理念和重要议题

我们认为，承认并坚持环境与社会之间具有相互制约、相互影响的互动关系，在此基础上关注环境研究的社会维度，仍然是中国环境社会学所应坚持的核心理念。但是，这种核心理念在中国环境社会学的研究中需要进一步具体化。

考虑到社会与环境的互动关系实际上具有历史性、阶段性、地区性的特征，在社会发展的不同阶段，在不同的社会形态下，社会与环境的互动关系存在着不同的机制、模式与特点，中国环境社会学尤其需要着重把握中国当下的社会转型与环境变迁的互动关系，探究当下的特殊转型过程对中国环境的影响，以及环境问题对中国社会转型过程的各种影响。

在广义上，中国自19世纪中叶开始至今的现代化进程都可以看做是社会转型的过程。随着这一过程的推进，中国社会离所谓传统的东方社会越来越远，越来越走向西方式的现代社会，尽管距离全面的西方式现代社会还很遥远。

在狭义上，我们所讲的社会转型过程主要是指20世纪70年代末期以来的中国社会的深刻变化，这种变化是在全球化的背景下发生的，是中国现代化进程中的特殊阶段。由这种变化所体现出的社会转型突出表现为以下几个方面：在社会形态上，从总体控制性社会向多元开放性社会转变；在资源配置方式上，从计划经济体制向市场经济体制转变；在产业结构上，从农业为主的社会向工业服务业为主的社会转变；在城乡结构上，从农村为主的社会向城市为主的社会转变；在社会控制方式上，从行政为主的社会控制向多元控制方式转变；在价值观念上，从集体主义、禁欲主义向个体主义、消费主义转变。很明显，这样一种全方位的社会转型对于中国环境的影响是巨大而深刻的。

洪大用（2001a）曾经指出：一方面，社会转型给环境带来了许多负面影响，大大削弱了环境治理的实际效果，成为环境状况持续恶化并表现出某些特征的重要原因。另一方面，也正是由于社会转型，中国社会由封闭走向开放，并且日益融入国际社会之中，环境问题由此逐步引起普遍关注，这实际上说明环境问题的凸显也是经由特定社会过程的结果。换句话说，环境问题在一定程度上确实具有社会建构的性质（Hannigan，1995）。更重要的是，社会转型在一个方面实际上意味着社会重组。为此，不仅需要重新反思基于原有社会组织体系的各种环境政策，而且需要顺应社会重组的趋势，推动组织创新，扩大公众参与，从而改善环境治理，促进可持续发展。

笔者认为，未来推动中国环境社会学的持续发展，应当继续在社会转型与环境状况相互作用这一核心理念的指引下，进一步围绕若干重要议题开展持续、深入的研究。那么，究竟什么样的议题可以构成关系到中国环境社会学发展的重要议题呢？笔者曾经指出，“环境问题产生的社会原因及其社会影响”就是这样的议题（洪大用，1999）。现在看来，把这一议题更进一步明确为“中国社会转型期环境治理的局部失灵”似乎更具体、更确切。笔者认为，这一议题至少应该是目前中国环境社会学最重要的议题之一。

（二）中国环境社会学要深入研究中国环境治理失灵

我们应当认识到，转型期的中国社会并非没有环境治理。一般认为，中国环境治理工作开始于20世纪70年代初（曲格平，1992；解振华，1992），几乎是与世界范围内关注环境治理同步的。从那时以来，中国政府在促进经济社会发展的同时，逐步推进环境治理。时至今日，就一些主要指标而言，中国环境治理已经日益制度化了。例如，中国环境法制建设正在逐步完善，中国的环境保护机构不断健全，中国的职业环保人员持续增加（国家环境保护总局，1995～2005）。

然而，问题的关键在于：一方面，政府不断加强环境治理；另一方面，这种环境治理的成效非常有限，往往只能改善局部地区的局部问题，难以有效改善整体环境状况，中国环境危机的态势依然严峻，由此凸显出某种程度上的环境治理失灵。这种环境治理背景下的环境衰退或者某种意义上的环境治理失灵，既是中国环境保护工作必须正视的重大现实问题，又是中国环境社会学得以走向成熟必须加以深入分析和研究的重大理论问题。对这一问题研究越深入，环境社会学作为一门学科就越有可能取得实质性的突破和进展，从而也就越有可能发展成为一门具有独立价值的学科。

要就当代中国环境治理失灵开展深入研究，一方面，应当继续发挥社会学经验分析的特长，就个人层次、群体层次、区域层次、国家层次乃至全球层次的环境治理的实践过程进行必要的调查分析，积累足够的经验资料，以便揭示实践中的环境治理逻辑与机制，讨论改进环境治理的具体措施，发展环境问题之社会学的理论解释。另一方面，也应继续发挥社会学综合分析的特长，充分利用“社会学的想象力”（C. 赖特·米尔斯，2001），就中国环境治理模式以及环境治理所面临的经济、政治、文化、社会和国际环境进行深入分析，揭示中国环境治理模式的基本特点与内在局限，讨论完善环境治理的路径选择，以期在贡献社会学对于环境问题之洞见的基础上，确立环境社会学这门学科的独立价值。

在笔者看来，中国现行的环境治理具有早生性、外生性、形式性和脆弱性等特征，这些特征的存在正是中国环境治理失灵的重要原因。除此之外，笔者认为更重要的是：中国迄今为止的环境治理模式依然存在着内在的、结构性的缺陷，即治理主体的不完整。

我们知道，中国现有的环境治理主要是依靠政府推动的，公众作为环境治理的重要主体没有受到切实的重视，公众自觉参与环境治理还非常不足，同时面临着诸多条件与机会的限制。笔者曾经着重分析了这种政府主导型环境治理模式的局限，指出这种治理模式几乎注定了环境治理失灵的命运，并提出了通过组织创新，优化环境治理结构，推动公众参与，以期改善中国环境治理的政策主张（洪大用，2001a）。现在看来，这种主张仍然具有重要的理论意义和现实意义。

不过，通过最近几年对中国公众参与环境治理的观察和分析，笔者进一步认为：目前要推动更加有效的环境治理，还有一个更具现实性的路径，那就是通过进一步保障公众理性的环境维权来促进公众对环境治理的参与。

我们注意到，随着中国经济的快速发展和人民生活水平的提高，越来越多的人更加关注生活质量，更加重视维护自身的环境权益，在自身环境权益遭受侵害时，越来越倾向于采取实际的行动表达不满并寻求补偿，这在现实生活中的具体体现就是我国环境纠纷的数量呈现出迅速增长的态势。自 1995 年以来，我国环保部门收到的群众来信数量和接待的群众上访数量都呈现出增多的趋势。特别是自 2002 年以来，虽然环境污染与破坏事故次数有所下降，但是群众来信却以平均每年 13% 的速度递增（国家环境保护总局，1995 ~ 2005）。事实上，在现实生活中，公众由于环境权益遭到侵害，甚至采取一些极端的自立救济手段，由此引发一些群体性事件，并且这样的事件也呈现出日益增多的趋势。

与纯粹通过宣传教育来启发公众环境意识、形塑环境保护的价值观、促进公众参与相比，直接通过回应公众现实的环境利益诉求，切实保障公众正当的环境权益不受侵害，明显更能激励公众对于环境治理的自觉关注和参与，因为这样的环境治理已经与其切身利益相关。如果我们不是简单地抑制或者忽视公众的环境权益诉求，而是能够在回应公众日益增长的环境权益诉求的过程中，发展出更为公正、更为合理、更加有效的制度安排，那么我们就可以实实在在地把公众纳入到我国的环境治理实践中，借助公众维权的力量，不断改进我国的环境治理实践。

展望未来，如果中国环境社会学者能从更多的角度、在更深的层次上和更广的范围内，围绕中国环境治理的局部失灵开展卓有成效的社会学研究，那么，中国环境社会学在不久的将来就会发展为一门成熟的社会学分支学科，并对国际环境社会学的发展做出重要贡献。

参考文献

C. 赖特·米尔斯，2001，《社会学的想象力》，陈强、张永强译，北京：三联书店。

查尔斯·哈珀，1998，《环境与社会——环境问题中的人文视野》，肖晨阳等译，天津：天津人民出版社。

狄菊馨、沈健，1982，《环境社会学及其基本的分析结构》，《国外社会科学文摘》第 11 期。

饭岛伸子，1999，《环境社会学》，包智明译，北京：社会科学文献出版社。

冯桂林，1994，《国际环境社会学会议简介》，《决策与信息》第 4 期。

国家环境保护总局，1995 ~ 2005，《全国环境统计公报》，http：//www. zhb. gov. cn。

洪大用，1995，《环境研究及其应用》，李强主编《应用社会学》，北京：中国人民大学出版社。

——1999，《西方环境社会学研究》，《社会学研究》第 2 期。

——2001a，《社会变迁与环境问题——当代中国环境问题的社会学阐释》，北京：首都师范大学出版社。

——2001b，《转变与延续：中国民间环保团体的转型》，《管理世界》第 6 期。

——2006，《环境关心的测量：NEP 量表在中国的应用评估》，《社会》第 5 期。

江莹，2007，《互动与整合——城市水环境污染与治理的社会学研究》，南京：东南大学出版社。

姜晓萍、陈昌岑主编，2000，《环境社会学》，成都：四川人民出版社。

李澍卿、周伟文、田翠琴、薛军，2001，《旱区环境社会学》，石家庄：河北人民出版社。

李友梅、刘春燕，2004，《环境社会学》，上海：上海大学出版社。

立早，1993，《国际社会学“环境与社会”学术讨论会》，《国外社会科学》第 12 期。

林梅，2001，《环境政策实施机制研究——对洞庭湖区“平垸行洪、退田还湖、移民建镇”政策实施过程的考察》，北京大学社会学系博士学位论文。

刘霓，1990，《环境社会学的产生》，《国外社会科学》第 8 期。

卢淑华，1994，《城市生态环境问题的社会学研究——本溪市的环境污染与居民的区位分布》，《社会学研究》第 6 期。

陆益龙，2004，《流动产权的界定：水资源保护的社会学理论》，北京：中国人民大学出版社。

麻国庆，1993，《环境研究的社会文化观》，《社会学研究》第 5 期。

马戎，1998，《必须重视环境社会学——谈社会学在环境科学中的应用》，《北京大学学报（哲学社会科学版）》第 4 期。

曲格平，1992，《走有中国特色的环境保护道路》，11 月 17 日《中国环境报》。

沈殿忠主编，2004，《环境社会学》，沈阳：辽宁大学出版社。

陶传进，2005，《环境治理：以社区为基础》，北京：社会科学文献出版社。

王芳，2007，《环境社会学新视野——行动者、公共空间与城市环境问题》，上海：上海人民出版社。

萧新煌，1980，《社会学与"环境"：环境社会学的基本看法》，《思与言》第 18 卷。

解振华，1992，《中国环境保护机构的历史沿革》，10 月 8 日《中国环境报》。

徐嵩龄，1996，《中国可持续发展研究与社会科学的应有地位》，5 月 21 日《中国环境报》。

郑杭生，1985，《论马克思主义社会学的两种形态》，7 月 29 日《光明日报》。

郑杭生、李强等，1993，《社会运行导论》，北京：中国人民大学出版社。

左玉辉主编，2003，《环境社会学》，北京：高等教育出版社。

Buttel, Frederic H., 1996, "Environmental and Resource Sociology: Theoretical issues and Opportunities for Synthesis." *Rural Sociology* 61 (1).

Catton, W. R. Jr. & R. E. Dunlap, 1978, "Environmental Sociology: A New Paradigm." *American Sociologist* 13.

Dunlap, R. E. & W. R. Jr. Catton, 1979, "Environmental Sociology." *Annual Review of Sociology* 5.

Dunlap, R. E., 1994, "The Nature and Causes of Environmental Problems: A Socio-ecological Perspective." In Korean Sociological Association (ed.), *Environment and Development: A Sociological Understanding for the Better Human Conditions*. Seoul: Seoul Press.

Hannigan, John A., 1995, *Environmental Sociology: A Social Constructionist Perspective*. London: Routledge.

Mol, Arthur P. J., 2006, "From Environmental Sociologies to Environmental Sociology? —A Comparison of U. S. and European Environmental Sociology." *Organization & Environment* 19 (1).

Schnaiberg, Allan, 1980, *The Environment: From Surplus to Scarcity*. New York: Oxford University Press.

作者单位：中国人民大学社会与人口学院

社会学中的性别研究综述

吴小英

2003~2006年间中国社会学中的性别研究逐步走向规范与成熟，主要表现为三个方面：一是对方法论的探讨更加广泛和深入，同时吸引了更多并非专门从事性别研究的学者加入其中，使得主流社会学与性别研究之间的对话不仅仅停留在表层。这在某种程度上增加了性别研究本身的学术含量。二是出版了一些教材性质的女性社会学或者性别社会学著作，虽然为数不多，但是写作者均为国内从事社会学以及性别研究的教学与研究多年的学者，她们在学科建设的旗帜下组成社会学中的性别研究网络，试图将这两块融合起来，这些教材类著作的出版无疑推进了性别研究在社会学中的学科化。三是从研究的议题和方式来看，这些年的性别研究已经远远超出了单纯以性别为对象或核心的单一视角，性别问题被重新拉回到社会，置于中国社会现代化、城市化与全球化背景下特殊的结构与变迁中来考察，这使得性别研究与社会学主流传统之间的隔阂日益缩小，也为相互之间的融合提供了更大的可能。

一 方法论的探讨与争论

性别研究的方法论基础主要来自西方女性主义，因此方法论的探讨某种程度上就是对女性主义的方法论意义的考察与评判。2003~2006年间，国内一些主流刊物除了继续引进和介绍女性主义在不同学科的贡献之外，还展开了专门针对性别研究的方法论讨论。从已有的文献看，主要归纳为两个问题：一是女性主义的方法论意义以及存在的问题；二是基于中国社会实践的本土化的性别研究方法。

（一）女性主义的方法论意义以及存在的问题

有学者将女性主义方法论归纳为以下几个特征：①强调性别的核心作用，以性别分析方法为基本工具；②带有明显的伦理价值取向，公开宣称以建立民主、平等的研究模式和非等级制的、解放的社会为目标；③基于政治理念和后实证主义学术传统的批判性立场；

④对反身性和知识的情境化的强调，倡导从女性自身的日常生活经验入手来建构知识，根据具体问题情境来决定运用何种方法。作为一种开放的、多元化的研究视角，方法论的女性主义虽然是批判的，同时也是宽容的（吴小英，2004）。张宛丽在探讨女性主义社会学的方法论意义时，也指出“其最重要的、也是最首要的价值所在，即是方法论意义上的知识革命”，因为以往的主流社会学的方法论是以自然科学模式为参照，以“客观性”、“普遍性”为依据的，而女性主义社会学正要挑战这类所谓普遍的知识。其次是“对知识获得的方法特点的再认识”，包括对知识概念的重新认识、对知识主体的重新界定以及对女性经验的重新评价（张宛丽，2003）。

李培林强调女性主义不仅仅是一种分析社会的视角，同时也是一种研究的方法论，而且“女性主义的学术价值，很大一部分是在方法论意义上的”，因为“从学理上讲，一方面，女性主义方法论与人类学的方法论有共同之处，就是关注‘他者’的经验、立场和看法；另一方面，女性主义与建构论的‘主体间性’方法论以及当代社会学、经济学关于‘利益相关者’的研究方法，也有共同之处，即注重研究者和被研究者的互动，注重同一问题的‘利益相关者’之间的互动。这种方法论往往具有对既定成见和话语霸权的纠偏作用”（李培林，2004）。

可以看出，这些有关女性主义方法论意义的正面评判比起以往的简单译介在两点上更加深入：一是将女性主义方法论放在西方整个知识体系和传统的背景上来考察，突出了其批判性和挑战性作用，也强调了社会学中女性主义方法论与别的知识传统之间的延续性；二是将女性主义在政治文化领域的影响与学理上的意义关联起来，寻找其内在共同的权力联结点。这就赋予女性主义方法论更加宽泛而恒久的价值，同时也更加有助于认清女性主义方法论本身存在的缺陷。

吴小英对女性主义在社会学方法论上的诸多分歧和争论进行了梳理，指出女性主义虽然总体上对以实证主义为代表的主流社会学方法论持批判态度，并将传统的价值中立的客观性原则斥为父权制文化的男性中心主义典范，反对认知和文化的两分法传统，追求以批判性、反思性和参与性为特征的方法论规则，但在方法论问题上他们仍常常表现出暧昧的态度，而“这种暧昧的态度来自女性主义者所描绘的女性在社会和文化中作为‘身处其中的局外人’（outsiders within）或‘边缘化的局内人’（marginal insiders）的特殊处境和立场”（吴小英，2003）。因此需要对女性主义方法论自身保持一种不断挑战的反身姿态，“包括对诸如统一的女性和性别身份、统一的女性立场和经验的质疑，对于方法论的女性主义中‘性别万能’倾向的批判，等等”（吴小英，2004）。

事实上，国内一些学者已经注意到了近年来由于女性主义的广泛传播以及方法论的误解或滥用所导致的性别研究中存在的一系列问题。例如孟宪范批评了在中国已有的女性研究中普遍存在的女性主义式的宏大叙事模式和多元化社会的经验事实之间存在着明显的不对称，“这种不对称导致了女性研究的‘去社会化’倾向”（孟宪范，2004a：3）。这种倾向实际上反映的是“女性研究理论的贫困”。面对这种贫困，我们急需建立女性研究的一种“中层理论”，寻求经验女性研究中操作层面的方法（孟宪范，2004a：5）。

（二）基于中国社会实践的本土化的性别研究方法

在女性主义传入中国后将近十年，如同社会学甚至整个社会科学所经历的一样，性别研究也遭遇了难以回避的本土化困境。寻找对于中国社会更有解释力度的本土化的性别研究方法，也是方法论讨论中的一个重点。

孟宪范在分析国内女性研究中存在的“去社会性”倾向时指出，这种现象存在的原因之一是“在学术上患了‘自闭症’，不注意吸收其他学科的理论方法”，与此相关的另一个原因就是“不恰当地照搬西方女性主义的理论”（孟宪范，2004b）。这种宏大叙事话语由于抽离了女性生存状况丰富的社会内涵，把女性作为一个同质的群体笼而统之地加以概括，偏离了中国的社会现实。她倡导引入经济社会学中的“弱嵌入性”概念作为女性研究的分析工具。这种“弱嵌入性”理论“强调的是人和社会结构的关系，用它作为女性研究的‘中层理论’，在处理经验女性研究的材料时，可以提高我们解读女性世界视域和深度的质量，有利于破除女性研究‘去社会性’的弊端”（孟宪范，2004b）。

杨善华在探讨女性研究的方法论问题时则强调，“女性研究的对象虽然是全方位的（即应该包含社会各阶层的妇女），但我们首先应该关注的是在中国城乡社会中占女性人口多数的非精英群体即普通妇女群体”，因为“只有认识和理解她们，女性研究才能真正扎根于中国本土社会，才能体现出自己的社会关怀，才能获得长久的文化意义上的生命”（杨善华，2004）。其方法论起点就是“理解普通妇女生存的社会环境的意义，理解她们话语和行动的意义并在这两者相联的基础上给出一个符合实际的解释”，这里关键的前提是“按普通妇女自己的立场和视角去理解，而不是按我们研究者的立场和视角去理解”（杨善华，2004）。

关于本土化的性别研究方法的讨论虽然并没有形成系统的说法，但是可以基本归纳为以下几点：①强调性别研究必须基于中国社会的具体情境和实践，重视作为基层的普通女性群体的日常经验和主体性，这一点也体现了这些年来社会学界倡导与追随的“实践社会学”的取向已经开始深入人心；②性别研究必须走出单一的性别解释图式，回归社会、回归多元化的人群，寻找性别与其他社会因素之间、性别研究与其他学科领域之间的交叉点。这种方法论上的开放不仅有利于把握丰富的社会事实，同时也有利于提升性别研究在学术研究中的地位。值得一提的是，非性别研究学者的加入，使得讨论本身在主流社会学界的影响力得到了扩展，同时也可以看出学者们对于性别研究方法论的理解还存在着一定的误区，比如有学者虽然看到了性别研究视角对于概括和提炼中国经验的重要性，但仍然坚持“阶级分层的分析视角还是一个基本的视角”，仅仅把性别分析看成是对“常规视角容易忽略的问题”的一种特殊关注，是为防止基本视角在理解复杂的社会现象时可能出现误判而准备的一种补充视角（李培林，2004）。由于性别研究在主流学界主要仍被视为对社会中有关性别问题的研究，而不是一种构成社会知识的方式，这也使得它的主流化进程始终受到一定的局限。

二 性别研究与社会学的融合

2003～2006年间，性别研究在社会学中的学科化取得了可喜的进展，除了已有的研究网络进一步扩大、新的平台（如一些专门的女性研究网站）不断出现、研究资源的整合与共享更加便捷之外，一个直接的成果就是陆续出版了几本有关女性或者性别社会学的教材类著作。以下选取两本有影响的著作加以评述。

王金玲主编的《女性社会学》是国内首本基于西方女性主义视角和中国本土实践的社会学教材。在导论中，编者明确指出："妇女与本土，便是中国女性社会学的基本立场与方法"（王金玲，2005：1～2）。一方面，它认定社会学作为一个传统学科，"不免带有男性性别偏见或性别盲点，而在这一基础上形成的结论、观点、理论/理念及对策性建议等由此也必然或多或少地具有某种男性中心的倾向"，所以中国的社会学"不得不接受妇女的挑战，并需要在此基础上进行修正与完善直至重构，至少是应该和必须弥补性别偏见/盲点这一基础性的缺陷"；另一方面，"中国的女性社会学必须是本土的女性社会学"，而不必成为西方女性社会学的"追随者"或者"翻版"。

本书从结构上看沿袭了一般社会学教材的基本框架，同时考虑到了女性主义关注的重点。从各章的内容看，又都程式化地分为三个部分：主流社会学的主要阐释、女性主义的批判和挑战以及中国本土的研究。从基本立场和理念上看，前两部分都非常清晰，而后一部分往往比较模糊，本土化的研究常常在主流社会学和女性主义的框架间徘徊，不知何去何从。这在一定程度上恰好反映了国内目前性别研究的困境：妇女和本土的旗帜究竟应该以怎样一种方式扛下去？如何能够将主流社会学和西方女性主义的霸权话语真正融合在中国本土的研究实践中、转化为自己的话语模式？总体上看，批判仍是这本教材的主旋律，而来自于女性主体和中国本土的研究无论在经验还是理论上建设性的沉淀尚嫌不足。

另一本有影响的同类教材是佟新的《性别研究导论——两性不平等的社会机制分析》（佟新，2005）。与前面一本不同的是，本书虽然也带有明显的女性主义取向，但并非以现有社会学的体系为靶子一一瞄准抨击，而是紧紧围绕一个核心问题——性别不平等的社会机制进行阐述和分析，并在这个过程中较好地体现了性别研究与社会学的本土化融合。作者在导论中指出，"本书的目的在于分析以父权制为核心的性别不平等是如何被再生产出来的"，她强调三大社会机制对性别不平等的作用："一是父权制的文化及实践，二是性关系中的父权制与性双重标准的实践，三是以劳动性别分工为基础的有酬劳动、国家、法律机制对性别发展的作用"（佟新，2005：8）。全书"系统地分析社会性别体制是如何通过文化、政治、经济和两性间的亲密关系实现父权制统治的"，这种分析模式基于性别的社会文化建构性，同时也表明了"社会性别体制正是在与其他社会制度的复杂互动中得以延续：一方面，父权制与其他的社会制度交织在一起作用于人们的日常生活；另一方面，在特定历史条件下的性别关系秩序也作用于种种社会制度"（佟新，2005：9）。

本书以"启发学生对性别问题的敏感性和反思性"为教学目的，因此在方法论上强调日常生活经验的重要性，同时"力求把性别不平等现象从日常生活经验上升到理论"，以便更好地理解中国社会的运作方式，通过学习和思考从性别的角度对司空见惯的社会问题提出质疑，反思日常生活中理所当然的性别知识是如何建构而成的。最后，"在反思知识建构和理解不平等导致的社会恶果的基础上，积极寻求社会变革的可能性和个人行动的能力"（佟新，2005：15）。这种方法论带有明确的价值取向，着眼于个人的日常生活体验和中国的社会现实和制度文化，因此带有浓重的本土化色彩，但在涵盖的内容上尚有进一步扩展和深化的可能。

三　性别研究的新老议题及其进展

2003～2006年间社会学中性别研究的新进展，还体现在一些旧的议题被重新拾起并获得了更加深入的研究，同时全球化、市场化背景下一些新的性别议题也被发掘出来，并且作为中国现代化结构变迁过程中的一个重要部分来考察和分析。总体上看，这些研究比以往更加规范和成熟，同时在研究方式上也突破了以性别为唯一视角的单一模式，更加注重性别与社会的不可分性，强调性别与阶级、阶层、城乡、权力、文化等之间的交叉作用。

（一）重新考察与评价毛泽东时代的性别理念及其影响

从已有文献看，这一类的研究主要包括三个主题：一是中国性别政策的评价与分析，二是社会事件中的女性，三是女性记忆中的社会事件。

左际平在考察中国20世纪50年代妇女解放的知识建构时发现，这种解放“是为民族、阶级解放和社会主义实践服务的，因此带有强烈的工具性色彩”。她认为这种“自上而下、多层次、工具性的妇女解放”决定了中国的两性平等不同于西方的“建立在个体解放基础之上的两性权利、机会的平等”，而是更多地意味着“个人对民族、阶级解放和对国家所履行的义务平等”，因此在那个年代，“妇女解放模式并非模仿男性标准，而是男女都用‘国家人’（state person）的标准”，在这个意义上，“无论男人女人都远远没有获得完全的个体意义上的解放”（左际平，2005）。佟新则将1949年以后中国妇女的社会身份称之为“被叙述的性别身份”，这种身份是由官方的主流话语界定的。毛泽东时代革命性话语的逻辑就是建构“劳动人民翻身解放=妇女就业=革命”的知识叙述，同时以制度法规和媒体宣传的形式在公众中间强制性地推行和强化这种国家意识。将就业与否同革命与否、进步与否联系起来，与“新中国妇女”是否想要“翻身解放”联系起来，是共产党在有关妇女就业的知识建构过程中采取的“最重要的技术性策略”（佟新，2005：77）。由于被贴上了这样一个标签，妇女就业就具有某种特殊的政治含义，也成为中国社会主义制度下男女平等的一种独特传统。

金一虹从国家动员和劳动性别分工的角度对文革时期的“铁姑娘”现象进行了重新考察。她指出，中国在不同时期有不同的妇女解放话语，但是在“所有这些话语中，影响最大、传播最广，因而能够成为主流倡导的，莫过于‘妇女能顶半边天’和‘时代不同了、男女都一样’了”（金一虹，2006）。与此相应，她认为中国劳动的性别分工一直存在着一种“去性别化”的特点，即女性不断扩大其职业领域、与男性劳动相融汇混合的特点。这一特点在“文革”期间达到了顶峰，出现了“铁姑娘”在全国遍地开花的现象。金一虹通过对当年“铁姑娘”的个案访谈发现，这种模式至少拓展了妇女参与社会生产的广度，改变了社会对妇女能力的评价，并部分触及了“男主外女主内”的传统性别分工模式和文化观念，其正面作用是不可忽视的。但这样一种政治动员下的男女平等是以男性为标准、并以两性之间生理差别的漠视为前提，同时只强调多做贡献、多尽义务而忽视了女性的权利，因而它并没有触及性别不平等的深层原因，反而给妇女带来双重的劳累和负担（金一虹，2006）。

郭于华关于陕北农村农业合作化的女性记忆的人类学研究并没有定位为女性研究，而只是想通过对农村女性有关集体化的口述材料的记录和分析，探讨特定时期国家与社会关系的一种实践形态。她发现“集体化对女性而言，最大的转变是她们从户内走向户外、从家庭私领域进入村社集体的过程”，这一过程“其实是从一种被支配状态进入另一种被支配状态，是从家庭与宗族的附属品成为集体与国家的工具的过程。但是这种转变却具有一种‘妇女解放’的幻象（vision）”（郭于华，2003）。她认为，集体化作为一种治理过程不仅改变了女性的日常生活，并且重新塑造了她们的心灵。因为集体活动对她们而言犹如“革命的庙会”，在增加劳动强度的同时也带来了“节日的气氛和开放的感受”；让她们走出传统角色，像男人一样加入社会主流，获得一种集体认同。在这种意义上，人的集体化与心灵的集体化是一个相互建构的过程（郭于华，2003）。

可以看出，对于毛泽东时代性别理念及其影响的研究和评价，已经超越了简单地将官方的男女平等口号当成社会事实而沾沾自喜、或者以西方学者的批评为准绳而自我否定的两分法阶段。作为当事者的女性主体的声音在研究中受到了更多的重视，同时有关性别与社会的知识建构和相互融入也已经成为一种不言而喻的共识。男女平等或妇女解放不再被单纯地视为一个简单的性别政策，而是成为国家治理模式以及个体和家庭生存策略的一部分。

（二）剖析全球化、市场化背景下的女性境况及其性别问题

这一阶段性别研究的更多议题集中在全球化、市场化背景下的女性境况以及出现的性别问题上，其中最为核心的问题依然是：全球化与市场化究竟是提高还是降低了中国女性的社会地位？值得一提的是，对于这个敏感而带有意识形态色彩的问题，这一时期社会学中的性别研究不再纠缠于是或否的简单而笼统的判断和争论，而是从劳动力市场上的性别分工、家庭模式、社会分层和流动等社会学领域的不同角度对性别关系的现实境况进行了剖析，丰富了这一性别问题的社会内涵。

在有关女性就业的众多研究中，学者们基本达成共识的判断是：源于性别文化机制的劳动力市场上的性别分工导致了女性就业的边缘化，这种边缘化体现在劳动力市场上两性之间就业机会的差别、男高女低的收入差距以及职业上的性别隔离，等等（蒋永萍，2003；蓝李焰，2004）。谭琳和李军峰的研究表明，在我国的非正规就业中也存在着明显的性别特征：“首先，女性比男性更多地参与非正规就业，也更容易成为非正规就业者。其次，在非正规就业者中，存在明显的行业和职业性别隔离，有些行（职）业被认为是‘女性行（职）业’，有些则被看成是‘男性行（职）业’。这种隔离在一定程度上导致了非正规就业者中男性和女性收入的差异。……除了收入的性别差异，行业和职业的性别隔离还影响着男女非正规就业者的就业环境，包括技术环境、社交环境和安全环境，使得男女两性的生存和发展机会产生差异”（谭琳、李军峰，2003）。

在有关家庭模式和妇女家庭地位的研究中，有学者提出家庭实权可作为宏观上测量妇女家庭地位的主要指标，但是家庭地位的满意度并非取决于夫妻双方的权力对比或平衡，而主要得益于夫妻角色互动的沟通性与平等性（徐安琪，2004）；也有学者认为，以往研究中将家庭决策——尤其是家庭重大决策当成家庭权力的表现形式和主要衡量指标，但是“家庭日常开支决策以及与之相联系的一系列日常生活事件对于家庭权力自我评价

的影响远高于所谓的家庭重大决策”（郑丹丹，2003：297）。这些成果深化了有关家庭权力的研究，引发了有关妇女家庭地位测量指标的更深层思考。徐安琪对以往研究中以“谁拥有更多家庭实权”和“谁承担更多家务”等变量作为妇女家庭地位的主要评价指标提出了质疑，并提议以“个人在家庭生活各方面的自主权”和“婚姻角色平等的主观满意度”两个方面的变量建立指标评价体系（徐安琪，2005）。以上这些研究的一个共同点就是都强调了性别文化的作用机制，同时将女性的主观感受作为女性在家庭和社会中地位的重要衡量指标之一。

全球化、市场化背景下的热点主题之一就是社会结构的分化，但在社会学的分层研究中对性别的关注仍非常有限，真正称得上是性别分层的研究微乎其微。目前搜索到的唯一一篇由分层学者做的研究中，性别分层被界定为两个方面的含义：“一是指以性别视角研究男女两性社会群体的社会经济地位状态，旨在揭示社会分层结构、特别是工业化的现代社会分层结构中普遍存在的两性社会经济地位不平等现象，以及将女性群体边缘化、弱势化的地位排斥现象。二是以社会分化为视角，研究女性群体内部的阶层分化问题”（张宛丽，2004）。作者集中探讨了第一个方面的含义，得出了两个初步的结论：“第一，在‘女性地位机会增加’的同时，两性社会经济地位差距在不断扩大；第二，不仅存在‘女性地位分布的边缘化’问题，同时出现了女性整体地位的弱势化问题”（张宛丽，2004）。作者强调“性别是一个确实存在的分层机制”，但是对于这种机制如何在社会运作中发挥作用、与阶级等其他机制之间的关系如何等问题，文中并没有作出进一步的分析。然而作者提出了许多值得思考的问题，比如“男胜女汰”如何在当今中国社会的资源分配格局中成为地位排斥的一种结构性模式，究竟多少出于市场机制的强化作用、多少又出于中国文化传统的潜在影响以及制度的再生机制，等等。

全球化、市场化背景下的另一个热点主题就是人口流动的加剧，因此关于农村外出打工女性的研究一直是社会学中性别研究最为活跃的领域之一，近几年从研究主题上看走向更加微观、深入和多元化。谭深关于农村劳动力外出决策模式的性别分析发现，农村女性的外出动机并不单纯指向“家庭利益最大化”，而在相当程度上是“个人的和非经济的”，外出的决定基本上也是“出自个人而非家庭的策略”，挣钱回家成为“个人成就感”的一部分，而不是“出自家庭的安排”，因此具有相当程度的“个人意识和自主性”（谭深，2004）。马春华的研究则探讨了市场化条件下女性外出务工对于中国农村家庭原有的性别关系产生的影响，“即‘是否曾经外出务工’这个变量对于女性的主观权力感受和丈夫的决策比率有着明显的相关性”，女性外出务工实际上有助于农村家庭中的性别关系更加趋于平等（马春华，2003）。郑真真和解振明的研究发现，“中国农村妇女的迁移模式是多样化的：已婚或未婚、与丈夫一起或单独、带孩子或不带孩子”（郑真真、解振明，2004：145）。但这种往返式的迁移模式虽然有助于增加妇女的收入，从而间接影响女性在家庭中的权力，尤其是对家庭支配权以及较平等的性别关系有正面影响，却难以对农村女性的生活以及妇女地位的变量产生持久清晰的直接影响。

值得一提的是，近年来一些海外学者将打工妹问题置于全球化背景下中国的现代性问题的一部分来考察，无论在方法、理论、解释力方面都为这一主题的研究提供了更加宽阔的视野和更加耐人寻味的讨论。澳大利亚人类学家杰华关于北京打工妹的研究发现，有两套话语在形成这些都市农家女的经验过程中起到了核心的作用，“它们是那些涉及中国的性别差异和城乡分割的话语体系。这些话语包含了特定的权力关系，并在与'男子气'和'女人味'、'城里人'和'农村人'等有关的语言和知识中得到了体现和延续"（杰华，2006：10～11）。她批评说，上个世纪80年代以后，"素质"一词在中国已经成为有关现代性和国家治理的各种话语中的核心要素，它比毛泽东时代的阶级标签更具身份意义。以素质为核心的价值取向类似于一种"责备受害者"的思路，它强化了作为个体的妇女的弱点和责任，弱化和回避了制度性和结构性的性别不平等问题（杰华，2006：66～67）。

潘毅的新作《中国制造：全球化背景下的工厂女工》（Pun，2005）在对深圳特区工厂女工的日常生活进行民族志考察的基础上，提出了全球化背景下打工妹的"三重压迫说"：即工厂的打工妹受到全球资本主义、现行体制以及父权制的三重压迫。资本需要劳动力，现行的制度安排又限制了工人阶级集体抗争的出现，于是伴随着二者的结合，诞生了一种特定类型的工人——打工妹。而"工厂对打工妹的偏好是因为它需要驯服的、忍耐的、被认为更加适应于工厂机器的女性身体作为劳工"，这样打工妹作为一种"社会类别"的卑贱身份，就通过他者化的话语和规训技术建立起来了（郑广怀，2007）。然而，打工妹"既远非一件简单的文化产物，更不是权力和论述的结果，也不是一种性别构造。她们的社会抗争既是打工者对制度和资本的反抗，也是女性对父权制文化的挑战。在与社会的外力塑造相抗衡的过程中，打工妹群体逐渐确立了'自我意识'"，让自己回归于行动者（潘毅，2007）。

除此之外，这一期间有关全球化、市场化背景下的性别热点问题还包括如艾滋病研究、出生婴儿性别比、传媒中的性别形象等，因篇幅所限恕不展开。随着主流社会学界性别议题所占的比重日益增加，性别研究的社会学介入更加明显，二者的融合将更有利于推进中国社会本土的研究实践。

参考文献

郭于华，2003，《心灵的集体化：陕北骥村农业合作化的女性记忆》，《中国社会科学》第4期。

蒋永萍，2003，《两种体制下的中国城市妇女就业》，《妇女研究论丛》第1期。

杰华，2006，《都市里的农家女：性别、流动与社会变迁》，吴小英译，南京：江苏人民出版社。

金一虹，2006，《铁姑娘再思考——中国文化革命期间的社会性别与劳动》，《社会学研究》第1期。

蓝李焰，2004，《女性就业的边缘化——中国目前的职业性别隔离状况及其原因》，《中共福建省委党校学报》第9期。

李培林，2004，《对性别研究和女性主义的认识》，《妇女研究论丛》第5期。

马春华，2003，《市场化和中国农村家庭的性别关系》，蒋永萍主编《世纪之交的中国妇女社会地位》，北京：当代中国出版社。

孟宪范，2004a，《弱嵌入性与女性研究——代前言》，孟宪范主编《转型社会中的中国妇女》，北京：中国社会科学出版社。

——2004b，《学术自闭与"弱嵌入性"》，11月23日第4版《光明日报》。

潘毅，2007，《打工者阶级的归来或重生》，《南风窗》第9期。

谭琳、李军峰，2003，《我国非正规就业的性别特征分析》，《人口研究》第5期。

谭深，2004，《家庭策略还是个人自主？——农村劳动力外出决策模式的性别分析》，《浙江学刊》第5期。

佟新，2005，《社会性别研究导论——两性不平等的社会机制分析》，北京：北京大学出版社。

王金玲主编，2005，《女性社会学》，北京：高等教育出版社。

翁乃群，2004，《谈社会性别研究的中国实践》，《妇女研究论丛》第5期。

吴小英，2003，《当知识遭遇性别——女性主义方法论之争》，《社会学研究》第1期。

——2004，《方法论的女性主义》，11月23日第4版《光明日报》。

徐安琪，2004，《夫妻权力模式与女性家庭地位满意度研究》，《浙江学刊》第2期。

——2005，《夫妻权力和妇女家庭地位的评价指标：反思与检讨》，《社会学研究》第4期。

杨善华，2004，《理解普通妇女与她们的生活世界——兼谈女性研究的方法论问题》，11月23日第4版《光明日报》。

张宛丽，2003，《女性主义社会学方法论探析》，《浙江学刊》第1期。

——2004，《现阶段中国社会分化与性别分层》，《浙江学刊》第6期。

郑丹丹，2003，《日常生活与家庭权力——家庭权力自我评价的影响因素分析》，蒋永萍主编《世纪之交的中国妇女社会地位》，北京：当代中国出版社。

郑广怀，2007，《社会转型与个体痛楚》，《社会学研究》第2期。

郑真真、解振明主编，2004，《人口流动与农村妇女发展》，北京：社会科学文献出版社。

左际平，2005，《20世纪50年代的妇女解放和男女义务平等：中国城市夫妻的经历与感受》，《社会》第1期。

Pun, Ngai, 2005, *Made in China: Women Factory Workers in a Global Workplace*. Durham, London, Hong Kong: Duke University and Hong Kong University Press.

作者单位：中国社会科学院社会学研究所

国内家庭婚姻研究

唐　灿

评 2003～2006 年的国内家庭婚姻研究状况，可用"萧条"二字形容。4 年中，国内权威的社会学期刊——《社会学研究》发表与家庭婚姻相关的各类研究文章总计 8 篇，甚至略少于经常被女性主义社会学家们抱怨为"被边缘化"的性别研究发表量。后者同期在该刊共有 9 篇文章发表。此外，4 年当中，国内另一份权威的社会科学研究期刊——《中国社会科学》也仅有 2 篇与家庭婚姻相关的研究论文发表。家庭婚姻研究的"萧条"不仅表现在与其他研究领域一派繁荣的对比中，也表现在与自身曾被广为关注和涉猎的历史比照之中：1999～2002 年，前一个 4 年中，《社会学研究》共发表与家庭婚姻相关研究文章 22 篇；再早些的 1996～1998，仅 3 年间，《社会学研究》发表相关研究文章也有 21 篇之多……

家庭婚姻研究走向"萧条"的现状，既有悖其作为社会学重要分支的学术地位，又有违剧烈变动的国内家庭婚姻现实对理论的召唤和期待。分析原因主要有以下三个方面。

（1）曾经活跃在家庭婚姻研究领域的学者，或者随着时间的推移逐渐淡出学术研究前沿，或者随着改革的深入转向关注其他更为重大和严峻的社会问题。

（2）曾经涉猎过家庭问题、甚至曾经留下过"惊鸿一瞥"的一些学者未能对这一领域形成持续关注。他们或者只是借家庭婚姻之"器"，用以窥望其他宏大主题，研究志向不在于此；或者只是偶尔"客串"研究一二，多半是家庭婚姻领域的匆匆过客。这些研究者未能构成家庭婚姻研究领域的中坚力量。

（3）也是最根本的问题，家庭婚姻研究领域多年来对系统的学科理论建设重视不足。表现在，第一，社会学恢复二十多年来，除现代化理论外，国内学界对国外其他家庭研究理论和学术发现的系统引进与介绍相对有限，这种相对闭塞和缺乏交流的状况不可避免地影响到国内家庭婚姻研究的理论水平；第二，对研究方法的主动探索活动不够活跃，有关于此的研究和文章比较少见，致使方法上有创新有突破的研究相对缺乏；第三，国内学界对多年来研究活动的自觉反省和梳理不够，导致"重复性研究多，创新性研究少；一般性描述和评论多，理论方面的提升和对话少"（谭深，1996；张敏杰，2001）等问题存在。上述理论和方法上存在的种种不足，限制了家庭婚姻研究的突破性、创新性行为和其自身水平的足够提升，多年之后未能形成更大的发展，因而难以吸引新人的关注和参与。

虽然存在研究数量较少、研究重点比较分散等问题，但是在已出版和发表的论著中，仍有一些水平较高的研究成果。为了便于介绍，本文将这4年的主要研究成果归纳在以下几个主题分别加以评述：家庭研究的理论和方法，家庭代际及其财产关系，夫妻权力模式与性别平等，婚姻与生育。

一　家庭研究的理论和方法

有研究者指出，改革开放以来，国内多数关于家庭婚姻的研究，都以中国正处在从传统向现代社会转变的进程中这一假设为前提，研究中占主导地位的是现代化理论的分析框架（唐灿，2006；罗梅君，2004）。这一理论认为，家庭的发展和变迁与经济发展水平和生产方式的变化紧密相连。传统的家庭制度将伴随着非西方社会和农业社会的工业化、城市化和商品化进程而西化，婚姻家庭制度将经历世界范围的趋同。

但是在关于家庭转型是从什么时候开始，以什么方式实现，以及如何解释一些婚姻和家庭行为与假定的现代化模式不相符等问题上，学者们持有不同观点。在2003～2006年的研究中，大致有以下几种解释理论和分析方法。

1. 国家政治和权力的解释模式

这种解释根据中国的社会主义制度特点，重点关注的是社会主义实践和国家权力对家庭婚姻变迁的作用。它强调，中国家庭制度的变化并不仅仅来自经济发展，或者是现代化的推动。怀特（Whyte）在对保定和台湾城市家庭进行的一项研究中，发现现代化发展水平更高、西方文化传播影响更大的台湾家庭反而显示出相对更为传统的家庭行为。对这种与现代化的理论预期相悖的现象，他认为是，“中国大陆的社会主义转型更为明显和迅速地破坏了社会组织的家庭模式”（Whyte，2005）。事实上，强调中国的社会主义改造对家庭的直接、间接影响一直是西方中国研究的主要观点之一。怀特早在1992年发表的一篇研究中就已经指出，中国农村家庭的许多变化，并非始自于经济改革，不应将集体化前后分成两个截然不同的阶段（Whyte，1992）。近年来，这种观点得到中国学者的重视和进一步证明。在2001年，就有学者就国家权力对乡村社会的全面渗透导致家庭代际交换逻辑改变做出过精彩描述和评论（郭于华，2001）。2003～2006年间，根据国家权力模式解释家庭行为的研究方法开始进一步被推进。

阎云翔在对下岬村长达十年的实地研究后认为，多年的社会主义改造在家庭关系与观念上带动了重要的变化，包括年青一代独立程度增加，老一代权威下降，妇女在家庭人际关系中的角色活跃，等等。结果是，类似西欧的家庭转型在中国集体化时期就已被国家启动，非集体化之后国家又间接地帮助了这一转型的继续（阎云翔，2006：12，254～255）。王跃生也有类似的观点：应该将前集体化、集体化与后集体化的整个历史时期看做是一个变迁逐步积累的过程。中国社会的变革对家庭婚姻的影响是巨大的，与西方的家庭变迁主要通过工业革命产生影响不同，中国民众婚姻、家庭行为在世代居住的农村发生改变，“主要是政治力量的作用”（王跃生，2006a：25）。

2. 行动者的主体能动性

家庭不只是受宏观社会变迁背景影响的客体，同时也是按照自身特点对社会做出

“自然应对”的主体。近年来，有关家庭策略的理论得到越来越多的应用，家庭的主体性和能动性开始比较广泛地被研究者所重视，并用来当作家庭变化特殊性的解释工具。例如约翰·罗根和边馥琴在发现中国家庭的居住模式与现代化预设并不一致后提出自己的见解：行动的基础不是文化而是实际条件（约翰·罗根等，2003）。此外，李长莉在对晚清上海妇女的家庭角色由传统的男外女内模式转向男女并立模式研究后指出，这不是西化的结果，而是“基于中国民间传统生活方式和实用生活伦理的自然应对”策略（李长莉，2004）。

3. 家庭经济模式

家庭经济模式的学理基础源自于规范经济学和理性主义哲学，它认为人类存在一种利益最大化的欲望和潜能。这种理论认为，所有的家庭行为都是由家庭的经济逻辑决定的，都是寻求在变化的社会中，在面对实际经济、社会和生活处境时进行现实调整，从而达到家庭利益的最大化。西方学者以此来解释中国家庭结构与西方的不同形式。他们提出的“合作社模式”（the corporate model），即中国的家庭是一个经济合作组织，是一个完全由理性的、明白自己利益之所在的成员组成的经济单位，是目前西方关于中国家庭制度研究最有影响力的解释理论，甚至被广为用来解释华人社区近年来的经济起飞（阎云翔，2006：5，7）。近年来在婚姻、彩礼和嫁妆、居制和分家等方面研究中都有这一理论的运用（罗梅君，2004；李树茁等，2002）。但是批评者认为，这种模式导致过分关注家庭的“公共层面”，人们看到的只是抽象的制度，家庭作为个人生活场所的特性，以及家庭中个人的作用和角色往往被忽视。并且，这种模式仅仅关注人们对经济利益的追求，无法有效地解释现代中国家庭的方方面面（阎云翔，2006：8～10）。

4. 女性主义视角

女性主义视角也被认为是政治和权力模式的一种，是近年来国内家庭婚姻研究中最为活跃的一翼。左际平在对中国相异于西方男女平等的历史进程进行考察后指出，城市夫妻的社会性别是依照对外与男子承担同等义务，对内“男主外、女主内”的双重标准建构的，妇女始终没有得到真正意义上的个体解放（左际平，2005）。在国内研究中，女性主义视角更多地运用在对夫妻权力关系的讨论方面。

5. 家庭史研究

2003～2006 年间的家庭史研究为家庭婚姻研究领域贡献颇丰。国内家庭史研究主要代表人物之一王跃生在考察了从 20 世纪 30 年代到 90 年代农村所有制和生产方式后指出，中国农村的生产方式所经历的历史变动轨迹，使不同时期的婚姻家庭呈现出不同的特征和内在联系。他关于现代中国农村家庭历史变动过程的宏大叙述可以简单地表述如下：在社会变革环境下，家长权力和家庭成员平等观念彼此消长，导致婚姻家庭发生变动。他认为，“传统家庭的维系方式改变，在仍以农业经营为主的乡土社会中，农民家庭发生了只有近代移民社会和工业社会才会出现的变化”（王跃生，2006b）。

二　家庭代际及其财产关系

该主题包括以下三方面内容：代际权力关系、居制与赡养、分家及财产关系。

（一）代际权力关系

近年来，传统父系父权家庭体制在中国的衰落已成为一个公认的事实。家庭关系的主轴已经从纵向的强调亲子、血缘关系转向横向的夫妻和姻缘关系。

对父权制的衰落，持现代化理论观点的大多认为，这是与工业化、城市化同步的家庭结构小型化、核心化，导致家庭成员个人享有更多的独立，彼此更为平等的结果。但是有另外的观点认为，父权制的衰落可以溯源至社会主义改造时期，国家通过集体化生产剥夺了家庭的许多社会功能，并通过政治运动不断批判父权和男性中心思想，这些都对父系父权家庭体制的瓦解产生了重要影响（阎云翔，2006）。另外一种相似的观点是，家长权力与所有制类型有直接关系。在集体经济条件下，家长建立在组织家庭生产和支配家庭财产基础上的权威，因土地的公有化而失去了关键部分（王跃生，2006b）。

阎云翔在他关于农村家庭的研究论著中，曾引用被调查村民的俏皮话来形容农村家庭50年来的重大变迁——“爷爷变孙子，妇女上了天”。在父权制衰落之后，越来越多的研究开始关注家庭代际间“倒过来”的关系倾向。例如，有研究尖锐指出，目前城乡家庭存在“尊老不足，爱幼有余”的社会问题（王树新，2004b：209～210）。另有研究在分析资源在家庭代际间的分配模式后指出，轻老重幼的亲子关系格局已成为当今城乡家庭关系的现状（唐灿，2005a）；年老父母在家庭的资源和决策方面已经“成为年轻夫妻的附庸”（阎云翔，2006：120，200～201）。

关于家庭亲缘关系的一些研究也印证了现代化理论中父系制将向双系并重发展的预设。阎云翔指出了农村姻亲的重要性有所增加的现象，许多人将姻亲看得比宗亲还要重要。他认为，这与妇女在商品生产和农耕中越来越多地扮演重要角色有关（阎云翔，2006）。另有个案研究指出了现在农村姻亲合作的比例在不断增加，农村社会人际交往中的“利益认同”原则和“自我中心主义”，使得将“人情”作为传统“差序格局”中判别亲疏远近的基本标准和社会关系网络形态发生改变，两者互动共同导致了血缘认同的下降、姻亲关系地位的提升（张国庆，2003）。

（二）居制与赡养

在代际互动方面，居制和赡养一直是研究者关注的两个重要问题，实际上这两者是相互联系的一个问题的两个侧面。赡养涉及的是代际交换的实质和内容，居制探讨的则是代际互动的方式及其变化。

现代化理论认为，随着工业化现代化的进程，家庭关系逐渐趋于核心化、非亲属化，职业流动将拉大亲属间在地理与社会上的差距，社会福利和保障系统的发展将降低人们对亲属关系网的依赖程度。应该说，许多关于家庭关系的实证研究都在运用现代化理论，试图在传统和现代家庭居制间划出一条清晰的界限。

边馥琴和约翰·罗根在他们的研究中发现，许多中国城市老年人尽管喜欢与已婚子女分开居住，但事实上却同住在一起。他们认为老年人的居住喜好受到实际情况的影响。他们解释说，这是家长在文化所提供的多种选择中的“策略的”决定。从表面上看似乎存在着明显的传统行为，但是“传统的做法不一定出于传统的规定”（约翰·罗根等，2003）。

曾毅根据1982、1990和2000年的普查数据证明，老人与子女同住的比例有了较大幅度降低，他认为这同人们独立的生活观念有关，也与住房问题缓解有关。“中国家庭正在向现代化转换”（曾毅等，2004）。与农村老人对同住选择有强烈的“儿子偏好”不同，城市同住家庭正在转向“无性别或弱性别偏向”，并且显著加强了父母与女儿间的联系纽带。研究者据此认为，性别偏好与社会现代化水平有密切关系（曾毅等，2004；王树新，2004a）。

无论代际权力关系发生怎样的变化，在城乡社会中，家庭代际关系仍然在社会福利和社会保障领域继续扮演重要角色的基本事实没有发生变化。有研究指出，老年人仅仅是通过分住的方式减少代际摩擦的机会，大部分家庭代际间仍然维持着“家”与“家”的联系，代际间的相互支持仍然对老年人的健康和生活具有重要意义（张文娟等，2005；王树新，2004a）。

但是，中国目前严重的问题在于，家庭养老面临“照料资源不足”的困境，老年人建立在婚姻和血缘基础上的亲情支持网正面临“规模下降和功能弱化”的危机（王树新，2004b）。一份对黑、鄂、甘、川四省农村老年人经济收入的研究提供了一个令人震动的发现：目前在经济落后的偏远地区农村，养老的问题仍主要依靠多子女，尽管子女人力资本的提高会弥补数量少的缺陷，但在经济水平较低的农村，儿子们的质量还不能够替代数量在养老方面的效用（王金营等，2004）。

养老问题表面上看是支持资源不足的问题，更深层的原因是社会和家庭结构及文化的改变。归结起来大致有以下几种：一是制度原因。认为因父权制弱化导致家庭养老制度变化，集中体现在，从家族主义到家庭民主，从宗法制度保障到主要依靠舆论约束，从无条件、非功利行为到条件性、功利性行为的转变（高和荣，2003；王树新，2004a），使得对父辈赡养的制度强制力和约束力因此大为减弱。二是文化原因。“孝”文化受到冲击，“礼治”秩序趋于消解，家庭养老制度正在失去强有力的文化支持（唐灿，2005a）。另外，公众舆论在赡养问题上的日渐沉默和有意忽略，也反映了社会道德评价标准的变化（阎云翔，2006：208）。三是经济原因。在激进年代里经济上被剥夺的父母一代没有可资交换赡养的经济和财产资源，无法根据市场经济中流行的新道德观，与子女平等、即时性地进行财产和赡养之间的交换（阎云翔，2006；唐灿，2005a）。第四是地理原因。迁移使老人“可获得”的日常照料和慰藉资源不足。但也有学者认为迁移带来的效应是双重的，它同时也改善了老年人的经济收入（杜鹃等，2002；杜鹏等，2004）。

另有研究者采用不平等视角对养老问题进行解释，把老年问题列为工业化导致的社会不平等、贫困化和社会排斥的一种（钱志鸿等，2004）。有研究运用“五普”数据表明，中国老年人口中贫困发生率达到7.1%～9.0%（王德文，2005）。年龄间社会经济地位的结构性差异一直是未被社会重视的问题（吴忠民，2003）。

（三）分家及财产关系

分家是亲属关系在财产所有权方面的进一步延伸和表现。对于分家所涉及的家庭财产关系，中外学者一直有不同的争论。程维荣在对中国古今继承制度进行深入研究后，认为家产是家庭成员共有财产，“父亲与儿子，以及诸子之间‘人人有份，诸子平分……

一视同仁’，享有同等权利”（程维荣，2006：256，242）。王跃生对此的见解更为精彩，他把占有权和继承权比喻为“股”，在民间意识中，“股”就是子辈对父辈所拥有财产的可继承或可拿回的部分。对有产家庭来说，分家就是将现有“合股”财产分“股”继承的过程。所以，他解释说，“组成大家庭的各个平行婚姻单位的夫妇都有分家的预期”（王跃生，2006a：315）。高永平在新近的研究中试图引用“家系”的概念来理解分家行为。他的看法是，兄弟分家是“两个或多个新生的财产权利主体诞生的过程”，这个权利主体他认为就是“家系”。“家系”是宗祧和家产的唯一继承主体。新“家系”诞生伴随着老“家系”的死亡，所以分家后，父母不再是一个权利主体，也不属于任何一个“家系”（高永平，2006）。

以往研究大都认为触发分家的因素多是由于代际关系紧张，或是兄弟间经济上的竞争和冲突。但王跃生认为，在私有制下，上述仅仅是“表层原因”，深层的原因是，“儿子对祖辈或父辈财产的平均占有权或继承权，这种权利与儿辈各支派的香火延续联系起来，具有神圣不可侵犯的性质”（王跃生，2006a：314）。

针对农村改革后分家行为的加快和形式变化，有学者认为，具有市场经济取向的农村经济改革鼓励了个人财产观念的发展。具体有以下几个导致分家风俗改变的因素：①新的家庭财产积累方式导致个人权利意识和个人财产观念的变化；②经济改革所带来的财富提供了分家的必要物质基础；③人口结构的变动；④年青一代对控制和消费财富的权力和权利的愿望（阎云翔，2006）。

三　夫妻权力模式与性别平等

夫妻权力关系是2003～2006年间争论较多的家庭问题，其大多与探讨妇女的家庭地位相关联。其中权力的测量指标是科学评价妇女家庭地位的基础，也是学者们一直关注的问题。近四年以来，学者们对这一问题进行了深入、反复的思考和探讨。

家庭权力分配和家务劳动分工一直是包括中国研究者在内的大多数社会科学研究者用来衡量妻子家庭地位高低的主要变量或指标。与之相关的主要有两种解释性理论：一是资源交换理论，认为妻子因为收入、职业地位往往低于丈夫，以及经济上的依赖性，在与丈夫的“谈判”中处于劣势，所以不得不多承担家务；丈夫因在家中较重要的“抚养”地位，和较强的社会交往能力，因而被赋予较大的家庭决策权。另一种是文化决定论，又被认为是女性主义的父权制理论。其认为，传统性别分工造成了男主女从的意识，同时传统的性别分工赋予男女就业不同的意义。男人就业往往被视为养家，而女人就业则被认为部分为自己，因而阻碍就业妇女将其经济资源有效地转化为权力（左际平，2002；郑丹丹等，2003；徐安琪，2003，2005）。

但是近年来，这两种主要理论以及相应的评价指标受到中国学者的严重挑战。关于夫妻权力模式，徐安琪先后发表了一系列在实证研究基础上形成的发现和观点，不断对上述理论和指标的内涵及可靠性、适用性提出质疑，直至反思和检讨（徐安琪，2005）。其中包括她对权力指标缺陷的发现，第一，导致丈夫权力越少妻子地位就越高，她认为，这“显然与塑造多元化的两性角色和婚姻互动模式不相符合”；第二，在中国家庭中，承担较多家务并不一定是妇女缺乏资源和权力的标志；第三，重大事务决定权与女性的家庭地位满意度评价并无显著相关，而个人自主权对女性的家庭地位满意度有较大影响（徐安琪，2003，2004，2005）。

郑丹丹等人关于夫妻权力的研究则展示了另一种不同的视角——从对权力偏向静态的剖析转向对家庭中夫妻互动过程的考察。她们认为，无论是资源理论还是女性主义的父权制理论，都持一种物化的权力观，从而导致对“决策”的实际强调和依赖，“忽视了现代家庭生活中大量与决策无关的权力表现形式”。她们认为，家庭权力并不是由资源交换或规范导致的结果或份额，而总是以一种关系、事件的流动性形态出现在家庭中，调解或决定家庭中格局的变化。夫妻关系定势就是在互动过程中，在权宜性行动中由夫妻双方的权力运作被形塑的。权力也是在这种过程中被体现的（郑丹丹等，2003）。

关于妇女在家庭中的权力和权利状况，存在着两种不同的观点。一种观点认为，“家庭内部关系与性别角色的重新定位也许是1949 年以来私人生活领域中最重要的变化”，其中“特别值得注意的是妻子在家中地位的上升”（阎云翔，2006：115）。

但是女性主义研究者激烈地反驳说，得出今天中国女性有很高的婚姻家庭地位和作用的结论，“只是将今天的女性与过去的女性相比”，她们主张，“要看到表面的平等背后隐藏的不平等结构”（王金玲，2002：571）。左际平在她一篇有着宏大主题的研究文章中认为，中国妇女始终没有获得真正意义上的个体解放。50 年代开始的妇女解放实际是“妇女完全的个体解放让位于为国家做贡献的男女义务平等”，城市夫妻的社会性别是依照家庭外部“国家人”、家庭内部“男主外、女主内”的双重标准建构的。妇女在与丈夫一样履行对国家、家庭职责的同时，还要帮助丈夫养家，因此她们肩负三重重担：为国、持家和养家（左际平，2005）。

四　婚姻与生育

（一）婚姻

一些研究表明，随着社会变迁，择偶标准的重要变化是，物质和经济利益得到了大大强化。近些年，青年对物质的追求还出现了“从对经济物质资源的直接衡量到对发展潜力考量的变化”（钱铭怡等，2003；李煜等，2004）。

数据表明，自1980 年代末期以来，中国城乡妇女的初婚年龄逐年提高。总体上看城市人口的初婚年龄高于农村，但是晚婚率的增幅则是农村高于城市，所以说，初婚年龄的推迟在很大程度上是农村女性贡献的结果（唐灿，2005a）。郑真真等人的研究说明了城市化进程对农村女性婚姻观念和婚姻行为的影响——外出女性一旦脱离原驻地的社会氛围受到城市生活和观念的熏陶，她们的婚育观念和行为就会发生改变。外出经历对未婚女性的结婚年龄、自主婚姻、对离婚的态度，以及通婚圈的扩大都有显著影响（郑真真等，2004：90～91）。

王跃生在考察30～90 年代冀南农村的婚姻行为后，描绘了社会组织形式和政策变迁对婚龄变化的影响：土改前是女性早婚和男性早婚与晚婚并存的特征，婚龄主要按当地风俗决定；土改后和集体经济制度下，受婚姻登记制度对法定婚龄影响，初婚年龄上升；

70 年代后，晚婚的政策年龄取代了法定年龄，晚婚率大幅上升；1982 年后，随着集体经济组织解体，监督和抑制违例婚姻行为的机制已不存在，婚龄再度下降（王跃生，2006a：60～75）。

婚姻圈又可区分为地理意义和社会意义两种不同的范畴。在地理上，建国后农村社会婚姻圈的变化趋势是一条起始上下波动，后半部分不断下滑的曲线，距离越来越短（霍宏伟，2002；王跃生，2006a）。王跃生认为影响婚姻圈不断缩小的原因有四：一是宗族观念和宗族组织的削弱，以往被认为可能造成宗族关系和利益受损的村内婚行为不再受到限制，选择姻亲时对家庭利益的重视超过对宗族利益的考虑；二是集体经济后村内家庭间的财富差距缩小，相对容易在村内找到匹配对象；三是由于宗族对家庭的扶助作用已经不大，家长在村内通过子女联姻建立亲缘关系以代替不断削弱的家族关系；四是在社会变革环境中，青年男女的自由恋爱受到鼓励，为自由恋爱型的村内婚提供了可能（王跃生，2006a：128～132）。

"门当户对"式的婚姻圈又被研究婚姻的学者称之为"同类婚"（Homogamy）原则。相似性又主要表现在三个方面：先赋因素，如种族、民族等；价值观，如宗教和信仰等；个人层面，如教育程度、社会经济地位和家庭背景等（李煜等，2004）。王跃生认为农村的主流婚姻行为始终在"门当户对"的框架下进行，从土改前建立在财产基础上的阶级内婚，到集体化时期以阶级成分为内容的阶级内婚。改革后，随着个人自主性的增加，"门当户对"观念有所动摇（王跃生，2006a：112～122）。张翼对在以经济和财产为基础的社会分层机制被公有化消解的社会里的阶层内婚制作了一番考察和分析。他认为，虽然一度消解了基于财产关系而产生的阶级差别，但基于职业和教育等级而新生的阶层地位等级，却继续影响着人们的婚姻选择。他认为，"文革"前不分阶级界限的精英教育制度，使得社会结构与阶级阶层利益的获取情况"并没有因为新政权的影响而致使大规模阶层婚姻流动"。改革开放后，伴随收入差距拉大与中国阶层的多元化，阶层内婚制越来越显著（张翼，2003）。还有学者从家庭经济理论的视角指出，同质婚"原则上仍维持在最大程度地符合家庭经济的利益"，"它意味着两个家庭都得到了物质的和非物质的资源"（罗梅君，2004：357、367）。

（二）生育

关于生育行为的研究，研究者们对近年来以下生育模式的改变状况基本持比较相同的看法：①生育数量下降；②生育间隔加大。除计划生育政策的影响外，被认为影响生育观念和行为的主要因素还有：第一，教育。认为受教育程度与性别偏好有一定负相关（史清华，2004；靳小怡等，2004）。第二，城市化。有研究证明了国内外一些学者有关迁移流动有利于降低生育率的结论，发现外出对妇女的理想子女数的减少和生育间隔具有显著作用（郑真真等，2004）。第三，家庭体系和婚姻形式。有学者强调了妇女地位的提高对农村生男偏好的改变（阎云翔，2006）。

王文卿和潘绥铭对以经济理性来理解或解释农民的生育偏好表示不同看法，他们认为在这个问题上，农民是"不折不扣的社会人"，因为养儿防老是传统习俗，深植于农民的内心深处。他们解释说，生男"惯习"与农村这种特殊"场域"有必然联系。由于农村具有显著的封闭性和同质性，在农民面前展现的是共同的"可能性空间"，这种"可能性空间”使得农民的思维方式受制于传统的社会轨迹。在没有新的可能性出现和看不到其他可能道路的情况下，除了重复历史，人们不可能有别的选择。生男“惯习”正是这种特殊的社会结构深藏于行动者身心之中的一种形式（王文卿等，2006）。

王跃生坚持生产资料对人口增长和生育行为有重要影响的观点。以生活资料的生产能力为线索，他给出了生育模式的历史变化轨迹：土改前受限于生存条件的高出生率、高死亡率和人口的低增长率；集体经济时代因家庭养育成本外移至集体组织而形成的高出生率、高存活率和人口高增长；承包制实行后因抚养成本回归家庭，高抚养成本、低回报率和计划生育政策共同导致的结果是出生率再度降低（王跃生，2006a：178～190）。

上述内容仅包括了最近四年中婚姻家庭研究中的大部分理论发现和主要观点，其中难免挂一漏万。由于本文篇幅所限，还有一些比较有影响的研究，例如，关于单亲、离婚家庭的研究，对人类家庭婚姻起源的研究等尚未能包括在本文之中。

参考文献

程维荣，2006，《中国继承制度史》，上海：东方出版中心。

杜鹃、杜夏，2002，《乡村迁移对移出地家庭养老影响的探讨》，《人口研究》第3期。

杜鹏、丁志宏、李全棉、桂江丰，2004，《农村子女外出务工对留守老人的影响》，《人口研究》第11期。

顾大南，2003，《婚姻对中国高龄老人健康长寿影响的性别差异分析》，《中国人口科学》第3期。

郭于华，2001，《代际关系中的公平逻辑及其变迁——对河北农村养老模式的分析》，《中国学术》第4期。

高和荣，2003，《文化转型下中国农村家庭养老探析》，《思想战线》第4期。

高永平，2006，《中国传统财产继承背后的文化逻辑——家系主义》，《社会学研究》第3期。

黄何明雄、周厚萍、龚淑媚，2003，《老年父母家庭照顾中的性别研究概观——以香港的个案研究为例》，《社会学研究》第1期。

霍宏伟，2002，《我国北方一个农庄的婚姻圈研究——对山东省济阳县江店乡贾寨村的个案研究》，《社会》第12期。

靳小怡、李树茁、弗尔德曼，2004，《婚姻形式与男孩偏好：对中国农村三个县的考察》，《人口研究》第5期。

贾云竹，2005，《老年人日常生活照料资源与社区助老服务的发展》，《社会学研究》第5期。

罗梅君，2004，《19世纪末以及今日中国乡村的婚姻与家庭经济》，张国刚主编《家庭史研究的新视野》，北京：三联书店。

李长莉，2004，《从晚清上海看女性家庭角色的近代变迁》，张国刚主编《家庭史研究的新视野》，北京：三联书店。

李银河、王震宇、唐灿、马春华，2004，《穷人与富人——中国城市家庭贫富分化调查》，上海：华东师范大学出版社。

李嘉岩，2003，《北京市独生子女生育意愿的调查》，《中国人口科学》第4期。

李煜、徐安琪，2004，《择偶模式和性别偏好研究——西方理论和本土经验资料的解释》，《青年研究》第10期。

李光勇，2003，《家庭养老在不同文化背景下的地位及前途》，《人口学刊》第1期。

李树茁、靳小怡、费尔德曼，2002，《中国农村子女的婚姻形式和个人因素对分家的影响研究》，《社会学研究》第4期。

钱志鸿、黄大志，2004，《城市贫困、社会排斥和社会极化——当代西方城市贫困研究》，《国外社会科学》第1期。

钱铭怡、王易平、章晓云、朱松，2003，《十五年来中国女性择偶标准的变化》，《北京大学学报（哲学社会科学版）》第9期。

史清华，2004，《民族间农民生育行为的比较研究》，《中国人口科学》第5期。

谭深，1996，《家庭社会学研究概述》，《社会学研究》第2期。

唐灿，2006，《最近10年国内家庭研究的理论与经验》，中国社会科学院人口与劳动经济研究所编《中国人口年鉴（2006）》，北京：中国人口年鉴杂志社。

——2005a，《中国城乡社会家庭结构与功能的变迁》，《浙江学刊》第2期。

——2005b，《中国城市家庭贫富分化的基本特征和原因分析》，《凤凰周刊》第1期。

王树新，2004a，《人口与生育政策变动对代际关系的影响》，《人口与经济》第4、6期。

——2004b，《社会变革与代际关系研究》，北京：首都经济贸易大学出版社。

王跃生，2003，《华北农村家庭结构变动研究——立足于冀南地区的分析》，《中国社会科学》第3期。

——2006a，《社会变迁与婚姻家庭变动——20世纪30~90年代的冀南农村》，北京：三联书店。

——2006b，《当代中国城乡家庭结构变动比较》，《社会》第3期。

王金营、李建民，2004，《中国农村家庭老年人来自孩子的经济收入分析——黑、鄂、甘、川四省11000多户的抽样调查》，《人口学刊》第3期。

王文卿、潘绥铭，2006，《生男偏好的再考察》，《社会学研究》第6期。

王德文、张恺悌，2005，《中国老年人口的生活状况与贫困发生率估计》，《中国人口科学》第1期。

吴忠民，2003，《公正对待中国现阶段的老年人》，《中国党政干部论坛》第6期。

王金玲，2002，《女性社会学的本土研究与经验》，上海：上海人民出版社。

徐安琪，2003，《家务分配及其公平性——上海市的经验研究》，《中国人口科学》第3期。

——2004，《女性的家务贡献和家庭地位——兼评上海‘围裙丈夫’、‘妻管严’的定性误导》，孟宪范主编《转型社会中的中国妇女》，北京：中国社会科学出版社。

——2005，《夫妻权利和妇女家庭地位的评价指标：反思与检讨》，《社会学研究》第4期。

阎云翔，2006，《私人生活的变革：一个中国村庄里的爱情、家庭与亲密关系1949~1999》，龚小夏译，上海：上海书店出版社。

约翰·罗根、边馥琴，2003，《城市老年人口与已婚子女同住的观念与现实》，《中国人口科学》第2期。

伊庆春、陈玉华主编，2006，《华人妇女家庭地位——台湾、天津、上海、香港之比较》，北京：社会科学文献出版社。

张敏杰，2001，《中国的婚姻家庭问题研究：一个世纪的回顾》，《社会科学研究》第3期。

郑真真、解振明主编，2004，《人口流动与农村妇女发展》，北京：社会科学文献出版社。

郑丹丹、杨善华，2003，《夫妻关系“定势”与权力策略》，《社会学研究》第4期。

左际平，2005，《20世纪50年代的妇女解放和男女义务平等：中国城市夫妻的经历与感受》，《社会》第1期。

——2002，《从多元视角分析中国城市的夫妻不平等》，《妇女研究论丛》第1期。

张文娟、李树茁，2005，《子女的代际支持行为对农村老年人生活满意度的影响研究》，《人口研究》第5期。

张翼，2003，《中国阶层内婚制的延续》，《中国人口科学》第4期。

曾毅、王正联，2004，《中国家庭与老年人居住安排的变化》，《中国人口科学》第5期。

张国庆，2003，《现阶段中国农村血缘与姻缘博弈现象探析》，《许昌学院学报》第4期。

Whyte, M. K., 2005，《中国城市家庭生活的变迁与连续性》，《开放时代》第3期。

——1992, "Introduction: Rural Economic Reforms and Chinese Patterns." *China Quarterly*, no. 130: 317-322.

作者单位：中国社会科学院社会学研究所

青少年研究综述

——转型中的焦点问题

郑丹娘

2003～2006年，中国的改革与发展进入了一个重要时期，青少年研究这一社会科学的独特领域，也步入了前所未有的重要发展阶段，且有了明显的进展。研究队伍进一步扩大，一批相关学科领域的学者参与到青少年问题的研究中，专业理论水平显著提高，视野更加开阔，研究问题更深入，学术专著和出版物较上个世纪增多。

综述2003～2006年青少年研究的进展，其主题集中在对青少年发展的研究；青少年政策的研究；青年文化的研究；青年生活方式的研究；青少年社会问题的研究以及青年学科的研究等六个方面，以下将概述近年来青少年研究的主要进展。

一　社会进步中的青少年发展的研究

21世纪，世界各国都在关注社会的发展和进步，更把关注的目光投向年青一代的发展。20世纪八九十年代我国青年研究的主题是“青年教育”，21世纪青年研究的主题则将扩展至“青年发展”（杨雄，2003）。中国的社会转型时期，使青少年发展呈现出巨大变化，青少年发展研究主要在其理论层面、评价层面和实践层面开展了较为全面的研究。

1. 对青年发展认识研究

对青年发展的本质认识方面。学者认为，青少年发展的本质包括：兼有质与量的改变、兼有连续性与间断性的特质、具有共通性与变异性的性质、兼有稳定性与不稳定性的状态、兼有分化与统整的功能、兼有正常发展与易受伤害的可能。青年发展的主要含义：一是青年自身的发展，即青年在生理、心理、文明素养、思维能力、知识水平、个体性格、实践能力等所有涉及主体的诸多领域，由旧有的、单一的、封闭的、被动的状态向多元的、开放的、积极的状态转变；二是青年发展与社会发展的融合程度由机械的、单层面的状态向有机的、多层面的状态转变（杨雄。2004a）。对青年发展与社会发展的认识方面，青年发展作为一种特定的学科分析视角，更强调的是，作为特定社会群体的青年，其生存发展和社会发展之间的根本性关联（沈杰等，2006）。青年发展水平既代表社会的未来发展，更代表着社会进步价值的现实落脚点。社会文化的发展、成熟程度多少决定了青年文化的发展、成熟水平。青年发展与社会发展进步有着休戚与共的关系，只有社会的文明进步和发展，才能从根本上保证和促进青年的整体发展。对当前青年发展的主题的认识方面，学者提出，当代中国青年的发展，主要是促进青年群体在各个社会生活领域里由一种状态向另一种较高级状态的转进（杨雄，2004a）。

2. 对青年发展评价研究

有研究提出，在社会各阶层中青年群体是最富有创造热情和超越意识的，他们在中国社会的大变革、大过渡时代一直走在现代化的前列。其表现在：当代青年从“边缘”走向“主流”；当代青年成为市场经济中的消费主体；当代青年从“接受”转向“反哺”。在政治发展层面，青年一代不断参与政治过程，实际上是在不断推进政治过程的发展（杨雄，2003）。此外，学界中开始对中国青年发展状况指标体系进行研究。主要提出，指标体系的研制是社会发展、青年发展和管理青年事务的需要，具有中国青年发展状况的描述、解释、监测、比较和预测功能。体系分别以14～35岁为年龄组，由青年人口、青年健康、青年教育、青年从业、青年恋爱婚姻、青年闲暇与消费、青年公民参与、青年人际关系等八方面构成（郗杰英，2003）。

3. 对青年发展现状研究

进入新世纪以来，在全国出版了一批以区域性划分的青少年发展状况研究报告。其中2003～2006年间有《北京青年发展报告》（共青团北京市委员会等，2003、2004、2005、2006）；上海青年发展报告：《政治文明与当代青年2003年》（共青团上海市委员会，2004）、《追求卓越的上海青年2004年》（共青团上海市委员会，2004）、《和谐社会与当代青年，2005年》（共青团上海市委员会，2006）、《网络文明与当代青年2006年》（共青团上海市委员会，2007）；《黑龙江青年发展报告（2006）》（宋国力，2006）；《深圳青年发展状况报告（2004）》（共青团深圳市委员会，2004）。此外，还出版有以不同群体为研究对象的青年发展报告，如《新蓝领——当代中国青年技术工人研究报告》（刘俊彦，2005）等。同时，一批研究专著出版，如《社会转型与青年发展》（杨雄，2004b）、《儿童发展与社会责任》（杨雄等，2004）、《青年塑造未来》（蔡富有，2006）。

二 和谐社会构建中的青少年政策研究

青少年政策研究的基本目标是维护、保障和实现青少年的最大利益，并通过推动青少年福利的发展，最终促进青少年发展。为进一步推动中国青少年政策的制定与完善，对青少年工作转型理论和实践的研究，成为近些年青少年研究的重点，其关注的主要内容涉及理念、政策和操作等方面的研究。

1. 青年政策及政策研究的认识

研究认为，青少年政策是国家（含地方）或政党所制定的旨在促进青少年的发展，使他们形成自主性、责任感和社会适应能力的系列指导思想和行动准则（郗杰英，

2003)。青年政策是国家社会公共政策的重要组成部分，集中体现统治阶级和社会主体关于发展青年事务的意志和行为。青年政策主要包括政策目标和政策手段两个层面，它既有基本原则，体现在国家大法中；也有具体措施，落实在青年事务的行政管理规范中，体现目标与手段的统一（余逸群，2005a）。

陈涛（2003）提出，将青少年政策更多地视为一种社会政策，这样的理解意味着对青少年政策的有关分析与研究，需要引入社会政策分析的概念架构和理论方法。只有这样做，才能抓住青少年政策的本质，也才能使有关政策分析和实践的发展符合时代的及国际的潮流与趋势。中国青少年社会政策主要分为：青少年基本权益的法律保护方面；青少年教育方面；青少年劳动就业方面；青少年居住方面；青少年健康卫生方面；青少年社会保障方面。

2. 青年事务的研究

青年事务的研究认为，一是，青少年事务的概念，应涵盖青少年生存、教育、健康、就业、社会参与、婚恋、住房、娱乐等所有方面的需求、问题的研究与解决。当然，包括特殊青少年的特殊问题，如对超常青少年的培养，对残疾青少年的关照，对违法犯罪青少年的矫治（郗杰英，2003）。二是，青年事务与青年政策的关系，青年政策的调整就意味着重大的青年事务改革和发展。在现代社会中，青年政策既是青年事务发展的目标，又是青年事务发展的促进手段。越来越多的国家从青年政策出发，制定出青年事务的发展战略，为青年事务的健康、顺利地发展保驾护航，突出青年政策的引导及保障的作用(余逸群，2005a)。三是，全球化背景下的青年与青年工作。青年事务作为政府工作的一个重要组成部分，其基本目标是维护、保障和实现青年的最大利益，并通过推动青年福利的发展，以最终促进青年发展。在我国，青年工作转型的一个重要表现就是在市场经济背景下青年事务的确定，由此进一步促进青年政策的制定。传统意义上的青年工作，正在更多地从青年事务的角度来进行理解、探索和开展（沈杰，2006）。

我国青少年事务管理的特色，是由有关政府部门分工管理和承担，共青团组织予以协助。中华人民共和国成立以来，共青团构建了全国的各级团组织，形成了自上而下统一协调的青少年工作体系。通过这一体系，有效地协助各级政府管理、承担了大量的青少年事务。1990 年代后，团中央先后制定了《在建立社会主义市场经济体制进程中我国青年工作战略发展规划》和《共青团工作跨世纪发展纲要》，体现了对共青团工作后续发展的前瞻与规划。我国的青少年政策与事务，正在向着更为具体的事务化方向发展，也就是把为青少年服务落在实处。青少年事务要逐步形成党的领导、政府指导、社会承担、公众参与、团组织管理的青少年服务机制（黎陆昕，2003）。

3. 国际青少年政策的研究

在中国青年事务越来越具有国际化的时代，许多青少年研究者开始了对各国在青少年政策及青年事务方面成功的做法和经验的借鉴及吸收性的研究，如《韩国青年政策状况》（刘学胜，2006）、《美国少年权利保护理论之研究》（张鸿颖等，2005）、《中韩青年政策比较研究》（谢红军，2006）、《法国青年政策框架》（尚杜元，2006）、《美国保护未成年人免受网络色情作品危害的立法与借鉴》（梁鹏等，2006）等。

此外，2003 ~2006 年间青少年研究领域还出版了一批青少年政策与青少年事务方面的研究专著，其代表有：《社会转型中的青年发展与社会整合》（陆士桢等，2005a）、

《中国青少年校外教育政策内容分析与绩效评估》（谷丽萍等，2005）、《中国儿童政策概论》（陆士桢等，2005）、《青少年事务与政策研究报告》（黎陆昕等，2003）、《全球化与青年参与》（董小苹，2004）、《上海共青团协助政府管理青年事务的探索与实践》（共青团上海市委员会、中国青少年研究中心，2004）、《青少年社会工作》（陆士桢等，2005b）、《青年工作理论概要》（田杰，2003）、《中国青少年校外场所现状与发展报告》（课题组，2003）、《儿童青少年社会工作》（李建英等译，2006）等。

三　市场经济发展中的青年文化研究

青年文化作为一种以年龄划分的群体文化，它是时代、民族、经济、社会、政治以及社会心理等因素综合影响、孕育的产物。市场经济的发展是青年文化现象得以凸现的重要的背景因素。作为青年群体生活方式、价值观念和社会心理的复合体，青年文化无论是“表意的”还是“象征的”体系，它都表现为：一方面，继承了我国传统的主体文化；另一方面，又与我国社会主体文化相冲突。

1. 青年文化现状的研究

现代社会时尚中青年文化表现出别具一格的状态。面对近年以“超级女生”、“芙蓉姐姐”、“明星偶像崇拜”等青年文化的流行，学者研究认为，在我国的工业化水平和市场化程度都大幅度提高，城市化进程不断加快，加入世界贸易组织之后出现立体的、全方位开放的背景下，青年文化的物质形式，是用高技术产品来显示异类特性的。青年享受高科技产品所带来的新奇与刺激，为自己的生活寻找到了一种物质上的依托。在新技术发展日新月异与青年经济收入并不高的矛盾之下，导致的就是观念的现实化程度提高，青年文化在价值观念与信仰追求的层面上，表现为务实化、多元化、个性化。互联网推动了青年话语体系传播速度的加快以及传播方式的变换。青年文化在组织体制上主要体现为，青年对非正式组织的认同程度高于正式组织。与此相对应，青年人自发的一些组织，严格讲，或许只能称为一些小群体，却有着相当强的内聚力，并在客观上体现了当代青年的阶层分化（陆玉林等，2003）。

2. 青年文化与主流文化关系研究

作为现代化进程的一种产物，大众文化、流行文化、感性文化都呈现出强劲的发展势头。朱飞（2003）认为，青年文化从属于社会文化这个大的文化系统，是其发展出的一个分支。青年通过青年文化这一文化中介，接触社会政治文化的浸染；社会政治文化通过青年文化这一过滤器，以青年文化的形式运行，使政治社会化的内容在青年群体中具有一种“合法性”和“合理性”，增强了说服力，更易被接受，从而达到较好的教化效果。陆玉林（2003）提出，青年文化发展的总体趋势仍将在与成人文化和社会主流文化的冲突与互动中展现自身的特色。在某些方面，如物质形式、价值观念、审美取向等方面，青年文化会逐渐与成人文化和社会主流文化合流；而在组织体制、知识系统与行为方式等方面，青年文化的相对独立性会越来越强，而与成人文化和社会主流文化之间的冲突可能会加剧。在一个高度市场化或者说市场主导的社会里，青年文化的意义与高度政治化或政治占主导的社会是不同的。在高度政治化的社会里，青年文化无疑具有强烈的政治性；而在高度市场化的社会里，青年文化更具有消遣与娱乐的特点。

3. 青年文化多元研究

在纷繁的社会演化中，学者就各个角度的青年文化问题进行了研究。任敏（2003）的《青少年文化异化现象的社会学分析》一文，从社会学的角度对当前社会青少年文化中存在的异化现象进行剖析，指出当代青少年文化在语言、符号、价值观、规范、行为模式等方面存在的各种文化异化现象的表现，并就其中的原因进行探讨，提出了解决思路。向荣高《"超级女声现象"分析》一文，对红极一时的"超级女声"的出现，再次把新世纪中国青年流行文化推向新的极致，从青年成长的角度来考量，以青年学的视野来分析新认识。出版的相关专著有《媒体与未成年人发展论文集》（2004）、《中国青少年流行文化现象报告》（杨长征等，2003）、《2004 青年文化现象报告》（课题组，2005）、《流行文化社会学》（高宣扬，2006）、《浙江青年文化现象实证研究》（赵一德，2006）等。

四 求新思变的青年生活方式研究

中国经济发展和社会进步推动了青年的观念更新，为青年生活方式的变更做了观念上的准备。社会开放程度和对青年宽容度的增大，为创新的青年生活方式提供了良好的外部环境。这些因素从不同角度影响并最终决定了当代中国青年的生活方式。

1. 青年生活方式现状研究

不同的青年群体在社会变革中表现出多样变化的不同生活方式，截取其中两大群体的研究：一是，对当代都市青年生活方式，学者研究认为，随着社会经济和文化的发展，青年收入水平和消费能力的提高，他们在现代生活中的这种首创和引领的主体作用会更加突出，主体地位会更加明显和重要。近些年来，全球出现的影响较大的几次生活方式的变革和消费流行都与当代都市青年这一主体性参与和作用息息相关（余逸群，2003）。二是，对当代青年农民生活方式，学者研究认为，外出农民这一群体当中，青年农民占绝大多数，这一特殊社会群体从小长在农村，学习也在农村，然而在其社会化的最重要阶段的青年时期，他们却处在城市。城市生活体验对其行为模式和价值观念带来相当程度的影响，这种影响成为其生活方式改变的转折点。在对日常生活习惯的影响、对娱乐方式的影响、对消费观念的影响、对婚姻家庭观念的影响是显而易见的，他们正在一步一步从羡慕到模仿到接受再到自然而然，习惯了城市与现代生活对于生活习惯以及价值观念的要求，进而在一定程度上影响其父母，及其下一辈（崔如斌等，2003）。

2. 青少年网络生活研究

青少年与网络的结合已经成为必然趋势，青少年的网络生活方式是 21 世纪青少年生活方式的重要表现形式。据《第 19 次中国互联网络发展状况统计报告》显示，截至 2006 年底，我国网民人数达到了 1.37 亿，调查发现在 2 亿中小学生中，上网学生已达 3000 万，这意味着中小学生互联网渗透率达到 15.4%，而其中高中学生互联网渗透率已超过一半。学者研究认为，首先互联网对青少年成长有积极影响：一是网络的自由性、平等性催生未成年人的现代观念；二是网路的丰富性拓宽了青少年的求知途径；三是网络的超时空性为青少年扩大了交往面；四是互联网为青少年创造了脱颖而出的机会。青少年在互联网中拥有自己平等的权利和更多实现自我价值的机会（匡文波，2004）。

3. 青年婚恋与生育研究

伴随着社会转型呈现出多元化的趋势，青年的婚恋出现多种形式。第一，“试婚”已形成一股潜流，尤其在我国城市青年人群中日益凸显出来，研究者将其界定为价值中性的越轨行为（晏振宇，2006）。第二，“隐婚”已有逐渐扩大的趋势，指刻意隐藏已婚的事实，而以单身的身份出现。随着社会环境与人们观念的变化，婚姻的神圣性在人们心中的地位降低，出于各种动机，有更多的人开始隐藏自己的婚姻情况（韩勇，2006）。第三，“急婚”——一些高校女毕业生不急找工作而把主要精力放在找老公上。“急嫁族”的产生是物欲化、急功近利思想、社会压力综合作用的结果（徐晓波，2006）。此外，还出现大批“不婚”者，则以“啃老”为生活方式。学者认为，近年来中国的“啃老族”队伍在不断壮大，带来了巨大的社会隐患，随着社会的发展，已经“升级”为一个社会问题，这是这些“成年孩子”及社会面临的共同尴尬（李虹，2006）。

现代社会中的青壮年生育受着传统和现实的影响，同时又对现代社会造成影响。近些年生育方面研究涉及较多的有：第一，“性别比”研究。人口普查表明，中国的出生性别比分别为 108.5、111.9、116.9（王燕等，2004）。研究者认为，我国人口出生性别比失衡将带来男人的未婚概率会增加；男女结婚的婚龄差将增大；男性单身家庭会增加；性交易将有可能日益泛滥等十大问题（张翼，2005）。第二，“金猪宝宝”再度生育高峰研究。抢在“猪年”生个吉祥可爱的“猪宝宝”，成为很多年轻夫妇今年的最大愿望。2007 年，北京预计出生 10 万“金猪宝宝”，上海则有 13 万个“金猪宝宝”预计降生。生育高峰的到来实实在在地火了“孕婴经济”，同时将带来一系列问题。

4. 青少年体质健康研究

近几年中国进行了四次全国青少年体质健康调查，研究报告提出，最近二十年中国青少年的体质在持续下降。我国青少年体质的下降表现为营养过剩而体力衰退的矛盾症候。身高、体重、胸围等形态发育指标持续增长，而肺活量、力量、速度等体能素质不断走低，专家更把青少年的体质状况概括为“硬、软、笨”，即关节硬、肌肉软和动作不协调。与体能下降相伴随的，是青少年心理状况的不良趋势，如情绪调整能力差、挫折反应不适当、心理承受力较弱等，而近视、糖尿病、高血压等成年疾病也过早地降临到青少年的头上。所有这些问题，都源于生活方式的改变，其中最突出的现象是应试教育对体育锻炼的过度挤压。

研究者疾呼，最近二十年是中国改革开放取得丰硕成果的一个历史时期，在这样一个繁荣昌盛、开明活跃的时期里，为什么青少年的体质却会持续下降呢？最令人担心的是，虽然青少年的体质日渐孱弱，但整个社会并没有给予足够重视，宏观性的干预措施迟迟不见出台。从教育领域看，即便应试教育的整体格局一时无法改变，至少可以从课程设置上延长学校体育锻炼的时间，甚至把体育学分纳入学生考核的体系。从社会来看，所有城市的公用体育场馆都应该免费向学生开放，为青少年的体能强化提供便利。从政府职能看，应该把组织青少年业余体育活动当作一项重要的工作来抓，青少年的体质升降也应成为考核官员政绩的指标。更重要的是，整个社会都应该营造一种浓郁的体育锻炼氛围（张勇等，2003）。

五　转型期中的青少年社会问题研究

中国正处于一个急剧的转型期，社会经济、政治、文化等方面发生了巨大的变化，这些变化又不断引起社会利益机制的不断调整。这些变化与调整意味着在我国全面进入现代化过程的同时，也必然带来诸多的社会问题，青少年问题是这些问题中的一部分。学者近些年研究的重点集中在以下方面。

1. 青年就业问题

一是青年失业。中国在 20 世纪 90 年代中后期，由于国企改革的深入和经济转型，企业中的冗员逐渐被分流，劳动力供求的总量矛盾凸显出来，与中老年人口的下岗问题相比，青年失业现象表现出如下特征：青年失业人口低龄化趋势愈演愈烈；在青年失业人口中，初中、高中毕业生和"三校生"（中专、技校、职校）是主体；青年失业人口向高学历层蔓延；在青年失业人口中，很多人从学校毕业即失业（吴森富，2003）。二是"海归"不得不沦为"海待"。据中国留学服务中心统计的数字，截至 2003 年底，中国去海外的留学人员累计达到了 70.2 万人。2004 年调查显示，只有 57.5% 的"海归"能在 6 个月左右找到工作，相当一部分"海归"不得不沦为"海待"。三是"流动知青"。在北京、上海、广州等大城市，生活着一个青年群体：他们没有所在城市的户口，大部分有大专以上的学历，一般从事非体力劳动性质的工作，居无定所，有青年研究者将其称为"城市流动知识青年群体"（张伟等，2005）。

2. 青年农民工问题

随着我国现代化和城市化进程的日益深入，进城务工农民数量不断增多，已经形成一个巨大的总量，其中绝大多数人属于青年范畴，他们在所流入城市的生存发展的现状及其条件的改善，正在成为越来越多的学者关注的主题。一是青年农民工的心理问题。在二元结构体制的特殊社会背景下，民工在城市中受到诸多的不公正待遇，遭遇着市民的偏见与歧视。探究青年农民工的消极心理，表现为仇恨心理、过客心理、自卑与封闭心理及其由此产生的问题（龚昊，2003）。二是青年农民工权益维护问题。近年来，侵害进城务工青年的事件时有发生，保护进城务工青年的合法权益已成为社会关注的一个重要问题。权益受到侵害的类型分为五类：子女受教育权难以实现、人格的歧视、索取劳动报酬难、精神文化生活缺乏、工作无保障（高洪贵，2003）。

3. 流动、留守儿童问题

2003 年，国务院妇儿工委和全国妇联立项，对中国九城市进行流动儿童状况抽样调查，调查针对"流动儿童健康及卫生保健状况"、"流动儿童教育问题"、"流动儿童权利受保护状况"和"流动儿童相关政策"四个方面展开。报告显示，目前我国流动人口规模已达 1.2 亿，18 岁以下儿童占 19%。研究提出问题有：流动儿童的麻疹暴发率高，新生儿破伤风发病率大于 1‰，贫血、佝偻病、中重度营养不良的患病率都显著高于户籍儿童。流动儿童近 2000 万，但失学率竟高达 9.3%。随着年龄的增大，流动儿童失学者的比例逐渐升高，中途辍学的现象比较突出。中央教育科学研究所"中国农村留守儿童问题研究"指出，农村留守儿童的主要问题有：监护人对留守儿童学习关注过少导致的学习问题；缺乏亲情抚慰导致的生活问题；缺乏完整的家庭教育导致的心理问题（课题组，

2004)。

4. 青少年犯罪问题

近年来的刑事作案人员中，14～25岁的青少年几乎占到60%左右，这些犯罪青少年中14～18岁的未成年人逐年递增。有学者认为，现阶段，我国青少年犯罪特点是：犯罪年龄趋向低龄化；犯罪青少年文化水平越来越低；少女犯罪越来越严重；青年农民犯罪比重上升；青少年暴力犯罪日益上升；侵财犯罪大幅度上升；青少年团伙犯罪增多；智能化犯罪增多；吸毒涉毒犯罪严重；犯罪复发化严重；在校生犯罪增多；流窜作案严重；闲暇青少年犯罪突出；性犯罪增长。对青少年犯罪原因研究，郝银钟提出，一是社会转型期对人们经济生活和社会精神文化的消极影响；二是现有体制的局限，如户籍制、少年法庭制等；三是青少年自身法律素质不高；四是我国青少年政策存在问题（郝银钟，2005a)。

此外，青少年网瘾、自杀、流浪、童工、贫困生等问题也分别受到许多学者的关注，研究专著成果显著，代表有：《中国青少年法律保护制度研究》（郝银钟，2005b)、《中国青少年犯罪问题及对策研究》（莫洪宪，2005)、《中国城市预防青少年违法犯罪工作模式研究报告》（鞠青，2005)、《青少年法学新视野》（徐建等，2005)、《关注留守儿童——中国中西部农村地区劳动力外出务工对留守儿童的影响》（叶敬忠等，2005)、《青年失业现状与再就业政策评估研究》（徐章辉等，2005)、《公平述求与贫困治理——中国城市贫困大学生群体现状与社会救助政策》（吴庆，2005)、《贫困的传递与遏制——城市低保家庭第二代问题研究》（孙莹，2005)、《家庭寄养：动机与绩效——对“北京模式”的深度分析》（吴鲁平等，2005)、《中国单亲家庭青少年的需要——上海个案研究》（韩小燕，2005)、《陶宏开解救网瘾孩子》（陶宏开，2005)、《中国当代大学生问题报告》（吴鲁平，2003)。

六 向专业学科化迈进的青少年学科研究

社会发展与青少年发展对学术研究提供了较优越的条件，有许多理论问题与现实问题需要青少年研究学者加以探索和解决。沈杰提出，青年研究的基本理论问题，一方面是关于青年学的研究对象、学科定位、研究方法、理论体系、学科架构、学术规范等问题，另一方面是关于青年、青春期、青年文化、青年现象、青年问题等的界说，对这两方面的问题都有待于展开系列、深入的讨论，以推动我国的青年研究向更高的阶段迈进（沈杰，2006)。

学者对我国青年研究的基本情况评价，余逸群（2005b）认为，我国青年研究科学化之关键是在变革的基础上，保存传统思维方式的合理因素。强调理论性思维需要我们做到：把已有的经验上升为理论；坚持理论联系实际；关注定性研究与定量研究结合问题。孟莉（2004）认为，国内青年研究的总体水平，正在从量的增长向质的提高转化。加速青年研究学科体系建设，促使其向成熟的学科发展，并与国际研究接轨。学科建构是需要重点研究的问题，加强青年学科定位、学科特征、基础理论、研究方法等问题的研究有助于学科建构。进一步学习国外青年研究的方法与技术，从国际视野研究中国青年问题，促进中国本土化的青年研究，加速青年研究学科在中国逐步迈向成熟。此外，还有

《青年学新论》（黄志坚，2004）、《后青年研究》（邵家臻，2003）等专著出版。

将近些年国内青少年研究领域的发展和成果加以梳理，可以看出其大致的总体情况。我们期待有更多学者为中国的青少年研究的学科理论与方法研究带来新风气和新成果，为我国青少年研究的学科建设发展做出突出贡献。

参考文献

陶宏开、李卫华，2005，《陶宏开解救网瘾孩子》，北京：北京出版社。

蔡富有，2006，《青年塑造未来》，北京：中国经济出版社。

陈涛，2003，《中国青少年社会政策：文本内容分析》，《青年研究》第5期。

崔如斌、徐荣祥，2003，《外出流动对农村青年生活方式的影响——以C村若干青年农民为例》，《青年研究》第11期。

董小苹，2004，《全球化与青年参与》，上海：上海社会科学院出版社。

高洪贵，2003，《侵害进城务工青年权益现象透视》，《青年研究》第4期。

高宣扬，2006，《流行文化社会学》，北京：中国人民大学出版社。

龚昊，2003，《城市化进程中的民工心理》，《青年研究》第3期。

共青团北京市委员会、北京市青年研究会、北京市青年联合会，2004，《北京青年发展报告：北京青年指数2003年版》，北京：人民出版社。

——2005，《北京青年发展报告：北京青年指数2004年版》，北京：人民出版社。

——2007，《北京青年发展报告：北京青年指数2005~2006年版》，北京：人民出版社。

共青团上海市委员会、中国青少年研究中心，2004，《上海共青团协助政府管理青年事务的探索与实践》，北京：中国青年出版社。

共青团上海市委员会，2004，《政治文明与当代青年——2003上海青年发展报告》，上海：上海人民出版社。

——2004，《追求卓越的上海青年——2004上海青年发展报告》，上海：上海人民出版社。

——2006，《和谐社会与当代青年——2005上海青年发展报告》，上海：上海人民出版社。

——2007，《网络文明与当代青年——2006上海青年发展报告》，上海：上海人民出版社。

共青团深圳市委员会，2004，《深圳青年发展状况蓝皮书》，南宁：接力出版社。

谷丽萍等，2005，《中国青少年校外教育政策内容分析与绩效评估》，北京：中国少年儿童出版社。

韩小燕，2005，《中国单亲家庭青少年的需要——上海个案研究》，上海：上海社会科学院出版社。

韩勇，2006，《城市青年隐婚现象》，《当代青年研究》第5期。

郝银钟，2005a，《中国青少年法律司法特别保护制度研究》，北京：群众出版社。

——2005b，《中国青少年法律保护制度研究》，北京：群众出版社。

黄丹华，2003，《开创青少年事务与政策研究的新局面》，《中国青年研究》第5期。

黄志坚，2004，《青年学新论》，北京：中国青年出版社。

鞠青，2005，《中国城市预防青少年违法犯罪工作模式研究报告》，北京：法律出版社。

课题组，2003，《中国青少年校外场所现状与发展报告》，北京：北京大学出版社。

课题组，2005，《2004青年文化现象报告》，天津：天津社会科学出版社。

匡文波，2004，《互联网给未成年人成长带来的正负效应》，中国青少年社会教育论坛发言。

黎陆昕，2003，《国际化与本土化：关于“青少年事务与政策”的研讨》，《中国青年研究》第5期。

黎陆昕等，2003，《青少年事务与政策研究报告》，天津：天津社会科学院出版社。

李虹，2006，《当代中国啃老族理论探析》，《当代青年研究》第1期。

Panla Avle Meares 著，2006，《儿童青少年社会工作》，李建英、范志海译，上海：华东理工大学出版社。

梁鹏、王兆同，2006，《美国保护未成年人免受网络色情作品危害的立法与借鉴》，《中国青年研究》第10期。

刘俊彦，2005，《新蓝领——当代中国青年技术工人研究报告》，北京：中国青年出版社。

刘学胜，2006，《韩国青年政策状况》，《中国青年研究》第11期。

陆士桢，2005a，《社会转型中的青年发展与社会整合》，北京：中国藏学出版社。

——2005b，《青少年社会工作》，北京：社会科学文献出版社。

陆士桢、魏兆鹏、胡伟，2005，《中国儿童政策概论》，北京：社会科学文献出版社。

陆士桢、陆玉林、吴鲁平，2004，《城市青少年弱势群体现状与社会保护政策研究》，《中国青年政治学院学报》第5期。

陆玉林、常晶晶，2003，《我国青年文化的现状与发展趋势简析》，《中国青年政治学院学报》第7期。

媒体与未成年人发展论坛组委会，2005，《媒体与未成年人发展报告论文集》，北京：中共党史出版社。

孟莉，2004，《十年来我国青年研究现状的计量分析》，《青年研究》第5期。

莫洪宪，2005，《中国青少年犯罪问题及对策研究》，长沙：湖南人民出版社。

农村留守儿童问题课题组，2004，《农村留守儿童问题调研报告》，《教育研究》第10期。

任敏，2003，《青少年文化异化现象的社会学分析》，《青年探索》第3期。

尚杜元，2006，《法国青年政策框架》，《中国青年外事》第4期。

邵家臻，2003，《后青年研究》，香港：香港政策透视。

沈杰、蒯辙，2006，《青年塑造未来》，北京：中国经济出版社。

宋国力，2006，《黑龙江青年发展报告（2006）》，哈尔滨：黑龙江人民出版社。

孙莹，2005，《贫困的传递与遏制——城市低保家庭第二代问题研究》，北京：社会科学文献出版社。

田杰，2003，《青年工作理论概要》，北京：中国青年出版社。

王燕、黄枚，2004，《中国出生性别比异常的特征分析》，《人口研究》第6期。

吴鲁平，2003，《中国当代大学生问题报告》，南京：江苏人民出版社。

吴鲁平等，2005，《家庭寄养：动机与绩效——对“北京模式”的深度分析》，北京：社会科学文献出版社。

吴庆，2005，《公平述求与贫困治理——中国城市贫困大学生群体现状与社会救助政策》，北京：社会科学文献出版社。

吴森富，2003，《青年失业问题分析》，《中国青年研究》第5期。

郗杰英，2003，《我国青少年事务与政策的理论与实践》，《中国青年研究》第5期。

向荣高，2005，《“超级女声现象”分析》，《中国青年研究》第1期。

谢红军，2006，《中韩青年政策比较研究》，《北京青年政治学院学报》第3期。

徐建，2005，《青少年法学新视野》，北京：中国人民公安大学出版社。

徐晓波，2006，《透视高校“急嫁族”现象》，《当代青年研究》第12期。

徐章辉、刘帆，2005，《青年失业现状与再就业政策评估研究》，北京：中国大百科全书出版社。

晏振宇，2006，《城市青年试婚现象成因》，《当代青年研究》第1期。

杨长征，2003，《中国青少年流行文化现象报告》，北京：中国青年出版社。

杨雄，2003，《21世纪主题：青年发展与发展青年》，《当代青年研究》第1期。

——2004a，《再论新世纪中国青年的发展》，《当代青年研究》第1期。

——2004b，《社会转型与青年发展》，上海：上海社会科学院出版社。

杨雄、王禄宁，2004，《儿童发展与社会责任》，上海：上海社会科学院出版社。

叶敬忠、詹姆斯·莫瑞，2005，《关注留守儿童——中国中西部农村地区劳动力外出务工对留守儿童的影响》，北京：社会科学文献出版社。

余逸群，2003，《时尚和引领：当代都市青年生活方式》，《河北青年管理干部学院学报》第2期。

——2005a，《青年政策研究论纲》，《北京青年政治学院学报》第2期。

——2005b，《传统思维方式与青年研究的科学化》，《青年探索》第1期。

——2006，《论青年交叉学科的结构和功能》，《青年探索》第3期。

张鸿颖、韦林欣，2005，《美国少年权利保护理论之研究》，《青少年犯罪问题》第2期。

张伟、李松涛、程曦，2005，《每一天都要奋斗——聚焦城市"流动知青"》，4月6日《中国青年报》。

张翼，2005，《人口出生比失衡将引发十大问题》，《红旗文稿》第2期。

张勇、王丽，2003，《对全国青少年学生1985~2000年体质状况的比较研究》，《中国体育科技》第5期。

赵一德、王曙光，2006，《浙江青年文化现象实证研究》，北京：中国青年出版社。

朱飞，2003，《青年文化与青年政治社会化》，《中国青年研究》第5期。

作者单位：中国青年政治学院

社会政策与社会保障研究综述

杨　团

2003～2006年，是中国社会政策研究奠基的四年，也是社会政策研究与社会保障研究走向接轨的四年。这种新的发展态势植根于中国社会的政治经济转型。进入新世纪的中国，2003年初，先是新的中央领导集体提出统筹城乡发展、区域发展、经济社会发展等五个统筹的协调发展的实践战略，尔后紧接着的全民抗击非典行动，引发了全国性大讨论，人们普遍质疑和强烈抨击为了追求GDP高增长率而不惜一切代价的单纯经济政策导向。是年10月，党的十六届三中全会提出了“以人为本”的“科学发展观”，标志着中国的政策导向开始发生重大改变。社会学家王思斌当即敏锐地提出，社会政策的春天来了，中国可能会迎来一个社会政策时代（王思斌，2003，2004，2005）。之后，政治学家王绍光（2006b）将这种新的政策导向概括为“从偏重经济政策到重视社会政策的中国公共政策格局的历史性转变”。2006年10月党的十六届六中全会召开，加强“社会政策的学习研究和教育培训”被写进了文件。

自2003年以来，社会学、经济学、政治学、法学等各界的相当一部分学者踏入了社会政策研究领域，从事社会保障、社会工作专业教学和研究者也纷纷从社会政策视角考察社会保障的制度改革或创设，致使这方面的出版物有了明显增长（如郑秉文主编，2003；李秉勤、贡森主编，2003～2006；徐勇主编，2003；贺雪峰主编，2004～2006；唐钧，2003；陈佳贵、王延中主编，2004；孙建勇主编，2004；高鉴国、展敏主编，2005；顾昕主编，2006；杨团、关信平主编，2006a；郑功成，2006）。相关的学术团体也相继建立，中国医疗保险研究会和中国社会保险学会社会保障教学与研究会均于2006年成立，中国社会学会社会政策专业委员会也于2006年底通过审批。与此同时，相关学术研究活动十分活跃并显示出连续性特点，由中国人民大学等单位举办的东亚社会保障论坛，中国社会科学院社会政策中心等五家社会政策科研教学机构举办的社会政策国际论坛暨讲座，由中国社会保险学会主持的中国社会保险优秀论文评奖活动都已分别进入了第二届或者第三届。正是这种活跃的学术氛围，推进和迎来了新世纪中国社会政策研究的重大发展机遇。

近几年的社会保障与社会政策的学术研究主要围绕着三条线索展开：一是在介绍、

评述西方社会政策学及相关研究成果的基础上进行中国社会政策学基本概念和架构构建的尝试，试图以此来发现和阐明中国社会政策与社会保障制度问题；二是分析中国目前社会政策与社会保障制度缺失公平和公正的原因，探讨将经济政策、政府治理融入社会政策和社会保障制度的原理和方式；三是针对社会政策与社会保障制度执行中的问题，探究如何加强执行能力。有意思的是，在研究中，尽管这三条线索所展开的理论依据甚至学科走向不同，尽管不同的社会政策观念背后可能存在很大的哲学分歧，不过，在焦点选择和实施层面，却表现出惊人的一致性——尤其是与农村、农民、农民工相关的社会保障与社会政策问题，已经引发全民的关注和重视，保障所有人特别是农民的权利，推进扶助弱势群体的社会政策，建立必要的社会保障制度，成为国人的基本共识。这种共识对于形成多学科、多视角、多面向且理论联系实际的社会保障与社会政策学术研究氛围是十分有利的。

总之，无论现实背景、学术活动还是理论研究，都证明了一点：社会保障与社会政策研究在中国方兴未艾，其巨大的创新潜力很有可能会在未来推动中国改革与发展的伟大进程中逐渐释放出来。

鉴于社会政策与社会保障的学术文献繁多，笔者的阅读只是沧海之一粟，加上才疏学浅、功力不逮，只能就日常所读所思择要做一个极不完整的综述。

一　基本理论层面的探讨

社会政策研究与社会政策实践是两个不同领域，社会政策的学术研究大体分为规范性、解释性或者实证性两类，前者于探讨应然的范畴，即由若干社会价值体系，推演出社会政策应有内涵的模型，后者属探讨实然的范畴，旨在解释社会政策实践的演变和影响作用。任何社会政策的探讨，都要在有矛盾冲突的价值和目标间做选择，而建构社会政策模型的目的，就是帮助人们做出适当的判断和选择。

从把握意识形态的内涵入手，推演构成社会政策模型的基本内涵要素，是社会政策应然范畴内的主要研究方法，最早为科尔所采用，他在二战结束后的当年曾提出当代社会政策是资本主义与社会主义冲突的产物的论断。20 世纪 80 年代福利国家危机发生之后，由于各种社会政策思想纷纷兴起、相互竞争，全球进入了社会政策争议的年代（李明政，2003/1999），致使分析、批判各类社会政策主张，以及社会政策选择方案成为各国社会科学界乃至政界的经常性功课，这直接影响到社会政策的意识形态探究方法的再度兴起。

台湾学者李明政经多年研究，归纳出解析现实性社会政策模型的 2 个层次 8 个要素，即意识形态层次（对人性或者对人类需要的看法；对社会生活环境的偏好或基本的社会价值观；对国家的性质或者政府角色的基本看法或基本的政治观；对经济制度的偏好或者基本的经济观）和社会政策理念层面（社会应处理的社会问题的类型观；社会问题成因的诠释；国家或政府干预社会问题的范畴与目标的看法；解决社会问题应采取的基本行动原则），并从中抽提出意识形态、“救贫”、“社会安全”、“迎（接）拒（绝）福利国家”的政策观等 4 个基本分析变量，用于归纳整理 20 世纪 80 年代至 90 年代全球各国学者所提出的社会政策思想和模型，在此基础上建构了保守的和革新的资本主义社会政策、渐进的与激进的社会主义社会政策等四种社会政策模型。李明政认为这四种模型分别代表了对于理想的人类社会的四种不同认知和价值观体系，显现出实践着不同价值观的社会群体之间存在着的某种矛盾冲突的张力。显然，这类学术工作对于社会政策学界观察和分析当下和未来可能出现的各种竞争性社会政策理念及其可能的立论依据是有助益的。

中国大陆在最近四年间，也开始了这类学术整理工作。郑秉文（2003）主编的社会保障类研究丛书、徐永祥（2005）主编的社会工作名著译丛，以及张秀兰、徐月宾（2003，2004，2006a，2006b；徐月宾、张秀兰，2005）、王绍光（2005a，2005b，2006a）关信平（2004）、杨伟民（2004）、刘继同（2004）、林卡（2006）等都进行过对于社会政策、社会保障、社会工作的国际文献梳理。只是总体而言，文献梳理工作目前仍处于初级阶段。大部分学者只熟悉安德森的三个福利资本主义模型、马歇尔的公民权理论，以及剩余型（补救型）和制度型的分别，少数人谈到组合主义或合作主义的社会政策效用，更少的学者积极吸收国际社会政策学术界关于能力贫困、社会投资、社会资本、资产建设、福利多元主义、能促型国家（the enabling state）等多种新成果，并将其系统化和创造性地应用于中国社会政策实践分析和理论建构。

就整体研究而言，要缩短中国社会政策界研习西方成果与经验和自我创新的时间，还是一个不小的挑战。这不仅与学科处于初创时期有关，与大陆社会政策学者的学术背景有关，也与各社会学科之间的隔绝状态相关。例如哲学、政治学、经济学的一部分学者经常从抽象意义上争论各种类型的意识形态，分析在各类社会政策模型的不同的政治观、经济观和社会观背后起主导作用的意识形态，却难得进入社会政策的实证领域。

不容忽视的是，中国社会政策基本理论研究的园地正在出现多视角、多学科、多方法纵横交错、百花齐放的局面。

从文化和阶层分析视角、公民权的视角提出的社会政策解释或分析（毕天云，2006；杨伟民，2006；王思斌，2006），在实然的范畴丰富了社会政策思考。从社会政策主要机构行为人——国家、公民社会、商业部门——出发的规范性研究（关信平，2006；邓广良，2006；彭华民、黄叶青，2007；卢汉龙，2006；李正东，2007；林卡、范晓光，2007），挑战现行政策，进行多部门、多个利益集团间关联探究，拓展了社会政策研究领域。从社会发展的视角考察健康与发展和关系，针对性地提出 21 世纪的健康政策是一项人力资本投资（胡鞍钢主编，2003）开辟了社会政策研究的新视野。从社会保障与社会福利政策相互关系出发的研究（沈洁，2005；窦玉沛，2006），论证了两者间的功能互补和相对独立，预测了随两者需求比重的变化将出现供给结构改变的可能性，从而诠释了中国社会福利政策建构的独特意义。从揭示社会问题并将其“问题化”的角度，对于处于社会边缘或者社会底层的弱势群体、尤其对城乡二元结构下的城市贫民和农民工的境况进行的研究（古学斌、李明堃主编，2003；张时飞等，2004；唐钧，2003，2005b；洪大用，2005；杨团，2005a；张占斌主编，2006），不仅在反社会排斥，推动社会政策议程建设方面有理论意义，所提出的社会保障和社会政策的建议也具有可操作的实践意义。

还有从社会保障与社会发展的视角，进行城乡统筹的社会政策和国民收入再分配的研究（梁祖彬，2005；赵福昌 2005；魏杰、王韧，2006）；从构建和谐社会、社会工作等方面拓宽社会政策理论方向的研究（郑功成，2006；王思斌，2003，2004，2006）；专门探索社会政策的实施方法，丰富社会政策方法论的研究（叶响裙，2006；江明修，2006），以及中国台湾地区与香港地区，香港地区与大陆地区的社会政策比较研究（桂世勋、黄黎若莲主编，2003；陈小红主编，2003～2006），等等。总之，2003～2006 年的各类研究，都为中国社会政策学的理论构建做出了自己的贡献。

二　社会政策范式与社会保障

自 20 世纪 90 年代后，原社会主义阵营的各个国家的市场转型，被称为朝向市场经济的全球性的第二次大转变；与此同时，发达国家面对全球化、信息化和人口大迁移的趋势，不能不考虑自身发展如何适应社会整体环境的新策略；而发展中国家阵营中的各国自 20 世纪 60 年代以来的发展之路并不平坦，目前与发达国家的发展差距大都越拉越大，大多数国家的经济和社会发展陷入困境。社会环境变了，社会结构变了，社会需求和社会供给必然发生转变。正是在这样的历史大转折中，社会政策学科正在超越常规发展阶段——即福利国家和社会福利政策的阶段，走入范式转换的科学革命时代（杨团，2005c），这个新阶段、新时代的发展尽管目前还很稚嫩，却已经显现出巨大的创新活力。

关于新的社会政策范式，中国学者有两种提法，一是承继美国学者梅至理首先提出的发展型社会政策，即以投资人力资本为核心，将个人、家庭、群体和国家等不同层面的利益和目标有机结合所形成的帮助个人、帮助国家的政策机制（参见张秀兰，徐月宾，2006）；一是沿袭美国学者史乐山提出的资产社会政策，即在社会福利框架内所界定的个人资产的形成、积累以及保值增值的国家支持和社会干预政策（参见杨团，2005b；唐钧，2005；孙炳耀，2005；张时飞，2005；葛道顺，2005）。

尽管两种提法不同，实质却很接近，即都认为新的社会政策范式不再仅以收入为本，不再仅仅强调社会再分配，而将社会政策更视为一项社会投资，投资的对象是每个人及其家庭——穷人应该受到特别支持，投资的目标是提升人的能力以获得长效发展的机制。为了摆脱世代性的贫困陷阱，社会政策干预要关口前移，实施从“上游干预”的反贫困策略，资产建设要从儿童做起；同时，干预的对象还要下移，从对社会基本制度干预下移到对参与这个制度的个体进行干预。显然，这样的新社会政策不再是为了克服市场失灵的消极干预，而是支持市场的积极干预。这种干预可以使市场的竞争机制更好地发挥对于物质资产和人力资产增值的促推效用，使每一个个人和家庭能更好地适应市场机制特别是劳动力市场的变化以提升能力。这样的社会政策显然也包容和整合了经济政策，以适应当时的社会发展新需求。

中国社会科学院社会政策中心自 2004 年起，不仅从理论上研究新社会政策即资产社会政策，而且尤为注重将理论研究与中国的社会保障实践相结合。2003 年，该中心发现上海市起步了农民工可以低门槛进入的“小城镇社会保险”，即去总结经验，并且以资产建设理论为指导，提出将新加坡经验整合进上海“镇保”模式。2004 年，该中心又发现新疆呼图壁县农民社会养老保险部门支持农民以个人养老证作抵押向银行贷自己的养老费，获得成功，即将当地经验总结为“呼图壁模式”，指出其意义在于突破了现行农保制度“再分配与消费取向”的定位，赋予了个人账户“生产与投资”的功能，并提出需要重新审视农保制度定位，引导和帮助农民累积资产的社会政策建议（张时飞，2005）。

孙炳耀（2005）则重点从理论上分析了资产社会政策的概念、机制、结构和意义。提出资产社会政策最明显的特征是个人资产积累，最重要的工具是个人发展账户和住房，不过它的理论内涵远远超过基金储蓄账户的意义。资产社会政策具有很强的外部性，不仅表现为对经济的影响，可以为扩大再生产提供更多的资源，还表现为对社会发展的影响。首先，通过个人发展账户建立了个人与社会保障制度的新的联结，激发了人们关心社会保障制度的积极性；其次，在提供每个人形成个人资产的途径的同时为人们参与社会提供一条新途径，有利于加强社会包容，减少社会排斥；第三，有利于以有产者的观念影响个人加强社会责任，从中贯彻社会价值观念；第四，通过个人发展账户的利益机制诱导，可以建立个人与政府新的相互关系，这为中国的社会管理和社会建设提供了十分重要的资源。此外，他还就资产社会政策与转移支付的融合；与风险分担的融合；减少福利倒置的效应；与实物和服务福利结合与互补的效应；综合账户应优于分享账户；需要依照人的生命阶期规划政策方案；以及以资产社会政策重构社会保障体系功能的要点等进行了较深入的探讨。

台湾政治大学社会系的傅立叶（2003）同样以和传统社会政策相比较的方式，提出了积极性的社会福利政策的概念。他反省了台湾地区目前以现金给付为主的社会政策，认为需要强调经由政府的投资或奖励协助，促成照顾服务体系的建立和相关产业的发展和促进就业，强化政府的政策规划与执行能力。他主张“积极性社会福利政策不但直接有效地解决人民的生活照顾需求，同时也具有积极性的投资与经济生产作用。它既是一个社会政策，也是一个经济与产业发展政策。它一方面仍坚持传统福利国家所强调的充分就业，但是另一方面却打破原来以所得维持为中心的社会政策模式。它既强调社会性，但是同时也更强调经济生产性。它同时也是具有前瞻性的引导社会结构变迁的制度性力量。台湾在完成社会安全网的建立之后，积极性的社会福利政策可以作为下一阶段社会政策的发展方向”。

对于社会政策的地位和未来发展途径，许多大陆学者在振奋之余存有深切的忧虑。特别是迄今为止，社会政策并非具有独立的政策地位，无论发展型社会政策还是资产社会政策，除了学界关注外，在政界并未引起多大反响。这与中国的社会政策一直被当作经济政策的附庸，只负责处理经济政策带来的社会问题，在实践中表现出手段性、附属性和修补性的特点有直接的关系（张秀兰、徐月宾，2006）。

王思斌（2006）由此判断：中国社会政策具有弱势性，即社会政策这一主体处于边缘性和弱能性。主要表现为：系统、专门的社会政策较少；其覆盖面小，往往只局限于城市范围；社会政策的福利和保障水平低；一些社会政策未被有效执行；社会政策概念尚未进入主流话语，政府文件中很少见到；经济政策绝对优先于社会政策，公共政策包容和笼罩社会政策，立法过程拖后社会政策。导致社会政策弱势性的原因，主要是片面追求经济增长的发展战略，社会问题的“非问题化”策略、政策选择中精英的经济偏向，社会政策责权的非专属性以及社会福利的意识形态的特点。张秀兰、徐月宾（2006）提出，由于社会政策对社会环境的依赖程度高，中国需要理性地借鉴外国经验，避免南橘北枳的失误。未来应重点借鉴国际社会关于发展型社会政策的理念，用其增加我们对社会问题及其解决方法的知识，为制定社会政策提供一个分析和比较的框架，同时大力加强政府对社会政策的主导作用、推动中长期发展的战略规划。

三　公正、公平问题的社会政策选择

从1978年开始到90年代中期，改革的基本理路是“效率优先，兼顾公平”，在经济快速发展的同时，社会问题和社会矛盾越来越多，且越来越严重，这是其后社会科学界关注公平与效率问题的起因。2003年以后，这类讨论逐渐从抽象的哲学观转向与社会政策相关的价值观诠释甚至政策操作的层面。

经济学、政治学、历史学等多学科的知名学者都积极参与了这场讨论。《转型中国：审视社会公正和平等》（2004）一书汇集了邓正来、樊纲、韩水法、林毅夫、茅于轼、秦晖、张曙光、李实、黄少安、刘国恩、宋宏远、潘锦棠等30多名学者的文章，分别从收入、卫生教育和就业、社会转型、平等公正和自由的概念与意义，以及如何建立一个公正的社会等方面对于不平等和其他社会问题进行理性讨论，是这一领域各方意见的集大成之作。

对于转型期产生的社会不平等、不公正问题，许多学者都进行了充分的事实描述和理论论证，几乎每个学者都认为中国的社会不公已经达到了足以引人关注的地步。[1]

以往的文献往往把公平与效率、公正与发展对举，隐含的假设是，两者可能相关也可能不相关。即使相关也基本上是矛盾的，追求公平可能损害效率，追求公正可能阻碍发展。

景天魁（2004）研究了中国社会政策发育的现实经验，提出了作为公正的发展这一基本概念。作为公正的发展是一种社会政策导向的结果。它要求社会政策的选择，必须朝向有利于公正的社会。其间，公正不再作为发展之外的相关性而是作为发展内在的规定性——发展的核心价值而存在。公正从而成为发展的根本动力和最佳状态。那么，不公正状态下的发展，就是一种“负发展”或者“不发展”。接着，景天魁又提出了“底线公平”的概念（2005）。“底线公平”是指所有公民在这条底线面前所具有的权利的一致性，也是政府和社会必须保障的、必须承担的责任“底线”。在这条底线以上或以外的部分是灵活的、反映差别的部分，可以由市场、企业和社会组织以及个人承担。所以，底线公平并不牺牲效率，而是实现效率的必要条件。

吴忠民（2004）提出，公正是社会政策的基本理念依据，社会政策是公正在社会领域的具体化，他认为中华人民共和国成立头30年间，在女性解放、大众教育、公共医疗等方面的社会政策努力，开启了保护民生、关注民生的先河，尽管当时经济发展水平不高，不过中国的人文指数却步入世界人文发展水平的前列。但是当时的社会政策具有浓厚的平均主义成分和不规范性、非全民性特点，是改革开放推动了社会政策基本理念及其取向的转换，形成了现代意义上的公正准则。这就是由基本权利的保证（亦即底线保证）规则；机会平等的规则；按照贡献进行分配的规则和社会调剂的规则所共同构成的一个有机体系。鉴于社会政策是公正理念和规则的直接体现，因而这四个基本规则也就相应成为体现社会政策具体思想内容的四个维度。

---

① 限于篇幅，编辑中删去了有关综述，有关社会公正与公平的讨论的代表性观点请参看吴忠民为本年鉴撰写的学术综述《收入分配差距与社会公正研究》。——编者注

赵福昌（2005）重点分析了我国社会保障制度制定与运行中的不公平或不合理问题。①社会保险与社会福利边界不清，带有一定的“福利色彩”，导致社会保险缺口最终成为政府的无限责任；②社会保险管理不规范，没有缴费和缴费不足的人员也被“纳入”受益范围，造成制度内、外人员的待遇不公平；③企业与机关事业单位两种体制和机制并存，社会保障标准差别巨大，形成制度间的不公平；④社会保障管理理念不明确，且资金没有纳入长期预算管理，致使当期和未来社会保障责任不清，支付标准未能充分体现收入、预期寿命的制约作用，致使当期与未来支付发生矛盾，不利于社会保障代际平衡和健康发展。他的结论是：社会保障制度不仅要重视结果公平，也要在制定和运行过程中体现公正和公平。

社会转型时期为什么会出现如此严重的不公平、不公正问题，学术界对其背后的原因分析争论很大。特别在主因是由于过度市场化还是权力资本化，转型期的不公正是必然的还是可以避免和矫正的，社会不公是否会成为社会动荡的根源等问题上众说纷纭。秦晖（2004）、吴敬琏（2005）、吴思（2005）倾向于认为，中国的转型带有权贵性质，并可能导致社会动荡。张曙光（2004）和茅于轼（2004）认为，当前的主要问题不是市场化过头了而是市场化不足，要警惕借社会公正之名反对市场化改革的倾向。对于2006年成为全社会焦点的医疗改革问题，也是过度市场化（葛延风、王晓明，2005；王绍光，2003，2005b；杨团，2006）及“垄断下的伪市场化”亦即市场化不足（顾忻、高梦滔、姚洋，2006；刘国恩、詹初航，2006）双方争执不下。认为医疗市场过度市场化的理由是，医疗机构不是企业，套用国企改革扩大自主权、产权改革等包租买的办法对其改革，致使公立医院与牟利企业无异；不仅因为供需双方信息不对称，还由于医疗用品不同于一般消费品的特殊性，医疗市场和药品市场必须加强管制，否则难于避免重治轻防、医药合谋、过度服务和药价虚高。持市场化不足论者认为，市场化的基本特征是自愿合约、公平竞争加适度的监管，过去的医改只是引入了一些市场竞争机制，政府既没有及时地引入民间资本投资医疗卫生事业，也没有增加对公立医疗机构的财政补贴，而是开绿灯任由公立医院创收，使医疗变成奢侈品。所以，这不是市场化过度而是市场化不足，或称行政控制和垄断下的“伪市场化”。

如何克服不平等和不公正问题，第一类观点认为必须全力推进社会政策，建立健全社会保障制度尤其是农村的社会保障，保障城乡享有平等的教育和公共卫生条件，大力扶助弱势群体尤其是城乡低保人群，建立最低生活保障线（唐钧，2003，2005b）。第二类观点认为，社会公正就是权利的平等分配，超过此界线是没有必要的甚至有害的。持有此种观点的人多数对市场持欢迎态度，对政府持警觉态度（秦晖，2004；张曙光，2004）。第三类观点认为社会公正是一个全面的概念，不仅包括权利的平等而且包括对于结果的一定程度的平等分配。持这类观点的人不排斥市场，而是认为必须对自发的市场结果进行必要的矫正，政府为此要进行治理改革，谨防政策下的管理缺失（王晓毅，2005；王绍光，2005b，2006a）。

总之，关于公平和公正的持续性大讨论对于中国政策导向的变化起到了一定的推动作用。2002年底召开的党的十六大首次使用“初次分配效率优先、再次分配注重公平”的提法；2003年10月，党的十六届三中全会尽管沿用了“效率优先、兼顾公平”的提法，但“以人为本”的“科学发展观”则凸现了社会公平的指导思想；2004年，党的十六届四中全会放弃了"效率优先，兼顾公平"的提法；2005年底，党的十六届五中全会通过的《关于制定国民经济和社会发展第十一个五年规划的建议》又进了一步，提出未来中国要"更加注重社会公平，使全体人民共享改革发展成果"。

参考文献

毕天云，2006，《社会政策研究的文化视角》，杨团、关信平主编《当代社会政策研究·第一届（2005）社会政策国际论坛文集》，天津：天津人民出版社。

陈佳贵、王延中主编，2004，《中国社会保障发展报告》，北京：社会科学文献出版社。

陈小红主编，2003~2006，《社会政策与社会工作学刊》（第7~10卷），台北：台湾社会政策学会。

邓广良，2006，《经济发展与社会政策：发展中国家的社会福利发展》，杨团、关信平主编《当代社会政策研究·第一届（2005）社会政策国际论坛文集》，天津：天津人民出版社。

窦玉沛，2006，《中国社会福利的改革与发展》，《社会保障研究》第2期。

段应碧、宋洪远主编，2004，《中国农村改革重大政策问题调研报告》，北京：中国财政经济出版社。

傅立叶，2003，《积极性社会福利政策的内涵——思索台湾福利政策下阶段的发展方向》，台北：社会发展论坛网站。

高鉴国、展敏主编，2005，《资产建设与社会发展》，北京：社会科学文献出版社。

葛道顺，2005，《镶嵌、自主与弱势群体的社会资本重建》，中国社会科学院社会政策研究中心社会政策网。

葛延风、王晓明，2005，《医疗服务体系改革思路》，《产业经济动态》第21期。

古学斌、李明堃主编，2003，《华人社会中的社会排斥与边缘性》，香港：香港理工大学应用社会科学系政策研究中心。

顾忻、高梦滔、姚洋，2006，《诊断与处方：直面中国医疗体制改革》，北京：社会科学文献出版社。

顾昕主编，2006，《中国社会政策》，北京：北京师范大学出版社。

关信平，2006，《社会政策的基本概念和基本原理》，杨团、关信平主编《当代社会政策研究·第一届（2005）社会政策国际论坛文集》，天津：天津人民出版社。

关信平主编，2004，《社会政策概论》，天津：南开大学出版社。

桂世勋、黄黎若莲主编，2003，《上海与香港社会政策比较研究》，上海：华东师范大学出版社。

贺雪峰主编，2004~2006，《三农中国》（第2~8辑），武汉：湖北人民出版社。

洪大用，2005，《当道义变成制度之后——试论城市低保制度实践的延伸效果及其演进方向》，《经济社会体制比较》第3期。

胡鞍钢主编，2003，《透视SARS：健康与发展》，北京：清华大学出版社。

江明修，2006，《非营利组织丛书·研究方法论》，台北：智胜文化事业有限公司。

景天魁，2005，《底线公平与社会保障的柔性调节》，《社会观察》第1期。

景天魁等，2004，《社会公正理论与政策》，北京：社会科学文献出版社。

孔祥智主编，2005，《中国三农前景报告》，北京：三联书店。

李秉勤、贡森主编，2003~2006，《社会政策译丛》，北京：商务印书馆。

李明政，2003/1999，《意识形态与社会政策》，台北：洪叶文化事业出版公司。

李正东，2007，《论政府的理性与社会政策面向》，杨团、张秀兰主编《当代社会政策研究Ⅱ·第二届（2006）社会政策国际论坛文集》，北京：中国劳动社会保障出版社。

梁祖彬，2005，《演变中的社会福利政策思维：由再分配到社会投资》，《新华文摘》第2期。

林卡，2006，《理论与政策分析间的矛盾》，杨团、关信平主编《当代社会政策研究·第一届（2005）社会政策国际论坛文集》，天津：天津人民出版社。

林卡、范晓光，2007，《贫困、制度和国家的反贫困战略》，杨团、张秀兰主编《当代社会政策研究Ⅱ·第二届（2006）社会政策国际论坛文集》，北京：中国劳动社会保障出版社。

刘国恩、詹初航，2006，《不要误读了“政府主导”》，《中国卫生》第9期。

刘继同，2004，《社会政策概念框架与卫生政策战略地位》，《中国卫生》第10期。

卢汉龙，2006，《民间组织与社会治理》，《探索与争鸣》第5期。

茅于轼，2004，《人权与中国经济》，姚洋主编《转型中国：审视社会公正和平等》，北京：中国人民大学出版社。

彭华民、黄叶青，2007，《福利多元主义：福利提供从国家到多元部门的转型》，杨团、张秀兰主编《当代社会政策研究Ⅱ·第二届（2006）社会政策国际论坛文集》，北京：中国劳动社会保障出版社。

秦晖，2004，《中国的经济转轨：社会公正与民主化问题》，姚洋主编《转型中国：审视社会公正和平等》，北京：中国人民大学出版社。

沈洁，2005，《中国社会福利政策建构的理论诠释》，《社会保障研究》第1期。

孙炳耀，2005，《资产社会政策理论问题初探》，中国社会科学院社会政策研究中心社会政策网。

孙建勇主编，2004，《社会保障基金运营与监管丛书》（共4本），北京：中国财政经济出版社。

唐钧，2003，《城市反贫困研究报告》，北京：华夏出版社。

——2005a，《资产建设与社会保障》，《江苏社会科学》第2期

——2005b，《城乡低保制度：历史、现状与前瞻》，《红旗文稿》第18期。

王绍光，2003，《中国公共卫生的危机与转机》，《比较》第7期。

——2005a，《平等问题研究框架》，http：//philosopher100. iblog. com/post/201098/233696。

——2005b，《政策导向、汲取能力与卫生公平》，《中国社会科学》第6期。

——2006a，《中国公共政策议程设置的模式》，《中国社会科学》第5期。

——2006b，《中国经济政策和社会政策的历史性转变》，10月16日《中国经济时报》。

王思斌，2003，《改革中弱势群体的政策支持》，《北京大学学报（哲学社会科学版）》第6期。

——2004，《社会政策时代与政府社会政策能力建设》，《中国社会科学》第6期。

——2005，《中国正在走向社会政策时代》，《中国卫生》第7期。

——2006，《我国社会政策的弱势性及其转变》，《学海》第6期。

王思斌主编，2002～2006，《中国社会工作研究》（第一～四辑），北京：社会科学文献出版社。

王晓毅，2005，《政策下的管理缺失》，《华中师范大学学报》（庆祝创刊五十周年专号）。

魏杰、王韧，2006，《财政转型与中国社保体系的改革路径》，《新华文摘》第20期。

吴敬琏，2005，《腐败的溯源与清源》，《云南农村经济》第2期。

吴思，2005，《官家资本主义》，《社会观察》第8期。

吴忠民，2004，《从平均到公正：中国社会政策的演进》，《社会学研究》第2期。

徐永祥主编，2005，《社会工作名著译丛》，上海：华东理工大学出版社。

徐勇主编，2003，《三农中国》（第1辑），武汉：湖北人民出版社。

徐月宾、张秀兰，2005，《中国政府在社会福利中的角色重建》，《中国社会科学》第5期。

阎青春主编，2005，《社会福利与弱势群体》，北京：中国社会科学出版社。

杨团，2005a，《新农村建设与农村社会保障》，《学习与实践》第5期。

——2005b，《资产社会政策——对社会政策范式的一场革命》，《中国社会保障》第3期。

——2006a，《社会政策范式及其转换》，杨团、关信平主编《当代社会政策研究·第一届（2005）

社会政策国际论坛文集》，天津：天津人民出版社。

——2006b，《医疗卫生服务体系改革的第三条道路》，《浙江学刊》第1期。

杨团、张秀兰主编，2007，《当代社会政策研究Ⅱ·第二届（2006）社会政策国际论坛文集》，北京：中国劳动社会保障出版社。

杨伟民，2004，《社会政策导论》，北京：中国人民大学出版社。

——2006，《中国的社会政策与社会分层》，杨团、关信平主编《当代社会政策研究·第一届（2005）社会政策国际论坛文集》，天津：天津人民出版社。

叶响裙，2004，《中国社会养老保障：困境与选择》，北京：社会科学文献出版社。

——2006，《社会政策执行中的目标群体的策略行为研究》，杨团、关信平主编《当代社会政策研究·第一届（2005）社会政策国际论坛文集》，天津：天津人民出版社。

张菁芬，2005，《社会排斥现象与对策：欧盟的经验分析》，台北：松惠有限公司。

张敏杰，2003，《中国弱势群体研究》，长春：长春出版社。

张时飞、唐钧、占少华，2004，《以土地换保障：解决失地农民问题的可行之策》，《红旗文稿》第8期。

张时飞，2005，《引入资产建设要素，破解农保工作困局——呼图壁县的经验与启示》，《江苏社会科学》第2期。

张曙光，2004，《经济学家如何讲公平》，姚洋主编《转型中国：审视社会公正和平等》，北京：中国人民大学出版社。

张秀兰、徐月宾，2003，《建构中国的发展型家庭政策》，《中国社会科学》第6期

——2004，《发展型社会政策：实现科学发展的一个操作化模式》，《中国社会科学》第5期。

——2006，《发展型社会政策及其对我们的启示》，顾昕主编《中国社会政策》，北京：北京师范大学出版社。

张占斌主编，2006，《重农时代：新农村建设机遇》（中国论衡文库），上海：远东出版社。

赵福昌，2005，《我国社会保障制度及运行中的不公平问题分析》，《财经问题研究》第6期。

郑秉文主编，2003，《当代社会保障制度研究丛书》，北京：法律出版社。

郑功成，2006，《科学发展与共享和谐：民生视角下的和谐社会》，北京：人民出版社。

作者单位：中国社会科学院社会学研究所

社会工作研究综述

王思斌

一　中国社会工作发展的一般状况：实践与研究

中国的社会工作教育随着社会学学科的恢复重建而逐渐发展。20世纪80年代中后期，国家教育行政部门决定在北京大学等高等学校开办“社会工作与管理”专业，社会工作教育开始了专业发展进程。虽然90年代以来有几个大学开办了社会工作系，1994年成立了中国社会工作教育协会，但是到20世纪末，中国社会工作教育发展一直比较缓慢。到1999年底，开办社会工作本科专业的学校仅为27个。1999年初，国务院转发了教育部的《面向21世纪中国教育振兴行动计划》，决定实施素质教育，开放办学自主权，扩大高等教育规模。在这一政策的影响下，社会工作本科专业连年快速增加。2000年新增本科院校27个，2001年新增36个，2002年新增35个，到2006年全国已有社会工作本科专业200个。

由于我国社会工作专业教育停顿30多年，现在开办该专业的数量快速增长，所以在专业教学及学术研究方面必然会遇到大量问题。主要表现为：第一，师资队伍专业化水平不高。科班出身的教师较少。第二，教学水平不高。这一是因为师资水平本身的原因，二是因为主要产生于西方发达国家的社会工作专业知识与中国社会实际有明显距离。第三，科研水平不高。面对这种情况，中国社会工作教育协会做了大量工作。主要是：第一，大力开展师资培训。近些年来该协会几乎年年举办社会工作师资培训班，主要开展专业主干课程培训，对象是新入行的教师。第二，集中力量编写社会工作专业教材。90年代部分高等学校就开始着手编写并出版了一些社会工作教材。在教育部和教育部高等学校社会学学科教学指导委员会的支持下，中国社会工作教育协会集中全国社会工作专业的资深教师，编写社会工作专业系列教材，到2006年已编写出版了《社会工作专业主干课程》教材共8本，为社会工作专业教学奠定了可靠的基础。这套教材既介绍了国际社会工作的一般知识、理论和实践模式，也力图总结我国社会工作方面的经验，对规范我国的社会工作专业教育、提高教学水平起到重要作用（此外，中国青年政治学院、中国人民大学也编写了系列教材，并各具特点)。第三，推动社会工作研究。近些年来，协会主办了一系列国内、国际学术研讨会，内容涉及社会工作的专业发展、社会工作教育与社会变迁、社会工作与社会政策等。这些学术研讨会在促进社会工作教学、发展社会工作学术研究、实现社会工作教育与实际相结合等方面发挥了积极作用。第四，编辑出版学术刊物。由于至今全国没有一本较权威的社会工作专业学术刊物，所以中国社会工作教育协会创办编辑了《中国社会工作研究》(以书代刊)，自2002年以来已连续出版5辑，刊载了国内一批较高水平的社会工作及社会福利政策方面的研究成果，并成为我国社会工作专业学术刊物的典范。

中国社会工作教育的发展离不开对国外经验的借鉴。近几年来，国内已相继翻译出版了一批社会工作的专业教材和研究性教材。比较突出的是华东理工大学出版社的《社会工作名著译丛》一套10本，将国际社会工作的一些重要领域的研究成果介绍给中国学界，对我国社会工作的教学、研究和实践产生了积极影响。中国人民大学出版社的《社会工作经典译丛》则更具有教科书的特点，这是对中国社会工作专业教育有重要参考价值的教材。由于我国社会工作恢复重建较晚，所以社会工作方面的研究专著尚为数不多，但一些在国（境）外学成的年轻学者出版了一些有力度的专著。

二、社会工作教育发展研究

社会工作教育的发展道路和方向一直是社会工作教育界十分关心的问题。1990年代初期，有学者在如何对待国际经验与中国实际的关系问题上提出了“国际通则”与本土经验相结合的见解（王思斌，1990)，获得了较广泛的学界认同。但是随着2000年之后社会工作专业的快速发展，特别是一些缺乏必要条件而开设社会工作专业学校的增加和学生规模的迅速扩张，社会工作专业学生开始面临就业难的问题，于是，如何办好社会工作专业就成为必须面对的问题。王思斌指出，社会工作所遇到的问题反映出“非协调转型”背景下社会工作教育发展的特征，是向市场经济体制的快速转型、高等教育扩张和社会对社会工作人才的现实需要不协调等因素造成了中国社会工作教育的问题（王思斌，2004a)。面对复杂的社会现实，社会工作教育应该承担起多种社会责任，包括要对学生负责、对社会负责和对专业负责（王思斌，2003a)。关信平指出，我国社会工作教育存在师资力量不足、教学规范性不高、人才培养层次不高和社会工作实践专业化水平不高等问题（关信平，2003)。熊跃根认为我国社会工作专业教育在不同地区既遵循了共同的发展路径，也有不同的发展策略，从而呈现出“非均衡的区域化特征”（熊跃根，2005)。他认为，社会工作的发展要增强自己的专业性，这要通过实施规范的专业教育和加强科学研究来实现，同时社会工作教育必须加强专业自律，在教学、研究和实务三方面进行规范约束（熊跃根，2003)。

黄玉浓和张友琴指出社会工作发展中的“专业认同”问题，认为社会工作专业教育必须强化社会工作学科的专业特征，发掘社会工作学科的价值和意义，并且突出社会工作学科的功能（黄玉浓、张友琴，2006)。

课程发展是社会工作教育研究的一个重要领域，在我国社会工作专业实习的发展更引起许多学者的关注。特别是学界对传统的、科学主义实践模式的反思和对后现代思潮的认同，形成我国社会工作教育界的一股新风。

童敏在一项研究中指出要打破实证主义个案辅导模式的限制，要以日常对话为基础引入多向价值的视角（童敏，2003）。他认为，技术理性是社会工作教育中理论和实践分裂的根源。在分析实用主义的经验学习、行动中的反思学习和解释学的批判性学习的基础上，要把不同价值视角引入社会工作教学过程，并将其视为不同价值主体的对话（童敏，2006）。他通过实务研究指出，在个案辅导实践中要进行后现代转向，这里要面对两个基本问题，即外在世界的客观性和意识自明性（童敏，2005）。

社会工作专业教育的一个重要组成部分是专业实习和实践，学者们对我国社会工作实习模式进行了较深入的探索。张友琴通过对社会工作专业实践的分析，指出整合与运用社会资源时坚持互惠与共享的理念，建立社会网络和信任关系，及时调整各种关系是在中国的体制及社会结构背景下开展社会工作实践的一种模式（张友琴，2003）。张洪英指出，我国的社会工作实习是在“本土非专业处境下”进行的。她对实习督导进行了较细致的行动研究，认为社会工作实习督导是“处境化的多元动态模式”，这里包含了对实习督导功能的建构，对督导关系模式的建构和对督导角色、督导风格的建构，从而说明实习督导是平等而人本的、动力性的督导过程（张洪英，2006）。

三　社会工作实践研究

社会工作在本质上是实践的，社会工作理论的目的是为了促进社会工作实践，社会工作最终以其实践效果作为社会评价和自我评价的标准。由于我国的社会工作专业发展尚处于起步时期，我国的社会体制、社会结构及文化与西方有所不同，所以社会工作实践也会表现出自己的特点。学者们在这一领域进行了大量探索，这些探索涉及众多领域，这里只对相对集中的领域做一简要梳理。

（一）关于社区矫正

社区矫正也称社区矫治，近几年来在我国发展很快，社会工作也参与其中。费梅萍的研究指出，当前我国的社区矫正吸收了社会工作的方法，取得了明显成效，但也受到社区矫正工作制度、工作者素质、行政设施条件等方面的限制（费梅萍，2004）。陈钟林等在个案访谈的基础上，通过话语分析指出服刑人员的家庭对其支持普遍不足、社区支持的方式和方法需要改进、监狱教育改造工作有待规范，从而指出开展社区矫正工作的必要性（陈钟林、杨娜，2006）。张昱依据社区矫正实践经验指出了将社会工作价值观运用于社区矫正实践的意义，指出平等和尊重是其重要方面（张昱，2006）。

（二）农村社会工作

农村是社会工作的重要领域，如何在农村开展社会工作是值得研究的课题。朱浩等在实践的基础上提出开展农村社会工作必须与政府部门形成合作伙伴关系（朱浩、史铁尔、刘静林，2006）。钱宁通过实践指出，农村社会工作要走“以社区能力建设为中心的内源发展的道路”，要用以人为本的理念看待社区能力建设；既尊重农民的生活方式，又要指出他们不能适应社会变迁的问题；既依靠农村社区的内在资源，又要帮助他们寻求外部支持（钱宁，2006a）。古学斌等在云南农村开展社会工作的实践中认识到，如果不搞清楚农民的处境、想法和考虑，非但他们参与扶贫过程的动机不能提高，反而会造成政府与地方民众的关系紧张，因而探讨他们复杂的心理是研究的必要起点（古学斌、张和清、杨锡聪，2004）。他们在研究中进一步指出：国家与农民社会的矛盾以及由此被强化的乡村贫穷、农民自信心低落和国家合法性危机等，是当代中国农村社会工作面临的核心问题。社会工作介入农村重建政府与农民的信任关系，提升他们的信心和能力，核心是农民作为主体的参与和发展（张和清、杨锡聪、古学斌，2004）。

（三）城市反贫困领域的社会工作

王思斌指出，社会工作不但可以在贫困识别方面发挥作用，而且在向贫困群体提供综合性服务方面发挥不可替代的作用，而“发展性”是社会工作介入城市反贫困的重要视角（王思斌，2003b）。孙莹根据中国城市贫穷问题的社会结构特征，提出社会工作者在贫困政策的制定方面扮演了贫困者利益维护者与其需求评估者的角色；在推动贫困者就业方面，通过就业辅导和职业训练扮演使能者角色，通过挖掘就业机会和促进劳动力市场规范扮演倡导者角色；在协助贫困者克服各种困难方面扮演服务提供者角色（孙莹，2005a）。通过对于城市贫困家庭第二代就业的实证研究，孙莹发现在就业方面，贫困家庭孩子的职业稳定性、实际收入、职业期望都明显低于普通家庭孩子，建议要协助贫困家庭青少年做好职业生涯规划，并为之提供有效的职业培训课程（孙莹，2005b）。通过抽样调查和访谈，她发现我国贫困家庭青少年由于家庭经济困难，在教育、就业、个人身心健康、家庭关系、社会生活、社会参与等方面都受到不同程度的影响，水平普遍低于普通家庭青少年，初步呈现出贫穷循环趋势（孙莹，2005c）。

（四）儿童、青少年领域的社会工作

陆士桢的《儿童社会工作》、《青少年社会工作》搭建了这两个重要领域社会工作实务的整体框架（陆士桢，2004；陆士桢、王玥，2005）。她还做出中国儿童青少年政策教育取向高于福利取向、社会性政治取向高于个体化权利取向的分析，提出了中国青少年工作必须走专业化之路、青少年问题的治理必须坚持社会化思路等观点。

自2003年8月国务院废止《收容遣送管理办法》，并颁布《城市生活无着流浪乞讨人员救助管理办法》以来，对流浪儿童的救助保护就成为社会工作介入和研究的重要领域。张明锁的研究指出，贫困是产生流浪少年儿童的主要根源，加强对农村婚姻和家庭生活的指导与管理，认真实施义务教育法，可以有效地预防和救助流浪少年儿童。同时，在有条件的地方建立“类家庭”，可以为无家可归的流浪儿童融入主流社会奠定基础（张明锁，2003）。通过实际介入的成功经验，他指出要采用现代社会工作方法救助保护流浪少年儿童。王思斌认为，中国的流浪儿童救助保护要加强能力建设，其中包括政府要制定以流浪儿童为本的政策，工作队伍要更多地采用社会工作理念和方法及增强农村社区保护儿童的能力（王思斌，2005）。郭伟和等通过儿童保护的行动研究，探索了优势视角在儿童保护中的应用，提出了“优势为本的青少年社区整合干预模式”（郭伟和、范燕宁、席小华，2006）。

季蕾关于弱智儿童正常化的案例研究指出，弱智儿童的非正常化是被社会地建构出

来的，进而在现实生活中出现正常化理念和实践之间的张力（季蕾，2004）。魏爱棠结合个案研究，运用社会工作生态系统理论模式进行分析，指出民办自闭症教育的存在是处于不利环境下的特殊残疾群体获取社会资源满足自身需求的组织表现，民办自闭症教育具有比其他民办教育形式更为强烈的公益性、多重组织性的特征（魏爱棠，2004）。

（五）老年社会工作研究

老龄化是当前我国遇到的日益严重的社会问题，也是社会工作的重要领域。隋玉杰运用分层比例抽样的方法研究北京市老年人日常关心的问题与幸福感之间的关系，发现社会取向只对老年人关心事项的部分维度与幸福感的关系有影响，指出关于幸福感的研究要加入对文化因素的考量（隋玉杰，2004）。老年人不但是社会服务的对象，也是社会生活的重要参与者。黄玉浓对离退休老年人参与志愿活动的状况进行研究，发现经济收入和受教育程度与参加志愿活动有关，老年人参加志愿活动的满意度较高，其中社会交换对老年人参加志愿活动有一定解释力（黄玉浓，2006）。

（六）弱势群体的自组织研究

在社会工作不发达的中国，自助成为困难群体解决问题的重要途径。张时飞关于癌症患者自助组织的研究指出，组员参与、社会支持和社会学习对于组员来说有增权的效果，社会支持和社会学习是两个独立的增权机制（张时飞，2005）。熊跃根与何欣对病残青年俱乐部进行个案研究，发现残疾人自助组织综合运用自己的网络关系和市场策略，拓展了自己的社会资本，促进了对社会生活的参与，但这种自助组织的社会资本同时受到积累和散失两方面的影响（熊跃根、何欣，2005）。

（七）妇女社会工作

在妇女研究领域，两性平等、婚姻关系、家庭暴力等都是重要课题。刘梦通过对我国一家热线咨询过程的系统研究指出，在为农村受虐妇女提供咨询服务时，要善于发现她们的优势和力量，灵活运用“案主自决”的原则（Liu Meng，2003）。张李玺关于双职工家庭婚姻冲突的研究指出，在中国大陆社会工作者进行婚姻冲突研究和婚姻辅导实践的过程中，不仅应该引入比较成熟的西方婚姻辅导理论及西方有关婚姻冲突理论模式和技巧的运用，同时也应该关注中国传统的性别关系对中国人家庭关系的深刻影响，关注“男女平等”政策的推行及家庭性别关系再建构的过程，关注女性的体验和经验（张李玺，2004）。她对中国现行的家庭治疗和婚姻咨询理论进行了反思，认为社会工作者和婚姻辅导专家在探究和解决婚姻冲突时，应注意挖掘和探讨引起婚姻冲突的社会层面的原因（张李玺，2006）。

（八）社会服务机构与社会管理体制研究

社会工作的发展不但与社会福利制度直接相关，而且与社会管理体制密切关联。徐永祥指出，社会工作可以从三个方面促进“政社分开”的体制建构：政府社会职能转移的促进者与主要承接者，第三部门发展的促进者和示范者，公共财政体系的催生者（徐永祥，2005）。他还指出发展民间社会服务机构对于发展服务、促进社会管理体制改革的意义，指出民间社会组织的社会服务事实上是对社会管理的一种参与。民间社会组织的发展和实践，有利于政府社会职能的转变，有利于社会管理体制的改革创新（徐永祥，2006）。

四 社会工作专业化、职业化研究

近二十年来我国的社会工作的发展是在改革开放的背景下展开的，它受到了西方社会工作知识体系和我国计划经济遗产的双重影响，因此，社会工作专业化和职业化一直是学术界十分关心的重要问题。王辅贤、王启智分析了中国社会工作发展之不足，提出了专业化、职业化、社会化三位一体的社会工作发展模式（王辅贤、王启智，2003）。针对我国同时存在社会工作专业毕业生和实际社会工作者的现实，有学者提出了两种社会工作职业化的途径，即受过严格专业训练的社会工作毕业生的“身份转换”和实际社会工作者的“专业支持”（王思斌，2006b）。孙莹提出“职业专业化”和“专业职业化”的概念，指出职业专业化（职业的专业化）是职业领域未经专业训练的社会工作者经过培训从“半专业”走向“专业”，专业职业化是指接受过专业训练的社会工作者嵌入既有社会服务过程而获得社会接纳和认同（孙莹，2006）。史柏年通过调查发现，我国一些社会服务机构的负责人对社会工作的专业认同受体制因素影响大于受专业教育背景的影响，而对社会工作职业化提出“巩固外围、突破内线、典型示范、由点及面”的策略（史柏年，2006）。邓锁关于某医院社会工作发展过程的研究发现，在向市场经济体制转化的过程中，社会工作的发展受到市场利益的严重侵蚀（邓锁，2006）。熊跃根指出，在社会工作专业教育较快发展但社会有效需求不足的情况下，社会工作要有“体制嵌入”的发展策略（熊跃根，2006b）。孙立亚通过比较中国和西方社会工作教育的发展进程指出，中国的社会工作教育在推动社会工作专业走向职业化的进程中发挥着更加重要的作用（孙立亚，2006）。

五 社会福利与社会政策研究

社会福利制度、社会政策一直是社会工作发展的重要条件。学者们将社会工作同这些因素联结起来，进行了有一定深度的研究。熊跃根指出我国的社会福利以低水平、二元性和社会控制目的的主导为主要特征，是一种混合和复杂的、转变中的福利体制（Xiong，Y. G.，2006）。

彭华民介绍了福利三角理论，认为它是社会政策研究的一个范式（彭华民，2006a）。她在研究城市新贫困群体时引入了福利三角理论，并将Evers的福利三角理论演绎为就业制度、社会福利制度和家庭制度，同时加入社会排斥变项，指出了制度性社会排斥对形成新贫困群体的影响，指出新贫穷社群是在劳动力市场、社会福利和社会关系三个向度上被排斥的结果（彭华民，2006b）。她分析了福利国家危机的背景，将社会福利模式的超越构想嵌入到社会框架中，提出应将消极福利转化为积极福利，并反思中国社会政策，提出了中国社会政策的新社会框架即责任提倡、多元部门发展、社会政策议题对话等（彭华民、宋祥秀，2006）。

钱宁探讨了以公民权利为核心的社会福利观在现代社会福利发展中的价值和面临的问题，探讨了以集体主义价值观为基础的公民权利思想对克服片面强调个人权利保护的福利思想的意义（钱宁，2004a）；他以自由主义和社会民主主义关于公平、正义的争论为线索，分析集体主义价值观和个人主义价值观对社会福利发展的影响，探讨了有关社会福利和社会工作的知识论、价值论和方法论问题（钱宁，2004b）；他提出社会福利学科化的构想，主张建立社会服务（社会工作）、社会政策和社会福利理论（福利哲学）相结合的社会福利学科体系，以社会福利学科化促进社会福利理论与实践的发展（钱宁，2006b）。

对社会政策实践的关注是社会政策研究的重要特点。郑杭生、李迎生关于社会救助的研究认为，过去的社会政策着眼于对弱势群体成员基本物质生活的补偿，而对如何消除社会排斥、促进社会整合以帮助他们最终摆脱困境则关注不足。在新社会政策的目标定位与体系建构中，应当将二者有机地结合起来（郑杭生、李迎生，2003）。李迎生还认为，在市场经济条件下，社会政策在弱势儿童的社会保护中发挥着不可替代的独特作用，要建立政策实施中的统一协调（整合）机制与适合国情的实施模式，以强化相关社会政策的实施效果（李迎生，2006）。

王思斌指出，我国的改革从总体上推进了社会进步，但市场化改革也产生了弱势群体。他认为政府应该制定相应的社会政策去回应社会问题（王思斌，2003c）。在分析中国社会保障制度的改革时，他指出由单位保障向社会保障的变革中未能实现有效衔接，同时也忽视了社会服务，从而使我国的社会保障制度发生断裂，指出应该将社会保障与社会工作结合起来，形成整合的社会保障制度（王思斌，2004b）。基于中国改革中出现的社会问题和政府的科学发展观的提出，及2020年全面建成小康社会的目标，参考国际经验，王思斌认为我国将迎来“社会政策时代”，并指出了“社会政策时代”的特征（王思斌，2004c）。当前，中国处于快速的社会转型之中，社会政策体系尚未建立，政府部门对社会政策的执行也不很有力。王思斌将社会政策明显滞后的现象称为“社会政策的弱势化”，分析了“社会政策弱势化”形成的经济、政治和社会原因（王思斌，2006c）。他认为，我国社会工作发展的最大制约是社会福利制度不健全、社会政策缺失和执行不力，指出社会政策实施中的“自由裁量”对政策偏离产生了重要影响（王思斌，2006d）。关于社会福利领域的目标偏离，季蕾通过案例研究指出有的非营利组织在实施公益项目时存在“自我公益”现象，他们在项目运作中有“模糊特点”，但又要遵守“理性底限”，从而其运作逻辑是“有底限的模糊运作”（季蕾，2006）。

社会工作界关于实际的社会保障制度、社会福利、社会政策之研究，主要集中在最低生活保障、养老政策等方面。面对对于社会福利的一般质疑，顾东辉指出“福利养懒人”有“临界点”，依此他进一步指出对弱势群体的帮助也有两个“临界点”：帮助不到“初级临界点”案主改变效果不彰；超出“次级临界点”帮助也可能弱化案主的自助动力（顾东辉，2004）。周昌祥认为，最低生活保障中的福利依赖已经成为一种不可忽视的社会现象，解决低保福利依赖问题，需要更加细致而专业性的服务工作（周昌祥，2006a）。面对最低生活保障中存在的“福利依赖”现象，他认为要积极借鉴发达国家的经验，倡导劳动者自助为主的社会福利政策理念，探索建构具有中国特色的社会福利政策体系（周昌祥，2006b）。

高鉴国认为城市社区服务中心应改变以市场为主导的服务模式，突出公益性、非营利性，以社区服务中心为载体，使公共资源更充分地为普通居民服务（高鉴国，2006）。贺立平从经济学角度考察了慈善行为最大化问题，在促使慈善行为最大化方面，提出降低个人所得税税率，改善慈善基金的运作等建议（贺立平，2004）。

面对我国社会保障制度的城乡二元结构现象，有学者提出要加快发展农村老年社会政策（王思斌，2006e）。为了促进城乡协调发展与和谐社会建设，应该加快发展农村社会保障制度，而在这一过程中政府要对农村给予政策支持和补偿（王思斌，2006f）。当然对作为发展中国家的中国来说，社会政策的选择一直是充满争论的。面对我国社会政策之选择困境，范斌受吉登斯社会投资政策思想的启发，提出我国要发展“以社会投资为导向的社会福利政策”（范斌，2006）。

六 社会工作理论研究

理论对社会工作实践具有重要指导作用，正是因此，社会工作学界也十分重视理论研究。我国学者关于社会工作理论研究主要集中在以下几个方面。

（一）基本理论及思潮研究

社会工作价值观是充满张力的领域。谢立中从社会科学的一般立场出发，研究社会工作与社会政策实施过程中的基本理论问题：价值冲突情景下的行为抉择，并从主导价值观形成机制的角度分析走出价值冲突的途径（谢立中，2004）。郭伟和指出了管理主义与专业主义对社会工作的不同影响，认为后结构主义和建构主义可能会化解管理主义与专业主义之争（郭伟和，2004）。何雪松则从认识论的角度讨论实证主义社会工作与社会建构主义社会工作的争论，指出不同的认识论有利于对复杂的社会工作实践的理解（何雪松，2005）。田玉荣探讨了存在主义哲学对社会工作的指导意义，介绍了存在主义社会工作的概念，探讨了它在下岗失业、单亲家庭等弱势群体服务中的适用性（田玉荣，2005）。

（二）后现代视角

近些年来，后现代主义和建构主义对社会工作理论和实践产生了重要影响。受后现代主义思潮的影响，一些学者从知识观的角度反思以往在社会工作教育中占统治地位的理性—技术模式，倡导人文—实践取向（陈涛，2006；张和清，2006）。而让服务对象“发声”和行动研究也成为社会工作研究的组成部分（侯欣，2006；张洪英，2006）。在社会工作实践中话语分析被认为有重要意义（葛忠明，2006）。有学者指出，基于后现代主义的视角，发展中国家在推动社会工作专业发展的过程中，应对既有的理论基础和实践模式进行反思，尽力避免专业帝国主义与专业虚无主义双重倾向的负面影响，注重文化敏感性，逐步建立本土化的理论和实践模式，并对新的知识保持着某种开放性（熊跃根，2006a）。

（三）具体理论

近几年我国的社会工作研究明显地参照了国际社会工作研究的新理论、新视角。陈树强从辨析权力、无权和增权等基本概念入手，追溯了社会工作中增权取向的实践基础和政治、思想基础，概括了增权取向的社会工作实务模型，指出增权取向既是对施恩者和解放者传统的替代，同时也构成了社会工作理论与实践的一个新视角（陈树强，2003）。范斌运用社会工作“增权”理论视角，指出弱势群体“弱权”、“失权”和“无权”的三种状态，及弱势群体主观上的“无权感”对其弱势地位和弱势形象的影响。结合我国现实，她指出了弱势群体“主动增权”的局限性及“增权困境”，论述了“外力推动增权”模式对于改变弱势群体状况的现实意义（范斌，2005）。陈树强对国际上新近流行的“证据为本”的实践及研究取向进行评价，指出这一取向对我国社会工作专业教育与实践既是一个挑战，也是进一步发展的机遇（陈树强，2005）。

（四）本土社会工作理论模式研究

社会工作是西方现代社会的产物。这样如何看待我国本土社会工作的经验及特点，无论在理论、实践上还是学科建设上都很有意义。王思斌曾从制度和文化的角度对中国社会中的求—助关系进行研究，指出民间求助行为的差序格局及体制内求助行为的单位隶属等特点（王思斌，2001）。在此基础上他对我国社会中，特别是在改革开放过程中的某些接受帮助者的行为进行研究，从问题成因、接受帮助者与提供帮助者的关系、人们的福利观念相结合的角度，提出了接受帮助者反应的“问题世界—福利意识形态模型”（王思斌，2006a）。一些研究总结了我国社会工作本土实践的经验和问题。一项关于对下岗失业人员再就业培训的实证研究概括出其“任务中心模式”的特征，指出培训机构进行的行政性社会工作重视上级下达的培训任务的数量指标而忽视实际效果（李永新、王思斌，2005）。这些关于我国本土社会工作经验及问题的初步研究，对发展我国社会工作的理论模型，促进我国社会工作的发展是有益的。

参考文献

陈涛，2006，《知识观的转变及其对社会工作教育的含义》，王思斌主编《社会工作专业化及本土化实践》，北京：社会科学文献出版社。

陈树强，2003，《增权：社会工作理论与实践的新视角》，《社会学研究》第 5 期。

——2005，《以证据为本的实践及其在社会工作中的应用》，王思斌主编《中国社会工作研究》（第三辑），北京：社会科学文献出版社。

陈钟林、杨娜，2006，《从服刑人员的社会支持看社区矫治的必要性和可行性》，王思斌主编《社会工作专业化及本土化实践》，北京：社会科学文献出版社。

邓锁，2006，《制度学习与医疗社会工作的发展》，《北京科技大学学报》第 2 期。

范斌，2005，《弱势群体的增权及模式选择》，《学术研究》第 12 期。

——2006，《试论社会投资思想及对我国社会福利政策的启示》，《学海》第 6 期。

费梅萍，2004，《社区矫正中个案社会工作方法运用的经验实证研究》，《华东理工大学学报》第 2 期。

高鉴国，2006，《社区公共服务的性质与供给》，《东南学术》第 6 期。

葛忠明，2006，《话语分析：社会排斥和贫困研究的新视角》，王思斌主编《社会工作专业化及本土化实践》，北京：社会科学文献出版社。

古学斌、张和清、杨锡聪，2004，《地方国家、经济干预和农村贫困：一个中国西南村落的个案分析》，《社会学研究》第2期。

顾东辉，2004，《支持和回应：社会工作视野中的下岗职工研究》，北京：社会科学文献出版社。

关信平，2003，《目前我国社会工作教育发展的形势及任务分析》，王思斌主编《转型期的中国社会工作》，上海：华东理工大学出版社。

郭伟和，2004，《管理主义与专业主义在当代社会工作中的争论及其消解可能》，王思斌主编《中国社会工作研究》（第二辑），北京：社会科学文献出版社。

郭伟和、范燕宁、席小华，2006，《优势为本的青少年社区整合干预模式探索》，王思斌主编《中国社会工作研究》（第四辑），北京：社会科学文献出版社。

何雪松，2005，《社会工作的认识论之争：实证主义对社会建构主义》，《华东理工大学学报》第1期。

贺立平，2004，《慈善行为的经济分析》，《北京科技大学学报》第2期。

侯欣，2006，《论行动研究在社会工作实习教学中的运用》，王思斌主编《社会工作专业化及本土化实践》，北京：社会科学文献出版社。

黄玉浓，2006，《离退休老人参与志愿活动的研究》，王思斌主编《中国社会工作研究》（第四辑），北京：社会科学文献出版社。

黄玉浓、张友琴，2006，《专业性：中国社会工作教育的挑战》，王思斌主编《社会工作专业化及本土化实践》，北京：社会科学文献出版社。

季蕾，2004，《正常化理念与非正常化实践》，王思斌主编《中国社会工作研究》（第二辑），北京：社会科学文献出版社。

——2006，《有底限的模糊运作：公益项目的一种运作模式》，王思斌主编《中国社会工作研究》（第四辑），北京：社会科学文献出版社。

李迎生，2006，《弱势儿童的社会保护：社会政策的视角》，《西北师范大学学报》第3期。

李永新、王思斌，2005，《失业人员再就业服务的"任务中心模式"》，王思斌主编《中国社会工作研究》（第三辑），北京：社会科学文献出版社。

陆士桢，2004，《儿童社会工作》，北京：社会科学文献出版社。

陆士桢、王玥，2005，《青少年社会工作》，北京：社会科学文献出版社。

彭华民，2006a，《福利三角：一个社会政策分析的范式》，《社会学研究》第4期。

——2006b，《福利三角中的社会排斥：一个城市新贫穷群体的实证研究》，上海：上海人民出版社。

彭华民、宋祥秀，2006，《嵌入社会框架的社会福利模式：理论与政策反思》，《社会》第6期。

钱宁，2004a，《从人道主义到公民权利——现代社会福利政治道德观念的历史演变》，《社会学研究》第1期。

——2004b，《论公民权利的社会福利理论价值及其局限性》，王思斌主编《中国社会工作研究》（第二辑），北京：社会科学文献出版社。

——2006a，《共同善与分配正义——社群主义的社会福利思想及其对社会政策研究的启示》，《学海》第6期。

——2006b，《中国社会结构变迁中的农村贫困与社区能力建设》，王思斌主编《社会工作专业化及本土化实践》，北京：社会科学文献出版社。

史柏年，2006，《体制因素与专业认同》，《华东理工大学学报》第4期。

隋玉杰，2004，《北京家居老人日常关心事项与心理幸福感的关系》，王思斌主编《中国社会工作研究》（第二辑），北京：社会科学文献出版社。

孙立亚，2006，《中外社会工作教育发展过程比较研究》，王思斌主编《社会工作专业化及本土化实践》，北京：社会科学文献出版社。

孙莹，2005a，《社会工作者在我国城市反贫困中的使命和角色》，《华东理工大学学报》第1期。

——2005b，《我国城市贫困家庭第二代就业问题研究》，《青年研究》第9期。

——2005c，《贫困的传递与遏制——城市低保家庭第二代问题研究》，北京：社会科学文献出版社。

——2006，《社会工作职业发展的基本要素分析》，王思斌主编《社会工作专业化及本土化实践》，北京：社会科学文献出版社。

田玉荣，2005，《存在主义与社会工作：对一组治疗概念适用性的讨论》，王思斌主编《中国社会工作研究》（第三辑），北京：社会科学文献出版社。

童敏，2003，《后现代语境下的社会工作辅导模式探索》，《厦门大学学报》第6期。

——2005，《个案辅导后现代转向的两个基本问题》，王思斌主编《中国社会工作研究》（第三辑），北京：社会科学文献出版社。

——2006，《理论和实践的整合》，王思斌主编《社会工作专业化及本土化实践》，北京：社会科学文献出版社。

王辅贤、王启智，2003，《试论我国社会工作的专业化、职业化与社会化》，王思斌主编《转型期的中国社会工作》，上海：华东理工大学出版社。

王思斌，1990，《我国社会工作教育应具有的时代特征》，《社会学与社会调查》第4期。

——2001，《中国社会的求—助关系》，《社会学研究》第4期。

——2003a，《我国社会工作在转型社会中的社会责任》，王思斌主编《转型期的中国社会工作》，上海：华东理工大学出版社。

——2003b，《试论城市反贫困及社会工作的介入》，《社会工作》第1期。

——2003c，《改革中弱势群体的政策支持》，《北京大学学报》第6期。

——2004a，《非协调转型背景下中国社会工作教育的发展》，《北京科技大学学报》第1期。

——2004b，《当前我国社会保障制度的断裂与弥合》，《江苏社会科学》第3期。

——2004c，《社会政策时代与政府社会政策能力建设》，《中国社会科学》第6期。

——2005，《流浪儿童救助保护的能力建设》，《中国青年政治学院学报》第6期。

——2006a，《底层贫弱群体接受帮助行为的理论分析》，王思斌主编《中国社会工作研究》（第四辑），北京：社会科学文献出版社。

——2006b，《体制变迁中社会工作的职业化进程》，《北京科技大学学报》第1期。

——2006c，《我国社会政策的弱势性及其转变》，《学海》第6期。

——2006d，《社会政策实施与社会工作的发展》，《江苏社会科学》第2期。

——2006e，《社会政策视角下的城乡协调发展与和谐社会建设》，《河北学刊》第1期。

——2006f，《和谐社会建设与农村老年社会政策的发展》，《人口研究》第2期。

魏爱棠，2004，《群体需求与环境资源的失衡——关于民办自闭症教育生存状况的个案调查分析》，《中国特殊教育》第6期。

谢立中，2004，《价值冲突情景下的行为抉择：社会工作与社会政策实施过程中的一个基本理论问题》，载王思斌主编《中国社会工作研究》（第二辑），北京：社会科学文献出版社。

熊跃根，2003，《论当前中国社会工作教育发展中的专业性与专业自律问题》，王思斌主编《转型期的中国社会工作》，上海：华东理工大学出版社。

——2005，《转型时期中国社会工作专业教育发展的路径与策略：理论解释与经验反思》，《华东理工大学学报》第1期。

——2006a，《后现代主义与当代社会工作：理论与实践反思》，王思斌主编《中国社会工作研究》（第四辑），北京：社会科学文献出版社。

——2006b，《论中国社会工作本土化发展过程中的实践逻辑与体制嵌入》，王思斌主编《社会工作专业化及本土化实践》，北京：社会科学文献出版社。

熊跃根、何欣，2005，《我国城市弱势群体自助组织的社会资本的建构与发展》，王思斌主编《中国社会工作研究》（第三辑），北京：社会科学文献出版社。

徐永祥，2005，《论现代社会工作在和谐社会中的建构功能》，《学海》第1期。

——2006，《和谐社会建构中的民间社会组织及其社会政策》，《学海》第6期。

张和清，2006，《知识哲学与社会工作专业教育课程的实践属性》，王思斌主编《社会工作专业化及本土化实践》，北京：社会科学文献出版社。

张和清、杨锡聪、古学斌，2004，《中国农村社会工作的本质与介入策略反思——以西南贫困地区综合社会工作介入项目为例》，王思斌主编《中国社会工作研究》（第二辑），北京：社会科学文献出版社。

张洪英，2006，《本土非专业处境下社会工作实习督导模式的行动研究》，王思斌主编《社会工作专业化及本土化实践》，北京：社会科学文献出版社。

张李玺，2004，《婚姻冲突与两性关系：婚姻辅导理论的一个新视角》，王思斌主编《中国社会工作研究》（第二辑），北京：社会科学文献出版社。

——2006，《角色期望的错位：婚姻冲突与两性权力》，北京：中国社会科学出版社。

张明锁，2003，《流浪少年儿童的救助与回归》，《青年研究》第3期。

张时飞，2005，《组员参与、社会支持和社会学习的增权效果》，王思斌主编《中国社会工作研究》（第三辑），北京：社会科学文献出版社。

张友琴，2003，《社会资源的整合与运用》，王思斌主编《转型期的中国社会工作》，上海：华东理工大学出版社。

张昱，2006，《社会工作价值观运用于社区矫正的经验分析》，王思斌主编《社会工作专业化及本土化实践》，北京：社会科学文献出版社。

郑杭生、李迎生，2003，《全面建设小康社会与弱势群体的社会救助》，《中国人民大学学报》第1期。

周昌祥，2006a，《治理低保福利依赖的对策》，《中共福建省委党校学报》第5期。

——2006b，《防范低保福利依赖的对策》，《经济体制改革》第6期。

朱浩、史铁尔、刘静林，2006，《田野札记：社会工作的农村社区实践与思考》，王思斌主编《社会工作专业化及本土化实践》，北京：社会科学文献出版社。

Liu Meng, 2003, "Counseling rural battered women in China: individual-centered or family centered?" *Asia Pacific Journal of Social Work*, Vol 13, No 1.

Xiong, Y. G., 2006, "Social transformation and the development of welfare pluralism in reform China: An assessment of China's welfare regime."，《社会政策学会志》第16号，日本东京：法律文化社。

作者单位：北京大学社会学系

社会认同研究综述*

王　兵

人与群体、社会的关系一直是社会学、社会心理学的重要议题。社会认同（social identity）这一研究领域的出现首先从概念上解决了这一问题。对于社会认同的研究不仅可以有助于我们对于人和群体、社会深层互动关系的理解，同时也可以由此出发来说明和解释社会生活中的一些现象（比如社会影响、群体凝聚力、合作关系、集群行为、社会流动等）。因而社会认同是非常富有价值和挑战性的研究领域。但是多年来，国内社会学界和社会心理学界却缺少对此的专门研究。国内学术界近年来开始重视对于社会认同的研究，其主要表现在于：对于西方学术界有关社会认同的研究开始进行引介和评论，对于社会认同研究的一些主要领域（比如自我认同、群体认同、组织认同、文化认同等）进行了经验研究。

考虑到社会认同研究的跨学科性，本文所综述文献的来源，除了《社会学研究》、《心理学报》、《心理科学进展》、《社会心理研究》于2003～2006年间所发表的研究论文、研究报告、译文外，笔者也根据关键词检索从《人大复印报刊资料数据库》(2003～2006）中进一步扩展了文献检索的范围。在此，本文主要从有关社会认同理论的研究、社会认同的经验研究两个方面予以综述。其中，按照研究的主题，有关社会认同的经验研究又可划分为有关中国人社会认同的研究、特定群体社会认同的研究、组织认同的研究、海外华人文化认同的研究等几个方面。①

* 因此前的《中国社会学年鉴》没有对社会认同研究的学术综述，而此论题又成为近年来人们广泛关注的焦点问题。为了给相关研究提供借鉴，同时也是为了保持连续性和完整性，在以2003～2006年间的研究为主的情况下，本综述仍涉及了2003年以前的一些研究，以及在2003～2006年间完成但在2007年新发表的一些研究，特此说明。——作者注

① 应该指出的是，在社会认同的研究中，中国学者在有关民族认同、国家认同、性别认同、宗教认同等领域同样做了大量工作。但限于篇幅，本文暂不把这些研究作为综述的范围。

一　有关社会认同理论的研究

认同和社会认同已成为人文社会科学领域的核心问题之一，这就决定了认同和社会认同研究的跨学科性。除了社会学和社会心理学外，涉及认同和社会认同研究的学科还包括民族学（如对于民族认同的研究）、国际政治学（如对于国家认同的研究，赵正源、林奎燮，2004）等。甚至文学研究、文化研究、文论研究领域中也有许多对于创作者和作品人物的身份认同的研究（高利克，2003；陶家俊，2004；王宁，2002）。显然，不同学科采用的研究视角和依据的理论背景大不一样。这里，我们主要讨论社会学和社会心理学中有关社会认同理论的研究。

20 世纪 70 年代，在欧洲社会心理学中，社会认同已成为专门的研究领域。当时，在欧洲社会动荡的背景下，英国布里斯托大学（University of Bristol）以亨利·泰费尔（Henri Tajfel）为首的一批社会心理学家开始关注在一个社会范围中广泛存在的不同群体之间的不平等关系，并从群际关系（intergroup relationship）的角度对有关社会认同的一系列问题展开经验研究，发展出社会认同理论（social identity theory）。该理论一经提出，就在欧洲社会心理学界引起很大反响，并激发许多相关研究。在过去 30 多年中，欧美社会心理学者在社会认同领域已发展出比较成熟的研究路径［比如最简群体范式（minimal group paradigm）］和理论［比如社会类别化（social categorization）、群际社会比较（intergroup social comparison）、自我类别化（self categorization）、不确定性避免（uncertainty avoidance）等］。欧美社会心理学的研究进展理应受到中国社会学者和社会心理学者的系统关注。

实际上，近年来，中国学者在研究中已涉及社会认同理论。在对于社会心理学学科演化的制度视角的分析中，方文（2002a）曾把社会认同理论作为欧洲社会心理学的三大理智资源［另外两大资源分别是社会表征理论（social representation theory）和话语分析（discourse analysis）］之一而加以介绍和评价。根据 2000 年和 2001 年在马来西亚华人社区的两次实地调查资料，杨宜音（2007）也从社会认同理论的角度解释和分析了海外华人的文化认同。她提出，文化认同的过程与社会认同理论所强调的社会认同的机制（Tajfel，1978）相同，一般会经历“文化的类别化”、“文化的认定”和“文化比较”这几个过程；由此出发，她对马来西亚华人的文化认同过程进行了分析。在同样一项研究中，陈午晴（2002）基于社会认同理论的概念框架探讨了海外华人文化认同的要素构成、表现方式及生成机制。而在有关中国人自我认同的研究中，陈午晴（2005）也把社会认同理论作为其研究的理论资源之一。

但是，上述对于社会认同理论的这种涉及往往是嵌入到学者各自的研究中，社会认同理论只是作为他们研究的理论背景和支持而出现的，对于社会认同理论的系统引介和研究并不多。

赵志裕等（2005）曾以 1997 年香港主权回归中国期间香港人经历的社会认同历程为例，阐述了社会认同的基本社会心理原理。主要内容包括：①社会认同研究在欧洲和北美的发展简史；②社会认同论中重要概念的定义；③社会认同背后的心理动机、认知历程；④社会认同对社群观感、社群关系和社会行动的影响。他们还特别强调了社会认同的动态历程及其与社会中人们普遍接受的社会信念间的相互关系。

早在2001年，王兵就在其博士后出站报告《群体认同的社会心理学研究》中对社会认同理论进行了初步的梳理，但由于时间和资料所限，实际上也只是对该领域的重新发现而已。此后，随着研究资料的进一步积累，王兵对于社会认同理论的介绍和研究主要沿着两个方向进行：一是系统翻译和介绍西方有关社会认同理论的经典文献（多米尼克·艾布拉姆斯，2007，王兵译；弗兰克·迪可特，2007，王兵译；琼·菲尼，2006，王兵译；威廉·布鲁姆，2006，王兵译）；二是在仔细梳理有关社会认同理论的文献的基础上，对社会认同理论的发展脉络做更加深入的梳理。研究发现，社会认同理论历经30多年，至今已经发展到第三代。泰费尔等人首先提出有关社会认同过程的“CIS”模式[即社会类别化、社会认定（social identification）、社会比较]；随后特纳等人（1987）提出“自我类别化理论”；直到最近霍格（Hogg，M. A.，1999）等人又提出“不确定性避免理论”等。可以看出，社会认同理论处于发展过程中。此外，方文等人（2004）也曾对社会认同理论的经典文献进行过译介。

二　有关社会认同的经验研究

有关社会认同的研究主要集中在经验领域。在实际生活中，个体在给定的社会语境中可归于不同的群体和类别（category）。因而，有关社会认同的经验研究的主要特征之一就是：它是同个体活动的不同群体联系在一起的。学者们对不同领域的社会认同问题都进行了研究，而这些研究往往又是同不同的学科联系在一起的。

（一）有关中国人社会认同的研究

有关中国人社会认同的研究主要是在社会心理学领域进行的。按照社会认同理论，社会认同是个体自我认同的方式之一。泰费尔（1978）把社会认同定义为“人们对他/她属于某些社会群体的知识，同时对他/她的群体成员身份（group membership）赋予某些情感和价值上的重要性”，也就是说，社会认同是作为群体成员的自我概念。因而，个人认同（personal identity）和社会认同成为人们自我认同的两种主要方式。其中，个人认同是指个体对自己独特性的承认、认可，因而可以把自己与他人区分开来；而社会认同则是个体对自己所属社会群体（social group）或社会类别（social category）的承认、认可，因而可以把自己所属群体（内群体）与其他群体（外群体）区分开来。

但是，与人类的大多数行为一样，人们的自我认同也带有文化的烙印。自我认同作为一种主体意识存在必然会受到一定社会文化条件的约束。也就是说，人们在不同社会文化条件下的自我认同，无论是其内容指向抑或是基本方式，均存在一定的社会文化差异。由此，如果人们完全套用西方学术中的有关概念和理论来审视中国人的自我认同问题，恐怕很难揭示其实质意义。在此情况下，一些学者开始从中国文化的特有模式和背景出发，探讨中国人自我认同和社会认同的本土特点。

陈午晴（2005）提出，欧洲社会心理学的社会认同理论认为人们的自我认同方式只包括个人认同和社会认同是有失偏颇的。诚然，在个体存在之外，社会类别确实是人们一种基本的社会存在方式，但人们基本的社会存在方式却不仅限于社会类别。他认为，角色和关系也是人们社会存在的两种主要方式。因而，人们的自我认同可能由四种方式组成，即个人认同、角色认同、关系认同、社会认同（或类别认同）。其中角色认同是指个体对自己在一定社会结构中身处的特定社会位置（social position）或社会角色的承认、认可；而关系认同是指人们对自身与他人在某种性质关联下相互作用、相互影响状态的承认、认可。在此有关自我认同四分法的基础上，陈午晴进一步提出，关系认同既不是个人认同，也不是角色认同和社会认同，而是一种对中国人来说可能具有独特意义的社会性认同方式，是中国人自我认同的一种基本方式（也就是说，中国人主要是从与重要他人的关系上来确定自我概念和自我认同的）。在此理论分析的前提下，他还从中国人的人际称谓（即人与人之间的称呼）实践的角度（主要包括人名称谓、职业称谓、头衔称谓、职位或职务称谓、关系称谓）对这一观点进行了分析和验证。

陈午晴扩展了社会认同理论有关人们自我认同方式的分类；同时强调和验证了关系认同对于中国人自我认同的重要性。但同时需要注意的是，在社会转型的现实背景下，自我认同本身的内涵及功能也会相应产生变化。因而，今后的研究更应注意到中国社会正在发生的巨大变迁、转型、社会流动对原有的自我认同所产生的强烈冲击，尤其是自我认同的四种方式发生作用的程度。

（二）有关特定群体社会认同的研究

正是由于在一个既有的社会中存在着不同的社会群体和类别，社会认同问题才得以产生和存在，也才存在所谓的社会类别化和自我类别化的问题①。因而，在社会认同研究中，有关特定群体社会认同的研究占了很大比重。

有关特定群体社会认同的研究主要是在社会学领域里进行的。这方面的研究同社会学中有关社会分层的研究之间存在很大的关联。在中国社会变迁和转型的现实背景下，研究者主要是针对中国社会的一些特定群体（比如农民工、企业职工、下岗职工、青少年、宗教群体等）的社会认同进行研究。

在中国，规模性的城市农民工群体兴起于20世纪80年代末，90年代以后急剧扩大，至90年代中期达到高潮。如此众多的人员涌入城市，既给城市和乡村带来了新的问题，反过来也使农民工面临着自身的角色转换和城市适应即城市化问题。在《城市农民工研究的回顾与反思》一文中，周大鸣、秦红增（2004）以较多篇幅回顾了对有关农民工社会认同的研究。研究发现，农民工中的部分人开始试着去认同流入社会（如参加当地社会组织的一些集体活动、与当地人建立经常性的交往关系、甚至加入当地的一些社会组织等）；同时他们对家乡的乡土认同也在减弱（如对农活没兴趣、对农村的一些习惯和传统开始出现不认可，甚至持批评态度等）。但是，农民工是离开自己所生长和熟悉的农村社区而进入城市社区的，他们又不可能完全适应城市生活和被城市人所接纳，属于“夹在中间”（trap in between）的人群。因而，城市农民工的社会认同往往会呈现所谓“内卷化”的趋势，即他们既不认同城市社区也不认同农村社区，而只认同自己这个特殊的社会群体，从而很可能会沦落为“游民”。

---

① 社会认同理论所提出的社会类别化和自我类别化与社会学中有关社会分层（social stratification）和主观社会分层（subjective social stratification）的说法之间存在某些相似之处。

刘爱玉（2004）对制度变革过程中工人阶级的内部分化与认同差异进行了经验研究。她认为，以往对于分层结构的解释大多只关注分层的客观层面，而遗漏了主观态度的说明。通过对北京、上海、沈阳三城市四个国有改制企业职工“企业制度变革与工人生活”问卷调查资料的分析，她发现，社会转型过程中个人的阶级认同呈现出一种以多元认同为基础的格局；普通工人、技术人员、管理人员对工人阶级的身份认同与客观意义上的阶级区分之间存在着差异。这些认同差异可以从地位评价与期望、差异性职位和社会主义文化建构等方面进行解释。通过对湖南、湖北几所国有大中型企业的有关问卷调查，王俊等（2003）对国有企业职工的阶层地位自我认同进行了研究。他们发现，国有企业工人无论是在综合地位的认同还是各个具体维度的认同上都倾向于中等及中等以下，这反映出当前国企工人普遍对自身地位评价较低，相对剥夺感较强。这与转型时期国企工人相对利益丧失和地位下降的客观实际是相符合的。

方文（2005）曾对北京的一个基督新教群体进行了长达三年多的实地研究。他以社会认同理论作为概念框架，对基督徒的社会认同过程进行了详细的分析。此外，从具体的研究出发，他还试图揭示出在社会生活中群体符号边界形成的社会心理过程和机制，以期对社会认同理论做进一步验证和补充。他提出：①不同社会群体之间都存在符号边界；②群体符号边界的建构是以社会范畴化（也称社会类别化）作为认知基础的；③在社会范畴化的基础上，我群体（也称内群体）与他群体（也称外群体）之间的区分，通过社会比较得以强化，并产生内群分化（in-group differentiation）和外群同质性（out-group homogeneity）；④我群体在社会行动中，通过群体记忆，不断地表征和再生产自身的群体风格和社会表征体系，进一步再生产群体符号边界。在有关特定群体社会认同的众多研究中，方文的研究是为数不多的从具体研究上升到理论总结的研究之一。

对于特定群体社会认同的研究体现了中国社会学者和社会心理学者的社会关怀。但是由于不同学者在具体研究中所依据的理论背景、所采用的研究方法和工具不尽相同，也使得不同研究的结果之间难以进行比较，这就给研究的进一步综合带来困难。今后的研究也应该扩展研究群体的范围；此外，从社会类别化和自我类别化的角度对同一个群体分别进行研究和比较也是很好的一个视角。

1. 有关组织认同的研究

组织成员身份是人们重要的身份标志之一。因而，社会认同研究中有很大一部分是有关组织认同的。有关组织认同的研究主要是在组织行为学领域内进行的。相对于其他研究领域，这方面的研究更显示出心理学的“定量”研究特性，即研究者往往是通过特定的测量工具、大规模取样来对组织认同的主要维度、影响因素及对其他组织行为结果的影响进行研究。

王彦斌（2005）对转型期国有企业员工的组织认同进行了实证研究。研究结果一方面验证了组织认同理论已有的一些假设；同时也发现了中国企业员工在组织认同上的一些独特特点，包括：员工的组织认同依赖性特点倾向较强，而主动性不够；员工的组织认同与组织公民行为之间几乎不存在相关关系等。他还从“单位制”的角度对研究结果进行了分析。

有关组织认同的研究往往又是同对于组织承诺（organizational commitment）和心理契约（psychological commitment）的研究交织在一起的。在这些研究中，人们一般把组织认同看成是自变量，把组织承诺和心理契约看成是因变量；并假设组织认同的程度会决定和影响组织承诺和心理契约的程度和水平。但是，有关组织认同的研究往往以企业组织作为研究对象，但企业只是现实中的组织类型之一，而且企业本身也可以划分为许多类型，这就使具体研究的结论难以具有普遍性。

2. 有关海外华人文化认同的研究

社会认同理论强调，在与外群体接触的过程中，人们的认同意识和身份意识会更为突出。因而，从社会流动者的角度来研究社会认同是非常好的视角。有关海外华人文化认同的研究就是一个明显的例证。这方面的研究基本上属于社会心理学的研究领域。

在对于海外（马来西亚）华人的文化认同的研究中，陈午晴（2002）发现，文化认同主要由文化类别认知、文化自我确认、文化价值承诺及文化价值卷入四个既相互独立又互为关联的要素构成的；海外华人的文化认同在社会行为上主要表现为：乐意公开自己的华人身份、偏好中华文化的相关范畴、积极参与华人社会的公共事务、以中华文化价值为导向的为人处世，以及关注祖籍地及当代中国的发展等。

在同样一项研究中，杨宜音（2007）采用定性研究方法，以“马来西亚华人的文化认同”为分析主轴，对62万字的访谈录音文本进行了编码和分析。她发现：①马来西亚华人社会自称称谓带有情境性，受到自我类别认同和他者社会类别化的影响。②东南亚华人文化认同的功能在于保持族群特征，既在异域生根，又从故土文化中获得文化支持。因此，在对物质文化、社会文化和精神文化三方面表现出对中华文化的认同以及对马华文化的建构。③马来西亚华人的文化认同经历了类别化、身份认定、社会比较、平衡多元与包容四个过程。④马来西亚华人的文化身份认同，影响了其他社会类别化过程，带有社会类别文化化倾向。

郑雪、郑磊（2005）以对澳大利亚10所大学144名中国留学生的问卷调查作为基础，研究了留学生的文化认同问题。研究结果表明，随着文化融入的进程，中国留学生对澳大利亚主流的文化认同增强，而对中国的文化认同减弱；文化融入进程对个体取向没有显著影响，但通过主族和客族文化认同间接地减弱了集体取向；中国留学生的文化认同和社会取向均可直接影响其幸福感；文化融入进程可直接影响中国留学生的幸福感，并可通过文化认同和社会取向对其幸福感产生间接的影响。

在现实社会中，我们可以发现非常丰富的社会流动现象，无论是跨国（比如国际移民）的流动还是跨地域（比如农民工）的流动。国际移民和农民工虽然在许多方面存在差异，但在流动这一点上却是共同的。如果我们能够采用类似的研究策略和研究工具对国际移民和农民工进行比较（比如流动动机的形成、社会流动对流出群体其他成员的影响、社会流动者在流入地的社会适应和社会认同问题、当地群体对不同群体地位的流入成员的接受过程等），也许会能产生更为有价值的研究成果。

三 社会认同研究：反思与展望

在过去的几年中，中国的人文社会科学学者对社会认同展开了大量研究。无论是在理论研究还是经验研究方面，都有了一定的积累和进展，已产生出有价值的成果。但无可否认，这方面的研究还处于开创阶段，有许多问题仍然需要辨明。

其一是研究的多学科性。认同和社会认同已成为多学科的研究对象，但不同学科之间缺少共同的理论基础。在具体的研究活动中，研究者均采用了类似“社会认同”、“民族认同”、“文化认同”、“组织认同”及“海外华人文化认同”这样的概念，但实际上每位研究者对这些概念的理解和界定均有很大的差异；而且具体的研究程序和方法之间也存在很大差异。这就使人们很难对在相同术语和主题下所进行的研究做进一步的区分和比较。

其二是基础研究不足，缺少关于认同和社会认同形成的心理机制和过程的研究。研究的理论支撑不足。

其三是具体研究的推论问题。许多研究往往只是从有限的样本出发得出有限的结论，研究结果很难具有普遍性。

现代社会的急剧变迁及不同文化、不同主体之间的深刻接触更加凸显了现代人的自我认同问题。目前中国社会正处于这一阶段。从这个意义上来说，中国的社会认同研究有着巨大的发展空间。可以预见，在今后相当长的一段时间内，社会认同会成为热门研究课题，受到人们更多的关注。

参考文献

陈午晴，2002，《海外华人文化认同的建构：一个社会心理分析架构》，《社会心理研究》第 4 期。

——2005，《关系认同：概念、表征及其本位意义》，《社会心理研究》第 4 期。

多米尼克·艾布拉姆斯，2007，《社会认同的过程》，《社会心理研究》第 2 期。

方文，2002a，《学科制度精英、符号霸权和社会遗忘》，《社会学研究》第 5 期。

——2002b，《欧洲社会心理学的成长历程》，《心理学报》第 6 期。

——2005，《群体符号边界如何形成？——以北京基督新教群体为例》，《社会学研究》第 1 期。

弗兰克·迪可特，2007，《群体定义与现代中国的“民族”观（1793 ~ 1949）》，《社会心理研究》第 1 期。

高利克，2003，《中国当代文学中的寻根与身份认同》，《东南学术》第 4 期。

刘爱玉，2004，《制度变革过程中工人阶级的内部分化与认同差异》，《中共福建省委党校学报》第 6 期。

琼·菲尼，2006，《青少年与成人的民族认同：研究综述》，《社会心理研究》第 4 期。

泰弗尔、特纳，2004，《群际行为的社会认同论》，《社会心理研究》第 2 期。

陶家俊，2004，《身份认同导论》，《外国文学》第 2 期。

王兵，2001，《群体认同的社会心理学研究》，北京大学博士后研究工作报告。

王俊等，2003，《国有企业工人的阶层地位自我认同研究》，《理论月刊》第 6 期。

王宁，2002，《叙述、文化定位和身份认同——霍米·巴巴的后殖民批评理论》，《外国文学研究》第 6 期。

王彦斌，2005，《转型期国有企业员工的组织认同——一项关于当前国有企业员工组织认同特点及其原因的调查分析》，《企业管理研究》第 2 期。

威廉·布鲁姆，2006，《认同理论：其结构、动力及应用》，《社会心理研究》第 4 期。

杨宜音，2007，《海外华人的文化认同：谁是华人？何种文化？如何认同？——以马来西亚华人的文化认同为例》，《社会心理研究》第 2 期。

赵正源、林奎燮，2004，《全球化时代国际关系中的文化与认同》，《国际政治研究》第4期。

赵志裕等，2005，《社会认同的基本心理历程——香港回归中国的研究范例》，《社会学研究》第1期。

郑雪、郑磊，2005，《中国留学生的文化认同、社会取向与主观幸福感》，《心理发展与教育》第1期。

周大鸣、秦红增，2004，《城市农民工研究的回顾与反思》，《广西右江民族师专学报》第4期。

Hogg, M. A. & B. A. Mullin, 1999, "Joining Groups to Reduce Uncertainty: Subjective Uncertainty Reduction and Group Identification." In D. Abrams & M. A. Hogg (eds.), *Social Identification and Social Cognition. Oxford*, England: Blackwell.

Tajfel, 1978, *Differentiation between Social Groups*. London: Academic Press.

Turner, J. C., Hogg, M. A., Oakes, P. J., Reicher, S. D. & Wetherell, M. S., 1987, *Rediscovering the Social Group: A Self-Categorization Theory*. Oxford: Basil Blackwell.

作者单位：中国社会科学院社会学研究所

人类学研究综述

罗红光　庄孔韶　景　军　王建民　高丙中*

2003年以来，中国人类学研究和发展仍然属于变动和调整期。变动反映在以下几点：①全球化趋势对中国人类学研究方向的影响；②中央提出"以人为本"、"和谐社会"（包括"和谐世界"）的建设为中国人类学研究和发展搭建了一个思想平台；③社会问题的公共性导致的跨学科研究与对话。调整反映在：①人类学的研究内容乃至方向在与时俱进；②学科建设意义上的调整。

一　人类学学术发展

（一）传统人类学的研究

人类学的传统在中国反映了两个方面的热点：第一方面是乡土中国（包括社区）的研究，第二方面是族群（包括少数民族）关系的研究。

在全球化、工业化和城市化的进程中，乡村传统社区的发展不仅面临着寻找公共经济资源的问题，更面临着寻找公共组织资源、社会资源和文化资源的问题，面临着建立乡村社会新的发展空间、新的社区秩序和新的公共空间等挑战。乡村社区的公共资源有哪些，公共产品由谁提供，公共空间又如何建立等都是在这个过程中面临的问题。

既往的乡土社会的研究，多偏重于强调乡村工业化、城市化的必要性，这些研究基本上是一条从生产要素的路径提出乡村传统社区的发展问题，认为在资源短缺、人口过密化、农业人工成本过高、生产效率过低的情况下，要提高村民生活水平，必须走劳动力转移的工业化道路。在中国，农村问题集中到了"三农问题"，它几乎演变成了一个政治问题。但与此同时在如今的现实生活中，我们仍然可以发现一些乡村社区的新的实践，

* 执笔人：庄孔韶、王建民、高丙中、景军、罗红光；统稿人：罗红光。同时特别感谢为本稿提供信息的中国农业大学的赵旭东、中山大学的麻国庆。

那里有着对全球化、工业化和城市化的本土反抗，并在努力复兴地方性的传统资源和知识体系来谋求新的发展路径。这类研究试图从地方性传统文化知识体系来理解、解释那样的日常实践和过程。其中一个焦点也是人类学在中国乡土社会的研究中面临的一个难点问题，即“乡土中国”与“文化自觉”的关系问题。

费孝通生前倡导并身体力行在“乡土中国”中树立“文化自觉”的实践。中国农业大学社会学系赵旭东的理解认为：当今伦敦经济学院鼓吹人类学研究中的学习或者认知这一心理学的向度的时候，费孝通早在60年代就在考虑这样的问题，并落实在了《乡土中国》一书中……存在于西方的“本土资源”里的东西本来就存在于我们这里（赵旭东，2006）。这里的自觉已经包含了主体性的表达。2006年8月23~24日，中国文化论坛2006年度（第二届论坛）大会的主题也是“乡土中国”与“文化自觉”。这里所谓的“乡土”和“中国”不是地理意义上的农村，而是整个中国社会—文化的基本特性，而所谓“文化自觉”指与会者的一个基本取向，即无论中国如何对外开放，以借他山之石；无论怎样希望与时俱进乃至“接轨”，缺乏基本的文化自觉和精神自觉，则不能发现自己的问题和对问题进行理解与阐释。

乡土社会普遍存在的象征、意义、文化权力、权威形式，人类学界往往称之为“象征资本”或“文化资本”。它存活在人们的观念中并体现在习俗和仪式上。这样一个乡土社会，也将面临全球化进程的渲染。它也反映在生产、消费、组织和结构之中。例如，张小军的一项关于文化资本的早期研究逐渐地随着社会的变迁，发展成为一套权利体系的研究。他认为：中国社会复合的社会结构导致多重的复合产权制度，它也是中国民间制度的原初特点。西方近代私有产权制度是一种倾向经济资本的产权制度，它忽略了文化信息资本、社会资本、政治资本以及象征资本的产权权属。笔者利用介休洪山泉的水权个案，从实质论的产权和资本体系的视角，论证了产权的复合存在（包括经济产权、文化产权、社会产权、政治产权和象征产权），进而对“复合产权”进行了探讨（张小军，2007）。

这些研究将重新定位“乡土中国”。北京大学王铭铭认为：“乡村中心主义”在历史中获得了某种政治性，也获得了不可比拟的力量（王铭铭，2006）。这是因为在中国改革开放的将近三十年的历史进程中，两个领域均获得了政治力量，前一个力量是“小城镇建设”中获得了来自正统权力的理念；后一个则是全球化背景下的反抗，即“新村建设”运动那样的反全球化的政治力量。目前乡村重新被刷新为一种“乡土”，在实践中被工业化卷入的“乡土”和从全球化中崛起的“乡土”之间，我们能够看到的已经不是日常生活中那种无意识的“乡土”社会本身，而是一种已被知识化，并能够供人们“反思”、“批判”和“交流”的意识形态。

相比封闭的、田园式的村落或少数民族的研究，人们开始将精力投向改革开放之后出现的人口流动和文化变迁。这一研究的焦点集中在“族群认同”及其变迁，具体地反映为人们在改革开放的进程中走出山寨，族群之间的邻里关系显得更为突出。如同非洲部落民所说的那样，人不能用自己的眼睛看自己。他们在“互为他者”的情境中相互认知，因此传统的他者观会发生什么样的变化？围绕族群关系的研究出现了一些新的观点，如中央民族大学王建民的哈萨克族群认同以及作为教育部重点课题的麻国庆（中山大学）的中心和周边关系的研究。当代中国哈萨克他者观念的田野调查资料说明：他者观念总是变动的、甚至飘忽不定的，一方面受到族群内部及族群之间的权力和利益关系的制约，另一方面也受到国际政治格局中的国家关系影响。他者的观念屈从于权力和利益关系的影响，在一定意义上成为这种关系的生成物。这些个案的阐述和分析启示我们，应当在日常生活实践中注意各种场景下人们观念和行为的变化，才能够从作为主体的研究对象自身出发，动态地把握“他者”、“他性”这些对族群认同及民族研究意义重大的概念（王建民，2007）。同样，2007 年《西南民族大学学报》的人文社会科学版中专门介绍了中国社会科学院民族学研究所翁乃群的观点：族群认同，藏彝走廊，认同是动态的，不是固定的，它会因更大力量的影响而变化。日常的表述和认同更多地表现为与周边的关系，即相关性。但是不同文化中的他者观念既不同又相互影响，它将成为外在于日常性的另一种知识性劳动（翁乃群，2007）。

（二）海外民族志

传统上，人类学都去一个遥远的“他者”区域，从事长时段的参与观察。“海外民族志”也就是在这样的背景下具备了以下几个特征：其一，时间和空间上的“异己”；其二，在不同知识体系之间的对话；其三，是由于这种知性对话带来的自我反思性。“海外民族志”作为一种方法和方法论在国内由北京大学高丙中提出。它将涉及人类学研究的方法及方法论上的诸多问题，譬如，作为一个研究人员的语言问题、生理问题和文化价值观等难题。事实上，它的难点在于，在自己的“常识”不起作用的时空中进行研究所面临的知识性挑战。

高丙中提出：“中国人类学当前应该有一个新的转向”（高丙中，2006），以整个世界为实地调查的田野，而不再局限于以本国为田野。我们学界应该从理论和个案两个方面推进这种转向，并借此促进中国社会科学以新的知识生产机制获得进一步发展，增强中国知识界在学术和文化上的主体意识。人类学在中国的发展表现为：翻译介绍（编纂教材）、单纯模仿（如量化研究）、独立自主（互为主体）的过程。毫不夸张地说，中国“海外民族志”发展得好与坏也是衡量中国人类学及其人类学家成熟度的重要指标。换句话说，中国学者在欧美人面前讲中国，而在中国人面前说欧美的“搬运工”式的人类学已经过去了。在这里我们可以看到一大批活跃的中青年人类学家。

国外民族志研究从以下未公开的博士论文中初见成效。“信徒与公民：泰国一个乡村的政治民族志”（龚浩群，2004）；“‘平常’的变奏：一个马来村庄日常生活的民族志”（康敏，2006）；“平等的边界：澳大利亚首都地区民间组织的文化实践”（杨春宇，2007）。这些以规范的一年田野作业为基础的国外社会的民族志都是由北京大学高丙中主持的教育部重点课题“发展中的公民身份和公民社会：人类学的多国比较研究”的子课题。中央民族大学的博士研究生阿嘎佐诗在新加坡完成了关于后殖民主义的研究。张金岭，在法国里昂做了一年田野调查，其博士论文是《“法”眼看中国：文化想象中的他者》。中山大学的两位博士生分别在日本和马来西亚进行了为期一年的博士论文的田野研究。从这些研究可以看出，有些大学已经开始将视线真正地转向了“他者”——这一人类学既古老又有新意的研究当中。它的新意有以下两点：第一，中国人真正地走出国门，在一个不受本国意识形态影响的环境下进行人类学知识和训练的思考，虽然在这个问题上中国起步晚，但是它有现实意义。这说明人类学的一个命题仍然有效，即人类为什么要分为我们和他们？第二，它也对训练研究生做田野工作的技术和伦理有着不可忽视的意义。但是在中国，由于学制上的安排，不能充分地实践这一过程。北京大学、中山大学已经在学制上开始调整，使其成为可能，而且是最近几年的事情。

（三）社会发展与公共卫生

公共卫生、公共安全对社会发展起着至关重要的积极或者消极的作用。这一领域在人类学中属于应用研究的一个分支。它预设的问题是当发展受到某种公共问题（如天灾人祸）的影响时出现的一系列连锁反应和人们的对应策略。同时，在衡量一个社会或者文化群体的生活质量方面，公共卫生作为一个重要参数，是人们观察社会发展的方向以及与社会福利系统相关联的法律法规的制度化建设的质量的参照。

庄孔韶几项新近的研究具有代表性。第一，人类学、社会学理论切入临终关怀研究的综合成果（国家社会科学基金课题，2004～2006 年结题），率先实现人类学家和公共卫生专家跨学科的临终关怀的理论与应用研究。第二，云南宁蒗民间戒毒法推广和扩大无毒社区的应用实践（国家艾滋病防治社会动员项目，2005～2006 年结题），该项目获得戒毒成功率高达 64%～87%（两组）。第三，流动人口两大类型（内陆型和跨境型）及女性人群防治艾滋病对策依据与建议（中英艾滋病策略支持项目，2006 年结题），以四川省资阳（vs 广州）和云南省瑞丽（vs 缅甸）为调研点，运用组织人类学的理论，寻找区域乡村性服务者流入城市的组织流动特点，以便找到控制艾滋病流行的应对措施。第四，嫖客性行为动因及安全套使用、求医行为相关性研究（全球基金课题，2006～2007 年结题），以四川省泸州市为调研点，在理论上使用偏重于行为的文化分析，推动国际学界对自律研究的重视。

清华大学景军 2006～2007 年间在艾滋病问题和其他公共健康问题方面发表了很多研究成果。他对艾滋病的分析集中于艾滋病谣言分析、面临艾滋病风险的人群行为分析、中国血液买卖市场的后果以及青少年吸毒问题与艾滋病流行的关联分析。同时，景军与研究伙伴将社会学和人类学的部分理念运用于中国艾滋病疫情和防治力度指标建设之中（这是国家 985 项目支持下的研究题目）。此间，景军还多次担任了培训班讲师，包括两次九省市记者艾滋病意识培训、一次非政府组织参与艾滋病防治工作培训、一次干部艾滋病防治政策培训。2006 年 12 月还接受了凤凰卫视“世纪大讲堂”主持人曾子墨的邀请，主讲了 45 分钟“艾滋病在中国”。2007 年，清华大学艾滋病政策研究中心接受了联合国教科文组织和美国强生公司的资助，在中国四个城市开展农民工预防艾滋病项目，尤其对在酒店、美容院等从事按摩、桑拿工作的打工妹预防艾滋病项目和同伴教育项目给予了特殊的关注。这些都汇集在即将出版的《中国市场改革与艾滋病流行》一书当中。其中一个重要的发现是，该研究对“泰坦尼克定律”予以阐述并结合“风险社会学说”讨论了中国艾滋病风险问题的基础。“泰坦尼克定律”旨在说明社会等级与人们易受伤害性的关联；“风险社会学说”中有关主观风险和客观风险的分析旨在阐述实际存在的风险和人们认知中的风险之所以对称或者错位的原因。将“泰坦尼克定律”和“风险社会学说”同时纳入分析框架，研究者发现中国艾滋病流行的实际风险和风险认知都带有深深的社会阶层烙印。从这个角度考察问题，研究者还会看到实际风险和风险认知的重合。也就是说，社会地位越低下的人们在客观意义上易受风险伤害的可能性越大，同时风险意识中的错误知识和恐惧成分越多。造成这一重合现象的根本原因是社会分层的作用（景军，2007）。

常见的人类学研究是一个人在一个地方从事长时段的田野工作。罗红光主持的中国社会科学院重大课题“公共服务社会化”课题分环境保护、义务教育、社区服务和公共卫生四类，将“参与”本身纳入分析对象，在统一方法的前提下派研究对象去异地，把自愿报名前往公共服务点从事半年辅助工作的志愿者作为研究对象，从他们身上获得信息，并进行公共服务（公共卫生）的横向比较。该研究在方法上对传统人类学方法的挑战在于：第一，不用量化方法，看人类学是否能做共时性的大规模田野工作；第二，把研究对象放入异地的田野进行研究，看超越传统的田园式的、封闭的田野工作是否有可能；第三，通过对作为“他者”的研究对象主体性特征的分析看公共服务的社会化可能性和程度，以此来尝试建构与公共服务的国家化、市场化和专业化并驾齐驱的社会化。

可见，包括前些年关于自杀的人类学研究在内，中国将会发展出一个医疗人类学（medical anthropology）或社会医学（social medicine）或者说关于身体的社会学这样一种领域。它对中国的学术发展以及提高社会生活的质量都会起到不可低估的作用。

（四）NGO 研究

在中国，围绕 NGO 的研究分理论与实践两部分。就 NGO 本身而言，按其所预期的目的不同，它可分为三大类：第一类是实现经济目标的中介机构，如商会、行会等。第二类是为了达到某种政治目的的机构，如作为联结中国共产党内外、海内外的重要桥梁，中国的统战部起到了这一作用。这是中国共产党的一大创造。第三类是实现如环保、教育等公共服务目标的机构，如全国的“希望工程”，北京的“自然之友”、“爱心家园”等，我们简称 NPO①。

NGO 研究目前在中国分为几个方向：其一是香港中文大学王绍光等进行的国际比较研究。其二是围绕 NGO 的组织形态的研究，其中涉及诸如中国社会科学院社会学研究所社会政策研究室的杨团研究队伍中的民间互助团体的研究。其三表现在对 NGO 的实践与知识的公共性问题的探讨。中国社会科学院社会学研究所的王甘博士参与的幼儿沟通教育、中山大学的朱建刚教授从事的“灯塔计划”义务教育的实践与研究，它们既体现了人类学在知识性劳动过程中互为主体的实践特征，又反映了研究者与受益方互动的参与式教育，对“精英教育”、“应试教育”提出了来自知识临床的批判。另外又如生活（包括消费）方式与价值趋向研究，进而发展为研究人们对理想的追求。其四是很多人类学家所进行的民间宗教及其团体、教义的研究。其五则是 NGO 的实践本身，其中包括大学生支援西部开发志愿者行动、海外留学生义教行动、送法下乡，等等，它几乎涉及政府

① NPO 是英文“non-profit organization”一词的缩写。也有人将其称为“非政府机构”，简称 NGO（non-government organization）。它代表形形色色自发的民间组织，20 世纪 80 年代以后迅速在世界范围内发展和普及。世界银行使用 NGO 一词，包括联合国的各种文件在内，许多国家的官方文件里使用 NGO 一词。在一些地方也称其为“第三部门”（the third sector）。在中国，为了表达追求社会目标的公益性、大众化和开放性，人们在概念的使用上逐渐倾向于“NPO”。事实上，非营利机构（NPO）、非政府机构（NGO）和第三部门三者内涵互相交错，概念并存现象在世界上比较普遍。

所有的公共服务部门。

在中国，科普也好，政治运动也罢，都共用“群众运动”这样一个词汇。但它是学术界最近说的“社会”吗？一项公共服务社会化（环境保护）人类学研究表明，环保工作在中国有两个历史性倾向：一种是从科学开始又结束于科学的科学主义理性；另一种是属于政府主导型的群众运动。两者在方法论上有一个共性，那就是施助者与受益方是二元的且单向的，因而导致受益方外在于科学和生命权力。尽管政府和科学家知道环保离不开群众，然而，这种二元论思维以及专业化、国家化的方法，使群众从主观上外在于环保。在这样的过程中，受益方很容易被“植物人”化，导致环保项目在人力、物力和财力上的沉重负担。该研究在“公共服务社会化”研究的基础上，试图尝试“科学主义理性之外的力量”，即受助方的主体性建设，通过适合当地生态、社会和文化脉络的“人造生态链”的建设，促进实现受益方为主体的“参与式环保”。如在朱健刚的另一项“绿色社区”建设的研究中发现，社区建设仍依赖于社会主义时期的群众运动的动员技术，但对社区参与的鼓励也为社区自我组织以及NGO的介入提供了公共空间（阿兰纳·伯兰德等，2007）。在这个过程中充满了知识与生活、施救者和受益方、行政和学术、法律法规和传统习俗之间的对话和互动，形成一个代表不同集团利益的第三空间和声音，使得项目真正成为一项能够代表受益方利益的发展计划。这为环保项目的可行性分析、项目实施和善后管理方面提供了一个超越二元论的方法和理论（罗红光，2007）。

（五）影视人类学

说到影视人类学在中国的发展，中国人民大学的庄孔韶树立了一面旗帜。他和他的工作组为2008人类学民族学世界大会人类学电影节筹备项目。电影节包括向全世界征集2004年以来拍摄的影视人类学片，组织专家评选委员会评选60部入围影片，从中再遴选金银铜优秀奖项，并组织筹备和影视人类学相关的学术研讨会十余场。2007年8月，网上公布了中英文遴选影片公告。目前电影节的筹备工作进展顺利。最近几年的成果有：拍摄人类学防治艾滋病宣教片和纪录片《男性接触者性病艾滋病防治综合干预实践》（中英性病艾滋病防治合作项目，2006）、《流莺》（美国开放基金会，中国人民大学人类学研究所）。出版影视人类学片《虎日》（民间仪式戒毒主题，中国人民大学出版社，2006），教育人类学主题纪录片《我妻我女》（中国人民大学音像出版社，2006）、《长江沿岸田野纪行》（中国人民大学音像出版社，2006）。

由罗红光主持的中国社会科学院社会学研究所“对谈”工作组自1999年以来长期进行的一项“学者对谈”影视工作稳步进行，到目前为止已经拍摄了25部。它是人类学家设计策划，由包括人类学家（费孝通、冯珠娣、马库斯等）自己在内，其他专业的学者（杜赞奇、哈巴马斯、李培林、赖特、苏国勋、王晖等）参与的一种知识性劳动，旨在建立理解和对话的桥梁，并且在跨文化、跨专业、跨国籍方面用新的媒介尝试着人类学的初衷——异文化理解。由鲍江拍摄的《社会学视野里的全球化》（*Globalizations of Global Sociologists*）是一部人类学影片，是一个借助影像手段从人类学的视角介入社会学知识系统的尝试。跨文化系统的沟通与理解是人类学的学科传统，本片作者把社会学当作一个文化体系，一个陌生的、待认知的“他者”对这一文化体系的承载者即社会学家进行访谈，然后在访谈录像素材的基础上编辑成片。访谈涉及以下三个问题：其一，社会学家的自我介绍；其二，社会学家向社会学的圈外人介绍什么是社会学；其三，社会学家向社会学圈外人介绍他们如何理解“全球化”这个概念。访谈的对象一共是 15 位社会学家，他们来自 11 个国家。社会学家如何表述自己，社会学家是一个想象的共同体还是确有其事，社会学的地方性味道如何，看过影片，相信读者会有所感悟。

（六）文化遗产研究

1972 年联合国通过了《保护世界文化和自然遗产公约》，联合国教科文组织（UNESCO）自 1979 年实施了《世界遗产名录》项目，极大地促进了各国对有形物质遗产的保护工作。世界文化遗产[①]基金会在纽约公布了 2006 年世界百大濒危文化遗址，中国 6 处入选。但是，在中国目前的状况下，由于地方主义的影响，不同程度地表现出文化遗产“旅游化”、“商品化”和“博物馆化”现象。部门与国家之间的关系处理得不够理想。本应由国家委托文化部门张罗的事，结果却变成了某个部门的特权利益，这严重地影响了“非物质文化遗产”研究的综合性、学术性和保护、管理的有效性，甚至管理和界定出现混乱，导致缺乏对中华文明遗产的社会关怀。

这个领域的研究主要有以下几个方面：

国家级别的节庆，如春节、端午节、中秋节、清明节，甚至国庆节等。

非物质文化遗产：礼乐、龙图腾、大禹祭典、语言、口传文学、女书以及地方性和少数民族的重大传统。

文化遗产的目录中，与少数民族有关的目录占总数的 30%。就东亚而言，日本和韩国特别重视文化遗产的保护与研究，积极向联合国申报相关的项目。譬如端午节、印刷术、中草药的注册等问题上，由于中国对传统资源的重视不够导致我们滞后于邻国和欧美。

在国内，从人类学角度开展非物质文化遗产保护的研究才刚刚起步。目前这些研究由中央民族大学民族学与社会学研究院的王建民教授与北京大学人类学研究所高丙中教授及中山大学人类学系等分别主持。2007 年由中国社会科学院社会学研究所社会文化人类学研究中心和中央民族大学、中国农业大学联合开展了题为“中国非物质文化遗产状况的人类学调查”的较大型研究，他们试图通过非物质文化遗产的研究达到两个预期目标：①实现非物质文化遗产研究和保护的规范化，通过制定法律法规实现管理上的标准化；②通过非物质文化遗产的调查，来观察中国自身的社会变迁的轨迹。所以，本项目属于国情调查和现状对策研究，与中国制定的全面协调发展目标密切相关。它在学术上主要体现在价值观研究、方法及方法论的研究和对社会变迁轨迹的追踪。

（七）民族志研究的核心问题

与社会科学界在方法论上的狭义性、单一性，甚至问卷设计过程中的学者的恣意性

---

① 文化遗产：被某个社区、群体，有时是个人视为其文化遗产的各种实践、呈现、表达、知识和技能，以及与之相关的工具、实物、手工制品和文化空间；某个社区、群体为适应他们所处的环境，应对自然所显示的人类的创造力（参见联合国教科文组织，2003）。

倾向相比较，人类学的“民族志”（ethnography）贴近真实，甚至等同于事实，这一说法也引起了学界围绕方法论问题的争议。其问题的核心直接指向研究的“真实性”。通过民族志在几个主要不同的历史时期所表现出的对“真实性”样态的反映和分析（即传统民族志在“实践理性”和“文化理性”原则之下对“真实性”的理解、现代历史人类学通过“文化结构”对“真实性”叙事的建构、当代“全球化”社会里“移动”属性对社会再生产的作用以及旅游民族志认识和反映“真实性”所面临的困境等），人类学学者认为把握“真实性”取决于客观事物的不同历史背景和事实的情境。因此，在方法论上，虽说“民族志”更加贴近事实，但“民族志”也只是诸多方法中的一种而已，并不是记述“真实性”的唯一路径。在这个意义上，“民族志”因个人著述方式以及事实情境的不同，仍然不是事实本身，而只是知识的一种表达方式而已。中国社会科学院民族学研究所的翁乃群关于纳日人母方居（母系社会）的人观研究也反映了同样的观点，即传统上的母系社会的人观中人没有性别，翁的研究将性别纳入了分析的框架。事实上，在完善其方法的过程中，我们同时也看到，学术“反思”将讨论引到更为复杂的层面。读者不禁要问，知识是怎么产生和再生产的？

人类学家关注的是“人为的事实”，其中当然也包含了“神话”和“科学”。“表述危机”是人类学界目前面临的问题，同时它也预兆了对其他学科的挑战。“方法”作为表达思维（包括虚构）和行为（事实）的方式，当然，在把无意识的“日常”变成有意识的“学”、“通常”的知识化过程中，也包括进行科研活动的科学家本身。它在客观上也表达了一种研究者的立场。在过去的大半个世纪中，面对强大的知识霸权，诸如“达尔文主义”的普世哲学、“社会发展阶段论”的线性历史观，人类学对那种知识界习以为常的，甚至今天仍拥有“解释权”的西方中心论提出了方法论上的质疑，并认为这是方法论上的伦理问题。人类学的民族志关注日常生活，甚至在口述史意义上记录着一定文化情境下的文化事实，这个文化史属于生活者（当事人）自己的历史（观），并非研究者自己的历史，也并非“博物馆里的战利品”，更不以研究者的意志为转移。它强调研究者和被研究者的互为主体的理解过程、方法及方法论上的伦理问题。这一点也是人类学在整个社会科学发展中的一大贡献。然而按反方所依据的基本论点，即把“文化的多样性”归结在“表述的多样性”这一点上，则看不出本研究的新意。彭兆荣教授聚焦于民族志“书写”，追述了人类学在科学与诗学之间的摇摆和选择；高丙中教授分析了海外民族志研究对中国人类学乃至社会科学发展的意义，并由海外民族志实践对学科精致化和专业化倾向提出反思（王建民，2007）。

二　人类学学科建设

（一）学术交流

2007 年 3 月 30 日，中国人类学民族学研究会（China Union of Anthropology and Ethnological Sciences）成立，这标志着中国人类学民族学加入到了世界人类学民族学体系之中，并为中国的人类学民族学走向世界提供了又一个有利的发展契机。

中国人类学民族学研究会组织名单如下：

会长由国家民委党组书记、主任李德洙先生担任，常务副会长由国家民委原副主任周明甫先生担任。此外副会长 14 人，秘书长、副秘书长各 1 人，常务理事由各大学、研究机构的专家学者 81 人构成。李德洙会长为该研究会制定了两个工作方针：第一，做到三结合。其一是把学术研究与贯彻党和国家的大政方针结合起来；其二是把学术活动与学科建设结合起来；其三是把学术交流与宣传中国的民族工作结合起来。同时还提出了搭建四座桥梁：一是在政府和学术团体之间搭建合作的桥梁；二是在不同学科和研究领域之间搭建理论探讨和思想交流的桥梁；三是要在理论研究和工作实践之间搭建相互交流的桥梁；四是在国际学术交流中搭建交流合作的桥梁。2004 年在国内外多方的努力以及在国家民委的大力支持下，中国获得了国际人类学民族学联合会第 16 届世界大会的主办资格，该大会将于 2008 年 7 月 15～23 日在云南昆明举办。自申办准备至申办成功，以国家民委为首，国内各个有人类学、民族学专业的学校和机构均为此花费了 3 年多的时间，投入了大量的人力、物力和财力，为大会的成功提供了可靠的保障，也使中国人类学民族学走向世界有了一个良好的开端。这次大会反映了当今人类社会面临的重大命题，即人类发展的未来目标问题。人类发展的进程与文化多样性和生物多样性密不可分，但我们的早期发展不仅以水、煤炭、森林等基本自然资源的大量消耗为代价，更令人担心的是，我们的发展在很大程度上破坏了生态和文化的多样性，这给人类可持续发展带来了隐患。为此，人类跨国籍、跨专业、跨文化相互理解、同心协力，营造一个互惠的和谐世界的要求已迫在眉睫。本次大会不仅有社会科学的人类学专家，还有自然科学的人类学专家参加。这为我们面对共同的问题提供了一个很好的对话平台。正像国际人类学民族学联合会第 16 届大会筹备委员会主席李德洙先生在大会致辞中所说："历史使我们认识到生物多样性对维护生态平衡的作用。现在我们探索文化多样性对维护人类世界和平与和谐的向往更加强烈。"这同时也代表了本次大会的主题思想。

随着大会的临近，准备工作也进入了实质性的阶段，目前为止，来自不同国家的专题有 100 余个，主要有"都市象征和超级城市"、"二十一世纪美国城市"、"都市多元文化引发的社会冲突"、"有创造力的能量：文化多元性在南太平洋城市中的潜力和问题"、"社会主义、自由主义和都市问题"、"童年民族志"、"知识的转换和儿童的机构：重建社会性的范例"、"后社会主义国家上半世纪人口的生物性改变和人口统计学上的变化"、"医学人类学及流行病学"、"绘制东亚自我认同地图：东亚和东亚人移居族群的社会变迁"、"人类婚姻家庭的多样性文化变迁"、"多重认同，文化遗产及博物馆"，等等。

（二）学科建设

从全国人类学学科建设和发展来看，有以下几个亮点：其一，庄孔韶主编的《人类学概论》（2007/2006）获教育部高等学校精品教材奖。本书和《人类学通论》（山西教育出版社，2004）成为目前国内人类学本科生和研究生教学及科研（含考研）的首选教材。其二，中央民族大学人类学在原有的基础上又开始发展出生物人类学、艺术人类学这两门跨度较大的课程，研究生队伍庞大，梯队完整。从生物到艺术、从理科到文科的设置，也正是人类学这门学科的跨度，即从生物人到社会人到文化的体现。

其三，中山大学人类学队伍建设承上启下，逐渐地延伸到与社会学研究领域的对话，向研究生跨学科配置和对话迈出了一步。2007 年 8 月教育部基地正式批准中山大学为“非物质文化遗产”基地。此外，南京大学、上海大学、复旦大学、吉林大学、南开大学分别开设人类学课程或者成立相应的研究机构，为人类学在当地的发展打下了基础。其四，南京大学虽然在人类学方面属于发展较晚的一个，但是他们一开始就注意人类学教学和科研结合的学科建设，在人员上加强配置，为今后的发展以及学科基础建设奠定了良好的基础。

但是，同时我们也应看到一些人类学学科发展方面的问题与不足。它主要反映在以下方面。

第一，学科不完整。这个现象在全国有人类学机构的单位中极为普遍。个别大学取消了人类学系，这与人类学宽大的学科跨度以及人类学在世界上的发展趋势不符，同时这说明以往那种狭窄的专业配置影响了学科自身的发展。中山大学曾经是最为完整的人类学机构，但目前也同样受到生源限制的挑战。类似于清华大学人类学专业的考生必须参加其他学科考试才能进入人类学专业的现象较为普遍。这种错位直接影响着人类学生源。有些大学的人类学系对具体专业分支课程不做及时调整以致影响到了整个学科的发展。

第二，学科制度不合理。很多大学重视操作化程度较高的技术训练，量化倾向严重，缺乏对质量的考量和对思考的训练，导致知识结构不合理。这种知识性结构的失衡直接导致创造性劳动和重复性劳动之间的失衡。此外，由于人类学的研究过程在某种程度上受制于研究对象的生活习俗、时间和空间，因此它客观上受制于田野研究的对象并且需要在田野中的时间比较长，如同医学的临床实践一样，这也是作为人类学专业素质的一个重要训练过程。但是目前学制的课程安排仅适用于一刀切式的教学管理，并不完全适合人类学研究的特性，这样就导致人类学老师只能在寒暑假开展研究，研究生只能在有限的时间内匆忙地完成田野工作和学位论文。这种制度性安排不利于研究生素质培养，也有悖于人类学研究方法以及学术伦理。

第三，学科归属问题。在中国，学科分类系统混乱，既有的学术传统及学术实践等诸多因素影响着学科的归属和关系。人类学与民族学的关系本身原本并不复杂，民族学与社会文化人类学的区别不过是一个学科名称使用的习惯问题。真正使两者关系复杂化，以致成了一个剪不断理还乱的情结的是探求学术真谛的中国学者和力求制度化学科的学术管理机构创造的学科历史及学术体制之间的差异（王建民，2007）。但是这个问题的背后远不止这些。问题的焦点在于旧式的苏联民族学立场导致了这种教育体制和分科体系，它仍然影响着中国目前的学科分类。且不说“与时俱进”，改造并征服“他者”的学问和理解“他者”的学问之间的鸿沟仍然巨大，这一科学伦理的问题在中国表现为学术立场的不同。我们不认为改造他者的知识外在于他者的逻辑是客观的立场。

费孝通在世时曾经提倡社会学、人类学和民族学三科并立，但始终未果。人类学不应该是社会学下面的二级学科，在世界上它与社会学并驾齐驱，相互补充、批评和借鉴。两个学科之间的关系即便合理性上无大碍，但制度性上受阻。建制中的各个分支学科之间缺乏互动。因此在很多民院的课程体系中就会发现，民族学是一级学科，但因学科目录问题，有些地方院校又取消了民族学本科生的专业培养。地方民院往往把精力放在了当地少数民族的历史、文字、风俗习惯的研究上，缺乏知识结构合理的、全面完整的通识教育的训练（李强，2006）。这样的话，民族学专业就出现了知识结构上不衔接的问题。

综上所述，社会发展的问题不仅在于人们批判的那种所谓全球化或者“只有方法没有理念”的全球化，也在于各个大小文化族群内部。面对这种危机，四川大学徐新建建议对人类学除了生物人类学和文化人类学之外，也要有哲学人类学的关注，以避免使学科沦丧到形而上的、缺乏终极关怀的境地（王建民，2007）。费孝通认为：“在21世纪，随着文化交往的复杂化，随着全球化和文化差异的双重发展，研究文化的人类学学科必然会引起人们的关注。在众目睽睽的情景下，人类学者能为人类、为世界做点什么，这成了我们必须仔细考虑的问题。而这当中有一点是明确的：假如我们的学科要对21世纪的进程有所帮助、有所启发，那它就需要有一个坚固的学科基础”（费孝通，2007）。但同时从上述介绍中看到，在学科重建以来的现实中，学术必然要受到各种权势关系的影响，包括政府权力和政策的导向、意识形态的作用和大众文化的潮流，等等，多种因素制约和影响了知识分子的文化创造，影响着中国人类学的发展进程（王建民，2007）。如公共卫生、NGO、族群关系、贫困问题、社区发展、文化遗产，等等，近些年人类学在中国的特点表现在互为主体的一系列研究与实践上。人类学在中国的变化与调整并不是“本土化”所表现出的那种民族主义情绪，而是更加具备反思性、对话能力，其目的在于“以人为本”的人性化建设，“和谐社会”的社会化建设以及“美美与共”的道德化建设。对人类学来说，这些“建设”之所以能够成立，那是由于来自人类学家对田野工作的自信，也是理论与实践互动的过程中人类学家将知识还原给社会的唯一途径。中国再大，它在整个世界中也只是一个人类发展个案而已，但是该个案对整个人类的理解和健康发展有什么意义和贡献，这才是人类学存在于中国的价值和初衷。我们相信，人类学在中国将有一个较大的发展，该发展的目标不是发展知识本身，而是对知识的反思，它立足于将知识公共化，思考与实践将知识还原给社会的途径和道德。

参考文献

阿兰纳·伯兰德、朱健刚，2007，《公众参与与社区公共空间的产生》，《社会学研究》第4期。

费孝通，《人类学与21世纪》，2007，王铭铭主编《中国人类学评论》第1辑，北京：世界图书出版公司。

甘阳等编，2006，《年度学术2006》，北京：中国人民大学出版社。

高丙中，2006，《人类学国外民族志与中国社会科学的发展》，《中山大学学报》第2期。

龚浩群，2004，《信徒与公民：泰国一个乡村的政治民族志》，北京大学社会学系人类学专业博士学位论文。

景军，2007，《泰坦尼克定律：中国艾滋病风险分析》，中国社会学网。

康敏，2006，《“平常”的变奏：一个马来村庄日常生活的民族志》，北京大学社会学系人类学专业博士学位论文。

联合国教科文组织，2003，《保护非物质文化遗产公约》。

李强，2006，《大学体制与通识教育关系之剖析》，甘阳、陈来、苏力主编《中国大学的人文教育》，北京：三联书店。

罗红光，2007，《参与式环保——从人类学看目前中国环保的方法问题》，中国社会学网。

王建民，2007，《“学科重建以来的中国人类学”学术讨论会纪要》，王铭铭主编《中国人类学评论》第2辑，北京：世界图书出版公司。

——2007，《论中国场景下人类学与民族学的关系》，王铭铭主编《中国人类学评论》第1辑，北京：世界图书出版公司。

——2007，《哈萨克的他者观念与族别研究的反思》，王铭铭主编《中国人类学评论》第3辑，北京：世界图书出版公司。

王铭铭，2006，《中国到底有多“乡土”?》，《年度学术2006》，北京：中国人民大学出版社。

翁乃群，2007，《藏彝走廊族群认同及其社会文化背景的人类学研究》，《西南民族大学学报》第1期。

杨春宇，2007，《平等的边界：澳大利亚首都地区民间组织的文化实践》，北京大学社会学系人类学专业博士学位论文。

张小军，2007，《复合产权：一个实质论和资本体系的视角》，《社会学研究》第4期。

赵旭东，2006，《〈乡土中国〉于“学习”概念的回忆》，甘阳等编《年度学术2006》，北京：中国人民大学出版社。

庄孔韶，2007，《“蝗虫”法与“鼹鼠”法——人类学及其相关学科的研究取向评论》，《开放时代》第3期。

庄孔韶，2007/2006，《人类学概论》，北京：中国人民大学出版社。

作者单位：罗红光，中国社会科学院社会学研究所；庄孔韶，中国人民大学；景军，清华大学；王建民，中央民族大学；高丙中，北京大学

和谐社会研究

陈光金

2002 年以来，和谐社会已从一个政治概念转变为一个核心学术概念，并在学术界造成了一种氛围：研究中国问题总要把社会和谐作为一种或隐或显的出发点，和谐社会或社会和谐可能成为各种文献中出现频率最高的术语。社会学界则是和谐社会相关问题研究的主要力量，这是由社会学的学科宗旨和使命意识所决定的。可以说，和谐社会相关问题研究，是一种能够将学者们的学术追求与社会使命意识有机融合起来的研究。

2003～2006 年，相关研究在主题和内容上表现出逐步深入的特征。最初的研究大多围绕中共中央的有关论述展开，此后对和谐社会本身的相关理论和实践问题展开了多视角多维度的探讨，在这个过程中开始出现构造和谐社会理论体系的尝试。本文将围绕和谐社会范畴的学术界定、和谐社会建设的必要性和可能性、现阶段制约中国社会和谐的主要问题、和谐社会建设的路径等五个方面，做一简要综述，且因其简要，挂一漏万势所难免。另外，关于和谐社会建设的学术思想史资源研究也取得了重大进展，限于篇幅，本文暂不涉及。

一　何谓和谐社会

和谐社会研究需要回答的，就是和谐社会是什么的问题。学术界对这个问题的理解包含内涵与标志两个角度。

关于和谐社会的内涵，不同研究者的分析和阐述看上去有差别，但在本质层面上还是有很多共同之处。最早对和谐社会概念做出社会学界定的可能是郑杭生（2003），他把和谐社会与他关于两种现代性的理论联系起来，认为社会更加和谐是新型现代性的内涵，所谓新型现代性，是以人为本，人与自然双赢、人与社会双赢，两者关系协调和谐，并把自然代价和社会代价最小化的现代性。这样说来，人与自然以及人与社会的和谐就是和谐社会的两个基本规定性。青连斌（2004）与李培林（2005）都把社会和谐理解为社会结构的和谐，李培林提出八大结构和谐说，青连斌则提出十大结构和谐说，归纳起来也是把人与自然和人与社会的和谐界定为和谐社会的内涵。更多学者主张限制和谐社会的定义域。吴忠民（2005）强调，和谐社会概念有广狭之分。广义的和谐社会主要是指社会与一切同自身相关的事物保持一种协调的状态，狭义的和谐社会主要是指社会层面本身的协调，即从社会主体的角度诠释的和谐社会。吴忠民本人主张对社会和谐做狭义的理解。但即使在他所说的狭义层面，学者们的理解也有显著差异。一部分学者把社会和谐的本质内涵限定于人与人之间的利益关系和谐，特别是社会阶级阶层间的利益关系和谐，不存在各社会阶级阶层之间严重对立的利益矛盾（刘贯学，2004；高新民，2004）。而在另一些学者眼里，社会关系和谐内涵更广泛。李强（2005a）指出，社会是由相互联系、相互作用的众多部分构成的统一体，每一部分都为维持社会整体平衡发挥一定功能，社会的和谐就是这些功能得到良好发挥的状态。于风政（2005）认为，和谐社会是构成社会的各种因素、各种关系相互协调、彼此包容、和睦共处、共同发展的一种理想社会状态。万俊人（2005）也持类似观点，他相信，社会和谐是指人类社会生活诸要素的融洽互动与协调发展，包括人类社会的不同生活领域之间、不同生活层面之间、不同生活区域之间以及不同生活方式或组织之间的和谐发展。

关于和谐社会的标志，目前社会学界至少有四种看法。一是“三标志”说。吴忠民（2004）主要从社会阶层结构和谐的角度提出了和谐社会的三个标志：阶层之间相互开放平等进入；各个阶层获得互有差别而又恰如其分的回报；各阶层之间保持互惠互利的关系。后来，吴忠民（2005）又在此基础上增加社会公正与社会稳定有序，变成了“五标志”。丁元竹（2005）认为，在“和谐社会”里，社会成员有各种机会充分发展并分享发展成果；社会成员具有责任意识；社会组织完善。邓伟志（2005）给出的三个标志是：社会结构合理，即第一部门（政府）、第二部门（市场）与第三部门（民间组织）之间有比较均衡和稳定的关系；社会运筹得当，能够自如地调节不同社会群体的利益；人们行为有规范，人人都按规矩办事。二是朱力（2005）提出的“四标志”说：社会管理控制体系能够充分发挥作用；核心价值观念有凝聚力；不同利益群体的需要大都能得到满足；社会成员具有流动的途径。三是史卫民（2005）从政治社会学视角提出的“六标志”说：经济持续健康发展；在法治前提下确定有限政府的管理架构；以社会公平正义为原则建立健全社会协调机制和保障机制；主动协调人与自然的关系，建立资源节约型社会发展机制；有较高的国民教育水平、文化水准和道德修养；有和平共处的社会机制。四是陆学艺（2005a）提出的“八标志”说，涉及经济社会协调发展、社会结构合理、阶层利益关系协调、社会公平公正、社会事业发达和社会保障完善、各阶层人民有共同理想并且诚信守法等方面。

把关于和谐社会标志的讨论往前推进一步，就涉及社会和谐是否可测量的问题。对此，学术界有不同看法。一些学者认为，和谐社会是一种理念，实现社会和谐是一个长期过程，甚至没有终点，很难在某一天根据某些指标宣布建成和谐社会。还有人担心，一旦提出和落实测量社会和谐程度的指标，即使是一个很完备的指标体系，也可能在目前尚未得到改观的政绩意识影响下变成形式主义的东西，甚至产生负面影响。但也有不少学者坚持认为，社会和谐是可测量的，他们还进行了建构和谐社会指标体系和评价模型的尝试（张德存，2005；贺秋硕，2005；朱庆芳，2006；欧阳建国，2006）。

二　建设和谐社会何以必要或必然

在现阶段的中国，提出构建和谐社会的理念并付诸实践，有什么必要性或必然性吗？对于这个问题的探讨，在社会学界有几种不同的理路。

第一种分析路径是考察整个人类社会发展过程的阶段性特征，并把和谐社会建设视为人类社会应对当今发展阶段所面临的问题和危机的战略措施。具有代表性的是郑杭生（2003）的观点。基于其新型现代性理论，郑杭生认为，现阶段人类社会面临的种种由旧式现代性造成的社会风险和危机，包括生态耗竭危机、人口生存方式替代危机、社会安全危机、法律秩序危机和公民权利危机、社会资本流失危机、社群分化和发展不平衡危机以及社会弱势群体被漠视的危机。中国目前就处于这样的风险期，而和谐社会建设则是对这些危机的检讨，是对有缺陷的社会的修复和重建。

第二种分析路径是，通过检视西方理论学术界的相关理论范式，对目前中国所面临的种种社会不和谐问题以及建构和谐社会的需要进行学理阐释。李强（2005a）考察了国外的几种相关理论，并得出结论说，发展与不稳定、不和谐往往是共生的，发展必然会带来社会利益格局的变化与调整，一些人获利更多，一些人获利更少，一些人的利益相对或绝对受损，再加上收入分配中存在的种种不合理不合法问题，很容易引发社会矛盾和社会心理失衡，在这种情况下提出构建和谐社会的战略，就有其客观的必然性。周建民（2005）考察了西方社会发展过程中重视和推动社会和谐建设的理论和历史过程，认为构建和谐社会是在市场经济发展的基础上提出的历史性任务，这种历史必然性表现在两个方面：没有市场经济的发展，就没有发展经济的基础，也就不会产生构建和谐社会的历史任务；没有和谐社会的构建，市场经济的发展难免会导致激烈的阶级斗争和社会动荡，使发展无法持续。中国现阶段实行市场经济体制，也必然要提出建设和谐社会的任务。

第三种分析路径更多地着力于探究中国社会自身面临的种种变化和挑战，为和谐社会建设寻求现实依据。例如，韩庆祥（2006）通过对中国社会结构分化和多样化的考察提出，从改革开放到现在，中国社会发展经历了两个时期，即“动员参与期”与“表达诉求期”，发展阶段的这种转变，意味着中国社会的经济成分、利益主体、分配方式、就业形式、组织形式、社会阶层、社会力量和价值取向日趋多样化，意味着中国社会整合机制从“一元主导”转向多重主体间的“凝聚和整合”，要求社会实现“多样和谐”，就是力求保持各种力量和各方面利益关系的协调、平衡与和谐，避免出现严重社会矛盾和社会冲突。

三　和谐社会如何可能

毫无疑问，从整体上对和谐社会何以可能亦即社会和谐得以实现的条件和机制进行研究，对于中国建设和谐社会具有重大理论和实践意义。2004 年以后，相关研究者对这个问题有了更多的关注和更深入的探究，围绕着和谐社会的社会结构条件、制度和政策条件以及价值规范基础等问题，提出了一系列主张。

（一）和谐社会的社会结构条件

在社会学看来，合理的社会结构对社会和谐稳定具有基础性作用。社会结构是一个复杂的体系。根据当代社会学理论，社会结构具有实体、关系和规范三个基本层面，而在近些年发表的研究成果中，实体和关系层面受到了较多的关注。

一部分学者强调实体性的社会构造条件。彭希哲（2005）探讨了人口结构发展与社会和谐的关系，认为构建和谐社会中面临的许多问题都与人口发展紧密相关，失业下岗、人口流动、城市化滞后、老龄化、区域发展失衡等问题，都可以从过去和现在的人口发展中找到人口学原因。陆学艺（2005b）则强调指出，和谐社会一定得有一个合理的、与其经济结构相适应的社会结构，包括城乡结构、区域结构、阶层结构和组织结构等。例如，现代化国家的与其现代化经济结构相适应的阶层结构，都是“中间大两头小”的橄榄型结构。

一部分学者侧重社会结构的关系层面。文军、杜玉华（2005）认为，社会是一种结构性的关系整体，社会和谐首先表现为一种结构性的关系和谐。现代社会发展的特征是结构要素不断异质化或社会结构不断分化，只有当这种异质化或分化保持合理性和秩序性亦即实现有效的功能整合和关系整合时，社会本身才能良性运行。卜长莉（2005）提出，社会和谐包含三个层面，一是基础性和本源性意义上的经济关系或生产关系和谐，核心是确立合理的公平与效率关系，目标是避免出现贫富两极分化；二是中观层次的社会结构要素之间关系的和谐；三是微观层面的人际关系和谐。郑杭生和李强（2005）认为，社会结构的状况直接体现着社会关系的状况，构成社会稳定、和谐与发展的基础，可以说，社会和谐根源于社会结构特别是社会阶层结构的关系协调整合。李强（2005a）、于风政（2005）等更是把关系和谐的重点放在利益关系上，因为利益关系是全部社会关系中最主要、最普遍、起基础作用的关系。

在更多研究者看来，从关系角度探究社会和谐时，基于财富、资本和权力形成的社会关系，亦即贫富关系、劳资关系和干群关系，对现阶段中国社会关系和谐总体状况的影响至关重要。关于贫富关系对和谐社会建设的影响，相关研究汗牛充栋。一个基本一致的看法是，贫富差距不可避免，并且一定的差距是社会活力的保证；但贫富差距不可过大，不得出现两极分化，否则社会矛盾就会增加，社会和谐也难实现。劳资关系的实质是基于资本雇佣劳动的市场化契约关系。改革开放以来，中国劳动关系经历了从计划体制向市场体制转型的重大变化，劳动关系的市场化、契约化已基本完成，并且成为对我国社会关系和谐的影响日益普遍的关系，和谐劳动关系建设是和谐社会建设的重要领域和基础（乔健，2006）。在中国特殊体制背景下，干群关系状况对和谐社会建设的影响也不可低估，构建和谐的党群、干群关系，是建设和谐社会的关键所在（孙铁民，2006）。

随着研究的推进，社会结构三个层面的整合效应受到关注。李培林（2006）认为，合理公正的社会分层体系是社会和谐稳定的关键。所谓合理公正的社会分层体系意味着：①社会分层体系由“金字塔型”逐步转变为“橄榄型”；②知识、技术等“获得性因素”成为社会分层的主要因素；③不同社会分层系列保持应有的相关性，并得到社会广泛认同；④存在对低收入阶层给予有效补偿、对高收入进行有效调控的机制；⑤存在社会各阶层认同的主流价值观。

（二）和谐社会的制度与政策条件

现代意义上的和谐社会有其相应的制度和政策条件。在相关研究中，探讨得更多的是两个重要领域，即政府与社会的关系以及相应的社会体制—政策安排。

政府与社会关系研究的焦点是界定国家与社会的边界，亦即如何规范政府的权力范围。主流观点认为，从发达国家的经验看，中国建设和谐社会，需要政府与社会关系转型，需要政府与社会双向重建。一方面，政府继续转变职能，从经济建设型政府向公共服务型政府转型，进一步调整其权力的运行范围与方式，实现依法行政、依法治国和社会广泛参与，完善社会利益整合和利益表达的结构与规则；另一方面，社会要向现代公民社会发展，加快发育社会组织或第三部门，提高社会自组织化的程度，最终在政府与社会之间形成合作的“伙伴关系”（刘中起，2005；吴玉宗，2005；李培林、徐崇温、李林，2006）。

关于和谐社会的社会体制和社会政策条件，关键在于认清市场经济条件下社会良性运行的条件和机制。现代社会和谐除了需要有现代民主法治和现代市场经济体制支撑外，还需要一定的社会体制和政策作为保证。社会体制是关于社会管理模式和原则的制度安排，而社会政策则是针对特定时期的社会发展需要制定实施的公共措施。具体地说，社会体制就是“社会管理体制”，它在形式上反映了一个国家的民众组织化与社会服务社会化程度，在本质上则体现了政府与社会之间的现实关系架构，其功能在于为实现社会的公平、文明、稳定以及防止社会过度分化提供一种有效的制度保障（徐永祥，2005）。社会政策作为国家和社会支持弱势群体、化解社会矛盾、解决社会问题、促进社会公正的原则和方针，是各种法律、条例、措施和办法的总称。合乎需要的社会政策主要以弱势群体为对象，以再分配为基本手段，追求社会公平和社会福利的最大化，有助于消解根源于分配不公的社会冲突和危机，在构建和谐社会的过程中发挥着重要的、直接的作用（李迎生，2005；王思彬，2006）。

（三）和谐社会的价值规范基础

和谐社会需要相适应的主流价值体系，作为社会整合的价值基础。学术界对转型时期社会主流价值流失和社会失范倍感焦虑，开展了大量重构主流价值体系的探索。李培林（2006）认为，在社会转型时期，价值观念变化的一个特殊规律是，其变化曲线与国民经济增长趋势并不完全一致，为了建设和谐社会，必须根据新时期的新形势研究和塑造新的社会价值共识。不同学者对和谐社会所需要的和谐价值应当是什么又有不同的看法或侧重。有的学者强调，公平正义是和谐社会的首要价值原则（于风政，2005；吴鹏森，2005；唐士其，2006）。有的认为，人权作为每个人都享有或应该享有的权利，是建设和谐社会的内在诉求（苗贵山，2005）。有的相信，真正的社会和谐要以负责任的个人的充分自由选择为基础，个人发展、个人自由本身就是目的，具有“独立的善”的价值（孙兰芝，2005）。有的突出强调民主“是个好东西”（俞可平，2006a），是社会和谐的根源（朱学勤，2004）。还有人尝试构建一个包含民主、富强、公正、和谐、自由的基本价值体系，认为民主是主体性要求，富强是物质性要求，公正是伦理性规则性要求，和谐是关系性要求，自由是目的性要求，五种价值彼此依赖、相互渗透、互为前提，构成中国改革开放和现代化建设必须遵循的基本价值理念、原则和目标（侯才等，2006）。

四　影响社会和谐的主要问题

几年来，不少研究者从问题意识出发，探索了中国和谐社会建设所面临的主要问题和挑战。这些研究的视角各有不同，但最突出的仍然是社会结构和社会关系视角、社会制度和社会政策视角以及社会价值和社会规范视角。

（一）社会结构不合理，社会关系存在种种矛盾

社会学界普遍认为，目前中国社会结构不合理问题对和谐社会建构的影响是深层次的。陆学艺（2005b）特别关注人口结构、就业结构、城乡结构、区域结构、阶层结构等社会结构中存在的种种结构性矛盾，认为这些结构性问题的存在，既是因为中国社会转型尚在过程之中，也是因为中国社会体制改革滞后和国家社会发展投入体制不合理。李强（2005b）着重分析了社会阶层结构问题。他通过一项实证研究发现，目前中国社会阶层结构与其说是“金字塔型”的，毋宁说是“倒丁字型”的：广大农民构成这个“倒丁字”的底线，城市各个社会阶层则组成它的立柱。这种阶层结构使得整个社会处于结构性紧张状态，几乎所有社会问题都可以从这种结构紧张得到解释。

从社会关系维度看，目前研究比较多的还是贫富关系、劳资关系和干群关系中存在的问题和矛盾。贫富关系的核心问题是收入和财富分配差距较大，而且差距形成机制的社会认同度较低。这种状况对社会和谐的影响成为相关研究者关切的首要问题。一般认为，目前的收入差距虽然反映了经济改革和社会发展的积极成果，但显得过大，已经成为中国社会和谐的破坏性因素，既不利于社会稳定，也不利于效率的提高。胡联合等（2005）的一项实证研究表明，全国居民收入差距、城乡差距、地区差距的拉大都与违法犯罪活动的增多有着正相关关系。但也有人对此有不同的认识，认为现有差距是不可消除的和必要的，现在的贫富差距成为问题是传统平均主义观念放大差距的结果（刘海涛，2005）。现阶段中国的劳资关系中，存在不可避免的冲突，包括建设性冲突与破坏性冲突。如何利用前一种冲突，避免后一种冲突，是中国构建和谐劳动关系的关键所在（罗明忠，2005）。干群关系在改革开放尤其是20世纪90年代中期以来也发生了重大变化。这种变化具有这样几个特征：一是随着市场经济的发展，利益关系在干群之间的多重关系中日益突显和强化；二是干群间感情纽带弱化，群众对党和政府的信任度降低；三是社会转型过程中群众在利益关切方面的对比参照系发生改变，使干群矛盾的形式日益复杂、敏感；四是干群矛盾易于由个体向群体转化，对抗性也在增强。如何协调干群关系以促进干群和谐，已经成为一个不容忽视的问题（孙铁民，2006）。

（二）社会体制改革和社会政策创新滞后

许多学者认为，中国社会体制改革和政策创新滞后，已经影响到社会的良性运行。

从体制上来看，现阶段的核心问题是，中国社会体制已经从“政府—单位”的两极结构过渡到“政府—社区”的两极结构。这种过渡性社会体制在转型时期有其正面功能，但仍不适应社会主义市场经济发展与和谐社会建设的需要，其核心特征仍是“政社不分”，“以政代社”、“以政干社”的传统弊端并未被消除；“社区”管理出现传统“单位化”趋势，行政化色彩愈益浓厚，居民的社区归属感和参与度难以提高；在社区行政管理触及不到的地方，则因为社会自组织的发育受到制约而处于低组织化状态。政府通过原子化的个人去了解、协调和保护各群体特别是弱势群体的权益实际上非常困难，市场经济张力所引发的社会分化和非稳定性的紧张要素难以得到抑制或减少（徐永祥，2005）。

在政策方面，宏观问题是，现阶段中国社会政策存在从属于经济政策、重补偿轻发展、城乡不平等、法制化程度不足、针对性不足等重大缺陷，不利于社会公平公正，不利于和谐社会建设（李迎生，2005）。而导致中国社会政策滞后、社会经济发展失衡的深层原因，乃是政府在社会政策领域缺位，甚至不恰当地退出，把理应由政府承担的解决社会问题的责任推给社会和个人（徐月宾、张秀兰，2005）。

这些社会体制和政策缺陷的社会后果是严重的。有学者指出，中国当下城乡之间不断拉大的差距、城市弱势群体边缘化程度的加深，都是由一系列政策缺陷以及政策执行中各级政府的自由裁量权过大造成的（王思彬，2006）。这种影响的表现多种多样，例如，旨在帮助社会困难人群的社会救助体制和政策，就存在着大量弊端和缺陷，包括城乡不统筹、救助项目单一、救助水平偏低、救助理念落后、资金分担不合理、救助管理缺乏统筹，等等，这些问题的存在使得中国困难人群得不到合理有效的照顾，恶化了他们的处境和社会心态，从而不利于社会和谐（洪大用，2004）。

（三）社会价值迷失，人们行为失范

社会失序或失范直接意味着社会不和谐。从目前情况看，中国社会的失序表现在行为、观念和价值等许多方面。转型时期的中国社会变迁，一方面表现为社会分化以及行为、观念和价值取向多样化；另一方面，分化和多样化也伴随着社会失序或者失范。王春光（2005）认为，当前中国社会阶层关系变迁伴随着大量非均衡问题，其主要原因在于社会合法化增长滞后。一是社会价值迷失，以致人们在一些问题上缺乏认同，在实践过程中专注于追求目的合理性和手段有效性，不注意价值合理性，这在阶层关系运行规则上表现得很突出。二是相关制度和政策不够公平，因而难以获得所有社会阶层认可，导致阶层之间的歧视和隔阂。三是各个阶层的客观地位与其主观意识不相符，表现为要么不认可其当前的阶层地位，要么没有一种意识形态帮助阶层认可变化的阶层地位。朱力（2006）对现阶段中国社会失范问题进行了系统研究，他指出，中国社会正处于社会结构与个人行动“双重失范”时期，一方面是社会结构分化和内部异质性增加导致的统一而稳定的核心价值理念、规范、制度体系以及交往行为规则的缺失，另一方面是利益深刻分化产生的利益摩擦性失范。两种失范已经泛化到政治、经济、社会、文化生活等方方面面。更为严重的是，在失范日益泛化、失范成本大大低于规范维护成本的情况下，出现了替代那些代表积极价值理念的正常规范并与之对立的“第二种”规范（潜规则）。

五 和谐社会建设从何处入手

和谐社会建设是一个长期的过程，牵涉方方面面。这个过程的逻辑起点是什么？重点何在？主要机制是什么？对于这些问题，社会学界开展了多角度的理论思考，其中，构造合理社会结构，调整国家与社会关系，创新社会体制和社会政策，是比较突出的三个重点。

（一）构造合理社会结构尤其是社会阶层结构

许多研究都把社会结构尤其是阶层结构的调整和合理化作为建设和谐社会的重要着力点，并特别强调要调节好收入分配，努力扩大中等收入群体的规模。周晓虹（2005）甚至认为，扩大中等收入者的比重是保证社会和谐发展的不二法则。李强（2005b）则强调，要使中国目前的紧张型社会转变为宽松型社会，关键就是要通过产业结构的升级尽快实现结构转型，改变“倒丁字型”社会结构。据他估计，从2000年算起，中国实现结构转型大概需要40年，这也是中国建成和谐社会所需时间。陆学艺（2005b）提出，要调整社会结构，必须推进户籍、就业、人事、社会保障等方面体制的改革，调整城乡、区域和就业结构，培育形成合理开放的现代阶层结构，为和谐社会建设打下坚实基础。朱力（2006）则从解决社会失范问题的角度强调，建立失范矫正机制的前提条件是建设合理的社会结构。

（二）调整国家—社会关系，促生现代公民社会

不少学者认为，目前中国社会存在的种种矛盾，从深层次看，与国家—社会关系不合理关系密切。因此，调整国家与社会关系应当成为建设和谐社会的起点、重点或机制所在。这里又有两种取向，一种取向偏重于政府职能的转变，另一种偏重于公民社会的发育。

所谓政府职能转变，也就是从经济建设型政府向公共服务型政府转变。吴玉宗（2005）强调，建设公共服务型政府，是建设和谐社会的根本途径，公共服务型政府既是和谐社会的内容，又是构建和谐社会的最重要主体，建设公共服务型政府的过程就是构建和谐社会的过程。秦晖（2005）强调公共服务供给是政府责任，推进权责对应的现代公共服务部门即政府的建设，正是和谐社会所需要的。

公民社会是政治理论概念，其在社会理论中的对应概念是市民社会。在一些学者看来，培育公民社会或市民社会，促进公民权利的发展和社会的自治，是和谐社会建设的关键所在。卢爱国（2005）提出，培养现代公民，形成公民意识，是建设和谐社会的首要任务，从现代公民意识升华而生成的现代公民精神，是建设和谐社会的重要精神支撑力量，而和谐社会建设本身则正好是培育公民意识的阶梯。陈创生（2005）认为，发育市民社会是建设和谐社会的逻辑起点，因为通过市民社会的发育可以形成一种弹性社会结构，有利于化解个人特殊利益与国家普遍利益的矛盾，市民社会的自治机制有利于促进个人间、群体间的利益和价值整合，市民社会的理性和契约精神是构造和谐社会的法理基础，现代市民的健康人格有助于营造和谐宁静的精神秩序。俞可平（2006b）看到，

改革开放以来，一个以民间组织发展为表现的公民社会正在中国迅速崛起，这对于和谐社会建设有积极意义，应进一步完善公民社会的制度，对民间组织既积极支持、热情帮助，又正确引导、合理规范，营造有利于公民社会健康成长的制度环境，使其更好地与政府合作，齐心协力建设社会主义和谐社会。

（三）改革社会体制，创新社会政策

把社会体制改革和社会政策创新作为和谐社会建设的重点和起点，是基于它们内在具有的推动社会公平公正的作用。徐永祥（2005）认为，要建设和谐社会，就要改革社会管理体制，构建党和政府与社会的新型关系。一要在“政社分开”基础上形成政府与社会组织的分工与合作，这是与社会主义市场经济与和谐社会建设相适应的新社会体制的内核；二要在明确政府的社会责任和管理职能的基础上真正实现政府社会职能的转变，解决政府在社会管理、社会服务、社会保障等事务上存在的“越位”和“缺位”问题；三要制定积极的社会政策和公共财政政策，大力推动非营利组织的发展。丁开杰（2005）认为，基于社会融合的新社会政策理念构建社会安全网，是建设和谐社会的内在要求和客观必然。新社会政策牵涉广泛，但尤其要加强社会制度和社会资本，提升弱势群体融入社会的机会和能力。申曙光、谢林（2005）把社会保障体系建设作为建设和谐社会的核心，因为社会保障在保障人民群体的基本生活、调节利益关系、促进社会分配公平、完善社会公共服务等方面具有不可替代的作用。陈成文等（2006）对社会政策与和谐社会建设的关系进行了比较全面的探讨，对“五个统筹”、“三个文明”、“三化”进程、阶层结构、社会公平、社会控制、社会保障、人口问题、“三农”问题和社会综合治理等方面做了基于政策视角的分析，系统阐述了合理的社会经济政策对于构建和谐社会的重大意义。

（四）多元推进思路

和谐社会建设具有牵涉面广和高度复杂的特征，因此，在一些研究者看来，单点突破不如多元推进更有效果。于风政（2005）提出，现阶段中国的和谐社会建设有两个重点，一是以民主法制建设为核心协调社会利益关系，让各个利益集团达成妥协，接受调整，为实现社会和谐提供制度保障，这是和谐社会建设的根本途径；二是文化改造，建设先进文化，塑造新的价值观念，这对和谐社会建设具有根本性意义。朱力（2005）主张，实现和谐社会，最重要的是要形成社会和谐运行的机制，包括顺畅的社会流动机制、合理的利益协调机制、安全的社会保障和社会预警机制以及有效的矛盾疏导机制。何炳孟等人（2006）认为，构建和谐社会的关键是要在发展中处理好七大关系，即经济与社会的关系、城乡关系、区域关系、不同所有制经济的关系、公平与效率的关系、劳资关系以及市场、政府与社会的关系，统筹和协调是处理这些关系的主要机制，注重社会公平，维护劳动群众的合法权益，则是处理这些关系的重要原则。

值得一提的是孙立平（2006）关于如何把和谐社会建设的宏观逻辑与微观机制连接起来的研究。他指出，为了避免把和谐社会概念泛化和虚化，与发展对立起来，以致为了发展而放弃和谐，必须解决建立和谐社会与发展经济的接口问题，关键就在于如何理

解协调利益关系与转换发展模式之间的关系。为此，理论上要把和谐社会与科学发展观和“三个代表”重要思想结合起来理解，和谐社会概念的重点是协调利益关系，科学发展观的重点是转换经济社会发展模式，而“三个代表”重要思想的重点是转换“打天下坐天下”的传统观念，依靠党与各主要社会群体间的和谐关系来解决执政党的定位和合法性问题。在实践上要把调节利益关系与转换发展模式连接起来，充分认识到利益关系失衡对发展的阻滞；要把科学发展观与和谐社会建设所体现的宏观逻辑转化为微观实践机制，要认识到调节利益关系能够推动内需有效增长，从而为发展铸造新的基础和动力，同时还要落实科学政绩观，改革现行税制，消解地方按照自身微观逻辑扭曲国家宏观逻辑的传统政绩观推力和财政收入压力的作用。

概括地说，2003 年以来的和谐社会研究，提出了一些基本概念，并在这些概念的基础上进行了理论建构的尝试。虽然它们尚未形成较为严整的体系，但各种概念分析和理论阐述之间显然是有内在联系的，这就为建构这样的体系创造了初步的条件。今后的研究，可能要在三个方向上展开和深化。一是进一步地理论化和系统化，在和谐社会相关概念和理论之间建立清晰的逻辑联系，使和谐社会研究成为一个相对独立的学术领域。二是加强实证研究，探索和谐社会建设的具体路径和微观机制。三是关于测量社会和谐的可操作的指标体系建构，仍然会在争议中向前推进，因为在中国的特殊国情下，这样的指标体系的建构和运用，或可为推进和谐社会建设提供某种动力或者压力机制，或者至少可能成为一种检验相关理论研究的方式。

参考文献

卜长莉，2005，《人际和谐与社会和谐发展》，《学习与探索》第 6 期。

陈成文、谭骁彧等，2006，《建设更加和谐的社会——一个政策分析的视角》，北京：社会科学文献出版社。

陈创生，2005，《市民社会与和谐社会构建》，《岭南学刊》第 6 期。

邓伟志，2005，《构建和谐社会的几点认识》，《中共杭州市委党校学报》第 3 期。

丁开杰，2005，《和谐社会的构建：从社会排斥到社会融合》，《当代世界与社会主义》第 1 期。

丁元竹，2005，《建设和谐社会若干重点》，《瞭望》第 1 期。

高新民，2004，《提高党的构建社会主义和谐社会的能力》，《理论视野》第 6 期。

韩庆祥，2006，《当代中国发展新理念》，《思想理论教育导刊》第 5 期。

何炳孟、姜辉、赵培杰，2006，《构建社会主义和谐社会要正确处理的若干重大关系》，《马克思主义研究》第 6 期。

贺秋硕，2005，《企业劳动关系和谐度评价指标体系构建》，《中国人力资源开发》第 8 期。

洪大用，2004，《完善社会救助，促进社会和谐》，《教学与研究》第 12 期。

侯才、栾亚丽、邓永芳，2006，《中国特色社会主义的基本价值观》，2 月 13 日《学习时报》。

胡联合、胡鞍钢、徐绍刚，2005，《贫富差距对违法犯罪活动影响的实证分析》，《管理世界》第 6 期。

李培林，2005，《和谐社会的八大结构和七点建议》，《经济管理》第 9 期。

——2006，《和谐社会十讲》，北京：社会科学文献出版社。

李培林、徐崇温、李林，2006，《当代西方社会的非营利组织——美国、加拿大非营利组织考察报告》，《河北学刊》第 2 期。

李强，2005a，《从社会学角度看构建社会主义和谐社会》，《社会科学战线》第 6 期。

——2005b，《“丁字型”的社会结构与“结构紧张”》，《社会学研究》第 2 期。

李迎生，2005，《社会政策与社会和谐》，《教学与研究》第 12 期。

刘贯学，2004，《构建和谐社会的基本要素》，《劳动保障通讯》第 12 期。

刘海涛，2005，《社会主义和谐社会的经济基础》，《中共石家庄市委党校学报》第 11 期。

刘中起，2005，《论和谐社会视野中政府与社会关系的变革与调整》，《理论文萃》第 5 期。

卢爱国，2005，《论公民意识培育与社会主义和谐社会的构建》，《学术论坛》第 12 期。

陆学艺，2005a，《构建社会主义和谐社会的内涵与要求》，《中共石家庄市委党校学报》第 3 期。

——2005b，《构建和谐社会与社会结构的调整》，《江苏社会科学》第 6 期。

罗明忠，2005，《基于冲突管理视角的民企和谐劳动关系构建》，《广东金融学院学报》第 6 期。

苗贵山，2005，《人权与社会主义和谐社会的构建》，《理论导刊》第 11 期。

欧阳建国，2006，《社会主义和谐社会综合评价体系研究》，《浙江社会科学》第 2 期。

彭希哲，2005，《人口发展与构建和谐社会》，《学习与探索》第 6 期。

乔健，2006，《中国劳动关系的转型及当前特征》，汝信等主编《2007 年：中国社会形势分析与预测》，北京：社会科学文献出版社。

秦晖，2005，《从医改问题看公共服务的危机》，《改革内参》第 28 期。

青连斌，2004，《提高构建社会主义和谐社会的能力》，《中共石家庄市委党校学报》第 10 期。

申曙光、谢林，2005，《构建和谐社会与发展社会保障事业》，《社会保障研究》第 1 期。

史卫民，2005，《决策：民主化构建和谐社会的必由之路》，《人民论坛》第 2 期。

孙兰芝，2005，《构建和谐社会要关注公民自由》，《国家教育行政学院学报》第 12 期。

孙立平，2006，《和谐社会建设：宏观逻辑与微观机制》，《探索与争鸣》第 3 期。

孙铁民，2006，《构建和谐社会实践中党群干群关系面临的矛盾与对策》，《重庆社会科学》第 5 期。

唐士其，2006，《全球化时代的社会公正》，《毛泽东邓小平理论研究》第 4 期。

徐永祥，2005，《社会体制改革与和谐社会建构》，《学习与探索》第 6 期。

徐月宾、张秀兰，2005，《中国政府在社会福利中的角色重建》，《中国社会科学》第 5 期。

万俊人，2005，《从政治正义到社会和谐——以罗尔斯为中心的当代政治哲学反思》，《哲学动态》第 6 期。

王春光，2005，《当前中国社会阶层关系变迁中的非均衡问题》，《社会》第 5 期。

王思彬，2006，《社会政策视角下的城乡协调发展与和谐社会建设》，《河北学刊》第 1 期。

文军、杜玉华，2005，《结构的合理性是构建和谐社会的关键——从社会结构的分化与整合看我国和谐社会的构建》，《理论文萃》第 5 期。

吴鹏森，2005，《公平：和谐社会的柱石》，《探索与争鸣》第 4 期。

吴玉宗，2005，《建设公共服务型政府是构建和谐社会的根本途径》，《社会科学研究》第 5 期。

吴忠民，2004，《和谐社会的三个标志》，《中国社会保障》10 月 23 日。

——2005，《关于构建和谐社会的几个问题》，《邓小平理论学习与研究》第 7 期。

于风政，2005，《论建构和谐社会的制度与文化条件》，《中州学刊》第 6 期。

俞可平，2006a，《民主是个好东西》，闫健著《民主是个好东西：俞可平访谈录》，北京：社会科学文献出版社。

——2006b，《改善我国公民社会制度环境的若干思考》，《当代世界与社会主义》第 1 期。

张德存，2005，《和谐社会评价指标体系的构建》，《统计与决策》第 11 期。

郑杭生，2003，《社会和谐——战略机遇期中国社会的主调》，《华中科技大学学报（社会科学版）》第6期。

郑杭生、李路路，2005，《社会结构与社会和谐》，《中国人民大学学报》第2期。

周建民，2005，《中国社会主义现代化进程的两个阶段——从建立社会主义市场经济到构建社会主义和谐社会》，《学术月刊》第7期。

周晓虹，2005，《扩大中等收入者的比重是保证社会和谐发展的不二法则》，《学习与探索》第6期。

朱力，2005，《对“和谐社会”的社会学解读》，《社会学研究》第1期。

——2006，《变迁之痛：转型期的社会失范研究》，北京：社会科学文献出版社。

朱庆芳，2006，《从指标体系看构建和谐社会亟待解决的几个问题》，《中国党政干部论坛》第2期。

朱学勤，2004，《以民主为和谐之源》，12月27日《中国新闻周刊》。

作者单位：中国社会科学院社会学研究所

社会变迁研究综述

梁玉成

一 中国社会转型研究的理论脉络

中国社会转型方向的具体理论判断和研究取向，在中国社会学界内呈现出非常复杂的情况。为了搞清楚整个中国社会学界对中国社会转型研究的脉络，笔者以中国社会学领域最高等级的专业学术杂志——《社会学研究》所发表的文章标题为研究文本，分析了该杂志从创刊以来到2006年为止20年间，所发表的两千多篇文章的标题中有关社会变迁的词语的分布，得到了如下的发现：①标题涉及中国社会变迁方向的文章大致占总数量的20%；②其中大致可以分为以下4个类别：现代化和工业化，市场化，社会发展，变迁与转型。同时，随着时间的发展，各个不同类别的比重呈现不同的变化趋势。

为了使读者清晰这个变化趋势，笔者给出了"《社会学研究》发表文章标题关键词分布图"（图1）。从图1中我们可以看到这样的趋势：①在2000年前，很多学者用较为笼统的"发展"来表达社会变迁，之后此类笼统判断迅速下降，说明学者们有了越来越清晰的理论判断；②"现代化"和"市场化"两个主题的分布呈现X形，1995年之前多用现代化描述中国社会变迁的主流，而在2000年后社会学者转而认同以市场化来分析中国社会的变迁；③在"现代化"和"市场化"这两个主题此消彼长的中间状态，以"转型、变迁"等笼统的概括的比例显著增加，而在现代化或者市场化取得了认可优势的时候，该类笼统概括均下降，反映学术主题转折时期学者们的某种迷惑；④将"现代化"、"发展"等作为中国社会发展方向的理论范式逐渐走向式微，模糊的"发展"主题也逐渐走向式微，而"市场化"作为中国社会发展方向的理论判断，有逐渐成为"主旋律"的趋势。

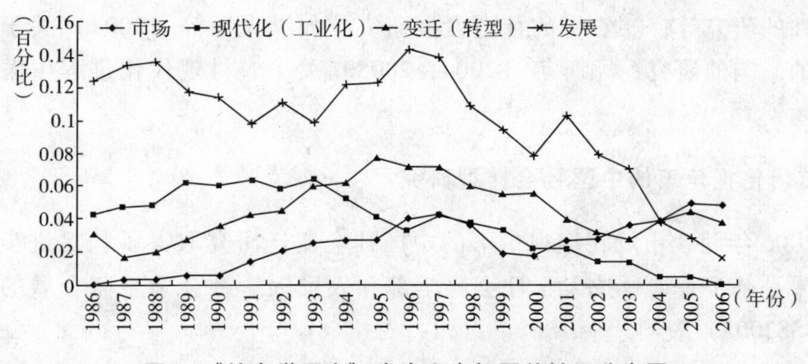

图1 《社会学研究》发表文章标题关键词分布图

注：纵坐标是标题所含关键词在该年所占的百分比；本图做了平滑处理；个别标题同时包含2个或以上主题词并无法区分主次时，计算时分开处理。

以上通过深入中国社会学界内部对中国社会变迁讨论主题的“考古学”挖掘，揭示了中国社会学者们作为一个学术共同体，在对中国社会变迁方向与主题判断上的共识是如何逐渐演化的，以及如何最终形成一个逐渐清晰的对中国社会发展模式与主题的理论范式的判断。

下面笔者按照这几个主题，对2003～2006年中国社会变迁理论的研究成果做一个简单的梳理。

（一）现代化和发展视角下的中国社会转型研究

社会现代化指的是以现代工业文明替代传统农耕文明，其中包括经济、政治、思想、文化等在内的全面社会整合过程，是社会结构的革命性变迁和整体性发展（王继、王浩斌，2003）。中国社会学界以现代化视角来概括中国社会的整体变迁方向在2000年后逐渐式微，但是现代化视角在分析中国农村社会的变迁方面，仍然是一个最具有鲜活的生命力的主题，并且现代化主题和发展视角逐渐重合。这与城市转型研究中很少学者采用现代化视角形成对比。这样，农村成为现代化和发展视角下的主要研究内容。

2003～2006年这个视角下的研究主要包含以下几个方面：①农村政治的现代化进程：如郭正林（2003）关于农民对基层政治现代化的参与情况和后果的研究；陈心想（2004）对于农村基层计划生育博弈中的国家与农民，以及科层制度与传统社会的分析；唐军等（2004）所研究的农村基层政治现代化对家族的影响；古学斌等（2004）关于国家现代性的理性制度干预与基层农村的现实生活的疏离的剖析；应星（2005）和仝志辉（2005）以村民自治为特征的村庄政治过程现代化进程中的争论等；②农民工对于现代性和城市生活的适应研究：如王春光（2006）和陈映芳（2005）对现代化进程中成为具有“产业工人”意义的农民工在分别代表传统与现代的农村和城市之间的挣扎，制度安排与现代性身份认同的研究；毛丹（2006）和张海波等（2006）对城郊农民在城市化进程中的处境的研究，对由于城市化进程失去土地被动成为城市居民的失地农民如何获得现代性的自我认同的研究；风笑天（2004）关于农村移民的社会适应的研究；管兵（2004）关于进城农民对其在农村土地资源的处理的研究；曹子玮（2003）、翟学伟（2003）和王毅杰等（2004）关于农民工如何使用其网络资本适应城市生活，或者城市生活会怎样改变其社会网的特性的研究等；③农村的社会发展研究，如洪大用等（2004）关于农村城镇化对农村环境的影响的研究；顾昕等（2004，2005）关于农村现代化进程中医疗福利的研究等。

（二）市场化视角下的中国社会转型研究

2003~2006年间，市场转型视角下的中国社会变迁研究取得了长足进步。其中相当多的理论成果是基于香港科技大学社会科学部和人民大学社会学系联合做的全国综合社会调查（CGSS2003）资料。①

市场转型研究初期，学者们将注意力集中在市场机制对社会的影响上（Nee，1989）；随着讨论的日渐深入，国家机制的作用又回到了学者们的视野并逐渐成为研究的焦点（Zhou，2000、2004；Bian & Logan，1996；刘欣，2005a；刘精明，2006a）。无论刘精明（2006a）的国家归置理论还是刘欣（2005a）的权力衍生理论都可以看做这个研究变化的一个重要组成部分。同时，对于转型的研究不再将视野局限于市场机制或者国家机制这类宏大的社会机制，中观或微观的组织层面机制的研究也不断的浮现：边燕杰等（2006）基于单位制和地区隔离的结构壁垒、体制转型与地位资源含量等概念的提出，分析其对社会市场化变迁的影响，可以视为这一取向的代表。做此类研究的还有王天夫和王丰（2005）、冯仕政（2006）和梁玉成（2006）。王天夫等发现在计划经济时期形成的集团类别，如地域、行业、所有制类型和工作单位，不仅决定了再分配时期收入分配的规则，而且其制度机制在市场化进程中也得以延续，并成为市场转型时期社会分层模式的制度性基础；梁玉成则发现不同所有制劳动力部门对代内流动和代际流动的重要影响。郝大海和李路路（2006）关于区域差异和国家垄断差异对城镇居民收入分配模式及其变化的影响研究则更为中观层面。

市场转型后果的研究也越来越多。仅以教育领域的研究为例，就有刘精明（2006b）和赵力涛（2006）对于教育收益的研究，以及刘精明（2006b）和李煜（2006）对教育不平等机制的演变和教育在阶级再生产中的作用的研究。

（三）其他视角下的中国社会转型研究

2003~2006年，一些特定的社会变迁主题，如福利体制的演变、国家与地方（社会）的关系、非政府组织、非营利部门和市民社会的发育等主题的研究也占了相当的篇幅。

中国社会保障改革在1993年前后开始。1980年代的社会保障改革更多地是为了给国有企业改革配套，社会保险的覆盖范围小，非国有企业及其他单位职工迟迟未能纳入社会保障体系。1990年代，原来全民所有制企业的劳动保险制度改为由国家、企业和个人共同负担的社会保险模式，并逐渐将从属于不同所有制的劳动力纳入社会保障范围。但是，这个过程同时伴随着国家的退出，福利供给的下降，以及福利供给的二元体制分割，最终，福利供给上政府角色缺位造成了经济社会发展失衡等严重的社会问题（关信平，

① 初步统计，仅在《社会学研究》和《中国社会科学》上使用CGSS2003的该视角的研究文章已经接近10篇。

2005；徐月宾、张秀兰，2005；景天魁，2004；王思斌，2006）。有一批社会学者分别从制度和文化角度对福利改革做了深入的探讨（彭华民，2006；景天魁，2004；田凯，2003；毕天云，2004；徐延辉、林群，2003；郑秉文，2005；慈勤英、王卓祺，2006）。

自从哈贝马斯关于“公共领域”（public sphere）的论述出来之后，国家与地方（社会）的关系一直是近年来的学术热点。具体到中国，社会主义市场转型进程中，一方面中央政府从计划经济时代高度集权的中央政府管理体制逐渐通过下放权力来调整中央与地方的关系；另一方面市场经济的发展也导致了公共领域和私人领域界限的制度性的变迁。这使得学者们也越来越重视将国家与地方，国家与社会，以及民间社团、非盈利组织等作为研究对象，用来考察国家、地方、社会个体的互动关系和相互约束边界，以勾勒和寻找出转型所导致的社会权威结构的变化脉络和机制（邓莉雅、王金红，2004；陶传进，2003；沈原，2006a；康晓光、韩恒，2005；周怡，2006；张磊，2005；张闫龙，2006；张建君，2005；庄雅仲，2005；周飞舟，2006）。

当然，上面结构化的分类叙述可能无法涵盖一些优秀的研究，但是，结构化的分类却也使得我们有机会看到已有研究成果中存在的一个问题——几乎所有关于中国转型的研究，往往都只将注意力集中于单一的变迁主题，并将全部观察到的中国社会转型后果归结为该变迁主题的影响。这种关于中国转型研究的各个主题之间的严重疏离也许符合理论研究上“攻其一点，不及其余”的学术传统，但是却可能与实际的中国社会转型过程严重不符。仅仅以劳动力市场为例：DiPrete（1993）认为任何转型都将从3个方面对劳动力市场产生深远影响：①经济变迁导致社会中的组织特征发生变迁，例如行业种类的数量、分布、大小等均会发生变迁；②社会的职业构成发生变迁；③社会中个体的生活机遇发生变迁，人们的劳动力经验、教育经历、社会流动命运发生变迁。以这个观点来看，中国社会的现代化转型和市场化转型均可能会导致以上的劳动力市场变迁后果。

如工业化的研究发现工业化将会降低代际流动的继承性（Treiman，1975，1977）；而市场化的研究也发现市场化会降低代际流动的继承性（李煜，2006）。又例如张宛丽（2004）从工业化对社会结构变迁的角度发现“女性地位机会增加”和“女性地位分布的边缘化”这两个命题，都可以在一定程度上被当代中国社会女性群体的经济社会地位状态所验证；边燕杰（2002）则通过对市场转型中性别角色对经济的影响的考察发现，市场转型和市场经济的拓展将增加女性的经济机会，从而提高妇女的社会和经济地位；另一方面市场机制又会打破国家干预政策在两性平等化上的成果，导致女性在就业市场的边缘化。所以，在现代化和市场化这两个不同的转型主题视角下，我们看到了类似的效应，甚至又都看到了他们可能同时对一个分层机制产生截然相反的效应。这种情况下，单一变迁主题对社会变迁后果的诠释，如忽视与市场化转型同时展开的现代化转型，而将所有的转型后果归结为市场化的结果，将会导致对市场转型研究的误导；同样，在现代化（发展）研究中忽视市场化转型的影响，同样可能导致现代化研究上的偏误。

伊藤宏（2004）的研究提供了这方面的良好示范。他发现1980年代初期，体制外劳动力部门主要处于核心劳动力部门之外的次要劳动力部门；到了1990年代后期，体制外的企业开始形成一定的社会、经济影响力，外资企业大量出现，私有劳动力部门地位得到改善，体制外劳动力部门也逐渐摆脱次级劳动力部门进入到核心劳动力部门。这就导致了体制外劳动力部门的职业结构发生了变化。改革开放初期，体制外劳动力市场的职位结构较低，到了后期，体制外劳动力市场中的职位得分越来越高。所以，他认为市场化和现代化同时对劳动力市场职业社会地位结构分布存在着相互关联的影响。

中国转型的多维度理解以及多主题的分析，是过去几年间中国社会转型研究最为生动的特征；但是各个主题和维度之间的相互疏离，对同一个社会后果的不同单一主题的诠释，已经可能造成了研究上的偏误，这成为一个迫切需要解决的问题。

二　对中国变迁研究的理论反思

是偶然也是必然，在2005年第一期《社会学研究》和第一期《中国社会科学》杂志中，同时分别刊登出孙立平和黄宗智对于中国变迁研究的理论回顾与反思。

黄宗智（2005）认为，中国变迁的研究到目前为止还没有形成一个完整的、有别于西方已有转型理论的科学体系。目前的中国变迁研究大致可以分为两个流派：一类是从西方理论出发，按照西方社会的发展理论范式来梳理和分析中国的转型；另一类则是所谓本土派，多从中国的经验研究出发，注重中国的传统，强调中国转型中不符合西方理论的部分，但是仍未能提出自己的独特理论体系。黄宗智认为，用西方的工业社会、资本主义社会等结构性概念来梳理中国，其本质是将中国作为他者，是西方中心主义的遗绪。黄宗智主张，中国长期以来多种系统同时发生着变迁，“转型……应认作是一种持久的并存以及生产新颖现象的混合”，单一的简单的理念化了的类型分析和结构分析，均不能描述这个混合体中的历史演变，所以，对于中国的变迁实践的研究需要从中国多重变迁的社会历史实践出发来创建新的理论概念。

与黄宗智有着不同的理论脉络，孙立平（2005）并没有简单地抛弃类型分析和结构分析以建构一个全新的理论体系，而是深入分析了三个用于描述中国变迁的理论类型：现代化理论、发展理论和市场转型理论。他的现代化理论指以工业化为核心的经济增长和社会进化；发展理论主要指依附理论、世界体系理论和比较政治经济学理论。[①]孙立平认为中国的市场转型实践，使得用于分析中国社会的变迁理论在现代化理论、发展理论之外，并列出现了市场转型理论，而渐进市场转型的中国，因其背后复杂的中国社会独有的实践特征，所以其市场转型理论有别于苏东。在这个意义上，孙立平提出基于中国社会主义市场转型的实践社会学这一概念，并将之细化为转型实践的过程、机制、技术和逻辑（郭于华，2006）。

黄宗智和孙立平对中国变迁的理论反思中，均提出了“实践”这一概念。黄宗智（2005）在文中对比了二者的异同：孙立平的“实践”主要相对于制度而言的，黄宗智的“实践”则更相对于理论和表述；孙立平的“实践”主要指市场转型这一“过程—事件”，黄宗智则指整个近现代的长时期历史变迁。总体上，黄宗智认为他们各自提出的“实践”概念的指向是基本一致的，或者起码是相辅相成的。在笔者看来，他们最为重要的共同特征均是提出“实践”这个与“理论”相对应的概念，以强调不应该从基于西方社会所归纳出的概念类型和理论出发来观察中国社会的变迁，而是应该从已（正在）发

① 需要提醒读者注意的是，孙立平此处的“发展”主题与本文前面提出的“发展”主题是不一致的。

生的中国社会"实践"出发来总结和观察中国社会的研究范式。

然而，反思并非始于黄宗智和孙立平，我们可以观察到，长久以来，很多社会学者在研究中都在自觉地反思基于西方社会所总结出来的理论和概念用于分析中国社会变迁实践时的有效性和可信性，并在研究中加以改造。例如市场转型大讨论中，边燕杰和罗根（1996）反对 Nee 的市场转型理论中将市场与国家互斥的理论，提出再分配与市场分配共存的理论，并在此基础上提出"权力维续论"，指出在中国的渐进市场转型中，由于政治体制的连续性，在人力资本和企业家回报上升的同时，权力的作用仍然维持和继续着。很明显，如果没有基于中国的特殊转型实践的考察，边燕杰和罗根就无法提出"权力维续论"。类似的研究例子在市场转型大讨论中可以举出很多（Lin，1995；Zhou，2000）。仅以边燕杰为例，他提出的"强关系"、"拜年网"等诸多已经被西方主流社会学认同的概念（Bian，1997；边燕杰，2004），无不是基于对西方理论在中国实践的反思。

那么，一个有趣的问题出现了：既然边燕杰、林南、周雪光等很多学者都在研究中自觉反思基于西方社会所总结出来的理论和概念在用于分析中国社会变迁实践时的有效性和可信性，那么为什么还需要提出这样的反思呢？或者黄宗智和孙立平的反思与边燕杰、林南、周雪光等学者之间有什么差别呢？

仔细分析，黄宗智和孙立平对于"实践"的强调存在着不同的理论动因：孙立平是批评过去研究者们过于从西方社会学理论出发展开研究，忽视了中国社会现实的特殊性而导致了研究上的偏误，这从孙立平（2005）对中国转型实践中的种种特殊性所产生的有别于其他社会主义转型国家的转型社会后果的分析上可以体会；而从黄宗智（2005，2007）的文中，则可以看到除此之外的另一个动因，黄宗智既怀疑西方社会变迁模式的普遍性与西方社会变迁理论的正确性，也怀疑西方学者使用这些概念背后的动机。从黄宗智早期批评彭慕兰的文章（2002）开始直到最近，黄宗智越来越强调他的一个观点：西方研究中国往往是简单地将基于对西方社会变迁的历史观察所形成的分析概念套用在中国，其本质是"近年美国新保守主义国家意识形态化下的原教旨市场主义及其高度形式化的新古典经济学"（黄宗智，2007），而西方社会的变迁理论并非普世的，描述西方社会的变迁理论被用于中国转型的原因是因为西方学者拥有学术话语权。

为了进一步清晰分析黄宗智、孙立平，以及边燕杰、周雪光等学者的反思之间的观点差异到底在哪里，笔者必须提及 Cole 在 1973 年从结构—功能角度对社会变迁理论的分类。Cole 认为后发展国家的变迁往往以先发展国家为榜样，如果按照"结构—功能理论"将社会看做结构和功能的复合体，那么在经过变迁之后，后发展国家与作为榜样的先发展国家在结构和功能上到底是否一致，存在四种不同的理论流派，分别是结构一致而且功能一致、结构一致但功能不一致、结构不一致但功能一致、结构和功能都不一致。见表 1：

表 1 社会变迁的结构—功能分类

		结构	
		不一致	一致
功能	不一致	历史主义	环境效应下的结构模型
	一致	功能改变模式	趋同理论

这四种判断分别代表对社会转型的不同看法：历史主义（Historicism）：社会是独特的、唯一的，没有任何两个社会可以相同；环境效应下的结构模式（structural modeling with environmental effect）：如果将一个社会的结构按照其他社会的结构进行改造和移植，由于社会某结构发挥功能，需要特定的社会资源、环境、制度安排与之相适应。所以这种移植来的结构，往往不能发挥出同样的功能；趋同理论（Convergence）：社会变迁具有趋同、一致性，与特定国家的历史、文化无关；功能改变模式（functional alternative）：虽然具有不一样的结构，但是可以实现同样的功能。

从对黄宗智和孙立平关于社会变迁的基本看法上看，很明显作为历史学家的黄宗智更趋向于社会变迁的“历史主义”，孙立平则是一种比较复杂的立场，其对于中国市场转型理论的立场介于“历史主义”和“功能改变模式”之间的理论判断，而对于现代化和发展理论的分析则又介于“历史主义”与“环境效应下的结构模型”之间；而边燕杰、周雪光等学者则属于“环境效应下的结构模型”；他们所共同批评的对象，则属于“趋同理论”。所以从这个意义上来讲，强调中国实践特殊性的研究，应该包含“历史主义”、“功能改变模式”、“环境效应下的结构模型”；内部的差异则在于黄宗智秉承“历史主义”的激进立场，孙立平较之黄宗智则略为缓和；边燕杰、周雪光等学者的“环境效应下的结构模型”最为温和。

社会科学所研究的对象是思考且行动的人，其实践往往是依照一定的理论而进行（覃方明，1998a，1998b）。所以从这个意义上来讲，对客体的观察是可以也应该基于其实践所依据的理论。这里需要强调的是 Cole 的一个学术观点：作为后发展国家的社会变迁，并不是没有学习目标的自由演进，而往往是以发达国家为目标的变迁。在中国社会的转型实践中，中国社会所设定的变迁目标就是以发达国家为参考对象，并在变迁过程中实践着对发达国家社会制度的学习和模仿，不断地引介和发展出与西方社会类似的社会结构，如1950年代的重工业部门、1980年代的轻工业部门、1990年代的第三产业部门以及近些年的公共部门、福利部门和非盈利机构等的大力发展，都是以特定的西方社会为模板所“刻意”发展的；这样的情况下，采用结构趋同下的理论模式本身具有实践上的合理性。结构趋同理论模式中“环境效应下的结构模型”对“趋同理论”的批判是一种主流的社会转型和社会变迁研究范式，纵观国内外对中国社会变迁的研究，大部分属于这类。翻查日本、韩国等东亚国家社会变迁，或者二战以后新兴发达国家的变迁研究，均可以得到这个印象。

从方法论的角度上看，笔者认为“实践”导向的研究逻辑与韦伯倡导的“理解”（understanding）方法论、波普尔的“境况逻辑”（situational logic），方法论上的个体主义以及社会唯实论具有亲和性；而“理论”导向的研究则与涂尔干提倡整体主义（holistic）方法论和社会唯名论具有逻辑上的亲和性。按照覃方明（1998）的分析，“实践”导向更多一些“发现的逻辑”；而“理论”导向的则更多一些“验证的逻辑”，这种“二元对立实质上是整个社会科学领域内方法论分裂状态的反映”。

综上所述，“实践”导向和“理论”导向背后，实际蕴含着在对社会变迁的理解上，以及在研究方法论上的二元对立，都可以从社会学最根本的理论争论找到各自的源头。所以这样的争论不但有利于对中国社会转型研究的深化，也有利于社会学学科的理论建构。笔者期待着这场争论产生出更多的学术成果。

三 中国社会变迁研究的特有概念、特有社会过程与特有研究模型

无论秉承着“实践”导向还是“理论”导向，无论对西方社会变迁模式的普遍性认同与否，不同研究立场的社会学者近年来对中国转型的研究均表现出不再简单地从西方社会变迁的概念类型和结构化理论来套用中国社会的变迁，并都在各自的理论指导之下取得了丰硕的研究成果，从中国社会转型实践出发获得了很多新的本土研究概念和研究模型，这成为2003～2006年社会转型研究中的一个突出亮点，笔者下面择其要者加以叙述。

（一）中国社会转型实践出发的特有研究概念

黄宗智的“内卷化”如果算是一个从中国社会变迁实践的因果机制研究中产生出的特有概念的话，孙立平的“断裂说”可以算作描述中国转型实践的特定社会过程的特定概念。与之等量齐观的一个概念就是单位制。单位制度是中国城市社会的基本制度，从这个角度研究中国社会可以得出与西方不同的社会结构特性。这方面的研究已经持续了很长的时间（李路路、李汉林，1999；李汉林，1993；路风，1989；刘建军，2000，李汉林、渠敬东，2002；李路路，2002a，2002b），过去的四年间仍然延续了这方面的工作。单位制的宏观制度背景视角与微观组织视角（李路路，2002b）仍然是主要的分析视角。李铒金（2003）的研究揭示，即使是为了适应市场对国有企业的压迫而采取的减员增效本身，也是国有企业中权威结构的再生产文本。余红和刘欣（2004）的研究发现市场转型以来，单位制的影响并未随着社会转型而减弱。具体表现为父母的单位特征依然显著地影响子女的就业，而子女所属单位的所有制在一定程度上影响子女的职业声望。王天夫和王丰（2005）发现再分配时期形成的集团类别，如地域、行业、所有制类型和工作单位，不仅定义了当时收入分配的规则，而且在市场转型时期依然延续，并成为新的社会收入分化和社会分层模式的制度性基础。边燕杰和李路路等（2006）通过研究市场转型过程中单位制特征的改变，发现再分配体制下形成的单位和地区壁垒，不但限制了职业流动，也导致了同一社会经济地位其资源含量在壁垒之间的差异，使工作单位和出生地成为地位的象征和指示器。他们发现单位和地区壁垒效应持续至今，但市场经济的发展正在弱化这些效应，说明市场转型加强了职业的地位含义。

基于对中国转型实践的观察，周雪光提出了两个新概念。基于对中国乡镇企业的观察，周雪光（2005a）提出了“关系产权”的概念来分析为什么乡镇企业在产权不明晰的情况下可以“有效率”；周雪光（2005b）提出的另外一个概念是“逆向软预算约束”，用以描述基层政府自上而下地向所管辖区域中的下属组织和个人索取资源的行为和组织层面的机制。

李强（2005）基于对中国社会的观察，发现了中国社会结构在社会经济地位指标上呈现出一个独特的“倒丁字结构”——该概念描述一个农业人口占有相当大比例的工业社会的结构，具有相当强的现实和理论意义。

（二）中国社会转型实践出发的特有社会过程

通过考察中国市场转型过程中工人阶级的境遇，沈原（2006b）发现了与马克思经典

理论中的工人阶级形成不同：从计划经济形态走向市场经济形态的市场转型过程，与从封建社会到资本主义的社会变迁过程，两者的历史起点不同、转型道路也不同，工人阶级的形成不能放在一个理论框架中进行讨论。通过进一步分析，沈原提出农民工所形成的工人阶级走的是“马克思模式（Marx - type labor unrest）”，而国有企业工人走的是“波兰尼模式（Polanyi - type labor unrest）”；前者的特点是工人单向度地被“劳动力商品化”，而后者中工人有机会在“劳动力商品化”和“去劳动力商品化”中左右不断调适。

刘精明（2006a）认为，中国的市场化进程是一个国家主导的进程，他提出“国家归置”这个概念来描述国家主导的市场化改革这样一个以国家为主体的政治经济过程，并进一步揭示了国家规制如何明显影响到人力资本的收入回报这一社会过程；并发现市场化过程中国家政治过程的影响，使得政治资本对改革后新生代劳动力工资收益的影响呈现出随着进入劳动力市场时间的推后而快速下降的态势。

刘欣（2005a，2005b）提出一个新的理论模型——权力衍生模型来解释市场转型对社会分层机制和社会结构的影响。他认为基于国家政治结构的权力在面对市场化的社会变迁时，具有制度上的创租和寻租能力，从而影响了其生活机遇的分配，最终再分配权力、寻租能力和市场能力共同决定了阶级结构。

任焰和潘毅（2006a，2006b）通过对农民工（尤其是女性）的生活现实的梳理，提出“宿舍劳动体制”这一概念来描述在全球化资本、城乡分隔、国家治理，以及男权主义文化等数套逻辑的共同作用之下，农民工在中国改革开放期间的工业化和城市化过程中的不利处境最终是如何形成的；他们的工作和生活安排的短期性、组织的零碎性、抗争的日常性及偶然性以及阶级意识上的自在性等都可以从这些逻辑的交集中得到重新解释。这种基于中国社会转型实践的新劳工史视野，破解了传统经典社会主义理论中关于工人阶级话语的简单意识形态概括，并以文化、地域、社会网络以及空间等因素扩充了当代中国工人阶级中一个新的群体的形成过程。

（三）中国社会转型实践出发的特有研究模型

通过对比中国的渐进转型与苏联东欧各国的激进转型，梁玉成（2006）提出渐进转型与激进转型在代内流动和代际流动上有本质的差异：渐进转型中，跨越不同所有制劳动力部门的流动主要发生在代际流动，而激进转型中，跨越不同所有制劳动力部门的流动主要发生在代内流动；同时梁玉成发现了在渐进转型过程中，年龄具有的和人力资本效应相反的劳动力部门效应，进一步的实证研究揭示在研究渐进转型中，年龄与不同劳动力部门所有制交互作用的缺失会导致政治资本回报的严重低估，梁玉成认为这正是 Nee 等学者研究范式中可能存在的严重错误。在此基础之上，梁玉成提出了研究中国渐进转型的修订模型。

四　中国社会转型对社会分层与社会结构的影响

中国社会转型的一个重要社会过程和社会后果，就是社会分层秩序和社会分层结构的变化。这是社会学中一个极其重要的主题和领域。笔者试图从社会结构形态、分层与不平等机制、分层理论三个方面对这个领域大量研究成果进行综述。

（一）社会结构形态

李强（2005）通过“五普”数据，使用国际职业社会经济地位得分这一工具，发现中国社会结构形态为“倒丁字结构”。张翼和侯慧丽（2004）使用类似的测量方法和同样来源的数据，发现中国社会结构形态为底盘很庞大的“烛台”。

与之不同的是中国社会科学院“当代中国社会阶层结构研究”课题组的研究结果。无论是2003年该课题组发表的《当代中国社会阶层研究报告》还是该课题组在2004年发表的《当代中国社会流动》报告，均一致认为中国目前的社会阶层结构形态为“洋葱头形”——即底层很大但中间阶层发育不起来，具体而言，处于十大社会阶层底部是人数最为庞大的工人和农民。类似的结论还有郑杭生（2004）的研究，认为中国城市社会结构正处于“金字塔型”向“纺锤型”过渡的中间状态。

以美国为代表的发达国家的社会形态往往是“纺锤型”，即有一个庞大的中产阶级，社会学者们的研究发现这样的社会是一个稳定的社会。很多学者均提出“纺锤型”社会结构是中国社会结构变迁的目标结构（李强，2005；郑杭生，2004；陆学艺主编，2002）。以上两类不同的判断，综合起来似乎可以成为这样的变迁路径：如果“倒丁字结构”真的是中国社会阶层结构的现实，那么它将应先变迁为“金字塔”，再转向“洋葱头型”，最后到达“纺锤型”（仇立平、顾辉，2007）。

李强、张翼和侯慧丽的研究结论存在着两个关键的前提假设：①在农村居住的农民仅仅从事单一的“农民”这一职业（单一农民职业假设）；②在农村居住的农民是一个社会经济地位大体一致的群体（收入均质假设）。而这两个前提假设是可疑的。邹薇和张芬（2006）研究发现，市场转型以来我国农村地区的收入差距呈扩大趋势（2003年的农村基尼系数为0.32），而收入差异的扩大主要来自各地区农村之间工资性收入的差异。他们的研究揭示了中国社会转型期两个非常重要的现象：一是农民之间的收入均质假设未必存在（由农村基尼系数可见）；二是农民已经不再仅仅从事农业生产这一单一职业了，土地的减少和市场经济创造的大量劳动机会，使他们往往在农业之外从事其他的职业，所以单一农民职业假设也可能存在着偏误。这样，李强关于中国社会结构形态的“倒丁字结构”的判断就有可能存在误判。

但是从孙立平的“断裂”理论角度上看，李强等人的研究则又具有了现实上的合理性。孙立平（2003，2004，2006a）认为1990年代资源重新积聚的直接后果就是底层社会群体的人数迅速扩大，许多人的生活相对或绝对贫困化，社会地位明显恶化，形成了相对区隔的底层社会，其构成群体主要为占人口大多数的农民、进城务工农民、城市中的下岗失业者。也就是说，断裂的底层社会群体构成了李强所提出的“倒丁字结构”的底部，这样，李强“倒丁字结构”背后的收入均质假设和单一农民职业假设若被看做“低社会经济地位职业的均质假设”，便具有一定的合理性。

（二）分层与不平等机制的演变

李路路（2002a，2002b，2003，2006）认为，虽然中国的市场转型过程中发育出来的市场机制很大程度上改变了资源分配过程，国家主导的社会市场转型中，计划经济时代形成的社会、政治、文化逻辑和权力仍然在阶层再生产过程中起着决定性作用，“市场”的经济—技术理性和经济机制对社会分层模式的更替或重组，仍然是国家自上而下有控制地在市场化过程中重新配置资源和权力的过程。因此，李路路认为中国社会转型期中阶层的继承性与阶层间的流动仍然是封闭的，或者说是继承性代际流动模型仍然是主导模式，他将背后的主要机制细化为社会集团或社会群体的再生产机制、统治权力机制。与李路路的研究相呼应的，刘欣（2005a，2005b）、刘精明（2006a，2006b，2006c）、边燕杰等（2006）、王天夫（2005）、郝大海和李路路（2006）、梁玉成（2006）的研究均发现代表着再分配时期的社会、政治逻辑仍然在市场转型时期对收入、权力的分配、职业的获得和代内、代际流动发挥着重要、甚至是主要的作用。

作为阶级再生产中最为重要的一个环节，教育的研究也在过去几年取得了很多的成果。刘精明（2006）发现优势阶层的教育投资趋向转向正规的大学本科，因而他们在大学本科教育方面的机会优势成倍扩大；同时中国高等教育制度也为有条件的下层社会群体提供了向上流动的制度保证。这与李煜（2006）的研究结论存在差异，李煜的研究发现 1992 年以后社会分化加剧，教育体制受市场化的冲击，家庭阶层背景的效用显现，教育不平等的产生机制中父代的资源优势与文化优势同时存在，教育机会的分配机制向不利于劣势阶层家庭的方向演进。关于教育对收入的影响，赵力涛（2006）的研究关注了农村的情况，他发现在非农经济发育程度与教育收益率之间存在着很强的关联；刘精明（2006a）则发现城市居民的教育收益率受到国家规制性力量、市场制度中的绩效原则以及与原有制度的路径依赖关系的复杂影响。

在对于流动的研究中，中国社会科学院“当代中国社会阶层结构研究”课题组（陆学艺主编，2002，2004）的研究发现，处于优势地位的国家与社会管理者、经理人员、专业技术人员中，子女的代际继承性明显增强，低阶层子女进入较高阶层的社会流动障碍在强化，门槛明显提高了。社会资源（包括经济资源、组织资源和文化资源等）有向上层积聚的趋势，居社会顶部的强势阶层（国家与社会管理者）占有最大的资源，对社会仍然具有最大的支配力。

其他分层机制的研究还有单位制（李汉林，1993；路风，1989；刘建军，2000；李汉林、渠敬东，2002；李路路，2002；王天夫和王丰，2005；边燕杰等，2006）、不同所有制劳动力部门（梁玉成，2006；刘精明，2006c）、性别（张宛丽，2004；边燕杰，2002）等。

（三）分层理论

马克思的理论在中国社会学界曾经一度沉寂（李静君，1999；仇立平，2006）。这个现象不仅在中国，也在整个西方社会学领域出现。Grusky（2005）认为其原因在于过去对马克思主义阶级理论的僵化意识形态定论有关——将阶级看做唯名论（nominalism），没有随着现实的制度变化而不断补充和衍生出新的理论来应对——于是很多学者在分层理论的建构中开始忽略马克思主义理论中最为重要的生产位置和生产关系的分析，转而去关心个体排他性的特征（如种族、性别、民族等）；他们不再关心劳动力市场是如何通过生产关系来建构阶级，转而采用“微观阶级”视角，专心于那些嵌入在社会细致构造之中的“阶级分析”。

然而这一趋势在过去四年间得到了根本性的扭转，仇立平（仇立平、顾辉，2007）

称之为"从阶层分析转向了阶级分析"。早于中国社会学界，西方社会学界就已开始了这一转变，Grusky 评论道："新的研究方法对现实的阶级分析更为重视，阶级的图景（schemes）是由劳动力市场的制度和类别所构建……从生产位置中去寻找结构的特性是更为重要和有价值的任务。"

大量对于中国底层社会群体的研究（谭深，1998；潘毅，1999；孙立平，2003、2004；李若建，2004；陈映芳，2005；谢桂华，2006）构成了中国社会学分层领域研究的这一理论转变的背景，最终由沈原（2006b）完整地把城市底层社会群体的研究上升为阶级理论高度，在沈原"把工人阶级带回分析中心"的呼吁中，我们看到了如 Thompson（1963）所希冀的那样：阶级既是一个历史性的、结构性的概念，同时也是一个文化的、日常生活经验的概念。

参考文献

毕天云，2004，《社会福利的文化透视：观点与简评》，《社会学研究》第 4 期。

边燕杰，2004，《城市居民社会资本的来源及作用：网络观点与调查发现》，《中国社会科学》第 4 期。

——2002，《美国社会学界的中国社会分层研究（代序言）》，边燕杰主编《市场转型与社会分层：美国社会学者分析中国》，北京：三联书店。

边燕杰、李路路、李煜、郝大海，2006，《结构壁垒、体制转型与地位资源含量》，《中国社会科学》第 5 期。

曹子玮，2003，《农民工的再建构社会网与网内资源流向》，《社会学研究》第 3 期。

陈心想，2004，《从陈村计划生育中的博弈看基层社会运作》，《社会学研究》第 3 期。

陈映芳，2005，《"农民工"：制度安排与身份认同》，《社会学研究》第 3 期。

仇立平，2006，《回到马克思：对中国社会分层研究的反思》，《社会》第 4 期。

仇立平、顾辉，2007，《社会结构与阶级的生产结构紧张与分层研究的阶级转向》，《社会》第 2 期。

慈勤英、王卓祺，2006，《失业者的再就业选择——最低生活保障制度的微观分析》，《社会学研究》第 3 期。

邓莉雅、王金红，2004，《中国 NGO 生存与发展的制约因素——以广东番禺打工族文书处理服务部为例》，《社会学研究》第 2 期。

冯仕政，2006，《单位分割与集体抗争》，《社会学研究》第 3 期。

风笑天，2004，《"落地生根"？——三峡农村移民的社会适应》，《社会学研究》第 5 期。

古学斌、张和清、杨锡聪，2004，《地方国家、经济干预和农村贫困：一个中国西南村落的个案分析》，《社会学研究》第 2 期。

顾昕、方黎明，2004，《自愿性与强制性之间——中国农村合作医疗的制度嵌入性与可持续性发展分析》，《社会学研究》第 5 期。

顾昕、王旭，2005，《从国家主义到法团主义——中国市场转型过程中国家与专业团体关系的演变》，《社会学研究》第 2 期。

关信平，2005，《论现阶段中国社会保障制度的转型与重构》，2005 中国社会学年会论文。

管兵，2004，《管庄的土地转包》，《社会学研究》第 1 期。

郭于华，2006，《转型社会学的新议程——孙立平“社会断裂三部曲”的社会学述评》，《社会学研究》第6期。

郭正林，2003，《当代中国农民政治参与的程度、动机及社会效应》，《社会学研究》第3期。

郝大海、李路路，2003，《区域差异改革中的国家垄断与收入不平等——基于2003年全国综合社会调查资料》，《中国社会科学》第2期。

洪大用、马芳馨，2004，《二元社会结构的再生产——中国农村面源污染的社会学分析》，《社会学研究》第4期。

黄宗智，2002，《发展还是内卷？十八世纪英国与中国——评彭慕兰〈大分岔：欧洲，另及现代世界经济的发展〉》，《历史研究》第4期。

——2005，《认识中国——走向从实践出发的社会科学》，《中国社会科学》第1期。

——2007，《连接经验与理论：建立中国的现代学术》，《开放时代》第4期。

景天魁，2004，《底线公平与社会保障的柔性调节》，《社会学研究》第6期。

康晓光、韩恒，2005，《分类控制：当前中国大陆国家与社会关系研究》，《社会学研究》第6期。

李铒金，2003，《社会经济地位与网络资源——以东北的两家国有工厂为例》，《社会学研究》第6期。

李汉林，1993，《中国单位现象与城市社区的整合机制》，《社会学研究》第5期。

李汉林、渠敬东，2002，《制度规范行为——关于单位的研究与思考》，《社会学研究》第5期。

李静君，1999，《劳动与性别：西方学界对中国的分析》，http：//www. tsinghua. edu. cn/docsn/shxx/site/chinac/laogong/ljj. htm。

李路路，2002a，《制度转型与分层结构的变迁——阶层相对关系模式的“双重再生产”》，《中国社会科学》第6期。

——2002b，《论“单位”研究》，《社会学研究》第5期。

——2003，《制度转型与阶层化机制的变迁——从“间接再生产”到“间接与直接再生产”并存》，《社会学研究》第5期。

——2006，《再生产与统治——社会流动机制的再思考》，《社会学研究》第2期。

李路路、李汉林，1999，《单位组织中的资源获得》，《中国社会科学》第6期。

李强，2005，《“丁字型”社会结构与“结构紧张”》，《社会学研究》第2期。

李若建，2004，《女工：一个重生的社会阶层》，《社会学研究》第4期。

李煜，2006，《制度变迁与教育不平等的产生机制——中国城市子女的教育获得（1966～2003）》，《中国社会科学》第4期。

梁玉成，2006，《渐进转型与激进转型在初职进入和代内流动上的不同模式——市场转型分析模型应用于中国转型研究的修订》，《社会学研究》第4期。

刘建军，2000，《单位中国》，天津：天津人民出版社。

刘精明，2006a，《市场化与国家规制——转型期城镇劳动力市场中的收入分配》，《中国社会科学》第5期。

——2006b，《高等教育扩展与入学机会差异：1978～2003》，《社会》第3期。

——2006c，《劳动力市场结构变迁与人力资本收益》，《社会学研究》第6期。

刘精明、李路路，2005，《阶层化：居住空间、生活方式、社会交往与阶层认同——我国城镇社会阶层化问题的实证研究》，《社会学研究》第3期。

刘欣，2003，《市场转型与社会分层：理论争辩的焦点和有待研究的问题》，《中国社会科学》第5期。

——2005a，《当前中国社会阶层分化的多元动力基础——一种权力衍生论的解释》，《中国社会科学》第4期。

——2005b，《当前中国社会阶层分化的制度基础》，《社会学研究》第 5 期。

陆学艺主编，2002，《当代中国社会阶层研究报告》，北京：社会科学文献出版社。

陆学艺主编，2004，《当代中国社会流动》，北京：社会科学文献出版社。

路风，1989，《单位：一种特殊的社会组织形式》，《中国社会科学》第 1 期。

毛丹、王燕锋，2006，《J 市农民为什么不愿做市民——城郊农民的安全经济学》，《社会学研究》第 6 期。

潘毅，1999，《开创一种抗争的次文体：工厂里一位女工的尖叫梦魇与叛离》，《社会学研究》第 5 期。

彭华民，2006，《福利三角：一个社会政策分析的范式》，《社会学研究》第 4 期。

覃方明，1998a，《社会学方法论新探（上）——科学哲学与语言哲学的理论视角》，《社会学研究》第 2 期。

——1998b，《社会学方法论新探（下）——科学哲学与语言哲学的理论视角》，《社会学研究》第 3 期。

任焰、潘毅，2006a，《跨国劳动过程的空间政治：全球化时代的宿舍劳动体制》，《社会学研究》第 4 期。

——2006b，《宿舍劳动体制：劳动控制与抗争的另类空间》，《开放时代》第 3 期。

沈原，2006a，《"强干预"与"弱干预"：社会学干预方法的两条途径》，《社会学研究》第 5 期。

——2006b，《社会转型与工人阶级的再形成》，《社会学研究》第 2 期。

孙立平，2003，《断裂——20 世纪 90 年代以来的中国社会》，北京：社会科学文献出版社。

——2004，《失衡——断裂社会的运作逻辑》，北京：社会科学文献出版社。

——2005，《社会转型：发展社会学的新议题》，《社会学研究》第 1 期。

——2006a，《断裂：20 世纪 90 年代以来中国社会的分层结构》，李友梅、沈原，孙立平编《当代中国社会分层：理论与实证》，北京：社会科学文献出版社。

——2006b，《博弈——断裂社会的利益冲突与和谐》，北京：社会科学文献出版社。

谭深，1998，《打工妹的内部话题》，《社会学研究》第 6 期。

唐军、陈午晴、侯红蕊，2004，《对村民自治制度下家族问题的理论反思》，《社会学研究》第 3 期。

陶传进，2003，《市场经济与公民社会的关系：一种批判的视角》，《社会学研究》第 1 期。

田凯，2003，《机会与约束：中国福利制度转型中非营利部门发展的条件分析》，《社会学研究》第 2 期。

仝志辉，2005，《乡村政治研究诸问题——对应星批评的回应和进一步思考》，《社会学研究》第 3 期。

王春光，2006，《农村流动人口的"半城市化"问题研究》，《社会学研究》第 5 期。

王继、王浩斌，2003，《马克思主义社会现代化思想探析》，《社会学研究》第 3 期。

王思斌，2006，《我国社会政策的弱势性及其转变》，《学海》第 6 期。

王天夫、王丰，2005，《中国城市收入分配中的集团因素：1986 ~ 1995》，《社会学研究》第 3 期。

王毅杰、童星，2004，《流动农民社会支持网探析》，《社会学研究》第 2 期。

谢桂华，2006，《市场转型与下岗工人》，《社会学研究》第 1 期。

徐延辉、林群，2003，《福利制度运行机制：动力、风险及后果分析》，《社会学研究》第 4 期。

徐月宾、张秀兰，2005，《中国政府在社会福利中的角色重建》，《中国社会科学》第 5 期。

伊藤宏，2004，《失业与再就业行为的行为变量与意向变量的关系》，李实、伊藤宏主编《经济转型的代价：中国城市失业、贫困、收入差距的经验分析》，北京：中国财政经济出版社。

应星，2005，《评村民自治研究的新取向——以〈选举事件与村庄政治〉为例》，《社会学研究》第

1 期。

尤根·哈贝马斯，2002，《公域的结构性变化》，邓正来、J. C 亚历山大编《国家与市民社会——一种社会理论的研究途径》，童世骏译，北京：中央编译出版社。

余红、刘欣，2004，《单位与代际地位流动：单位制在衰落吗?》，《社会学研究》第 6 期。

翟学伟，2003，《社会流动与关系信任——也论关系强度与农民工的求职策略》，《社会学研究》第 1 期。

张海波、童星，2006，《被动城市化群体城市适应性与现代性获得中的自我认同——基于南京市 561 位失地农民的实证研究》，《社会学研究》第 2 期。

张建君，2005，《政府权力精英关系和乡镇企业改制——比较苏南和温州的不同实践》，《社会学研究》第 5 期。

张磊，2005，《业主维权运动：产生原因及动员机制——对北京市几个小区个案的考查》，《社会学研究》第 6 期。

张宛丽，2004，《现阶段中国社会分化与性别分层》，《浙江学刊》第 6 期。

张闫龙，2006，《财政分权与省以下政府间关系的演变——对 20 世纪 80 年代 A 省财政体制改革中政府间关系变迁的个案研究》，《社会学研究》第 3 期。

张翼、侯慧丽，2004，《中国各阶层人口的数量即阶层结构——利用 2000 年第五次全国人口普查所做的估计》，《中国人口科学》第 6 期。

赵力涛，2006，《中国农村的教育收益率研究》，《中国社会科学》第 3 期。

郑秉文，2005，《"福利模式"比较研究与福利改革实证分析——政治经济学的角度》，《学术界》第 3 期。

郑杭生主编，2004，《当代中国城市社会结构——现状与趋势》，北京：中国人民大学出版社。

周飞舟，2006，《从汲取型政权到"悬浮型"政权——税费改革对国家与农民关系之影响》，《社会学研究》第 3 期。

周雪光，2005a，《"关系产权"：产权制度的一个社会学解释》，《社会学研究》第 2 期。

——2005b，《"逆向软预算约束"：一个政府行为的组织分析》，《中国社会科学》第 2 期。

周怡，2006，《寻求整合的分化：权力关系的独特作用——来自 H 村的一项经验研究》，《社会学研究》第 5 期。

庄雅仲，2005，《五饼二鱼：社区运动与都市生活》，《社会学研究》第 2 期。

邹薇、张芬，2006，《农村地区收入差异与人力资本积累》，《中国社会科学》第 2 期。

Bian, Yanjie & John R. Logan, 1996, "Market Transition and the Persistence of Power: The Changing Stratification System in Urban China." *American Sociological Review* 61.

Bian, Yanjie, 1997, "Bringing Strong Ties Back In: Indirect-Connection, Bridges, and Job Searches in China", *American Sociological Review* 62.

Burawoy, M., 2000, "A Sociology for the Second Great Transformation?" *Annual Review*, *Sociology* 26.

DiPrete, Thomas A., 1993, "Industrial Restructuring and the Mobility Response of American Workers in the 1980s." *American Sociological Review* 58.

Grusky, David B., 2005. "Foundations of a Neo-Durkheimian Class Analysis." In *Approaches to Class Analysis*, (ed.) by Erik Olin Wright. University of Wisconsin, Madison.

Lin, Nan（林南），1995, "Local Market Socialism: Local Corporatism in Action in Rural China." *Theory and Society* 24.

Nee, V., 1989, "A Theory of Market Transition: From Redistribution to Markets in State Socialism." American Sociological Review 54 (5): 663 -681.

Robert E. Cole, 1973, "Functional Alternatives and Economic Development: An Empirical Example of

Permanent Employment in Japan." *American Sociological Review*, Vol. 38, No. 4. (Aug.).

Thompson, Edward P., 1963, *The Making of the English Working Class*, England: Penguin Books.

Treiman, D. J., 1975, "Problems of Concept and Measurement in the Comparative Study of Occupational Mobility." *Social Science Research* 4.

Treiman, D. J., 1977, *Occupational Prestige in Comparative Perspective*. New York: Academic Press.

Zhou, Xueguang, 2000, "Economic Transformation and Income Inequality in Urban China: Evidence from a Panel Data." *American Journal of Sociology* 105.

Zhou, Xueguang, 2004, *The State and Life Chances in Urban China: Redistribution and Stratification, 1949 - 1994. Cambridge University Press.*

作者单位：中山大学社会学系

“中产阶级”研究综述*

张宛丽　孙　亮

自2003年以来的4年间我国经济保持了持续平稳的快速增长，年均增长10.4%，比改革开放以来的年均增长9.7%高出0.7个百分点，经济总量由世界第六位跃居第四位。人均国民总收入比2002年翻了近一番，2006年人均国民总收入达到2010美元，按照世界银行的划分标准，我国已经由低收入国家步入了中等收入国家的行列。① 随着经济结构不断优化，城市化步伐加快，第三产业比重提高，职业结构“趋高级化”（石秀印、李炜，2004），就业结构中的中等收入群体不断壮大，其结果，一个以知识、技术资本为主要标志的白领人群正悄然步入我们的社会。

如何识别“中等收入群体”、“白领人群”在当代中国社会分层结构中的社会关系属性？他们的出现是否意味着工业化社会中“新中间阶层”的崛起并已成为一个社会实体阶层？何谓“中间阶层”？其构成特征是怎样的？其社会结构功能及现实状态如何？这些问题持续地成为近几年来的研究热点。许多研究都特别强调要调节好收入分配，努力扩大中等收入群体的规模，培育中间阶层，使之成为有稳定意义和缓冲功能的社会结构的主导力量（陆学艺，2005；李强，2005a；周晓虹，2005a；李培林，2006；张宛丽等，2005，2006；李友梅，2005；宋林飞，2005；李春玲，2005；陈映芳，2006；童星、张海波，2005）。

一　对国外中产阶级理论的相关研究

“中产阶级”概念及理论源自于西方社会理论者对西方现代化社会结构变迁中社会分

* 笔者于此所做综述的文献主要集中于2003～2006年，为方便起见，个别地方亦做了时限之扩展。受功力所限，有不周全、不准确之处，还望同道指正。

① 数据来源：国家统计局报告《从十六大到十七大经济社会发展回顾系列报告之一：大开放、大发展、大跨越》，2007年9月18日，http：//www.stats.gov.cn/tjfx/ztfx/sqd。

化现象的一种独特认识。研究中国现阶段社会结构转型中的"中产阶级"问题，就不能不首先对国外中产阶级理论做文献梳理与研究定位。对社会分层及其"中产阶级"理论的西方社会经验及实证背景，国内一些研究者于20世纪80年代后期即进行了一些初步的文献研究（参见何建章主编，1990），并注意到研究现阶段中国社会"中间阶层"、"中产阶级"所具有的不同的社会背景和研究取向。

在社会分层研究中有两大主流理论流派——马克思主义分层理论和韦伯（Max Weber）主义分层理论。马克思主义分层理论和韦伯主义分层理论对早期中产阶级分别进行了描述，并且随着社会的发展，新中产阶级的出现，这两大理论流派中关于中产阶级的理论都被其追随者加以重构和不断推进，产生了新马克思主义的中产阶级观和新韦伯主义的中产阶级观。

关注现代意义上的中产阶层，首先要追溯到西方的中产阶级理论，随着19世纪资本主义经济在西欧、北美等国家的发展，中产阶级首先在这些国家出现，中产阶级理论也首先在这里出现。中产阶级，英文为"Middle class"，在国内通常译作中产阶层、中间阶层、中间阶级或中等阶层，等等。在早期的17、18世纪西方国家，"中产阶级"一般就是指相对于贵族和农奴的市民阶层，即资产阶级（Bourgeois）。刘长江（2006）针对国内有关研究中的概念界定问题，以文献考据，分析、研究了马克思社会理论中的"中产阶级"概念的演化，他认为，马克思恩格斯研究的中产阶级不能完全等同于今天学者们研究的中产阶级，而且财产状况和财产关系并非他们划分中产阶级的唯一标准，阶级意识、政治与社会地位及文化心理都被他们纳入中产阶级的研究。马克思在他的论著中，多次提到中间等级（Mittelstande），或与其意义相似的小资产阶级、中等阶级、过渡阶级、中产阶层，都是指介于资产阶级和无产阶级之间的社会群体，如小工业家、小商人、小食利者、手工业者、农民、医生、律师和学者（马克思，1972）。这里所指的中间等级，即是后学者们常说的"旧中产阶级"。马克思认为，这些中间等级在经济上处于资产阶级和无产阶级之间的中间地位；随着资本主义的发展，技术的进步，资本的积聚与集中，他们又处于不断分化之中：一部分变成资本家，而大部分沦落为半无产阶级或无产者。

张宛丽（2004）指出，中间阶层的概念源自于西方社会结构理论，且一直是众说纷纭。一般而言，有新旧之分及意义之别。她分别从西方马克思主义（以下简称"西马"）社会理论的中产阶级观、多元社会分层理论的中产阶层观和主观评价的中间阶层观三个方面作了相关文献的梳理、研究。

1. 西方马克思主义社会理论的中产阶级观

对前资本主义社会中以少量资本自主经营的小商贩、小业主、小手工业者及自由职业者等，马克思及其社会阶级理论将其称为"中间阶级小群体"（参见马尔科姆·沃斯特，2000/1998：348），亦被后学者称为"传统小资产阶级"或"旧中产阶级"。对资本主义发展阶段或曰"后工业社会"（参见丹尼尔·贝尔，1984/1973）中的"靠工资谋生"、以所占有较多的知识资源为资本提供劳动的各种、各级管理人员、技术人员、公职人员，在西方马克思主义社会阶级论中被称为"新小资产阶级"、"新中产阶级"，而在多元社会分层理论中则被称为"中产阶层"、"新中间层"。西马学者较普遍认为新中间阶级的阶级特征大致有四点：①职业构成以各种工程技术人员、科学研究人员，包括政府雇员在内的各级政治和经济管理工作者等的脑力劳动职业为主要成分；②除少数高级政府官员和高层企业管理人员外，他们已形成了一个由“靠工资谋生”的雇佣劳动者组成的集团；③他们的经济地位和政治待遇，一般明显优于体力劳动者——他们中的相当一部分人，都程度不同地或拥有对劳动过程的直接控制权，或对社会公共事务管理拥有一定的发言权及影响力；④他们的政治态度、生活习惯、文化教养以及价值观念，不仅和普通的体力劳动者有着明显的区别，并且在相当程度上影响着社会意识形态。

在如何认识“新中间阶级”的阶级地位及其社会作用等的激烈争论中，西马学者从20世纪60年代初开始逐步形成了相关的“新小资产阶级论”、“新中间阶级论”、“矛盾的阶级地位论”、“专业—管理阶级论”和“阶级两极分化论”等五大阶级理论流派（张宛丽，2004）。其间，以希腊的尼科斯·普兰查斯（Poulantzas，N.）为主要代表的“新小资产阶级论”、以意大利的古格利尔莫·卡切迪（Carchedi，G.）为主要代表的“新中间阶级”理论和美国的埃立克·赖特（Wright，E.）提出的“矛盾的阶级地位论”等影响最为广泛（参见王宏周，1990：46）。他们都紧紧抓住劳动者与生产资料的关系、劳动方式等的新变化，重新阐释马克思有关的重要的理论范畴，界定并认识新中间阶级的行为特征与社会功能（张宛丽，2004）。如就“生产资料”而言，把所有权具体规定为实际的经济所有权；“占有（possess）”意味着有能力将生产资料投入运用，即有能力控制生产资料；“劳动过程”的意义在于“生产在阶级的确定的过程中发挥着首要的作用”（Poulantzas，N.，1982）。“新中间阶级”不占有生产资料；作为一个“总体”，“集体”完成资本职能；同时又完成总体工人职能（参见 Carchedi，G.，1977）。将“剥削”这一概念，涵括各种与生产资料的运作方式相类似的资源，用于解释那些介于资产阶级与无产阶级之间的阶级成员的社会定位。依此，有两种资源非常重要：一是“组织资产”（organitional assets）——占用和调配声誉的能力，既经由科层等级自上而下分配，也在非经济性组织尤其是各种国家组织中得到分配。在国家社会主义社会里，组织资产的分配取代了财产的位置，成为剩余分配的首要基础。二是“资格认定性技能”（credentialized skills）——对劳动者所具有的技术能力的资格认定，以资格证书的形式所呈现（张宛丽，2004）。资格认定性技能的分配能够比组织资产的分配均衡得多；并且，它们提供了某些稀缺劳动形式，从而有可能促成对剩余的占用（参见 Wright，E.，1978）。

2. 多元社会分层理论的中产阶层观

韦伯认为马克思仅仅从经济标准——生产资料的占有来区分社会阶层这种认识是不够的，他把阶级概念拓宽到市场机会的分析上。他认为，不仅仅是生产资料决定个人的阶级地位，市场机会的多寡也能决定人的社会地位；而权力、社会声望等都同时对社会地位产生影响。在韦伯看来，社会分层的标准是多元的，它起码包括经济收入、权力、社会声望这三维，所以韦伯提出的社会分层理论是多元的，称为多元分层理论。具体的划分是：①从经济的角度界定的阶级（class），“从具体利益的观点来看，阶级是由同样经济地位的人组成的一些集团”，或者说他们具有共同的生活机遇；②从社会的角度界定的身份或地位（status），不同的身份或地位群体“具有较高的社会声望或缺乏这种声望……它是通过具体的生活方式来体现的”（Gerth & Mills）；③从政治的角度界定的权力（power），这是在社会生活中贯彻一个人或一个集团的意志的机会。

韦伯提出的三个基本标准被后来西方学术界广泛接受。继承韦伯的多元社会分层理论的发扬者——新韦伯主义，称各种管理人员、专业技术人员为"中产阶层"或"新中间层"。新韦伯主义多元社会分层理论，在以职业的社会报酬及社会评价为基点的基础上，对中产阶层的理解聚焦于"白领人员"的概念界定及其社会意义，对此，主要有以下三种理解：一是以不同的劳动方式所做的界定，即"白领"是脑力劳动者，"蓝领"则是体力劳动者。但是，自50年代以来，随着科技革命的进展，劳动者的劳动方式和劳动内容都发生了很大变化。仅以脑力劳动作为"白领人员"的基本含义已名不副实。因而，一些研究者改称"白领"为"非体力劳动者"。二是从社会职能角度所做的界定，如联邦德国社会学家弗里茨·克龙奈在60年代初提出"白领人员"在社会分工中承担有四项职能：①行政、事务；②设计、计算、研究、分析等技术工作；③监督、管理、控制；④经营商业、买卖。这四项职能的共同点是：它们都曾经是由雇主担负的。三是引入"纯粹物理条件"视角的界定。瑞士社会学家罗杰·吉罗德根据所谓的"纯粹物理条件"提出，"白领"具有两个显著的标志：一是从工作环境看，"白领人员"从事的是"科室工作"，而不是在车间同机械打交道；二是从工作对象看，"白领"多是与文件、文字、符号以及与人打交道，而"蓝领"的工作对象是"物"（李强，1990：125～127；张宛丽，2004）。

3. 主观评价的中间阶层观

对社会成员的地位归属，采用主观自我评价和他人认定的方法所获得的分层结果，在社会分层理论中被称为主观分层，其依据的主要是被调查者的主观评价（包括自己的和他人的评价、认定）。在对中间阶层的社会功能的认识上，主观分层的视角更具有重要意义，即在社会认同上的"中产阶层化"，使得那些发达国家在现代化的社会进程中，得以获得一个较稳定的社会环境。使得那些发达国家的政府，得以"中间阶层"的社会价值观及其行为规范作为调整社会利益结构的基点，在一定程度上，缓和了市场化导致的"贫富两极分化"的负面社会结果，争取了各阶层平等获益，寻得了社会政策调整的空间（张宛丽，2004）。

二 国内中间阶层的初步研究

当2002年有学者发表关于当代中国社会中间阶层研究的初步成果时（张宛丽，2002a），还曾被质疑"'中间阶层'是一个社会实在现象吗？"然而，近几年，国内社会学的社会分层研究者开始竞相以各自的相关经验和理论研究，在不同程度上对现阶段中国社会中间阶层的界定展开了讨论，并将重点聚焦于"新中间阶层"的形成、构成及其社会功能上。

（一）中国中产阶级的概念界定及规模估计

在2001年，由陆学艺主持的"当代中国社会结构变迁研究"课题组，较早、较系统地对当代中国社会分层结构中出现的"新中间阶层"进行了初步的实证经验研究。在他们以经济资源、组织资源、文化资源的社会经济地位资源拥有量为标准划分的十大阶层结构中，估计中间阶层约占13%～15%，并将以每年1个百分点的速度增长（陆学艺主编，2002）。

张宛丽认为，在西方社会理论中，“新中间阶层”是和“旧中间阶层”相对应的概念。对于“新中间阶层”的界定，在不同学派的理论中，颇有差异。然而，他们对“新中间阶层”的特征在一些方面却取得了共识，可概括为八个方面：①职业构成以脑力劳动职业者为主；②具有较高学历，接受过专业化训练；③以工资、薪金谋生的被雇佣者；④程度不同地拥有对劳动过程的直接控制权，对社会公共事务有一定的发言权及影响力；⑤政治态度温和、保守，追求民主、平等，在一定程度上左右社会意识形态；⑥生活方式、行为教养以上层社会为马首，讲究格调、品位；⑦价值观念上强调自我成就、自我实现；⑧拥有体面生活的私有财富、闲暇时间及消费能力（如私家车、私产房、携家人旅游、度假，等等）。其最核心的特征是他们不直接占有生产资料，而更多依赖“组织资本”（即管理权力）和“文化资本”（即专业技能）通过市场交换获得其社会地位（张宛丽，2002b）。“新中间阶层”概念表述的是在工业化社会结构中的社会地位分配系统上，分布于竞争性较强、市场回报较高、具有特定社会影响力的一些不同职业群体，在职业收入、权力、声望、教育等社会资源的分配中处于大致相同的社会中等水平的地位状态的一个异质性的地位群体集合概念（张宛丽，2002b，2004）。所谓中间阶层，包括拥有一定私人生产资料的自雇者（如个体户）和中、小雇主（如中、小私营企业主）群体。其间的主体为新中间阶层，是指占有一定的专业知识资本及职业声望资本；以从事脑力劳动为主；主要靠工资及薪金谋生；具有谋取一份较高收入、较好工作环境及条件的职业就业能力；对其劳动、工作对象拥有一定的支配权；具有维持中等生活水平的家庭消费能力及相应的闲暇生活质量；以其具有的专业知识，对社会公共事物形成权威评价，并具有一定的社会影响力的社会地位分层群体（张宛丽，2004；张宛丽、高鸽，2005）。

现阶段中国社会中间阶层，其来源构成主要有四类：一是传统的“中产阶级”，包括小业主、小商贩等自营业者、个体户，他们以小规模的生产资料，自顾经营；二是计划经济体制下的“中间阶层”中分化出来的部分干部、知识分子，他们以其占有的权力资源、高质量的社会关系资源、知识资源等，在以市场经济为主导的机会结构中，保持或换取了相应的地位优势；三是改革开放以来新生的私营企业主、乡镇企业家，依仗着改革开放释放的市场资源与流动机会，在计划经济体制与市场经济体制的双重机制作用下，以资本原始积累的方式“闯天下”而独自发展起来；四是由引进“外资”及高新技术人才而生的新型中间阶层，他们或是掌握高新技术者，或是留学海外的学成回国的创业者，或是应聘于外商独资、合资企业中的“白领”员工，其工作、劳动方式、职业声望及报酬均高于原国有企业员工，是新型的中间阶层的代表群体（张宛丽，2002b，2004）。受到权力授予关系、市场交换关系及社会关系网络这三种社会地位资源配置关系的作用，现阶段中国社会“新中间阶层”的来源可区分为三种进入渠道，即由权力授予关系所作用的行政型进入、由市场交换关系所作用的市场型进入和借助社会关系资本作用的社会网络型进入，其构成特征具有一定的异质性，即：①地位评价上的不一致性；②内含了一个拥有一定私有生产资料、占有一定雇佣劳动、具有一定私有财产关系的“私营企业主”特殊阶层；③从地位获得及社会流动方式看，具有两种不同属性，即市场型和行政型。20 世纪 90 年代后期开始受到“权力排斥”的机会制约，出现向下流动的趋势，其发展前景并不乐观（张宛丽、李炜、高鸽，2006）。

陈冠任和易扬这样定义中产阶层：这是一群相对富有，有较高的文化修养和高质量的生活，对社会主流价值和现存秩序有较强的认同感，并且为社会收入中等水平的群体（陈冠任等，2004）。认为"中产"是涵盖了共同的价值观念、共同的梦想、共同的文明内涵，其精神实质包括追求社会安定、宗教包容、家庭完整等，这些是社会稳定的重要品质。

李强（2005a，2005b）的研究将我国的中间阶层分为四个社会集团：一是典型的中间阶层——干部和知识分子，随着市场体制的发展，分化为体制内的传统知识分子和干部及体制外的管理人员、专业技术人员和知识分子；二是"新中产阶层"——新生代：年龄较轻，具较高学历、新的专业知识，懂外语，会电脑，就职于三资企业、新兴行业及高新技术领域，一般生活于大城市；三是效益好的国企、股份制企业和其他类型单位中的职工层；四是城乡中的个体、私营经营者，近年来此部分为增长最快、有可能上升为中国中间阶层的最主要构成群体。中国中间阶层具有三个突出特征：第一，中国并不存在一个统一的中间阶层；第二，其力量还较弱小；第三，从"世界体系"的角度看，该阶层的发展受到国际经济关系的制约。在城镇社会劳动者中社会上层包括白领约占32.9%。有学者从家庭财产标准来划分中产阶级，认为财产在30万元以上的家庭为中产阶级家庭，占全国总人口的18%，人数大约超过2亿（王开玉，2005）。

李春玲通过实证的方法对我国中产阶层的现状进行了分析，认为从目前人们对中产阶层的普遍性认识来看，确定一个人是不是中产阶层，基于四个方面的标准：一是职业标准，二是收入标准，三是消费及生活方式标准，四是主观认同标准，即自认为自己是属于中产阶层。并且以这四个标准为依据，经过对抽样样本的分析得出结论：我国有职业中产15.9%（是指占16~70岁非学生身份人口百分比，以下同），人数为1.3亿；收入中产24.6%，人数为2亿；消费中产35%，人数为3亿；主观认同中产46.8%，人数为4亿；而以四个标准综合衡量现代中产阶层占适龄社会人口的4.1%，人数为3518.5万人（加上传统中产阶级即个体工商户从业者比例为7%，人数为6007.3万人）。如果综合衡量中产阶层，无论从规模和数量上都还比较小，期待中产阶层充分发挥其作用还需要一定时间，但随着中国经济社会的发展，中产阶层在整个就业人口中的比例会进一步上升（李春玲，2004）。郑杭生主持的一项全国十个城市居民抽样调查研究结果显示，以脑力劳动为生的中间阶层约计45%（管理阶层占10.7%，技术人员阶层占11.1%，办事人员阶层占22.9%，在职工人占30.1%，下岗工人占15.7%，自雇佣者占8.1%，私营企业主占0.8%）（郑杭生主编，2004）。张翼、侯慧丽利用"五普"资料，参照国际职业声望量表，以每一种职业中高中及以上文化程度劳动者所占的比率，估计中国就业人口的阶层结构结果为："白领"阶层占12.2%，其中最上层的专业人员阶层和管理者阶层仅占社会劳动者的1.1%（居社会底层的农民阶层占64%左右，"蓝领"工人占23.9%）（张翼、侯慧丽，2004）。而有意思的是仇立平的一项统计研究。他据张翼、侯慧丽（2004）的研究数据重新计算的结果是：中间阶层（白领、专业人员、管理者）约占35.8%（城市社会劳动者中工人占64.2%，白领占32.8%，专业人员和管理者占3.0%）；与郑杭生主持的研究相比较，工人的比率要高18.4%，中间阶层的比率要低8.9%（仇立平，2006）。

也有研究者以住房产权、生活方式、居住空间及质量和社会交往等视角，研究中产阶层的形成状况。如边燕杰、刘勇利（2005）认为，改革开放后的中国城市，拥有住房是衡量社会成员经济成功的一个重要标志；在住房产权的拥有上，“权力维续”作用明显，其比率从非精英→专业精英→管理精英依次递增。

（二）中产阶级的社会功能

自90年代末以来，国内学者普遍提倡政策取向的中产阶级研究，认为中产阶级是工业化社会结构的“稳定器”、“安全阀”、“缓冲层”。因为，就一般理论和西方既有的经验观之，新中产阶级赞成以渐进而不是动荡的方式推进民主政治；他们是国家经济发展的最大受益者，是社会进步的中坚力量；他们希望社会安定团结，经济稳定发展（李强，2005a；张宛丽，2002a，2004，2005）。张宛丽在相关文献研究中注意到，就中间阶层的社会功能或曰社会意义而言，不同的理论流派各有不同的认识。基于马克思“阶级斗争”的冲突论者均坚持认为，中产阶级是游动于资产阶级与无产阶级之间的一个不稳定的、不断向上下两极分化的阶级，且是为统治阶级服务、维持统治阶级确立的社会秩序的一个从属阶级。而基于“阶级竞争”的功能论者的观点则认为，这是一个促进社会发展、对社会结构具有稳定功能的社会主体力量。一般而言，中间阶层的社会功能应以能稳定一个现代化社会所需要的公正、有序、协调发展的社会结构为定位。就现阶段中国社会结构转型的具体国情而论，中间阶层的社会功能具体体现为：①社会主义市场经济秩序的行为示范功能；②现代化社会价值观及社会规范的创建、引导功能；③社会利益矛盾的缓冲功能（张宛丽，2004）。然而，一些经验研究发现，自90年代中后期始，当代中国社会分化愈演愈烈，社会资源分配出现了“权力垄断”及“精英联盟”的新的不平等趋势（孙立平，2004），新中间阶层的地位获得机会和上向流动受阻（张宛丽、李炜、高鸽，2006），新中间阶层的发育受到“权力排斥”的制约，将直接影响到其“缓冲层”等的功能预期（张宛丽，2004；陈映芳，2006）。

有些学者认为目前中国中产阶级的政治倾向是政治淡漠，周晓虹称之为“消费前卫、政治后卫”（周晓虹，2005b）。中产阶级是消费的主要力量，在消费行为中追求品位、格调，接受“分期付款”、“贷款消费”等现代消费方式，中产阶级是稳定的消费群体，扩大中产阶级有助于拉动消费和稳定消费市场，他们是促进社会主义市场经济体制的中坚力量（王建平，2006；夏建中、姚志杰，2005；郁方，2005）。[①]

另有一些学者认为，中产阶级是先进文化的消费者和创造者，扩大中产阶级在人口中的比重有利于促进文化的发展，当中产阶级成为社会文化主体时，他们的世界观、价值观和人生观对推动社会生活观念的更新起着重要作用。同时他们也是社会发展最具创造力的群体，是实现全面建设小康社会的主体，是实现共同富裕和建设和谐社会的承担者（陈曙红，2006）。

李友梅（2005）在考察了上海“白领”的社会历史轨迹的基础上，关注到时下上海白领职业群体的文化价值取向及其认同和社会心态与社会功能间的关系，认为该群体的社会心态和社会功能有其鲜明特征，即他们是面向市场的“上海S白领”，是在一个“群体快速组合”与“内部高速流动”的交互过程中生长起来的。“群体快速组合”是指来

① 限于篇幅，于此删去了关于国内中产阶层的消费研究部分，请参见王宁为本年鉴撰写的学术综述《国内消费社会学研究回顾》之“中产阶层与消费模式”。——编者注

自国内外高素质人员与上海本地人才的群体经快速社会流动而"组合";"内部高速流动"则是指其群体内部职业流动正在以一种较快的速度与频次展开。于此基础上成长起来的"上海S白领"在整体上有一种焦灼感与压力感,具有"强政治取向"和"弱政治参与"同时表现的行为,尚未形成稳定的行为规范、公共知识体系和价值认同。

此外,仍有学者认为要壮大中国的中产阶级,就要加快城市化进程,解决农业人口向现代产业人口的转变;通过职业结构的调整,使得以蓝领为主体的职业结构转变为以白领为主体的职业结构;普及高等教育,增加人力资本投入,使更多的人有能力进入中产阶层;建立覆盖社会多数人口的社会保障制度(孙立平,2007)。

(三)阶层认同与行动

李春玲(2004)认为,处于社会分层两端的内部身份认同率较高,处于中间阶层认同较模糊。她利用陆学艺主持的"当代中国社会结构变迁研究"课题组的一项全国抽样问卷资料,统计分析发现,有46.8%的被调查者主观认同为"中产",接近2/5的人认为自己处于中等社会地位,近半数的人属于主观认同中产(李春玲,2004:58)。刘精明、李路路(2005)的研究也发现,客观位置处在中间状态的,阶层地位自我认同则比较分散或者比较模糊。中国社会科学院"当代中国人民内部矛盾研究"课题组(2004)则发现,自认为处于社会中层的比率最高(46.9%)。张宛丽通过其于2001~2002年在北京、上海、长春等地所做的相关调查发现,属于前述界定的"新中间阶层"的职业者,特别是期间的一个特殊群体——私营企业主群体有较强烈的"中间阶层"地位的自我认同(张宛丽,2004)。

时下,研究者较集中地观察和分析了在住宅私有化过程中作为业主的"中产阶层"的地位认同和维权行动,他们都不同程度地意识到,业主维权运动是当代中国都市社会运动的一种独特形态,对唤醒公民权利意识、运用组织化路径来捍卫自己的权利、培育公民社会(沈原,2006),推动私有财产权的宪政建设、城市政治发展、社区治理结构及运行机制的重构具有重要意义(邹树彬,2005)。陈映芳(2006)的研究则发现,中产阶级业主的地位认同对于其参与和推动维权运动具有一定的积极意义;然而,限于国家权力结构和资源控制手段的强势作用,中产阶级较多依赖国家权力,如此便限制了他们的维权能力。

"公民社会权力与社会文化",历来是"中产阶层"研究所必然关注的一个社会结构要素;在社会实践层面,更是"新中产阶层"社会功能发育的一个必不可少的温床。俞可平(2006)发现,改革开放以来,民间组织的发展,在一定程度上反映了公民社会正在中国崛起,应当进一步完善中国公民社会制度。

国内学者在借鉴西方理论的基础上,对中国中产阶级的现状进行了一些初步的实证调查和经验分析,探讨了中国中产阶级的概念界定和研究取向。学者们认为中产阶级的内涵不仅牵涉到社会中个人获取物质报酬方面的差异,而且也对中产阶级所日益体现的精神品质从规范和道德上给予了认同。虽然对中产阶层可能发挥的社会作用做出了不同的前景估计,但均认为发展壮大中产阶层是当前优化社会结构的重要举措。中国中产阶级的崛起将成为必然趋势,在建设全面小康社会进程中,中产阶级将成为我国社会结构的主流;但是,在其发展过程中,将受制于急剧转型的中国社会变迁的特定社会历史因素的制约,将打上"全球化"的时代印记。在今后的相关研究中,以"中国经验"的智识特色,丰富社会结构变迁的社会理论,将是激励我们的一种智慧期待!

参考文献

边燕杰、刘勇利，2005，《社会分层、住房产权与居住质量——对中国“五普”数据的分析》，《社会学研究》第 3 期。

C. 莱特·米尔斯，1987/1951，《白领——美国的中产阶级》，杨小东等译，杭州：浙江人民出版社。

陈冠任、易扬，2004，《中国中产者调查》，北京：团结出版社。

陈曙红，2006，《新中产阶级与文化资本》，http：//www. sociology. cass. cn。

陈映芳，2006，《行动力与制度限制：都市运动中的中产阶层》，《社会学研究》第 4 期。

仇立平，2007，《回到马克思：对中国社会分层研究的反思》，《社会》第 4 期。

丹尼尔·贝尔，1984/1973，《后工业社会的来临》，高铦、王宏周、魏章玲译，北京：商务印书馆。

丹尼斯·吉尔伯特、约瑟夫·A. 卡尔，1992，《美国阶级结构》，北京：中国社会科学出版社。

何建章主编，1990，《当代社会阶级结构和社会分层问题》，北京：中国社会科学出版社。

李春玲，2003，《中产阶层：中国社会值得关注的人群》，中国社会科学院社会学研究所编《2004 年：中国社会形势分析与预测》，北京：社会科学文献出版社。

——2004，《社会阶层的身份认同》，《江苏社会科学》第 6 期。

——2005，《断裂与碎片——当代中国社会阶层分化实证分析》，北京：社会科学文献出版社。

李大钊，1919，《我的马克思主义观》，《新青年》第 5 期。

李国庆，2001，《日本社会——结构特性与变迁轨迹》，北京：高等教育出版社。

李培林，2005，《社会冲突与阶级意识——当代中国社会矛盾研究》，《社会》第 1 期。

——2006，《和谐社会十讲》，北京：社会科学文献出版社。

李强，1990，《西方发达国家的白领阶层》，何建章等编《当代社会阶级结构和社会分层问题》，北京：中国社会科学出版社。

——2001，《关于中产阶级和中间阶层》，《中国人民大学学报》第 2 期。

——2005a，《关于中间阶级的理论与现状》，《社会》第 1 期。

——2005b，《“丁字型”的社会结构与“结构紧张”》，《社会学研究》第 2 期。

李友梅，2005，《社会结构中的“白领”及其社会功能——以 20 世纪 90 年代以来的上海为例》，《社会学研究》第 6 期。

李正东，2004，《关于当前中产阶层研究的几个思考》，《天府新论》第 1 期。

刘长江，2006，《“中产阶级”研究：疑问与探源》，《社会》第 4 期。

刘精明、李路路，2005，《阶层化：居住空间、生活方式、社会交往与阶层认同——我国城镇社会阶层化问题的实证研究》，《社会学研究》第 3 期。

陆学艺，2005，《构建和谐社会与社会结构的调整》，《江苏社会科学》第 6 期。

陆学艺主编，2002，《当代中国社会阶层结构研究报告》，北京：社会科学文献出版社。

——2004，《当代中国社会流动》，北京：社会科学文献出版社。

马尔科姆·沃斯特，2000/1998，《现代社会学理论》，杨善华、李康、汪洪波、郭金华、毕向阳译，北京：华夏出版社。

马克思，1972，《法兰西内战》，《马克思恩格斯选集》第 2 卷，北京：人民出版社。

尼科斯·普兰查斯，1976，《当代资本主义的阶级》，何建章等编《当代社会阶级结构和社会分层问题》，北京：中国社会科学出版社。

倪力亚，1989，《论当代资本主义社会的阶级结构》，北京：中国人民大学出版社。

沈原，2006，《"强干预"与"弱干预"：社会学干预方法的两条途径》，《社会学研究》第5期。

石秀印、李炜，2004，《中国职业结构的趋高级化及原因分析》，陆学艺主编《当代中国社会流动》，北京：社会科学文献出版社。

宋林飞，2005，《如何认识中国新社会结构》，《江海学刊》第1期。

孙立平，2004，《失衡：断裂社会的运作逻辑》，北京：社会科学文献出版社。

——2007，《中产阶级与社会和谐》，4月28日《经济观察报》。

童星、张海波，2005，《社会分层与社会和谐》，《社会》第6期。

王宏周，1990，《西方马克思主义者的社会结构理论》，何建章等编《当代社会阶级结构和社会分层问题》，北京：中国社会科学出版社。

王建平，2006，《存在与困惑：中国城市中产阶级的消费张力》，《学术交流》第10期。

王开玉，2005，《中国中产阶层的初级形态——中等收入者研究》，http：//www. sociology. cass. cn。

夏建中、姚志杰，2005，《白领群体生活方式的一项实证研究》，《江苏社会科学》第1期。

俞可平，2006，《改善我国公民社会制度环境的若干思考》，《当代世界与社会主义》第1期。

郁方，2005，《19世纪以来中国中产阶层消费文化变迁与特征》，《学术研究》第7期。

张宛丽，2002a，《专题研究报告之四：中国中间阶层研究报告》，陆学艺主编《当代中国社会阶层研究报告》，北京：社会科学文献出版社。

——2002b，《对现阶段中国中间阶层的初步研究》，《江苏社会科学》第4期。

——2002c，《现阶段我国中间阶层的界定与构成》，《三联生活周刊》第22期。

——2004，《中间阶层的崛起与社会分层》，郑杭生主编《中国社会结构变化趋势研究》，北京：中国人民大学出版社。

张宛丽、高鸽，2005，《缓冲与示范——构建和谐社会中中间阶层的社会利益关系协调功能》，《中国党政干部论坛》第24期。

张宛丽、李炜、高鸽，2006，《现阶段中国社会新中间阶层构成特征的初步研究》，中国社会学年会学术论文。

张翼、侯慧丽，2004，《中国各阶层人口的数量及阶层结构——利用2005年第五次全国人口普查所做的估计》，《中国人口科学》第6期。

郑杭生主编，2004，《当代中国城市社会结构：现状与趋势》，北京：中国人民大学出版社。

中国社会科学院"当代中国人民内部矛盾研究"课题组，2004，《城市人口的阶层认同现状及影响因素》，《中国人口科学》第5期。

周晓虹，2005a，《扩大中等收入者的比重是保证社会和谐发展的不二法则》，《学习与探索》第6期。

周晓虹主编，2005b，《中国中产阶层调查》，北京：社会科学文献出版社。

邹树彬，2005，《城市业主维权运动：特点及其影响》，《深圳大学学报（人文社会科学版）》第5期。

Carchedi, G. , 1977, *On the Economic Identification of Social Classes*. London: Routledge.

Gerth & Mills, 1958, *From MarWeber: Essays In Sociology*. New York: University Press.

Poulantzas, N. , 1982, "On Social Classes." in Giddens, A. & D. Held (eds.), *Classes, Power and Conflict*. Berkeley: University of California Press.

Wright, E. , 1978, *Classes, Crisis and the State*. London: New Left.

作者单位：张宛丽，中国社会科学院社会学研究所；
孙亮，中国社会科学院研究生院社会学系

将阶级分析带回到劳工研究的中心

——2003～2006 年的劳工问题研究

佟　新　戴建中　王春来

近年来，劳资关系以及劳工问题研究出现了诸多令人振奋的研究成果，一改多年来劳工研究的沉寂。其突出特点在于：第一，在理论上，对劳工的研究从失语状况发展到以阶级分析为突破口，基本完成了到公民权建设为目标的理论整合。第二，以社会价值关怀为立场，产生了一批揭示劳工工作条件、生活状况和劳资关系现状的作品。第三，关注劳工的抗争行动和集体行动，寻找改革的多元力量和多种可能性。第四，借助对阶级分析理论的反思，建立了更为宽泛的公民权理论，出现了劳工与劳动关系研究中更为多元的势头。

一　阶级分析的回归：劳工研究理论范式的转变

在计划经济时代，阶级一词更多的是一种具有意识形态色彩的政治术语。改革开放后，阶级分析作为带有计划经济色彩的词汇被摈弃。然而，随着国有企业改革的深化和农民工成为中国工业化中的主要力量，如何理论化中国劳工的社会地位成为一个新问题。

（一）从阶层分析到阶级分析

如果按照时间向度重新梳理，那么，自农民工流动现象被纳入社会学研究以来，大体上先后出现了人口迁移、社区研究、社会网络、社会分层等视角。最初，研究者们主要将农民工流动视为一种宏观人口现象，关注的是这种现象产生的原因和机制，以及宏观经济—社会后果，直至社会分层视角的兴起，社会结构的分化和弱势群体的社会地位、贫困状况才被凸显出来，农民工流动现象开始被社会问题化（谭深，2004）。

但是很快，阶层分析就不能满足部分学者对现实劳工状况的解释了，它“在应当讨论阶级分层的时候却研究职业分层，在应当面对制度变迁的时候却专注于人际关系……面对底层社会的苦难却强调价值中立”（沈原，2006b）。由此，涉及财产的占有与分配、压榨与抗争的阶级理论成为劳工研究的理论甘泉和突破口，中国社会日益突出的分化和不公，为阶级分析的回归找到了合理性。中国的劳工研究从阶层分析走向阶级分析，已经或正在一部分劳工研究者中形成所谓社会学马克思主义学派。

所谓劳工研究的阶级分析认为，在中国社会转型过程中存在着资本剥削劳动的事实，并以此为基础认识中国本土社会中国家、资本、文化等诸多因素与劳工之间的关系。阶级分析视角下的劳工研究并不意味着仅仅使用“阶级”或“工人阶级”等字样（谢建社，2005；柳可白等，2005，2007）；而且意味着应用剥削与支配概念认识中国的劳工和劳资关系。虽然学者们对剥削有多种解释，但是在劳工和劳资关系分析的诸多研究视角中还是加入了阶级分析的色彩，如，劳动力再生产中国家和资本缺席的研究（任焰、潘毅，2006b，2006c）、对性工作者的研究（黄盈盈、潘绥铭，2003），对女工的分析（潘毅，2005a；谭深，2005；佟新，2003a），对全球生产链下劳工的分析（余晓敏，2006）等，都纳入了剥削与支配关系的概念，这成为劳工研究中社会学马克思主义的一致性的底线。

要将“中国劳工问题理论化为一个阶级构成的问题”，成为一部分以中文写作的学者较早倡导阶级分析时的提法（李静君，1999）。中国劳工正处于旧体制已消失、新体制未建立起来的裂缝中，大部分工人失去讨价还价的权力；那么，阶级经验即阶级带来的文化、体会、感受与思想、意识的混合就要成为考察的重点。劳工对市场制度的理解和接受、对改革的道德判断以及他们所有的一套来自国家社会主义历史的语言和思考工具等都需要得到考察。李静君（1999）认为，在新旧体制之中，中国工人的阶级力量在市场发展快的地区较明显地弱化，但阶级意识在全国都明显地尖锐化。

（二）评介了一批新马克思主义有关劳工研究的成果

阶级分析框架的确认经历了一个对新马克思主义的劳工研究的学习与反思过程。21世纪初社会学界出版和发表了一批有关劳工研究的书籍和论文。

首先，有关社会分层研究理论的介绍集中了不少新马克思主义的观点（格伦斯基，2006）和对中国的研究（李友梅、孙立平、沈原主编，2006）；也有对西方工人阶级形成理论的综述，并将这一研究称为致力于“重返阶级”的讨论（吴清军，2006）。

其次，介绍了一批劳工史研究的著名书籍。如《英国工人阶级的形成》（汤普森，2001）、《上海罢工》（裴宜理，2001）。在后一本书中，作者揭出了“不同的工人有不同的政治”的新马克思主义观点，将工人的经历、生活和文化背景纳入对工人集体行动的理解，从性别、地缘以及技术分化的视角理解工人的联合与分裂。虽然这是对1949年以前中国工人行动的研究，但其一致性的文化和对历史背景的解释对当今研究具有重要的启发意义（裴宜理，2001）。

第三，介绍了一批有关亚洲国家劳工和农民的研究。《韩国工人》一书的翻译出版，对中国劳工研究有着积极的意义，具海根对儒家文化传统、家长制意识形态、威权主义国家观念等这些在东亚国家具有普遍性的力量的分析令人印象深刻，而教会、知识分子和学生参与的韩国工人运动则更有惊心动魄之感（具海根，2004）。有学者从理论和经验两方面详细梳理了西方文献中关于阶级意识的讨论，并对比了中韩两国社会阶级意识的异同（李炜，2004）。斯科特对农民的道义经济学和反叛的研究，开拓了中国学者的视野。斯科特通过理解农民的政治活动和反叛来理解农民社会技术的、社会的和道德的安排，将剥削和反叛问题置于农民的社会公正观念、权利义务观念和互惠观念之中。同时，斯科特还强调了“弱者的武器”的社会意义（斯科特，2001，2007）。

第四，对美国社会学家麦克·布洛维劳动过程理论的系统介绍，引发了国内学者对过程理论及霸权等概念的使用（布洛维，2007；梁萌，2007；童根兴，2005a，2005b；李洁，2005；游正林，2006），同时还有一些经典的劳工研究和劳资关系论著得到评介（吕鹏，2006）。

20 世纪 70 年代在欧美国家开始形成的“新社会运动理论”、福柯的权力理论、后现代的多元政治等理论都影响着学者对劳工的研究。

以阶级分析为方法论的劳工研究的出现，本质上不仅是对劳工地位的解读，更主要的是对中国宏观社会结构的认识，孙立平的“断裂三部曲”就被视作以阶级分析为基础的学术努力（郭于华，2006；孙立平，2006）。

（三）失语与工人阶级再形成的认识

阶级分析的出现在一定程度上反映了劳工研究者对主流话语的反抗。在竞争、市场、理性等现代性话语下，工人们的下岗、低工资、农民工恶劣的劳动条件等似乎都是转型时期的必然结果。研究者们看到，一方面是大众媒体对农民工的负面报道、城市原住居民对农民工的排斥等共同塑造的农民工群体低能低素质的形象；另一方面，是农民工恶劣的劳动条件和对中国经济迅速发展做出的贡献。两者的对比和反差更加突出了中国农民工问题的理论和实践冲击力，迫使一些学者开始努力寻找更有力的理论语言来解读它，此时阶级分析话语在部分研究者中成为一种可以利用的重要话语资源。

工人们的“沉默”，有学者称之为打工阶级的“失语症”（discursive dyslexia），不仅对中国的劳动与人口政策及法规的制定产生重大影响，同时也阻碍了打工阶级自身的形成。潘毅（2005a）提出了“阶级”分析，以帮助理解改革时期中国新兴打工阶级的“失语与发声”的喻义。由部分经济精英和知识精英组成的新精英集团正在崛起，他们打着新自由主义话语的旗号，自觉地抵制一般意义上的“马克思主义”话语以及特殊意义上的“阶级斗争”话语，因为这些话语仍然有可能塑造大众记忆和社会主义历史。话语问题之所以备受关注，是因为工人必须使用语言对其处境做出共同的归因和解释后才可能进行集体抗争，话语问题直接与阶级意识相连，失语常常被视为阶级意识的缺失。一些学者认为，失语的本质还在于，它说明工人没有对自己处境进行宏观的科学解释的理论，因此也认识不到组织起来的力量和必要性。阶级一词的启用代表了一部分劳工研究者对马克思理论的再次回归，也是对中国社会中特有的知识渊源的再次探索。的确，我们面对的是复杂的劳工群体，国有企业的在岗工人、下岗工人、流动的打工者或农民工以及各类失业的劳动力，劳工群体的结构性变化正孕育着工人阶级的再形成。一方面，国有企业工人人数减少；另一方面，却是工人队伍的增加。1980 年，中国制造业、建筑业、交通运输业的职工数是 7697 万人，2002 年这一数字达到了 14284 万人，几乎增加了一倍。今天，中国工人阶级的队伍正在蓬勃发展。

二　重新发现工人的阶级经验和阶级意识

（一）揭示劳工的劳动状况

21世纪初，中国社会学界出现了一批深入劳工群体对其生活进行田野研究的学者，他们将展示劳工的劳动与生活状况作为社会学者的一种使命，由此中国的工人“从抽象工人走向具体工人”（沈原，2006a）。

对伤残农民工的研究发现，虽然中国保护劳工的政策越来越完善，但是农民工应得的权益在维权过程中却常常被剥夺殆尽。这种文本的制度与实践的制度之间的差距使伤残农民工权益保护制度无法实现，在伤残农民工维权道路上存在着一个与赋权完全相反的剥权过程。剥权主要表现为制度运作实践中形成的制度连接机制。这些机制包括资本和地方权力体系在制度运作实践中形成的去合法性、增大维权成本、对制度的选择性利用和弱化社会支持的相互连接机制。事实上，郑广怀的研究揭示出，在宣传维权的同时，地方权力和资本如何一起以制度连接的形式在实践过程中对工人的权益进行“合法”的剥夺。这一做法使得对劳工权益的剥夺（或是剥削）变得更为复杂隐蔽，因为在表面看来，地方权力和资本似乎正在按照公司社会责任的要求“依法办事”（郑广怀，2005）。

研究者、学生和劳工NGO的工作者们出版了一批劳工自己叙述的故事（李真主编，2004a，2004b；潘毅、黎婉薇，2006；刘开明，2003a，2003b；曹子玮，2003），这些出版物虽然难以满足分析与批判的需求，但却以严肃的态度和务实精神将劳工们的真实生活记录了下来，对于唤醒社会良知和社会公正具有重要的社会意义。

还有一些高校的硕士生和博士生论文选择了中国劳工研究，如对散工现象的社会学研究、对农民工家庭、家户工实践逻辑、女工、在华韩资企业劳资关系、广东省“民工荒”以及农民工的社会排斥与社会支持体系的研究，对矿山工人的深入调研等（王雪，2004；程士华，2006；童根兴，2005a；李文芬，2005；余雪芳，2004；严小红，2006；刘畅，2003；杨可，2006；王竞，2006；权素英，2006；孙东波，2006；陈素蜜，2005；刘冬梅，2005；章娟，2005）。《安源矿工》使用民族志的方法“展示工人自己讲述的工人，展示多重属性的工人，展示多元意义上的工人”，对安源矿工的工作、谋生、家庭婚姻、子女教育、社区邻里、闲暇娱乐、信仰、亚文化特征及矿区利益冲突进行了个案研究，展现了企业社区的形成和解体过程中矿工的职业分化与流动，农民工加入工人队伍及矿工政治、劳动、社区三重属性的演变（梅方权，2006）。这些研究代表了一批新生的学术力量的潜力。

（二）从劳工的日常工作中发现阶级经验和阶级意识

一项对一次搜身事件引发女工集体行动的分析发现，由搜身事件到女工的集体行动到具有社会运动意味的多方参与，本身是一个实践过程，在这个过程中出现了不寻常的事情，比如在生存文化下原本顺从的女工的激烈反抗，劳资的地位在一定时段内发生颠倒。研究者尝试用实践的增量来解释这些不寻常的事情：事件中的每一步都激活了一些社会因素，这些社会因素又激活另一些社会因素，比如律师的介入带动了个别媒体；媒体的介入又带动更多的媒体，还引起政府的关注；市政府的介入将事件引入法制轨道，又引起更高层政府和有关机构的介入；一直到外资所在国……各种对女工的支持因素相互连接，从而形成女工成为事件主导的优势地位。在若干天的坚持中，女工们显然意识到了集体团结的重要性，她们的力量不是来自个人，而是来自集体，而且是完整的集体。作者问道："这是不是某种萌生的阶级意识呢?"（谭深，2005）

还有学者对一家由跨国公司推进的台资制鞋企业中女工参与民主选举工会委员的事件进行了深入观察，发现，虽然女工参与工会选举的过程并非女工争取来的，但是她们充分地利用这一机会，借此表达自己的权利要求。作者指出，女工们的劳动经历是有意义的，她们被压迫、被剥削、被歧视的经历在适当的条件下可以上升为反抗压迫的行动动力。打工妹们在选举的过程中明确表达了自己的群体利益，甚至阶级的利益超越了同乡的利益，她们已经是作为工人阶级而存在了（朱庆华，2005，424～425）。

三 从劳资关系分析重新理解社会力量

劳资关系研究是劳工研究的重要部分，其意义在于理解与劳动相关的多种社会力量以及企业内部的权威关系。

（一）对劳资关系性质的多元看法

由于国有经济依然在中国国民经济中占有重要位置，因此，劳资关系的研究中，阶级分析话语并没有太多的合法性，由此形成了对劳资关系性质的多元看法。

观点之一：制度理论。这一观点认为，要建立工会和职代会制度，以形成劳资谈判机制，他们的研究多集体中于工会和职代会的职能。

研究发现，其一，在正常时期，职代会在一些工厂作为体制的崛起，能够增强共识性的劳动关系。全国总工会也在推广和规范职代会的职能；比较开明的管理方也想用职代会来获取职工的更多合作。全国总工会意识到在企业改制和新劳动关系建立的时期，职代会能够使其合法性地位得到巩固。在推进职代会制度的同时，全总也一直在倡导"厂务公开"和民主选举工厂工会的活动。这些措施应该能对职代会发挥其作用有所影响。其二，与上一趋势相反的是，在劳企关系恶化，特别是企业生死存亡的关键时刻，职代会可能会变成一个争战之地。职工会把职代会转变为表达他们利益和权利的地盘，结局可能会很不好，但是如果工人能成功，职代会则很可能会成为一种真的民主参与制度。在这样的企业，工人当然会给予职代会更高的评价（朱晓阳、陈佩华，2003）。

对一些企业工会的研究发现，企业工会在公司治理中是有效的，但也很复杂。工会本身是个利益群体，具有"人格化工会"的特点，它能够自主且能动地为其自身发展创造空间。市场因素强有力地推动工会成为工人的利益代言人，同时，在特定的关系网络中，工会能动地利用各种关系实现其利益最大化，其中党组织的资源是一个强有力的支持（佟新，2005）。

对不同所有制类型企业工会的研究表明，其一，工会和职代会在各类企业组织类型的实际运作没有统一模式，具有多样性特征。其二，各种企业的职代会和工会又普遍存在对传统国有企业相应制度的依赖，会不同程度地再现原有的制度。其三，在社会转型和融入全球化的背景下，中国企业内部出现的社会分化、社会冲突等与传统工业化过程的背景不同，有可能凭借职工民主参与意识的觉醒和提升以及政府、企业对职工民主参与的认同，形成独特的利益表达机制，形成“多赢”局面。其四，职代会和工会在企业改制和企业发展中起到不可或缺的作用。其五，职工群体是企业民主参与的主体，且对民主参与是肯定性评价。因此，只要有职工民主训练的进一步扩展以及企业、政府的互动，前景是乐观的（冯同庆主编，2005：11～15）。

不同的观点则认为，市场经济的过渡已经迫使工会开始重视代表工人的问题，在制度上国家也为工会发挥代表功能提供了一定的空间，但工会仍然是国家机器的一部分，它的作用不可能与国家政策相抵触。工会的两种身份间的冲突迫使它们在处理劳动争议事件时，小心翼翼地在国家与工人之间摆动，以保持平衡。对于工人提出的要求，工会要根据自己两种身份相互冲突的程度，分别采取代表工人、在工人与国家间进行调解以及制止工人行为三种方法应对。工人的要求主要有两种，一是经济的要求，二是组织的要求。对于工人的组织要求，国家是不能接受的，工会的态度就是不遗余力地进行遏制。对于工人的经济要求，工会的反应取决于工人提出这种要求的方式，只要工人的要求是通过官方规定的渠道提出来的，工会还是有可能提供支持和帮助的。但是，如果工人的要求是通过集体抗争这种国家不喜欢、不鼓励的方式提出来，工会就不会为工人出头说话（陈峰，2003b）。

观点之二：理性化的策略选择。这一观点认为，在中国企业改制过程中，劳工一方是绝对的弱势，但是劳工并不是一个无力的群体，他们是能动的，可以理性地选择行动策略。

有研究认为，在企业制度变革过程中，普通工人地位受损以及经理权威主义的崛起是个不争的事实，对此，工人以情境理性来回应，在行动上表现为三大类型：一是退出，即离开企业，其中又分主动和被动退出两种类型；二是服从，也分为主动和消极服从两种类型；三是吁请，即以抵制、消极不合作、松弛或抱怨，向管理者、管理者的上级表达不满与要求，它又可分为个人吁请和集体行动两种类型，其中，个人吁请又分两种形式，一是采取抵制行动来表达不满，二是个人倾诉，即采取个人抱怨，向管理者、管理者上级表达不满与利益诉求。正式制度与非正式制度都在约束着工人的行动。工人一般只能以“守法逻辑”和“生存逻辑”来行动，正是工人的这种行动选择构成了中国社会总体上的稳定，使得改革得以继续推行（刘爱玉，2003）。

观点之三：利益组织或利益组织化单位理论。这一观点认为延续的计划经济时代的利益组织化单位，可能能够生成相关的利益压力集团，由此影响劳资关系的力量对比。中国社会虽然存在着阶级冲突，但找不到阶级这种次级社会团体的组织活动，于是多元社会利益无法经由它们组织化，也无法对社会政策发挥任何影响。那么，在中国，社会利益的组织化意味着随着政权交替发生的社会建制的转变。社会建制可能对原来的差异类别进行了重组，这种再组织化的过程，就像一个巨大的引擎“创造”了一些新的、构造社会差异类别的单位。从实践方面看，单位（机构）政治也是一种组织化的多元利益结构，但不是权力分化意义上的多元，而是整合中心分散于地域、行业或单位的多元利益结构。它在性质上虽然不同于阶级结构，但仍然能够通过地域、行业和单位组织的纵向联系，产生、反映并传递来自社会成员的压力，影响相关决策，因此对于决策权的集中和垄断有平衡作用。从另一方面看，部分未进入单位体制的社会成员被排除在外，成为无组织的分散个体，他们的利益无法经由这种方式内聚并得到有效传输。因此，作为补充，其他类型的联系体制或参与途径也被使用，比如通过特殊渠道投递报告、信笺、上访、关系、代表、媒体以及“接见日”和信访办接待，等等。它们的主要作用，显然是处理非组织化利益信息。但单位作为利益组织化方式具有支配性地位（张静，2003）。

观点之四：社会心理学的心理契约理论。这一观点强调劳资关系是一种雇员与雇主之间的心理活动场，员工对于公正感的评价会作用于劳资关系。如，组织（企业）层次上的劳资冲突源于应该由雇主（资方或其代理者）负责的雇员的不公正感，把雇员对这种不公正感的行为反应视为劳资冲突的表现形式。员工的不公正感可分为结果不公正感、程序不公正感和人际互动不公正感三个方面（游正林，2005）。也有学者认为，应当从心理契约的角度分析在组织与员工之间的相互关系，这包括两个方面的内容：“组织责任”和“员工责任”。研究发现，中国员工的心理契约是一种三维结构，即在“组织责任”与“员工责任”中均包括三个维度：规范型责任、人际型责任和发展型责任（李原、郭德俊，2006）。

观点之五：阶级分析的观点。这一观点认为，在劳资双方力量极为不平衡的状态下，制度化的工会建设只是纸上谈兵；工人只有真正组织起来，以集体行动来对抗资本的力量才有可能有谈判和地位改变（详见下文）。

（二）阶级分析框架下的劳资关系研究

几乎所有从事劳工研究的学者都会发现，中国劳工的悲惨境地是：他们既无话语的空间更无行动的空间，在强大的资本面前似乎没有了其他可能性，所以，在劳资关系研究中关注劳工的集体行动和反抗行动，其更重要的意义在于寻找中国社会转型的多种可能性。

有学者指出，20 世纪 80 年代开始的市场经济改革，已经从根本上改变了中国的工业关系。它导致了工人与管理者的普遍对立，因为所有的工人，不论他们是在国有企业、集体企业、私有企业还是外资企业工作，现在都不得不屈从于不受制约而且经常是专横跋扈的企业管理者。市场改革也使工人（特别是国有企业工人）与国家的关系变得紧张起来，因为国家职工在旧体制下拥有的种种权利已在改革中丧失殆尽。劳工权利广泛受侵犯已成为我们社会的严重弊端，由此而引起了经常性的工人抗议活动（陈峰，2003b）。

有学者使用“历史时间”的概念强调时空中社会结构尚未改变的因素对女工命运的作用，这些因素包括全球资本的入侵、国家追求现代化的压力、非民主化的劳动力市场以及家庭父权制，这些因素使女工个体被纳入转型过程之中，使其成为最底层的劳动力（佟新，2003b）。也有学者根据新劳工史研究的理论和方法，重述了中国近代工人阶级的形成，力图寻找和发现历史中工人的实践主体性（任焰、潘毅，2006a，2006b）。强调工人阶级不仅是被剥削的客体，同时也是实践主体。

依照新马克思的理论，工人阶级群体本身从来都不是一致的，中国工人的群体行动也是有差异的。不同的工人群体表现了不同的抗争特点，流动农民工、在厂国有企业工人和下岗工人的抗争构成了三种不同的工人政治（李静君，2006）。

对国有企业工人抗争的研究表明，工人的集体行动与传统社会主义之间有诸多联系。国有企业工人针对企业改制措施进行的抗争活动，从根本上反映了工人对以私人所有为基础的新所有制关系的抵制。因为这种所有制关系的建立有损于他们的利益。这种抗争行动无论在形式上还是在内容上都不同于已经处于资本主义所有制关系下的工人的抗议活动，也不同于那些已经离开了工业制度的工人的抗议活动。他们在抗争中采取的占领工厂等行动方式象征性地揭示了抗争的焦点是企业产权的归属问题。工人反对企业改制的抗争行动揭示了在经济转型时期工人为公平和正义而进行的斗争所面临的两难处境。然而，反对改制的工人抗争行动，即使是道德经济学倾向的，也有助于他们形成集体体验。不过，中国的国企工人能否把他们道德经济的抗争行动上升为工人运动，在不可逆转的市场经济中努力捍卫自己的权利，这个问题的答案将首先取决于他们能获得多少制度空间。但是，中国工人阶级目前的经历一定会有助于他们学会如何在市场经济的条件下重新界定自己的身份、地位和利益（陈峰，2003a）。

对一次反兼并的工人集体行动的研究发现，工人们在市场经济条件下的负面经历凸显了他们对社会主义文化传统的认同，兼并式改革所具有的私有化性质激发了工人们的"主人翁"观念，加剧了工人对"共同体"和"家园"的留恋和集体认同。虽然工人们已经意识到自己留恋的、能够提供生存保障的传统国有企业的"庇护"已经逝去，但他们可能借助那个时代的文化传统来为其群体利益的实现寻找合法性和可能性。这种延续着的社会主义文化传统亦可能改变中国市场化发展的路径（佟新，2006）。研究者们还注意到，单位分割对集体抗争具有分化的作用（冯仕政，2006）。

对打工妹抗争的研究蕴涵着对日常反抗逻辑的探究。与西方的无产阶级化道路不同，中国的打工妹没有对资本展开有组织的公开对抗，也没有能够成为一股重要的反抗力量。外来工们作为城市过客的两个重要特点——无常和游离，也为他们在城市中成长为一股集体性的阶级力量设置了障碍。然而，尽管一个有组织的打工阶级的形成道路受到阻塞，但是一有机会，打工者就会毫不犹豫地展开各种短暂的、自发性的罢工等集体行动。而对抗性集体行动受到压制的情况，会导致各种反叛性集体行为的产生和蔓延，从一般的劳动反抗，一直到日常生活的抗争。因此，潘毅认为，打工妹这个特殊的打工主体不仅体现了生产关系，同时也体现了社会与文化论述、消费关系、社会网络、家庭关系、性别比喻以及社会抗争。打工妹是女性打工主体，她们的社会抗争既是打工者对制度和资本的抗争，也是女性对父权制文化的挑战（潘毅，2005a）。

从制度、工人行动与工人阶级形成三个方面所做的整合分析表明，随着中国变成世界工厂，19 世纪意义上的工人阶级形成问题初显端倪。这样的工人阶级形成有两种前景：如果工人的行动被导向体制内，为现存体制所容纳，那么这样的工人阶级就不会形成；如果工人的行动被导向体制外，与现存体制对立，那么这样的工人阶级难免会形成。决定工人行动导向的是社会体制能否对工人的诉求进行合理回应，能否在回应困难的时候对现存体制进行修改，以实现工人所期望的社会公平。目前的问题是，由于体制的合理回应能力与动力不足，19 世纪意义上的工人阶级的形成正处于启动之际（许叶萍、石秀印，2006）。

四　整合阶级分析：走向公民权分析

提出社会政策的公民社会模式的马歇尔，从一开始就讨论阶级与公民社会的问题（Marshall，1964）。在阶级分析视角出现的同时，公民社会的视角也被普遍地应用在劳工和劳资关系研究（秦晖，2002），并与阶级分析视角彼此呼应（沈原，2006a）。公民权的理念似乎更暗合于市场的、理性的、法制的等现代性的追求。公民权视角不是对阶级分析的摒弃，而是将阶级分析推向更有普遍意义的“权利”分析：工人不再是被剥削的个体，而是一个与任何人一样享有权利的“人”。

（一）阶级分析与公民权分析的契合

从事劳工和劳资关系研究的学者们，一方面无法避免对马克思阶级分析理论的反思；另一方面，也无法逃避现实社会中的市场化大潮和相关的政治氛围，这使得公民权理论具有更大的社会空间。

有学者用马克思的剥削模式来分析农民工，以波兰尼的转型理论来分析传统国有企业工人。改革开放后，大批农民转离农村和农业，进入城市和东部发达地区的工厂，直接面对的是比较典型的市场社会的劳资关系，这种关系大致符合马克思所描绘的资本主义工业生产的原型：严密控制的劳动过程、对工人生产行为的严格管理、血汗工资制度……大体上可以说，农民工是沿着马克思模式描述的道路而转变成工人阶级的。原国有企业工人转变为市场社会的工人阶级的过程，却更多地体现出波兰尼模式所描述的特点，即市场力量起了巨大的作用。当原来的国企职工身处工厂的劳动过程之中时，他们为各种国家福利所覆盖，似乎并没有表现出强固的工人阶级自主意识。他们的工人阶级自主意识多半是在下岗、离职，即在退出生产领域以后，在社区生活中逐渐生成的。其中，这些工人与国家的关系重构成为他们的自主意识的一个重要参照系和可得资源。在很多情况下，当原国有工厂的设备和资源面临被出售的命运时——就是说，国有企业工人与这些国有资产哪怕仅仅在理论上才拥有的“主人翁”关系将被最终割断时，这些工人往往会群起抗争，由此开始向着阶级形成的方向发展。在中国社会，转型起点上种种不平等的制度安排，特别是城乡分割的二元结构，造成了中国工人阶级的再形成被分割成“新”、“老”两个不同的片断，沿着不同的路径展开；又由于整个国家改革开放的进度和策略的不同，全社会遍布各种类型的“工厂政体”，从产权形态到劳动过程都呈现出复杂多样的形态。无论是从农民转化而来的“农民工”，还是经过一系列的沉降过程而被重新塑造成19世纪意义上的工人阶级的前国有企业工人，当他们被输送到不同的“工厂政体”之中时，就在这些不同的熔炉里被锻造成型——被锻造成不同的工人阶级片断（沈原，2006a）。

中国多元复杂的社会背景和文化传统，特别是乡土中国的身份政治，在某种程度上更需要从公民权的角度首先打破“身份”的限制，将工人、农民工、白领等诸多的个人还原为同一的“社会人”。在阶级分析与公民权分析之间寻找契合，更多地反映了实践中的困境。在有限的行动空间中，倡导主体性与公民社会意味着实践上更大的可能性。

（二）实践社会学的努力

面对工人阶级群体地位的衰落，有学者提出应当实现“社会干预”的实践社会学（沈原，2006b）。据笔者所知，不少大学和研究机构在近年来成立了劳工研究中心，如北京大学的“中国工人与劳动研究中心”、北京师范大学的“中国劳工研究中心”、中山大学的“劳工研究与服务中心”，清华大学的当代中国研究中心和“劳工系列研究”项目，以及中国社会科学院劳动与社会保障研究中心，等等。我们可以期待有更多的研究成果出现。

还有不少社会学家积极地加入到实践中，从政策层面、NGO 组织层面和行动研究的层面干预劳工的状况。一批有关劳工的 NGO 组织得以产生，如“女工关怀”、“打工妹之家”、“小鸟”、“劳工观察”、“协作者组织”等，有诸多学者参与实践社会学。全球化的发展不仅改变了传统的生产体制，也在中国劳工领域催生了一个个新的生产主体和组织。对外来工组织的观察发现，外来工组织的成长与全球化紧密相关，特别是与跨国劳工团结网络的资金、团队管理经验和劳工服务理念相关，跨国网络在中国的活动有利于外来工组织的健康发展，也有利于中国社会的和谐进步（黄岩，2006）。劳工 NGO 组织的发展不仅与全球化相连，也与学者的积极投入相连。

可以相信，随着中国建设和谐社会力度的加强，中国劳工的劳动条件、组织能力和相关的学术研究都会有更多和更好的成绩。

参考文献

曹子玮，2003，《农民工的再建构社会网与网内资源流向》，《社会学研究》第 3 期。

陈峰，2003a，《中国的工业改制与工人抗争》，原文为英文，发表在 *Mondern China* 4 月号，中文译文见 http://bbs. sachina. pku. edu. cn。

——2003b，《在国家和劳工之间：市场经济下中国工会的角色冲突》，原文为英文，发表在 *The China Quarterly* 12 月号，中文译文见 http://bbs. sachina. pku. edu. cn/forum - 44 - 1. html。

陈素蜜，2005，《广东劳动力短缺分析——从劳动力供给看广东的“民工荒”》，中山大学社会学系硕士论文。

程士华，2006，《务工经历对农民工个人现代性的影响——基于安徽 F 市农村地区农民和外出农民工的调查》，中国人民大学社会学系硕士论文。

戴维·格伦斯基，2006，《社会分层》，北京：华夏出版社。

冯仕政，2006，《单位分割与集体抗争》，《社会学研究》第 3 期。

冯同庆主编，2005，《中国经验：转型社会的企业治理与职工民主参与》，北京：社会科学文献出版社。

郭于华，2006，《转型社会学的新议程——孙立平“社会断裂三部曲”的社会学述评》，《社会学研究》第 6 期。

黄岩，2006，《外来工组织与跨国劳工团结网络——以华南地区为例》，《开放时代》第 6 期。

黄盈盈、潘绥铭，2003，《中国东北地区劳动力市场中的女性性工作者》，《社会学研究》第 3 期。

具海根，2004，《韩国工人——阶级形成的文化与政治》，北京：社会科学文献出版社。

李铒金，2003，《社会经济地位与网络资源——以东北的两家国有工厂为例》，《社会学研究》第6期。

李洁，2005，《重建生产的核心——基于劳动过程理论的发展脉络阅读〈生产政治〉》，《社会学研究》第5期。

李静君，1999，《劳动与性别：西方社会学界对中国的分析》，http：//www. tsinghua. edu. cn/docsn/shxx/site/chinac。

——2006，《中国工人阶级的转型政治》，载李友梅、孙立平、沈原主编《当代中国社会分层：理论与实证》，北京：社会科学文献出版社。

李炜，2004，《中国与韩国社会阶级意识的比较研究》，《社会学研究》第5期。

李文芬，2005，《利益冲突型劳资关系下女工们的抗争——对劳资关系和女工行动的经验研究》，北京大学社会学系硕士论文。

李友梅、孙立平、沈原主编，2006，《当代中国社会分层：理论与实证》，北京：社会科学文献出版社。

李原、郭德俊，2006，《员工心理契约的结构及其内部关系研究》，《社会学研究》第5期。

李真主编，2004a，《职业之痛——穿越时空的倾诉》（《打工时代》NO. 1），北京：华夏出版社。

——2004b，《生命如歌——劳动是美丽的》（《打工时代》NO. 2），北京：华夏出版社。

李培林主编，2003，《农民工——中国进城农民工的经济社会分析》，北京：社会科学文献出版社。

梁萌，2007，《在生产体制中发现工人阶级的未来——读布洛维劳动过程理论三步曲之一〈辉煌的过去〉》，《社会学研究》第1期。

刘爱玉，2003，《国有企业制度变革过程中工人的行动选择——一项关于无集体行动的经验研究》，《社会学研究》第6期。

刘畅，2003，《自我的重塑——对陕西关中地区外出女民工的个案研究》，北京大学社会学系硕士论文。

刘冬梅，2005，《进城农民工社会支持体系研究》，武汉大学社会学系硕士论文。

刘开明，2003a，《边缘人》，北京：新华出版社。

——2003b，《身体的价格——中国工伤索赔研究》，北京：人民日报出版社。

刘林平、郭志坚，2004，《企业性质、政府缺位、集体协商与外来女工的权益保障》，《社会学研究》第6期。

柳可白、王玫等，2005，《当代工人：市场化的演化与趋势》，长沙：湖南人民出版社。

——2007，《当代工人阶级地位与作用》，北京：中国工人出版社。

吕鹏，2006，《生产底层与底层的再生产——保罗·威利斯的〈学做工〉》，《社会学研究》第2期。

麦克·布洛维，2007，《公共社会学》，沈原等译，北京：社会科学文献出版社。

梅方权，2006，《安源矿工：转型期的变迁研究》，北京：中国社会科学出版社。

潘毅，2005a，《阶级的失语与发声：中国打工妹研究的一种理论视角》，《开放时代》第2期。

——2005b，《全球化工厂体制与道德理念重构》，《开放时代》第2期。

潘毅、黎婉薇，2006，《失语者的呼声》，北京：生活·读书·新知三联书店。

裴宜理，2001，《上海罢工：中国工人政治研究》，刘平译，南京：江苏人民出版社。

秦晖，2002，《农民流动、城市化、劳工权益与西部开发——当代中国的市场经济与公民权问题》，《浙江学刊》第1期。

权素英，2006，《国家、民族与组织：在华韩资企业内的工作群体互动研究》，北京大学社会学系硕士论文。

任焰、潘毅，2006a，《工人主体性的实践：重塑中国近代工人阶级的形成》，《开放时代》第3期。

——2006b，《宿舍劳动体制：劳动控制与抗争的另类空间》，《开放时代》第3期。

——2006c，《跨国劳动过程的空间政治：全球化时代的宿舍劳动体制》，《社会学研究》第4期。

沈原，2006a，《社会转型与工人阶级的再形成》，《社会学研究》第2期。

——2006b，《“强干预”与“弱干预”：社会学干预方法的两条途径》，《社会学研究》第5期。

石秀印等，2005，《市场条件下中国的阶层分化与劳资冲突》，《学海》第4期。

孙东波，2006，《地下和地上：个旧锡矿山的劳动过程、社区生活和工人文化》，北京大学社会学系硕士论文。

孙立平，2003，《断裂——20世纪90年代以来的中国社会》，北京：社会科学文献出版社。

——2004，《转型与断裂：改革以来中国社会结构的变迁》，北京：清华大学出版社。

——2006，《断裂：20世纪90年代以来中国社会的分层结构》，载李友梅、孙立平、沈原主编《当代中国社会分层：理论与实证》，北京：社会科学文献出版社。

谭深，2004，《农民工流动综述》，载中国社会科学院社会学研究所编《中国社会学年鉴》（1999～2002），北京：社会科学文献出版社。

——2005，《弱者的反抗——围绕一次搜身事件中女工集体行动的分析》，http://www.sachina.edu.cn/Htmldata/article/2005/10/368.html。

谭深、刘开明主编，2003，《跨国公司的社会责任与中国社会》，北京：社会科学文献出版社。

汤普森，2001，《英国工人阶级的形成》，钱乘旦等译，南京：译林出版社。

佟新，2002，《社会变迁与工人社会身份的重构》，《社会学研究》第6期。

——2003a，《异化与抗争——中国女工工作史研究》，北京：中国社会科学出版社。

——2003b，《社会结构与历史事件的契合——中国女工的历史命运》，《社会学研究》第5期。

——2005，《能动的行动者：B企业的工会实践》，载冯同庆主编《中国经验：转型社会的企业治理与职工民主参与》，北京：社会科学文献出版社。

——2006，《延续的社会主义文化传统——一起国有企业工人集体行动个案分析》，《社会学研究》第1期。

童根兴，2005a，《北镇家户工——日常实践逻辑与宏观政治经济学逻辑》，清华大学社会学系硕士论文。

——2005b，《共识型工人的生产——从新制度主义框架看布洛维的〈制造共识〉》，《社会学研究》第1期。

王竞，2006，《认知与博弈：订单工业背景下珠三角劳资生存策略的动态考察》，北京大学社会学系硕士论文。

王雪，2004，《夹缝中生存——散工现象的社会学研究》，中国人民大学社会学系硕士论文。

吴清军，2006，《西方工人阶级形成理论评述》，《社会学研究》第2期。

谢建社，2005，《新产业工人阶层》，北京：社会科学文献出版社。

徐小洪，2004，《冲突与协调——当代中国私营企业劳资关系研究》，北京：中国劳动社会保障出版社。

许叶萍、石秀印，2006，《工人阶级形成：体制内与体制外的转换》，http://www.sociology.cass.net.cn/shxw/cyshx/P020061006270037507951.pdf。

严小红，2006，《广东省外来女工投诉行为影响因素分析》，中山大学社会学系硕士论文。

杨可，2006，《生平情境与再社会化：城乡夹缝中的生存与适应——对北京市H区女农民工的个案研究》，北京大学社会学系硕士论文。

游正林，2005，《关于劳资冲突分析的文献综述》，《社会学研究》第4期。

——2006，《管理控制与工人抗争——资本主义劳动过程研究中有关文献述评》，《社会学研究》第3期。

余晓敏，2006，《经济全球化背景下的劳工运动：现象、问题与理论》，《社会学研究》第3期。

余雪芳，2004，《社会网络与女工的经济社会生活：从化市外来女工调查研究》，中山大学社会学系硕士论文。

詹姆斯·斯科特，2001，《农民的道义经济学：东南亚的反叛与生存》，程立显、刘建等译，南京：译林出版社。

——2007，《弱者的武器：农民反抗的日常形式》，郑广怀、张敏、何江穗译，南京：译林出版社。

张静，2003，《阶级政治与单位政治——城市社会的利益组织化结构和社会参与》，《开放时代》第2期。

章娟，2005，《城市农民工的社会排斥研究——一个分析框架的建立与实证研究》，武汉大学社会学系硕士论文。

郑广怀，2005，《伤残农民工：无法被赋权的群体》，《社会学研究》第3期。

朱庆华，2005，《外出打工经验：女工政治参与的社会基础》，冯同庆主编《中国经验：转型社会的企业治理与职工民主参与》，北京：社会科学文献出版社。

朱晓阳、陈佩华，2003，《职工代表大会：职工利益的制度化表达渠道?》，《开放时代》第2期。

Marshall, T. H., 1964, *Class, Citizenship, and Social Development*. New York: Doubleday & Company, Inc.

作者单位：佟新，北京大学社会学系，北京大学中国社会与发展研究中心；
戴建中，北京市社会科学院社会学所；
王春来，北京大学社会学系硕士研究生

收入分配差距与社会公正研究

吴忠民

近年来，随着和谐社会命题成为重大的时代议题，社会公正研究（含收入分配差距研究）呈现出一种强劲的势头。从学科角度来看，社会学、经济学、哲学、政治学、法学、伦理学等众多学科介入了社会公正研究。从研究人数角度来看，大量的学者介入了社会公正研究。从研究成果角度来看，不少有关社会公正研究的专著相继推出，大量相关的学术论文几乎是加速度地推出。中国知网（CNKI）显示：2003～2006 年，以含有公正、公平、平等、正义、收入分配和贫富差距等关键词为标题的论文分别有 2095 篇、4714 篇、1587 篇、1424 篇、1396 篇和 385 篇。从研究质量的角度看，社会公正研究的学理依据开始受到重视，理论解释力开始趋强，经验研究和实证研究所占的比例呈上升势头，社会公正的整体研究也开始呈现出一种体系化的状态。更为重要的是，学术界对于社会公正的研究同现实社会对社会公正的吁求之间的关联度很高，形成了一种十分明显的呼应，社会公正研究直接影响到现实社会的发展走向。

一　关于收入分配差距问题的研究

在种种社会不公现象当中，收入分配差距过大问题相对比较直观和现实，很容易引起学者的普遍注意。对于这一问题，以社会学和经济学为主，涉及多个学科的学者几乎是同时进行了研究，从而形成了一种较大的声势。

（一）中国社会收入分配差距过大现象的现状

学者们都认为改革开放以来，随着现代化进程和市场经济进程的推进，以往那种十分不公正的、平均主义的分配状态被改变，新型的分配方式开始形成，这是一种巨大的历史进步。不过，在发展过程中也出现了一些问题，突出表现在：贫富差距过大现象开始凸显。

赵人伟等认为，20 世纪 90 年代以来，我国居民的个人财产经历了一个高速积累和显著分化的时期。用十等分组的办法和基尼系数等指标来进行分析，从总财产来看，人均财产最多的20%的人口拥有59.3%的财产，而人均财产最少的20%的人口则仅有2.80%的财产，两者的比率为21.18:1。如果以拥有财产最多的10%的人口同拥有财产最少的10%的人口相比，那么，两者拥有财产的比率为60.89:1。2002年全国总财产分布的基尼系数已经达到0.55，同年收入分配的基尼系数为0.454（赵人伟等，2005）。

李实等认为，1995~2002年期间，个人财产分布的基尼系数从0.40上升到0.55，上升幅度达40%。应该说这是中国居民财富增长最快的时期，也是财富差距扩大幅度最大的时期。1995年全国居民财产分布的不平等主要是由城镇内部的不平等和农村内部的不平等所构成，而城乡之间财产的不平等是微乎其微的，它仅仅解释了全国财产分布不平等的1%。这意味着城乡之间的财产分布差距几乎是不存在的。然而到了2005年，全国财产分配的格局发生了明显的变化，这主要表现为城乡之间居民财产分布的不平等程度急剧加大，它解释了全国财产分布不平等的37%（李实等，2005）。

（二）收入分配差距过大现象的原因

中国经济改革研究基金会等机构的专家认为，教育机会不均等、社会保障体制不完善（尤其是对低收入人群基本保障的缺失）、财政转移支付体系的目标不明确和使用低效率、政府改革的滞后，是导致收入分配差距扩大的4项主要原因（中国经济改革研究基金会、中国经济体制改革研究会联合专家组，2005）。

杨宜勇等认为，贫富差距过大现象的主要原因在于：第一，市场机制极化作用不断增强。市场本质是要效率的，但如果仅用效率这个唯一目标来排斥其他社会目标，就会发生分配的极化问题。这属于市场机制本身所造成的问题，需要通过政府调控和纠偏。第二，体制改革的不配套。在市场化的过程中，由于相关体制改革的不完善和不配套，形成了运用特殊势力、以非市场化的方式来获取财富和权力的既得利益集团。而在政权软化的情况下，掌握经济和政治稀缺资源的少数人就拥有更多的机会和条件谋取私利。第三，再分配调节能力不足，包括：对高收入的调节不利；对低收入群体缺乏有效保护；某些形式的转移支付制度明显向高收入群体倾斜。第四，道德分配严重缺位，99%的企业从来没有参与过捐赠（杨宜勇等，2005）。

孙立平认为，目前我国贫富悬殊的趋势已经处于一种失控的状态。问题出在什么地方？关键是与收入和国民财富分配有关的制度安排处于混乱之中。第一，在整个国民收入的分配当中，通过劳动报酬分配的比重过小，大量国民财富通过非规范的途径流入个人手中。第二，不合法的和不合理的财富转移，使得国家和个人的财富迅速集中到少数人手里。第三，税收无法实现对收入差距扩大趋势的有效调控，有时甚至起相反的作用（孙立平，2004）。

吴忠民认为，中国贫富差距的扩大既有一定的历史合理性原因，比如，经济的发展与社会的进步以及市场经济体制的逐渐建立促成了贫富差距的扩大；同时，也有非正常的人为因素。就后者而言，第一，经济领域缺乏统一的规则，这就为一些人用不恰当的手段为自己谋取利益留下了许多“空档”。第二，初次分配过程中存在着许多不平等的竞争。不平等竞争表现在很多方面，最突出的是一些部门、行业甚至是一些个别的社会成员，能够通过垄断经营，获得垄断利益或高额利润，而其他的社会群体和社会成员却不能，因此最终形成了非常不合理的收入差距。第三，国家税收的严重流失，一方面使一部分人的财富迅速加大，另一方面又使国家缺乏必要的再分配的能力，从而难以有效地援助弱势群体，最终加大了贫富之间的差距。第四，社会防护能力的弱化。同经济发展幅度相比，中国的社会保障事业表现出一种明显滞后的情形。在这种情形下，整个社会的贫富差距就很容易迅速拉大（吴忠民，2004：188～190）。

二　关于社会公正问题的研究

（一）社会阶层结构层面上的社会不公问题

社会阶层结构层面上的社会公正问题十分重要。中国现阶段社会发展的滞后是一个公认的事实，而社会发展滞后的一个重要表现便是社会结构的发育状况不容乐观。"社会结构包括人口结构、家庭结构、就业结构、社会阶层结构、城乡结构、区域结构、社会组织结构等各个方面，其中，社会阶层结构是最重要、最核心的结构"（陆学艺，2005）。同收入分配差距过大问题相比，社会结构层面上的尤其是社会阶层层面上的不公正问题是属于更加基础性、本源化的问题。社会阶层结构层面上的问题如果得不到解决的话，便会引发或加剧其他一系列的社会问题。比如，贫富差距过大等外在的社会不公正问题会随着社会阶层结构的畸形化而不断恶化。也正因为如此，随着研究的深入，学者们开始对社会阶层结构层面上的社会公正问题进行探讨，并取得了较多的研究成果。

郑杭生等认为，和谐社会就是双赢互利的社会，也就是使构成我们社会的各方、参与我们社会发展的各方都能双赢互利，而不是通过牺牲一方来使另一方得益。通过牺牲一方来使另一方得益，则是与和谐社会背道而驰的，是不可能达到社会和谐的，它是社会发展问题上的"零和博弈"，是片面的、不协调的、不可持续发展的旧式发展观的集中体现（郑杭生等，2005）。

吴忠民认为，社会阶层界域中公正的基本规则应当包括：第一，社会阶层之间的相互开放和平等进入。第二，各个阶层应当得到有所差别的并且是恰如其分的回报。第三，社会各个阶层之间应当保持着一种互惠互利关系，具体表现为：处在较高位置的阶层的利益增进不能以损伤处在较低位置的阶层的利益为必要的前提条件，相反，在较高位置的阶层的利益增进的同时，较低位置阶层的处境应当随之得到改善；处在相似位置的社会阶层之间应当保持一种协调的状态（吴忠民，2004：243～252、93）。

陆学艺认为，1980 年以来，在处于较为优势地位的国家和社会管理者、经理人员、专业技术人员等阶层中，代际继承性明显增强，代内流动明显减少，表现出多进少出的趋势；而处于经济社会位置较低阶层的子女，要进入较高阶层，其门槛明显增高，两者间的社会流动障碍在强化。再有，20 世纪 90 年代中期以来，经济资源、组织资源和文化资源有向上聚集的趋势，大量原本只拥有其中一类或两类资源的人，到近些年则基本同时拥有这三种资源。这些倾向，对于形成公正、合理、开放的社会流动机制和社会阶层结构，可能会产生不利的影响（陆学艺主编，2004）。

李强认为，同 20 世纪 80 年代不同的是，在 20 世纪 90 年代，两个重要的群体"社会中心群体”和“社会边缘群体”的利益关系发生了重大变迁。中心群体占有社会资源的特征愈来愈突出，无论是城市居民与农村居民比较，还是大城市与小城镇比较，或是上级部门与下级部门比较，都会发现边缘群体与中心群体的差距日益扩大。这种现象与20世纪80年代形成强烈反差。80年代，边缘群体在资源占有方面具有优势；90年代以后完全反过来，边缘群体利益严重受损，农民生活水平不能提高，甚至凋敝（李强，2004）。

吴忠民认为，就中国现阶段社会结构的演变而言，有一种现象值得引起人们的高度警惕，这就是中国社会主要群体的弱势化趋向问题。任何一个正常的社会，一般都存在着弱势群体。中国社会现阶段弱势群体问题的不同之处在于，中国不仅仅存在着一般意义上的、数量十分巨大的弱势群体成员，而且更为严重的是，中国社会的一些主要群体如工人阶层（包括身份依然是“农民”的工人）和农民阶层中的许多成员呈现出一种弱势化的趋向。这里所说的主要群体弱势化趋向是指：主要群体中的许多成员的生活状态没有能够同社会经济的发展保持一种同步的关系，而遭受着绝对贫困和相对贫困的双重困扰；他们的竞争能力表现出某种弱化和退化的状态；他们的基本权利特别是劳动权利得不到应有的保护；他们对于社会的影响力明显减小，呈现出某种程度的边缘化状态；等等。这一现象所产生的负面影响是广泛而深远的（吴忠民，2006a）。

（二）关于“效率优先，兼顾公平”提法的继续讨论

“效率优先，兼顾公平”的提法，是在中国改革开放初期这样一个特殊的时期出现的。随着市场经济体制在中国的逐步确立，随着一系列社会问题的出现，随着人们对于现代社会和现代市场经济认识的逐步深化，随着中国社会经济形势的进一步发展，2003年以前，就有不少学者对于这一提法进行了反思。2003年后，又有一些学者对之提出了批评。

刘国光认为，“效率优先，兼顾公平”并不符合当前形势要求。理由是：其一，“效率优先、兼顾公平”意味着把经济效益放在第一位，把社会公平放在第二位，兼顾一下。这怎么也同“更加重视社会公平”搭不上界。这个提法只适用于社会主义初级阶段的一段时期，不适用于初级阶段整个时期。其二，小平同志讲“在本世纪末（即2000年）达到小康水平的时候就要突出地提出和解决这个（贫富差距）问题”。如“公平”放在兼顾即第二位的地位，就不可能突出地提出和解决社会公平问题。这与小平同志的指示相悖。其三，现在收入分配差距过大，社会不公平造成许多矛盾紧张与社会不和谐现象，潜伏隐患，不时爆发。如继续把社会公平放在“兼顾”的第二位，与我党构建和谐社会的宗旨不符。其四，中国基尼系数已达0.45以上，超过国际警戒线。我国收入分配差距不仅远大于资本主义国家，而且是中国历史上贫富差距空前大的时期。如果再拖下去，把公平放在“兼顾”的第二位，如何与“社会主义国家”的称号相匹配？其五，“效率优先”不是不可以讲，但应放到应该讲的地方去讲，而不是放在收入分配领域。其六，效率与公平之间不单是 trade off（交易）的关系，而且应当是辩证的矛盾统一的关系，这是马克思主义的观点。收入分配差距过大和过小都不利于提高效率。所以就不存在哪个优先哪个兼顾的问题，要辩证统一地考虑（刘国光，2005）。

20世纪90年代，同“效率优先，兼顾公平”提法密切相连，学术界一种较为常见

的观点认为，“初次分配侧重效率，二次分配侧重公平”。直到现在，仍有不少学者坚持这种观点。例如，黄新岩认为，第一次分配通过市场公平规则，按贡献分配和按劳分配原则，第二次分配主要通过政府调节，注重再分配公平，关注社会弱势群体，限制收入差距继续拉大，强调逐步建立和完善社会保障体制（黄新岩，2003）。不过一些学者提出了不同的看法。宫希魁认为，这一命题在理论上是很片面的，其政策导向的后果也是很不好的。目前的分配不公与此有很大关系。初次分配本身就存在一个是否公平的问题，即各种生产要素的所有者能否按要素价值取得各自的收入。如果要素收入长期偏离要素价值，就是不公平的。而“初次分配侧重效率”的命题，完全可以理解为在初次分配中可以忽略一些公平，如果出现一些不公平，也是可以容忍的，对于这些不公平最终可以留到二次分配去解决。那么，二次分配是否应该把这种分配不公作为主要调节对象呢？回答是否定的。因为初次分配是企业行为或私人行为，是在千百万个市场主体之间通过一系列的博弈过程而实现的，具有很强的自发性和分散性。作为二次分配主体的政府财政收支、慈善机构的收支、社会团体的捐助，没有能力和条件校正初次分配中的不公平（宫希魁，2005）。

（三）对社会公正基本理论的研究

学者们对公正、公平、平等这样一些相近的、容易引起歧义的概念进行了辨析和区分。洋龙认为，在某种意义上来说，公正与平等互为前提，相互规定。无论从哪个角度分析，公正蕴含着平等的要求，公正应该是社会角色及其权利和义务的分配公平、合理。其前提是社会平等，就是说平等地分配社会角色及其权利和义务，只有每一个社会成员都能平等地享有权利和履行义务，才会有真正意义上的社会公正。公正的核心与平等的核心有一定的差异和不同，平等所强调的是权利与义务的均等，公正的核心则是均衡和合理。公正是以一种不偏不倚的原则，处理人与人的关系，在政治、法律、伦理道德等关系上保证社会成员追求权利和义务的统一，在物质利益关系上，给一定范围内的社会成员以均衡的条件和机会；其直接目的是以人们之间的关系的某种程度的均衡合理来维持社会的稳定与秩序。如果说平等只有在消灭阶级后才能最终实现的话，那么公正所强调的均衡、合理则具有很大的相对性（洋龙，2004）。

社会公正的基本价值取向十分重要。有学者对之进行了探讨。吴忠民认为，在现代社会和市场经济条件下，社会公正的基本价值取向包括两个相辅相成、缺一不可的基本内容：第一，让全体社会成员能够共享社会经济发展成果；第二，使每一个社会成员都能够拥有充分的自由发展空间。对于社会的安全运行和健康发展来说，社会公正的两个基本价值取向各有各的重要功能，缺一不可。社会公正第一方面的基本价值取向也就是让全体社会成员能够共享社会经济发展成果的主要功能在于，确保并不断提升全体社会成员生存与发展的基本底线，以此最大限度地消除社会成员之间的隔离因素，使发展成为全体人民的共同事业，增强整个社会的团结合作，从而最终实现发展的目的。社会公正第二方面的基本价值取向也就是使每一个社会成员都能够拥有充分的自由发展空间的主要功能在于，把每个人的具体追求以及对社会的具体贡献同自身的切身利益紧密地结合在一起。从实际效果来看，这有利于调动每个社会成员的积极性，激发整个社会的创造活力（吴忠民，2006b）。

三 社会公正研究的生长点

由于社会公正已经成为中国社会各个阶层所普遍关注的重大问题（尽管各个阶层对于社会公正关注的角度不尽一致），由于中国社会转型时期的极端复杂性，又由于社会公正本身涉及面极为广泛，需要多个学科的共同介入，所以，社会公正研究在中国的生长空间十分广阔，必定是一个持续令人瞩目的板块。从社会公正研究发展本身的逻辑线索以及现实社会对于社会公正的重点需求来看，要想稳步、有效地推动社会公正研究，有必要注重以下几个方面的事情。

（一）重视对社会公正基本理论的研究

社会公正研究的深化，有赖于理论层面的深化和突破，有赖于社会公正理论对于现实社会较强的解释力。应当看到，目前中国学术界对于社会公正的研究毕竟时间较短，离规范化、系统化尚有一段距离，存在着许多不足之处。其突出的表现是：学理研究十分薄弱，有一种“泛现实化”的倾向。目前国内学术界对于社会公正的研究直面现实社会，这是一个优势。但是，这种优势必须同社会公正方面必要的学理研究相适应，否则，便不可避免地会使社会公正研究缺乏有效的理论支撑而流于某种肤浅的境地。应当承认，虽然也出现了许多有关社会公正学理方面的研究成果，但就总体而言，目前国内学术界对于社会公正的学理研究尚处在较为薄弱的状态。在这种情形之下，过分地强调社会公正的现实研究，在不小的程度上会使有关社会公正的现实研究具有某种急功近利的色彩，从而难以有效地、准确地解释同社会公正有关的现实问题。这样，便会使社会公正研究陷入比较肤浅的境地。

比如，人们在谈论公正与效率的关系问题时，往往只是将之归于一个层面上的问题，即：只是从具体政策的层面上亦即公平和效率两者关系的层面上来分析公正问题的意义。这种做法不够全面，也容易引起一些误解和不必要的争论。实际上，公正的意义表现在基本制度安排和具体政策制定两个层面上。公正的第一个层面上的问题是，现代社会在基本制度设计和安排方面，必须以公正为基本依据和基本出发点。基于公正的制度安排是现代社会的基本制度安排，它涵盖了现代社会当中所有的制度安排，包括公正的经济制度、公正的社会制度和公正的政治制度等。在此层面上，公正是最为重要的，不存在着公正与效率何者优先的争论问题。对此，不宜做功利性的理解和短期化的修正，否则便背离了现代社会的基本制度安排。比如，类似于法律应当为经济建设保驾护航的提法就十分错误，它实际上是将基本的制度安排从属于一项具体的事情，因而必将造成诸如社会的无序、社会发展宗旨的背离等严重的负面效应。公正的第二个层面上的问题是具体的政策制定。这主要涉及我们经常谈论的公平与效率的关系问题，也就是在不同的历史时段中经济效益和分配再分配两者的分量孰轻孰重的问题。由于在不同的历史时段可供社会再分配的财富不尽一致，由于社会经济各个环节不可能保持完全一致的“均衡发展”，由于公众在不同的历史时段的具体需求有所差异，所以，在某个具体的历史时段当中公正与效率便会出现难以完全兼顾的问题。在这样的情形下，有必要突出地或重点地解决公正或效率的问题。正是从这个意义上讲，在不同的历史时段中具体政策的重心往往会出现有所偏重的情形。比如，在中国的市场经济初期阶段，为了从根本上消除计划经济体制和平均主义的影响，倡导“效率优先，兼顾公平”的政策取向是具有历史进步性和历史合理性的。总之，弄清两个层面上的公正问题很有必要，可以避免无谓的争论，避免常识上的误区，从而有助于我们准确、合理地把握公正问题。诚如前面所谈及的那样，不同历史时段种种条件的不一，使得时代任务的侧重点不尽相同，因而在政策层面上出现公平与效率关系的争论是正常的，也是不可避免的。相较之下，公正在基本制度层面的根本意义则是不容置疑的，不存在争论的可能性。如果将政策层面上公正问题的争论延至基本制度设计层面，将是十分有害和危险的。如是作法，将会以某个历史时段当中可以变通的政策取代具有极大稳定性的基本制度安排，以手段代替目的。这将造成基本社会结构以及基本经济制度的畸形化，为未来留下极大的问题，并增大将来纠错的成本。

（二）重视对社会公正问题的跨学科研究

由于社会公正问题涉及社会、经济、政治、法律以及伦理等人类生活的各个领域，所以，以某一领域为专门研究对象的单一学科难以胜任对社会公正问题的总体研究，对于社会公正问题的研究必须跨学科地进行。

就社会公正的研究而言，每一个相关的学科均有着各自的学科优势，有着特定的、不可取代的角度和意义，可以从不同的侧面研究和解释社会公正问题。哲学尤其是社会哲学能够从宏观的层面，对于社会公正的“元理论”如社会公正的基本依据、社会公正基本规则以及社会公正的基本程序等进行有益的研究。社会学可以从社会阶层结构、社会群体利益结构、社会政策以及第三部门的角度，提出一系列有益的观点，以防止一个社会只是重视经济结构和经济政策而忽视社会结构和社会政策，从而造成大面积的社会不公的问题；同时，社会学还能够从中观的角度对于社会公正理论进行富有成效的研究。政治学可以从维护人的基本权利的角度，对于每个社会成员的生存底线问题以及社会成员参与社会生活的权利问题提出特有的观点。经济学能够从市场经济的机会平等以及如何激发经济活力的角度，对于社会公正问题进行不可或缺的研究。法学可以从制度设计的角度，对社会正义以及程序公正等重大问题形成独特的研究。伦理学可以从道义以及社会成员行为规范的角度，对社会公正问题进行有益的解释。可以这样说，社会公正研究能否有效地得以推进，取决于前述各个学科对于社会公正的关注程度以及实际的研究投入，取决于前述各个学科对于社会公正问题的研究成果能否实现有效的整合。

需要指出的是，在社会公正的跨学科研究当中，必须防止“画地为牢”的做法。每个学科都有着自己特定的研究视野、概念体系和研究方法。客观看，相关学科对于社会公正的研究有时难免出现“画地为牢”的情形，即：各说各的。这种做法有可能会造成一些似是而非的“虚假”争论，会妨碍各个学科有关社会公正研究的有效对话、交流和整合。所以，在社会公正跨学科研究中，有必要形成一些能够被共同认可的议题、概念和研究的逻辑起点，以此作为对话和交流的平台。只有这样，各个学科对于社会公正问题的研究成果才能实现有效的整合。

（三）需要对收入分配差距过大问题进行“逐层递进”的多层面研究

尽管目前学术界对收入差距过大问题进行了富有成效的研究，但是在这类研究中往往存在着一个明显的不足之处，即：此类研究往往是就事论事，就收入问题谈收入问题，容易限于表面化。实际上，收入差距过大问题，只是一个比较外观和具体化的事情；更加重要的是，要分析其深层的原因。正是由于忽视了这一点，所以，在相关的研究中，往往是相关的经验归纳相对过多，而有深度的理论分析相对不足。

有鉴于此，有必要对贫富差距过大问题进行“逐层递进”的多层面研究，即：先从外观和具体表现的层面上，描述收入差距过大问题的基本状况和可能的演化趋势；尔后，以社会公正的四项基本规则为视角，对于收入差距过大现象的各个主要环节进行探讨和解释；接着，从社会结构的层面，对于收入差距过大现象的表现和深层原因进行分析；最后，从发展的基本理念和发展路径的层面，对中国现阶段收入差距过大现象的根源进行研究。具体就是：其一，从人群之间、城乡之间、地区之间以及行业之间的多个角度，来研究收入差距过大问题。力求对中国现阶段收入差距过大问题及趋势得出一个相对来说较为全面的描述和概括。其二，研究收入差距过大现象的各个重要环节。应当以社会公正的基本规则即基本权利的保证、机会平等、按照劳动贡献和生产要素进行分配以及社会调剂这四项基本规则为视角，研究中国现阶段收入分配差距过大问题各个主要环节的具体状况。其三，分析不合理的社会阶层结构对收入分配的影响。对于收入分配差距不合理现象来说，社会阶层结构的不合理，是更加深层和本源化的问题。它对收入差距过大这一社会不公问题的长期延续会起着一个维持的作用。只有弄清中国社会主要阶层非良性互动的具体状况，才能有效解释中国社会收入差距过大现象何以形成及其扩张趋势。其四，研究发展理念以及具体发展政策的误区。依据怎样的发展理念和发展政策，对于一个社会收入分配状况会有很大的影响。应当对中国改革开放以来所采取的发展理念和发展政策的历史演变进行较为深入的分析。如是，便可以从一个比较重要的角度，来分析我国在发展理念和发展政策上的某些误区，研究目前中国收入差距过大现象的历史症结，并探讨公正、合理的发展理念和发展政策，以此为依据，探讨分配制度改革的合理路径。

参考文献

宫希魁，2005，《初次分配就要重视公平》，11 月 8 日《中国经济时报》。

黄新岩，2003，《构建公平与效率关系的新结构》，《求是》第 11 期。

李强，2004，《中国社会分层结构的新变化》，李培林等著《中国社会分层》，北京：社会科学文献出版社。

李实等，2005，《中国居民财产分布不平等及其原因的经验分析》，《经济研究》第 6 期。

刘国光，2005，《把“效率优先”放到该讲的地方去》，10 月 15 日《经济参考报》。

陆学艺主编，2004，《当代中国社会流动》，北京：社会科学文献出版社。

陆学艺，2005，《培育形成合理的社会阶层结构是构建和谐社会的基础》，《中国党政干部论坛》第

9 期。

孙立平，2004，《失衡——断裂社会的运作逻辑》，北京：社会科学文献出版社。

吴忠民，2004，《社会公正论》，济南：山东人民出版社。

——2006a，《中国社会主要群体弱势化趋向问题研究》，《东岳论丛》第 2 期。

——2006b，《社会公正的基本价值取向及立足点》，《中国党政干部论坛》第 11 期。

洋龙，2004，《平等与公平、正义、公正之比较》，《文史哲》第 4 期。

杨宜勇等，2005，《我国收入分配现状、问题及“十一五”期间的对策》，《经济研究参考资料》第 58 期。

赵人伟等，2005，《中国居民财产分布研究》，4 月 26 日《中国经济时报》。

郑杭生等，2005，《社会结构与社会和谐》，《中国人民大学学报》第 2 期。

中国经济改革研究基金会、中国经济体制改革研究会联合专家组，2005，《收入分配与公共政策》，上海：上海远东出版社。

作者单位：中共中央党校社会学教研室

从博弈分析走向“关系”分析

——政府行为及中央—地方关系的社会学研究述评

周飞舟

一直以来，政府行为和中央—地方关系并不是社会学的主要研究议题。之所以近年来社会学这个方面的研究越来越多，可能主要是出于两个方面的原因。一个是当前中国社会转型的形势发生了很大的变化，另一个是社会学作为一门学科，正在尝试新的探索。这种变化体现出了社会学作为一门与社会现实和实践联系紧密的学科，无论是在其研究内容还是研究方法上都在不断的调整之中。

从宏观上来看，中国社会转型的过程是国家和社会关系发生重大变化的过程。改革前，国家掌握着几乎所有社会资源，在此基础上对社会进行全面的总体性的管理。从这个起点出发，转型不但是国家和政府逐步放权让利，由市场来配置资源的过程，而且也是社会力量生长、发展和逐渐活跃的过程。社会学家将后者笼统地称为“体制外”力量和“体制外”资源，这是相对于政府力量和政府控制的“体制内”资源而言的（孙立平等，1994）。政府和社会、体制内和体制外似乎构成了一个“理想类型”的两极，转型便被理解为从一极向另外一极的转化。但是，二十多年来中国社会转型的实践却没有这么理想。虽然市场的作用不断扩大，“体制外”的力量不断成长，但是许多重要的市场要素如资本、土地乃至劳动力的配置权力仍然掌握在政府手中（孙立平，2005）。与改革前不同的只是其管理的手段和方式出现了明显的变化。在经济上，政府对企业由管理控制、利润控制转向税收和土地调控，仍然与地方企业保持着密切的联系，同时对社会组织以及社会事务的控制仍然是有力的。这使得体制外力量虽然有所发展，但是却呈现出“碎片化”的态势（孙立平，2004）。这些力量不但没有发展成为政府之外的制衡力量，而且由于其非组织化、非政治化的特点，反而呈现出与政府力量逐渐融合和同化的趋势，那些不能融合的力量往往成为弱势群体，例如农民、农民工和从企业改制、转型中产生的下岗工人。用一些社会学家的话来说，转型中的中国社会表现出“断裂”特征，这也是随着经济的快速增长，财富和社会不平等也在同步增长的重要原因（孙立平，2004）。

社会学的经验研究也得出同样的结论。20 世纪 80 年代末兴起的“市场过渡”（Market Transition）研究是海外中国研究学界最主要的流派。这些学者发展出了一系列可验证的经验假设，来讨论在社会主义国家转型过程中新社会精英的构成和形成过程。这个主题的研究由两种对立的假设构成，即“精英循环理论”和“精英再生产理论”。精英循环理论假设在过去的计划经济体制中掌握资源分配权力的政治精英将逐渐被市场转型过程中兴起的经济精英和社会精英替代，或者说社会的精英集团将呈现出分化的趋势，没有一种精英团体会像过去一样全面垄断社会资源的分配权。精英再生产理论则认为旧有的政治精英会在转型过程中利用其已经掌握的权力去维持在经济和社会中的地位，成长为新的经济精英和社会精英。在经历了十多年的研究和争论之后，学者们对中国精英的认识已经逐步达成一些共识，从实践过程来看，中国社会呈现出的是精英再生产而非精英循环的特征（Nee，1996；Nee & Cao，1999；Zhou，2000；Walder，2003）。这些研究在一定程度上反映了中国社会转型的特点，即国家和政府权力在社会转型中保持着主导地位。如果缺乏对政府力量的关注和分析，就很难理解中国目前社会力量较弱、社会不平等加剧的诸多背离改革初衷的社会转型特征。

从中国社会学学科成长的过程来看，对政府的关注也是一个必然的趋势。近半个世纪以来，以美国为代表的主流社会学逐步走向以定量化的经验研究为主的方向，随着研究方法的科学化和精细化，其多数研究内容亦逐步走向微观领域，对大规模的社会结构变动的涉及越来越少。主流社会学取得重大发展的领域，如人口研究、女性及少数群体研究、种族研究等等，与大规模社会转型虽然有联系，但显然不是其面对的中心问题。在这种局面下，社会学要去讨论国家和政府问题，不但超出了传统社会学主流的研究范围，而且在研究方法上也面对巨大的挑战。从过去几年国内社会学这个方面的研究来看，关于政府行为的研究尚处于起步和探索阶段。

政府行为的问题是从社会学对乡镇企业、三农等问题的经验研究中提出来的。这是社会学的实证研究涉足较多的两个经验领域。经济学比较关心乡镇企业独特的产权结构对其运作效率以及利润分配方面的影响，而社会学则更关注乡镇企业和地方政府的关系。Jean Oi 首先指出了地方政府发展乡镇企业的财政动机，认为在 80 年代中期形成的“分灶吃饭”的财政体制以及乡镇财政的设立对于乡镇企业的发展至关重要（Oi，1992）。简言之，由于乡镇政府可以将大部分的企业所得变成乡镇的财政收入，并且县级政府亦能从中得到增值税等大项税收，所以地方政府倾向于采取“养鸡下蛋”或“放水养鱼”的策略来推动乡镇企业的建立和发展。同时，乡镇企业在吸收农村剩余劳动力和促进农民增收方面作用巨大。国内学者的研究相对更加细致，侧重于对于乡镇政府和企业之间互动机制的研究。这些研究一方面指出了乡镇政府在与企业互动中一系列变通做法，另一方面也展示出乡镇政府的牟利性本质（刘世定，1999；杨善华、苏红，2002；周雪光，2005）。

相对于乡镇企业的研究，在三农问题中，政府和农民的关系则显得有所不同。在三农问题中，社会学从政府和农民关系入手的研究主要在农民负担和村委会选举等方面。关于农民负担，出现了一系列有关村干部收取税费的研究。这些研究通过细致分析收取税费的过程，指出国家和农民关系在实践中独特的表现形态。尽管税费负担是国家汲取资源的主要形式，而且农村税负过重是一个既成事实，但是政府在和农民的互动中仍然表现出复杂的、运用非正式手段实现正式的政策目标的特点（孙立平、郭于华，2000；罗刚、王汉生，2001）。

总结以上的研究，我们可以看出社会学在分析政府和社会关系时的特点。这主要表现在两个方面。第一，政府和国家在与非政府力量互动时，自觉不自觉地采取了某些权力技术或变通策略。第二，政府基本上是以一种与社会相对立的姿态出现的，无论政府对乡镇企业的"扶持之手"，还是对农民的"掠夺之手"，政府的动机似乎是"外生"的。在讨论企业或农民时，社会学比较顺利地进入了企业或者农民"内部"，通过分析企业的运作、农民的阶级、阶层或关系结构，比较成功地解释了企业或农民的行动动机和行动方式。而对于作为互动另一方的政府，我们却大多是依靠事前假设来进行解释的。我们如何知道政府行为的动机和利益呢？政府在什么情况下倾向于"扶持"，在什么情况下倾向于"掠夺"呢？政府的行为是理性的还是非理性的？政府行为的高度策略性和变通性的根源何在？至此为止，政府在社会学眼中的形象要么是僵硬的，要么是非常实用性的。说其僵硬是因为我们并不知道"扶持之手"或"掠夺之手"的背后决定力量来自何方，从而也不能判断今天的扶持会不会变成明天的掠夺；说其实用，是因为政府在实践中表现出的策略性和变通性似乎只是因为"管用"，我们对其背后的制约力量以及制度性因素则知之甚少。

要回答上述问题，就要求我们的分析能够像进入企业和农民"内部"那样进入到政府"内部"，对政府的行为模式和行为动机进行经验性的、制度化的理解和解释。实际上，经济学和政治学也同社会学一样面对这个问题，并做出了相应的努力。下面我们简要回顾一下这两个学科近年来在经验研究方面的进展。

近半个世纪以来，西方现代政治经济学发展出了两个研究政府行为的基本范式，即公共财政学派和公共选择学派。财政学派将政府定义为公共物品和公共服务的提供者，其提供公共服务的效率是辖区居民对政府认同和评价的基础，这也构成了制约政府行为最重要的力量。居民可以通过"用脚投票"的方式来和政府行为进行互动，而政府在此基础上努力为辖区提供高水平的公共服务。公共选择学派则认为政府官员也有自己的利益，没有理由认为政府会将辖区居民的利益最大化而忽视自身的利益。

具体到经验研究领域，分析的第一步是将政府"分开"，分成中央政府和地方政府，这构成了理解政府行为的基本框架。在政治学中，王绍光做了一系列的探索，来讨论中央政府和地方政府的不同利益结构以及由此而形成的制度架构。他的主要研究集中在分税制对中央—地方关系影响的问题上。他认为，经过了十年的以分权让利为主导的改革之后，到1990年代初期，地方政府已经成为独立的利益主体，并且对中央政府的控制构成了挑战。用他的话来说，中国的"国家能力"严重减弱，照此趋势发展下去将会面对"诸侯割据"的危险（王绍光，1997）。这是80年代的一系列分权化改革造成的，而1994年实行的分税制就是针对这个趋势进行的财政集权式的改革。王的研究是站在中央政府的角度上进行的。与其形成对比的是经济学家对中央—地方关系的研究，他们大多则是站在地方政府的角度展开分析的。以钱颖一为代表的一些经济学家更加关注地方政府为增加本地区财政收入展开的地区间的发展竞争模式，认为这为中国经济增长提供了强劲的动力（Qian & Weingast, 1997）。而黄佩华则认为正是分税制这种集权改革给地方政府造成了巨大的财政压力。在财政压力之下，地方政府不一定通过地区间的良性竞争去解决问题，而是倾向于采取预算外手段获得中央政府无法控制的"小金库"收入，这不但给建立规范的政府预算体系带来了破坏，而且也造成了农民负担、企业负担等社会问题（黄佩华，2001；黄佩华等，2003）。这些研究主要是从财政方面展开对中央—地方关系的分析。政治学中的一些研究也尝试从政府人事制度方面进行相同的讨论。与财政制度不同，人事制度一直保持着比较高度的集权化。从官员晋升的激励机制来看地方政府的行为是一个比较新颖的视角，有学者用来解释地方政府的地方保护主义行为和重复建设的问题（周黎安，2004）。

总的来说，政治学和经济学对中央—地方关系和政府行为的研究存在过于宏观、缺少机制分析的问题。中央和地方各自在制度框架内行动，其行动模式是现行制度和政策的产物。对于两个重要的问题，即现行制度和政策是如何在中央和地方的互动中形成的，以及政府会不会按照现行制度和政策行动即制度的意外后果问题，则涉及较少。不去回答这两个问题，我们仍然难以具体分析政府行为和政府动机。社会学的研究可以对这两个问题给予较好的补充回答。

在社会学研究中，中央政府和地方政府被假设为两个有着不同利益的行动主体，地方政府的行为是在这种互动中而不是在制度和政策中进行解释。这方面的研究以张闫龙和李芝兰、吴理财的研究为代表。张闫龙的研究主要分析中央—地方以及地方政府之间财政体制的形成过程，李与吴的研究则主要在讨论税费改革制度的意外后果。李与吴的文章以自上而下实施的税费改革为背景来揭示中央和地方基层政府（主要是县乡两级）的博弈过程。文章指出，中央政府力图通过硬化基层的预算约束来"倒逼"基层政府规范行政过程，精简机构和人员，这是一种典型的博弈式做法。但基层政府的反应并不是按照中央政府的预期做出的，而是通过一系列手段（变通政策、诉苦以及消极提供公共服务等）使得中央政府的倒逼意图失败了，而这些手段造成的农村紧张状况反过来给中央政府带来了进一步的压力，形成了基层对中央的"反倒逼"。其结果造成了中央政府增加转移支付、主动负担农村公共服务开支的戏剧性结果。这个分析的意义在于，税费改革带来的中央和地方政府的一系列互动表面上看来都是针对农民负担和农村公共服务的，但实质上却是在"谁来承担改革成本"这个问题上的暗自较量。换句话说，国家和农民关系变化的真正解释是其背后的中央和地方关系（李芝兰、吴理财，2005）。

张闫龙的研究站在五级政府（中央、省、市、县、乡镇）的中间一级——市级政府的角度来分析中央—地方各级政府间的互动和博弈关系，主要分析的是省与市、市与县的关系。通过对1980年代中期财政包干制以来市级财政文献的档案研究，张闫龙得出了以下几点具有重要意义的发现。首先，省、市、县各级政府不但是各自独立的利益主体，而且有着极为明确的主体意识。在对于财政包干制度上下级的争论中，市级政府显然是一个有自我利益的、理性的行动者。其次，上下级的包干体制正是在这种不断的讨价还价中形成的，而不是纯粹的从上到下的政策产物。第三，虽然市在对省的互动中表现出极强的利己性，但是却在与下属县级政府的互动中表现出利他色彩（张闫龙，2006）。这种对比展示出比李和吴的文章所讨论的中央—地方关系更为复杂的政府间关系。这不是简单的双方博弈，也不是更复杂一些的三方博弈，而是在财政制度框架内的以市为中心的上下级互动。市对县的利他性财政政策正是以市级政府能够与省级政府讨价还价的局面为前提的。也就是说，如果省与市的讨价还价变成纯粹的上对下的命令式或者压力性体制，则市对县利他性政策的空间也不会存在了。我们在此能够看到，要解释“扶持之手”还是“掠夺之手”的问题，关键并不在于这只手的“主人”，而在于“主人”背后的一系列影响力量。要解释市级政府的行为模式和动机，只有把它放到一系列互动的“关系”中才能够得到理解。从分析方法上讲，这就是社会学强调的“关系”对行动的解释能力。对一个普通的行动主体来说如此，对复杂的行动主体如政府来说也是如此。

要从以博弈论为主要方法的分析走向以“关系”为主的分析，我们就应该对目前政府间关系的特点有着进一步的认识。在社会学中，与政府有关的主要研究领域包括政府与农民的关系、政府与企业的关系，等等，而政府间关系构成了我们理解这些关系中政府行为的基本框架。

正如我们以上所看到的，目前社会学涉足的政府间关系仍然以财政关系为主。就财政的中央—地方关系而言，改革开放以来经历了两个大的阶段，以1994年的分税制为分界点。分税制以前，政府间普遍采用的是财政包干制，上下级政府间每年或者每几年都要就包干的形式、基数、超收分成比例进行讨价还价。这为各级政府对上“利己”、对下“利他”的“放水养鱼”行为提供了一个基本的制度背景，也是典型的财政分权效应。而1994年的分税制将中央与地方的税收分配比例固定化了，一劳永逸地消除了上下级讨价还价的局面，而且通过这种比例将大部分财政收入集中到中央，所以我们说分税制既是一种制度化、规范化的改革，又是一种集权化的改革。改革以前，中央和地方财政收入是三七开的比例，而改革后则变成了倒三七开，由于中央和地方财政支出的比例并没有改变，所以大部分地方支出要依靠中央政府的转移支付。所以说，改革前后中央—地方关系发生了实质性的变化，即从改革前讨价还价的关系变成了改革后地方主要依靠中央拨付转移支付补助的关系。地方对中央的财政依赖大大加强了。

在地方各级政府之间，分税制的效应层层传递，造成了下级财政对上级财政的制度性依赖。在这种局面下，基层政府的财力大小主要看上级拨付的转移支付量的大小，所以造成了中部地区的县乡困难、东部地区和西部地区的县乡财政相对宽裕的局面（周飞舟，2007）。这种局面构成了我们理解政府和企业、政府和农民关系的基础。

由于制造业企业上缴的主要税收是增值税，而分税制规定增值税75%归中央，25%归地方，所以在分税制以后，地方政府能够从企业上收取的地方税收大幅度下降。在这种局面下，我们在1990年代中期看到了地方乡镇企业大规模倒闭、转制的高潮。以前“养鸡下蛋”的“鸡”下的蛋大部分变成了中央政府的收入，所以地方政府失去了经营乡镇企业的热情。事实上，我们普遍可以看到，分税制以后增值税已经完全不构成地方财政收入的主体税收。地方的主体税收迅速转变为被100%划为地方税种的营业税。营业税主要来自于建筑业和第三产业，这有助于我们理解90年代后期以至到今天仍然过热的地方基础建设投资热潮以及各种以“大兴土木”为主的政绩工程（周飞舟，2006b）。地方政府的这种反应是预期之中的结果，预料之外的结果则是东部地区的地方政府开始开辟税收之外的财政收入来源，即“圈地”和“以地生财”。由于政府垄断了土地的一级市场，所以可以低成本地从农民手中获得土地，以高价格在土地二级市场卖出去，从中获得了巨额的土地转让收入。据目前的研究，东部地区许多县市政府的土地收入相当甚至高于其地方财政收入规模。由此可以看出，地方政府剥夺农民土地，吸引企业和地产商占地的行为只有通过由分税制以来形成的政府间关系才可以得到较深层次的解释（周飞舟，2006b）。

相对于东部地区而言，中西部地区的主要矛盾是政府和农民的关系。分税制改革集中了地方政府的大部分工业税收，使得中西部地区的县乡基层政府主要依靠农业税收和“三提五统”等农民负担来维持其财政开支。这是我们看到在1990年代中期以后农民负担问题日趋严重的深层次原因。农民负担问题的实质是政府间财政关系造成的。2002年以来的税费改革表面上是减轻农民负担的改革，其实质是对中央—地方财政关系的改革。要做到农民负担减轻之后不出现反弹，不陷入“黄宗羲定律”的怪圈，关键是要让基层政府的财政开支有相对稳定的来源。所以税费改革的主要内容是中央政府向县乡两级拨付了数额巨大的“税费改革转移支付”，由中央财政来支付改革的成本。在这种努力之下，国家和农民的关系发生了根本性的变化，农民有史以来第一次不用交“皇粮国税”。但是，改革的意外后果仍然发生在政府间的财政关系上。由于改革以后乡镇政府几乎所有的财政收入都是上级的转移支付，这造成了两个后果。第一是这种转移支付的预算约束非常僵硬，乡镇政府基本失去了安排预算支出的权力，在大部分中西部地区，乡镇财政的开支就等同于人头开支，只有“吃饭”支出，没有“办事”支出。第二，农村的公共服务缺少人力和财力的支持，大部分用于公共服务的转移支付资金停留在县城一级而无法“下乡”，使得乡镇基层政府基本上脱离了和农民的联系，过去是“收钱收税”，现在则是不收钱、不办事。国家和农民的关系开始由过去的“汲取型”向“悬浮型”转变（周飞舟，2006a）。

总结以上的研究，我们可以得出两点简要的结论。第一，要深入到“政府”内部，解释政府行为的深层原因，并不是要去全力描述政府与农民的博弈，或者政府上下级之间的博弈关系，而应该将其放在中央—地方关系或政府间关系的大框架中去加以理解。政府不但是利益的主体，而且也是各种政府间关系的节点，政府的行为受到各种关系的制约，这是社会学相对于政治学和经济学的比较独特的视角和分析方法。第二，要对政府的行为做出机制分析。所谓机制分析，是要找出行动主体在实践中的行动路径，以及这些路径的形成机制。与“显性”的政策与制度相比，机制是“隐性”的，是环境、利益和动机的综合表现，这也正是社会学的分析方法可以施展的地方。

参考文献

黄佩华，2001，《费改税：中国预算外资金和政府间财政关系的改革》，见伯德等编《社会主义国家的分权化》，北京：中央编译出版社。

黄佩华等，2003，《中国：国家发展与地方财政》，北京：中信出版社。

李芝兰、吴理财，2005，《“倒逼”还是“反倒逼”：农村税费改革前后中央与地方的互动》，《社会学研究》第4期。

刘世定，1999，《嵌入性关系合同》，《社会学研究》第4期。

罗刚、王汉生，2001，《上交款：从义务转变为利益表达工具——以陕西南部某村为案例》，王汉生、杨善华主编《农村基层政权运行与村民自治》，北京：中国社会科学出版社。

孙立平，2004，《转型与断裂》，北京：清华大学出版社。

——2005，《社会转型：发展社会学的新议题》，《社会学研究》第 1 期。

孙立平、郭于华，2000，《“软硬兼施”：正式权力非正式运作的过程分析》，《清华社会学评论》特辑。

孙立平、王汉生、王思斌、林彬、杨善华，1994，《改革以来中国社会结构的变迁》，《中国社会科学》第 2 期。

王绍光，1997，《分权的底线》，北京：中国计划出版社。

杨善华、苏红，2002，《从“代理行政权经营者”到“谋略型政权经营者”：向市场经济转型背景下的乡镇政权》，《社会学研究》第 1 期。

张闫龙，2006，《财政分权与省以下政府关系的演变》，《社会学研究》第 3 期。

周飞舟，2006a，《从汲取行政权到“悬浮型”政权：税费改革对国家与农民关系之影响》，《社会学研究》第 3 期。

——2006b，《分税制十年：制度及其影响》，《中国社会科学》第 6 期。

——2007，《生财有道：土地开发和转让中的政府和农民》，《社会学研究》第 1 期。

周黎安，2004，《晋升博弈中政府官员的激励与合作——兼论我国地方保护主义和重复建设问题长期存在的原因》，《经济研究》第 6 期。

周雪光，2005，《“逆向软预算约束”：一个政府行为的组织分析》，《中国社会科学》第 2 期。

Nee, Victor, 1996, "The Emergence of a Market Society: Changing Mechanisms of Stratification in China." *American Journal of Sociology* 101.

Nee, Victor & Cao Yang, 1999, "Path Dependent Societal Transformation: Stratification in Hybrid Mixed Economics." *Theory and Society* 28.

Oi, Jean, 1992, "Fiscal Reform and the Economic Foundation of Local State Corporatism." *World Politics*, 45 (1) (October).

Qian, Yingyi & Barry Weingast, 1997, "Federalism as a Commitment to Preserving Market Incentives." *Journal of Economic Perspectives*, 11 (4) (Fall).

Walder, Andrew, 2003, "Politics and Property in Transitional Economics: A Theory of Elite Opportunity." Asia/Pacific Research Center, Stanford University.

Zhou, Xueguang, 2000, "Economic Transformation and Income Inequality in Urban China: Evidence from Panel Data." *American Journal of Sociology* 105.

作者单位：北京大学社会学系

产权的社会建构逻辑

——从博弈论的观点评中国社会学家的产权研究

曹正汉

一 导 论

按照传统的学科分类，“产权”和“产权制度”不属于社会学的研究范围，而主要归属于经济学。然而，近年来，中国社会学家以他们观察生活世界的独特视角，在研究中国社会的产权制度方面，作出了引人注目的贡献，开辟出一条有别于经济学的学术传统，名之为“产权的社会视角”。[①] 所谓“产权的社会视角”，我的理解，其实有两个研究方向。一个方向是从中国的实践中提炼出有别于经济学的产权概念，并建立具有普遍意义的分析方法和理论假说。在这一个方向上，刘世定（2003/1996）提出的“占有”概念，以及分析占有制度的三个维度，周雪光（2005）提出的“关系产权”概念，以及关系产权理论，均具有开创性价值。

另一个方向是具体考察产权的界定过程，理解行动者的动机和价值取向，以此来分析产权如何通过行动者的互动而自发地建构出来，并分析互动过程受到何种社会规范，或者说公平原则之制约。我把这一个方向的研究文献概括为“产权的社会建构逻辑”，其代表性研究有申静与王汉生（2005）、折晓叶与陈婴婴（2005）、张静（2003，2005）、刘世定（2003）等。

本文的评述着重于中国社会学家在后一个方向上的研究。对评述的角度做如此选择，需要交代其中的原因。

第一个原因，我希望将社会学家的研究同经济学家的观点进行比较和对话，而在后

① “产权的社会视角”这一说法，来自中国社会科学院社会学研究所编《中国社会学》（第五卷）（上海人民出版社，2006）。该书在“产权的社会视角”这一主题之下，收录了5篇中国社会学家研究中国产权问题的重要论文。

一个研究方向上，双方正好有对话的共同基础。这种共同基础是，双方都接受同一个基本观点，即认为社会制度与社会秩序（包括产权制度与产权秩序）是经由众多个人的互动而自发形成的。在社会学中，这一观点可以表述为：制度起源于行动者之间的相互期待——即各方对对方行动的预期，当这种相互期待趋于一致并稳定下来，各方的行动就因定型而“制度化”了；因此，制度的形成是以行动者的“共享观念”为基础，它界定了行为之制度化的场域，并据此控制和预测行动者的行为（Berger & Luckmann，1966：53～66）。在经济学中，自20世纪80年代开始，经济学家开始用博弈论方法论证上述观点，即用博弈模型揭示制度的社会建构逻辑。用博弈论解释制度，其基本思想是：制度是由众多个人在长期互动过程中自发建构出来的行为规则；当互动不断重复发生时，人们在过去行动的信息，塑造了每个人对他人未来行为的预期；当每个人的预期与他人的实际行为趋于一致并稳定下来时，这个稳定的预期，即共同预期（或曰共享观念、共同信念等）就会引导每个人形成稳定的行为模式，此时，“制度”也就产生了（肖特，2003）。显然，博弈论的思想与伯格和卢克曼（Berger & Luckmann，1966）等社会学家的思想是一致的。

第二个原因是以第一个原因为前提的。由于在论述“产权的社会建构逻辑”上，社会学家与经济学家的基本观点是一致的，我就可以直接拿博弈论的研究结果为参照，来衡量中国社会学家的经验研究具有何种价值；同时，也可以依据中国社会学家的发现，来评判博弈论的结论是否可靠。我认为，这种比较对于发展社会学的产权理论来说，有直接的借鉴意义。

当然，我把评论角度限于第二个研究方向，并不意味着我在本文的评述中，将完全忽略中国社会学家在第一个方向上的研究。事实上，这两个方向的研究有着直接或间接的关联，评述后一个方向的研究不可能不涉及到前一个方向的文献，这是需要事先说明的一点。

二　产权的社会建构——博弈论的观点

让我从经济学家的博弈论观点说起。

经济学家论述产权制度的自发建构，通常从一个简单的博弈模型开始，简称“鹰—鸽”博弈（Hawk-Dove Game）（见图1）：

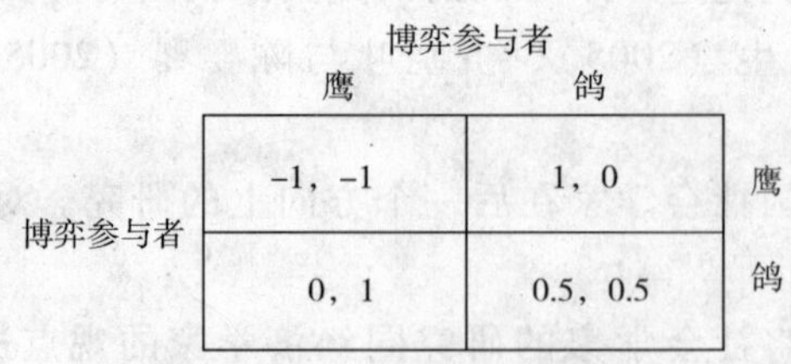

博弈参与者	鹰	鸽	
博弈参与者	-1，-1	1，0	鹰
	0，1	0.5，0.5	鸽

图1　“鹰—鸽”博弈

这个博弈的场景是，两个人（博弈参与者）同争一件物品，双方各有两种竞争策略：

一种策略是“力争到底，决不妥协”，简称“鹰策略”；一种策略是“愿意妥协，不力争到底”，简称“鸽策略”。如果双方都选择“鹰策略”，则两败俱伤，各得 -1 的收益；如果双方都选择“鸽策略”，则平分这一件物品，各得 0.5 的收益；如果一方选择“鹰策略”，另一方选择“鸽策略”，则前者得到整个物品，收益为 1，后者没有收益也没有损失。这个博弈的均衡解依赖于双方的预期，如果一方预期对方将选择“鹰策略”，那么他的最优选择就是“鸽策略”，反之，他的最优选择就是“鹰策略”。这意味着博弈有两个纯策略纳什均衡：（鹰，鸽）和（鸽，鹰）。问题在于，一方怎么知道另一方将采取哪一个策略？如果这个博弈只进行一次，而且双方没有其他信号来协调彼此的策略选择，我们无法推断博弈会出现哪一个均衡解，这件物品的归属是不确定的。

上述博弈概括了人类面临的一个普遍问题：每个人都希望得到稀缺物品，也希望避免两败俱伤，在这样的竞争中，会出现某种“产权界定规则”来协调彼此的竞争行为吗？博弈论回答这类问题，有两个不同的模型，一为“聚焦点”模型，一为演化博弈模型。

（一）“聚焦点”模型

在实际生活中，人们在进行上述博弈时，其策略选择依赖于具体场景中的某些暗示（cues），这些暗示存在于博弈本身之外，却能协调博弈参与者的行动，使博弈达成某个特定均衡。谢林（Schelling，1960）把这些暗示称作“聚焦点”（focal point），即博弈参与者在预期对方行为时，最容易想到的、最自然的、最显著的东西。[①] 博弈的聚焦点依赖于当下需要解决的协调问题，也依赖于博弈参与者的共同知识和文化背景。谢林发现，在具体的博弈情景中，人们通常有非凡的直觉，知道那些凸显的聚焦点是什么，即使这些聚焦点看起来相当奇特。

萨格登（Sugden，1989，1995，1998）运用谢林的聚焦点理论，进一步解释在上述博弈中，行为惯例（即产权界定规则）能够自发形成。萨格登认为，人类在解决上述问题上，有一个普遍起作用的机制，就是博弈参与者能够利用具体场景中的信号和他们的共享观念——即“聚焦点”，来协调他们的策略选择。因此，在“鹰—鸽”博弈中，会出现哪一个均衡，以及博弈会形成什么惯例，依赖于博弈参与者在具体场景和文化传统中，所共同感知的“聚焦点”是什么。萨格登（Sugden，1989）举过一个著名例子，用来说明上述观点。在英国一个海岸村庄，暴雨过后，泛滥的河水经常带来浮木，搁浅在河口海岛的沙滩上，引来村民竞相打捞木头。对于这些漂来的木头，该如何在村民中确定其归属呢？事实上，村庄形成了一项习俗：谁第一个登上岸，谁就有权收集这些木头，后上岸的人不得干涉。在这个博弈中，村民们利用了一个共同感知的信号——“第一个登上岸”来界定浮木的产权：浮木的产权归“第一个登岸者”。为什么大家都认可第一个登岸者获得浮木？为什么没有形成第二个登岸者获得木头的习俗？萨格登认为，在这一项习俗的背后，有一个普遍接受的共享观念——“先到先得”，“先到先得”是此博弈的聚

① 如谢林所做的一个著名试验：一个人某日与朋友在纽约会面，但没有事先约定地点，也无法与对方联络，只能自己猜测会面地点，他将在哪里等他的朋友？潜在的会面地点无法穷尽，这意味着博弈有无数个均衡解。但是，大多数受试者选择了纽约中央火车站，因为它在无数个潜在的会面地点中，属于最显著的、最容易想到的那一个，此即博弈的聚焦点（Schelling，1960：57）。

焦点。

实际上，在许多类似于“鹰—鸽”博弈的场合，其产权界定规则的形成，都源于“先到先得”原则（first possession，也称先占原则）。例如，企业裁员，通常的做法是老员工留下，新员工离开——就业权的界定；两船相向而行，在一桥下相遇，桥孔窄只能依次通过，习惯的做法是，离桥较近者先通过，较远者靠岸等候——通行权的界定；公交车上的座位，先上车者先坐，后上者站着——座位使用权的界定；在科学研究上，先公布科学发现者，获得这项发现的专利权——知识产权的界定；二战后期，美苏军队确定欧洲政治版图，一方先进入某一地区，另一方就不进入——占领权的界定，等等。

萨格登的聚焦点理论说明，人们为了协调各自的竞争行为，需要尽快确立惯例（如产权界定规则），在所有潜在的惯例中，那些看上去最“自然”、最“显著”的惯例，也是最有可能快速确立和传播的惯例。这样的惯例往往通过类比的方式，从一个领域扩散到另一个领域。因此，萨格登认为，一个社会的诸多惯例和习俗不是杂乱无章、任意拼凑起来的，而是往往有“亲族”关系，它们可以追溯到共同的起源（Sugden，1989）。一个重要例证是，大多数与产权界定有关的惯例都起源于“先到先得”原则。

（二）演化博弈模型

在解决上述问题上，培顿·杨（Peton Young）提出了另外一个机制：即行为惯例可以通过先例的累积而建立起来（Young，1996）。他的观点是，当众多个人之间的互动不断重复发生时，因偶然的机会，一种特别的解决协调问题的方式出现了，使得这种行为方式比其他方式更引人注目，由此导致更多的人采用这种方式，直至这种特别的行为方式淘汰掉所有其他的行为方式。这种特别的行为方式逐渐成为该社会的行为惯例，并不是其自身具有什么内在优点——如更公平或更有效率，而是因为历史环境给了它最初的机遇，才使得它领先于其他互动方式。

培顿·杨通过建立演化博弈模型（Foster & Young，1990；Young，1993，1996，1998），论证上述观点。我们在此只举一个例子，来说明他的观点。在亚洲各国历史上，土地耕作广泛采用分成租佃制。最常见的分成合约是五五分成，即土地的收获物在地主与佃农之间对半分（Bardhan，1984）。为什么五五分成是最常见的惯例？按照“聚焦点”理论，“对半分”最符合人们的公平观，或者说是最显而易见的一种分法，故它是地主与佃农谈判的“聚焦点”。培顿·杨则认为，这种解释过于武断，地主与佃农对生产的贡献不相同，各地的自然条件也很不一样，“对半分”是否是当事人认为最公平或最显而易见的分法，令人怀疑。他的解释是，在地主与佃农之间的博弈中，五五分成是随机稳定均衡，其他分成惯例，如25:75分成或75:25分成则不是（Young，1996）。假设在一个村庄每年共有12对分成租佃谈判，在每次谈判时，当事人都有 $\varepsilon = 0.1$ 的概率偏离现行惯例，随机地提出其他的分成要求。如果现行惯例是50:50分成，按上述假设条件，培顿·杨证明，该村庄要脱离现行惯例，转到25:75分成或75:25分成惯例，需要6个当事人同时偏离现行惯例，其概率是 ε^6。反之，如果现行惯例是25:75分成或75:25分成，要转到50:50分成惯例，则只需4个当事人同时偏离现行惯例，其概率是 ε^4。显然，ε^6 比 ε^4 小得多。所以，五五分成惯例比其他分成惯例具有更大的稳定性，因而更普遍、更常见，这才使得“对半分”构成当前博弈双方谈判的聚焦点（Young，1996）。

所以，培顿·杨认为，某些社会规范比其他社会规范更可能被观察到，不是因为这些规范更显著、更自然，或更合乎道德伦理，而仅仅因为它们在长期内更稳定。我们甚至可以推断，那些长期稳定的互动方式（如五五分成、先到先得），由于它们内在的稳定性，其自身将获得某种道德力量。

培顿·杨将“聚焦点”内生化的努力，无疑在理论上具有很大的诱惑力，但是，他建立的演化博弈模型有一个缺陷，那就是将某一个特定领域内的博弈与社会的文化传统及其他领域的社会制度割裂开，把特定领域的制度演化看成是这个领域内的孤立现象，故最终只能把制度演化的结果归结到无可言说的随机因素。显然，现实世界的互动行为和制度建构，不是在一个孤立的领域内独自进行，而是不可避免地受到文化传统和其他领域内的社会制度的影响。不过，虽然有这些局限，演化博弈模型还是在逻辑上推演出三个有意义的结论（Young，1993，1996）。

第一个结论是，在一个紧密联系的社会内部，制度的演化具有“局部趋同效应”（local conformity effect）。所谓“局部趋同效应”，是指如果社会中所有人都有机会相互来往，每个人的信息虽不完全但也相当充分，同时他们采取随机性行为的可能性很低，那么，大多数人在大多数时期将遵循相同的行为规则。当然，这并不是说，在任何时候，我们这个世界在行为规则上都处于稳定的均衡状态；而是说，在一个相互交往的群体内部，大多数时候人们的行为规则都接近于统一和稳定。第二个结论是，在彼此没有来往的社会中，如太平洋上相隔遥远的各个群岛，即使他们的初始条件相同，在经历相当长的一段时期之后，制度的演化将表现出“整体多样化”（the global diversity），也就是这些社会有可能形成不同的行为规则。第三个结论是，从长期来看，制度演化具有“时断时续的均衡效应”（punctuated equilibrium effect）。这就是说，一种行为规则一旦在一个社会建立起来了，它就趋向于长期延续下去；与此同时，随机性干扰也在时常发生，并逐渐破坏这种规则，社会将因此向新的规则转型；而新的规则一旦形成，也同样将顽强地趋向于长期延续。

三　产权的社会建构逻辑：中国社会学家的研究

中国社会学家对当代中国产权制度的研究，主要是围绕两个问题。第一个问题，集体产权是一种什么样的产权制度？换句话说，在集体所有制中，当事人的权利是依据什么原则、按什么逻辑界定的？第二个问题，当集体所有制解体之时，产权是如何明晰到个人的？我以这两个问题为主线，讨论中国社会学家的研究文献。

（一）集体产权的社会建构——形成社会性合约的诸项原则

对于中国社会曾经广泛流行的集体所有制，经济学家的研究着重在揭示其产权界定上的模糊性（李稻葵，1997），而社会学家的研究却展示出事物的另一面——虽然当事人的权利在法律上是模糊的，却在事实上有着相对清晰的界定。最早指出这一点的是倪志伟（Victor Nee），他认为乡镇企业其实是非正式的私有制，经营者通过人际关系网络的保护在事实上获得了产权（Nee，1992；Nee & Su，1996）。近年来，中国社会学家的发现是，所谓“集体产权”，其实是社区内一份隐性的、非正式的“社会性合约”，这类合约主要不是依据法律来达成，而是各方当事人依据广泛认同的公平原则，在互动中自发建构出来的（折晓叶、陈婴婴，2005；申静、王汉生，2005）。

这种“社会性合约”之达成，所依据的公平原则主要有生存原则、“划地为界”原则、成员均等原则、谁投资谁受益原则。

1. 生存原则

“生存原则”是村民对集体土地所持有的最基本原则。特别是当政府行使它对集体土地的法定权利时，如在人民公社时期征粮时，及在当前征地时，这一项原则为政府的权利边界划出了一条道德底线。所谓“生存原则”，刘世定（2003）依据村庄调查给出了准确说明：“不论法学家、经济学家怎样理解土地集体所有制的涵义，在我们调查的案例中，村民们对这个制度的基本理解是：人人有权依靠土地生存。”因此，在集体土地的“社会性合约”中，隐含地包含着村民主张的最主要的一项权利——生存权，这项权利因其他各方无法否定，故也得到其他各方的认同。

有两个有力证据，能够证明村民对集体土地确实持有生存权。一个证据是政府向村民征地，在支付给村民的补偿款中有一项“劳安费”，即村民劳动力安置费，这项费用是政府要求村民放弃在土地上的生存权，为此不得不对村民做出的货币补偿。这一点也可以从劳安费的使用上得到印证。劳安费的使用分两块，一块用于为村民购买养老保险，余下部分才直接付给村民。由于劳安费是村民让渡在土地上的生存权之“价格”，故其定价过程不可能由政府单方面说了算，村民作为议价的一方，经常以“要吃饭”为理由，与政府讨价还价，在这一过程中，充满着威胁、对抗、谈判和妥协（申静、王汉生，2005；周其仁，2004）。

另一个证据是，村庄或乡镇创办集体企业，占用村庄土地，在此种情况下，无须用货币交换村民在土地上的生存权，只需安排村民到企业就业，村民就可以接受。此时，村民在土地上的生存权转换为企业就业权。因此，当这类企业转制时，村民的主要要求是保障他们的就业权，因为这是他们用土地上的生存权换来的，是“明确”属于自己的东西（折晓叶、陈婴婴，2005）。

2. “划地为界”原则

“划地为界”原则是划定社区之间（如村庄之间）的产权边界之基本原则。张佩国曾指出：“村庄边界有两种意义，一为地理方位，一为产权观念。乡间的村界意识兼有这两种意义”（张佩国，2000：181～182）。申静、王汉生（2005）的研究进一步发现，即使村庄的土地已被征用，土地的原来边界并未在村民心中消失，它仍然是划定某些经济权利（如在已填平的土地上拣废铁的权利）的基本依据。所以，她们认为，“划地为界是整个乡村社会具有普适性的基本原则，在村民看来，以此来界定集体财产的边界是天经地义的”（申静、王汉生，2005）。

3. 成员均等原则

“成员均等原则”是围绕社区集体财产，划分社区内部成员之间的权利关系时普遍遵循的一项基本原则。这一项原则的具体涵义依集体资产的性质而有所变化。对于村庄的集体土地而言，成员均等原则是“人人有份，机会均等”，即每一个村民都有权得到一份归属自己耕作和收获的土地。对于村办企业而言，成员均等原则要区分普通村民与参与创业的村民。前者的成员资格是由村籍界定的，其均等权主要是具有同等的机会进入企业就业，以及同等享受由企业提供的村庄集体福利；后者的成员资格还要加上企业共同创业人身份，故在企业改制时，其成员均等权还体现在有资格获得企业股份（折晓叶、陈婴婴，2005）。

4. 谁投资谁受益原则

“谁投资谁受益原则”主要体现在乡镇企业的“社会性合约”之中。乡镇企业是社区能人、社区集体、社区成员合作的产物，社区成员提供土地使用权和廉价劳动力，社区集体提供办企业的合法资格，并承担企业经营风险，社区能人则提供他们的企业家能力，并付出远高于社区成员的辛劳和压力。社区成员因提供土地使用权和廉价劳动力，在企业中获得了就业权；社区集体因提供办企业的资格和承担风险，获得了以社区集体福利的形式分享部分收益的权利。问题在于，社区能人作为企业创办人和经营者，他们在企业中的权利该如何界定？

折晓叶、陈婴婴（2005）发现，此类产权界定遵循“谁投资谁受益”原则。具体来说，社区能人因投入他的企业家能力，不仅在社区内外获得较高声望，还在企业的“社会性合约”中获得了对企业的控制权，用村民的话说就是“谁办的厂谁说了算”。这种权利在社区内部是公认的，而且自始至终都界定清楚。折晓叶、陈婴婴的调查提供了生动证据：

> “厂是某某办的”，“某某的厂”，这在村里是一个通行的说法，不仅是规模较大的鞋厂，其他小厂也是这样认定的。这些说法的实际意义是，办厂人对厂具有村里人界定的非正式的控制权：“谁办的厂谁说了算”，其他人不可以插手，即便是作为名义所有权代表的村政组织，也不可随便干预。正因为有这个规则，才有人在一无所有、前途不明的情况下为集体办厂。（折晓叶、陈婴婴，2005）

创办人对企业的非正式控制权还可以转换成正式的控股权，此即在转制中“由经营者持大股”。“由经营者持大股”是在政策放开之后，“谁投资谁受益原则”的自然延伸，当然，其前提是保证在原企业的“社会性合约”中，各方权利不因改制而悬空，即在企业工作的社区成员的就业权能得到保障，以及企业承担的社区集体福利有所保障。

“谁投资谁受益原则”不仅适用于界定创办人的企业家能力的产权，也适用于界定投资人的财务资本的产权，即使是“带红帽子”的假集体企业，企业的所有权在法律上归属集体组织，但投资人的产权在事实上仍有相当保障。如刘世定的调查显示：“比如，玉环县委在1988年的一份政策性文件中这样规定：私人出资的股份企业，如自愿申请，允许挂集体牌子，对内仍保持股份性质不变，任何单位和个人不得借‘集体’之名平调财产”（刘世定，2003/1998）。到了20世纪90年代，乡镇企业改制之时，这类企业摘“红帽子”，投资人的产权一般都能得到法律的正式认可。玉环县政府在《进一步完善乡镇集体企业产权制度改革的若干意见》中提出：“对那些完全由个人投资、乡镇不承担责任的‘红帽子’企业，资产应划归投资人所有。”私人投资者并未因一度具有集体资产的法律外衣，而在明晰产权的过程中被界定为集体财产，其原因正在于社会认知发挥着作用（刘世定，2003/1998）。

（二）产权如何明晰到个人？——社会性合约的明晰化

通过上述公平原则，集体产权在法律上看似模糊，实则各当事人的权利有着相对清晰的界定。所以，申静、王汉生（2005）说："以'共同占有'为特征的集体产权，在集体成员间绝非是模糊的，实际上他们基于对某种原则的共识而形成的权利分配格局，总是异常清晰的。"

不过，由于当事人的权利是以非正式的原则为依据，这种权利难以拿到法庭上去证实和获得支持，也无法通过转让而退出，因而缺乏长期稳定的基础，留下了继续建构与解构的空间。如按照"谁投资谁受益原则"，企业创办人拥有非正式的企业控制权，但是，在他不愿意经营企业的时候，他能否将控制权卖给其他人？在他年事已高的时候，能否将控制权转让给他的儿子？这些问题不解决，一家乡镇企业的寿命很难超过创办人的自然生命。再如村民在集体土地上的成员权，如果这一项权利必须参加集体劳动才能实现，那么我们可以预见，集体劳动中的偷懒现象不可避免，这意味着每个人的成员权都在缩水。而且，如果一位村民要离开村庄到城里打工，他在土地上的成员权能转让给别人吗？如果不能，这将制约着他到村庄之外去建立新的生活。这些问题说明，如果仅以非正式的方式、依据非正式的公平原则，来隐含地界定集体资产中的个人权利，从长远来看，降低了每一方的福利水平。这些问题的解决之道，就是将集体资产的产权以正式的方式明晰到个人，这就是乡镇企业改制和集体土地家庭承包。

折晓叶、陈婴婴（2005）的研究表明，乡镇企业改制的基本逻辑，都是将原有集体产权中隐含的个人权利以正式方式明晰到当事人，也即将非正式的社会性合约，转换成正式合约。例如，在乡镇企业改制上，企业创办人的控制权一般都转换成了正式的控股权；各方承诺保障社区成员的就业权，或者将就业权折成现金补偿——所谓"买断工龄"；社区集体对企业的福利要求权一般转换成部分股权，或者一次性给予现金补偿。只要各方当事人在社会性合约中的权利能落到实处，改制不会遇到大的阻力。在集体土地的家庭承包上，也大致如此。村民在集体土地上的生存权和成员权，一般都合并转换成按人口平均的土地耕作权和收益权。

在集体产权明晰到个人的过程中，社会学家还发现，当事人的"强力"（如人数的多寡、声音的大小、暴力的强弱）也发挥着不可忽视的作用（张静，2003；刘世定，2003；申静、王汉生，2005；折晓叶、陈婴婴，2005）。"强力"发挥作用的一个原因是，"社会性合约"所依据的各项公平原则，其适用范围并非泾渭分明，其中多有重叠和含糊之处。因此，若要依据公平原则明晰各自的权利边界，则需要各方在具体情况下达成妥协。显然，妥协的结果如何，依赖于当事人的谈判策略和力量对比。如"谁投资谁受益原则"，虽然在原则上各方都能接受，但是，对于何种行为与投入才能算"投资"，各方可能存有争议，在争议中力量对比决定了妥协方案（张静，2005）。再如"生存原则"，这是政府无法否认的，但是，关于什么是生存的底线，不容易在事前达成共识，需要在政府与村民之间谈判解决。因此，在征地过程中，"劳安费"的补偿标准就成为政府与村民谈判的焦点，村民上访、"堵政府"、向政府要饭吃是村民常见的谈判手段（申静、王汉生，2005）。

（三）产权纠纷的裁决——规则不确定基础上的产权秩序

产权的社会建构还发生在不同主体之间的产权纠纷之中。在这一方面，特别是与集体土地有关的纠纷，张静（2003）揭示了一个重要现象：裁决纠纷的规则是不确定的、不统一的，即一件纠纷适合于何种规则，取决于纠纷双方的利益主张和力量对比。也就是说，当纠纷发生时，人们是根据当前利益和自身力量对规则进行选择，而不是根据事前确定的规则衡量利益是否正当。

如前文所述，当集体产权解体之时，产权要按正式方式明晰到个人，此时因公平原则之间的重叠与含糊就可能引发争议，依据何种公平原则，如何解释公平原则，就成为当事人的“强力”可以发挥影响的空间。除此之外，产权纠纷还有更加多种多样的情形，争议各方提出权利主张时，不仅援用某个公平原则，也可以援用国家法律与政策、当事人的合同、集体的决定等，因而纠纷裁决的“规则不确定”现象也更加生动、复杂（张静，2003，2005）。

张静（2003）对规则不确定现象的解释是，在中国社会，由于政治领域与法律领域没有分立，导致规则的制定过程（即立法）与规则的实施过程（即司法）无法分开，任何一方当事人都可以凭借政治力量进入规则的实施过程，按照自己的利益选择规则和解释规则；而仲裁者也不是根据统一的法律规则衡量各方主张的正当性，而是寻找多数同意的，或不会引起大范围异议的裁决规则和裁决结果。因此，在纠纷发生时，“谁好做工作就说服谁”，“要紧的不是有没有理，而是有没有人”。张静将这种纠纷裁决机制称为“利益政治模式”，以区别于法治社会的“法律衡量模式”（ 张静，2003）。“利益政治模式”说明了当代中国社会的一个基本特征：在权利与利益的界定上，中国社会还没有形成稳定的、统一的规则，规则经常因人、因情景、因力量而变通或替代。

四　评论与思考

就认识中国社会的产权制度而言，中国社会学家的研究有两项主要贡献：第一，揭示了在乡村集体资产的产权界定过程中，各方当事人的权利是依据何种公平原则来界定的；第二，揭示了在中国社会，产权界定规则是多元的、不确定的，当事人往往依靠自己的“强力”来选择规则和主张权利，只是“强力”的使用也需要凭借某种公平原则，而这样的公平原则也是多元化的。前一项贡献修正了经济学家的一个模糊认识——认为“集体产权是模糊的”，因而有助于我们认识“集体产权”的建构逻辑，也有助于认识集体所有制的改革逻辑。后一项贡献则对演化博弈论的第一个结论——制度演化的“局部趋同效应”提出挑战。按照“局部趋同效应”，在中国这样一个紧密联系的社会内部，产权制度在长期来看固然会发生演变，但在每一个时期，产权界定规则将趋向于统一和稳定。这一结论显然没有得到中国社会学家的经验研究的支持，而且与他们的经验研究结果相矛盾。

不过，上述贡献也有局限之处。以下我以前述博弈论的观点为参照，对此展开讨论。

就中国社会学家的第一项贡献而言，主要的局限之处是没有将逻辑推演到底。让我从社会学家所揭示的公平原则——生存原则、成员均等原则、划地为界原则、谁投资谁受益原则入手，我要问的一个问题是：我们能够将这些公平原则推演到更基本的原则上吗？我认为，这是可以的，至少在逻辑上值得一试。例如，“划地为界”原则和“谁投资谁受益”原则，看似没有共同之处，但都包含有“先到先得”的涵义，因此，两者很可能都源自更基本的“先到先得”原则。此外，生存原则虽然不能归结为“先到先得”，但这一项原则之所以有约束力，显然与下面的事实有关：每个人的策略选择都有一条底线，当一个人的生存受到威胁时，他将选择“鹰策略”，即与对方抗争到底，这就迫使对方做出让步，选择“鸽策略”。这就是说，生存原则的规范力量源于每个人身上都蕴含的某种“强力”。至于成员均等原则，在表面看来似乎只能解释为中国人的均平思想和集体生存的伦理观念，但说它是“先到先得”原则的一个特例，也未尝不可。例如，我们可以这样设想，对一项集体财产（如集体土地）而言，社区（如村庄）作为整体，是这项财产的占有者；但对于每一位社区成员来说，如果他们参与占有财产的行动很难区分出先后[①]，就只能认为大家是同时参与占有，就像他们同时发现了一块无主土地，或者同时发现了一块宝石，在这种情况下，按“先到先得”原则，应由社区成员均等分享这项财产的使用权与收益权。我们这样设想的一个证据是，村庄在分配征地款时，如果能找到大家认可的区分时间先后的标准，那么，征地款的分配就将有所差别，而不是完全按照均等原则。例如，几乎在所有村庄，刚从外地迁入的新村民所得征地款明显少于老村民，甚至在北方一些移民较多的村庄，迁入满 30 年才能获得全额征地款。

因此，我的看法是，社会学家揭示的上述四项公平原则，可以进一步归结为两个更基本的产权界定因素：其一是“先到先得”原则，其二是行动者的“强力”。这两个因素既有联系，也有区别。“先到先得”原则要有“强力”作支持，否则，先占者未必先得。当然，“强力”不仅指当事人直接伤害对方的能力，也包括社会规范和法律建立起来之后，当事人能够援用的第三方力量。反过来看，当一方的“强力”足够大时，也可以推翻以前的“先到先得”，建立新一轮的“先到先得”。从“打土豪，分田地”，到“打江山”，改朝换代，都是例证。这就是说，我们可以分别从两个角度研究一个社会的产权起源和产权制度的演化：一个角度是从“先到先得”原则入手，探讨这一项原则如何发展成多种多样的产权制度；一个角度是从“强力”入手，探讨各方在“强力”的博弈过程中，产权界定的社会规范和法律是如何建立起来的。

从第一个角度研究产权制度，在法学和经济学中形成了系统文献（Epstein，1979，1986；Barzel，1968；Berger，1985；Rose，1985；Haddock，1986；Lueck，1995，1998，2003）。这些研究指出，在东西方社会，“先占”都是取得财产权的最重要方式。如在人类历史上，土地就是通过先占逐渐转化为所有权。在英国普通法、传统非洲法系和伊斯兰法系中，对土地的先占行为，决定了土地的原始所有权；在美国，通过先占原则和政府转让，确立了土地私有权（Lueck，1998）。从第二个角度研究产权，主要是经济学家

---

① 也许我们可以提出两个区分参与占有的时间先后标准：其一，社区成员加入社区的年限（如迁入村庄的时间、进入企业的工龄）；其二，对村庄而言，村民的年龄。第一个标准只要具备条件，在实践中经常被采用。此外，在一个单位内部，所谓“老人老办法，新人新办法”，也与此类似。第二个标准在实践中很少见到，其原因也许是，如果大家都是祖祖辈辈生活在一个村庄，那么村民资格是可以传递给下一代，若要以当代村民的年龄来区分先后，等于否定了村民资格可以继承这一基本原则，这在村庄内部是无法接受的。

(Umbeck, 1981, 1985; Alston et al., 1999)。乌姆贝克通过研究加利福尼亚金矿的产权界定过程，论证了一个著名命题：强力界定产权（Might makes rights）（Umbeck, 1981）。当然，"强力界定产权"并不意味着社会规范和法律不会建立起来，而是说，当事人通过强力造成先占事实，然后通过联合建立保护先占事实的社区规范，再通过游说谋求将社区规范变成法律。

从上述分析中，我想说明一个观点：我们现在看到的、具有中国特色的产权制度，也许是起源于人类社会共同的一些基本因素——如"先到先得"原则和当事人的"强力"，这些共同的基本因素，加上在中国这块土地上存在的特殊的约束条件，才造成了中国特色的产权制度。从这个观点来看，认识中国特殊的产权制度，需要做两件事：一是用人类社会在产权制度上共有的基本因素，来理解中国特色的产权制度；二是揭示在何种约束条件下，这些人类社会共有的基本因素才演化出中国特色的产权制度，并且指出其演化逻辑是什么。我之所以强调解释逻辑要从"人类社会共同的基本因素"出发，原因是只有做到这一步，我们才能将中国的产权制度与其他国家的产权制度进行比较，才能看出是什么原因或者说何种约束条件造成了中国的"特殊性"。正是由于持有这种观点，我才认为，将中国的产权制度推演到具有中国特色的公平原则，虽然说是学术研究上的进步，但在逻辑上还没有走到底。

现在来讨论中国社会学家做出的第二项贡献，即为我们揭示了当代中国产权制度的一个基本特征——规则的不确定现象。我已在上文指出，这一项贡献对演化博弈论的"局部趋同效应"提出了挑战。不过，这一项贡献的局限之处是，这一挑战在经验事实上还不够坚实。若要使挑战建立在坚实的经验研究之上，则必须论证在中国社会，产权制度的"规则不确定"现象不是当代才有的短期现象，而是延续了相当长时期的"常态现象"。如果只是当代中国的一个短期现象，我们可以说，这是转型时期的过渡现象，它仍可能按照"局部趋同效应"来演变。只有论证了"规则不确定"现象是中国社会的常态，我们才有足够的理由怀疑"局部趋同效应"是否成立。在这一方面，中国社会学家的研究工作还未真正展开。

如果要论证"规则不确定"现象是中国社会的常态现象，日本法律史学者对中国明清时期的法律制度之研究（滋贺秀三，1984，1998a，1998b；寺田浩明，1995，1998，2004），也许有直接帮助。他们的研究也揭示出，中国明清时期的"法"，包括国家成文法和民间习惯，同样在实践中具有"规则不确定"的特征。[①] 他们认为，导致"规则不确定"的直接原因是，中国的司法审判本质上不属于西洋意义上的司法活动，而属于行政活动，即是作为行政活动之一环的司法，对社会秩序进行管理和调节；更深层的原因是中国人关于法律与审判的观念，这种观念与西洋人关于法的观念格格不入，它不强调法律规则的绝对化，而强调法律应随当事人的具体情景，并依照普通人心中的"情理"来做适当变通，以求得对每一个案件都能找到最合适的、个别的解决方案。这些论述与

① 寺田浩明（1998）对这种"规则不确定"现象的描述是："不仅是说，国家的律例不具有西洋的法那种作为客观规范的神圣化含义，而且，在中国社会的任何一个角落，也同样找不到以这种形式存在的规范。作为行为准则的判断标准，始终只存在于每个人的心中，却缺乏任何制度性的安排和程序来把这种主观的规范客观化、外在化，使之成为确定的法。"

中国社会学家提出的一个基本观点——权利的界定遵循着“社会情理合法性”有相似之处，但却不在一个逻辑层面上。因此，深入认识中国社会的“规则不确定”现象，与日本学者进行对话和比较，既有基础，也实属必要。

参考文献

李稻葵，1997，《论转型经济中的模糊产权》，载海闻主编《中国乡镇企业研究》，北京：中国工商联合出版社。

刘世定，2003，《公共选择过程中的公平：逻辑与运作》，载刘世定著《占有、认知与人际关系》，北京：华夏出版社。

——2003/1996，《占有制度的三个维度及占有认定机制——以乡镇企业为例》，载潘乃谷、马戎主编《社区研究与社会发展》（下），天津：天津人民出版社；载刘世定著《占有、认知与人际关系》，北京：华夏出版社。

——2003/1998，《科斯悖论和当事者对产权的认知》，《社会学研究》第 2 期；收入刘世定《占有、认知与人际关系》，北京：华夏出版社。

申静、王汉生，2005，《集体产权在中国乡村生活中的实践逻辑》，《社会学研究》第 1 期。

寺田浩明，1995，《关于清代土地法秩序“惯例”的结构》，王莉莉译，载刘俊文编《日本中青年学者论中国史（宋元明清卷）》，上海：上海古籍出版社。

——1998，《日本的清代司法制度研究与对“法”的理解》，载滋贺秀三等著《明清时期的民事审判与民间契约》，王亚新等译，北京：法律出版社。

——2004，《中国清代的民事诉讼与“法之构筑”》，载易继明主编《私法》，北京：北京大学出版社。

肖特，2003，《社会制度的经济理论》，陆铭等译，上海：上海财经大学出版社。

张静，2003，《土地使用规则不确定：一个法律社会学的解释框架》，《中国社会科学》第 1 期。

——2005，《二元整合秩序：一个财产纠纷案的分析》，《社会学研究》第 3 期。

张佩国，2000，《地权分配，农家经济，村落社区——1990 ~ 1945 年的山东农村》，济南：齐鲁书社。

折晓叶、陈婴婴，2004，《资本怎样运作？——对改制中资本能动性的社会学分析》，《中国社会科学》第 4 期。

——2005，《产权怎样界定?》，《社会学研究》第 4 期。

周其仁，2004，《产权与制度变迁》，北京：北京大学出版社。

周雪光，2003，《组织社会学十讲》，北京：社会科学文献出版社。

——2005，《关系产权：产权制度的一个社会学解释》，《社会学研究》第 2 期。

滋贺秀三，1984，《清代中国的法与审判》，东京：创文社。

——1998a，《诉讼制度之民事法源的概括性考察——情、理、法》，载滋贺秀三等著《明清时期的民事审判与民间契约》，王亚新等译，北京：法律出版社。

——1998b，《诉讼制度之民事法源的考察——作为法源的习惯》，载滋贺秀三等著《明清时期的民事审判与民间契约》，王亚新等译，北京：法律出版社。

Alston, L. J. , Gary D. Libecap, and Bernardo Mueller, 1999, *Titles, Conflicts, and Land Use: The Development of Property Rights and Land Reform on the Brazilian Amazon Frontier.* Ann Arbor: University of Michigan Press.

Bardhan, P. , 1984, *Land, Labor, and Rural Poverty.* New York: Columbia University Press.

Barzel, Y., 1968, "The Optimal Timing of Innovations." *Review of Economics and Statistics* 50.

Berger, L., 1985, "An Analysis of the Doctrine That 'First in Time is First in Right'." *Nebraska Law Review* 64.

Berger, P. & Luckmann, 1966, *The Social Construction of Reality*. New York: Doubleday Anchor.

Epstein, R. A., 1979, "Possession as the Root of Title." *Georgia Law Review* 85.

——1986, "Past and Future: The Temporal Dimension of the Law of Property." *Washington University Law Quarterly* 64.

Haddock, D. D., 1986, "First Possession versus Optimal Timing: Limiting the Dissipation of Economic Value.", *Washington University Law Quarterly* 64.

Lueck, D., 1995, "The Rule of First Possession and the Design of the Law." *Journal of Law and Economics* 38.

——1998, "First Possession." In *The New Palgrave Dictionary of Economics and Law*. London: Macmilian.

——2003, "First Possession as the Basis of Property." In *Property Rights: Coporation, Conflict and Law*, (eds.) by Terry L. Anderson & Fred S. McCesney, Princeton: Princeton University Press.

Nee, Victor, 1992, "Organizational Dynamics of Market Transition: Hybrid Forms, Property Rights, and Mixed Economy in China." *Administrative Science Quarterly*, 37 (1).

Nee, Victor & Su Sijin, 1996, "Institutions, Social Ties, and Commitment in China' s Corporatist Transformation." In J. McMillan & B. Naughton (eds.), *Reforming Asian Socialism: The Growth of Market Institutions*. Ann Arbor: The University of Michigan Press.

Rose, C. M., 1985, "Possession as the Origin of Property." *University of Chicago Law Review* 52.

Schelling, T. C., 1960, *The Strategy of Conflict. Cambridge*, Mass.: Harvard University Press.

Sugden, R., 1989, "Spontaneous Order.". *Journal of Economic Perspectives* 3.

——1995, "A Theory of Focal Points." *The Economic Journal* 105 (May).

——1998, "The Role of Inductive Reasoning in the Evolution of Conventions." *Law and Philosophy* 17.

Umbeck, J., 1981, "Might Makes Rights: A Theory of the Formation and Initial Distribution of Property Rights." *Economic Inquiry* 19 (1).

——1985, *The Theory of Property Rights*, Iowa: The Iowa State University Press.

Weibull, J. W., 1995, *Evolutionary Game Theory*. Cambridge, MA: MIT Press.

Young, H. P., 1993, "The Evolution of Conventions." *Econometrica* 61 (January).

——1996, "The Economics of Convention." *Journal of Economic Perspectives* 10 (2).

——1998, *Individual Strategy and Social Structure: An Evolutionary Theory of Institutions*. Priceton, NJ: Priceton University Press.

Young, H. P. & Dean Foster, 1990, "Cooperation in the Short and in the Long Run." *Games and Economic Behavior* 3.

作者单位：浙江大学民营经济研究中心，浙江大学经济学院

农民工社会身份研究综述

王春光

在过去的二十年中，农民工问题一直是中国社会的热点问题。学界对此极为关注，人口学、经济学、政治学、人类学以及公共管理学等都进行了大量的调查和研究；作为一门应用性学科，社会学自然不会放过对农民工问题的关注和研究，迄今为止，在农民工问题上已经有相当多的调查和研究，在理论上和政策上也提出了不少引起社会和政府重视的观点。与其他学科相比，社会学更擅长于从整体角度或者综合角度去分析农民工问题，从而找出对民工问题的解释变量或原因乃至解决方法。比如，经济学偏重于从劳动力转移角度去理解农民工问题，人口学着重于从人口迁移角度去分析农民工现象（蔡昉、白南生主编，2006），而社会学更重视农民工问题与社会结构的关系，因此，有关农民工的社会身份问题，自然成了社会学研究的重点之一。这里将最近几年社会学有关农民工社会身份的研究作简单的综述，以寻找这方面研究的可能的后续方向。

一 对农民工的界定

农民工问题是最具有中国特色的社会现象之一，但是，大多数研究者不太关注对农民工的界定，而更多地将通常的叫法视为当然，不去细究农民工的学术定义。政府有关表述上是这样界定的："农民工主要是指户籍仍在农村，进城务工和在当地或异地从事非农产业的劳动者"（国务院研究室，2006）。这个定义还是比较全面的，但是"劳动者"的提法有点含糊，忽视了农民工所处的劳动关系特别是其受雇特性，即并没有将那些自雇者乃至雇用他人的一些户籍在农村的非农劳动者与农民工加以区隔。

社会学界对农民工的研究虽然比较早，但是对农民工作出学术界定的努力，同样还是不够的。李培林在1996年从三个层面的含义上对"流动民工"作了界定：一是地域上从农村向城市、从欠发达地区向较发达地区的流动；二是在职业上从农业向工商服务等非农产业的流动；三是在阶层上从低收入农业劳动者阶层向其他收入较高的职业阶层流动（李培林，1996）。这一界定虽然从职业、区域关系和阶层关系上对流动民工给出了定位，但是，却没有涵盖在本地从事非农（即离土不离乡）的农民工，也没有将非农化的农村流动人口与流动民工加以区分，实际上将两者等同起来，更重要的是该定义没有把农民工的本质揭示出来：作为农民身份而被雇用的工人职业。

实际上，农村非农化的劳动人口不管在本地还是在外地，并不是从事相同的职业，实际上在职业上有很大的分化和差别，也有不同的社会身份，因此，仅仅用农民工去标示或概括，是很不够的，难以有效地区别他们的社会身份，至少不利于学术研究。为此，有社会学研究者试图对农民工作出更具体、更明确的界定，认为农民工指拥有农业户口、被人雇用去从事非农活动的农村人口。这个定义包含四层意思：一是在职业上农民工是指从事非农的工人，而没有将所有从事非农劳动的农村人口都称之为农民工；二是在劳动关系上是被雇用的农村人口，而不包括那些当上老板和自雇者（如个体工商户）的农村人口；三是在制度身份上是农业户口者；四是在地域上他们是来自农村，当然包括就地非农化的农民工（陆学艺主编，2004）。

但是，这样的界定在社会学界并没有获得广泛的认同，目前更多的社会学研究也依旧不去关注对农民工的界定，往往笼而统之地谈论农民工，这在一定程度上影响了对农民工身份的研究和分析。目前，仍然有更多的研究者将农村流动人口、农村非农化的劳动力、农民工等三个概念混同使用，或者交替使用。有的研究尽管没有刻意去对农民工做出界定，但是其背后已经蕴含着它们对农民工的基本界定。当然，这种状况与研究者的研究目的和研究兴趣有着直接的关系。

二　对农民工社会身份的解读

对农民工的界定，仅仅是探讨农民工社会身份的开始。之所以要界定农民工，是因为从事非农活动的农村人口已经分化了，他们在社会上有着不同的地位和身份，而农民工仅仅是其中的一部分，尽管是最主要的部分。虽然不少有关农民工的社会学研究没有具体界定农民工，但是实际上探讨的主要还是农民工，即农村非农劳动者的一部分。

社会学对农民工社会身份的探讨，基本上是在四种理论框架中进行的：一种是传承自马克思理论传统的阶级理论或劳资理论。沈原把美国著名劳工社会学家布洛维的“把工人带回分析的中心”作为其研究主旨，主张从生产领域去探讨农民工的阶级地位，认为农民工的出现和产生，大大地推动了转型期中国工人阶级的再形成，农民工已经成为中国的新工人，他们的再产生和锻造机制不同于以国有企业工人为主的“老工人”。之所以会出现新、老工人这样的再形成被分割的状态，在于转型起点上不平等的制度安排，特别是城乡二元分割以及在改革开放中出现的遍布全社会的“工厂政体”（沈原，2006）。同样，任焰和潘毅借用布洛维的理论，从宿舍劳动制度去审视农民工的地位，把农民工当作当代中国新劳工阶级或打工阶级进行分析。在他们看来，宿舍劳动制度是跨国劳动过程的系统性生成物，“使资本对劳动力日常再生产的全面控制成为可能，这一控制最终将促使劳动者最大限度地服务于生产过程”（任焰、潘毅，2006）。

从生产过程探讨农民工的地位，是非常重要的一个研究视角，但是，农民工的社会地位不仅仅体现在生产过程，而且在很大程度上还体现在其他社会经济乃至政治维度。另一种理论在研究农民工中也被研究者广泛接受，那就是社会阶层和社会流动理论。与阶级理论专注于生产领域不同，阶层理论更注重市场领域、消费领域、职业领域、文化领域和政治领域中农民工的地位问题。王春光认为，一方面农民工在生产过程中从事脏累、低收入工作，另一方面他们又觉得外出打工对他们改善社会地位有帮助，因此纷纷选择进入非农生产领域工作，因为这在阶层上是一种向上流动的变迁，即从农业劳动者向工人阶层的流动。从目前中国的阶层来看，在工人阶层中农民工是主体了，因此农民工已经成为当代中国新的工人阶层。但是农民工的工人地位却是不稳定的，表现为身份变迁落后于职业变迁、社会地位变迁落后于经济地位变迁、公民权变迁错位，等等，因此陷入了一种矛盾的困境（陆学艺主编，2004）。

在农民工研究上，真正把国家带入“分析中心”的是公民权理论。在生产领域之外，中国农民工的一个特点是与国家的关系问题，长期以来最受关注，相关的研究也是最多的。公民权理论主要关注的是国家与公民的关系，该理论认为，每个公民在一个国家的任何地方都享有基本的、平等的政治、经济、社会和文化权利。它不只是限于生产领域中农民工与国家的关系，而是在更广的领域探讨农民工与国家的关系。公民权理论主要应用于对流动民工的研究上，并没有将离土不离乡民工包括在内进行讨论。在这一理论视角看来，目前农民工的最大问题还是一个制度身份问题，在制度上他们不能享受公民权，从而在生产领域、生活领域乃至政治领域都处于不利地位。“从现实情况看，农民工的问题仍然十分突出。主要是：工资偏低，拖欠工资现象严重；劳动时间长，安全条件差；缺乏社会保障，职业病和工伤事故多；培训就业、子女上学、生活居住等方面也存在诸多困难，经济、政治、社会权益得不到有效保障”（国务院研究室编，2006）。由此可见，农民工的问题远远超出生产领域，涉及制度上对其公民权的认可和落实问题，这反过来影响生产领域农民工的地位问题。

陈映芳把乡城迁移人员作为带引号的“农民工”进行研究，旨在探讨他们成为“非市民”的制度背景和身份建构机制。她认为，当前乡城迁移人员之所以不能实现身份的转变，就在于地方/城市政府在制度上具有自利自保倾向，从而阻碍了农民工权益问题的解决，而农民工作为中国社会的第三种身份，在不断地被建构和认同过程中成了现有“农民工”制度的合法性基础。在她看来，农民工身份的长期存在和建构，一方面是政府对户籍制度的需要，另一方面又成了农民工制度的基础。因此，农民工成了“城市里的非城市人”，即制度规定的“非市民”。她进一步指出，农民工身份的构建不只是制度产物，而且也在知识界、舆论界对“农民工问题”的讨论中被强化、固化（陈映芳，2005）。

王春光用“半城市化”来界定包括农民工在内的农村流动人口在城市的社会身份地位。处在“半城市化”状态中的农村流动人口中绝大多数属于农民工，他们虽然在城市工作和生活，但是不能享受到与城市居民同等的市民权或公民权，致使他们不能彻底实现城市化，与此同时，他们中的许多人又难以回归乡土，于是处于城市化与回归乡土的中间状态——“半城市化”。这种“半城市化”表现为：城市仅仅将他们限制在边缘的经济领域中，没有把他们当作具有市民或公民身份的主体，从体制上没有赋予其他基本的权益，在生活和社会行动层面将其排斥在城市的主流生活、交往圈和文化活动之外，在社会认同上对其有意无意地贬损甚至妖魔化。也就是说，城市不但不给他们同等的市民权益，而且在很多情况下还将许多问题归咎于他们，将其妖魔化（王春光，2006）。

李培林和李炜认为，农民工和城市工人因为身份差异而造成的工作待遇差异，主要不是在工资收入方面，而是在社会保障方面。如果不从养老、医疗、失业等社会保障制度上进行改革，就难以改善农民工的生活状况（李培林、李炜，2007）。这实际上也牵涉到公民待遇问题。

由此看来，农民工进城打工，不仅是一个劳动力转移问题，也不只是一个劳资关系问题，而且牵涉到如何“争取公民身份”的问题（Solinger，1999）。

还有一种理论是市场分割理论，探讨的是技术等级和市场制度与劳动力的关系。虽然这主要是经济学研究的理论视角，但是，社会学也对此理论进行了一些新的诠释，用来研究中国的农民工问题（或流动人口问题）。李强用二元劳动力市场理论去解释城市农民工的就业状况和底层社会地位。他认可“新结构主义”社会学家皮奥里对二元劳动力市场的解释，认为二元劳动力市场不是纯粹技术性的，并不是首属劳动力市场的工作是次属市场上的劳动力所不能做的，而且每个劳动力市场有相应的行为特点等。他认为，由于现行的城市户口制度存在，农民工无法进入城市首属劳动力市场，而只能进入次属劳动力市场，尽管他们是农村的精英群体，但是他们在城市只能从事不稳定的、低收入的、非正规的工作，处于城市社会的底层，被排斥在城市主流社会的关系网络之外（李强，2000）。李春玲通过对问卷调查数据的分析，认为流动劳动力与非流动劳动力在职业地位获得和经济地位获得上的差别，是由户籍制度造成的，因为户籍制度是一种制度分割机制，将中国变成了一个具有二元社会结构、二元经济结构和二元劳动力市场结构的社会，在那里，流动劳动力被隔离在特定的社会和经济空间之内，与非流动劳动力处在不同的职业地位和经济地位上，也有不同的地位获得方式。李春玲（2006）在一定程度上是将市场分割理论做具体的应用和拓展，更具社会学涵义。

由此看来，所有研究都表明，农民工的社会身份不但很低，而且也很不正常。这些研究从不同维度来说明这一点：市民理论认为农民工没有获得正常的市民权或公民权；阶层理论认为，农民工虽然在职业上属于工人，但是在阶层地位上与城镇工人不属于同一个等级层次，不享受同等的权益；阶级理论认为农民工受到资本的全面控制，成了生产的工具；市场分割理论指出，农民工无法进入首属（或正规）劳动力市场，从而不能获得与在首属劳动力市场就业的人们同等的经济地位乃至社会地位。图1简单地综合了以上各种理论，展示了当前中国农民工的社会身份状况：农民工的社会身份体现了中国社会的分割状态，不仅表现为市场分割上，而且还体现在阶层阶级等级的分割、公民社会的分割上，农民工被放置在每个维度的最弱或者最差面向上。这种分割不仅仅是技术上隔离，更是制度性的隔离，不论是公民权问题还是市场分割问题，不论是阶级还是阶层等级，农民工的社会身份在很大程度上是被设定了的，而不完全是竞争的结果，这就是当前人们关心农民工社会身份的主要原因之一。

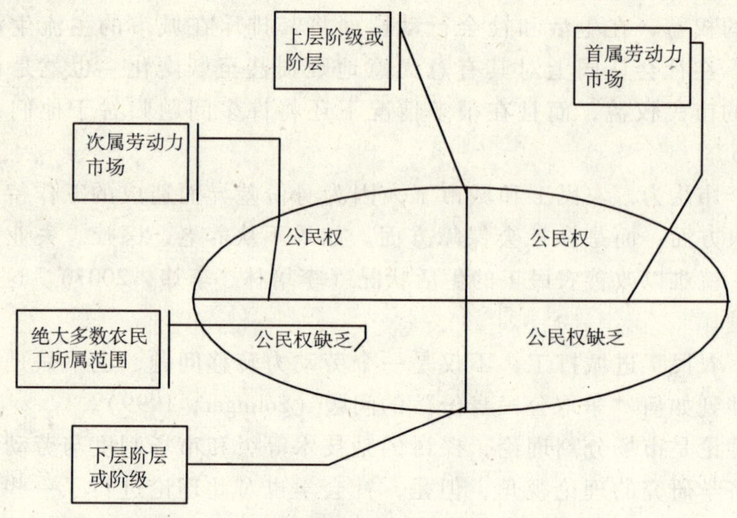

图1　当前中国农民工的社会身份状况

三　对农民工社会身份变迁的研究

显然，所有研究表明，农民工现有的社会身份是不合理的，主要是因为受制度的影响太大。在世界上几乎没有一个国家像中国那样为农民工设置了这样的身份，有人将之称为中国的农民工制度。农民工社会身份的不合理性体现在这样几个方面：一是农民工不能与城市居民一样享受同等的市民权利；二是农民工在劳动和生产领域不享受组织权、谈判权和罢工权等权力；三是农民工在阶级或阶层上不能与城镇工人享受同等的政治权力或政治地位。

农民工这样的社会身份是改革开放以来社会建构的产物，而不是一开始就生成的，也不是一成不变的，但是今后究竟是向着更好的方向变迁，还是向着更坏的方向变迁呢？或者说，农民工社会身份的改进是否有可能呢？农民工身份是否会消失呢？有关农民工社会身份的研究不能不回答这些问题。李强认为，农民工是被城市“集体排斥”的结果，即他们在整体上被排斥在城市的正式居民之外，比如在职业上、行业上的限制（李强，2000）。在王春光看来，从农业劳动者转变为农民工，是一种向上社会流动，在社会地位和身份上有所改善，但是，经过近三十年的建构后，经历了不同代农民工，其社会身份开始趋于固化定型，从而影响到他们的继续向上流动。他认为，特别是进城的农民工已经出现“半城市化”的社会身份固化现象。这种半城市化一方面说明他们难以返回农村社会，另一方面也无法融入城市社会，具体表现为职业的非正规化、生活的边缘化和孤岛化、认同的内卷化（陆学艺主编，2004；王春光，2006）。陈映芳也有相似的看法，她认为，农民工是一种特殊的社会类别，这是第三种身份。这种身份在讨论中被不断强化、固化，以至于在城市中不仅形成了“城市居民”和“农民工”的二重社会，而且“身份制”的世袭效应已经出现，他们的子女被贴上了“农民”身份，被称为“农民工子女”、“民工子弟”，这些概念扩大了他们的流动性，而忽视了他们的定居性，使得现行的特殊制度设置得以维持（陈映芳，2005）。李培林和李炜认为，农民工虽然地位比较低，但是却有着积极的社会态度，原因不在于经济决定逻辑，而在于历史决定逻辑，是因为他们把农民作为自己的参照系。但是他们也指出了农民工与其他群体的不同待遇，主要表现在社会保障制度上的不平等（李培林、李炜，2007）。

李强认为，解决农民工身份不合理的方法就是将“集体排斥”的方式转变为“个体排斥”的方式，其基本含义就是不要在制度上对这个群体进行限制，而让他们在就业市场上自由竞争，从而形成分散的身份群体，可以缓解农民工与其他社会群体的矛盾（李强，2000）。陈映芳认为，只有真正考虑到解决农民工如何获得市民权问题，而不仅仅停留在农民工的“权利问题”，才能使“农民工”的问题获得真正解决（陈映芳，2005）。王春光认为，农民工的“半城市化”问题存在着进一步固化的危险，因为农民工之间在地位上的代际传承已经呈现出来，如果不从制度上解决他们的公民权问题，那么以后即使解决公民权问题，那也难以解决他们的“半城市化”问题（陆学艺主编，2004；王春光，2006）。李培林和李炜认为，政府应从教育和职业培训上提高农民工的竞争能力，并把他们当作新市民看待，解决他们的社会保障问题，消除他们在劳动力市场上的机会不平等问题，但是他们也并不主张完全靠农民进城生活来解决城市化问题。

现有的研究尽管在农民工问题的解决上有各种各样的看法和建议，但是有一个共同的特点，就是认为农民工的社会身份现状是不可取的，对社会和农民工来说都是有问题的、不合理的和不公平的，因此需要改变。但是，究竟能否改变以及如何改变，现在还没有可行的研究方案和答案。

四　农民工社会身份研究有待拓展的学术空间

农民工社会身份研究，主要涉及国家、城市、乡村、企业、市场、个人之间的关系。在过去的三十多年中，这六者的关系发生了很大的变化，但是问题在于规划四者关系的制度和政策变化滞后，出现社会转型与制度转轨不同步的问题，农民工社会身份就是这种不同步的表现。所以，不论是对农民工的公民权研究还是阶层阶级研究，都不可避免地直指制度问题。在很大程度上农民工首先是一个制度身份，也就是国家长期以来对农村人口身份的一种制度性规定，在生活实践中，这一规定被进一步建构，被赋予更多的社会、政治、经济涵义，因此，才有了后来复杂的各种关系。通过多年的研究，人们基本上理清了农民工与国家、城乡、企业的关系。但是，迄今为止在以下两个层面上还有待进一步深化，也是中国社会学得以创新的重要问题场域。

一个面向是，如何进一步将农民工研究成果上升到理论建构的问题。现有的研究大多还是停留在用现成的理论对农民工的社会身份问题进行解释，而缺乏从农民工的身份问题研究中寻找理论建构和创新。比如农民工就是一种制度与职业相互建构的产物，在这里是否存在着社会学难以解释的问题呢？是否能产生新的解释理论呢？如果按阶级理论来解释的话，为什么在社会主义国家会产生这样一种农民工制度呢？在这里，是制度身份建构新的职业，还是职业对制度的重塑呢？从更深的层面思考，社会身份究竟是如何建构和规定的？中国对农民工社会身份的建构方式和机制有什么独特性？不论从理论上还是实证上都需要继续深挖。

另一个面向就是在对农民工的公民权研究中，通常把市民权与公民权混为一谈。国外的公民权理论对两者确实没有区分，也没有必要区分，基本上是把它们等同的，但是中国的情况有很大的差别，由于公民权没有普遍实施，从而造成市民权与公民权的分离。不同城市有不同的市民权，而且在许多方面市民权取代或凌驾于公民权。比如，一些城市不重视身份证的作用，另行制定居住证，将后者凌驾于前者之上，实际上等于市民权高于公民权，这是造成当前农民工身份难以改变的一个重要原因。那么需要深入研究的是中国究竟要构建什么样的市民权与公民权？为什么会出现两者的分离？这种分离意味着什么？……这些问题的研究也会进一步提升中国社会学理论的建构和创新。对此，陈映芳、王春光等人对此已经触及，但是还处于起步阶段，还有很多研究工作要做。

参考文献

蔡昉、白南生主编，2006，《中国转轨时期劳动力流动》，北京：社会科学文献出版社。

陈映芳，2005，《“农民工”：制度安排与身份认同》，《社会学研究》第3期。

国务院研究室，2006，《中国农民工调研报告》，北京：中国言实出版社。

李春玲，2006，《流动人口地位获得的非制度途径》，《社会学研究》第5期。

李培林，1996，《流动民工的社会网络和社会地位》，《社会学研究》第4期。

李培林、李炜，2007，《农民工在中国转型中的经济地位和社会态度》，《社会学研究》第3期。

陆学艺主编，2004，《当代中国社会流动》，北京：社会科学文献出版社。

李强，2000，《社会分层与贫富差距》，厦门：鹭江出版社。

任焰、潘毅，2006，《跨国劳动过程的空间政治：全球化时代的宿舍劳动制度》，《社会学研究》第4期。

沈原，2006，《社会转型与工人阶级的再形成》，《社会学研究》第2期。

王春光，2006，《农村流动人口的“半城市化”问题研究》，《社会学研究》第5期。

Solinger, Dorothy J., 1999, “Citizenship Issues in China's Internal Migration: Comparisons with Germany and Japan.” *Political Science Quarterly*, Vol. 114, No. 3.

作者单位：中国社会科学院社会学研究所

社会运动与集体行动研究综述

游正林

集体行动和社会运动都是有许多个体参加的体制外政治行为，在某种意义上都遵循着相似的规律，可纳入统一的框架内加以研究（赵鼎新，2005）。本文不对二者做严格的区分，而是将它们放在一起进行综述（为了行文方便，下文有时仅用“集体行动”指称二者）。

长期以来，集体行动研究几乎是我国学术研究的禁区，面对现实社会中的各种集体行动现象，国内学术界很少有人对它们做深入细致的调查研究。但最近几年来，这种状况已有所改观。这种改观主要表现在以下两个方面：一是初步梳理了有关的西方文献；二是对发生在现实中的一些集体行动现象进行了经验研究。

一　对有关文献的梳理

自2003年以来，一些学者对有关的西方文献进行了初步梳理和评介。冯仕政（2003）介绍了西方社会运动的基本研究现状，认为尽管研究的领域非常广泛，理论视角比较复杂，但就大的格局而言，基本上可以分为两大范式，即美国的资源动员理论和欧洲的新社会运动理论。他对这两种理论范式的基本特点进行了评介、对比。

奥尔森认为，由于集体行动的成果属于公共物品或集体物品，一旦集体行动成功，所有集体成员都能从中受益，包括那些没有分担集体行动成本的成员，这种成本—收益结构势必导致理性的、自利的集体成员普遍采取坐享其成式的“搭便车”行为，而不会自愿采取合作性的集体行动以实现他们的共同利益。因此，除非群体中的人数很少，或者除非采取选择性的激励手段以使集体成员为实现他们的共同利益而奋斗，不然，对大群体（潜在群体）而言，要产生集体行动几乎是不可能的（奥尔森，1995）。然而，在社会现实中，很多大群体的集体行动都成功了，并没有像奥尔森所说的那样陷入了集体行动的困境。那么，这些集体行动的产生和发展是如何成为可能的？游正林（2005）初步梳理了有关学者对这个问题的研究，如分别强调外部资源、既有的社会网络、政治机会和集体认同感等因素对集体行动的产生与发展的重要性，并认为近四十年来大多数有关的学者对集体行动的研究基本上都是围绕解决“集体行动何以成为可能”这个难题而展开的。冯巨章（2006）则把对“集体行动的困境”的研究归类为理性选择理论、意识形态理论和社会资本理论三种理论流派，并分别对有关的研究文献进行了回顾。

曾鹏、罗观翠（2006）则梳理了结构主义者、功利主义者和建构主义者对集体行动的动力机制的研究。结构主义者认为社会结构才是集体行动的本源，不公正的社会结构必然形成集体行动的意识形态，从而也必然会产生集体行动；功利主义认为有着共同利益的群体成员才有集体行动的可能，但个人理性会令集体行动陷入困境；而建构主义则认为人们是依据意义的社会建构来采取集体行动的。

此外，美国芝加哥大学的赵鼎新（2005，2006a，2006b）先后在国内学术刊物上发表论文，对西方社会运动和革命理论的基本分析框架、理论要点、研究方法和发展趋势等进行了详细梳理和评介。美国康涅狄格州立大学的王冠华（2006）则对晚近西方社会运动研究中的理性选择学派、组织资源论、政治时机分析模式、认知框架分析以及“广义社会运动”理论进行了评介。

二　对集体行动现象的经验研究

对集体行动现象的经验研究主要集中在工人、农民和城市一般性公民等社会群体的维权抗争方面，下面分别综述之。

（一）对工人的集体行动的经验研究

陈峰（Chen，2003）对国有企业改制过程中工人抗争的特点进行了研究，认为工人主要采取两种方式进行抗争，一是和下岗工人一样，采取在公共场所进行群众性聚集（如上街游行、堵塞交通）的方式，二是“护厂”，即占领工厂，直接阻止企业改制措施的实施，迫使地方政府和企业的管理者对他们的要求做出反应。他们的抗争在很大程度上是一种自发行为，他们所提出的要求多多少少都与过去的政治说辞以及过去的所有制观念有关。

刘爱玉、王培杰（2005）以厦门市为例，对下岗、失业工人的集体行动的可能性进行了问卷调查，得出结论认为：下岗、失业工人参与集体行动的可能性与替代性选择状况有关，越是有替代性选择（如重新就业）机会者，越是倾向于参与集体行动；下岗、失业工人的集体行动参与是情境理性的；文化程度低的下岗、失业工人，其参与集体行动的可能性大。

佟新（2006）以国有企业Z厂的一项反对兼并的集体行动为例，探讨了国有企业工人的集体行动的“框释（framing）”过程，认为工人们在市场经济条件下的负面经历凸显了他们对社会主义文化传统的认同，兼并式改革所具有的私有化性质激发了工人们的“主人”观念，加剧了工人对“共同体”和“家园”的留念与集体认同。尽管工人们意识到自己留念的、能够提供生存保障的国有企业的“庇护”已经逝去，但他们可能借助那个时代的文化传统来为其群体利益的实现寻找合法性和可能性。唐军（2006）也对发生在Z厂的这起反对兼并的集体行动进行了研究。他得出结论认为，社会资本的匮乏和改革政策的刚性，构成了下岗、失业工人作为社会行动者展开可能的集体行动的资源和规则体系，工人的抗争行动以生存伦理至上和分配公正优先为其思想依据，以对传统体制下企业的管理组织形式和公有制观念的策略调用为手段。

游正林（2006）则对一起持续时间长达 18 天的集体上访、静坐事件进行了深入细致的调查研究。该事件发生在国有企业“重机厂”破产之后。调查表明，一些职工群众之所以要去政府门口集体上访、静坐，根源在于共同的遭遇、共同的命运使他们产生了强烈的集体不公正感；职工群众判断公正与否的依据主要是现行的或最近实行过的政策规定、党和政府当前提倡的意识形态以及有关领导所做的承诺。因此，在职工群众看来，他们并没有向政府提出过分的要求。这起集体上访、静坐事件之所以能在孤立无援的条件下持续这么久，主要与以下六个因素有关：一是对上访职工提出的要求，政府一直没有让步，上访职工的不公正感一直没有得到缓解，他们有坚持上访、静坐下去的正当理由；二是除最初几天外，上访职工一直都是和平静坐，他们也没有提出任何政治主张，政府缺乏立即驱散上访职工的正当理由；三是国有企业所具有的单位组织特征，使上访职工有丰富的社会网络资源可资利用；四是企业已经破产，大家有时间去上访、静坐；五是上访职工处于群龙无首的状态，他们与政府之间的对话机制不能及时、有效地建立起来，因而延误了对有关问题的解决；六是某届全国性的体育运动会即将在该市召开，上访职工想坚持到该运动会的召开。总之，是多种因素的综合作用，才导致这起集体上访、静坐事件持续了这么久。

（二）对农民的集体行动的经验研究

于建嵘对湖南省 H 县的农民维权抗争活动进行了跟踪调查。他（2003）得出结论认为，农民有组织抗争具有三个基本特征：一是拥有一批意志坚定、具有广泛群众基础和动员能力的“农民利益代言人”；二是减负上访代表自发在本乡镇建立了跨村的政治性组织，并初步实现了全县联合，已经正式提出了在全县范围内重建农民协会的要求；三是具有较明确的政治性，抗争的对象是基层党政干部，抗争的依据是国家法律和党的政策，抗争的形式从上访为主转变为与基层政府的直接对抗，抗争的靠山是中央的权威。他（2003，2004）还进一步分析认为，H 县农民有组织抗争与学界已观察和讨论过的“日常抗议”和“依法抗争”等抗争形式具有重大的区别。具体来说，在 1992 年以前，农民的多数反抗可以大体归结为西方学者称之为“弱者武器”的“日常抵抗”形式，这种抵抗主要以个人为行动单位。而自 1992 年至 1998 年，农民的反抗可以归结为“依法抗争”或“合法的反抗”这类形式，其特点是利用中央政府的政策来对抗基层政府的土政策，以上级为诉求对象，抗争者认定的解决问题的主体是上级，抗争者不直接对抗他们控诉的对象。这种反抗形式是一种公开的、准制度化或半制度化的形式，采用的方式主要是上访。1998 年以后，H 县农民的抗争则已进入到了“有组织抗争”或“以法抗争”阶段。这种抗争是以具有明确政治信仰的农民利益代言人为核心，通过各种方式建立了相对稳定的社会动员网络，抗争者以其他农民为诉求对象，他们认定的解决问题的主体是包括他们在内并以他们为主导的农民自己，抗争者直接挑战他们的对立面，即直接以县乡政府为抗争对象，是一种旨在宣示和确立农民这一社会群体抽象的“合法权益”或“公民权利”的政治性抗争。后来，于建嵘（2006）还对集体行动的原动力机制进行了探讨，认为奥尔森的“选择性激励”理论不能完全解释当代中国农民维权抗争的经验事实，中国农民所进行的维权抗争的原动力主要不是来自“集团”内部的“奖罚分明”，而是来自“集团”外部的压力。

此外，刘玉照（2006）以河北某村庄基层选举与修路事件为个案，探讨了具有不同目标的集体选择叠加在同一群体的一次集体行动中时，集体行动的结果和逻辑所发生的变化。

（三）对城市一般性公民社会运动的经验研究

自20世纪90年代中期以来，中国城市基层治理体系逐渐从单位制转向社区制。随着这种转型，城市街区也爆发了越来越多的针对工商企业或基层政府机构的市民维权运动。石发勇（2005）称这种运动为“城市一般性公民社会运动”。他以发生在A市N区的一个持续了十年的社区环保运动为例，对这种运动的动力机制进行了探讨。他的研究发现，“政治机会结构”的存在是这种运动发生的前提条件。当前促使集体抗争爆发的政治机会结构主要有三个方面，即行政体系的相对“分裂”、媒介的初步开放，以及法规政策的逐步完善。媒介的开放、法制的进步使得群众的权益意识有了明显增强，并开始学习使用法律武器来维护自己的合法权益，而政体的相对开放导致了业主委员会等社区性NGO的出现，为群众性维权活动提供了组织依托。但是，这种结构性机会的显现以及“以法抗争”策略的运用都不能充分解释市民维权运动何以能够发动以及发动之后的结果。因为在面对同样的机会结构和侵权问题时，有些街区发起抗争并获得成功，有些虽然发起了抗争但却失败了，更多的街区则缺乏任何集体行动。因此，石发勇（2005）主张以关系网络这一因素来解释这种差异。也就是说，在当代中国，除了法律政策外，维权积极分子还必须运用关系网络作为集体抗争的重要武器，才有可能获取国家权威和普通民众的支持以抵制地方当局的侵权行为。在跨阶层的城市居住街区，关系网络是促进社区内部团结和动员不同阶层的人群参与集体行动的一个主要因素。

何艳玲（2005）则以发生在J市的一次“垃圾压缩站”事件为例，对后单位制时期街区维权性集体抗争的产生及其逻辑进行了探讨，指出这种集体抗争包括以下三个层面的逻辑：一是通过媒体声援将特定的地方性问题变成公共话语；二是运用说服性沟通策略使抗争行动合法化；三是建构共识性危机使潜在动员者变成实际参与者。

曾鹏、戴利朝、罗观翠（2006）则从整体意义上就中国转型期冲突性集体行动的社会情境进行了探讨。他们认为，体制转轨是对社会利益分配格局的重大调整，在这个过程中会有一部分人不可避免地因为相对利益受损而萌生社会怨恨；在社会怨恨快速生产的同时，弱势阶层制度化的利益表达渠道却在一定程度上淤塞而日渐失灵。这就是今天中国频繁发生冲突性集体行动的社会情境。

整体而言，国内学者对集体行动和社会运动的研究才刚刚起步。现有的经验研究，往往问题意识不强，理论准备不足，很少与有关的理论对话。要想在这方面提出具有中国特色的研究问题和有关理论，还有很长的路要走。

参考文献

奥尔森，1995，《集体行动的逻辑》，陈郁等译，上海：上海三联书店、上海人民出版社。

冯巨章，2006，《西方集体行动理论的演化与进展》，《财经问题研究》第8期。

冯仕政，2003，《西方社会运动研究：现状与范式》，《国外社会科学》第5期。

何艳玲，2005，《后单位制时期街区集体抗争的产生及其逻辑——对一次街区集体抗争事件的实证分析》，《公共管理学报》第3期。

刘爱玉、王培杰，2005，《下岗、失业工人的行动选择分析：以厦门市调查为例》，《中共福建省委党校学报》第4期。

刘玉照，2006，《遭遇修路事件的村庄选举：双重选择的集体行动》，《社会》第5期。

石发勇，2005，《关系网络与当代中国基层社会运动——以一个街区环保运动个案为例》，《学海》第3期。

唐军，2006，《生存资源剥夺与传统体制依赖：当代中国工人集体行动的逻辑》，《江苏社会科学》第6期。

佟新，2006，《延续的社会主义文化传统——一起国有企业工人集体行动的个案分析》，《社会学研究》第1期。

王冠华，2006，《晚近西方社会运动研究》，《东岳论丛》第5期。

游正林，2005，《也谈国有企业工人的行动选择——兼评刘爱玉〈选择：国企变革与工人生存行动〉》，《社会学研究》第4期。

——2006，《集体行动何以成为可能——对一起集体上访、静坐事件的个案研究》，《学海》第2期。

于建嵘，2003，《农民有组织抗争及其政治风险——湖南H县调查》，《战略与管理》第3期。

——2004，《当代农民维权活动的一个解释框架》，《社会学研究》第2期。

——2006，《集体行动的原动力机制研究——基于H县农民维权抗争的考察》，《学海》第2期。

曾鹏、戴利朝、罗观翠，2006，《在集体抗议的背后——论中国转型期冲突性集体行动的社会情境》，《当代中国研究》第2期。

曾鹏、罗观翠，2006，《集体行动何以可能？——关于集体行动动力机制的文献综述》，《开放时代》第1期。

赵鼎新，2005，《西方社会运动与革命理论发展之述评——站在中国的角度思考》，《社会学研究》第1期。

——2006a，《集体行动、搭便车理论与形式社会学方法》，《社会学研究》第1期。

——2006b，《社会与政治运动理论——框架与反思》，《学海》第2期。

Chen, Feng, 2003, "Industrial Restructuring and Workers' Resistance in China." *Modern China*, Vol. 29, No. 2.

作者单位：中国劳动关系学院工会学系

社会网络与社会资本研究*

张文宏

以社会资本为主题的理论和经验研究仍然是近几年中国社会学研究的一个热点。本文以社会结构视野为核心，从四个方面来系统梳理和评述过去四年来国内社会学界关于社会网络和社会资本领域有代表性的理论和经验研究成果：第一，社会资本概念界定中的争论；第二，社会资本操作化测量中的分歧；第三，社会资本经验研究的代表性成果；第四，社会资本研究中的问题及其未来走向。

一　社会资本概念界定和理论建构中的分歧

随着社会资本理论在社会科学研究界、尤其是社会学界的影响不断扩大，围绕着如何定义社会资本概念的相关争论也日趋激烈，使得研究者对此概念的内涵深感困惑。在理论建设方面，针对“社会资本”的概念为不同学科的学者以及各种媒体频繁使用这一现象，张文宏（2003）指出，社会资本研究中的主要纷争是由概念界定的不统一、测量方法的差异和分析层次的不同造成的。张文宏在系统评述了布迪厄、科尔曼、波茨、普特南、博特和林南等社会学家的经典定义之后，对有关的经验研究按照个体—群体或微观、中观与宏观的分析层次进行了归类，并指出社会资本研究中的混乱源于不同研究取向的学者将分析的焦点分别瞄准网络位置、关系强度或嵌入性资源。

李继宏（2003）回顾了从格兰诺维特以来社会网络经验研究的文献，认为应用研究中的视角和方法不断变化，但是“关系”概念和强—弱关系维度却始终是分析的核心。强关系假设的缺陷是简化了社会网络和预设在多元社会中并不存在的高同质群体，而弱关系的缺陷则是先验地断定存在着两个或多个没有任何交往的群体，因此李继宏在文章

* 本文为国家社科基金项目“城市移民问题研究”和“新时期社会协调机制建设问题研究”的阶段性成果之一。感谢上海市浦江人才计划、上海市优势学科“都市社会研究”（Y0104）和上海高校社会学 E－研究院对作者提供的研究资助。

中建议用共时性和历时性的统一、不对称性、互为主体性以及关系的向度和强度来对静止的、客体性的、对称的和强弱二元对立的关系概念进行“去世俗化”的建构。李继宏对于关系概念的反思是建设性的，然而这些思考如何在经验研究中转化为可以操作化的指标，进而获得实证资料的证实或证伪，恐怕需要社会学者的共同探索。其实社会网络分析从不否认关系的不对称性，如社会网络分析的当代领军人物韦尔曼（Wellman，1988：41～47）就曾指出“内容和强度不同的关系通常是不对称地相互作用和互惠的……不对称联系和复杂网络分布在不同的稀缺资源中”。无论是有关社会支持网络（如讨论网、朋友网和具体帮助网）的研究，还是关于职业流动和地位获得的研究，多数社会网络分析也是与具体的事件相联系的，更有一些研究具备历时性的特点（如边燕杰、张文宏，2001；赵延东，2002）。也许经验研究中的概念设计和操作化与现实社会现象存在着差别，但是我们并不能因此否定这些“理想类型”的作用，否则学术研究就失去了概括和抽象的意义。

边燕杰是从个体层面上研究社会资本的代表。他认为可从三种不同的角度来定义社会资本。第一，社会资本即社会网络关系，个人的社会网络关系越多，则个人的社会资本存量越大；第二，社会资本即社会网络结构，高密度的社会网络有助于约束个人遵从团体规范，而低密度的社会网络则可以减少这种约束，为占据结构洞位置的个人带来信息和控制的优势，有利于其在竞争的环境中求生和先赢；第三，社会资本是一种社会网络资源，是个人所建立的社会网络，个人在社会网络中的位置，最终表现为借此位置所能动员和使用的社会网络中的嵌入性资源。在综合分析三种不同的社会资本定义的基础上，边燕杰指出“社会资本的存在形式是社会行动者之间的关系网络，本质是这种关系网络所蕴含的、在社会行动者之间可转移的资源。任何社会行动者都不能单方面拥有这种资源，必须通过关系网络发展、积累和运用这种资源”（边燕杰，2004：139）。

将社会资本分为“个体社会资本”和“集体社会资本”则是另外一种取向（罗家德、赵延东，2005）。个体社会资本即外部社会资本或私人物品，除了微观的个人关系及其所蕴涵的资源外，也包括个人所占有的网络结构位置所能带来的资源。集体社会资本则指内部社会资本或公共物品，除了宏观的群体内部的社会联结与互信外，也包括促成集体行动并创造资源的群体的结构方式。

有的学者则不赞成对社会资本做过于宽泛的解释，如刘林平（2006）区分了社会网络资源与社会资本的关系。社会网络或社会资源是潜在的社会资本，社会资本是动用的、用来投资的社会网络，社会网络是社会资源，但是不一定就是直接的社会资本。社会资本蕴含在关系网络之中，表现为通过关系网络借用资源的能力，而这种关系网络的使用并不是没有成本的。它的成本就是经济活动的主体构建关系网络的投入或费用，即网络中的交易费用。因此，他不同意将社会网络简单地等同于社会资本。

社会资本理论一直受到功能主义观念的困扰。为了走出社会资本理论逻辑上同义反复和测量上自相矛盾的困境，有学者指出，应该从结构主义的视角出发，亦即从社会网络的结构而不是以其功能来定义社会资本。嵌入于个体、组织或地区中的社会网络的结构，是判断个体从社会网络中获取各种回报的可能性的统一尺度。这些网络结构虽然可能带有某种功能，但社会网络的功能并不是社会资本本身，而是社会资本使用后的结果，或者说是社会网络结构的使用所得到的回报。为了彻底地摒弃功能主义的局限，应该区分社会资本的结构、使用和功能这三个相关的要素。所有网络结构对旨在获得任何一种功能回报的行动的成功都具有直接的、间接的或潜在的作用。从结构视角定义社会资本有助于找到社会资本中对功能没有作用甚至具有负面影响的某些结构，并且有助于研究网络结构所具有的潜在功能，从而更加深刻地认识通过在网络中使用社会资本而获得行动成功的机理（朱旭峰，2006）。

从不同的层次上来定义社会资本，可能是造成该领域中理论研究和经验研究产生重大分歧的一个根本性的原因。也正是对于社会资本的各种迥异的界定，吸引了来自不同学科、遵循不同学术传统的社会科学家加入到这一学术社区中，由此促进了20世纪末以来国内外社会资本研究的理论分析和经验研究的繁荣，成为社会科学界特别是社会学界的一个热点领域。

正如边燕杰所指出的，"虽然存在多种定义，但社会资本的基本定位是清楚的、内涵是明确的，即社会关系网络。这可以从资本的本质特征来剖析。资本的原始状态是资源，行为者为获取收益和回报，将其投入于增值导向的努力之中。所以，判定资本的根本形式，需从资源与行为者的关系入手……社会资本是存在于行为者与行为者的联系之中的，如关系强弱、网络大小，等等"（边燕杰，2006：39）。近几年国内社会学界关于社会资本的经验研究中，相当多的学者采用了社会网络的视角来定义和测量社会资本（边燕杰，2004；边燕杰等，2005；罗家德、叶勇助，2006；赵延东，2006；张文宏等，2004；张文宏，2005a，2005b，2006a，2006b；胡荣、李静雅，2006；胡荣，2006）。笔者赞同这种观点，因为只有从社会网络角度定义和探索社会资本，才有可能使社会资本成为界定明确、可以测量的实证社会学的学术概念。

二　社会资本操作化测量中的争议

由于研究者们对社会资本的概念有着不同的定义和理解，由此造成了在社会资本的操作化测量方面也产生了较大的分歧。

运用社会网络规模、网顶、网差和网络构成四个指标来测量个人层次的社会资本，是边燕杰的一个发明。从以往的定量研究结果来看，规模大比规模小的网络拥有的关系、信息和桥梁较多；网顶高，意味着网络内拥有权力大、地位高、财富多、声名显赫的关系人多；网差大，说明网络成员从事不同的职业，处于不同的职位，资源和影响是互补性的；网络构成合理，则是指与资源丰富的社会阶层有着千丝万缕的联系（边燕杰，2004）。边燕杰对于网络规模、网顶、网差和网络构成四项指标的操作化测量，既强调了社会资本即社会网络资源的观点，也包括了网络关系和网络结构的观点。

按照罗家德和赵延东（2005）的理解，个体层次的社会资本的测量方法集中于两个方面：一方面，是对嵌入于个人社会网络之中、可以为个人所调用的资源总体的测量，这种方法重在考察个人对社会资本的拥有情况；另一方面则是考察个人在工具性行动之中所实际动用的社会资本情况。在微观层面上，对个人"拥有的社会资本"主要运用提名法和定位法进行测量，前者让每个被访者提供自己的社会网络成员的姓名、个人特征以及这些成员的相互关系等信息；后者要求被调查者回答其社会网络成员中是否有人符合定位表中所描述的职业或单位类型特征，然后对所有被选择的单位类型及职业类型进行加总，并计算相应的职业类型和单位类型得分，最后用这些指标来反映个人社会网络中所嵌入的资源情况。在使用社会网络分析方法测量个体“拥有”的社会资本时，网络规模、网络的成分以及网络的密度（网络成员之间联系的紧密程度），个体在网络中所处位置以及网络中所嵌入的资源都应是可供选择的测量指标。对个人“使用的社会资本”的测量，研究者们主要集中于以下三个方面：对于非正式网络途径的选择、社会网络中流动的资源以及关系人的特征。社会网络中流动的资源可分为“信息”和“影响”两大类；在测量集体社会资本时，通常分为几个基本的结构面向，分别是信任、公共参与和社会连接、社会网络结构、社会规范等。因为一个组织或社区中的信任程度越高，社会成员参与公共活动的比率越高、社会网络联系越紧密，则该组织或社区的集体社会资本积累越高。在测量集体社会资本时完全可能结合社会网络分析的方法，进行更为深入和系统的分析，从而起到连接两种不同层次的社会资本测量的作用。第一，在测量社会或组织信任时，使用组织信任存量问卷中筛选出来的问题，并用七级里克特量表来衡量；第二，在测量社会连接程度时，使用外向中心度；第三，对社会网络结构方式的测量，采用网络密度、群体中心性和结构洞或桥等指标。

王卫东（2006）沿着林南和边燕杰的思路，将社会网络视为社会资本的一种主要形式，认为社会网络资本总量是社会网络资本的总价值量，它是以“一般等价物”为单位的。他以七个观测指标即网络规模、网络成员的 ISEI 均值、网络密度、网络成员中的最高 ISEI、网络成员中最高 ISEI 和最低 ISEI 的差、网络成员包含的职业类型数和单位类型数来测量个人层次上的社会网络资本总量。从其操作化测量模型及其结果中可以发现，用孤立的、原子主义的、线形的测量方法不可能有效地测量嵌入在社会网络中的社会资本，因为社会网络资本不是网络中资源的简单线性累加，必须从资源间的关系与网络结构上着手测量社会网络资本。

与边燕杰和丘海雄（2000）的早期研究不同，刘林平（2006）提出了企业社会资本测量的另一种方法即费用测量。企业在构建和发展关系网络时所发生的费用，具体表现为处理公共关系上的开支，以相对固定的形式在股份制企业中体现为非技术性的干股。在所有的企业中，表现为公关和招待费用，可能是干股、提成、红包和直接的招待费。在一项探索性研究中，他使用了干股和公关费用来测量企业社会资本。笔者以为，刘林平针对边燕杰及其合作者的批评虽然是客观和中肯的，但是对于如何测量企业构建关系网络时的费用则停留在一个“理想类型”的阶段，因为无论是所谓的“干股”、提成，还是红包和直接的招待费，这些都是企业经营过程中相当私密和敏感的问题。虽然刘在探索性的问卷调查中使用了这样的问题，但是这种设计能否提高社会资本测量的效度？有多少被访者拒绝回答“干股”和“招待费”这类问题？这可能需要未来的经验研究来进一步地求证和检验。

三　社会资本领域的经验研究成果

近三年来国内社会学家有关社会资本的经验研究涉及不同社会阶层的社会资本状况、地位获得、政治参与及关系与信任、社会支持、社会资本的消极功能等领域。

（一）不同阶层的社会资本

边燕杰（2004）在一项研究中分析了不同阶层的城市居民的社会资本差异。按照网络规模、网顶、网差和网络构成等指标来测量，行政领导、经理和专业技术阶层的社会资本总量高于非技术工人，其次是办事人员和技术工人，最低的是雇主、自雇者和非技术工人。前三个阶层拥有相对优势的社会网络。行政领导阶层的网络规模，与领导层、经理层和知识层的纽带关系均明显高于非技术工人阶层。相反，雇主和自雇阶层则缺乏网络优势，虽然他们的网络规模大于非技术工人，但是其网顶低、网差小，尤其缺乏与领导层、经理层和知识层的纽带联系。其研究结果还揭示出，被访者的科层关联度越高，其社会资本总量越丰富，表现为拜年网规模较大、网顶较高、网差较大，与领导层、经理层和知识层的联系也较多；被访者的市场关联度越高，其社会资本总量越高，社会网络优势越明显。尽管可以从不同的角度去探索社会资本的差异，但是阶级阶层地位和与职业相关的社会关联度，是两个不容忽视的视角。阶级阶层地位限制了人们自由地拓展社会网络，积累社会资本。职业活动给人们提供了不同的社会机遇。阶级阶层地位优势以及工作场域中的职业交往优势，可以转换为社会网络和社会资本的优势。一旦具有社会资本优势，将会产生主客观的积极效应。

边燕杰等（2005）运用城市不同家庭的成员之间互相拜年的资料，评估了不同阶层内部和阶层之间的关系强度和多元性，测量了阶层位置之间的社会距离。他们的研究发现，第一，体力工人家庭的社会交往更可能局限在阶层内部，他们在社交上处在边缘和孤立的状态；第二，官僚精英也呈现出独特的阶层内交往特征，意味着尽管干部阶层仍然占据着资源和机会分配的中心位置，但是在与不同职业阶层建立联系方面并不占据核心位置；第三，在专业技术人员和经理之间，存在着一种若即若离的交往模式，说明收入相似的群体和个人之间，管理权力发挥着阶层隔离的作用。总之，无论是哪个阶层的家庭和个人，都倾向于同本阶层的人相互拜年，这是社会交往中的一个主要倾向。但是，也同时存在着“职业阶层相互隔离”和“阶层间互相渗透”及“阶层间梯次交往”的三种倾向。正如作者自己总结的那样，由于样本有限，这个研究结论只是初步的和探索性的。未来运用全国城市调查资料是否能够发现相同的网络模式？如何超越“春节拜年网”的方法技术评估和比较阶层地位的影响作用？运用关系范式探讨阶层结构是否还需要分析每一阶层的产权差别？这些问题需要未来的经验研究来回答。

张文宏等（2004）则运用城市居民社会网络调查的实证资料，分析了阶层地位对于城市居民社会网络构成的影响。其主要发现是：各阶层在选择讨论网成员时的群内选择或自我选择倾向非常明显；阶层地位邻近、社会距离较小的人们成为讨论网成员的可能性较大；处于阶层结构顶端的专业行政管理人员和底端的工人的阶层异质性指数较低，位于中间阶层的小雇主和普通白领的阶层异质性指数较高，普通白领的阶层异质性指数明显高于工人。同工人阶层相比，专业行政管理阶层的群内选择倾向更明显，小雇主的阶层趋同性指数最低。这个结果表明，在中国城市居民社会网络成员的选择过程中，发挥中心作用的机制主要是同质性原理，声望原则或“上攀效应”仅仅表现在小雇主阶层中。与此相一致，阶层内部的选择是中国城市居民构建和维持社会网络的主要倾向。社会网络成员选择过程中的阶层界限在某种程度上成为人们社会交往的障碍，小雇主与其他阶层的社会渗透性较强。中国城市居民社会网络成员选择的阶层模式与中国宏观社会结构的现状一致。

张文宏（2005a）运用同一资料探讨了城市居民社会网络资本的阶层差异。研究结果表明，阶层地位对城市居民的社会网络资源产生了重要的影响，主要表现在专业行政管理阶层的网络规模大于工人阶层，前者的关系种类比后者更多元化。专业行政管理阶层和白领阶层比工人阶层拥有更明显的“结构洞”社会资本，前两个阶层与网络成员的交往频率低于后者。专业行政管理阶层的社会网络在性别、年龄和职业异质性方面高于工人阶层。总之，占据高层阶层位置的专业行政管理人员比工人拥有更丰富的社会网络资本。社会网络结构特征的差异主要体现在专业行政管理阶层和工人阶层之间，可能与中国阶层结构的不充分分化有关。

张文宏（2005b）还探讨了阶层地位对于社会网络性质的影响。作者将讨论的问题分为情感性、工具性和混合性三种。重要的发现有两点，第一，同工人阶层相比，专业行政管理阶层和白领阶层与其网络成员更可能讨论混合性问题而非单纯的情感性问题；第二，专业行政管理阶层与网络成员更可能讨论工具性问题，工人阶层更可能讨论单纯的情感性问题。

还有学者从结构主义视角中对中国政策精英群体的网络整体结构和网络阶层结构进行了分析。调查发现，决定政策精英网络规模的因素有网络投资、知识运用能力、职业流动体制稳定性和行政级别。具体表现为，政策精英投入于社会交往的时间越多，其社会网络规模越大。高学历和海外留学经历在结识更高级别的行政官员时的“敲门砖”作用越来越明显。行政级别在政策精英认识高级官员中起到比结识普通官员更重要的作用。而且，由于与社会不同阶层人群交往时存在着“准入门槛”的差异，作为身份标识的学历、海外学历、行政级别随着网络成员级别的提高，对政策精英社会资本的作用会变得越来越大。相反，作为反映人际交往能力的职业流动体制稳定性和个人交往投入的贡献，则会随着网络成员级别的提高而逐渐减弱。尤其需要指出的是，该研究对“职业流动能够促进社会资本”的“常识”产生了质疑。这一意外发现促使社会资本的研究者必须开始重新审视以往关于职业流动和社会资本之间关系的若干命题，为未来的相关研究提供可以扩展的一定空间（朱旭峰，2006）。

（二）地位获得中的社会资本

社会资本或社会网络在地位获得中的作用一直是新经济社会学中的一个经典研究领域。国内学者沿袭着格兰诺维特和林南的传统，对于不同群体的求职过程、社会和政治地位的获得过程进行了实证研究。

以前国内的相关研究并未涉及社会网络资源与劳动力配置的关系问题。在劳动力市场逐步趋向规范的前提下，社会网络资源究竟是阻碍还是促进了劳动力的合理配置呢？张文宏（2006a）探讨了社会网络资源在城市职业配置中的具体作用。人力资本和政治资本较贫乏、经济地位较高的人更可能使用社会网络资源以实现职业流动；运用社会网络资源的职业流动者比不用者的求职效率低，但前者的目标收入却高于后者；运用社会网络资源的职业流向是从政府部门和国有企业流向个体、集体、外资合营、外国独资、新经济部门或无主管上级的市场化的经济实体；社会网络资源的运用，对劳资配置的吻合程度没有显著的影响。

作为中国社会中的一个精英群体，干部在其职业地位获得中是否也运用社会资本呢？周玉（2006）运用省委党校部分学员的调查资料，对此做出了肯定的回答。网络顶端、父母的行政级别、关键关系人的行政级别、与关键关系人的熟悉程度等因素对干部的地位获得产生了显著的正面影响。在转型时期的干部职业地位获得过程中，关系强度和关系人的地位发挥了关键作用，而广泛的交往并不能增加干部职位提升的机会。社会网络资本并不是唯一起作用的因素，人力资本和社会资本构成了当前干部职业地位获得中的并行不悖的双重机制。

那么作为弱势群体的下岗职工又如何利用社会资本来实现其再就业的目标呢？赵延东（2003）利用武汉市下岗职工再就业调查的资料重点分析了社会网络对于求职者的保留工资和实际工资的影响。研究结果使弱关系假设得到验证：下岗职工的社会网络中的弱关系比例越高，那么其在求职时的保留工资越高；网络规模效应和网络资源效应两个假设没有通过数据的检验，即下岗职工的社会网络规模和网络中所蕴涵的资源状况对保留工资没有显著的影响。个人社会网络对保留工资的影响将随着劳动力市场的日臻完善而逐步减弱。网络构成中的弱关系对于实际工资的直接影响是负向的，网络资源对于实际工资的影响则是正向的，这也许预示着下岗职工作为一个弱势群体，不能获得强有力的实质帮助。应该指出的是，作者将亲属以外的朋友和熟人都归为“弱关系”，似乎有值得商榷的余地。即使不能像格兰诺维特（Granovetter，1973）那样按照互动频率、熟识程度、信任程度和互惠程度来测量关系的强弱，但是把朋友不加区别地视为弱关系似乎不太严格。

赵延东（2006）还发现，下岗职工寻求再就业时大量地使用了以强关系为主的社会网络资本。下岗职工再就业过程中获得工作的质量在很大程度上取决于他们使用的关系人的社会地位，亦即关系人所能提供的社会资源，拥有更高地位的关系人就意味着职工更可能找到较“好”的工作。该研究在某种程度上对林南的社会资源命题和边燕杰的“强关系的力量”命题提供了新的佐证。

农民工的地域和职业流动一直是学者关注的另一个热门课题。翟学伟（2003）认为，简单地套用格兰诺维特的弱关系的命题来解释中国农民工的社会流动和求职是不恰当的，为此，他提出用“信任”来解释中国农民工获得流动信息的可靠性问题。他把信任分为强和弱两类，具有义务性较强、熟悉度较高而且同属于一个内群体的信任是强信任，否则是弱信任。通过对广东和浙江四个城市农民工的个案访谈，作者得出的结论是：只有强信任关系才能保证信息的真实可靠性。弱信任导致独立自由的个体在不同群体之间实现垂直或横向流动，而强信任会导致大批同质性群体流动到一地。翟的访谈结果为未来大规模的农民工流动与社会网络的定量研究提供了某些启示。

无论是格兰诺维特的弱关系假设，还是边燕杰的强关系命题，在研究社会关系网络对于员工求职过程的影响时，仅仅涉及了劳动力市场的供给面，因此，将雇主引入对劳动力供求市场的分析，不仅可以了解到雇主招聘员工的方法，而且可以认识雇主做出雇用决定背后的真实原因。对雇主招聘员工的途径及原因的个案访谈结果显示，雇主在招聘员工的过程中不仅仅同时运用了强关系、弱关系和市场三种不同的渠道，而且偏向以特定的渠道聘任不同职位的员工。在招聘高级职位员工的过程中，通过与求职者的强关系形成信任基础，并以此作为预测员工日后工作能力与操守的依据。利用与求职者的弱关系，能使求职信息在私人网络中快速传播，从而更有效地寻找专业技术人员，增加员工与职位之间的适配性。而市场信息与职业中介机构，不但为雇主提供充足而快捷的劳动力供应，并对中高层职位员工的聘请发挥了间接的作用。针对不同职位的内在要求而采用不同的招聘途径，从而形成了分割的劳动力市场（廖文伟、王丽云，2005）。

（三）社会资本在公民社会中的体现：政治参与、关系与信任

近年来，社会学家对“关系和信任”的兴趣越来越大。虽然在社会资本的界定上并没有形成共识，但是多数学者承认关系和信任是社会资本的构成要素之一。

刘军（2005）从整体网的视角出发，将“关系”作为一种新的分析单位。他认为，对“关系”的分析往往不同于对“点”的分析。他运用 P^* 模型并结合实证调查资料分析了关系数据的具体处理过程。与社会网络分析中的个体网研究可以进行随机抽样和统计推断不同，整体网的“关系”研究往往不能通过随机抽样的方式获得资料，因此，其研究结论不具有“统计推断”的价值。但整体网研究仍具有自己的适用范围，它适用于研究一个群体内部网络的整体结构，或者说适用于研究小群体。对于“关系”特征的整体网研究，不仅可以获得对某种独特网络的“整体”共识和典型意义的了解，而且是对个体网研究和属性数据分析结论的有效补充。

胡荣、李静雅（2006）分析了城市居民信任的结构及其影响因素。城市居民的信任包括普遍信任、一般信任和特殊信任三个部分，具体表现为对与自己有血缘关系的亲属和密切交往的朋友的特殊信任圈子的信任度最高，对与自己有合作关系的单位领导、同事和邻居的一般信任圈子的信任度居中，而对于包括生产商、网友、销售商及社会上大多数人的普遍信任圈子的信任度最低。这说明中国城市居民的信任结构存在着一种“差序格局”，特殊信任远远高于普遍信任。进一步的分析发现，在影响普遍信任的诸因素中，收入和社团参与因子具有正向的显著作用，说明社会经济地位越高的人对他人的信任程度越高。社会地位较高的人拥有的社会资源较多，因而抵御风险的能力较强，也就能够承担信任别人可能产生的风险。社会地位较高的人往往在社会交往中占据优势和中心地位，更懂得社会资本的积极作用，因此在与他人的交往中能够更主动地相信他人。培育更多的横向社团，鼓励市民更多地参与社团活动，是提高社会普遍信任的一个重要渠道。

胡荣（2006）还运用普特南的共同体趋向的社会资本理论，测量了中国农村基层社区的社会资本状况，并据此探讨了社会资本与村民政治参与及村级选举的关系。作者从社会成员之间相互关联的社会网络、互惠、信任和规范等几个维度进行了实证分析。结果表明，社区认同感越强，村民的参与程度越高，投入村委选举的积极性越高，村民越关心集体和村庄的公共事务；村民参与的社团越多，村民在选举中的参与程度越高。换言之，在社会资本的各种因素中，只有社团因子和社区认同因子对村民的政治参与和自主参与起着积极作用，而社会信任因子对村民的政治参与并无显著影响。因为农民不仅生活和生产在同一区域，而且社区内简陋的服务设施也主要依靠村民自己的力量来提供，使得农村社区的重要性远高于城市社区对市民的重要性。对社区认同感较强的村民往往能更积极地参与到基层选举活动中来。

林聚任、刘翠霞（2005）从社会风气观、公共参与、处事之道、信任安全感和关系网络五个维度，调查了山东省农村的社会资本状况。农村社会资本呈现出的“明流”是传统性、关系主义、家族主义、特殊性信任、社会参与性低等特点。“暗流”则是崇尚个人能力，不是简单地靠关系达成工具性目标，对血亲关系的信任建立在情感基础上，总体社会信任度较高。这个结论对于普特南的社会资本理论、费孝通的差序格局理论和现代化理论家的理性化假设提出了质疑。

关系和信任在商业交易中的具体运作机制是怎样的？罗家德、叶勇助（2006）通过对台湾一家高科技企业的深入观察和访谈发现，在商业交易流程的不同阶段会混合使用不同的治理机制。在交易初始的供货商开拓和评估阶段，采用市场竞争和网络口碑与推荐的混合治理方式。在签订采购协议书和讨价还价的过程中，信任使得成本分析变得容易，并且不需要制定太多的惩罚条款，可以有效地解决不确定性。制度虽然在商业交易的各个阶段都发挥着重要的角色，但是却没有办法杜绝机会主义的产生并有效地维持秩序，而由关系结构所形成的信任关系，在资源交换和互惠的互动中，则可以起到维持交易秩序，解决资源交换不平衡，使合作关系持续的积极作用。

针对多数社会网络与社会资本研究中所采用的静态结构分析的局限性，有些学者重点从动态的视角考察了关系、信任的动态构建过程。秦海霞（2006）通过对私营企业主的关系网络构建过程的研究，揭示了在转型过程中私营企业主的行动选择策略和游戏规则。她把私营企业主关系网络的构建分为四个阶段，即寻找、编织、巩固、发展关系。在这个过程中，私营企业主以礼物作为关系建立的媒介，以人情作为社会交换的“货币”，与关系对象编织成自己所需的网络模式，再以经济资本的投入作为巩固双方关系的筹码，促使双方依据各自的需求采取相应的策略，做出倾向于对方的决定。通过各种途径建构起来的关系网络成为一种最有力的策略性工具，其结果是社会关系对社会制度的全面渗透，这不仅直接影响到资源的重新分配，而且还重塑了权力关系，成为社会结构变迁的重要原因之一。笔者认为，私营企业主之间商业往来的重要机制是“关系”而非“市场”，一方面说明了中国市场规则和信用制度的不完善，另一方面也表明作为中国传统文化核心内容之一的“关系”在社会转型时期被赋予了现代的工具理性的内涵。

也有学者研究了关系与信任在农村社会的地下“六合彩”蔓延中的运作逻辑。邓燕华（2006）通过对湖南某村长期的田野调查，发现了关系是地下“六合彩”蔓延的主要渠道，而在交易过程中，存在着“自己人”和“外人”的界限及其不同的交易规则，关系信任是地下“六合彩”交易成功的根本保障。笔者认为，作为社会资本的一种重要形式，关系信任如果不能在合法和正当的领域发挥积极的作用，那么就有可能在非法领域（如地下“六合彩”的买卖或其他地下经济中）发挥消极的功能。

（四）社会支持网络

自社会网络分析的理论和方法引入到国内学界以来，社会支持网络一直是国内学者关注的一个重要领域。从社会网络分析的专业领域来说，可以从整体网和个体网两个不同的视角来研究人们的社会支持网络。

刘军（2006a，2006b）运用整体网络的视角研究了黑龙江省法村的社会支持网络的整体结构。他将法村的社会支持网络分为四类：情感支持、劳力支持、小宗服务和资金支持。在借贷关系中，一级亲属扮演着极其重要的角色，其中父母比兄弟姐妹发挥着更重要的作用；资金支持关系嵌入在亲属网络中；在小宗帮助中，网络成员的互惠指数较大，而在大宗借款支持方面的互惠性较低，但是普遍存在着一种一般性的互惠。在"劳力支持"网络和"亲属关系网"中都存在着四个子群。该发现揭示了法村村民之间的互助行为的整体模式，子群重叠的程度与村民之间的关系强度有关。这项研究对费孝通先生的"差序格局"理论进行了社会网络意义上的一种量化验证。在方法论意义上，网络分析中的"块模型"的价值表现在它可以揭示多种社会网络的整体结构和关系模式，因此可用来研究特别重视"关系"的中国社会。

其他学者则从个体中心网络的角度研究了城市居民或某个特殊群体的社会支持网络。范成杰（2006）在对城市居民的个人背景与职业适应性关系的研究中发现，除了受到政治身份、态度（是否勤奋）、本人职称和母亲职称等因素的影响外，社会网络规模也对调查对象的职业适应水平产生了积极的影响。换言之，城市居民个人拥有的社会网络规模越大，那么其社会能力就越强，可以利用的资源也就越多，职业适应水平也就越高。因为社会网络资本具有传递信息、扩大影响、传播声望和强化自我认定等方面的积极作用。

蒋涛（2006）在对吸毒人员的一项实证研究中，通过对重庆市南岸区戒毒所吸毒人员的抽样调查，将被访者的支持网络分为毒品提供、情感支持和经济支持三类。数据分析结果表明，吸毒人员的社会支持网规模很小，在各个子网络中，毒品提供网络的规模大于经济支持网络，经济支持网络的规模又大于情感支持网络。吸毒网络具有秘密性和牢固性。通过相识关系获得毒品，而朋友关系和亲属关系则提供情感和经济两方面的支持，亲属关系在提供情感和经济支持时比朋友发挥的作用更显著。

（五）社会资本的负功能

社会资本理论的局限主要表现为主流学者忽视了社会资本的消极作用；作为一种理性选择理论，它漠视人类行动的非预期后果、非理性和无理性后果；将社会资本理论作为解释或解决一切社会问题的灵丹妙药，从而导致了社会资本的泛化。应该提醒研究者注意的是，国内媒体和普通大众往往把关系、社会网络和社会资本的正常使用当作不正之风甚至腐败的代名词，这不仅阻碍社会网络与社会资本积极功能的发挥，而且给有关社会网络和社会资本的经验研究带来额外的困难。在以往的研究中，"多数学者只是强调了社会资本的积极作用，而对于可能产生的消极甚至反功能却鲜有论及"（张文宏，2003）。但是，近几年来，研究者在经验研究中发现了社会资本负功能存在的几种不同形式。

刘林平（2006）在对企业社会资本的研究中发现，企业所投入的构建社会关系网络的费用与企业绩效之间并不如人们所期待的那样有强烈的正相关关系，换言之，社会资本对企业的作用有可能是负面的。从交易费用的逻辑来看，社会资本对宏观经济运行的作用并不总是积极的。从微观的角度看，社会资本的投入增加了交易费用，对企业的绩效也未必产生正面的影响。

赵延东（2006）在对武汉市下岗职工再就业过程的研究中发现，下岗职工在寻找再就业岗位时大多使用了社会网络，但得到的工作往往是较"差"的。尽管下岗职工对网络途径的使用极为普遍，但使用网络途径对于再就业的实际作用却似乎是矛盾的：一方面下岗职工求职时如果使用网络途径将更可能获得再就业，而另一方面，那些使用了社会网络途径的职工却获得了质量更差的工作。此外，职工的社会资本总量较为贫乏，且多集中于亲戚、朋友的狭小圈子内，这不利于职工获得更多的信息和资源，因而社会资本的使用不但没有给下岗职工带来“好处”，反而使他们陷入更为窘迫的境地。这样的结果就必然是：尽管他们可能更容易通过网络获得新职业，但得到的职业质量却不会太高。该项研究表明，“社会资本的负作用”不仅存在于宏观层面，在微观层面也同样存在，使用微观层面的社会资本有可能给个人带来更为不利的后果。

四　社会资本研究的特点、问题与未来趋势

从最近四年的社会网络与社会资本研究领域的发展中，可以发现如下几个特点：第一，社会网络与社会资本的概念、理论、测量方法和统计模型已经被广泛应用于社会学、政治学、管理学的实证研究中，社会资本研究的多学科视角已经初见端倪，说明发轫于社会结构视角的社会网络与社会资本的理论与方法的发展正在呈现出跨学科的特点。在这个意义上，社会网络与社会资本研究正在成为一个具有方法论特点的跨学科领域。

第二，中国的社会网络与社会资本的研究正在走向专业化、制度化和规范化。其标志是开设专业课程、培养专业硕士生和博士生、召开专业会议、拥有专业化的学术团体。一些主要大学的社会学系已经陆续开设社会网络分析和社会关系研究的本科生和研究生专业课程。2006 年的中国社会学学术年会，首次设立了社会网络与社会资本研究的专业论坛。先后召开了第一届和第二届“社会网与关系管理”学术研讨会暨社会网络分析技术的高层次专业培训班。一些社会学核心期刊（如《社会学研究》、《社会》等）几乎每期都刊发社会网络与社会资本研究的论文。甚至有期刊组织社会网络与社会资本研究的专题（如《学习与探索》2006 年第 2 期）。作为专业化的另一个重要标志，中国社会学会社会网络专业委员会（筹）日前已经宣告成立。

第三，社会网络与社会资本研究的专业教材、专著、论文集、译著陆续出版。如《社会网分析讲义》（罗家德，2004）、《社会网络分析导论》（刘军，2004）、《法村社会支持网络》（刘军，2006a）、《中国城市的阶层结构与社会网络》（张文宏，2006b）、《社会资本与管理学》（郭毅、罗家德，2007）等。这些著作系统介绍了社会网络研究的相关理论、自我中心网络和个体中心网络资料的收集方法，重点评述了整体网络研究中的小团体、中心性、角色和网络动态性等分析模型，将社会网络分析看做是一门对社会关系进行量化分析的艺术和技术，全面分析了社会网络分析的基本概念，结合专业软件 UCINET 的使用介绍了社会网络分析中核心概念的操作化测量方法。

第四，量化研究和质性研究的成果交相辉映，相得益彰。在西方的社会资本研究中，占主导地位的是运用大规模问卷调查的数据，进行理论导向的社会资本的研究假设验证的定量分析，这种主流倾向可以从社会网络与社会资本研究的专业期刊《社会网络》（*Social Networks*）中发现。纵观国内学界的相关研究成果，除了一部分定量研究成果外，以个案研究、田野调查和深入的访谈资料为基础的质性研究占了相当大的比重。定量分析和质性研究方法的结合，为推动社会资本研究在国内的繁荣做出了一定的贡献，从一定意义上也反映了研究者善于从日常生活的实践中收集“关系”实践的资料，因为中国

社会本质上是一种“关系”社会。

尽管社会资本研究已经成为最近几年社会学界的一个热点领域，也取得了相当丰硕的成果。但是毋庸讳言，当前研究中也确实存在着一些问题：第一，将社会资本的概念界定和操作化测量宽泛化和随意化，以至于降低了社会资本理论的解释力。第二，在一种测量层次上得出的结论，却与在其他分析层次上的研究发现进行比较和讨论。第三，将在个案研究、田野调查中得出的结论推广到普遍的意义上，以至于陷入了区位谬误的泥潭。

结合当前社会资本和社会网络分析学者的研究兴趣、专长和中国社会转型时期的特征，以下几个方面有可能成为未来几年的重要研究议题。

第一，在研究范式上，阶级阶层分析视角和社会网络分析视野的融合。作为研究社会结构的两种不同范式，阶级阶层分析和社会网络分析的共性是研究人们在社会中的结构位置，只不过前者更偏重分析社会成员在科层制组织中的正式位置，后者更关注社会成员在非正式组织和社会关系结构中的位置。两种研究范式并不存在孰优孰劣、相互替代的关系，而是相互补充、相互完善的关系。因此，将阶级阶层分析的理论模型和测量方法与社会网络分析的概念和分析技术结合起来分析社会成员的社会资本状况，不论对于阶级阶层理论的发展，还是对于社会资本理论和研究方法的完善，都将做出预期的贡献（张文宏，2006b：13）。

第二，互联网中的社会资本特征、构成模式及其与人际社会网络的互动。据信息产业部统计，截止到2006年底，中国网民人数已达1.37亿，占人口总数的10.5%。中国手机用户达到了4.61亿，其中通过手机上网的人数已达1700万人。不可否认，互联网目前已经成为相当一部分中国人特别是中高阶层社会成员收集信息、交往、工作、娱乐和生活的一种重要手段。换言之，互联网和移动通讯工具作为一种关系和嵌入性资源，已经成为当代中国人工作和生活的一种重要形式。因此，从理论和实证研究的角度来看，未来将重点分析计算机网络是如何建立和分割社会资本，虚拟社会组织和团体的形成的参与机制，虚拟社会成员的社会人口特征，网上互动和资源交换的模式，虚拟网络的规模、密度和异质性，网络社会资本与现实社会资本的同质性和差异性等问题。

第三，作为一种社会整合与协调机制的社会资本研究。以往的经验研究证明了不同层次的社会资本可以发挥信息搜寻和传播、施加社会影响、提供社会信用和社会支持、增强团体和组织的团结和凝聚力、促进社区参与和经济发展与社会繁荣等微观和宏观层面的积极作用。那么，在构建和谐社会的过程中，社会资本能否作为等级制调控和市场调节之外的第三种方式，作为一种社会整合与协调手段，促进社会成员之间，社会组织之间，政府、市场与民间社会之间的关系和谐？社会资本能否成为一种新的社会治理模式？如果回答是肯定的，那么其发挥整合与协调功能的机制究竟是什么？是否会带来负面的效应？

第四，全球化和风险社会背景下社会资本结构与功能的变迁。中国加入WTO以来，逐渐成为世界经济、政治、社会和文化体系中一个举足轻重的成员。在全球化背景下，大量的国际金融资本、物质资本和人力资本纷纷抢滩中国大陆，这种国际有形资本的加速流动，也必然带动国际和国内社会资本的结构重塑和功能转型。分析全球化和风险社会背景下社会资本结构和功能的变迁趋势将是未来研究的一个热点。

参考文献

边燕杰，2004，《城市居民社会资本的来源及作用：网络观点与调查发现》，《中国社会科学》第3期。

——2006，《社会资本研究》，《学习与探索》第2期。

边燕杰、丘海雄，2000，《企业的社会资本及其功效》，《中国社会科学》第2期。

边燕杰，Ronald Breiger，Deborah Davis，Joseph Galaskiewicz，2005，《中国城市的职业、阶层和关系网》，《开放时代》第4期。

边燕杰、张文宏，2001，《经济体制、社会网络与职业流动》，《中国社会科学》第2期。

邓燕华，2006，《地下“六合彩”在农村社会的运作逻辑：关系与信任的运用——洋村田野研究》，《社会》第1期。

范成杰，2006，《城市居民个人背景与职业适应性研究——以杭州市为例》，《社会》第1期。

郭毅、罗家德，2006，《社会资本与管理学》，上海：华东理工大学出版社。

胡荣，2006，《社会资本与中国农村居民的地域性自主参与——影响村民在村级选举中参与的各因素分析》，《社会学研究》第2期。

胡荣、李静雅，2006，《城市居民信任的构成及其影响因素》，《社会》第6期。

蒋涛，2006，《吸毒人群社会支持网研究——对重庆市南岸区戒毒所的调查》，《社会》第4期。

李继宏，2003，《强弱之外——关系概念的再思考》，《社会学研究》第1期。

李培林、梁栋，2003，《网络化：企业组织变化的新趋势——北京中关村200家高新技术企业的调查》，《社会学研究》第2期。

廖文伟、王丽云，2005，《寻找工作与寻找员工：将雇主引入劳动力供求市场的分析》，《社会》第2期。

林聚任、刘翠霞，2005，《山东农村社会资本状况调查》，《开放时代》第4期。

刘军，2004，《社会网络分析导论》，北京：社会科学文献出版社。

——2005，《关系：一种新的分析单位》，《社会》第5期。

——2006a，《法村社会支持网络——一个整体研究的视角》，北京：社会科学文献出版社。

——2006b，《法村社会支持网络的整体结构研究：块模型及其应用》，《社会》第3期。

刘林平，2006，《企业的社会资本：概念反思和测量途径——兼评边燕杰、丘海雄的〈企业的社会资本及其功效〉》，《社会学研究》第2期。

罗家德，2004，《社会网分析讲义》，北京：社会科学文献出版社。

罗家德、叶勇助，2006，《信任在外包交易治理中的作用》，《学习与探索》第2期。

罗家德、赵延东，2005，《社会资本的层次及其测量方法》，李培林、覃方明主编《社会学：理论与经验》，北京：社会科学文献出版社。

秦海霞，2006，《关系网络的建构：私营企业主的行动逻辑——以辽宁省D市为个案》，《社会》第5期。

王卫东，2006，《中国城市居民的社会网络资本与个人资本》，《社会学研究》第3期。

翟学伟，2003，《社会流动与关系信任——也谈关系强度与农民工的求职策略》，《社会学研究》第1期。

张文宏，2003，《社会资本：理论争辩与经验研究》，《社会学研究》第4期。

——2005a，《城市居民社会网络资本的阶层差异》，《社会学研究》第4期。

——2005b,《阶层地位对城市居民社会网络性质的影响》,《社会》第 4 期。

——2006a,《社会网络资源在职业配置中的作用》,《社会》第 6 期。

——2006b,《中国城市的阶层结构与社会网络》,上海:上海人民出版社。

张文宏、李沛良、阮丹青,2004,《城市居民社会网络的阶层构成》,《社会学研究》第 6 期。

赵延东,2002,《再就业中的社会资本:效用与局限》,《社会学研究》第 4 期。

——2003,《求职者的社会网络与就业保留工资》,《社会学研究》第 4 期。

——2006,《再就业中社会资本的使用——以武汉市下岗职工为例》,《学习与探索》第 2 期。

周玉,2006,《社会网络资本与干部职业地位获得》,《社会》第 1 期。

朱旭峰,2006,《中国政策精英群体的社会资本:基于结构主义视角的分析》,《社会学研究》第 4 期。

Granovetter, Mark, 1973, "The Strength of Weak Ties." *American Journal of Sociology* 78.

Wellman, Barry, 1988, "Structural Analysis: from Method and Metaphor to Theory and Substance." In Barry Wellman & S. D. Berkowitz (eds.), *Social Structures: A Network Approach*, Cambridge: Cambridge University Press.

作者单位:上海大学社会学系

乡村民主建设研究

胡　荣

近三年来，乡村民主建设仍然得到学者们的高度关注。学者们之所以重视该问题，不仅在于它的学术价值，更由于它具有强烈的现实意义。在此综述中，笔者将集中介绍2003～2006年期间中国社会学关于乡村民主建设的主要研究成果，讨论其学术意涵及其关注的议题的变化。本文围绕乡镇政权、村民自治、乡村关系以及与乡村民主有重要关联的宗族、乡村精英以及农村非政府组织展开，基本可以涵盖中国社会学关于乡村民主建设的研究议题。

一　乡镇政权

（一）乡镇政府的角色和行为

乡镇政府作为我国最基层的国家政权组织，直面农村社会，乡镇一级的民主建设关系到乡村民主建设的全局。当前研究中，多数学者都认为乡镇政权的角色面临一些困境，以致影响其行为。董江爱总结了乡镇政府在上级政府和村民的压力下角色归位后面临的四种困境：面对压力型体制的服从、面对村民无理要求的无奈、面对选民违法行为的无力和面对自治制度的选择（董江爱，2004）。周大鸣、梅方权综合14个调查点的资料，归纳出乡镇政府在村庄权力结构中同时扮演的几种角色：上级政府命令的执行者、村庄的控制者、村庄的指导者、村庄发展的支持者（周大鸣、梅方权，2004）。在研究方法上，饶静、叶敬忠认为不仅要从“结构/制度”的研究取向出发，分析财税和行政体制等结构制度性因素对乡镇政权角色和行为的影响，也要注重分析乡镇政权作为社会行动者如何利用其能动性来应对或改变政策和制度为自身谋利益的行为。此外，他们认为采用“过程/事件”的研究方法对乡镇政权在新型的国家和社会动态关系中具体的、微观的、不断变化的策略选择过程进行分析，对把握乡镇政权的角色和行为特征也不可缺少（饶静、叶敬忠，2007）。

李芝兰、吴理财讨论了农村税费改革前后中央与地方之间的互动关系。他们指出，中央政府试图通过农村税费改革来“倒逼”基层政府自身进行改革，但是由于地方政府的消极抵抗，使得农村公共产品供给不足，基层政府运作困难，农村出现新一轮的治理危机，由此形成向上的“反倒逼”现象（李芝兰、吴理财，2005）。李昌平认为取消农民负担后，乡镇的财政来源主要就是上级政府的拨款，乡镇政府的利益和人民的利益就具有一致性了，向上级争取资源是乡镇政府和民众的共同目标，向上级争取资源的理由是为本乡人民服务（李昌平，2004）。

张晓山认为取消农业特产税和农业税，为消除城乡二元结构，调整国民收入分配结构，转换基层政府和村民自治组织的职能，进一步精简乡镇机构和减少财政供养人员创造了条件。同时乡镇机关工作人员可以从收税等纷繁的事务中解放出来，不仅可以转而为群众提供更多的服务，而且还有利于改善干群关系，从根本上有利于改善“乡政”与“村治”之间的关系，促进乡村自治发展（张晓山，2006）。

（二）乡镇政权改革

与此同时，关于乡村治理与乡镇政权改革的呼声和争论从来就没有间断过。

徐勇提出了“县政、乡派、村治”（徐勇，2002）的构想，在他看来，精乡包括精简机构和精简职能，改乡级基层政权为县级政府的派出机构，在乡一级设立办事处，作为县以下的行政组织（徐勇，2003），与其对应的是，党国英认为取消乡镇一级政府是完全错误的，应当做的是将自治制度逐步推进到乡镇一级（党国英，2005）。

吴理财提出了“乡政自治”（吴理财，2005）的观点，李昌平设想了“官本位体制向民本位体制转变”（李昌平，2005）。另有学者引入“国际乡村治理模式视野”（王培刚、庞荣，2005），也有学者认为要从不同角度理解乡村治理状况并因此深化对乡村治理提出的“宏观、中观、微观”（贺雪峰，2005a）三大主题。苗树彬和王天意就乡村治理、乡镇政府改革问题向国内有一定知名度的专家学者进行了问卷调查，他们认为乡镇政府的改革要从管制型、任务型和经济建设型政府向公共服务型政府转变（苗树彬、王天意，2006）。

具体到乡镇政权改革推行的条件和制约因素，肖唐镖根据田野调查所取得的问卷资料，分别对村民、村干部和乡镇干部在乡镇长直选上的心态进行描述，对三者比较分析后认为乡镇长直选的民意基础已在酝酿、形成和壮大（肖唐镖，2003a）。金太军，林莉认为乡镇机构改革的要点是：重点在于重构政府职能，难点在于克服财政困难，关键在于打破乡村既得利益（金太军、林莉，2007）。郭正林则反思了乡镇体制改革中的“孤岛现象”（郭正林，2004a）。

二 村民自治

（一）村级选举

三年一次的村委会选举一直以来得到社会学和政治学等学科的高度关注。近几年学者在这一领域进行了较为深入的研究。

胡荣先是根据他在福建寿宁和厦门的个案研究，认为经济发展能够促进村委会的竞争性选举，从而促进村委会选举制度的实施（胡荣，2003）。接着他又通过问卷调查数据，建立多元回归模型证明了这一观点（胡荣，2005）。因为随着村级经济的发展，村委会所控制的资源也随之增加，有更多的人愿意竞争村委会的职位，村民也更加关心村委会的选举，因此村委会选举会变得更加激烈，村委会的选举制度也能得到更好地实施。

胡荣在国内学术界率先用帕特南的社会资本理论研究村级选举。他发现村民的社团参与能够增进他们在选举中的参与，但社会信任对于参与的影响并不显著（胡荣，2005）。他还在此基础上提出了村民“地域性自主参与”这一概念。在他看来，首先这是一种自主式的参与——村民是否参与完全是自身利益算计的结果，同时这种参与又是地域性的——它与一个由几百到数千人组成的行政村相联系，而且这种自主式政治参与仅限于行政村这一基层社区（胡荣，2006）。史耀疆、高帆、任保平、J. J. Kennedy 持有同样的观点，他们认为村民非常清楚他们的政治环境，他们可以识别真实选举和虚假选举的不同，并且能够从政治制度中分离出经济因素，并按各自的价值进行评价（史耀疆等，2004）。他们通过研究还认为：提名方式不同，选举结果也不相同，提名程序与选举者的党员身份和村民对选举程序的满意程度相关。

在同一篇文献中，胡荣研究发现性别、年龄、是否为党员和是否为村干部等因素对村民在选举中的参与有重要影响。在社会资本的各个因素中，只有社团因子和社区认同因子对村民的政治参与起着积极的作用，而社会信任因子对村名的政治参与并无显著影响。郭正林研究认为影响村委会选举参与程度的主要因素是年龄和职务经历；对党支部选举的参与而言，显著的影响因素是个人政治面貌和职务经历；而影响人大代表选举参与的主要因素也是政治面貌和职务经历（郭正林，2003）。

村民参与选举的成本很高，仝志辉根据江西省 2002 年 8 月到 2003 年 4 月举行的第五届村委会选举进行数据推算，平均每选出一名村委会成员花费 409.98 元（仝志辉，2006a）。曾福生在一项调查中发现，基层民众对乡村干部的基本态度并不如社会舆论所认为的那样（曾福生，2006）。徐勇、徐增阳认为随着村民自治的深入开展，广大村民的民主意识越来越高，参与意识越来越强，村民自治中出现的新情况、新问题也越来越多（徐勇、徐增阳，2005）。王尚银研究了 2001 年下半年温州发生的村民罢官事件，他认为村民罢官事件是有利民主政治发展的政治行为，是村民依法行使民主权利，自己管理自己事务的体现（王尚银，2003）。

（二）村两委与村干部

村两委的关系以及村干部是基层民主实践中的重要环节。正如有学者所说的，两委关系是农村组织研究中的重点，也是个非常大的难点（党国英，2004a）。

张雅雯试图从两委会的矛盾出发来寻找“村”的一些主动性，认为“村改居”的制度变迁是地方精英为化解基层民意与上层党意的结构冲突而设计的回应之道（张雅雯，2006）。杨善华、王纪芒指出，城市的扩张消解了原来的农村社区，在这个过程中，由于村委会掌握着土地资源的处置权而形成了强势村委会和弱势村民这样一种权力格局，并且村居逐渐形成为一个利益集团，与村民产生分化（杨善华、王纪芒，2005）。对于解决村两委矛盾的办法，董江爱通过对党支部和村委会换届选举的观摩和调查，认为“两票制”或“两推一选”只是农村基层党组织应对村民自治的应急措施，实现“一肩挑”才是解决两委矛盾的根本途径（董江爱，2005）。

具体到村干部，贺雪峰、董磊明认为村干部作为行动者，其行为的理由包括获得经济性收益和社会性收益（贺雪峰、董磊明，2005）。同时，村干部处于乡镇组织与农民之间，乡镇与农民常处于对立面，农民要将村干部拉入自己的群体之中，就必须使自身的力量强于乡镇政府（董磊明，2003）。此外，也有研究者认为，村委会干部在现实政治和管理体制下，乡、村两级干部越发抱团合作，一致对外，村委会干部大多数是牺牲村民利益而服从乡镇政府的管理，成为上级政府的行政工具（董磊明，2003；韩玲梅、黄祖辉，2006）。

（三）村民自治的评价与总结

正如郭正林所说，现在该是对乡村治理结构的变化和成效进行系统化和理论化评估的时候了（郭正林，2004b）。

胡荣在肯定村民自治取得巨大成就的同时，指出由于现有的村级选举是在一个高度集权的政治体制下进行的，而原有政治体制与选举之间存在着不可克服的内在矛盾，这就导致现有的村级选举存在不少问题：问题之一是如何在现有的体制下处理好村委会和村党支部的关系问题，即通常所说的两委问题；问题之二是如何处理村级自治与乡镇的关系；问题之三是村级选举之后如何对村干部进行有效监督的问题，虽然村民在一定程度上能够选择他们的当家人，但如何对当选的村干部进行有效监督，仍是一个没有很好得到解决的问题（胡荣，2004）。

仝志辉认为在选举已经得到规范推进的情况下，村民自治由于“三个民主”推进的不平衡，已经不期然进入了“后选举时代”（仝志辉，2006b）。贺雪峰从对村治模式的定义中提取出村治模式的三个构成要素：特定的农村社会结构尤其是村庄社会结构、特定村庄社会结构对政策反应的过程与机制、自上而下政策在特定结构的村庄社会制成的特定政治社会后果（贺雪峰，2005b）。罗兴佐、欧阳杰认为村民自治遭遇到来自村庄内部的困境（罗兴佐、欧阳杰，2004）。

潘盛荣认为村民自治制度建设特别是村民直选制度的导入不逊于以家庭联产承包责任制为主要内容的经济体制改革，但由于中国政府总是惯于以行政方式来强力推行制度建设，始于村民自发需求的自治制度就因此而由诱致性制度变迁演变为自上而下的强制性制度变迁（潘盛荣，2005）。有学者（董江爱、郭正阳，2006）总结了村民自治对农村基层党组织执政能力建设的作用：促动了农村基层党组织的机制创新、转变了农村基层党组织的领导方式、加强了农村基层党组织的党员队伍建设、夯实了农村基层党组织的群众基础。郭正林认为那种企图以西方民主的发展轨迹来圈画中国乡村民主前景的人，有可能变成“大门口的陌生人”（郭正林，2003）。

肖唐镖认为广大农村出现了普遍性的治理危机（肖唐镖，2003b）。李昌平据此主张要进一步弱化基层组织包括村级组织的权力，即所谓的官退民进（李昌平，2004）。党国英认为在传统社会，乡村社会本来具有某种自治性质，但并非民主自治（党国英，2004b）。贺雪峰、项继权研究认为村一级的民主化已进入轨道，可以创新的地方不是很多，需要完善的是一些技术性的方面（贺雪峰、项继权，2003）。贺雪峰、董磊明认为在某些乡村，及一些乡村的某些时候，村民自治制度不过是浮在乡村治理水面上的一层油：看似热热闹闹，实则没有作用（贺雪峰、董磊明，2005）。仝志辉认为，某种程度上说，没有体制外力量的投入，村委会选举就不可能走到今天。同时，愈是自上而下的推进体制变革，乡村社会的多元化权利诉求与行为方式就愈容易被覆盖淹没（仝志辉，2006b）。甘信奎认为当前乡政村治模式主要面临十大挑战：所有制形式多样化、市场化、土地规模化、城镇化、阶层化、民主化、行政化、权力二元化、宗族化、管理科学化（甘信奎，2004）。徐勇认为村民自治深化的趋向，一是从组织重建到权利保障，二是从乡村改造到社区重建（徐勇，2005a）。

批评也好，鼓励也好，评价与总结必然包含着研究者的情感，同时又孕育着改变的希望。

（四）对村民自治研究的反省

这一时期，学界关于村民自治的研究开始有了反省。应星对被其称为华中村治研究群体形成的“乡土派”进行肯定的同时，认为乡土派的村治研究的主题到底是村民自治还是村庄治理是不明确的，在对待理论与经验的分野上，质疑乡村研究究竟是需要“野性的思维”还是“社会学的想象力”；而在对待研究路径上，则向乡土派发问到底是需要广泛的还是深刻的田野调查，他认为田野调查的深入性和持久性的意义，要远远大于那种千村万户的社会调查（应星，2005）。

仝志辉在回应应星的批评时认为，《选举事件与村庄政治为例》一书的主旨是从村庄政治和社会的角度理解村民选举，它的研究对象可以说是“村庄政治中的村民选举”，它关心的问题已不再是原有村民自治研究关注的村民自治和中国民主化的关系，也不是村民选举的制度化水平或民主参与程度，而是要立足村庄自身来解释具体的参与格局和参与行为（仝志辉，2005）。吴毅认为应星忽视了90年代末以来的华中村治研究的转向，从而造成了对华中村治研究现状的严重误判（吴毅，2005）。

徐勇则承认了应星的批评，他认为，从整体上看，农村研究的学理水平还相当低，与其显赫的学术地位极不相称，并指出造成这种情况的主要原因是方法论的限度（徐勇，2006）。

三 乡村关系

在吴毅看来，乡村关系从某种意义上是“国家—社会”互动话语和“民主—自治”话语制造出来的一种关系，这种关系与现实无关，而现实中乡村关系的主要问题则是被人为制造出来的，正是法律规定乡村之间的指导与被指导关系，搞乱了本来比较顺畅的乡村关系，导致乡政运行中的诸多困局和梗阻（吴毅，2004）。

贺雪峰认为，由于中国农村的区域差异极大，乡村关系不能一概而论（贺雪峰，2006）。他还认为，决定乡村关系状况的因素主要有三个，即村庄自主生产价值的能力、村干部可以调用资源的状况和乡村财政状况。以此提出了乡村关系的弱乡强村、强乡弱村、强乡强村等多类型模式（贺雪峰、苏明华，2006）。贺雪峰、董磊明通过对构成乡村治理基本结构三方面的要素即村庄基本秩序状况及其维系机制、村干部的角色与动力机制以及乡村关系状况的考察，区分出四种可能的乡村治理类型：原生秩序型、次生秩序型、乡村合谋型和无序型（贺雪峰、董磊明，2005）。

徐勇认为，随着税费改革的推进，在与税费改革相配套的乡村治理结构改革中，应该以强村、精乡、简县为取向，对农村利益关系进行再调整，使税费改革的好处真正为农民所享受。只有从治理结构上改革，重新调整农村利益关系，才能为农村经济社会发展创造良好的环境（徐勇，2003）。

按照金太军的说法，关于村庄权力的研究是从两种不同的视角展开的，一是对村庄内部各个权力主体之间的互动关系进行研究，二是对国家与村庄的关系进行研究（金太军，2004）。申端锋认为在今后的村庄权力研究中，应该综合运用多种方法，将村级组织作为研究对象，并且要正确认识“乡政村治”背景下村民自治组织的权力（申端锋，2006）。程为敏认为，应该将村民自治当作一个独立主体放在农民—国家关系框架下进行考察，通过党—村关系和乡—村关系两条脉络刻画当前我国农村村民自治所面临的“二元悖论”困境，从残缺式产权、服务型民主等方面阐发村民自治的主体性在现实生活中的表现及其在农民—国家关系中被动、单向、内敛的地位（程为敏，2005）。孙秋云、钟年认为当前农村村民自治中，乡村社会的权力结构基本上还是以乡镇政府为主的国家主导型结构，但民间社会权力正在复兴，反映在村干部选举层面和村政管理中的表现有：一是聚居村落中家族宗族的影响和民间精英的影响与日俱增；二是乡村政治中意识形态化的倾向越来越弱（孙秋云、钟年，2003）。

正如贺雪峰、苏明华所说，研究乡村关系，应该到现实的农村实践中去理解乡村关系展开的过程（贺雪峰、苏明华，2006）。

四　宗族、精英与农村非政府组织

（一）宗族

家族作为一种现实的力量，其与村民自治之间的相互作用应当具有一定的普遍性，但同时又具有一定的隐蔽性，对于这样一种较具普遍意义和复杂特性的新的社会事实的探究，就具有超越单纯着眼家族或单纯着眼村治的学术意义和实践意义（唐军、陈午晴、侯红蕊，2004）。

学者们多认为宗族是乡村权力结构中重要的一部分，不同的是对其功能和角色的看法（赵旭东，2003；刘军，2004；刘晓春，2003；宋宝安、赵定东，2003）。如刘晓春认为，村落的各种权力在具体运作中会相互借取，表现形式错综复杂，在相互作用中构成了村落的权力网络（刘晓春，2003）。王朔柏、陈意新通过对安徽三个宗族村庄的研究后探讨宗族的变迁，他们认为，由于改革后开始了“公民化”进程，农村宗族在共和国前期没有被革命政权打碎，在改革中却遭遇了历史性瓦解（王朔柏、陈意新，2004）。

肖唐镖、戴利朝认为宗族在村治中的作用是动态的、变迁不居的，他们通过对十个村治理状况的深度观察，指出宗族在村治过程中发挥着双重性的功能，一方面，提供了较好的服务与帮助，填补了若干管理真空，避免了更严重的失范和无序，并且强族组织与宗族集体意识成了抗拒行政权力不法侵害与剥夺的工具；但另一方面，宗族往往以狭隘的本族利益为归依，奉行着恃强欺弱的逻辑（肖唐镖、戴利朝，2003）。

在有着深厚的家族道德文化支撑的村庄，宗族影响村级社区权力的构成与分配，影响“两委”的治村决策和村务管理及制度执行，影响村干部的工作方法和工作作风，影响村庄资源的分配和使用，等等，从而实现有利于本族、本房的利益（刘良群，2005）。王培暄与毛维准通过对山东省中东部 XL 村近二十年来治理状况的考察发现，在该村选举中，宗族头面人物一般都会在选举前夕介入其中，以一种委婉的方式要求他人选择自己宗族推选的人（王培暄、毛维准，2004）。周怡对华西村社会与政治转型的研究表明：在华西村自 1961 年以来的村干部更替中，家族取代或家族镶嵌是一段从无到有的渐变过程。家族走进集体政权之后，以往村庄的（行政）“社区秩序”明显附带了（关系的）“家族秩序”（周怡，2005）。

国家信访局在分析村民自治中的村民上访情况时将宗族作为干扰选举的因素之一：农村家族、宗派势力争斗激烈，试图通过村委会选举，掌握村委会领导权、控制权（国家信访局，2003）。赵麟斌与洪建设对福建农村选举的调查也得出了这种看法（赵麟斌、洪建设，2005）。于建嵘根据在湖南、湖北、江西、广东、安徽、河南等省的调查认为少数地方甚至出现了宗族势力把持或对抗基层政权组织的现象，极大地危害了农村社会稳定，他认为目前宗族势力对农村基层政权的把持和对抗有三方面：干扰村民委员会的选举，利用宗族势力把持村民自治组织；影响农村党组织建设，出现了“宗族党支部”；宗族组织直接取代或对抗农村基层政权组织（于建嵘，2004）。此外有研究者（宋宝安、赵定东，2003）认为宗族组织在乡村扮演了一个变相的公共领域的角色。

有学者认为，要进一步推进对当今农村宗族及其与乡村治理关系问题的研究，除了理论准备方面应当继续提升外，还应当加强田野调查，注意研究方法与手段的改进（温锐、蒋国河，2004；肖唐镖，2006）。

（二）精英

有学者（俞可平、徐秀丽，2004）认为乡村精英的标准从民国时期到改革时期已经发生了很大的变化，但这些精英对乡村治理的重要性却依然如故。

罗兴佐、欧阳杰认为村庄精英出任村组干部的主要动机大致为两种：一种是基于荣誉、面子和对村民负责任的考虑等文化原因，另一种是基于获得利益的经济原因。但在当前乡村日益衰败、工作压力越来越大的背景下，村干部获取经济利益的空间越来越小了，它对日益稀少的村庄精英也越来越没有吸引力了（罗兴佐、欧阳杰，2004）。

郎友兴以 2002 年浙江省临海市 T 村两委换届选举个案和对浙江省有关村庄选举的调查为基础，指出在选举的博弈过程中精英描绘了村级政治的画卷，而且塑造与深化了村级民主选举的机制，从而改变和重组了村级政治力量的结构（郎友兴，2005）。

刘玉照以河北某村基层选举与修路事件为个案，探讨了具有不同目标的集体选择叠加在同一群体的一次集体行动中时，集体行动的结果和逻辑所发生的变化，并以此逻辑为基础对广大农村基层选举中出现的经济精英入主村委会的现象提供一个可能的解释（刘玉照，2006）。吴思红认为在富裕的村庄中，随着经济的不断发展和制度安排，村庄精英的利益博弈越来越激烈，并在一定程度上影响了村庄权力结构的稳定性，而要实现村庄的自我整合，建立稳定的权力结构，就必须加强农村制度规范建设，特别是强化自组织的契约规范建设，提高村庄的自我约束的能力，同时还要强化对农村精英能人的教育和培训，提升他们的宽容精神和讨价还价的能力，以促进村庄治理的有序性，真正实现国家治理和村庄治理的统一（吴思红，2005）。

林修果、谢秋运结合实例，认为在“城归”精英治理实践中累积起来的治理经验，客观上有利于加快原有乡村治理模式向法理型治理模式的转型，但亦存在不同程度的局限，“城归”精英本身也仍处于与乡村社会的不断磨合与互动之中（林修果、谢秋运，2003）。贺雪峰指出派性是村委会选举的组织形式之一，村委会选举是派性表达自己的场合之一。一般来说，派性斗争以两种形式表现出来，一种形式是在任村干部与在野村庄精英的斗争，一种形式是在任村干部之间的斗争（贺雪峰，2003）。

在当前的农村治理中，一个新的紧迫问题是，如何协调分别通过各自的合法途径进入村委会和村党支部的两部分乡村精英之间的关系，使他们不致发生结构性的冲突（俞可平、徐秀丽，2004）。至于如何调整精英与乡村治理的关系，吴素雄、陈洪江认为目前村级的治理水平仍停留在精英治理的层面上（吴素雄、陈洪江，2004）。朱静认为乡村治理的当务之急是要使乡村精英治理规范化、法制化以打破城乡二元结构，适时释放乡村精英的经济、政治能量。加强基层政权建设，构建乡村信任结构，适时使能力强、责任感强的乡村精英们真正能够脱颖而出，并且满足乡村精英的社会认同（朱静，2007）。

（三）农村非政府组织

徐勇认为，农村组织创新的重点之一就是发展属于农民自己的组织，建立主要依靠市场导向和利益纽带的农民自组织。只有市场化过程中形成的理性化社会和农民的自我组织，以及在民主自治实践中培育的农村公民社会，才能为村民自治的成长提供必要的社会条件（徐勇，2005b）。

张鸣认为，农村非政府组织的创新，关键在于培养农民的组织意识与组织能力。他指出，农村很多的个人组织，或者有一些像西方的 NGO，都可以发展起来（张鸣，2004）。

赵树凯研究了非政府组织的作用，他认为，从与政府的关系来看，非政府组织的作用表现在两个基本方面。第一，非政府组织可以弥补政府功能的不足，可以适应农民丰富多彩的社会需要。第二，非政府组织可以抵制克服政府组织不合理的甚至侵犯公众利益的行为。在非政府组织创新方面，核心是建立宽松的制度环境，加快乡村民间组织的成长发育（赵树凯，2003）。

五 结束语

近年来关于中国乡村研究可谓百家争鸣，社会学由于自身的特性在其中占有一席之地。因此，研究成果不可谓不多，本研究综述限于篇幅和笔者能力，难免有所疏漏。

在此，笔者想谈一点写作过程的感受，不难发现，近年来乡村民主建设的研究是在反思中前行，出现了一些转向或者说有这样的意图，但是转变的方向仍不明确，虽然强调田野调查，但不免存在为调查而调查，因此也就不免存在一些低水平的重叠甚至是重复现象。总体上这样的前行是值得骄傲的，而这样的反思也是值得肯定的，伴随着这样的进程，社会学才会有更好的发展。

参考文献

程为敏，2005，《关于村民自治主体性的若干思考》，《中国社会科学》第3期。

党国英，2004a，《乡村民主的作用及其有限性——当代中国乡村治理与选举》，《博览群书》第9期。

——2004b，《论乡村民主政治的发展——兼论中国乡村的民主政治改革》，《开放导报》第6期。

——2005，《取消农业税背景下的乡村治理》，《税务研究》第6期。

董江爱，2004，《村委会选举中乡镇政府角色归位的困境——山西X市第六届村民委员会换届选举的观察与思考》，《社会主义研究》第5期。

——2005，《村级选举中形成的“两委”关系对立及出路》，《华中师范大学学报（人文社会科学版）》第1期。

董江爱、郭正阳，2006，《村民自治与农村基层党组织的执政能力建设》，《理论探索》第1期。

董磊明，2003，《乡村关系、税费改革与村民自治——来自苏北地区的调查》，《公共财政与乡村治理学术研讨会论文集》（武汉）。

甘信奎，2004，《中国农村治理模式跨越初探》，《理论学刊》第8期。

国家信访局，2003，《群众信访反映〈村民委员会组织法〉实施过程中的有关问题》，《中国农村基层民主政治建设年鉴（2002）》，北京：中国社会出版社。

郭正林，2003，《当代中国农民政治参与的程度、动机及社会效应》，《社会学研究》第3期。

——2004a，《乡镇体制改革中的“孤岛现象”》，7月30日《半月谈》。

——2004b，《乡村治理及其制度绩效评估：学理性案例分析》，《华中师范大学学报（人文社会科学版）》第4期。

韩玲梅、黄祖辉，2006，《近年来农村组织及其关系的研究综述》，《中国农村观察》第4期。

贺雪峰，2003，《派性、选举与村集体经济》，《宁波党校学报》第2期。

——2005a，《乡村治理研究的三大主题》，《社会科学战线》第1期。

——2005b，《论村治模式》，《江西师范大学学报（哲学社会科学版）》第2期。

——2006，《乡村关系的研究进路与对策》，《社会科学研究》第1期。

贺雪峰、董磊明，2005，《中国乡村治理：结构与类型》，《经济社会体制比较》（双月刊）第3期。

贺雪峰、苏明华，2006，《乡村关系研究的视角与进路》，《社会科学研究》第1期。

贺雪峰、项继权，2003，《乡村民主的现状与建议——以J市农村调查为例》，《甘肃社会科学》第1期。

胡荣，2003，《经济发展与村委会选举制度的实施》，《福建省委党校学报》第1期。

——2004，《中国大陆村级选举实践的现状与问题》，《当代中国研究通讯》第2期。

——2005，《经济发展与竞争性的村委会选举》，《社会》第3期。

——2006，《社会资本与中国农村居民的地域性自主参与——影响村民在村级选举中参与的各因素分析》，《社会学研究》第2期。

蒋国河，2006，《20世纪90年代以来当代中国农村宗族问题研究述评》，《中国农村观察》第3期。

金太军，2004，《村庄权力结构研究综述》，《文史哲》第1期。

金太军、林莉，2007，《新农村建设视角下的乡镇机构改革》，《长白学刊》第2期。

郎友兴，2005，《村民选举中的竞选策略——浙江经验之研究》，《华中师范大学学报（人文社会科学版）》第4期。

李昌平，2004，《乡镇体制改革：官本位体制向民本位体制转变》，李昌平、董磊明编《税费改革背景下的乡镇体制研究》，武汉：湖北人民出版社。

——2005，《官本位体制向民本位体制转变》，博客网（http：//column. bokee. com/85712. html）。

李芝兰、吴理财，2005，《“倒逼”还是“反倒逼”——农村税费改革前后中央与地方关系之间的互动》，《社会学研究》第4期。

林修果、谢秋运，2003，《“城归”精英与村庄政治》，《福建师范大学学报（哲学社会科学版）》第3期。

刘军，2004，《实施村民自治后农村权力结构的分析》，《长沙铁道学院学报（社会科学版）》第2期。

刘良群，2005，《宗族对乡村社区公共权力的影响与作用——从江西省XJ县40个村的调查看宗族与村级公共权力的构成和互动》，黄宗智主编《中国乡村研究》，北京：社会科学文献出版社。

刘晓春，2003，《仪式与象征的秩序——一个客家村落的历史、权力与记忆》，北京：商务印书馆。

刘玉照，2006，《遭遇修路事件的村庄选举——双重选择的集体行动》，《社会》第5期。

罗兴佐、欧阳杰，2004，《村委会选举竞争的普遍性分析——对杨集镇21个村村委会选举的一项考察》，《社会主义研究》第2期。

苗树彬、王天意，2006，《困惑与出路——“乡村治理与乡镇政府改革”专家调查报告》，《中国农村观察》第5期。

潘盛荣，2005，《中国乡镇政权治理模式研究综述》，《黔东南民族师范高等专科学校学报》第4期。

饶静、叶敬忠，2007，《我国乡镇政权角色和行为的社会学研究综述》，《社会》第7期。

申端锋，2006，《村庄权力研究：回顾与前瞻》，《中国农村观察》第5期。

史耀疆、高帆、任保平、J. J. Kennedy，2004，《中国农村民主选举中的提名方式及实施绩效分析——对陕西6个县34个村调查结果的实证分析》，《管理世界》第1期。

孙秋云、钟年，2003，《村民自治与乡村社会的基层权力结构——以湖北西南部少数民族地区农村为例》，《云南社会科学》第1期。

宋宝安、赵定东，2003，《乡村治理：宗族组织与国家权力互动关系的历史考察》，《长白学刊》第3期。

唐军、陈午晴、侯红蕊，2004，《对村民自治制度下家族问题的理论反思》，《社会学研究》第3期。

仝志辉，2005，《乡村政治研究诸问题——对应星批评的回应和进一步思考》，《社会学研究》第3期。

——2006a，《村民自治困境和新农村建设“管理民主实现”》，《乡村中国观察》第9期。

——2006b，《“后选举时代”的乡村政治和乡村政治研究》，三农中国（http：//www. snzg. cn/article）。

王培刚、庞荣，2005，《国际乡村治理模式视野下的中国乡村治理问题研究》，《中国软科学》第6期。

王培暄、毛维准，2004，《宗族竞争下的村治模式探索——以山东省中东部XL村为调查对》，中国研究服务网（香港）。

王尚银，2003，《村民罢“官”与村级民主建设》，《社会主义研究》第1期。

王朔柏、陈意新，2004,《从血缘群到公民化：共和国时代安徽农村宗族变迁研究》,《中国社会科学》第1期。

温锐、蒋国河，2004,《20世纪90年代以来当代中国农村宗族问题研究管窥》,《福建师范大学学报（社会科学版）》第4期。

吴理财，2005,《官民合作体制："乡村自治"》，中国村民自治网（http://www.chinarural.org）。

吴思红，2005,《富村精英利益博弈与权力结构的稳定性》,《中共杭州市委党校学报》第6期。

吴素雄、陈洪江，2004,《从精英治理到民主治理——村民自治制度演进分析》,《江苏社会科学》第1期。

吴毅，2004,《不同语境中的乡村关系》,《探索与争鸣》第9期。

——2005,《村治研究的路径与主体——兼答应星先生的批评》,《开放时代》第4期。

肖唐镖，2003a,《乡镇长直选的民意基础——对村民自治的一项效应与后果的分析》,《中国农村观察》第1期。

——2003b,《二十余年大陆的乡村建设与治理：观察与反思》,《二十一世纪》第4期。

——2006,《当前中国农村宗族及其与乡村治理的关系——对新近研究的评论和分析》,《文史哲》第4期。

肖唐镖、戴利朝，2003,《村治过程中的宗族——对赣、皖10个村治理状况的一项综合分析》,《福建师范大学学报（哲学社会科学版）》第5期。

徐勇，2002,《县政、乡派、村治：乡村治理的结构性转换》,《江苏社会科学》第2期。

——2003,《乡村治理结构改革的走向——强村、精乡、简县》,《战略与管理》第4期。

——2005a,《村民自治的深化：权利保障与社区重建——新世纪以来中国村民自治发展的走向》,《学习与探索》第4期。

——2005b,《村民自治的成长：行政放权与社会发育》,《华中师范大学学报（人文社会科学版）》第2期。

——2006,《当前中国农村研究方法论问题的反思》,《河北学刊》第2期。

徐勇、徐增阳，2005,《论村民自治与加强农村基层组织执政能力》,《当代世界与社会主义》第4期。

杨善华、王纪芒，2005,《被动城市化过程中的村庄权力格局与村干部角色》,《广东社会科学》第3期。

应星，2005,《评村民自治研究的新取向——以〈选举事件与村庄政治〉为例》,《社会学研究》第1期。

于建嵘，2004,《要警惕宗族势力对农村基层政权的影响》,《江苏社会科学》第4期。

俞可平、徐秀丽，2004,《中国农村治理的历史与现状——以定县、邹平和江宁为例的比较分析》,《经济社会体制比较》第2期。

曾福生，2006,《农村管理体制改革：基层民众的看法——对湖南4个县（市）的调查》,《农业经济问题》第2期。

张鸣，2004,《乡村民主的作用及其有限性——当代中国乡村治理与选举》,《博览群书》第9期。

张佩国，2007,《多学科的中国乡村社会研究革命、宗族与方法讨论》,《社会》第2期。

张晓山，2006,《乡村治理结构的改革》,《科学决策月刊》第1期。

张雅雯，2006,《制度变迁、精英回应与民主进程：中国大陆东城、西邦两市"村改居"历程的研究》,《东亚研究》第2期。

赵麟斌、洪建设，2005,《宗族关联视阈中的村级选举》,《福建论坛（人文社会科学版）》第8期。

赵树凯，2003,《农村组织创新的基础与方向》，中国选举与治理网，8月17日。

赵旭东，2003,《权力与公正——乡土社会的纠纷解决与权威多元》，天津：天津古籍出版社。

周大鸣、梅方权，2004，《中国乡村社会转型与村民的非制度化政治参与——基于14个村庄田野资料的分析》，《中南民族大学学报（人文社会科学版）》第5期。

周大鸣、杨小柳，2004，《社会转型与中国乡村权力结构研究——传统文化、乡镇企业和乡政村治》，《思想战线》第1期。

周怡，2005，《村庄的家族政治：权威、利益与秩序——华西村个案研究》，黄宗智主编《中国乡村研究》，北京：社会科学文献出版社。

朱静，2007，《乡村精英政治参与的“智猪博弈”过程分析》，《安徽农业科学》第5期。

作者单位：厦门大学社会学系

传统中国社会运行机制研究综述*

——基于社会史角度的梳理

董国礼

20世纪80年代左右，中国社会史研究开始受到重视，并逐渐打破之前一直占据主导地位的经济史和政治史研究（杨念群，2004）。另一方面，自20世纪70年代以来，国外社会学界开始全面转向历史（卢晖临，2004），社会学与历史学之间的交叉融合的趋势亦愈来愈明显，社会科学间多学科的交叉、对话、融合之势在学术界方兴未艾，但也存在较多争议。正是在这种背景之下，近年来有关社会史研究也引发了诸如此类的争论，社会学、历史学、人类学等学科共同参与到社会史研究领域，多学科之间的联盟促使社会史研究逐渐成为显学，引发诸多学者的关注，一种新的历史范式也正在形成。

在本文中，笔者将主要围绕（区域）社会史比较研究的文献，对有关传统社会运行机制展开综述，所涉及文献主要集中于2003~2006年间学界有关传统中国社会运行机制的研究，综述的内容主要围绕五个主题展开，即政治运行与社会控制、经济运行与社会控制、传统社会法秩序的建构、民间信仰与社会秩序，以及秘密会社与民间组织。

一　传统社会结构特征

我们这里所说的传统中国社会，从本质上说，指的是以血缘为基础的宗法社会（左卫民等，2003）；从历史时限上说，指的是自秦统一以来，直至辛亥革命推翻清朝统治，绵延两千多年的中国封建社会（李培林，1991）。

所谓社会结构，指的是一种“社会关系的网络”（拉德克里夫-布朗语），不仅包括国家、部落、氏族等持续存在的社会群体，也包括所有人与人之间形成的二元关系（文丁，1998）。概括地说，社会结构就是“社会诸要素及其相互关系按照一定的秩序所构成的相对稳定的网络”（李培林，1991）。

* 本研究受到上海市重点学科建设项目资助，标号Y0104。

传统中国社会结构是二元性的，是一种“双元社会”，并且这种“双元性”也很强烈（金耀基，1999）。城市与村落的两种不同文化形态，知识分子与农民旨趣的差异等，他们之间往往是统治者与被统治者、消费者与生产者的关系。但从根本上来说，两者是相互依赖的，并在某种程度上也是相通的。

传统中国社会结构具有高度的耦合性，具有一种“超稳定结构”的性质（金观涛、刘青峰，1986）。中国封建社会得以长期存续，有赖于分散的小农经济与高度集中的大一统专制王权，以及植根于血缘关系的宗法伦理的融合。中央王权的高度聚集与小农经济的散沙状分布，通过封建专制制度的刚性强制与宗法关系的柔性和合达成了统一，封建专制制度的统治又被浸润于儒家礼教思想的宗法伦理精神所遮蔽。小农经济、宗法制度和专制王权等从经济、社会和政治各个侧面构建了中国传统农业社会的基本结构框架。

传统中国社会也是一个“差序”的社会。费孝通先生所提出的“差序格局”概念，形象地描述和概括了传统中国社会结构和人际关系的特点。“我们的格局不是一捆一捆扎清楚的柴，而是好像把一块石头丢在水面上所发生的一圈圈推出去的波纹。每个人都是他社会影响所推出去的圈子的中心。被圈子的波纹所推及的就发生联系。每个人在某一时间某一地点所动用的圈子是不一定相同的……在差序格局中，社会关系是逐渐从一个一个人推出去的，是私人联系的增加，社会范围是一根根私人联系所构成的网络，因之，我们传统社会里所有的社会道德也只在私人联系中发生意义”（费孝通，2003：26~30）。

二　政治运行及其社会控制

在小农经济基础和宗法制度的制约，以及忽视个人权利、漠视经济利益的思想影响下，传统中国的国家与社会处于一种同构状态。“社会被笼罩在国家之下，国家权力渗透到社会生活的各方面，政治领域的规则成为整个社会的游戏规则，政治权力成为主宰整个社会运行的指挥者”（孙晓莉，2002）。因此，政治运行是传统中国社会运行的根本。

于凯（2006）的研究考察了战国秦汉之际的小农与国家间的关系。作者指出，一方面秦汉时期，中央集权的“大地域”性质的国家权力形成与确立；另一方面，个体小农生产者广泛分布。集权国家与小农之间所形成的共生互动关系，奠定了秦汉以后中国传统社会的基本格局。透过对这一时期国家与小农之间微妙互动关系的形成过程、具体表现及其影响的分析，作者提供了一种理解传统中国社会结构演变的内在机制的途径。

美国学者杜赞奇在《文化、权力与国家》著作中提出了“国家经纪”（state brokerage）的概念，并具体将其分为赢利型经纪和保护型经纪。杜认为，“在财政及行政事务上，晚清政府主要通过以上两种经纪体制来控制乡村社会……在分析帝国政权与乡村社会的关系中，经纪模型比‘乡绅社会’模型更为确切”（杜赞奇，2004：36）。刁培俊、张国勇（2005）的研究部分地回应了杜赞奇的结论。他们认为，两宋对乡村广土众民的治理主要通过户等制、乡役制、保甲制等乡村管理体制，以及纲常教化观念等意识形态领域对民众头脑的灌输。这些构成了国家权力渗透乡村社会的渠道。除此之外，两宋时期乡村社会自身存在着来自“私”的系统的、自我发展、调节的社会运行机制，诸如义庄、义学、义仓、义役、乡约，以及宗族等乡规民约的管理模式，甚至一些民间信仰的组织等等。但这些民间组织的存在一方面是有助于将国家命令下达到乡村社会中，使之符合国家权力的意愿；另一方面，它们的存在也在某种程度上阻隔了国家权力效力的发挥。

常建华（2006）在文本资料分析的基础上，论述了清代基层社会的结构及其秩序。作者指出，保甲与乡约构成清代治理乡村社会的主要手段，同时也出现了“约保”、“乡保”及“地保”。维护社会治安的保甲、进行教化的乡约，与传统赋役征收和乡村管理体系的乡长相互结合渗透，宗族进一步组织化，“族正”、“族约”的“族保”系统的出现，清代的基础社会组织体系进一步完善，影响了基层社会结构。

李严成（2005）的研究指出，晚清所出现的地方自治的局面，既是清政府应付时局收买民心之举措，也是稳定基层社会秩序、避免革命的权宜之计。国家性质干预的削弱并不等于国家在基层社会控制方面无所作为。地方乡绅的自治反过来有利于清政府的统治。因此，作者认为近代乡绅地方控制与其说是“自治”不如说是“自救”。

不同地区社会控制方式存在差异，其间主要受制于各地社会结构之差异。唐力行、徐茂明（2006）从宗族组织、宗族意识以及乡绅阶层角度比较了同处江南的徽州与苏州地区的社会控制方式。作者指出，徽州为宗法社会，自明中叶以来国家对基层社会的控制多经由民间宗族组织实现；而苏州则更多地体现了官方、半官方和民间组织的多元控制格局，民间组织发展较为落后，直至太平天国战后，才有了较大发展。两地社会控制的差异，反映了两地社会结构与社会控制对应关系以及社会控制与社会发展路向之间的内在联系。

三　经济运行与社会控制

传统中国社会的一切经济活动都受制于皇权专治主义，并且也是最早开国家干预经济并以国家权威之手进行资源配置的先河。通过分析传统社会经济运行过程，我们可以看到国家对于社会控制的努力及其控制程度，进而透视传统国家与社会之间的微妙关系。

小农经济是传统中国社会的经济基础。苏振芳（2004）在小农经济的历史演变研究中指出，小农经济对传统中国社会有着重要影响，主要表现为：①有利于形成中央集权制的社会结构；②易造成对大一统社会结构的趋向性心理基础；③有利于增强封建的大一统社会结构的经济实力。

传统中国社会下小农经济在某种程度上也具有一定的独立性，并且随着其独立性的增强，它又促使新型乡村社会控制模式的形成。曹端波（2006）指出：唐朝中后期，乡村社会控制的模式从乡官制转向职役制。唐朝前期均田制的推行，从制度上提高保障，促使小农经济发展并增强其独立性；唐朝中叶之后，小农经济发展带来的一个重要影响便是村落组织结构的变化，即形成于汉代的散村聚落形式取代了“城邑”聚落形式，成为乡村社会的主要聚居形态；社会结构分层从身份等级分层转向贫富分层，主要缘于商品经济的发展、私有产权的兴起，以及土地私有契约在经济发展过程中的作用日益加强。士族阶层衰落，富民阶层兴起，为乡村社会控制的转型奠定了基础。

国家对社会财富的分配也反映了其社会控制的手段及程度。在传统中国社会下，国家如何分配其财富？袁绪程（2003）通过对中国传统社会制度的研究指出，国家在分配社会财富方面始终处于中心地位。国家对经济资源的分配及管制主要在三个层面上展开：

①对小农经济的控制；②国有国营经济的开办；③对民营工商经济的限制与管理。通过这些手段，国家达成了控制社会的目的。

赵云旗（2003）的研究虽然没有直接考察传统社会的经济运行，但却从国家财政角度来理解其与户口管理之间的关系。户口管理也是国家控制社会的一种手段，赵主要论述了魏晋南北朝时期国家加强户口管理的原因、措施及其对国家财政的效果。他认为，由于中国封建社会的租税大多以人口为依据，特别是北朝均田制表现得更为明显。因此，户口的盛衰和管理的好坏与国家财政有着密切的关系。

近年来，社会史学界开始关注“水利社会”的讨论，“水利社会史”研究正受到来自水利史、经济史、地理学、人类学、民俗学、历史学等学科的专家学者关注。其中，以水为中心所形成的社会经济产业研究成为水利社会史研究中的一个重要面向。行龙（2006）通过对晋水流域的历史考察指出，晋水流域的水利型经济诸产业之间存在着较大的用水冲突，而生态环境的破坏反过来又加剧了当地用水紧张的局势。由此，各地水案纠纷层出不穷，晋水流域用水制度形成过程经历了一个复杂的过程。严密的水利法规背后，既有民间社会各种惯例、习俗、规约，也有官方的刚性介入。因此，关于水的争夺体现了国家与社会各种意志博弈的过程。

四 传统社会法秩序的建构：国家法与民间法的多元互动

近年来，社会学、法律史、法律人类学等领域对传统社会法律问题进行了较多的讨论，主要是围绕着国家法与民间法之间的互动过程，由此来认识传统社会结构及其运行问题。

韦学韬（2004）对存在于乡土社会中的国家法与民间法进行了详细的辨析。首先，从国家法和民间法各自的概念出发，逐步澄清两者之间模糊的边界；其次，归纳了国家法与民间法并存的成因，指出文化上的差异和阻隔乃是两者二元并存的主要原因；第三，有关国家法、民间法作用范围的认识，作者认为属于最基本、最主要的社会关系，必须由国家法运用强制性规范予以确定和调整；属于具有强烈“地方性知识”（格尔兹语）和民间色彩的社会关系，则应交付民间法进行处理；而对属于国家法与民间法都可以涉及的社会关系，既可以由国家法约束和调整，也可由民间法来处理；最后，作者讨论了两者之间的协调与互动，并认为其关键在于国家的正式制度要为国家法和民间法的协调与互动提供各种渠道和对话空间。

卞利（2006）的研究分析了明清徽州地区的村规民约与国家法之间的冲突与整合。他指出，村规民约是国家法的必要补充和延伸，两者之间的良性互动，构成了国家和社会稳定和谐的基石。但当两者发生冲突时，国家法通常采取妥协和让步的路径寻求消弭冲突、进行整合之道，而村规民约则采取主动“邀请”国家权力进入的方式，实现与国家法的整合。

张小也（2006）研究了道光年间发生在湖北崇阳地区的闹漕事件，利用文献与口述资料，从社会史角度对该事件进行梳理。崇阳地方社会的封闭性以及地方势力的消长，使得漕讼逐渐具有争夺地方权力的色彩，并最终导致暴动的发生。作者一方面通过事件中官府与民间社会在法的领域内的互动来透视国家与社会的关系；另一方面也回答两个问题：一是法在传统社会中的作用，二是法的灵活性与形式主义之间的关系。作者指出，思考法在传统社会中的作用，必须摆脱秩序与正义等概念化认识，需在传统社会的语境下理解；而所谓的“国法”与“政体”在实际的操作中具有相当大的弹性，法的灵活性与其形式主义之间并不存在矛盾。

一个社会法秩序的建立，是社会结构及其运行稳定发展和延续的保障。关于传统社会纠纷解决机制的讨论，有助于我们认识当时的司法制度建设，同时也可理解法制化对社会秩序的塑造。左卫民等（2003，2004）以明清为契入点，分析了传统社会纠纷解决机制。研究者指出，传统社会纠纷机制的具体运作包含两个方面：①民间解决，其中又可分为民间自行调处和官批民调；②官方解决，包括民事案件的审理、刑事案件的审理。研究者还进一步归纳出传统社会纠纷解决机制的特征：国家解决与民间解决相结合，纠纷解决方式与解纷主体多元化；国家注重刑事案件的解决，刑事法律发达，刑事审判的仪式特征明显；案件审判的道德教化倾向明显；在案件的审理过程中重视情理的表达与实践；追求化解平息纠纷，以息讼为首选目标；官方民事案件兼用民、刑手段解决，民事规范刑法化倾向明显。

随着水利社会史研究的不断开展，一些学者开始从“治水社会”的讨论转向“水利社会”的类型学分类（王铭铭，2004；行龙，2006）。其中，围绕水案的研究及相关讨论正方兴未艾。王培华（2004）通过对黑河、石羊河流域水利纠纷的个案考察，归纳出水利纠纷的两种类型：一是同一流域上下游各县之间的争水；二是一县中各渠坝之间的争水。在分析纠纷产生的原因时，作者不仅考察了自然因素，同时也分析了水利纠纷中的社会因素。但总的来说，作者对清代河西走廊水利纠纷的分析还没有能够从法律的角度提出水利纠纷解决所透视出来的地方社会秩序问题。

张俊峰（2006）以介休洪山泉域社会为个案，从争水传说、水案、水利型经济、财源信仰等方面，揭示了洪山泉域社会发展变迁的基本规律和总体特征。作者指出，所谓“泉域社会”指的是围绕“泉水”资源的开发利用而形成的特定的微型社区体系，通常具有如下特征：①须有一股流量较大的泉源，水利开始历史悠久；②基于水开发所形成的水利型经济；③具有一个为整个地区民众高度信奉的水神；④这些地区在历史上存在激烈的争夺泉水的斗争；⑤在一定地域范围内具有大体相同的水利传说。在介休的各类水案中，该泉域社会在村际关系、民众心理以及民间习俗等方面都深刻地打上了“争水”的烙印，并且在“争水”过程中，也展现出官方与民间社会的互动关系。

五　民间信仰与社会秩序

在区域社会史研究中，地区民间信仰与该地域社会建构之间的关系也是一个值得探讨的问题。陈春生（2006）采用碑记解读方法，并结合文献记载和实地调查，研究了14世纪初期与20世纪中叶广东东部韩江中下游地区三山国王、双忠公和大峰祖师民间信仰的演变过程。通过重构该地区信仰中三位普遍神明的“生命历程”，作者逐步展示了“这一过程所蕴含的地区社会建构与发展的若干特质”。

侯杰、李净昉（2005）研究了光绪年间和1936年间天津皇会。皇会源自于天津民间的娘娘会，是为祭奠海神天后而举行的大型祭祀活动；因受到清廷的重视，使它有别于其他地方的天后崇拜，构成天津独特的文化现象。作者指出：一方面，天后信仰作为一般民间信仰，逐渐因为官方朝廷的重视而成为国家正统的祭祀行为。民间的天后信仰由此带上了浓厚的政治色彩，从而能够促使社会各阶层都参与进来，各社会群体之间实现互动，地方性的社会秩序不断生成。作者对天后信仰的分析，从一个侧面反映了国家控制地方社会的一种途径。

无论是国外学者，还是国内学人，都在乡村研究中获得了较大的进展。到目前为止，有诸多学者已经对江南地区、华北地区、华南地区、关中地区以及台湾等乡村社会进行了长期的考察。但在大部分的研究中，有关城乡关系问题涉及并不多，即便有所涉及，也存在一些认识观念的误解。

赵世瑜（2002）通过对明清以来庙会的考察，以新的角度来理解当时的城乡关系。在他看来，一方面城隍和土地代表了城市与乡村祭祀对象不同的典型，从中“可以看出城隍与土地对应城市与乡村的上下等级关系”；另一方面，在城乡中，庙会都承担着一定程度的商业功能和社区整合功能；可以说，庙会的商业功能连接了城乡之间的经济互通、贸易往来；后者则增强了城乡社区的认同感，并且乡村社区内部的认同感更强于城市。

晚清乡土社会传统礼俗信仰体系在西方教会势力的广泛渗透下，宗法一体化的乡土社会秩序发生了不同程度的破裂和变动。罗萍（2005）的研究认为，这种破裂和变动主要发生在礼俗信仰系统、经济权威系统和社会管理系统三个剖析面。晚清乡土社会内部逐渐生成两个相互对峙的社会关系体：一是“教会—传教士—教民”社会关系体；二是“地方官府—士绅—乡民”社会关系体。

朱爱东（2005）对巍山民间信仰组织“圣谕坛”过程的分析，展示了一幅国家、地方与民间互动的图景。新的“圣谕坛”组织是国家儒学教化政策的一部分，又经地方政府推行、贯彻，形成一种制度性的社会教化活动；同时，民间在实际的运行过程中又融合了原有的民间宗教组织“洞经会”。通过分析，作者指出：新“圣谕坛”形成过程反映了地方政府、基础组织和乡绅阶层对国家机构的功能的补充作用，反映了民间宗教组织具有独立于国家控制的权利意识和权威结构，反映了民间利用国家权力象征性的灵活性，也表现出社会空间相对于国家权力的自主性。民间信仰与地方行政也存在着互动关系。沈刚（2006）的研究旨在说明汉代地方行政与民间信仰之间的互动关系。在他看来，民间信仰对地方行政所施加的影响主要表现为普遍存在的任职地民众祠祀循吏的活动。虽然民间信仰活动对地方官吏有着激励作用，国家也由此利用民间信仰活动来激励地方官吏，从而构成一种政府行为，但最终没有能够从制度上确立民间信仰活动的合法性。既密切联系又保持谨慎态度，构成了地方政府行为与民间信仰活动之间关系交错的特征。

宋德剑（2004）对闽粤赣客家地区民间信仰的研究表明：在客家传统社会中，庙宇与乡民的日常生活紧密联系在一起，成为民间处理地方事务的行政机构，并得到官方的认同，成为国家权力向基层社会渗透的窗口。一方面，不同的民间信仰体现出不同的象征与权威，是区分不同宗族界限的一个因素；另一方面，透过民间信仰活动，也可发现不同社区内的族群之间的对立统一性，使得客家传统维持着一种“有序的无序”状态，推动了客家社会的进步，成为客家传统社会发展的原动力所在。

六　秘密会社与民间组织

传统社会中，除了正式组织之外，也同样存在着非正式组织，民间的秘密会社就是一种游离于正式组织之外的秘密社团。

马继武、于云瀚（2003）研究了中国古代城市中的民间秘密结社。作者指出，古代城市中的民间秘密结社的基本成员主要是进城务工的农民、流民、矿工、漕运水手、手工业者、城市贫民等社会下层群众；在形式上可划分为江湖帮会、城市无赖结社和秘密宗教等几大类。民间结社之所以能够形成，一方面来源于中国人乃至东方人的群体意识，即“群之可聚、相与利之”；另一方面，城市秘密结社形成中官府影响的重要性不可或缺。从历史细微处探究，可以发现任何一个规模浩大的秘密结社在发展的初始阶段都或多或少地获得了官府中某些力量的支持或鼓动。

潮龙起（2006a，2006b）分别从保甲制度和宗族角度考察了清代会党滋生、壮大的过程及其原因。作者认为，秘密会党的滋长与基层社会的控制效率关系甚密。作为维持基层社会秩序的保甲制度和宗族在清代不同发展阶段都起到了不同的社会控制功能，从清代初期直至中后期，保甲制度和宗族所担当的社会控制功能逐渐式微，最终失去对会党的社会控制，从而构成了后者在清代中后期不断滋长的诱因。

民间组织作为基层社会自设性及自愿性组织，在传统中国社会中是一种普遍的社会现象。传统中国社会中的结社活动、各种互助行为、与慈善相关的组织有着悠久的历史。

贾西津（2005）的研究中将中国历史上的结社主要分为五种类型，分别是：政治性结社、文化学术性结社、经济互助性结社、慈善团体和秘密结社。对比传统中国社会下民间组织与西方社会下的公民社会及民间组织，前者包含了两个重要特征：一是以经济上的互助互利和文化的互友互娱为主，一般具有非权力性和非对抗性；二是与王权构成制衡或对抗性的组织，一类是官僚士大夫内部的结党，另一类是民间的秘密会社，两者都属于非公开的、被禁止和铲除的对象。

张金光（2006）研究了汉代的乡村社会组织——弹，指出，在先秦至两汉的历史上，普遍存在着一种总名为“弹”的乡村社会组织。这种组织的存在也构成了先秦至两汉乡村社会区别于后世乡里社会的重要标识之一。民间社会组织——无论是官办，还是民办官控，抑或是民间自为组织——的发展表现出乡里民间浓厚的社会自治、自助的精神；同时，乡官权力重、政府对乡村社会的控制能力强，显示出古代官社共同体的遗风。

傅晓静（2003）的研究论述了唐代民间私社的组织形式与活动方式。作为与官方乡里组织并存的一种社会组织，唐代的民间私社在乡村社会中具有重要地位和作用。各社在成立之初，都立有必须遵守的社条，同时建立了主要由社长、社官、录事三人组成的领导机构；在组织上的成熟表现为社邑的稳定。这些私社虽是民间自行结合组织，但一旦成立，也就具备了一整套自己的组织形式和独特的活动方式。

赵耀双（2003）的研究详细地描述了天津地区的民间消防组织——“水会”。“水会”在相当长的历史时期中，对消灭火灾、保卫乡里起着重要作用。它是一个纯公益性的民间组织，不仅具有救火消灾、消防功能，还具有维持地方治安功能。但在官办消防组织出现之后，该民间组织便逐渐退出历史舞台，逐渐消失。然后，作者并没有就“水会”组织如何退出历史舞台展开分析。

王日根（2003）研究了明清时期乡约的属性及其职能的变迁。作者指出，乡约是一种民间组织形式，源自宋代士大夫加强基层社会道德建设的倡导。明代时得到重新提倡，清政府继续推行，并赋予它更多的权利和义务。虽然乡约与官府的关系日益密切，但其自身的民间性则是一贯的，其主要职能是思想道德教化，但不同时期、不同地区乃至不同乡约的具体职能有所差异，而正是通过这些差异，我们可以观察基层社会的运行情况。

秘密会社和民间组织的成长及发展，构成了传统中国社会底层秩序运作的基本传统。透过秘密会社的研究，我们看到了与官方力量相抗衡组织的存在，尽管作为官方力量的对立面而存在，且并不具有合法身份，但秘密会社本身的运作在传统社会发展历程中是一支不可忽视的力量。民间组织的发育与其说是与官方相对的力量，不如说是官方力量的补充。当官方恰当处理和民间组织的关系时，社会将正常运行；当两者发生冲突时，社会便会孕育革新的力量。秘密会社与民间组织对地方社会秩序，乃至整个社会秩序的维持及良性运行有着较大的影响。

七 结 论

在这篇综述中，我们主要围绕五个方面展开叙述：政治运行与社会控制、经济运行与社会控制、传统社会法秩序的建构、民间信仰与社会秩序，以及秘密会社与民间组织。这五个方面基本上能够反映传统社会运行的机制性问题。但总体而言，我们无法涵括所有相关文献，只能经由粗略的选择，从中梳理出一个笼统的框架。

然而，尽管如此，我们仍然能够由此对传统社会的运行机制有所把握。近年来社会史研究的重新兴起，以及区域社会史研究所实现的“区域转向”，形成了多元发展局面，出现诸如“华北模式”、“关中模式”、“江南模式”、“岭南模式”等流派（杨念群，2006），都有助于对传统社会运行机制的理解。

从社会史角度的梳理，也给我们理解当下有关中国社会转型的相关讨论提供启发。近代中国所发生的社会转型，是由中国社会的特殊状况所决定了的。这些特殊情况就是传统中国社会的政治制度、经济基础、法秩序结构等。而所谓社会转型，有学者指出主要有三方面的理解：一是指体制转型，即从计划经济体制向市场经济体制的转变；二是指社会结构变动；三是指社会形态变迁，即“指中国社会从传统社会向现代社会、从农业社会向工业社会、从封闭性社会向开放性社会的社会变迁和发展”（宋林飞，2002）。也有学者指出，社会转型包含了现代化的内容，但并不仅仅是现代化；转型的过程包含了发展，但也不仅仅局限于发展；转型是整个文明迈向现代文明的独特之路（孙立平，2005）。

社会转型意味着社会将要进行一种变迁的历程，是从传统社会向现代社会的转变。因此，对传统社会运行机制的把握，能够使得转型之路更为通畅，避免认识上的模糊。

参考文献

卞利，2006，《明清徽州村规民约和国家法之间的冲突与整合》，《华中师范大学学报（人文社会科学版)》第1期。

曹端波，2006，《唐代小农经济的发展与乡村社会控制的转型》，《思想战线》第3期。

常建华，2006，《乡村、保甲、族正与清代乡村治理》，《华中师范大学学报（人文社会科学版）》第1期。

潮龙起，2006a，《从清代保甲的社会控制看会党的滋长动因》，《云南社会科学》第3期。

——2006b，《从清代宗族的社会控制看会党的发展动因》，《江苏社会科学》第3期。

陈春生，2006，《秩序与信仰：宋元以来韩江中下游地方社会的变迁》，载于行龙、杨念群主编《区域社会史比较研究》，北京：社会科学文献出版社。

杜赞奇，2004，《文化、权力与国家》，南京：江苏人民出版社。

刁培俊、张国勇，2005，《宋代国家权力渗透乡村的努力》，《江苏社会科学》第5期。

费孝通，2003，《乡土中国·生育制度》，北京：北京大学出版社。

傅晓静，2003，《唐代民间私社的组织形式与活动方式》，《理论学刊》第4期。

侯杰、李净昉，2005，《天后信仰与地方社会秩序的建构——以天津皇会为中心的考察》，《历史教学》第3期。

贾西津，2005，《历史上的民间组织与中国“社会”分析》，《甘肃行政学院学报》第3期。

金观涛、刘青峰，1986，《兴盛与危机》，长沙：湖南人民出版社。

金耀基，1999，《从传统到现代》，北京：中国人民大学出版社。

李严成，2005，《晚清政府职能萎缩与绅士基层自治》，《湖北大学学报（哲学社会科学版）》第1期。

李培林，1991，《关于社会结构的问题——兼论中国传统社会的特征》，《社会学研究》第1期。

卢晖临，2004，《社会学的历史转向》，《开放时代》第1期。

罗萍，2005，《近代西方传教活动与晚清乡土社会秩序的裂变》，《湖北社会科学》第12期。

马继武、于云瀚，2003，《中国古代城市中的民间秘密结社》，《社会科学辑刊》第5期。

沈刚，2006，《民间信仰与汉代地方行政》，《吉林大学社会科学学报》第2期。

宋德剑，2004，《国家控制与地方社会的整合：闽粤赣客家地区民间信仰研究的视野》，《江西师范大学学报（哲学社会科学版）》第3期。

宋林飞，2002，《中国社会转型的趋势、代价及其度量》，《江苏社会科学》第6期。

苏振芳，2004，《中国小农经济的历史演变与农村社会结构的变迁》，《马克思主义与现实》第6期。

孙晓莉，2002，《中国传统社会与国家同构状态探析》，《求是学刊》第1期。

孙立平，2005，《社会转型：发展社会学的新议题》，《社会学研究》第1期。

唐力行、徐茂明，2006，《明清以来徽州与苏州基层社会控制方式的比较研究》，《江海学刊》第1期。

王铭铭，2004，《“水利社会”的类型》，《读书》第11期。

王培华，2004，《清代河西走廊的水利纠纷及其原因——黑河、石羊河流域水利纠纷的个案考察》，《清史研究》第2期。

王日根，2003，《论明清乡约属性与职能的变迁》，《厦门大学学报（哲学社会科学版）》第2期。

韦学韬，2004，《乡土社会中国家法与民间法辨析》，《社会科学家》第6期。

文丁，1998，《关于社会结构问题的研究》，《中共山西省委党校学报》第2期。

行龙，2006，《从共享到争夺：晋水流域水资源日趋匮乏的历史考察——兼及区域社会史之比较研究》，载于行龙、杨念群主编《区域社会史比较研究》，北京：社会科学文献出版社。

杨念群，2006，《“地方性知识”、“地方感”与“跨区域研究”的前景》，载于行龙、杨念群主编《区域社会史比较研究》，北京：社会科学文献出版社。

于凯，2006，《战国秦汉之际的小农与国家》，《社会科学战线》第 1 期。

袁绪程，2003，《中国传统社会制度研究》，《改革与战略》第 10 期。

张金光，2006，《论汉代的乡村社会组织——弹》，《史学月刊》第 3 期。

张俊峰，2006，《明清介休水案与地方社会——对“水利社会”的一项类型学分析》，载于行龙、杨念群主编《区域社会史比较研究》，北京：社会科学文献出版社。

张小也，2006，《社会冲突中的官、民与法——以“钟九闹漕”事件为中心》，《江汉论坛》第 4 期。

赵世瑜，2002，《狂欢与日常——明清以来的庙会与民间社会》，北京：三联书店。

——2004，《作为方法论的区域社会史》，《史学月刊》第 8 期。

赵耀双，2003，《天津近代民间消防组织——水会》，《民俗研究》第 3 期。

赵云旗，2003，《论魏晋南北朝时期户口管理与国家财政的关系》，《安徽史学》第 4 期。

朱爱东，2005，《国家、地方与民间之互动——巍山民间信仰组织“圣谕坛”的形成》，《广西民族学院学报（哲学社会科学版）》第 6 期。

左卫民、辛国清、周洪波，2003，《中国传统社会纠纷解决机制研究论纲》（上），《西南民族大学学报（人文社会科学版）》第 6 期。

——2004，《中国传统社会纠纷解决机制研究论纲》（下），《西南民族大学学报（人文社会科学版）》第 1 期。

作者单位：上海大学社会学系

社会心态研究综述

王俊秀

近年来社会心态（social mentality）研究越来越受到学术界的重视，社会心态研究的数量有所增加，研究的问题越来越深入，不同学科背景的研究者加入研究队伍，研究对象群体更加广泛，关注的主题多样化，对低收入群体、大学生群体、农民群体、下岗职工群体的社会心态研究占了较大的比重，也有研究关注构建和谐社会、社会转型背景下的社会心态问题（王俊秀，2006：67～81），还有一些学者探索社会心态的概念和心理机制问题。本文将对2003～2006年社会心态的主要研究进行综述，从社会心态的理论和方法、社会心态的主要研究内容两个方面进行回溯。

一　社会心态理论和方法探讨

几位学者对社会心态概念、历史沿革、研究方法和研究意义的集中讨论（杨宜音，2006a：1～11；杨宜音，2006b：117～131；刘力，2006：12～17；陈午晴，2006：18～24）是这一时期比较有影响的社会心态理论研究。

（一）社会心态的概念

杨宜音（2006a：1～11）对1994～2006年5月的以社会心态为关键词的四千多篇相关论文分析后发现，社会心态这一概念是一个“意义含混的概念”，研究者对社会心态的概念、心理结构、形成机制还没有形成共识。从对社会心态的概念的理解上看，有学者把社会心态看做是特定的社会、历史、文化条件下，一定地域内人们普遍具有的社会心理的总和；有的把社会心态看做是在一定的思想和心理支配下的社会各种群体的主观上的情绪、情感、态度等心理状态和社会心境状态；有的则把社会心态看做是社会群体的心智状态，是社会心理和社会意识形态以整体面貌出现的主体状态。

杨宜音从社会心理学的两大学术传统，即所谓社会学取向的社会心理学和心理学取向的社会心理学的研究路径出发，试图寻找社会心态的心理机制，进而对社会心态进行概念的界定。她分别从"群体中的个体"和"个体中的群体"两个角度出发来厘清社会心态的心理结构，在"群体中的个体"的视角中，她提出区分个体的社会性价值观与社会的价值观，把个体价值体系中的社会价值观称为"社会性价值观"（social values），而将隐含于社会制度中的价值观称为"社会价值观"（societal values），认为个体价值观和社会价值观以及二者的相互映射关系，应该是社会心态研究的核心概念。在"个体中的群体"视角中，她从社会认同理论来解释社会心态的形成，"个体一旦认同了群体，受到了感染，就会丧失原有的个别性或责任感，就会消失在群体之中"。进一步地，她认为从"群体与个体"的角度看，社会心态是个体与群体相互建构的，并在这一基础上提出了社会心态的定义：

> 社会心态是一段时间内弥散在整个社会或社会群体/类别中的宏观社会心境状态，是整个社会的情绪基调、社会共识和社会价值观的总和。社会心态透过整个社会的流行、时尚、舆论和社会成员的社会生活感受、对未来的信心、社会动机、社会情绪等表现，与主流意识形态相互作用，通过社会认同、情绪感染等机制形成，对于社会行为者形成模糊的、潜在的和情绪性的影响。它来自社会个体心态的同质性，却不等同于个体心态的简单加总，而是新生成的、具有本身特质和功能的心理现象，反映了个人与社会之间相互建构而形成的最为宏观的心理关系。

（二）社会心态研究的历史

刘力（2006：12～17）同意社会心态这一概念缺乏明确的界定，但不同意杨宜音"'社会心态'并不是一个积累了很多研究成果的领域"的表述，认为社会心理学的历史上不乏社会心态的理论与研究，只是这些理论与研究的视角有所不同而已。刘力回溯了社会心态研究的历史，认为孔德之后的塔特（Tarde）所谈的"发明"概念实质上是社会心态研究的起缘，而他的"模仿"概念则是社会心态的传播与扩散。勒庞研究了法国大革命时期的社会心态，发现个体聚合而成的群体具有完全不同于组成它的个体特征的新特征，也就是社会心态不是其组成个体的心理的平均数和聚合体。而涂尔干的集体表征外延涉及信念、宗教、风俗、时尚、道德、语言和科学等，毫无疑问地蕴含着社会心态。受涂尔干的影响，列维－布留尔（Lévy-Bruhl）考察了原始社会的集体表征，这些是法国社会心态的早期研究。德国的社会心态研究中，刘力认为黑格尔的《精神现象学》是社会心态的重要理论著作，特别是时代精神的概念就是社会心理或集体心理的化身。冯特的民族心理学是社会心态的学理基础。英美的社会心理学分别从个体本能和人际交往的角度出发，不断论争和融合，构成了两种不同的社会心理取向，而主流的美国社会心理学把社会心理界定为研究个体的科学，因此也就不会有社会心态概念的出现。刘力认为，从涂尔干到列维－布留尔的集体表征传统出发，法国社会心理学家 Moscovici 提出了社会表征理论（theory of social representations），这一理论是研究社会现实问题的社会心理学范式，同时，社会表征的许多研究也可以为探讨中国人的社会心态所借鉴。

（三）社会心态的主体和类型

陈午晴（2006：18~24）认同杨宜音关于个体与社会相互建构分析社会心态的观点，但他认为杨宜音没有充分讨论个体心态与社会心态的主体，没有回答社会心态的主体是什么。他认为社会心态主体应该是所有社会成员构成的总体，但由于通常很难把握所有社会成员的存在状况，因此社会心态的主体可以看成是众多社会成员构成的总体。他认为作为社会心态主体的社会成员总体一旦由众多社会成员个体构成，即同时成为超越个体的主体，虽然社会心态并非由众多社会成员个体心态构成，但其生成必然以众多社会成员个体心态为一定的基础，而且一旦生成即超越了个体心态。社会心态正是通过个体超越方式而实现了个体超越性，即由个体心态转化成了社会成员总体的心态。陈午晴认为社会心态具有两种个体超越方式：汇合与融合。他的论述基于两个预设：一是社会成员总体中所有社会成员个体是一个个相对独立的主体，而社会成员总体的存在形式则是由这些相对独立的主体构成的集合体；二是社会成员总体中的所有社会成员个体都在一定的社会文化脉络中相互作用、相互影响，而在一定条件下社会成员总体的存在形式就成为由这些相互作用、相互影响的主体构成的共同体。由第一个预设，社会成员总体中的每个社会成员个体，社会心态实际上就是“这些个体心态汇集、聚合在一起的总体分布形态”。由第二个预设，社会心态是这些个体心态“最终融会、和合在一起的总体统一形态”。也就是说，“社会心态存在两种基本的个体超越方式，即汇合与融合，前者是由众多个体心态汇集、聚合而成社会成员总体心态的方式；后者是由众多个体心态融会、和合而成社会成员总体心态的方式。相应的，社会心态存在两种类型，即汇合式社会心态和融合式社会心态。汇合式社会心态体现为众多个体心态的总体分布形态，而融合式社会心态体现为众多个体心态的总体统一形态。”

（四）社会心态研究的策略和方法

刘力（2006：14）认为，社会心态研究可以借鉴社会表征研究的理论和方法，认为“理论与方法的统一是社会表征研究的一个重要特色。社会表征现象十分复杂，既涉及社会文化层面，又涉及个体层面；既涉及群体与个体的意识层面，又涉及群体与个体的无意识层面。因此，社会表征理论既不排斥现有的任何心理学研究方法，也不赋予某种研究方法以特别的优先权。相反，它强调以问题为中心的方法学取向，强调对同一研究课题进行多方法的相互验证（triangulation of methods）。媒体分析、问卷测量、民意测验、深度访谈、焦点小组讨论、话语分析乃至实验室实验都被广泛地运用于社会表征的研究”。

陈午晴（2006：22~23）认为抽样调查的研究方式比较适合汇合式社会心态的研究，但不适合融合式社会心态的研究；预设主题结构的研究方式比较适合汇合式社会心态的研究，但不适合融合式社会心态的研究；表征分析比较适合融合式社会心态的研究。

近年的社会心态研究中所采用的方法主要有：抽样调查、文献资料分析、访谈、心理测量等，如通过流行语、委婉语的使用分析社会心态（社会稳定心态分析与预测课题组，2006；李喜芬，2004：71~73）。

二 社会心态研究内容

（一）社会心态的全国抽样调查

2006年中国社会科学院社会学研究所“社会稳定心态分析与预测课题组”① （2006）完成了国内最大规模的社会心态调查（王俊秀、杨宜音、陈午晴，2006：63～75），对当前中国人的社会心态进行了较为全面的研究。

1. 调查方法

社会心态调查采取随机抽样的方法，在全国28个省市130个区（市、县），260个乡（镇、街道），520个村（居）委会，抽取7100余个家庭，获得有效问卷7063份。

2. 社会心态调查的内容

该研究以社会稳定心态为核心，调查了与社会稳定相关的社会心态内容，包括社会稳定意识、社会稳定信念和社会稳定感受，对于以性别、政治身份、城乡身份、宗教、年龄、受教育程度和社会经济地位所区分的不同群体间的社会稳定心态进行分析。

对与社会稳定密切相关的社会生活感受，如社会认知、社会支持感受、社会信任、社会公正感受、政府工作满意度、社会压力感受和生活目标认同等内容进行了研究；研究社会心态的深层心理根源，通过调查了解社会成员对未来的预期，对社会现象的归因，以及生活目标和生活价值观；对影响社会稳定的社会矛盾和冲突化解的行动策略进行了调查。

3. 社会心态调查的主要结论

调查发现公众社会稳定感的平均分接近“比较稳定”的水平；公众社会稳定意识得分较高，超过“信念较强”水平。

关于社会稳定感受的调查发现，在社会生活安全感的不同方面存在明显差异，感到安全程度最高的是个人信息、隐私安全，其次是人身安全、劳动安全和财产安全，食品、医疗和交通安全感是最低的。在生活压力感方面社会成员最大的生活压力来自于住房/建房、医疗支出大、家人下岗失业或无稳定收入；其次是子女教育费用高、家庭收入低生活困难；再次是赡养老人的压力。在各种社会支持系统中，人们获得支持最多的是“家庭”、“家族、宗族”以及“私人关系网（朋友、同乡、战友、生意伙伴等）”，其中家庭的支持程度最高，处于“帮助较多”的水平。在对地方政府工作满意感的调查中发现社会成员对地方政府各方面工作的满意程度基本上处于“不大满意”和“比较满意”之间，感到比较满意的前三位是“义务教育”、“科技发展与推广”和“发展经济”、“树立良好社会风气”，感到最不满意的前三位是“社会保障和救助”、“医疗卫生服务”、“环境保护”。人们对“总体上的社会公平状况”的感受处于“不大公平”和“比较公平”之间，选择“比较公平”的人数最多，达到57.6%。人们对中央政府的信任程度最高，其次是政府新闻媒体、消费者协会等维权组织、社区（居委会）或村委会；人们最不信

① “社会稳定心态分析与预测课题组”成员有杨宜音、陈午晴、王俊秀、李原和王兵。

任的是小道消息和宗教组织。

人们对于5年后生活水平的预期，选择率最高的是“略有上升”，认为5年后生活水平将会上升的比例累计达到54%，另有20%的人不能确定，其余的则认为不会上升，高达66%的人对于下一代的生活水平的提高抱有非常肯定的判断，累计93.5%以上的人对未来持有乐观预期。对于事业成功归因的排序分别是：“勤奋、努力、拼搏”（30%以上）、“良好的教育”（23%）、“有权有势的人相助”（12%），“出生在有权有钱人家”、“机会和运气好”、“本人天资聪明和能力强”、“有比较广的社会关系”。对于致富归因的排序是：“自身的努力拼搏”、“自身致富能力强”、“有重要的人际关系”、“家庭背景好”、“教育程度高”、“贪污腐化”、“以不正当的手段赚钱”、“让一部分人先富起来的政策导向”、“运气好或者风水好”和“对富人征税过少”。研究发现人们的人生价值可以分为“理想主义型”、“小富即安型”和“功成名就型”。

在面对不同的问题时人们会倾向于采用不同的化解策略，表现为：无行动是最普遍的行动策略；诉求策略是面对与政府公共权力有关的矛盾和冲突的主要策略，其次是沟通策略；沟通策略和诉求策略是解决与政府或经济组织相关的矛盾和冲突的主要策略；沟通是处理医患纠纷的主要策略，面对教育乱收费无奈采取无行动策略；法律策略没有成为解决矛盾和冲突的主要策略；很少采用疏通策略；对抗策略虽然很少使用，但在个人利益受到侵害，且侵害主体明确的情况下也有使用。

（二）不同群体的社会心态研究

1. 大学生群体

多个研究关注大学生的择业问题和大学生在SARS期间的社会心态（周瑛等，2004：80~85）。在接受问卷调查的上海大学生中，期望的就业单位及其性质先后排序是：高校、科研单位（31.7%）；国家机关（30.7%）；三资企业（24.1%）；国有企业（5.9%）；私营企业（4.2%）；自主创业（3.3%）。在影响择业的主要因素中，“个人发展前景”、“经济收入”、“爱好兴趣”、“自己是否适合该工作”依次名列前四位（文新华等，2004：48~51）。有人（张爱莲、张金华，2005：16~18）对山东一所理工科大学的大学生调查发现，对就业前景感到“乐观、很有信心”的占13.5%，“比较乐观、有信心”的占39.2%，合计为52.7%；就业意向选择比例分别为“学校”21.7%、“事业单位”16.9%、“科研设计单位”12.2%、“国有企业”12.1%、“中外合资企业”10.8%、“国家机关”9.6%、“民营或私人企业”9.6%、“其他”7.1%。择业首先考虑的因素依次为：“经济收入与福利”28.6%、“利于施展个人才干”18.2%、“工作单位性质”14.3%、“个人兴趣”12.9%、“工作单位所在地”11.7%、“单位前景”7.8%、“专业是否对口”3.8%、“其他”2.7%。

2. 农民群体

有研究者（王向东，2006：90~93）认为社会转型时期农民的社会心态表现为乡土纽带断裂和价值观念的转变，以及政治意识淡漠和求富与仇富的双重经济心态。认为乡土纽带的断裂、安土重迁观念和叶落归根习俗的破除，对建构农民的开放式心理结构和现代性生活方式有着积极的功能。有人（杨诚德，2006：92~94）认为面对较发达地区生活水平的提高，农民存在一种热切期盼和彷徨感，传统的风俗、习惯等仍支配他们的思想行为，维系他们的人际关系，用以协调社会矛盾。社会应该寻求解决农民教育的有效途径。陈美球等（2005：16～22）研究了不同群体农民的耕地保护心态，发现年龄越长的农民越倾向把自己作为耕地保护的最主要责任人。调查还发现若按现行的耕地补偿标准，51.4%的农民表示不希望耕地被征，而若按年产值30倍以上来补偿，表示不希望耕地被征的比例下降到了24.3%。小于30岁、30～44岁、45～59岁和大于59岁四个年龄组希望耕地被征的比例分别为76.1%、59.7%、44.7%和38.9%。肖唐镖（2005：10～17）通过问卷和田野调查发现农民和基层干部对党和政府的权威有较高认同，但对基层政府和基层干部认同较低；对自身生活的改善认同较高，对国家未来发展较为乐观，但对农村未来形势信心较低；对社会制度有较高认同，但对实践中的社会制度认同较低。孙秋云（2004：23～27）以对鄂西土家族农村田野调查为基础，对村民自治制度下少数民族农村治理精英与非治理精英的心态、行为及其与乡镇政府间的互动关系进行了分析，认为以乡镇政府为代表的国家力量对少数民族农村村民自治的影响和控制力还非常强，治理精英与非治理精英在村庄政治中自主活动的空间不大，村民普遍缺乏参与热情，但乡村精英的影响正与日俱增。

3. 低收入群体

有研究者（冯耀明、潘峰，2005：114～117；潘峰，2006：54～59；杨在平、潘峰，2004：96～99；孙兴岭，2005：118～121）研究了低收入群体的社会心态。发现低收入群体关注较多的是社会安定状况和收入问题，城镇居民中有95.6%的人认为非常重要或比较重要，国企职工和农民中这一比例分别为91.1% 和79.2%。农民、城镇居民、国企职工中分别有84.8%、78.6%、90.3%的人选择了对当前我国居民的收入差距现状非常不满或不太满意。不同职业的人对最需要解决的问题的选择：城镇居民首选的是发展资金，其余依次是基本生活费、医疗费、子女教育费；农民的选择次序是：发展资金、基本生活费、子女教育费、医疗费；国企职工则把子女教育费用列在首位，依次是：子女教育费、发展资金、医疗费、基本生活费。低收入群体给予关注较少的是时事政治、金钱享受、社会地位与荣誉等。农民对每年召开的人代会、政协会不太关心的占到总数的67.5%；城镇职工和国企职工这一比例也分别达到了60.0%和56.8%。在人生主要目标选择上城镇居民选择“追求社会地位和荣誉”的比例为17.9%，选择“金钱享受”的比例为3.6%；国企职工选择二者的比例均为9.3%；农民选择前者的比例为23.9%，选择后者的为6.5%（冯耀明、潘峰，2005：114～117）。

（三）不同地域群体社会心态研究

1. 新疆人的社会心态研究

姚维（2003a：35～40；2003b：16～20）对新疆维吾尔族的文化和宗教心态进行了研究。问卷调查中维吾尔族民族性格认同选择人数多少的次序为：能歌善舞、重友谊、勤劳、聪明、开朗、豪放、乐观、幽默、坦诚和勇敢。在道德观念、价值取向上依据选择人数多少排序为：尊敬长者、诚实、正直、赡养老人、好学、讲信誉、谦虚、勤奋和尊重妇女。93.36%的家庭愿意选择普通义务教育学校上学，3.64%的家庭愿意选择宗教学校。被调查对象认为最受尊敬的职业前三位分别是教师（选择比例 52.67%），宗教人士（33.8%）和科学家（19.48%）。他们心目中具有最重要地位的事情依选择比例分别是工作（55.6%）、亲人（29.8%）、自己（21.8%）和宗教（10.3%）。在遇到困难时，他们克服困难的力量选择次序是个人理想（52.7%）、现实（34%）、家庭（20%）和神（6%）。

2. 内蒙古人的社会心态研究

郭亚帆（2003：49～54）通过问卷调查的形式研究内蒙古城乡居民的社会心态，首先调查了居民对 2001 年发生的一些社会事件进展的显著程度的评价，结果发现认为显著的事件是“加入世贸组织”、“处理法轮功问题”、“住房制度改革”、“推进机构改革”、“精神文明建设”，而认为进展不显著的是“惩治腐败问题”、“减轻农民负担”、“解决失业问题”、“解决收入分配问题”和“完善社会保障机制”。对社会现象表示满意的前几位是“民族政策”、“宗教政策”、“我国的国际地位”、“经济发展状况”和“文化生活”，表示不满意的前几位是“贫富差距”、“社会风气”、“环境保护”、“依法办事”和“社会治安状况”。对一些改革措施的评价并不很高，最高的“社会养老改革”，认为有好处的占 67.7%，依次的几项分别是“教育科技改革”、“住房制度改革”，排在后面的几项是“国有企业改革”、“物价改革”和“劳动就业改革”。在对未来发展的预期上，认为会有较大好转和略有好转的前几项是“我国的国际地位”、“文化生活状况”、“环境保护状况”、“经济发展状况”和“挣钱机会”，认为最不会改善的是“贫富差距”，其次是“物价”、“依法办事”、“经济秩序”和“社会风气”。

3. 山西人的社会心态研究

李蓉蓉（2005：125～127）通过深度访谈、观察法和文献资料分析法对山西人的社会心态与经济发展的关系进行了研究，总结出山西人的一些典型社会心态：①理性平和的心态。在访谈的 156 人中 55% 的人能冷静分析和对待山西的现状，并能指出山西经济发展滞后的原因，指出山西在政策制定、人才开发、政策落实等方面存在问题，有相当一部分人还提出山西的地理位置成为山西发展落后的主要原因。②不甘人后，渴望改变现状的心态。有 65% 的人对山西未来的发展抱有信心，人们普遍渴望山西能够摆脱目前的困境，重新辉煌。有相当一部分受访者对山西发展提出了自己的看法。③保守、不善创新的心态。与相邻省份同龄人相比，山西人外出打工、经营的比例低，大型企业所占比例低。调查也发现 18% 的人认为山西人懒惰、保守、不思进取，有恋家心态。④消极被动、甚至冷漠的社会参与心态。近 50% 的被调查者没有主动参与意识。⑤贫富差距造成的不平衡心态。65% 的人对自己的生活状况不满意，不满意的原因是收入的不公平。⑥无可奈何的心态。人们对目前的人际关系感到担忧，许多人认为现在人与人之间缺乏真诚，人情淡漠。

以往的社会心理学研究中没有明确的社会心态概念，以及建立在这一概念上的社会心态理论，但在解释社会现实问题时，“社会心态”这一概念又被广泛应用，因此，目前的社会心态研究很大程度上概念比较混乱，缺少学科或理论讨论的平台，致使不同学科对于社会心态的解读难有交叉，沟通和交流困难。因此，从社会心态概念出发，梳理社会心态的相关概念和理论，探讨社会心态研究的策略和方法对于整合社会心态研究，推进社会心态研究的深入都具有重大的意义。

尽管对社会心态的概念内涵一时还难以达成共识，但社会心态研究一定要依托已有的学科基础，无论是社会心理学、社会学、哲学，还是心态史学都将是社会心态研究的重要支撑，继承这些学科的传统才可以避免目前许多社会心态研究貌似原创，实则缺乏学科根基的通病。

历史学家彼得·伯克（2000：111）在讨论心态和意识形态时认为，心态不管怎么使用，至少有三个独特之处，“它强调集体的态度而不是个人的态度；强调未被言明的看法而不是明确的理论，强调‘常识’或在一个特定文化中看起来是常识的东西；以及强调信仰体系的结构，包括对那些用以解释经验的范畴以及证明和劝诱的方法的关注。”希望未来的社会心态研究能够有伯克所说的这样的深度。

参考文献

彼得·伯克，2000，《历史学与社会理论》，姚朋、周玉鹏译，上海：上海人民出版社。

陈美球、邓爱珍、周丙娟、刘中婷、吴萍、何维佳，2005，《不同群体农民耕地保护心态的实证研究》，《中国软科学》第9期。

陈午晴，2006，《汇合与融合：社会心态的两种个体超越方式》，《社会心理研究》第1期。

冯耀明、潘峰，2005，《低收入群体的政治心态与政治安定调研设计》，《理论探索》第4期。

郭亚帆，2003，《内蒙古城乡居民基本社会心态调查与分析》，《统计与信息论坛》第3期。

李蓉蓉，2005，《山西人的社会心态与山西经济发展》，《生产力研究》第3期。

李喜芬，2004，《委婉语所折射的社会心态》，《河南中医学院学报》第5期。

刘力，2006，《社会形态与社会心态——评杨宜音的〈个体与宏观社会建构的心理联系：社会心态概念的界定〉》，《社会心理研究》第1期。

潘峰，2006，《低收入群体的政治心态类型研究》，《求索》第6期。

社会稳定心态分析与预测课题组，2006，《当前我国社会稳定心态的分析报告》（内部报告）。

孙秋云，2004，《村民自治制度下少数民族乡村精英的心态与行为分析：以湖北西部土家族地区农村为例》，《中南民族大学学报（人文社会科学版）》第3期。

孙兴岭，2005，《对当前低收入群体政治心态问题的几点思考》，《理论探索》第5期。

王俊秀，2005，《当前中国社会心态分析报告》，中国社会科学院“社会形势分析与预测”课题组编《2006年：中国社会形势分析与预测》，北京：社会科学文献出版社。

王俊秀、杨宜音、陈午晴，2006，《2006年中国社会心态调查报告》，中国社会科学院“社会形势分析与预测”课题组编《2007年：中国社会形势分析与预测》，北京：社会科学文献出版社。

王向东，2006，《社会转型期农民心理探析》，《苏州市职业大学学报》第2期。

文新华、李锐利、张洪华，2004，《关于大学生就业心态的调查》，《教育发展研究》第9期。

肖唐镖，2005，《从农民心态看农村政治稳定状况：一个分析框架及其应用》，《华中师范大学学报（人文社会科学版）》第5期。

杨诚德，2006，《转变农民心态：农民教育的理性思考》，《继续教育研究》第2期。

杨宜音，2006a，《个体与宏观社会建构的心理联系：社会心态概念的界定》，《社会心理研究》第1期。

杨宜音，2006b，《个体与宏观社会的心理关系：社会心态概念的界定》，《社会学研究》第4期。

杨在平、潘峰，2004，《低收入群体政治心态与政治安定研究情况分析》，《理论探索》第6期。

姚维，2003a，《新疆维吾尔民族文化心态走向分析》，《新疆师范大学学报（哲学社会科学版）》第2期。

——2003b，《新疆维吾尔族群众宗教心态分析》，《新疆师范大学学报（哲学社会科学版）》第3期。

张爱莲、张金华，2005，《大学生就业心态调查分析》，《青少年研究》第4期。

周瑛、胡玉平、常秀芹、李晓萍，2004，《抗“非典”期间我院学生心态及社会行为调查报告》，《唐山师范学院学报》第1期。

作者单位：中国社会科学院社会学研究所

二　论著论文题录

社会学部分书目题录

综　论

2003年：中国社会形势分析与预测　汝信、陆学艺、李培林主编，社会科学文献出版社，2003年1月。

社会学概论新修（第三版）　郑杭生主编，中国人民大学出版社，2003年1月。

社会学十大概念　〔法〕卡泽纳弗（Cazeneuve，J.）著，杨捷译，上海人民出版社，2003年1月。

走出囚徒困境：社会资本与制度分析　曹荣湘选编，上海三联书店，2003年5月。

中国社会学（第二卷）　中国社会科学院社会学研究所，上海人民出版社，2003年6月。

社会学（第十版）　〔美〕波普诺著，李强等译，中国人民大学出版社，2003年10月。

社会学（第4版）　〔英〕安东尼·吉登斯著，赵旭东等译，北京大学出版社，2003年12月。

2004年：中国社会形势分析与预测　汝信、陆学艺、李培林主编，社会科学文献出版社，2004年1月。

小康社会：从目标到模式　2004年上海社会发展蓝皮书　尹继佐主编，上海社会科学院出版社，2004年1月。

社会学导论　孙立平主编，首都经济贸易大学出版社，2004年3月。

中国社会与中国研究　周晓虹主编，社会科学文献出版社，2004年5月。

社会学理论的结构（第7版）(社会学经典教材影印丛书)　〔美〕乔纳森·H. 特纳著，北京大学出版社，2004年6月。

新编社会学大纲　周运清等著，武汉大学出版社，2004年6月。

社会学　冯钢主编，浙江大学出版社，2004年7月。

中国社会学年鉴　景天魁主编，社会科学文献出版社，2004年7月。

经典社会学读本（第3版）　〔美〕E. L. 奥瓦尔主编，北京大学出版社，2004年7月。

中国社会学（第三卷）　中国社会科学院社会学研究所，上海人民出版社，2004年10月。

2005年：中国社会形势分析与预测　汝信、陆学艺、李培林主编，社会科学文献出版社，2004年12月。

社会学概论　高燕、孙其昂主编，河海大学出版社，2004年12月。

社会学的基本概念（韦伯作品集）　〔德〕韦伯著，顾忠华译，广西师范大学出版社，2005年

1月。

当代中国社会发展概论 高燕宁、卢萍、柳春清著，人民出版社，2005年3月。

社会学的想象力 〔美〕米尔斯著，陈强、张永强译，生活·读书·新知三联书店，2005年3月。

社会学的基本概念（世纪人文系列丛书） 〔德〕韦伯著，胡景北译，上海人民出版社，2005年4月。

中国社会发展研究报告2005：走向更加和谐的社会 郑杭生、李路路主编，中国人民大学出版社，2005年4月。

社会学教程（第二版） 王思斌主编，北京大学出版社，2005年6月。

社会学的视野 邹农俭著，社会科学文献出版社，2005年7月。

社会学主要思潮 〔法〕雷蒙·阿隆著，葛智强、胡秉诚、王沪宁译，上海译文出版社，2005年7月。

社会学：理论与经验（第一辑） 李培林、覃方明主编，社会科学文献出版社，2005年8月。

社会学概论 刘杰、徐祥运编著，东北财经大学出版社，2005年8月。

社会学原理 朱力等著，社会科学文献出版社，2005年9月。

现代社会学（第三版） 吴增基、吴鹏森、苏振菁著，上海人民出版社，2005年10月。

中国社会学（第四卷） 中国社会科学院社会学研究所编，上海人民出版社，2005年10月。

2006年：中国社会形势分析与预测 汝信、陆学艺、李培林主编，社会科学文献出版社，2005年12月。

科技社会化与社会科技化 杨力行、刘郦、於文辉编著，崇文书局，2006年1月。

中国现代化报告2006：社会现代化研究 中国现代化战略研究课题组编，北京大学出版社，2006年1月。

2005年：中国教育发展报告 杨东平主编，社会科学文献出版社，2006年3月。

社会与政治运动讲义 赵鼎新著，社会科学文献出版社，2006年3月。

市民社会与法的内在逻辑：马克思的思想及其时代意义 秦国荣著，社会科学文献出版社，2006年3月。

未来五年中国经济社会发展报告 高尚全主编，中共党史出版社，2006年3月。

新社会（德鲁克管理经典） 〔美〕彼得·德鲁克，机械工业出版社，2006年3月。

发现社会之旅：西方社会学思想述评 〔美〕兰德尔·柯林森等著，李霞译，中华书局，2006年5月。

社会学 〔俄〕弗·伊·多博林科夫、阿·伊·克拉夫琴科夫著，社会科学文献出版社，2006年7月。

社会学理论的结构（第7版） 〔美〕乔纳森·H. 特纳著，邱泽奇、张茂元等译，华夏出版社，2006年7月。

西方社会学理论教程（第二版） 侯钧生主编，南开大学出版社，2006年8月。

中国全面小康发展报告2006 舒富民主编，社会科学文献出版社，2006年8月。

你好，社会学：社会学是文化学习 〔日〕伊藤公雄、桥本满编著，社会科学文献出版社，2006年9月。

社会学与生活 〔美〕理查德·谢弗著，刘鹤群、房智慧译，世界图书出版公司，2006年9月。

中国社会学（第五卷） 中国社会科学院社会学研究所，上海人民出版社，2006年10月。

20世纪中国社会科学·社会学卷 谷迎春、杨建华主编，广东教育出版社，2006年10月。

转型中的世界体系（沃勒斯坦评论集） 〔美〕伊曼纽尔·沃勒斯坦著，路爱国译，社会科学文献出版社，2006年11月。

2007年：中国社会形势分析与预测 汝信、陆学艺、李培林主编，社会科学文献出版社，2006年

12月。

中国形象：外国学者眼里的中国 〔美〕乔舒亚·库珀·雷默等著，沈晓雷等译，社会科学文献出版社，2006年12月。

社会理论、方法与社会史

非零年代：人类命运的逻辑 〔美〕罗伯特·赖特著，李淑珺译，上海人民出版社，2003年1月。

社会理论与当代现实 苏国勋著，北京大学出版社，2003年1月。

乱伦禁忌及其起源 〔法〕涂尔干著，汲喆译，上海人民出版社，2003年1月。

西方社会学理论（上卷） 杨善华、谢立中著，北京大学出版社，2003年2月。

启蒙辩证法：哲学断片 〔德〕霍克海默等著，渠敬东、曹卫东译，上海人民出版社，2003年2月。

法典、习俗与司法实践：清代与民国的比较 黄宗智著，上海书店出版社，2003年2月。

当代社会学理论及其古典根源 〔美〕乔治·瑞泽尔著，杨淑娇译，北京大学出版社，2003年4月。

社会理论：反思与重构 谢立中著，北京大学出版社，2003年8月。

西方社会学文选（英文版） 于海主编，复旦大学出版社，2003年9月。

传统十论：本土社会的制度文化与其变革 秦晖主编，复旦大学出版社，2003年10月。

为社会学辩护 安东尼·吉登斯著，周红云译，社会科学文献出版社，2003年12月。

儒学与社会现代化 姜林祥、薛君度主编，广东教育出版社，2003年12月。

涂尔干死了 〔美〕陈瑟·伯格著，曹雷雨译，广西师范大学出版社，2004年4月。

社会理论的本土化建构 叶启政著，广西师范大学出版社，2004年4月。

社会研究方法（第10版） 〔美〕艾尔·巴比著，邱泽奇译，华夏出版社，2004年5月。

西方社会学理论 黎民、张小山主编，华中科技大学出版社，2004年6月。

社会冲突与诉讼机制（修订版） 顾培东著，法律出版社，2004年6月。

后现代社会理论（21世纪高校经典教材·社会学系列） 〔美〕乔治·瑞泽尔著，谢立中译，华夏出版社，2004年6月。

社会理论论丛（第2辑） 张一兵、周晓红、周宪主编，南京大学出版社，2004年6月。

韦伯学说 顾忠华著，广西师范大学出版社，2004年7月。

经济与社会（上卷） 〔德〕马克斯·韦伯著，林荣远译，商务印书馆，2004年7月。

经济与社会（下卷） 〔德〕马克斯·韦伯著，林荣远译，商务印书馆，2004年7月。

理论与实践 〔美〕尤尔根·哈贝马斯著，郭官义、李黎译，社会科学文献出版社，2004年7月。

论文明、权力与知识（诺贝特·埃利亚斯文选） 〔德〕斯蒂芬·门内尔约、翰·古德斯布洛姆编，刘佳林译，南京大学出版社，2004年8月。

人的现代化：中国近代国民性改造思想研究 袁洪亮著，人民出版社，2004年9月。

公共领域与生活世界：哈贝马斯市民社会理论研究 李佃来著，人民出版社，2004年9月。

社会学理论研究 吴忠民主编，中共中央党校出版社，2004年9月。

结构主义的视野：经济与社会的变迁 〔瑞典〕汤姆·R. 伯恩斯等著，周长城等译，社会科学文献出版社，2004年12月。

社会学方法的准则 〔法〕E. 迪尔凯姆著，狄玉明译，商务印书馆，2005年1月。

社会理论指南（第2版） 〔英〕布莱恩·特纳编，李康译，上海人民出版社，2005年1月。

被围困的社会 〔英〕齐格蒙特·鲍曼著，郇建立译，江苏人民出版社，2005年1月。

二十世纪中国社会科学·社会学卷 卢汉龙、彭希哲主编，上海人民出版社，2005 年 2 月。

意识形态与乌托邦 〔德〕卡尔·曼海姆著，黎鸣、李书崇译，商务印书馆，2005 年 4 月。

技术社会角色引论 王秀华著，中国社会科学出版社，2005 年 4 月。

有闲阶级论 〔美〕凡勃伦著，蔡受白译，商务印书馆，2005 年 5 月。

现代社会中的人性及教育：以涂尔干社会理论为视角 渠敬东著，上海三联书店，2005 年 5 月。

西方社会学理论：经典传统与当代转向 文军主编，上海人民出版社，2005 年 5 月。

制度哲学导论 杨俊等著，上海大学出版社，2005 年 6 月。

执政的逻辑：政党国家与社会 刘建军、陈超群主编，上海辞书出版社，2005 年 6 月。

通过社会学去思考（社会理论译丛） 〔英〕齐尔格特·鲍曼著，高华等译，社会科学文献出版社，2005 年 6 月。

社会科学研究方法新解 唐盛明著，上海社会科学院出版社，2005 年 6 月。

农民的终结 〔法〕H. 孟德拉斯著，李培林译，社会科学文献出版社，2005 年 6 月。

二十世纪西方社会理论文选Ⅰ：社会理论的开端和终结 苏国勋、刘小枫主编，上海三联书店，2005 年 6 月。

二十世纪西方社会理论文选Ⅱ：社会理论的诸理论 苏国勋、刘小枫主编，上海三联书店，2005 年 6 月。

二十世纪西方社会理论文选Ⅲ：社会理论的知识学建构 苏国勋、刘小枫主编，上海三联书店，2005 年 6 月。

二十世纪西方社会理论文选Ⅳ：社会理论的政治分化 苏国勋、刘小枫主编，上海三联书店，2005 年 6 月。

二十世纪的社会理论 〔英〕帕特里克·贝尔特著，瞿铁鹏译，上海译文出版社，2005 年 6 月。

经典社会理论与现代性 王小章著，社会科学文献出版社，2005 年 8 月。

后结构主义思潮与后现代社会理论 夏光编著，社会科学文献出版社，2005 年 8 月。

哈贝马斯的现代性社会理论 王晓升著，社会科学文献出版社，2005 年 8 月。

超越左与右：激进政治的未来 〔英〕安东尼·吉登斯著，李惠斌、杨雪冬译，社会科学文献出版社，2005 年 8 月。

20 世纪西方消费社会理论研究 莫少群著，社会科学文献出版社，2005 年 8 月。

社会学：理论与经验（第二辑） 李培林、覃方明主编，社会科学文献出版社，2005 年 8 月。

社会理论与现代社会学 〔英〕安东尼·吉登斯著，文军、赵勇译，社会科学文献出版社，2005 年 9 月。

国际政治理论的社会学转向：建构主义研究 袁正清著，上海人民出版社，2005 年 9 月。

东亚现代性与西方现代性：从文化的角度看 夏光著，生活·读书·新知三联书店，2005 年 9 月。

中国研究的范式问题讨论（阅读中国系列） 黄宗智主编，社会科学文献出版社，2005 年 11 月。

社会理论（第 1 辑） 苏国勋主编，社会科学文献出版社，2005 年 12 月。

从理想到实证：芝加哥学派的心路历程 于长江著，天津古籍出版社，2005 年 12 月。

布迪厄的社会理论 高宣扬著，同济大学出版社，2005 年 12 月。

社会调查方法与技术：中国实践 边燕杰、李路路、蔡禾著，社会科学文献出版社，2006 年 1 月。

国家与市民社会：一种社会理论的研究路径（增订版） 邓正来、〔美〕杰弗里·亚历山大主编，上海人民出版社，2006 年 1 月。

解放·传媒·现代性：关于传媒和社会理论的讨论 〔英〕加汉姆著，李岚译，新华出版社，2006 年 1 月。

心性灵明论：关于人文精神与心性本体论的研究 司马云杰著，陕西人民出版社，2006 年 3 月。

市民社会与法的内在逻辑：马克思的思想及其时代意义 秦国荣著，社会科学文献出版社，2006

年3月。

韦伯论大学 〔德〕韦伯著，孙传钊译，江苏人民出版社，2006年4月。

人的现代化理论与实践 郑永廷等著，人民出版社，2006年4月。

当代社会理论（上、下册） 高宣扬著，中国人民大学出版社，2006年4月。

文化与权力：布尔迪厄的社会学 〔美〕戴维·斯沃茨著，陶东风译，上海译文出版社，2006年5月。

人类行为与社会环境：生物学、心理学与社会学视角（第二版） 〔美〕乔斯·B. 阿什福德著，中国人民大学出版社，2006年5月。

后现代主义与社会研究 〔美〕戴维·R. 肯尼迪、安德烈亚·方坦纳编，重庆出版社，2006年5月。

人类行为与社会环境（第六版） 〔美〕扎斯特罗、阿什曼著，师海玲等译，中国人民大学出版社，2006年6月。

社会理论和社会结构 〔美〕默顿著，唐少杰、齐心等译，译林出版社，2006年7月。

社会理论（第2辑） 苏国勋主编，社会科学文献出版社，2006年7月。

全球化：文化冲突与共生 苏国勋、张旅平、夏光著，社会科学文献出版社，2006年7月。

马克思的社会发展理论及其当代价值 侯衍社著，中国社会科学出版社，2006年7月。

理解鲍曼 郑莉著，中国人民大学出版社，2006年7月。

自组织的社会进化理论：方法与模型 孙志海著，中国社会科学出版社，2006年8月。

理性的探险：哲学在社会学中的应用 〔英〕里克曼著，姚休等译，商务印书馆，2006年9月。

反思现代性 S. N. 艾森斯塔德著，旷新年、王爱松译，生活·读书·新知三联书店，2006年10月。

社会批判理论纪事（第1辑） 张一兵主编，中央编译出版社，2006年12月。

社会结构

跨国公司的社会责任与中国社会 谭深、刘开明主编，社会科学文献出版社，2003年1月。

为什么美国没有社会主义 桑巴特著，赖海榕译，社会科学文献出版社，2003年5月。

断裂：20世纪90年代以来的中国社会 孙立平著，社会科学文献出版社，2003年10月。

分化与整合：1688～1783年英国社会结构分析 舒小昀著，南京大学出版社，2003年11月。

黑龙江社会阶层研究 曲伟、赵瑞政主编，黑龙江人民出版社，2003年12月。

商人阶层的形成与西欧社会转型 赵立行著，中国社会科学出版社，2003年12月。

再生产的延续：制度转型与城市社会分层结构 李路路著，中国人民大学出版社，2003年12月。

当代中国社会分层状况的变迁 邱泽奇著，河北大学出版社，2004年1月。

韩国工人：阶级形成的文化与政治 〔韩〕具海根著，谭光亚、张吉争译，社会科学文献出版社，2004年1月。

中国现阶段收入分配差距问题研究 卢嘉瑞等著，人民出版社，2004年3月。

当代中国城市社会结构：现状与趋势 郑杭生、李路路等著，中国人民大学出版社，2004年5月。

中国社会结构变化趋势研究 郑杭生主编，中国人民大学出版社，2004年5月。

中国县级行政结构及其运行：对W县的社会学考察 周庆智著，贵州人民出版社，2004年5月。

当代日本社会分层 〔日〕高坂健次主编，张弦等译，中国人民大学出版社，2004年6月。

后工业社会中的阶级 〔美〕赖特著，陈心想等译，辽宁教育出版社，2004年6月。

民族、性别与阶层：伪满时期的“王道政治” 刘晶辉著，社会科学文献出版社，2004年6月。

中国社会转型时期的社会排挤：以国企下岗失业女工为视角（社会学论丛） 石彤著，北京大学出版社，2004 年 6 月。

权力精英 〔美〕米尔斯著，王崑、许荣译，南京大学出版社，2004 年 7 月。

香港、台湾和中国内地的社会阶级变迁 刘兆佳、尹宝珊、李明堃、黄绍伦编，香港中文大学香港亚太研究所出版，2004 年 7 月。

中国中部省会城市社会结构变迁：合肥市社会阶层分析 王开玉主编，社会科学文献出版社，2004 年 7 月。

经济转型的代价：中国城市失业、贫困、收入差距的经验分析 李实、伊藤宏主编，中国财政经济出版社，2004 年 7 月。

转型与断裂：改革以来中国社会结构的变迁 孙立平著，清华大学出版社，2004 年 7 月。

中国社区建设模式研究 王青山、刘继同编著，中国社会科学出版社，2004 年 8 月。

从一座城市看中国社会阶层结构变迁 俞礼祥主编，湖北人民出版社，2004 年 9 月。

当代中国社会矛盾论 于咏华著，九州出版社，2004 年 9 月。

中国社会分层 李培林等著，社会科学文献出版社，2004 年 9 月。

中国人口文化素质报告 高书国、杨晓明主编，社会科学文献出版社，2004 年 11 月。

利益结构、行政发展及其相互关系 叶富春著，社会科学文献出版社，2004 年 12 月。

秘密和耻辱：日本社会的交流结构 〔日〕正村俊之著，周维宏译，商务印书馆，2004 年 12 月。

农民工与中国社会分层 李强著，社会科学文献出版社，2004 年 12 月。

失衡：断裂社会的运作逻辑 孙立平著，社会科学文献出版社，2004 年 12 月。

中国教育的城乡差异：一种文化再生产现象的分析 余秀兰著，教育科学出版社，2004 年 12 月。

转型时期中国社会分层 李强著，辽宁教育出版社，2004 年 12 月。

私营企业主：财富积累的轨迹 刘培峰著，社会科学文献出版社，2005 年 1 月。

13～15 世纪伦敦社会各阶层分析 李增洪著，中国社会科学出版社，2005 年 2 月。

干部：职业地位获得的社会资本分析 周玉著，社会科学文献出版社，2005 年 3 月。

另一只看不见的手：社会结构转型 李培林著，社会科学文献出版社，2005 年 3 月。

中国农民故事 钟笑寒编著，清华大学出版社，2005 年 3 月。

国家、社会阶层与教育：教育获得的社会学研究 刘精明著，中国人民大学出版社，2005 年 4 月。

阶级 〔英〕理查德著，雷玉琼译，吉林人民出版社，2005 年 5 月。

现代化进程中的温州社会阶层结构研究 王尚银、任丽萍著，中国文史出版社，2005 年 5 月。

中国中产者调查 陈冠任、易扬著，团结出版社，2005 年 7 月。

断裂与碎片：当代中国社会阶层分化实证分析 李春玲著，社会科学文献出版社，2005 年 8 月。

冲突与变数：中国社会中间阶层政治分析 张伟著，社会科学文献出版社，2005 年 8 月。

全球中产阶级报告 周晓虹著，社会科学文献出版社，2005 年 8 月。

收入流动性的实证研究理论与应用经济学基础译丛 〔英〕A. B. 阿特金森、〔法〕F. 布古衣、〔法〕C. 莫里森著，北京大学出版社，2005 年 8 月。

中国中产阶层调查 周晓虹著，社会科学文献出版社，2005 年 8 月。

施尼兹勒的世纪：中产阶级文化的形成（1815～1914） 刘玉鑫、李天全著，北京大学出版社，2005 年 9 月。

中国海员：中国海员工作与生活状况研究 沈关宝等著，上海大学出版社，2005 年 9 月。

阶级结构与第三条道路：与英国学者对话实录 何秉孟、姜辉著，社会科学文献出版社，2005 年 10 月。

街角社会：一个意大利人贫民区的社会结构 〔美〕威廉·富特·怀特著，黄育馥译，商务印书馆，2005 年 10 月。

转型期中国人口问题 李建新著，社会科学文献出版社，2005 年 10 月。

深圳九大阶层调查 汪开国著，社会科学文献出版社，2005 年 11 月。

中国人口：太多还是太老——当代中国人口数量与人口结构问题 翟振武、李建新主编，社会科学文献出版社，2005 年 11 月。

社会分层（第 2 版）(社会学教材经典译丛) 〔美〕戴维·格伦斯基著，王俊译，华夏出版社，2005 年 12 月。

分化与协调：国有企业各职工群体及其利益关系 刘玉方、沈琴琴、黄任民著，社会科学文献出版社，2005 年 12 月。

农民的职业化 殷晓清著，南京师范大学出版社，2005 年 12 月。

收入差距与利益协调 景天魁主编，黑龙江人民出版社，2005 年 12 月。

博弈：断裂社会的利益冲突与和谐 孙立平著，社会科学文献出版社，2006 年 1 月。

中国中等收入者研究 王开玉著，社会科学文献出版社，2006 年 1 月。

转型时期中国农民的不平等待遇透析 同春芬著，社会科学文献出版社，2006 年 1 月。

当代中国社会分层：理论与实证（转型与发展 第 1 辑） 李友梅、孙立平、沈原编，社会科学文献出版社，2006 年 3 月。

企业与居民关系研究 黄如良著，中国发展出版社，2006 年 3 月。

中国农民工调研报告 国务院研究室课题组，中国言实出版社，2006 年 3 月。

白领：美国的中产阶级 〔美〕米尔斯著，周晓虹译，南京大学出版社，2006 年 6 月。

东亚社会的结构与变革 李文主编，社会科学文献出版社，2006 年 7 月。

二重结构理论 宋一夫著，中国社会科学出版社，2006 年 7 月。

苏联社会阶层与苏联剧变研究 黄立茀著，社会科学文献出版社，2006 年 8 月。

中国转轨时期收入差距与贫困 蔡昉、万广华主编，社会科学文献出版社，2006 年 9 月。

社会发展

千年终结——信息时代三部曲：经济、社会与文化（第三卷） 〔美〕曼纽尔·卡斯特著，夏铸九、黄慧琦等译，社会科学文献出版社，2003 年 2 月。

论中国小康社会 宋海庆著，广西人民出版社，2003 年 2 月。

增长与分享：居民收入分配理论和实证 张平著，社会科学文献出版社，2003 年 4 月。

与地球重新签约：哥本哈根社会发展论坛论文选之一 黄平编选，吴小英等译，人民文学出版社，2003 年 7 月。

日本的贫富差距：从收入与资产进行分析 〔日〕橘木俊诏著，丁红卫译，商务印书馆，2003 年 7 月。

论中国中部崛起 周绍森等著，中国经济出版社，2003 年 8 月。

中日关系正常化以来日本华侨华人社会的变迁 朱慧玲著，厦门大学出版社，2003 年 9 月。

社会变迁的法律解释 尹伊君著，商务印书馆，2003 年 9 月。

人类生存困境：发展的悖论 周海林、谢高地著，社会科学文献出版社，2003 年 9 月。

中国调查报告：社会经济关系的新变化与执政党的建设 薛晓源著，社会科学文献出版社，2003 年 12 月。

中国：新发展观 胡鞍钢著，浙江人民出版社，2004 年 1 月。

中国经济基础与上层建筑变革关系研究 陈荣荣等主编，经济管理出版社，2004 年 3 月。

加速转型期：加速转型中的发展与改革 杨宜勇等著，中国水利水电出版社，2004 年 3 月。

2004 中国可持续发展战略报告 中国科学院可持续发展战略研究组主编，科学出版社，2004 年 3 月。

社会转型期的若干社会问题探究 鱼小辉著，中国社会科学出版社，2004 年 5 月。

可持续发展指标体系的理论与实践 中国 21 世纪议程管理中心、中国科学院地理科学与资源研究所编译，社会科学文献出版社，2004 年 5 月。

转型中的思考 尹继佐著，上海社会科学院出版社，2004 年 6 月。

社会转型的历史轨迹 杨华山著，中央编译出版社，2004 年 6 月。

后工业社会与可持续发展问题研究：俄罗斯学者看世界 〔俄〕伊诺泽姆采夫著，安启念等译，中国人民大学出版社，2004 年 6 月。

国家、地方、民众的互动与社会变迁 唐力行著，商务印书馆，2004 年 6 月。

社会转型与秩序重建 宫志刚著，中国人民公安大学出版社，2004 年 7 月。

社会转型与青年发展 杨雄著，上海社会科学院出版社，2004 年 7 月。

当代中国社会流动 陆学艺主编，社会科学文献出版社，2004 年 7 月。

中国社会转型的哲学阐释 雷龙乾著，人民出版社，2004 年 8 月。

南街社会 刘倩著，学林出版社，2004 年 8 月。

转型中国顶级学者访谈 杨林林著，经济日报出版社，2004 年 9 月。

转型期中国城乡反贫困问题研究 王大超著，人民出版社，2004 年 9 月。

社会发展导论 高峰等著，社会科学文献出版社，2004 年 9 月。

中国城市反贫困论纲 李军著，经济科学出版社，2004 年 10 月。

小康梦寻：全面建设小康社会综观考察 曾智泽、刘宗贤著，云南人民出版社，2004 年 10 月。

城乡良性互动战略 赵勇著，商务印书馆，2004 年 10 月。

重新崛起的日本 李培林著，中信出版社，2004 年 11 月。

中国城市化与农村经济协调发展研究 祁金立著，华中科技大学出版社，2004 年 11 月。

日本的现代化与社会变迁（日本社会学名著译丛） 〔日〕富永健一著，李国庆、刘畅译，商务印书馆，2004 年 11 月。

国家的视角：那些试图改善人类状况的项目是如何失败的 〔美〕詹姆斯·C. 斯科特著，王晓毅译，社会科学文献出版社，2004 年 11 月。

中国转型期城镇反贫困理论与实践研究 王朝明著，西南财经大学出版社，2004 年 12 月。

可持续发展原理 周海林著，商务印书馆，2004 年 12 月。

构建社会主义和谐社会问题研究 李连仲主编，广东经济出版社，2004 年 12 月。

社会指标与社会协调发展 陈立新著，湖南大学出版社，2005 年 1 月。

明日中国：走向城乡一体化 王景新、李长江、曹荣庆等著，中国经济出版社，2005 年 1 月。

变迁与发展：云南布朗山布朗族社会研究 张晓琼著，民族出版社，2005 年 1 月。

环境与贫困：中国实践与国际经验 李小云著，社会科学文献出版社，2005 年 2 月。

转型季风：历史与社会的多维视野 高旗、金子强著，云南人民出版社，2005 年 3 月。

中央与地方政府关系建构与调谐 金太军著，广东人民出版社，2005 年 3 月。

和谐社会导论 傅治平著，人民出版社，2005 年 3 月。

构建和谐社会 郑功成著，人民出版社，2005 年 3 月。

当代中国社会发展概论 高燕宁、卢萍、柳春清著，人民出版社，2005 年 3 月。

2005 中国可持续发展战略报告 中国科学院可持续发展战略研究组主编，科学出版社，2005 年 3 月。

转型中的俄罗斯社会与文化 冯绍雷、相蓝欣主编，上海人民出版社，2005 年 4 月。

中国人民大学中国社会发展研究报告 2005：走向更加和谐的社会 郑杭生、李路路主编，中国人民大学出版社，2005 年 4 月。

社会行动的意义效应：社会转型加速期现代性特征研究 杨敏著，中国人民大学出版社，2005 年 4 月。

构建诚信友爱的和谐社会（社会创新丛书） 江汛清、丁元竹著，中国经济出版社，2005 年 4 月。

都市里的村庄：一个"新村社共同体"的实地研究 蓝宇蕴著，生活·读书·新知三联书店，2005 年 4 月。

珠江三角洲人口迁移与劳动市场 许学强、李玲著，科学出版社，2005 年 5 月。

中国社会教化的传统与变革 黄书光主编，山东教育出版社，2005 年 5 月。

社会稳定问题前沿探索 任红杰著，中国人民公安大学出版社，2005 年 5 月。

社会发展中的宏观管理 刘瑞、武少俊等著，中国人民大学出版社，2005 年 5 月。

科学发展观与全面小康 张云飞著，社会科学文献出版社，2005 年 6 月。

中国构建和谐社会问题报告 吴俊杰、张红著，中国发展出版社，2005 年 7 月。

全面小康与江苏就业制度创新 胡学勤、周春平、赵成柏著，社会科学文献出版社，2005 年 7 月。

20 世纪美国和加拿大社会发展研究 李剑鸣、杨令侠主编，人民出版社，2005 年 7 月。

中国沿海发达地区社会变迁调查（增订本） 沈崇麟主编，陈婴婴、赵平副主编，社会科学文献出版社，2005 年 8 月。

制度变迁中的中国私营企业家成长研究 史耀疆著，中国财政经济出版社，2005 年 8 月。

文化建设与全面小康 樊勇著，社会科学文献出版社，2005 年 8 月。

社会转型中的青年发展与社会整合 陆士桢等主编，中国社会科学出版社，2005 年 8 月。

电视与乡村社会变迁 〔美〕柯克·约翰逊著，中国人民大学出版社，2005 年 8 月。

资产建设与社会发展 高鉴国、展敏主编，社会科学文献出版社，2005 年 9 月。

转型中国的路径抉择 陈玉荣著，中国水利水电出版社，2005 年 9 月。

社会发展理论：发展中国家视角 严强、魏姝主编，南京大学出版社，2005 年 9 月。

人类行为与社会环境 库少雄著，华中科技大学出版社，2005 年 9 月。

走向和谐社会 王岗峰著，社会科学文献出版社，2005 年 10 月。

社会转型解读 刘祖云著，武汉大学出版社，2005 年 10 月。

社会学家谈和谐社会 黄家海主编，合肥工业大学出版社，2005 年 10 月。

临界点上的中国 孙学明著，中共中央党校出版社，2005 年 10 月。

转型与稳定：中国如何长治久安 胡鞍钢、胡联合等著，人民出版社，2005 年 11 月。

中国 21 世纪城市反贫困战略研究 王朝明、申晓梅著，中国经济出版社，2005 年 11 月。

现代化与社会转型 孙立平著，北京大学出版社，2005 年 11 月。

媒介、传播、文化：一个全球性的途径 〔美〕詹姆斯·罗尔著，董洪川译，商务印书馆，2005 年 11 月。

中国私营企业发展报告 No. 6（2005） 张厚义、侯光明、明立志、梁传运主编，社会科学文献出版社，2005 年 12 月。

中国农村社会转型论 申炎平著，河南大学出版社，2005 年 12 月。

统筹城乡发展 景天魁、王颉主编，黑龙江人民出版社，2005 年 12 月。

发展观的价值维度："生产主义"的批判与超越 何怀远著，社会科学文献出版社，2005 年 12 月。

当代中国转型期社会形态研究 贺善侃著，学林出版社，2006 年 1 月。

大趋势：文化产业解构传统产业 冯子标、焦斌龙等著，社会科学文献出版社，2006 年 2 月。

超越资本主义 〔美〕大卫·施韦卡特著，宋萌荣译，社会科学文献出版社，2006 年 2 月。

2005 年：中国教育发展报告 杨东平编，社会科学文献出版社，2006 年 3 月。

走向更讲治理的社会：社会建设与社会管理（中国人民大学中国社会发展研究报告 2006） 郑杭生

主编，中国人民大学出版社，2006 年 4 月。

社会和谐与人文关怀（中国人民大学中国人文社会科学发展研究报告 2006） 刘大椿主编，中国人民大学出版社，2006 年 4 月。

中国医疗卫生发展报告（No.2） 杜乐勋等主编，社会科学文献出版社，2006 年 5 月。

城市可持续发展 孙久文、张佰瑞等编著，中国人民大学出版社，2006 年 5 月。

建设和谐社会的实践探索 李连仲主编，经济科学出版社，2006 年 6 月。

中国转轨时期劳动力流动 蔡昉、白南生主编，社会科学文献出版社，2006 年 6 月。

中国宜居城市研究报告（北京） 张文忠等著，社会科学文献出版社，2006 年 6 月。

中国模式与北京共识：超越“华盛顿共识” 俞可平、黄平等主编，社会科学文献出版社，2006 年 6 月。

西部经验：对西部农村的调查与思索 黄平等著，社会科学文献出版社，2006 年 6 月。

移民与全球化 罗红波编著，社会科学文献出版社，2006 年 7 月。

社会学视角下的和谐社会：中国社会学会学术年会获奖论文集（2005·合肥） 黄家海、王开玉主编，社会科学文献出版社，2006 年 7 月。

建设更加和谐的社会：一个政策分析的视角 陈成文、谭骁彧等著，社会科学文献出版社，2006 年 7 月。

中国全面小康发展报告（2006） 舒富民主编，社会科学文献出版社，2006 年 8 月。

社会稳定与社会和谐 王煜主编，社会科学文献出版社，2006 年 8 月。

和谐社会与系统范式 乌杰著，社会科学文献出版社，2006 年 8 月。

构建社会主义和谐社会中的中国剩存贫困问题研究 陈端计著，人民出版社，2006 年 8 月。

从多元到和谐：和谐社会的构建 韩雪编选，中央编译出版社，2006 年 8 月。

21 世纪中国人口与经济发展 曾毅等主编，社会科学文献出版社，2006 年 8 月。

中国新农村建设报告（2006） 李佐军主编，社会科学文献出版社，2006 年 9 月。

人的和谐发展：温州模式的诠释 杨华著，人民出版社，2006 年 9 月。

科学发展与共享和谐：民生视角下的和谐社会 郑功成著，人民出版社，2006 年 10 月。

传统农业县的变迁（永昌县） 魏胜文、穆纪光、李树基主编，社会科学文献出版社，2006 年 10 月。

和谐社会：理论与经验 谢舜主编，社会科学文献出版社，2006 年 11 月。

全球化：社会发展与社会公正 杨扬主编，社会科学文献出版社，2006 年 12 月。

和谐社会十讲 李培林著，社会科学文献出版社，2006 年 12 月。

分支社会学

消费文化读本 罗钢、王中忱主编，中国社会科学出版社，2003 年 6 月。

刑法的社会学分析（刑事法律科学文库） 许发民编，法律出版社，2003 年 8 月。

新编发展社会学 周运清主编，武汉理工大学出版社，2003 年 8 月。

两性社会学 〔英〕勃洛尼斯拉夫·马林诺夫斯基著，上海人民出版社，2003 年 8 月。

经济社会学（第二版） 朱国宏、桂勇主编，复旦大学出版社，2003 年 10 月。

法哲学与法社会学论丛（第 6 期） 郑永流主编，中国政法大学出版社，2003 年 12 月。

组织社会学十讲 周雪光著，社会科学文献出版社，2003 年 12 月。

青年工作理论概要（共青团中央教材编审委员会统编教材） 田杰主编，中国青年出版社，2003 年 12 月。

环境社会学 左玉辉主编，高等教育出版社，2003年12月。

大国成长的逻辑：西方大国崛起的国际政治社会学分析 郭树勇著，四川人民出版社，2003年12月。

消费文化：从现代到后现代 杨魁、董雅丽著，中国社会科学出版社，2003年12月。

环境社会学 李友梅、刘春燕著，上海大学出版社，2004年1月。

环境社会学 沈殿忠主编，辽宁大学出版社，2004年1月。

中国社会中的日常权威：关系与权力的历史社会学研究 翟学伟著，社会科学文献出版社，2004年1月。

哲学的社会学：一种全球的学术变迁理论 〔美〕R. 柯林斯著，吴琼等译，新华出版社，2004年1月。

尴尬的接近权：网络社会的敏感话题 〔英〕拉克斯编，禹建强、王海译，新华出版社，2004年1月。

科学知识：一种社会学的分析 〔英〕巴恩斯等著，邢冬梅、蔡仲译，南京大学出版社，2004年3月。

寡头统治铁律：现代民主制度中的政党社会学 〔德〕罗伯特·米歇尔著，任军锋等译，天津人民出版社，2004年4月。

科学社会学散忆 〔美〕罗伯特·K. 默顿著，鲁旭东译，商务印书馆，2004年5月。

发展社会学 王义祥编著，华东师范大学出版社，2004年5月。

宗教社会学 姚南强著，东华大学出版社，2004年6月。

中国当代制度文化建设 车洪波、郑俊田著，中国商务出版社，2004年6月。

韦伯作品集III：支配社会学 韦伯著，广西师范大学出版社，2004年7月。

老年学理论与实践 梅陈玉、齐铱、徐玲著，社会科学文献出版社，2004年7月。

中日家族制度比较研究 李卓著，人民出版社，2004年8月。

信息社会学 靖继鹏、吴正荆主编，科学出版社，2004年8月。

法律社会学：学科辨析与理论源流 王威著，群众出版社，2004年8月。

民族社会学：社会学的族群关系研究 马戎编著，北京大学出版社，2004年9月。

老龄社会引论 党俊武著，华龄出版社，2004年9月。

教育社会学：现代性的思考与建构 钱民辉著，北京大学出版社，2004年10月。

宗教社会学：经典快读 〔美〕英格尔著，四川教育出版社，2004年12月。

转型时期中国社会人口 黄荣清等著，辽宁教育出版社，2004年12月。

中国社会语言学（增订本） 郭熙著，浙江大学出版社，2004年12月。

中国城市青少年弱势群体现状与社会保护政策 陆士桢主编，社会科学文献出版社，2004年12月。

社会网络分析导论 刘军著，社会科学文献出版社，2004年12月。

解读社会：文化与结构的路径 周怡著，社会科学文献出版社，2004年12月。

价值社会学 〔日〕作田启一著，宋金文、边静译，商务印书馆，2004年12月。

电视与社会：电视社会学引论 邢虹文著，学林出版社，2004年12月。

城市发展学导论 赵理尘著，山东大学出版社，2004年12月。

经济社会学（一）：制度变迁中的行为逻辑 王水雄主编，知识产权出版社，2005年1月。

经济社会学导论 朱国宏、桂勇主编，复旦大学出版社，2005年1月。

公安社会学概论 夏文信等著，群众出版社，2005年1月。

更新观念 创新发展：广东社会学界多年来推进殡葬业深化改革的策应 范英等主编，中国人事出版社，2005年1月。

比较文化社会学的再思考：法国和美国的评价模式库 〔美〕米歇尔·拉蒙、〔法〕劳伦·泰弗诺编，邓红风等译，中华书局，2005 年 1 月。

管理社会学 屈锡华著，电子科技大学出版社，2005 年 2 月。

犯罪社会学 宋浩波著，中国人民公安大学出版社，2005 年 2 月。

城市社会学文选 于海主编，复旦大学出版社，2005 年 3 月。

环境治理：以社区为基础 陶传进著，社会科学文献出版社，2005 年 5 月。

发展社会学与中国现代化 童星著，社会科学文献出版社，2005 年 5 月。

中国流动人口子女教育调查与研究 王涤等著，经济科学出版社，2005 年 5 月。

中国人口管理现代化研究 高春燕著，科学出版社，2005 年 6 月。

人口社会学（社会工作专业新编系列教材） 王树新主编，中国劳动社会保障出版社，2005 年 6 月。

文化与符号权力：布尔迪厄的文化社会学导论 张意著，中国社会科学出版社，2005 年 7 月。

民族社会学概论 郑杭生主编，中国人民大学出版社，2005 年 7 月。

家和同族的历史社会学 〔日〕藤井胜著，王仲涛译，商务印书馆，2005 年 7 月。

组织行为学 孙健敏、李原编著，复旦大学出版社，2005 年 8 月。

民族社会学导论 马戎著，北京大学出版社，2005 年 8 月。

经济社会学原理 〔瑞典〕理查德·斯威德伯格著，周长城等译，中国人民大学出版社，2005 年 8 月。

教育调查 陶保平、黄河清主编，华东师范大学出版社，2005 年 8 月。

家庭生活的社会学 〔加〕大卫·切尔著，彭铟旎译，中华书局，2005 年 8 月。

多元文化视野中的土壤与社会 〔法〕拉巴·拉马尔、让－皮埃尔·里博主编，张璐译，商务印书馆，2005 年 8 月。

电视文化 〔美〕约翰·菲斯克著，祁阿红、张鲲译，商务印书馆，2005 年 8 月。

城市社会学 王颖著，上海三联书店，2005 年 8 月。

城市社会地理学导论 〔美〕保罗·诺克斯、史蒂文·平奇著，柴彦威等译，商务印书馆，2005 年 8 月。

中国经验：转型社会的企业治理与职工民主参与 冯同庆主编，社会科学文献出版社，2005 年 9 月。

网络、社会资本与集群生命周期研究：一个新经济社会学的视角 林竞君著，上海人民出版社，2005 年 9 月。

贫困的比较 〔美〕马丁·瑞沃林著，北京大学出版社，2005 年 9 月。

法社会学（21 世纪高等院校法学系列基础教材·选修课） 朱景文主编，中国人民大学出版社，2005 年 9 月。

中国水问题：水资源与水管理的社会学研究（社会学文库） 李强等著，中国人民大学出版社，2005 年 10 月。

经济社会学的新视野：理性选择与感性选择 刘少杰著，社会科学文献出版社，2005 年 10 月。

宗教社会学（韦伯作品集） 〔德〕韦伯著，康乐、简惠美译，广西师范大学出版社，2005 年 11 月。

法律社会学（韦伯作品集） 〔德〕韦伯著，康乐，简惠美译，广西师范大学出版社，2005 年 11 月。

社会预测学基本原理 阎耀军著，社会科学文献出版社，2005 年 11 月。

社会医学（第 2 版） 龚幼龙、严非主编，复旦大学出版社，2005 年 11 月。

消费社会学 〔法〕尼古拉·埃尔潘著，孙沛东译，社会科学文献出版社，2005 年 12 月。

圣俗之间：宗教与社会发展互动关系研究 孙雄著，黑龙江人民出版社，2005 年 12 月。

普通发展学 李小云著，社会科学文献出版社，2005 年 12 月。

艺术社会学描述（艺术教育前沿论丛） 滕守尧著，南京出版社，2006 年 1 月。

现代西方经济社会学理论述评 高和荣著，社会科学文献出版社，2006 年 1 月。

社会学视野下的法律秩序 杨力著，山东人民出版社，2006 年 1 月。

组织社会学 〔法〕克罗戴特·拉法耶著，社会科学文献出版社，2006 年 2 月。

新经济社会学：一门新兴学科的发展 莫洛·纪廉等编，姚伟等译，社会科学文献出版社，2006 年 4 月。

流行文化社会学 高宣扬著，中国人民大学出版社，2006 年 4 月。

老年学概论 邬沧萍、姜向群主编，中国人民大学出版社，2006 年 5 月。

社会转型与消费革命：中国城市消费观念的变迁 郑红娥著，北京大学出版社，2006 年 5 月。

写文化：民族志的诗学与政治学 〔美〕詹姆斯·克利福德、乔治·E. 马库斯著，高丙中、吴晓黎、李霞等译，商务印书馆，2006 年 6 月。

比较社会学（马太·杜甘文选） 〔法〕马太·杜甘著，社会科学文献出版社，2006 年 6 月。

日本社会论：家与村的社会学 〔日〕鸟越皓之著，王颉译，社会科学文献出版社，2006 年 7 月。

科学社会学理论与方法 〔英〕马尔凯著，林聚任等译，商务印书馆，2006 年 7 月。

福利社会学 范斌著，社会科学文献出版社，2006 年 7 月。

政治社会学导论（第 4 版） 〔美〕奥罗姆著，张华青等译，上海人民出版社，2006 年 9 月。

信仰革命与权力秩序：中国宗教社会学研究 李向平著，上海人民出版社，2006 年 9 月。

中国当代宗教的社会学诠释 李向平著，上海人民出版社，2006 年 10 月。

青年塑造未来 蔡富有、蒯辙主编，中国经济出版社，2006 年 12 月。

农村社会学

传统村庄的现代跨越 张军、王晓毅、王峰著，山西经济出版社，2003 年 1 月。

权力与公正：乡土社会中的纠纷解决与权威多元 赵旭东著，天津古籍出版社，2003 年 1 月。

中国三农：国际竞争中的观察与思考 丁立著，河南人民出版社，2003 年 4 月。

农民工：中国进城农民工的经济社会分析 李培林主编，社会科学文献出版社，2003 年 4 月。

农民中国：历史反思与现实选择 秦晖著，河南人民出版社，2003 年 6 月。

中国乡村研究（第一辑） 黄宗智主编，商务印书馆，2003 年 9 月。

中国农村经济调研报告（2003） 国家统计局农调总队编，中国统计出版社，2003 年 12 月。

乡村治理与中国政治 徐勇著，中国社会科学出版社，2003 年 12 月。

中国乡村研究（第二辑） 黄宗智主编，商务印书馆，2003 年 12 月。

中国三农问题报告 刘斌、张兆刚著，中国发展出版社，2004 年 1 月。

中国农民调查 陈桂棣、春桃著，人民文学出版社，2004 年 1 月。

村落的终结：羊城村的故事 李培林著，商务印书馆，2004 年 1 月。

中国贫困地区县域经济发展研究 闫天池著，东北财经大学出版社，2004 年 2 月。

农村社会学 刘豪兴主编，中国人民大学出版社，2004 年 2 月。

村民自治面临的社会焦点问题透析：对全国第一个村民自治示范县的追踪考察 尹焕三等著，山东人民出版社，2004 年 3 月。

中国农民与中国现代化 孙津著，中央编译出版社，2004 年 4 月。

中国农村现代化道路与规律：张郭研究 冯治著，人民出版社，2004 年 4 月。

人口可持续发展与农村反贫困研究 李喜岩著，湖南人民出版社，2004 年 4 月。

中国农民流动观察 崔传义著，山西经济出版社，2004 年 8 月。

2003中国山区发展报告 陈国阶等著，商务印书馆，2004年8月。

转型期的华北农村社会 郑起东著，上海书店出版社，2004年9月。

聚焦“三农”：180位专家学者破解“三农”难题（上、中、下卷） 孔祥智主编，中央编译出版社，2004年9月。

农业、农村、农民工作探索 王学仁著，云南人民出版社，2004年10月。

为中国“三农”求解：转型中的农村社会 葛志华著，江苏人民出版社，2004年11月。

人口流动与农村妇女发展 郑真真、解振明主编，社会科学文献出版社，2004年11月。

村民自治通论 赵秀玲著，中国社会科学出版社，2004年11月。

农村工业化与民间金融：温州的经验 王晓毅、蔡欣怡、李人庆著，山西经济出版社，2004年12月。

2003～2004中国农村情况报告 李小云、左停、叶敬忠编，社会科学文献出版社，2004年12月。

乡村新型合作经济组织崛起 王景新著，中国经济出版社，2005年1月。

现代化进程中的农地制度及其利益格局重构 王景新著，中国经济出版社，2005年1月。

农民与市场：中国基层政权与乡镇企业 潘维著，商务印书馆，2005年1月。

非农化与农村社会分层：十个村庄的实证研究 卢福营、刘成斌等著，中国经济出版社，2005年1月。

村域经济转轨与发展：国内外田野调查 王景新著，中国经济出版社，2005年1月。

中国农民素质发展报告（2004） 农村与社会发展司、中国农村技术开发中心编，中国农业出版社，2005年3月。

中国农民工问题 刘怀廉著，人民出版社，2005年3月。

都市边缘的村庄：广州北郊蓼江村的实地研究 万向东著，中国社会科学出版社，2005年3月。

转型社会的乡村发展与政府效能研究 许文兴、许建明著，中国农业出版社，2005年4月。

中国农村集体土地资产化运作与社会保障机制建设研究 王克强著，上海财经大学出版社，2005年4月。

乡村政治中的博弈生存 郑欣著，中国社会科学出版社，2005年4月。

中国农民生死报告 蒋泽先著，江西人民出版社，2005年5月。

经济发展中的农业、农村、农民问题 〔美〕D. 盖尔·约翰逊著，林毅夫等译，商务印书馆，2005年5月。

“三农”新论：当前中国农业、农村、农民问题研究 陆学艺著，社会科学文献出版社，2005年5月。

中国乡村研究（第三辑） 黄宗智主编，社会科学文献出版社，2005年6月。

近代中国的乡村社会 复旦大学历史学系、复旦大学中外现代化进程研究中心编，上海古籍出版社，2005年6月。

农村城镇化与生态安全 杨家栋、秦兴方、单宜虎著，社会科学文献出版社，2005年6月。

中国农民工的政治经济学考察 杨思远著，中国经济出版社，2005年7月。

中国农村劳动力非农就业 孙晓明等著，中国农业出版社，2005年7月。

岳村政治：转型期中国乡村政治结构的变迁 于建嵘著，商务印书馆，2005年7月。

三农问题与世纪反思 温铁军著，生活·读书·新知三联书店，2005年7月。

农村社会分化与农民负担 王春光著，中国社会科学出版社，2005年7月。

屯堡乡民社会 孙兆霞等著，社会科学文献出版社，2005年8月。

土地的黄昏：中国乡村经验的微观权力分析 张柠著，东方出版社，2005年8月。

超越乡土社会：一个侨乡村落的历史、文化与社会结构 刘朝晖著，民族出版社，2005年8月。

被征地农民的社会心理与市民化研究 陈传锋等著，中国农业出版社，2005年8月。

中国农民工问题分析 杨云善、时明德著，中国经济出版社，2005年9月。

全球化与中国“三农” 中国21世纪议程管理中心、可持续发展战略研究组著，社会科学文献出版社，2005年9月。

农村干部与群众：干群信任关系研究 赵瑞政等著，黑龙江人民出版社，2005年9月。

中国三农问题：历史·现状·未来 荣兆梓、吴春梅、张德元、周致元主编，社会科学文献出版社，2005年10月。

农民组织与政治发展：再论中国农民的组织化 程同顺等著，天津人民出版社，2005年10月。

农村民间组织与中国农村发展：来自个案的经验 仝志辉等著，社会科学文献出版社，2005年10月。

村民委员会选举观察报告 王金华、董礼胜编著，中国社会出版社，2005年10月。

从减负到发展：中国三农问题剖析 叶子编选，中央编译出版社，2005年10月。

中国失地农民研究 廖小军著，社会科学文献出版社，2005年11月。

土地象征：禄村再研究 张宏明著，社会科学文献出版社，2005年11月。

农民问题新探 赵俊超、孙慧峰等著，中国发展出版社，2005年11月。

农民的择偶形态：对西北赵村的实证研究 孙淑敏著，社会科学文献出版社，2005年11月。

中国农村社会转型论 申炎平著，河南大学出版社，2005年12月。

中国农村劳动力的转移与就业 陈晓华、张红宇主编，中国农业出版社，2005年12月。

建设社会主义新农村论纲 董忠堂主编，人民日报出版社，2005年12月。

中国农民工生存纪实 蔡建文著，当代中国出版社，2006年1月。

乡土先知 张冠生著，北京大学出版社，2006年1月。

私人生活的变革：一个中国村庄里的爱情、家庭与亲密关系（1949~1999） 阎云翔著，上海书店出版社，2006年1月。

农转工：失地农民的劳动与生活 张汝立著，社会科学文献出版社，2006年1月。

中国农村青年人力资源发展报告（2005） 窦鹏辉著，社会科学文献出版社，2006年2月。

生存与发展：中国农民发展的社会时空分析 严新明著，社会科学文献出版社，2006年2月。

现代公共规则与乡村社会 张静著，上海书店出版社，2006年3月。

中国社会主义新农村建设研究 瞿振元、李小云、王秀清编，社会科学文献出版社，2006年3月。

中国农村公共领域的生长：政治社会学视野里的村民自治诸问题 毛丹、任强著，中国社会科学出版社，2006年3月。

制度变迁与农业私营企业成长 成新华著，社会科学文献出版社，2006年3月。

乡村中国评论 吴毅主编，广西师范大学出版社，2006年3月。

当代中国农村社会经济变迁研究 王玉贵、娄胜华著，群言出版社，2006年3月。

云南三村 费孝通、张之毅著，社会科学文献出版社，2006年4月。

城市化中的石牌村 郑孟煊等主编，社会科学文献出版社，2006年4月。

中国农村税费制度的演变和改革 周批改著，中国经济出版社，2006年5月。

大国卫生之论：农村卫生枢纽与农民的选择 王红漫著，北京大学出版社，2006年5月。

西部经验：对西部农村的调查与思索 黄平等著，社会科学文献出版社，2006年6月。

走进乡土中国（上、下） 邢锋主编，人民出版社，2006年7月。

中国乡村研究（第四辑） 黄宗智主编,社会科学文献出版社，2006年7月。

农村社会学 吕世辰著，社会科学文献出版社，2006年7月。

农村基层民主的政治文化分析：苏南模式 于毓蓝著，社会科学文献出版社，2006年7月。

建设社会主义新农村与加强党的基层组织建设 张耀光、毛七星主编，社会科学文献出版社，2006年7月。

凤凰村的变迁：《华南的乡村生活》追踪研究 周大鸣著，社会科学文献出版社，2006 年 7 月。

中国农村的历史变迁 国风著，经济科学出版社，2006 年 8 月。

乡村建设理论 梁漱溟著，上海人民出版社，2006 年 8 月。

乡村变迁与农民记忆：山东老区莒南县土地改革研究（1941 ~ 1951） 张学强著，社会科学文献出版社，2006 年 8 月。

塘村纠纷：一个南方村落的土地、宗族与社会 杨方泉著，中国社会科学出版社，2006 年 8 月。

融入草原的村落 苏浩主编，社会科学文献出版社，2006 年 8 月。

中国新农村建设报告（2006） 李佐军主编，社会科学文献出版社，2006 年 9 月。

消灭赤贫：新农村建设的紧迫任务 李琨著，人民出版社，2006 年 9 月。

传统农业县的变迁（永昌卷） 魏胜文、穆纪光、李树基主编，社会科学文献出版社，2006 年 10 月。

城市社会学

城市社会学：理论与视野 蔡禾主编，中山大学出版社，2003 年 1 月。

制度视野中的企业文化 阎世平著，中国时代经济出版社，2003 年 5 月。

城市·空间·人际：中外城市社会发展比较研究 张鸿雁主编，东南大学出版社，2003 年 5 月。

城市社会学（高等学校城市规划专业系列教材） 顾朝林编著，东南大学出版社，2003 年 7 月。

问题与障碍：中国走向全面小康的社会政策思考 唐钧著，宁波出版社，2003 年 8 月。

中国城市基层管理体制创新：以武汉市江汉区社区建设实验为例 尹维真著，中国社会科学出版社，2003 年 12 月。

生态城市：建设与自然平衡的人居环境 〔美〕理查德·瑞吉斯特著，社会科学文献出版社，2003 年 12 月。

城市社会学新论：城市人与区位的结合互动 潘允康主编，天津人民出版社，2004 年 2 月。

城市人的理性化与现代化：一项关于城市人行为与观念变迁的实证比较研究 闵学勤著，南京大学出版社，2004 年 5 月。

城市的适应：迁移者的就业与创业 张继焦著，商务印书馆，2004 年 5 月。

中国社会转型时期的社会排挤：以国企下岗女工为视角 石彤著，北京大学出版社，2004 年 6 月。

全球化与浦东社会变迁 范伟达主编，社会科学文献出版社，2004 年 7 月。

近代中国城市发展与社会变迁（1840 ~ 1949 年） 何一民主编，科学出版社，2004 年 8 月。

制度变迁的实践逻辑：改革以来中国城市化进程研究 李友梅等著，广西师范大学出版社，2004 年 10 月。

社会学家：论城市问题与城市发展 潘允康、张宝义主编，天津社会科学院出版社，2005 年 1 月。

移民和城市 〔日〕广田康生著，马铭译，商务出版社，2005 年 3 月。

选择：国企变革与工人生存行动 刘爱玉著，社会科学文献出版社，2005 年 4 月。

文明与文明城市：《全国文明城市测评体系》研究 许德明、朱匡宇主编，上海人民出版社，2005 年 4 月。

城市文化战略与高品位文化城市（2005 年深圳文化蓝皮书） 彭立勋、乌兰察夫主编，中国社会科学出版社，2005 年 4 月。

城市社会学（法国大学 128 丛书） 〔法〕格拉夫梅耶尔著，徐伟民译，天津人民出版社，2005 年 5月。

转型期中国城市贫困的社会空间 刘玉亭著，科学出版社，2005 年 6 月。

现代性与生活世界的变迁：20 世纪二三十年代中国城市居民日常生活的社会学研究 陆汉文著，社会科学文献出版社，2005 年 6 月。

美国城市郊区化研究 孙群郎著，商务印书馆，2005 年 7 月。

北京城区角落调查 No. 1 北京市社科院“北京城市角落调查”课题组编，社会科学文献出版社，2005 年 7 月。

中国城镇居民家庭经济结构分析 程兰芳著，中国经济出版社，2005 年 9 月。

近代城市发展与城市综合竞争力 张忠民主编，上海社会科学院出版社，2005 年 10 月。

城市新贫困问题研究 王来华著，中国文史出版社，2005 年 10 月。

解读营口模式 曹晓峰、张铁民、于锡顺著，社会科学文献出版社，2005 年 12 月。

现代意识与都市发展：社会学的视角 罗国振、文军主编，华东师范大学出版社，2006 年 1 月。

建设无农村的城市社会 王连喜等著，海天出版社，2006 年 1 月。

城市化：制度创新与道路选择 刘平量、曾赛丰著，湖南人民出版社，2006 年 1 月。

企业与居民关系研究 黄如良著，中国发展出版社，2006 年 3 月。

现代意识与城市研究 中共上海市委宣传部编，上海人民出版社，2006 年 5 月。

和谐社会与城市现代化研究丛书（共 4 册） 叶南客等著，东南大学出版社，2006 年 10 月。

组织与社区研究

社区：整合与发展 冯钢、史及伟主编，中央文献出版社，2003 年 1 月。

居委会与社区治理：城市社区居民委员会组织研究 王邦佐主编，上海人民出版社，2003 年 3 月。

都市社会的微观再造：中外城市社区比较新论 叶南客著，东南大学出版社，2003 年 4 月。

法治与自治：社区建设组织体制研究 徐永祥、张显主编，中国社会出版社，2003 年 6 月。

社区政治论：人们身边悄悄进行的社会变革 王振海主编，山西人民出版社，2003 年 7 月。

生活家园与社会共同体：“康乐工程”与上海社区实践模式个案研究 徐中振、李友梅著，上海大学出版社，2003 年 12 月。

社区自治：自组织网络与制度设置 陈伟东著，中国社会科学出版社，2004 年 1 月。

中国基层社会重构：社区治理研究 潘小娟著，中国法制出版社，2004 年 1 月。

社区社会学（世界社区理论与实务经典丛书） 徐琦等编著，中国社会出版社，2004 年 1 月。

老年人社区照顾的跨国比较 〔英〕苏珊·特斯特著，周向红、张小明译，中国社会出版社，2004 年 1 月。

发达国家与地区社区发展经验 侯钧生、陈钟林编著，机械工业出版社，2004 年 1 月。

转型时期的行业协会：角色、功能与管理体制 贾西津等著，社会科学文献出版社，2004 年 2 月。

学习型组织建设与评估 王燕文著，社会科学文献出版社，2004 年 5 月。

西北回族社区现代化实践的新探索 束锡红、刘天明、刘光宁著，商务印书馆，2004 年 6 月。

中国单位社会：议论、思考与研究 李汉林著，上海人民出版社，2004 年 7 月。

社会网络与生存状态：农村老年人社会支持网络研究 贺寨平著，中国社会科学出版社，2004 年 7 月。

中国社区建设模式研究 王青山、刘继同编著，中国社会科学出版社，2004 年 8 月。

中国农村微观经济组织变迁研究：1949～1985 以湖北省为中心的个案分析 梅德平著，中国社会科学出版社，2004 年 10 月。

中国城市社区居民自治 邓泉国著，辽宁人民出版社，2004 年 12 月。

社区自治与政府职能转变 于燕燕著，中国社会出版社，2005 年 1 月。

中国农民组织建设 海南改革发展研究院编，中国经济出版社，2005 年 1 月。

中国单位组织变迁过程中的失范效应 李汉林、渠敬东著，上海人民出版社，2005 年 1 月。

社会资本：关于社会结构与行动的理论 〔美〕林南著，张磊译，上海人民出版社，2005 年 2 月。

社会网分析讲义 罗家德著，社会科学文献出版社，2005 年 4 月。

环境治理：以社区为基础 陶传进著，社会科学文献出版社，2005 年 5 月。

社会资本：一个多角度的观点 帕萨·达斯古普特等主编，张慧东等译，中国人民大学出版社，2005 年 5 月。

转轨时期中国家族企业组织演进研究 周立新著，经济管理出版社，2005 年 6 月。

美国市民社会研究 朱世达、姬虹主编，中国社会科学出版社，2005 年 7 月。

国家、市民社会与法治 马长山著，商务印书馆，2005 年 8 月。

“单位社会”的终结：东北老工业基地“典型单位制”背景下的社区建设 田毅鹏、漆思著，社会科学文献出版社，2005 年 10 月。

社会资本与社会和谐 卜长莉著，社会科学文献出版社，2005 年 10 月。

中国人口老龄化与区域产业结构调整研究 杨中新著，社会科学文献出版社，2005 年 11 月。

社区情感与社区建设 单菁菁著，社会科学文献出版社，2005 年 11 月。

社会资本技术扩散和可持续发展 李志青著，复旦大学出版社，2005 年 11 月。

中加社区治理模式比较研究：以上海和温哥华为例 马西恒、〔加〕鲍勃·谢比伯著，上海人民出版社，2005 年 12 月。

新社区与新城市：住宅小区的消逝与新社区的崛起 杨德昭著，中国电力出版社，2006 年 1 月。

城市社会建设新杠杆：社区民间组织研究 白友涛著，东南大学出版社，2006 年 1 月。

社区建设：理念、实践与模式比较 黎熙元等著，商务印书馆，2006 年 1 月。

法村社会支持网络：一个整体研究的视角 刘军著，社会科学文献出版社，2006 年 1 月。

未来的社区（德鲁克纪念版） 〔美〕德鲁克基金会主编，中国人民大学出版社，2006 年 1 月。

组织的外部控制：对组织资源依赖的分析 〔美〕杰弗里·费佛、杰勒尔德·R. 萨兰基克著，东方出版社，2006 年 3 月。

正规组织：一种比较方法 彼得·M. 布劳、W. 理查德·斯科特著，东方出版社，2006 年 3 月。

新型农民专业合作经济组织发展研究 孙亚范著，社会科学文献出版社，2006 年 3 月。

社区社会工作：中外视野中的交流 殷妙仲、高鉴国主编，中国社会科学出版社，2006 年 3 月。

社区概论（21 世纪社会学系列教材） 于显洋编，中国人民大学出版社，2006 年 4 月。

社区的历程：社会性别与社区发展的本土经验 江波著，甘肃人民出版社，2006 年 5 月。

透视“盐田模式”：社区从管理到治理体制 侯伊莎主编，重庆出版社，2006 年 6 月。

组织变迁的社会过程：以社会团结为视角 李汉林、渠敬东、夏传玲、陈华珊著，东方出版中心，2006 年 6 月。

城市社区政治发展 王剑敏著，社会科学文献出版社，2006 年 7 月。

现代城市社区治理结构研究 张宝锋著，中国社会出版社，2006 年 9 月。

居民委员会的创建与变革：上海市个案研究 郭圣莉著，中国社会出版社，2006 年 9 月。

城市社区民间组织研究 徐祖荣著，杭州出版社，2006 年 10 月。

从冲突到秩序：和谐社区建设中的业主委员会 杨波著，中国社会出版社，2006 年 12 月。

监控社会与个人隐私：关于监控边界的研究 王俊秀著，天津人民出版社，2006 年 12 月。

性别与家庭研究

两性的冲突 〔法〕傅蕾丝著，邓丽丹译，天津人民出版社，2003 年 1 月。

不规则婚姻：积极应对婚姻中的 15 种危机 〔美〕查普曼著，葛红译，九州出版社，2003 年 1 月。

女性主义与后现代国际关系 〔美〕丝维斯特著，浙江人民出版社，2003 年 2 月。

西方性学名著提要 李银河主编，余潇桃译，江西人民出版社，2003 年 3 月。

全国大学生性健康状况调查报告 高德伟主编，广东人民出版社，2003 年 3 月。

我国养老方式研究 陈功著，北京大学出版社，2003 年 6 月。

女性权力的崛起 李银河著，文化艺术出版社，2003 年 7 月。

性文化研究报告 李银河著，江苏人民出版社，2003 年 8 月。

世纪之交的中国妇女社会地位 蒋永萍主编，当代中国出版社，2003 年 8 月。

中外女企业家发展问题研究 关培兰编著，武汉大学出版社，2003 年 11 月。

战略机遇期妇女发展与妇女工作 柏志英主编，南京大学出版社，2003 年 12 月。

社区就业与社区福利：劣势妇女需要观念与生活状况 刘继同著，社会科学文献出版社，2003 年 12 月。

北京青年发展报告：北京青年指数 2003 年版 关成华、汪明浩、沈杰主编，人民出版社，2003 年 12 月。

全球视角：妇女、家庭与公共政策 〔美〕周颜玲、C. W. 伯海德主编，王金玲等译，社会科学文献出版社，2004 年 1 月。

女性主义 李银河著，五南图书出版股份有限公司，2004 年 1 月。

关于性别的追问 王周生著，学林出版社，2004 年 1 月。

独生子女：欢乐与挑战 〔美〕苏珊·纽曼著，贾明译，文汇出版社，2004 年 1 月。

当代中国的单位变革与家庭变迁 陈午晴著，河北大学出版社，2004 年 1 月。

当代中国人的性行为与性关系 潘绥铭等著，社会科学文献出版社，2004 年 2 月。

妇女社会参与与社会发展 陈映芳、赵晔琴、魏莉莉著，上海古籍出版社，2004 年 3 月。

妇女权益保障与妇女发展 王菊芬著，上海古籍出版社，2004 年 3 月。

家庭史研究的新视野 张国刚主编，三联书店，2004 年 4 月。

越界：跨文化女权实践（妇女与社会性别学书系） 王政著，天津人民出版社，2004 年 5 月。

性契约 〔美〕卡罗尔·帕特曼著，李朝晖译，社会科学文献出版社，2004 年 5 月。

性爱十年：全国大学生性行为的追踪调查 潘绥铭、杨蕊著，社会科学文献出版社，2004 年 5 月。

神圣的欢爱：性、神话与女性肉体的政治学 〔美〕理安·艾斯勒著，黄觉、黄棣光译，社会科学文献出版社，2004 年 5 月。

社会性别（第 2 辑） 杜芳琴、王政主编，天津人民出版社，2004 年 5 月。

穷人与富人：中国城市家庭贫富分化调查 李银河、王震宇、唐灿、马春华著，华东师范大学出版社，2004 年 6 月。

社会变革与代际关系研究 王树新主编，首都经济贸易大学出版社，2004 年 6 月。

转型社会中的中国妇女 中国社会科学院妇女研究中心编著，中国社会科学出版社，2004 年 6 月。

中国历史中的妇女与性别 杜芳琴、王政主编，天津人民出版社，2004 年 6 月。

从尿布到约会：美国家庭性教育"圣经"（尿布卷） 〔美〕黛不拉·哈夫纳著，王震宇译，接力出版社，2004 年 6 月。

中国城市家庭夫妻权力研究 郑丹丹著，华中科技大学出版社，2004 年 7 月。

男性批判 荒林主编，广西师范大学出版社，2004 年 7 月。

国际妇女运动与妇女发展 费涓洪著，上海古籍出版社，2004 年 7 月。

妇女人力资源开发与妇女发展 胡近、蒋超英著，上海古籍出版社，2004 年 7 月。

中国女性职业生涯发展研究 吴贵明著，中国社会科学出版社，2004 年 8 月。

女性主义哲学与公共政策 邱仁宗主编，中国社会科学出版社，2004 年 8 月。

女性学 骆晓戈主编，湖南大学出版社，2004 年 8 月。

马克思主义妇女观与妇女发展 吴铎著，上海古籍出版社，2004 年 8 月。

语言与社会性别导论 〔英〕玛丽·塔尔博特著，艾晓明等译，华中师范大学出版社，2004 年9月。

中国：与女性主义亲密接触 魏开琼选编，九州出版社，2004年10月。

性与性别 〔英〕约翰·阿却尔、芭芭拉·洛依德著，简皓瑜译，巨流图书公司，2004年10月。

转型期中国的性与性别 方刚著，香港大道出版社，2005年1月。

中国妇女与农村发展：云南禄村六十年的变迁 〔美〕宝森著，胡玉坤译，江苏人民出版社，2005年1月。

性的沟通：当今中国的实况研究 潘绥铭主编，香港大道出版社，2005年1月。

小姐：劳动的权力——中国东南沿海与东北城市的对照考察 潘绥铭主编，香港大道出版社，2005年1月。

现代英国社会中的妇女形象 王萍著，江苏人民出版社，2005年1月。

拉康与后女性主义 〔英〕伊丽莎白·赖特著，王文华译，北京大学出版社，2005年2月。

性别支配是一种装置 〔日〕江原由美子著，丁莉译，商务印书馆，2005年3月。

社会转型与都市知识女性：来自上海高校的研究报告 裔昭印主编，中国社会科学出版社，2005年3月。

民国时期社会调查丛编·婚姻家庭卷 李文海主编，福建教育出版社，2005年3月。

家庭社会工作 张文霞、朱冬亮著，社会科学文献出版社，2005年4月。

家庭论 〔美〕加里·斯坦利·贝克尔著，王献生、王宇译，商务印书馆，2005年4月。

妇女与社会（台湾学者中国史研究论丛） 李贞德、梁其姿主编，中国大百科全书出版社，2005年4月。

被建构的女性：当代社会性别理论 沈奕斐著，上海人民出版社，2005年4月。

两性关系 李银河著，华东师范大学出版社，2005年5月。

教育与女性：近代中国女子教育与知识女性觉醒 乔素玲著，天津古籍出版社，2005年5月。

女性社会学 王金玲主编，高等教育出版社，2005年5月。

19世纪英国现代化与女性 潘迎华著，浙江人民出版社，2005年6月。

社会性别研究导论：两性不平等的社会机制分析 佟新著，北京大学出版社，2005年7月。

中国女性主义 荒林主编，广西师范大学出版社，2005年7月。

社会性别研究导论：两性不平等的社会机制分析 佟新著，北京大学出版社，2005年7月。

近代家庭的形成和终结 吴咏梅著，商务印书馆，2005年7月。

婚姻仪礼变迁与社会网络重建 吉国秀著，中国社会科学出版社，2005年7月。

从传统到启蒙：中国传统家庭伦理的近代嬗变 刘海鸥著，中国社会科学出版社，2005年7月。

百年中国女权思潮研究 王政、陈雁主编，复旦大学出版社，2005年7月。

20世纪美国妇女研究 王恩铭著，上海外语教育出版社，2005年7月。

中国妇女研究十年（1995～2005）：回应《北京行动纲领》 谭琳、刘伯红主编，社会科学文献出版社，2005年8月。

性经验史（增订版） 〔法〕米歇尔·福柯著，上海人民出版社，2005年9月。

后现代女权理论与女性发展 张广利、杨明光著，天津人民出版社，2005年9月。

关注留守儿童：中国中西部农村地区劳动力外出务工对留守儿童的影响 叶敬忠、〔美〕詹姆斯·莫瑞著，社会科学文献出版社，2005年9月。

性别化的人生：传播、性别与文化（第六版） 〔美〕朱丽亚·T. 伍德著，徐俊、尚文鹏译，暨南大学出版社，2005年10月。

社会文化变迁中的性别研究 徐安琪主编，上海社会科学院出版社，2005年10月。

家庭寄养：动机与绩效——对“北京模式”的深度分析 吴鲁平、韩小雷、高鑫著，社会科学文献出版社，2005年10月。

二分明月：当代扬州女性 陆伟芳、杨慧、余大庆等著，社会科学文献出版社，2005年12月。

儿童权利论：一个初步的比较研究 王雪梅著，社会科学文献出版社，2005 年 12 月。

女人：跨文化对话 李小江等著，江苏人民出版社，2006 年 1 月。

中国女性创业致富调查 柯琳娟、刘蕾编著，经济科学出版社，2006 年 2 月。

李银河说性 李银河著，北方文艺出版社，2006 年 2 月。

1995 ~ 2005 年：中国性别平等与妇女发展报告 谭琳编，社会科学文献出版社，2006 年 2 月。

中国妇女发展报告（NO. 1） 王金玲编，社会科学文献出版社，2006 年 3 月。

社会性别视野下的法律：女性与法律 肖巧平著，中国传媒大学出版社，2006 年 3 月。

关注侨乡妇女儿童：江门市妇女儿童研究成果汇编 寸迎新主编，社会科学文献出版社，2006 年 4 月。

都市里的农家女：性别、流动与社会变迁 〔澳大利亚〕杰华著，吴小英译，江苏人民出版社，2006 年 4 月。

从禁忌到解放：20 世纪西方性观念的演变 张红著，重庆出版社，2006 年 4 月。

角色期望的错位：婚姻冲突与两性关系 张李玺著，中国社会科学出版社，2006 年 5 月。

当代中国农村的招赘婚姻 李树茁、靳小怡等著，社会科学文献出版社，2006 年 5 月。

中国继承制度史（中华文化专题史系列） 程维荣著，东方出版中心，2006 年 6 月。

西方后学语境中的女权主义 苏红军、柏棣主编，广西师范大学出版社，2006 年 6 月。

华人妇女家庭地位：台湾、天津、上海、香港之比较 伊庆春、陈玉华主编，社会科学文献出版社，2006 年 6 月。

社会变革与婚姻家庭变动：20 世纪 30 ~ 90 年代的冀南农村 王跃生著，生活·读书·新知三联书店，2006 年 7 月。

儿童福利社会化重构："昆明模式" 王彦斌、赵锦云主编，社会科学文献出版社，2006 年 7 月。

独生父母：中国第一代独生父母调查 陈建强、陆林森著，上海辞书出版社，2006 年 7 月。

比较家庭法 于静著，人民出版社，2006 年 7 月。

和谐家庭建设读本 赵士辉、董维玲主编，天津人民出版社，2006 年 8 月。

2006 年：中国女性生活状况报告 韩湘景主编，社会科学文献出版社，2006 年 8 月。

当代中国婚姻形成及其变化 宋时歌著，新星出版社，2006 年 9 月。

和平之侣：人类社会性别冲突与婚恋和谐 张红编著，南京出版社，2006 年 10 月。

新型城市移民：2003 年深圳流动人口恋爱婚姻家庭状况调查 迟书君著，社会科学文献出版社，2006 年 12 月。

生活方式与消费

城市休闲：上海、天津、哈尔滨城市居民时间分配的考察 王雅林主编，社会科学文献出版，2003 年 2 月。

救赎与消费：当代中国日常生活中的消费主义 陈昕著，江苏人民出版社，2003 年 10 月。

中国生活质量：现状与评价 周长城著，社会科学文献出版社，2003 年 12 月。

全面小康：生活质量与测量——国际视野下的生活质量指标 周长城等著，社会科学文献出版社，2003 年 12 月。

基础休闲学 李仲广、卢昌崇著，社会科学文献出版社，2004 年 6 月。

中国公众休闲状况调查 张景安、马惠娣著，中国经济出版社，2004 年 10 月。

迈向和谐：当代中国人生活方式的反思与重构 黄平、莫少群主编，天津科学技术出版社，2004 年 12 月。

中国消费者行为报告 卢泰宏等著，中国社会科学出版社，2005 年 2 月。

农民闲暇 田翠琴、齐心著，社会科学文献出版社，2005 年 2 月。

中国生活质量报告 王建成、戴步效著，文汇出版社，2005年5月。

中国就业变动与消费需求研究 刘社建著，中国社会科学出版社，2005年8月。

经济转轨、不确定性与城镇居民消费行为 罗梦亮著，社会科学文献出版社，2006年1月。

中国都市消费革命 戴慧思主编，黄菡、朱强等译，社会科学文献出版社，2006年4月。

社会转型与消费革命：中国城市消费观念的变迁（社会学论丛） 郑红娥著，北京大学出版社，2006年5月。

现代生活方式前沿报告 方心清、王毅杰著，社会科学文献出版社，2006年6月。

社会时间研究 汪天文著，中国社会科学出版社，2006年7月。

社会问题

艾滋病时代的性生活 潘绥铭主编，南方日报出版社，2004年1月。

上海妓女：19～20世纪中国的卖淫与性 〔法〕安克强著，袁燮铭、夏俊霞译，上海古籍出版社，2004年7月。

艾滋病在中国：法律评估与事实分析 李楯著，社会科学文献出版社，2004年8月。

失乐园的呐喊：中国艾滋病感染者与病人的需求现况调查 武俊青著，社会科学文献出版社，2004年10月。

邪教的秘密：当代中国邪教聚合机制研究 吴东升著，社会科学文献出版社，2005年3月。

社会问题概论 朱力等著，社会科学文献出版社，2005年3月。

社会学视野中的恐怖主义 范明强著，解放军出版社，2005年6月。

中国社会问题研究引论 王尚银主编，浙江大学出版社，2005年8月。

野蛮的上帝：自杀的人文研究 艾尔·艾佛瑞兹（AI Alvarez）著，王庆苹、华宇译，心灵工坊文化事业股份有限公司，2005年12月。

公共管理视域中的发展与贫困免除 薛宝生著，中国经济出版社，2006年1月。

社会治安综合治理论 刘惠恕主编，上海社会科学院出版社，2006年3月。

2005年：中国的环境危局与突围 梁从诫编，社会科学文献出版社，2006年3月。

艾滋病预防政策与伦理 王延光著，社会科学文献出版社，2006年4月。

青年失业与社会排斥风险 曾群著，学林出版社，2006年5月。

艾滋病危险行为扩散的社会学研究 杨廷忠、李鲁、王伟著，中国社会科学出版社，2006年5月。

变迁之痛：转型期的社会失范研究 朱力著，社会科学文献出版社，2006年7月。

困惑与超越：西方文化与中国经济转型期的青少年问题研究 董娅、邓力著，人民出版社，2006年8月。

国家风险：分析·评估·监控 李福胜著，社会科学文献出版社，2006年9月。

大麻的疯狂：美国黑市中的性毒品以及廉价劳工 〔美〕艾里克·施洛瑟著，王青山译，社会科学文献出版社，2006年9月。

公共危机心理：SARS个案 景怀斌主编，社会科学文献出版社，2006年12月。

社会政策与社会工作

中国城市贫困与反贫困报告 唐钧等著，华夏出版社，2003年1月。

社会保障法 〔英〕伊斯特著，周长征等译，中国劳动社会保障出版社，2003年1月。

转型期的中国社会工作 王思斌主编，华东理工大学出版社，2003年3月。

上海与香港社会政策比较研究 桂世勋、黄黎若莲主编，华东师范大学出版社，2003年4月。

中国弱势群体研究 张敏杰著，长春出版社，2003 年 8 月。

透视 SARS：健康与发展 胡鞍钢主编，清华大学出版社，2003 年 8 月。

儿童社会工作 陆士桢、任伟、常晶晶编著，社会科学文献出版社，2003 年 9 月。

中德劳动与社会保障法：比较法文集 中国劳动与社会保障部、德国技术合作公司编著，中信出版社，2003 年 10 月。

社团的管理与能力建设 王思斌主编，中国社会出版社，2003 年 10 月。

当代社会保障制度研究丛书 〔法〕卡特琳著，郑秉文译，法律出版社，2003 年 11 月。

资本主义社会的福利国家 ［加］R. 米什拉著，郑秉文译，法律出版社，2003 年 11 月。

公益项目评估：以"幸福工程"为案例 邓国胜著，社会科学文献出版社，2003 年 11 月。

福利资本主义的三个世界 ［丹麦］安德森著，郑秉文译，法律出版社，2003 年 11 月。

当今世界的社会福利 〔美〕威廉姆著，解俊杰译，法律出版社，2003 年 11 月。

公司与社会公益Ⅱ 杨团、葛道顺主编，社会科学文献出版社，2003 年 12 月。

个案社会工作（社会工作与管理丛书） 张雄编著，华东理工大学出版社，2003 年 12 月。

中国社会工作研究（第二辑） 王思斌主编，社会科学文献出版社，2004 年 1 月。

走向社工：专业社会工作实录 何明宝等编，上海人民出版社，2004 年 1 月。

瘟疫下的社会拯救：中国近世重大疫情与社会反应研究 余新忠等著，中国书店，2004 年 1 月。

社会工作宏观实务（世界社区理论与实务经典丛书） 〔美〕内廷·凯特纳·麦克默特里著，刘继同等译，中国社会出版社，2004 年 1 月。

本土中国社会工作的研究、实践与反思 古学斌、阮曾媛琪主编，社会科学文献出版社，2004 年 1 月。

中国公共政策分析（2004 年） 中国社会科学院公共政策研究中心、香港城市大学亚洲管治研究中心编，中国社会科学出版社，2004 年 2 月。

中国的劳动与社会保障问题 王廷中著，经济管理出版社，2004 年 2 月。

社会公正理论与政策 景天魁等著，社会科学文献出版社，2004 年 3 月。

中国社会保障的改革探索 林毓铭著，江西人民出版社，2004 年 4 月。

转型中国：审视社会公正和平等 姚洋主编，中国人民大学出版社，2004 年 5 月。

社会工作研究方法（社会工作名著译丛） 〔美〕Yegidis，B. L.，Weinbach，R. W. 著；黄晨熹、唐咏译，华东理工大学出版社，2004 年 6 月。

城市贫困与社会救助研究（社会学论丛） 李彦昌主编，北京大学出版社，2004 年 6 月。

现代社会保障概论 吴鹏森著，上海人民出版社，2004 年 7 月。

社会保障体制改革 丁开杰主编，社会科学文献出版社，2004 年 7 月。

中国农村改革重大政策问题调研报告 段应碧、宋洪远主编，中国财政经济出版社，2004 年 7 月。

非协调约束与组织运作 田凯著，商务印书馆，2004 年 7 月。

地球村的社会保障：全球化和社会保障面临的挑战 罗兰德·斯哥等编，华迎放等译，中国劳动社会保障出版社，2004 年 8 月。

社会政策概论 关信平主编，南开大学出版社，2004 年 8 月。

社会保障学导引（大学人文社科丛书） 耿忠平编著，同济大学出版社，2004 年 9 月。

社会保障概论（第二版）(干部培训教材) 何平著，中国劳动社会保障出版社，2004 年 9 月。

农村义务教育：税费改革下的政策执行 张强等著，中国社会科学出版社，2004 年 10 月。

中国社会养老保障：困境与抉择 叶响裙著，社会科学文献出版社，2004 年 11 月。

转型时期中国社会救助 洪大用著，辽宁教育出版社，2004 年 12 月。

中国社会保障发展报告（2001～2004 No. 2） 陈佳贵、王延中主编，社会科学文献出版社，2004

年 12 月。

中国城市青少年弱势群体现状与社会保护政策 陆士桢主编，社会科学文献出版社，2004 年 12 月。

社会福利国家面临的挑战 〔德〕费兰茨-克萨韦尔·考夫曼著，王学东译，商务印书馆，2004 年 12 月。

社会保障：理论、工具、制度、操作（经济学与管理学教程系列） 王元月、游桂云、李然编著，企业管理出版社，2004 年 12 月。

公共政策分析 徐凌、张继编著，湖南人民出版社，2004 年 12 月。

社会保障体制改革攻坚 郑秉文等著，中国水利水电出版社，2005 年 1 月。

理解社会政策 〔英〕迈克尔·希尔著，刘升华译，商务印书馆，2005 年 1 月。

21 世纪可持续发展的养老金制度 罗伯特·霍尔茨曼等编，胡劲松等译，中国劳动社会保障出版社，2005 年 1 月。

中国社会工作研究（第三辑） 王思斌主编，社会科学文献出版社，2005 年 2 月。

社会工作行政：动态管理与人际关系（第三版） 〔美〕雷克斯·A. 斯基德莫尔著，张曙等译，中国人民大学出版社，2005 年 2 月。

践行社会正义：社会工作价值与伦理研究 罗肖泉著，社会科学文献出版社，2005 年 2 月。

中国深圳义务工作发展报告 谭建光主编，广东人民出版社，2005 年 3 月。

社会工作实务：应用与提高（第七版） 〔美〕查尔斯·H. 扎斯特罗著，晏凤鸣译，中国人民大学出版社，2005 年 3 月。

工殇者：农民工职业安全与健康权益论集 李真主编，社会科学文献出版社，2005 年 3 月。

七国社会保障制度研究：兼论我国社会保障制度建设 张桂琳等著，中国政法大学出版社，2005 年 4 月。

欧盟社会政策与欧洲一体化 田德文著，社会科学文献出版社，2005 年 4 月。

中国农村养老的经济分析 吴晓东著，西南财经大学出版社，2005 年 5 月。

社会保障概论 郑功成主编，复旦大学出版社，2005 年 5 月。

老年社会保障制度：历史与变革 姜向群著，中国人民大学出版社，2005 年 5 月。

英国社会养老制度改革研究 胡云超著，法律出版社，2005 年 6 月。

社会保障教程 王文素主编，经济科学出版社，2005 年 6 月。

青少年社会工作 陆士桢、王玥著，社会科学文献出版社，2005 年 6 月。

当代中国社会保障 杨宜勇、吕学静著，中国劳动社会保障出版社，2005 年 6 月。

2005 年：中国就业报告——统筹城乡就业 游钧主编，中国劳动社会保障出版社，2005 年 6 月。

中国转型经济时期的公共政策 张志超等著，中国财政经济出版社，2005 年 7 月。

中国社会保障制度研究 孙祁祥、郑伟等著，中国金融出版社，2005 年 7 月。

现代社会保障概论 吕学静主编，首都经济贸易大学出版社，2005 年 8 月。

社会保障的市场跨越 万明国著，社会科学文献出版社，2005 年 8 月。

城市边缘人：进城农民工家庭及其子女问题研究 史柏年等著，社会科学文献出版社，2005 年 8 月。

NGO 市场营销、筹募与问责：理论与操作 萧美娟、林国才、庄玉惜著，社会科学文献出版社，2005 年 8 月。

资产与穷人：一项新的美国福利政策 〔美〕迈克尔·谢若登著，高鉴国译，商务印书馆，2005 年 9 月。

中国农民工劳动权利保护研究 蒋月著，法律出版社，2005 年 9 月。

中国农村土地制度变迁和创新研究（续） 钱忠好著，社会科学文献出版社，2005 年 9 月。

新公共政策：民主制度下的公共政策 〔美〕英格兰姆编著，钟振明、朱涛译，上海交通大学出版社，2005年9月。

社会福利思想（社会工作丛书） 张士昌、朱皓主编，合肥工业大学出版社，2005年9月。

社会保障研究 郭士征著，上海财经大学出版社，2005年9月。

人口转变、社会保障与经济发展 封进著，上海人民出版社，2005年9月。

个案工作（社会工作丛书） 李卫华、张金俊主编，合肥工业大学出版社，2005年9月。

中国扶贫政策：趋势与挑战 王国良著，社会科学文献出版社，2005年10月。

中国儿童政策概论 陆士桢、魏兆鹏、胡伟著，社会科学文献出版社，2005年10月。

收入分配与公共政策：2005中国改革与发展报告 中国经济改革研究基金会、中国经济体制改革研究会联合专家组编，上海远东出版社，2005年10月。

社会工作与社会福利导论（第七版）（社会工作经典译丛） 〔美〕查尔斯·H. 扎斯特罗著，孙唐水等译，中国人民大学出版社，2005年10月。

社会工作评估：原理与方法 〔美〕金斯伯格著，黄晨熹译，华东理工大学出版社，2005年10月。

贫困的传递与遏制：城市低保家庭第二代问题研究 孙莹著，社会科学文献出版社，2005年10月。

20世纪的公共支出：全球视野 〔美〕维托·坦齐等著，胡家勇译，商务印书馆，2005年11月。

社会资本与就业研究 姜继红著，社会科学文献出版社，2005年12月。

农村老年保障体系的理论与实践 刘书鹤、刘广新著，中国社会科学出版社，2005年12月。

公平述求与贫困治理：中国城市贫困大学生群体现状与社会救助政策 吴庆著，社会科学文献出版社，2005年12月。

当代中国农村公共政策研究 刘伯龙、竺乾威、程惕洁等著，复旦大学出版社，2005年12月。

诊断与处方：直面中国医疗体制改革 顾昕等著，社会科学文献出版社，2006年1月。

农转工：失地农民的劳动与生活 张汝立著，社会科学文献出版社，2006年1月。

社会救助与社会福利 钟仁耀著，上海财经大学出版社，2006年2月。

社会工作实务手册 朱眉华、文军编，社会科学文献出版社，2006年2月。

社会保障法 〔英〕内维尔·哈里斯等著，李西霞、李凌译，北京大学出版社，2006年2月。

城市老年服务体系研究 彭希哲等编著，上海人民出版社，2006年2月。

社会工作导论 万仁德主编，华中科技大学出版社，2006年2月。

外国养老保障制度 于洪著，上海财经大学出版社，2006年3月。

谁搬迁了？——自愿性移民扶贫项目的社会、经济和政策分析 林志斌著，社会科学文献出版社，2006年3月。

社会保障导论 洪进编著，中国科学技术大学出版社，2006年3月。

社会保障管理体制 林毓铭著，社会科学文献出版社，2006年4月。

劳动工资与社会保障：广东最低工资调研的统计测算模型研究 韩兆洲等著，经济科学出版社，2006年4月。

中国农村税费制度的演变和改革 周批改著，中国经济出版社，2006年5月。

大国卫生之论：农村卫生枢纽与农民的选择 王红漫著，北京大学出版社，2006年5月。

公共政策与当代发达国家城市化模式 徐和平等著，人民出版社，2006年6月。

当代英国社会保障制度的系统分析与理论思考 刘波著，学林出版社，2006年6月。

应对人口老龄化：社会化养老服务体系构建及规划 张良礼主编，社会科学文献出版社，2006年7月。

建设更加和谐的社会：一个政策分析的视角 陈成文、谭骁彧等著，社会科学文献出版社，2006年7月。

建立和完善农村社会保障制度 孙文基著，社会科学文献出版社，2006 年 7 月。

福利国家向何处去 周弘著，社会科学文献出版社，2006 年 7 月。

儿童福利社会化重构："昆明模式" 王彦斌、赵锦云主撰，社会科学文献出版社，2006 年 7 月。

中国社会工作研究（第四辑） 王思斌主编，社会科学文献出版社，2006 年 8 月。

社会工作专业化及本土化实践：中国社会工作教育协会 2003～2004 论文集 王思斌主编，社会科学文献出版社，2006 年 8 月。

当代社会政策研究 杨团、关信平主编，天津人民出版社，2006 年 8 月。

重农时代：新农村建设机遇（中国论衡文库） 张占斌主编，远东出版社，2006 年 8 月。

社会保障主义宣言 刘福垣著，社会科学文献出版社，2006 年 10 月。

福利三角中的社会排斥：一个城市新贫穷群体的实证研究 彭华民编著，上海人民出版社，2006 年 11 月。

中国式充分就业与适度失业率控制研究 史及伟、杜辉著，人民出版社，2006 年 11 月。

发展型社会政策 安东尼·哈尔、詹姆斯·梅志里著，罗敏等译，社会科学文献出版社，2006 年 11 月。

中国农村社会保障制度结构与变迁 宋士云著，人民出版社，2006 年 12 月。

城市化进程中的社会保障问题 刘子操著，人民出版社，2006 年 12 月。

社会心理学

中国社会的信任 郑也夫、彭泗清著，中国城市出版社，2003 年 2 月。

中国人性分析报告 黎鸣著，中国社会出版社，2003 年 2 月。

群氓的时代 〔法〕莫斯科维奇著，许列民等译，江苏人民出版社，2003 年 4 月。

孤独的人群（当代学术棱镜译丛） 〔美〕大卫·理斯曼等著，王崑、朱虹译，南京大学出版社，2003 年 8 月。

宗教与社会心理 陈昌文主编，四川人民出版社，2003 年 12 月。

嫉妒与社会 〔奥〕赫尔穆特·舍克著，王祖诠、张田英译，社会科学文献出版社，2003 年 12 月。

社会性别分析框架指南（全三册） 〔英〕坎迪达·马奇、伊内斯·史密斯著，社会性别意识资源小组译，社会科学文献出版社，2004 年 1 月。

社会道德与个体道德 田秀云著，人民出版社，2004 年 2 月。

中国社会心理学研究进展 乐国安主编，天津人民出版社，2004 年 3 月。

中国人的宗教心理 梁丽萍著，社会科学文献出版社，2004 年 3 月。

积极心理治疗：一种新方法的理论和实践 〔德〕诺斯拉特·佩塞施基安著，白锡堃译，社会科学文献出版社，2004 年 4 月。

中国当代官员心理健康问题的社会学分析 刘东超著，中共中央党校出版社，2004 年 5 月。

诚信与社会发展 廖进、赵东荣主编，西南财经大学出版社，2004 年 6 月。

性心理学 〔英〕霭理士著，潘光旦译，商务印书馆，2004 年 7 月。

社会心理学理论与实践 刘薇琳编著，云南大学出版社，2004 年 7 月。

社会性发展心理学 俞国良、辛自强著，安徽教育出版社，2004 年 8 月。

社会心理学 吴江霖、戴健林、陈卫旗著，广东高等教育出版社，2004 年 8 月。

文化民族主义的社会学：现代日本自我认同意识走向 〔日〕吉野耕作著，刘克申译，商务印书馆，2004 年 9 月。

20 世纪 80 年代以来西方社会心理学新进展 乐国安主编，暨南大学出版社，2004 年 10 月。

理解害羞：心理透视 〔英〕雷蒙德、克罗泽著，王兵译，三联书店，2004 年 11 月。

中国社会心理分析：献给创造"25 年中国"的人们 沙莲香等著，辽宁教育出版社，2004 年 12 月。

从想象到现场：都市文化的社会生态研究 叶中强著，学林出版社，2005 年 3 月。

人格与认知 陈少华著，社会科学文献出版社，2005 年 4 月。

民族心理学研究 李静著，民族出版社，2005 年 4 月。

中国社会心理学评论（第一辑） 杨宜音主编，社会科学文献出版社，2005 年 5 月。

测量幸福：主观幸福感测量研究 邢占军著，人民出版社，2005 年 5 月。

变态心理学 张伯源主编，北京大学出版社，2005 年 6 月。

信任文化的断裂：对崇川镇民间"标会"的研究 邱建新著，社会科学文献出版社，2005 年 8 月。

解读中国人的人格 王登峰、崔红编，社会科学文献出版社，2005 年 8 月。

被征地农民的社会心理与市民化研究 陈传锋等著，中国农业出版社，2005 年 8 月。

儿童创造心理发展引论 王灿明著，社会科学文献出版社，2005 年 9 月。

中国城市弱势群体思想意识研究 周长明著，四川大学出版社，2005 年 9 月。

职业压力与应对 石林主编，社会科学文献出版社，2005 年 9 月。

宗教心理学导论（宗教学译丛） 〔英〕麦克·阿盖尔著，中国人民大学出版社，2005 年 10 月。

信任社会 〔法〕阿兰·佩雷菲特著，邱海婴译，商务印书馆，2005 年 10 月。

社会诚信研究 景枫著，中国社会科学出版社，2005 年 12 月。

社会心理学（第 8 版） 〔美〕戴维·迈尔斯著，张智勇等译，人民邮电出版社，2006 年 1 月。

人性与潜意识 郭啸著，羊城晚报出版社，2006 年 1 月。

人性·社会·心灵：社会潜意识研究 王家忠著，山东人民出版社，2006 年 1 月。

话语和社会心理学：超越态度与行为 〔英〕乔纳森·波特、玛格丽特·韦斯雷尔编著，中国人民大学出版社，2006 年 1 月。

餐饮也是媒体：不同于麦当劳的意大利餐饮理念 〔意〕奥斯卡·马奇西奥编，肖天佑译，社会科学文献出版社，2006 年 1 月。

消费认同 姚建平著，社会科学文献出版社，2006 年 3 月。

社会心理学新发展 李维著，上海教育出版社，2006 年 4 月。

第三思潮：马斯洛心理学 〔美〕弗兰克·G. 戈布尔著，陈红雯译，上海译文出版社，2006 年 5 月。

中国社会心理学评论（第二辑） 翟学伟特约主编，社会科学文献出版社，2006 年 6 月。

契约时代：中国社会关系现代化研究 李留澜著，社会科学文献出版社，2006 年 8 月。

家庭心理学：婚姻与家庭 林昆辉主编，人民军医出版社，2006 年 9 月。

中国社会心理学评论（第三辑） 李原特约主编，社会科学文献出版社，2006 年 11 月。

监控社会与个人隐私：关于监控边界的研究 王俊秀著，天津人民出版社，2006 年 12 月。

人类学与民族学

当代西方社会学·人类学新词典 黄平、罗红光、许宝强主编，吉林人民出版社，2003 年 2 月。

社会民俗学 顾希佳著，黑龙江人民出版社，2003 年 5 月。

社会人类学讲义 林耀华著，鹭江出版社，2003 年 10 月。

社会学与人类学 〔法〕马塞尔·毛斯著，佘碧平译，上海译文出版社，2003 年 11 月。

人类学的世纪坦言 徐杰舜主编，黑龙江人民出版社，2004 年 1 月。

贵州苗夷社会研究 吴泽霖、陈国钧等著，民族出版社，2004 年 1 月。

论人类学与文化自觉 费孝通著，华夏出版社，2004 年 2 月。

裂缝间的桥：解读摩尔根《古代社会》 王铭铭著，山东人民出版社，2004 年 2 月。

宗教人类学导论 〔英〕鲍伊著，金泽、何其敏等译，中国人民大学出版社，2004 年 3 月。

中国民族学五十年 宋蜀华、满都尔图主编，人民出版社，2004 年 4 月。

旅游人类学 〔美〕纳什著，宗晓莲译，云南大学出版社，2004 年 4 月。

20 世纪后半叶世界民族关系探析：社会人类学研究的一项新课题 阮西湖著，民族出版社，2004 年 4 月。

人类学视野中的回族社会 马平主编，宁夏人民出版社，2004 年 5 月。

中国民族村寨研究 张跃主编，云南大学出版社，2004 年 7 月。

中国民族村寨调查纪实 马京、李菊梅主编，云南大学出版社，2004 年 7 月。

时空穿行：乡村人类学世纪回访 庄孔韶等著，中国人民大学出版社，2004 年 7 月。

珞巴族：西藏米林县琼林村调查（中国民族村寨调查丛书） 龚锐、晋美主编，云南大学出版社，2004 年 7 月。

朝鲜族：吉林磐石市烧锅朝鲜族村调查（中国民族村寨调查丛书） 瞿健文、崔明龙主编，云南大学出版社，2004 年 7 月。

20 世纪中国人类学民族学研究方法与方法论 凌纯声、林耀华编，民族出版社，2004 年 7 月。

社会人类学 朱炳祥著，武汉大学出版社，2004 年 8 月。

人类学关键词 叶舒宪、彭兆荣、纳日碧力戈著，广西师范大学出版社，2004 年 9 月。

漂泊与根植：当代东南亚华人族群关系研究 曾少聪著，中国社会科学出版社，2004 年 9 月。

文明与野蛮 〔美〕路威著，吕叔湘译，生活·读书·新知三联书店，2005 年 3 月。

历史与民族：中国边疆的政治、社会和文化 罗贤佑主编，社会科学文献出版社，2005 年 3 月。

天台县传统经济社会文化调查（浙江传统社会丛书） 连晓鸣、康豹主编，民族出版社，2005 年 4 月。

文化与健康：医学人类学实践 滁一峰、严非编著，上海人民出版社，2005 年 6 月。

西学"中国化"的历史困境 王铭铭著，广西师范大学出版社，2005 年 7 月。

西方人类学思潮十讲 王铭铭著，广西师范大学出版社，2005 年 7 月。

他者的眼光：人类学理论入门 〔英〕罗伯特·莱顿著，蒙养山人译，华夏出版社，2005 年 7 月。

人类学定位：田野科学的界限与基础 〔美〕古塔著，骆建建等译，华夏出版社，2005 年 8 月。

社会文化人类学的关键概念（西方人类学新教材译丛） 〔英〕拉波特、奥弗林著，鲍雯妍、张亚辉等译，华夏出版社，2005 年 9 月。

人类学的四个讲座 〔美〕安德鲁·斯特拉森等著，梁永佳、阿嘎佐诗译，中国人民大学出版社，2005 年 9 月。

人类发展学 谢佳容等著，五南图书出版股份有限公司，2005 年 9 月。

席勒的审美人类学思想 张玉能著，广西师范大学出版社，2005 年 10 月。

民族学人类学的中国经验 杨圣敏主编，黑龙江人民出版社，2005 年 10 月。

重归"魁阁" 潘乃谷、王铭铭编，社会科学文献出版社，2005 年 11 月。

信仰、仪式与乡土社会：风水的历史人类学探索（上、下册） 陈进国著，中国社会科学出版社，2005 年 11 月。

人神之间：云南芒市一个傣族村寨的仪式生活、经济伦理与等级秩序 褚建芳著，社会科学文献出版社，2005 年 11 月。

地域的等级：一个大理村镇的仪式与文化 梁永佳著，社会科学文献出版社，2005 年 11 月。

文化人类学 W. A. 哈维兰著，瞿铁鹏译，上海社会科学院出版社，2006 年 1 月。

人类学历史与理论 〔英〕阿兰·巴纳德著，王建民等译，华夏出版社，2006 年 1 月。

中国人类学史 胡鸿保著，中国人民大学出版社，2006 年 3 月。

没有后门的教室：人类学随谈录 王铭铭著，中国人民大学出版社，2006 年 5 月。

人类学的理论预设与建构 陈庆德等著，社会科学文献出版社，2006 年 6 月。

年度学术 2006：农村与城市 赵汀阳、甘阳等编，中国人民大学出版社，2006 年 7 月。

中国大学的人文教育 甘阳、陈来、苏力主编，生活·读书·新知三联书店，2006 年 8 月。

人类学的哲学之根 〔美〕亚当斯著，黄剑波、李文建译，广西师范大学出版社，2006 年 9 月。

社会学部分论文索引

综　论

继往开来 建设20世纪中国的社会学　费孝通，《西北民族研究》2003年第1期。

在继承传统中开拓创新　马戎，《西北民族研究》2003年第1期。

论布迪厄“反思社会学”及其对社会学研究的启示　文军，《上海行政学院学报》2003年第1期。

反思科学知识权力学说　邢冬梅，《南京大学学报（哲学·人文科学·社会科学版）》2003年第2期。

大学与知识分子　郑也夫，《社会学研究》2003年第2期。

人口现代化评价指标体系研究　陈友华，《中国人口科学》2003年第3期。

现代性过程与社会学理论的个性——社会互构导论：中国特色社会学理论的新探索之一　郑杭生、杨敏，《广西民族学院学报（哲学社会科学版）》2003年第4期。

唯名论与唯实论之争：社会学内部的对立与动力——有关经典社会学发展的一项考察　周晓虹，《南京大学学报（哲学·人文科学·社会科学版）》2003年第4期。

什么是社会学理论？　〔俄〕Ю.Л.卡恰诺夫，《国外社会科学》2003年第4期。

社会学主义与社会学年鉴学派　周晓虹，《江苏社会科学》2003年第4期。

社会学将进入大发展的黄金时期　陆学艺，《甘肃社会科学》2003年第4期。

漫谈社会学和社会发展　林南，《社会学研究》2003年第4期。

从防治“非典”看中国社会　马戎，《人口研究》2003年第4期。

西方社会运动研究——现状与范式　冯仕政，《国外社会科学》2003年第5期。

论社会学理论逻辑和研究指向——社会互构导论：中国特色社会学理论的新探索之二　杨敏，《广西民族学院学报（哲学社会科学版）》2003年第5期。

论社会学的本质　樊丽丽，《社会科学研究》2003年第5期。

社会和谐——战略机遇期中国社会的主调　郑杭生，《华中科技大学学报（社会科学版）》2003年第6期。

马克思主义与社会学　郑杭生、杨敏，《理论学刊》2003年第6期。

论社会学基本问题　冯仕政，《高校理论战线》2003年第6期。

把握全面协调和谐的人文发展观　夏学銮，《中国特色社会主义研究》2003年第6期。

反思社会学与社会学的反思　文军，《社会科学研究》2003年第10期。

“非典”的社会学反思 费孝通，《领导决策信息》2003 年第 20 期。

中国的社会改革问题 一文，《国外社会科学》2004 年第 1 期。

新加坡好政府实践的社会学解读 王子昌，《思想战线》2004 年第 1 期。

社会学研究规范对象的变化及其知识境况 孙津，《社会学研究》2004 年第 1 期。

科学发展观刍议 邓伟志，《社会科学》2004 年第 1 期。

社会学是现实学——关于社会学研究对象问题的再思考 赵利生，《社会科学研究》2004 年第 2 期。

从自在到自觉——中国民族社会学发展的历程与展望 赵利生，《甘肃社会科学》2004 年第 2 期。

当代中国的中央与地方分权——重读毛泽东《论十大关系》第五节 沈原，《中国社会科学》2004 年第 2 期。

全球化理论综述 罗惠敏，《社会》2004 年第 3 期。

历史困境与未来挑战——当代西方社会学理论面临的主要危机 文军，《社会科学辑刊》2004 年第 3 期。

市场转型过程中地方政府角色研究述评 丘海雄、徐建牛，《社会学研究》2004 年第 4 期。

全球化与社会学想象力的拓展 成伯清，《江苏社会科学》2004 年第 5 期。

试谈扩展社会学的传统界限 费孝通，《思想战线》2004 年第 5 期。

试论科学发展观及其实施限制 洪大用，《湖南师范大学社会科学学报》2004 年第 5 期。

社会科学与中国现代化 王忠武，《齐鲁学刊》2004 年第 5 期。

论社会学理论范式的危机及其整合 文军，《天津社会科学》2004 年第 5 期。

三位平民知识分子的生命历程——兼论中国知识分子的独立性 章静，《社会》2004 年第 6 期。

人才问题的社会学思考——对实施人才强国战略的几点认识 李强，《中国人才》2004 年第 6 期。

访美札记——一位社会学者的文化体验 文军，《社会》2004 年第 6 期。

从理性选择到社会选择 李骏，《社会》2004 年第 6 期。

对“和谐社会”的社会学解读 朱力，《社会学研究》2005 年第 1 期。

社会比较研究的现状与发展趋势 邢淑芬、俞国良，《心理科学进展》2005 年第 1 期。

认识中国——走向从实践出发的社会科学 黄宗智，《中国社会科学》2005 年第 1 期。

现代西方政治哲学视野中的“和谐社会” 李小科，《中共中央党校学报》2005 年第 2 期。

费孝通教授 20 世纪末研究成果的再学习 李友梅，《社会》2005 年第 2 期。

“十一五”时期应注重社会管理体制的改革 李培林，《中国经贸导刊》2005 年第 2 期。

“和谐社会及其机制”研讨会纪要 王春光，《社会学研究》2005 年第 2 期。

转型时代社会学的责任与使命——布迪厄《世界的苦难》及其启示 毕向阳，《社会》2005 年第 4 期。

社会学理论的核心主题及其古典传统的创新——兼论社会学理论中“全球化研究范式”的建立 文军，《浙江学刊》2005 年第 4 期。

现代化进程中国家与社会关系的重新定位——晋江模式的一个尝试性解答 贺东航，《经济社会体制比较》2005 年第 4 期。

对社会学和《社会学年鉴》25 年来的回顾 〔美〕尼尔·J. 斯梅尔塞，《经济社会体制比较》2005 年第 5 期。

从社会学角度看构建社会主义和谐社会 李强，《社会科学战线》2005 年第 6 期。

社会体制改革与和谐社会建构 徐永祥，《学习与探索》2005 年第 6 期。

费孝通——探索美好社会的学者 丁元竹，《瞭望》2005 年第 8 期。

试论社会学就是社会科学 罗雪原，《江汉论坛》2005 年第 10 期。

国外社会建设理论述评 应星，《高校理论战线》2005 年第 11 期。

和谐社会评价指标体系的构建 梅松、齐心，《北京社会科学》2006 年第 1 期。

中国经济发展模式的理论探讨——费孝通的一项重要学术贡献 宋林飞，《江海学刊》2006 年第 1 期。

社会学浪漫主义探视 郭景萍，《社会》2006 年第 1 期。

费孝通对中国社会学的巨大贡献——纪念费孝通先生从事学术研究 70 周年 郑杭生，《江苏社会科学》2006 年第 1 期。

社会学的人文属性与社会学研究——兼论费孝通《试谈扩展社会学的传统界限》一文的理论意涵 田毅鹏、刘拥华，《社会》2006 年第 2 期。

扩展中国社会学新境界 刘少杰，《社会》2006 年第 2 期。

从学以致用、文野之别到文化自觉——费孝通老师的文化功能论 沈关宝，《社会》2006 年第 2 期。

"构建社会主义和谐社会"的社会学研究 谭明方，《武汉大学学报（哲学社会科学版）》2006 年第 2 期。

重新认识中国社会学的思想传统 应星、吴飞、赵晓力、沈原，《社会学研究》2006 年第 4 期。

论社会控制与和谐社会的构建 蒋传光，《江海学刊》2006 年第 4 期。

中国农民工问题研究总报告（一） 中国农民工问题研究总报告起草组，《改革》2006 年第 5 期。

中国纪元：背负历史行囊快速前行——评有关中国当代社会生活的三部著作 萧凤霞、余国良，《社会学研究》2006 年第 5 期。

在回顾和反思中把握"社会学中国化" 路英浩，《社会》2006 年第 6 期。

社会学的本土化——问题与出路 王宁，《社会》2006 年第 6 期。

社会科学研究过程中的特殊性和"通则"——关于社会学研究的中国化 刘平，《社会》2006 年第 6 期。

坚持学术规范，提升研究水平 胡荣，《社会》2006 年第 6 期。

社会理论、方法与社会史

全球化——一个新的问题与方法 黄平，《中国社会科学》2003 年第 2 期。

社会人文认识中的多元论 〔俄〕Л. Г. 切尔翁娜娅，《国外社会科学》2003 年第 2 期。

留美生与 20 世纪二三十年代的中国社会学 陈新华，《社会科学研究》2003 年第 2 期。

结果呈现与方法运用——141 项调查研究的解析 风笑天，《社会学研究》2003 年第 2 期。

论西方社会学的元研究及其元理论化趋势 文军，《国外社会科学》2003 年第 2 期。

走出"现代"之门——后现代社会学的兴起及其影响 文军，《华东师范大学学报（哲学社会科学版）》2003 年第 3 期。

马克思主义社会现代化思想探析 王继、王浩斌，《社会学研究》2003 年第 3 期。

相对主义错在哪？——科学卫士与理性的敌人 〔美〕安德鲁·皮克林，《江苏社会科学》2003 年第 3 期。

韦伯的儒教伦理观 梁宗华，《哲学研究》2003 年第 3 期。

田野调查与现场进入——当代中国研究实证方法探讨 郑欣，《南京大学学报（哲学·人文科学·社会科学版）》2003 年第 3 期。

悼罗伯特·K. 默顿 林聚任，《社会学研究》2003 年第 3 期。

西方关于新中国思想改造运动的研究述评 肖南龙，《毛泽东思想研究》2003 年第 3 期。

建构中国社会公正理论 姚洋，《世界哲学》2003 年第 3 期。

20 世纪初中国的童工问题研究 尹明明、鲁运庚，《山东师范大学学报（人文社会科学版）》2003

年第3期。

信息、激励与连带责任——对中国古代连坐、保甲制度的法和经济学解释　张维迎、邓峰，《中国社会科学》2003年第3期。

社会资本——理论争辩与经验研究　张文宏，《社会学研究》2003年第4期。

三种社会整合方式之比较　刘媛，《学术交流》2003年第4期。

清代两湖地区社仓的管理及其与常平仓的关系　姚建平，《社会科学辑刊》2003年第4期。

齐美尔论现代性体验　王小章，《社会》2003年第4期。

论熊彼特"创新理论"的社会哲学意蕴　刘江涛，《南京政治学院学报》2003年第4期。

哈贝马斯的交往行动理论及其对网络交流的意义　唐魁玉，《学术交流》2003年第4期。

城乡心理和生活世界——从齐美尔到舒茨　李继宏，《人文杂志》2003年第4期。

现代性的问题及处方——涂尔干主义的历史效果　谢立中，《社会学研究》2003年第5期。

论社会资本理论研究的拓展及问题　刘敏、奂平清，《甘肃社会科学》2003年第5期。

吉登斯的自我认同理论评述　贾国华，《江汉论坛》2003年第5期。

主体建构性和主体行为宣成性——一种后现代女权主义理论　张广利、陈耀，《妇女研究论丛》2003年第6期。

实践——从主体性到社会性　刘森林，《哲学动态》2003年第6期。

论詹姆逊的后现代马克思主义的"历史阐释的意识形态"理论　马良，《河南师范大学学报（哲学社会科学版）》2003年第6期。

阶级惯习与品味——布迪厄的阶级理论　刘欣，《社会学研究》2003年第6期。

传统权力向现代权力的转型：私人性行为视角的观察——福柯权力理论的应用与扩展　方刚，《学习与探索》2003年第6期。

新制度主义——制度与社会秩序　〔美〕卡罗尔·索尔坦等，《马克思主义与现实》2003年第6期。

理性选择研究在经济社会学中的核心地位与方法错位　刘少杰，《社会学研究》2003年第6期。

资本理论的社会学转向　林南，《社会》2003年第7期。

吉登斯时空观的现代意义　向德平、章娟，《哲学动态》2003年第8期。

舍勒——道德建构中的情感研究　郭景萍，《学术交流》2003年第9期。

强纲领的建构与解构（上）——兼论ssk研究纲领的转向　胡杨，《哲学动态》2003年第10期。

强纲领的建构与解构（下）——兼论ssk研究纲领的转向　胡杨，《哲学动态》2003年第11期。

"经济人"假说的社会学审视　李国和，《财经科学》2003年第S1期。

影响抽样调查方法的若干因素　马德峰，《社会》2004年第1期。

英克尔斯"现代人研究"的方法论启示　风笑天，《中国社会科学》2004年第1期。

现代性的新发展与社会互构的时代——社会互构导论：中国特色社会学理论的新探索之三　杨敏，《广西民族学院学报（哲学社会科学版）》2004年第1期。

哈耶克的社会福利思想解读　谭磊，《社会》2004年第1期。

社会网络模型研究论析　刘军，《社会学研究》2004年第1期。

个人主义与集体主义之争——欧美社会福利理论主要流派与核心争论　刘继同，《欧洲研究》2004年第1期。

从强纲领到社会学有限主义——爱丁堡学派研究纲领的转变述评　胡杨，《自然辩证法通讯》2004年第1期。

"网络社会"的概念辨析　郑中玉、何明升，《社会学研究》2004年第1期。

"蒂特马斯典范"与费边社会主义福利理论综介　刘继同，《人文杂志》2004年第1期。

中西思维方式差异的原因建构　陈声柏，《兰州大学学报（社会科学版）》2004年第2期。

社会学理论中宏观与微观的变迁关系　徐连明，《内蒙古社会科学（汉文版）》2004年第2期。

社会学理论体系的构建与拓展——简析个人与社会的关系问题在社会学理论研究中的意义 郑杭生，《社会学研究》2004 年第 2 期。

社会网络分析——一种重要的社会学研究方法 张存刚、李明、陆德梅，《甘肃社会科学》2004 年第 2 期。

社会变迁——风险与社会控制 李路路，《中国人民大学学报》2004 年第 2 期。

科学社会研究的两种进路 丛杭青，《自然辩证法通讯》2004 年第 2 期。

近代欧洲的"中国形象"及其乌托邦价值 武斌，《社会科学辑刊》2004 年第 2 期。

吉登斯的"双重解释学"与社会学理论批判 金小红，《国外社会科学》2004 年第 2 期。

迪尔凯姆论法律的道德精神 侯钧生、刘晓梅，《浙江大学学报（人文社会科学版）》2004 年第 2 期。

鲍曼论现代性与后现代性 郑莉，《马克思主义与现实》2004 年第 2 期。

直面"诸神纷争"的世界——从《意识形态与乌托邦》看曼海姆与韦伯的思想关联 熊春文，《社会学研究》2004 年第 3 期。

语境与问卷调查 蔡禾，《中山大学学报（社会科学版）》2004 年第 3 期。

批判、维护与超越——从后现代、全球化与现代性的关系看社会理论的新发展 文军，《社会科学研究》2004 年第 3 期。

论发展的可能性和条件——以发展社会学和发展经济学的比较为视角 童星、李显波，《社会科学研究》2004 年第 3 期。

关于"第三条道路" H. Ansangjin、郑杭生、黄平、苏国勋、吴维、陈志刚，《社会学研究》2004 年第 3 期。

反身性与"曼海姆悖论"——兼论相对主义社会学的可能性 肖瑛，《社会学研究》2004 年第 3 期。

从政治发展理论到政策过程理论——中国政治改革研究的中层理论建构探讨 徐湘林，《中国社会科学》2004 年第 3 期。

从社会学视角看"文明冲突论" 苏国勋，《社会学研究》2004 年第 3 期。

从陈村计划生育中的博弈看基层社会运作 陈心想，《社会学研究》2004 年第 3 期。

自主性的降低——吉登斯和鲍曼对现代性的微观分析 郭馨天，《社会》2004 年第 4 期。

新自由主义经济模式与新社会运动——一种社会资本视角的宏观分析 姚伟，《社会学研究》2004 年第 4 期。

风险社会中的认同和冲突 派特·斯崔德姆、丁开杰，《马克思主义与现实》2004 年第 4 期。

文学集团与南朝文人的社会生活 陈群，《烟台大学学报（哲学社会科学版）》2004 年第 4 期。

人道主义和反人道主义的知识论或真理观——以詹姆士与福柯为例 刘开会，《文史哲》2004 年第 4 期。

论中国古代个人与社会关系的思想 郑杭生、江立华，《中南民族大学学报（人文社会科学版）》2004 年第 4 期。

哈贝马斯的社会进化理论评析 李曙新，《社会科学研究》2004 年第 4 期。

德育研究中质的研究方法探析 赵红全，《青年研究》2004 年第 4 期。

现代性自我如何可能——齐美尔与韦伯的比较 王小章，《社会学研究》2004 年第 5 期。

论货币对社会的二重性 邓伟志，《江苏社会科学》2004 年第 5 期。

对辛亥革命时期中国农民信仰特征的分析与思考 王晶，《社会科学战线》2004 年第 5 期。

"内卷化"概念辨析 刘世定、邱泽奇，《社会学研究》2004 年第 5 期。

芝加哥社会学派的贡献与局限 周晓虹，《社会科学研究》2004 年第 6 期。

政治何为——马克斯·韦伯论现代政治的价值 王小章，《社会》2004 年第 6 期。

社会学教育的后现代转向 颜敏，《社会》2004 年第 6 期。

跨学科的范式 汪丁丁，《社会科学战线》2004 年第 6 期。

科层制与现代性的命运 邓锁，《甘肃社会科学》2004 年第 6 期。

对口述传统的纵横思考 许斌、胡鸿保，《思想战线》2004 年第 6 期。

布迪厄的实践理论——从理论综合到经验研究 银平均，《思想战线》2004 年第 6 期。

本质与实存——西方形而上学的实存哲学路线 孙周兴，《中国社会科学》2004 年第 6 期。

消费现象的社会批判——对马克思与波德里亚之消费理论的比较分析 许斗斗，《马克思主义与现实》2004 年第 6 期。

组织间关系——资源依赖理论的历史演进 马迎贤，《社会》2004 年第 7 期。

论马克斯·韦伯法律社会学研究中的方法论基础 董翔薇，《学术研究》2004 年第 7 期。

学术传统的延续与断裂——以社会学中的符号互动论为例 周晓虹，《社会科学》2004 年第 12 期。

统计研究中不可忽视的分层数据问题 葛建军，《统计与决策》2004 年第 12 期。

社会规范合理性问题探讨 夏玉珍，《江汉论坛》2004 年第 12 期。

从《自杀论》看实证主义社会学研究对象与研究方法的确立——兼论其学术价值与现实意义 李文华，《江汉论坛》2004 年第 12 期。

资源依赖理论的发展和贡献评析 马迎贤，《甘肃社会科学》2005 年第 1 期。

再访涂尔干——现代经济中道德的社会建构 汪和建，《社会学研究》2005 年第 1 期。

韦伯的立场——市民阶级价值主体的内在矛盾 张旭东，《读书》2005 年第 1 期。

市场转型理论与社会整合 周怡，《社会》2005 年第 1 期。

社会学知识中的社会意象——Doxa 概念与布迪厄的社会学知识论 田耕，《社会学研究》2005 年第 1 期。

清代黄龙山地垦殖的政策效应 杨红娟、侯甬坚，《中国历史地理论丛》2005 年第 1 期。

毛泽东租税思想的社会学分析 龚继红，《毛泽东思想研究》2005 年第 1 期。

老子之"道"——作为一种观念的发生史 李兵，《西南民族大学学报（人文社会科学版）》2005 年第 1 期。

共识型工人的生产——从新制度主义框架看布洛维的《制造共识》 童根兴，《社会学研究》2005 年第 1 期。

工具理性和价值理性——理解韦伯的社会学思想 王锟，《甘肃社会科学》2005 年第 1 期。

从迪尔凯姆的《自杀论》看"实证"和"否证"方法的统一 李文华，《社会科学研究》2005 年第 1 期。

西方社会运动与革命理论发展之述评——站在中国的角度思考 赵鼎新，《社会学研究》2005 年第 1 期。

叙事学研究与社会学立场 张清民，《人文杂志》2005 年第 2 期。

定义社会资本——一个整体视野的分析与考察 周长城、王培刚，《甘肃社会科学》2005 年第 2 期。

中国学术传统与实践的社会学：方法论的讨论 邱泽奇，《天津社会科学》2005 年第 2 期。

论传统"大同"与"小康"的理想社会秩序观 王处辉、胡翼鹏，《南开学报（哲学社会科学版）》2005 年第 2 期。

从功能主义到交换理论——科学奖励系统研究的范式转变 杨立雄、邝小军，《自然辩证法研究》2005 年第 2 期。

悖论社会与现代传统 黄宗智，《读书》2005 年第 2 期。

论费孝通的区域发展思想 刘长喜，《社会》2005 年第 2 期。

费孝通教授 20 世纪末研究成果的再学习 李友梅，《社会》2005 年第 2 期。

正义基础上的团结、妥协和宽容——哈贝马斯视野中的“和而不同”　童世骏，《马克思主义与现实》2005 年第 3 期。

现代性与文化——韦伯的理论遗产之重估　夏光，《社会学研究》2005 年第 3 期。

现代化理论研究已经式微？——中西方现代化理论研究的进路及评价　庞晓光、刘金凤，《理论探讨》2005 年第 3 期。

西方社会学研究方法论的评价及应用　骆玲，《社会科学研究》2005 年第 3 期。

脱出传统理路迈向时代未来——理论社会学的一个经典论题与转型加速期的经验现实研究　杨敏，《甘肃社会科学》2005 年第 3 期。

私有产权的社会基础：历史的启示——以对民族资本主义企业的社会主义改造为例　桂勇、吕大乐，《华中师范大学学报（人文社会科学版）》2005 年第 3 期。

皮亚杰社会学理论研究　揭水平，《甘肃社会科学》2005 年第 3 期。

国民政府十年（1939~1949）基层民意机关建设数量分析　周玉玲、陆建洪，《江南社会学院学报》2005 年第 3 期。

二元整合秩序——一个财产纠纷案的分析　张静，《社会学研究》2005 年第 3 期。

迪尔凯姆与韦伯的社会学方法论之比较　李峰，《理论与改革》2005 年第 3 期。

德国历史学派与 19 世纪经济学方法论之争的启示　何蓉，《社会》2005 年第 3 期。

超越主客观二元对立——布迪厄的社会学认识论与“惯习”概念　朱伟珏，《浙江学刊》2005 年第 3 期。

社会理论研究的问题、范式与趋势　肖瑛，《新华文摘》2005 年第 4 期。

留学生对马克思主义社会学中国化的努力　吴汉全，《盐城师范学院学报（人文社会科学版）》2005 年第 4 期。

研究范式与学科意识的自觉　葛兆光、杨念群、徐杰舜、范可，《山东大学学报（哲学社会科学版）》2005 年第 4 期。

现代实证性社会预警的探索　阎耀军，《社会》2005 年第 4 期。

社会大于市场的政治经济学——重访卡尔·博兰尼的《巨变：当代政治、经济的起源》　吕鹏，《社会学研究》2005 年第 4 期。

关于社会科学定量、定性研究的三个相关问题　沃野，《学术研究》2005 年第 4 期。

作为“乌托邦”的市场均衡理论——一个概述性检视　汪和建，《社会》2005 年第 5 期。

纵贯性数据与生长模型在社会科学实证研究中的应用　宋时歌、陈华珊，《社会学研究》2005 年第 5 期。

作为意义探究的深度访谈　杨善华、孙飞宇，《社会学研究》2005 年第 5 期。

重建生产的核心——基于劳动过程理论的发展脉络阅读《生产政治》　李洁，《社会学研究》2005 年第 5 期。

义利之辨——中国价值观的核心内容及现代意义　孔祥宁，《南昌大学学报（人文社会科学版）》2005 年第 5 期。

现代性的主题分化与社会学研究范式整合　王建民，《社会》2005 年第 5 期。

现代化理论视野中的科学发展观　胡伯项、孔祥宁，《社会主义研究》2005 年第 5 期。

为社会预测辩护（二）——论社会预测的不确定性与测不准原理　阎耀军、王学伟，《社会科学辑刊》2005 年第 5 期。

涂尔干的人性观、社会观、科学观和方法观　李文华，《甘肃社会科学》2005 年第 5 期。

从移植与融合到反思与重建——1980 年代以来欧美社会学理论在中国的引进与发展　文军，《社会科学研究》2005 年第 5 期。

政治的形式与现代化的成败——历史上几个前现代化国家的经验比较　杨光斌，《中国人民大学学报》2005 年第 5 期。

社会学研究方法——走向规范化与本土化所面临的任务 风笑天,《华中师范大学学报(人文社会科学版)》2005 年第 6 期。

现代社会统计方法的应用与评述 乔晓春,《市场与人口分析》2005 年第 6 期。

解读韦伯的三大隐喻探测韦伯对现代性的洞察 张钰,《社会》2005 年第 6 期。

和谐社会构建与西方社会学社会建设理论 李培林、苏国勋,《社会》2005 年第 6 期。

从社会学的角度构建中国政治制度史研究的新范式 肖宁灿,《社会科学研究》2005 年第 6 期。

论鲍曼社会理论的核心议题 郇建立,《社会》2005 年第 6 期。

“礼物”作为“总体性社会事实”——读马塞尔·莫斯的《礼物》 荀丽丽,《社会学研究》2005 年第 6 期。

再论“价值中立”及其应用限度 周晓虹,《学术月刊》2005 年第 8 期。

新时期以来中国社会学发展的回顾与反思 郑杭生,《江西社会科学》2005 年第 8 期。

论和合文化在建设和谐社会中的意义 贾秀兰,《西南民族大学学报(人文社会科学版)》2005 年第 10 期。

新文化运动时期关于废除娼妓的思考 尹旦萍,《江汉论坛》2005 年第 11 期。

第五次“阿里亚”时期英犹关系演变探析 王彦敏,《理论学刊》2005 年第 12 期。

和谐要义 邓伟志,《上海教育》2005 年第 Z2 期。

新自由发展主义与古典发展主义——中国模式与日本模式的比较分析 高柏,《社会学研究》2006 年第 1 期。

为什么写作社会学理论史——读默顿《论理论社会学》 田耕,《社会学研究》2006 年第 1 期。

社会建构论——社会问题理论研究的一种新视角 闫志刚,《社会》2006 年第 1 期。

集体行动、搭便车理论与形式社会学方法 赵鼎新,《社会学研究》2006 年第 1 期。

和谐社会评价指标体系的构建 梅松、齐心,《北京社会科学》2006 年第 1 期。

中国公民社会——概念、分类与制度环境 俞可平,《中国社会科学》2006 年第 1 期。

改善我国公民社会制度环境的若干思考 俞可平,《当代世界与社会主义》2006 年第 1 期。

现代性过程中“个人”的创生与集体化——行走在自我创新前夜的“个人” 郑杭生、杨敏,《社会》2006 年第 2 期。

社会学与文化自觉——学习费孝通“文化自觉”概念的一些体会 苏国勋,《社会学研究》2006 年第 2 期。

社会资本理论发展的瓶颈——定义及测量问题探讨 张广利、陈仕中,《社会科学研究》2006 年第 2 期。

社会理论的空间转向 何雪松,《社会》2006 年第 2 期。

超越后现代社会学,建构后现代性社会学——鲍曼的理论构想及方法论探析 郑莉,《社会》2006 年第 2 期。

伯林与自由民族主义——从观念分析向社会学视野的转换 刘擎,《社会学研究》2006 年第 2 期。

职业共同体:今日中国社会整合之基础——论“杜尔克姆主义”的相关理论 李强,《学术界》2006 年第 3 期。

严复对中国社会形态的认识与他对宪政法理的译介——纪念严译《法意》发表一百周年 王毅,《社会学研究》2006 年第 3 期。

深入研究马克思主义社会学史 郑杭生,《马克思主义与现实》2006 年第 3 期。

社会调查中不同收入测量方法的特点及其应用 风笑天,《社会科学研究》2006 年第 3 期。

从方法论到中国实践——调查研究的局限性分析 方长春,《华中师范大学学报(人文社会科学版)》2006 年第 3 期。

现代社会的建构与反思——西方社会建设理论的来龙去脉　刘少杰、王建民,《学习与探索》2006 年第 3 期。

超越社会决定论——布迪厄“文化资本”概念再考　朱伟珏,《南京社会科学》2006 年第 3 期。

“新型现代性”社会学理论实践理路——对郑杭生“社会互构论”的初步阐释　张永华,《甘肃社会科学》2006 年第 3 期。

社会学的时代感、实践感与全球视野——郑杭生与“中国特色社会学理论”的兴起　杨敏,《甘肃社会科学》2006 年第 3 期。

耕耘结硕果,桃李舞东风——试论郑杭生教授对中国社会学发展的三个贡献　郭星华,《甘肃社会科学》2006 年第 3 期。

建构中国社会学理论的新形态　刘少杰,《甘肃社会科学》2006 年第 3 期。

社会学的相对性与起点多元性　刘少杰,《安徽大学学报(哲学社会科学版)》2006 年第 3 期。

“多元文化”的修辞、政治和理论　赵刚,《社会学研究》2006 年第 3 期。

芝加哥“热浪”的社会学启迪——《热浪:芝加哥灾难的社会解剖》读后感　周雪光,《社会学研究》2006 年第 4 期。

现代社会的漂浮——无根的现代性及其呈现　郭强,《社会》2006 年第 4 期。

物的社会生命?——莫斯《论礼物》的解释力与局限性　王铭铭,《社会学研究》2006 年第 4 期。

社会研究中的因果分析　王天夫,《社会学研究》2006 年第 4 期。

观察“风险”何以可能——关于卢曼《风险:一种社会学理论》的评述　张戌凡,《社会》2006 年第 4 期。

差序格局与中国文化的等级观　阎云翔,《社会学研究》2006 年第 4 期。

社会理论、文化研究与当代中国社会学——读苏国勋《社会理论与当代现实》　夏光,《社会学研究》2006 年第 4 期。

重建社会秩序的先秦思想　王兴周,《社会》2006 年第 5 期。

马克斯·韦伯与教育社会学研究　贺晓星,《广州大学学报(社会科学版)》2006 年第 5 期。

环境关心的测量——nep 量表在中国的应用评估　洪大用,《社会》2006 年第 5 期。

“强干预”与“弱干预”——社会学干预方法的两条途径　沈原,《社会学研究》2006 年第 5 期。

“工头”:权力来源及其对劳资关系的影响——一种历史比较的视角　贾文娟,《社会》2006 年第 5 期。

在西方比较历史方法的阴影下——评许田波《古代中国和近现代欧洲的战争及国家形成》　赵鼎新,《社会学研究》2006 年第 5 期。

经典到现代——社会分工与社会团结对博兰尼一个命题的质疑　刘拥华,《社会》2006 年第 5 期。

回到“社会的”社会学　肖瑛,《社会》2006 年第 5 期。

从“权力”到“文化”:双重视野下的科层制——阅读克罗齐埃《科层现象》札记　杨甜甜,《社会学研究》2006 年第 5 期。

本土“理想型”与社会理论立场——邹川雄的两部“本土化”专著述评　徐冰,《社会学研究》2006 年第 6 期。

亚当·斯密的社会观——源于人性的自然秩序　王楠,《社会学研究》2006 年第 6 期。

从“价值自由”到“历史个体”——对韦伯社会科学学说的初步讨论　田耕,《社会学研究》2006 年第 6 期。

西方集体行动理论的演化与进展　冯巨章,《财经问题研究》2006 年第 8 期。

方法的反省:青年研究中不可或缺的问题——以“抽样”为例　刘成斌,《青年研究》2006 年第 8 期。

社会结构

影响中国城乡流动人口的推力与拉力因素分析 李强，《中国社会科学》2003年第1期。

土地使用规则的不确定——一个解释框架 张静，《中国社会科学》2003年第1期。

社会流动与关系信任——也论关系强度与农民工的求职策略 翟学伟，《社会学研究》2003年第1期。

个人与社会的关系——从前现代到现代的社会学考察 郑杭生，《江苏社会科学》2003年第1期。

都市农民的二次分化与社会分层研究 周运清、刘莫鲜，《中南民族大学学报（人文社会科学版）》2003年第1期。

中国职业流动中的社会不平等研究 王春光，《中国人口研究》2003年第2期。

社会转型期"未成熟游民层"问题产生的原因及对策分析 李小凤、佘双好，《青年研究》2003年第2期。

社会网络与地位获得 林南、俞弘强，《马克思主义与现实》2003年第2期。

广州市劳动人口职业获得分析——兼析教育获得 蔡禾、冯华，《中山大学学报（社会科学版）》2003年第2期。

从"军队人"到"社会人"——对长沙市337名转业军官职业角色转换情况的调查 廖国庚，《社会》2003年第2期。

中俄中产阶层的比较与分析 赵定东，《东北亚论坛》2003年第3期。

农民工的再建构社会网与网内资源流向 曹子玮，《社会学研究》2003年第3期。

社会学视野下的贫富差距及其社会控制 高和荣，《云南社会科学》2003年第3期。

权益自主与权力规范——对现代社会中个人与社会关系的多视角分析 郑杭生、杨敏，《华中师范大学学报（人文社会科学版）》2003年第3期。

强弱之外——关系概念的再思考 李继宏，《社会学研究》2003年第3期。

中国中等收入阶层的构成 李强，《湖南师范大学社会科学学报》2003年第4期。

社会资本——就业及职业阶梯上流动的"有力工具" 徐莉，《江汉论坛》2003年第4期。

美国苗族移民的社会网络关系 吴晓萍，《贵州民族研究》2003年第4期。

扩大中等收入阶层的政策选择 陈成文，《湖南师范大学社会科学学报》2003年第4期。

华人社会中的社会关系网络——社会网络中的中等关系与本土化解释 邹佳青，《当代青年研究》2003年第4期。

当代中国社会阶层的分化与流动 陆学艺，《江苏社会科学》2003年第4期。

制度转型与阶层化机制的变迁——从"间接再生产"到"间接与直接再生产"并存 李路路，《社会学研究》2003年第5期。

试论当代知识分子社会流动的动力机制与特征 鲁小彬，《人文杂志》2003年第5期。

市场转型与社会分层——理论争辩的焦点和有待研究的问题 刘欣，《中国社会科学》2003年第5期。

社会经济地位与网络资源 胡荣，《社会学研究》2003年第5期。

社会结构与历史事件的契合——中国女工的历史命运 佟新，《社会学研究》2003年第5期。

城乡收入差距与制度变革的临界点 蔡舫，《中国社会科学》2003年第5期。

转型期——"信任"重建的社会学分析 戚攻，《探索》2003年第5期。

农民工阶层的特征与社会地位 朱力，《南京大学学报（哲学·人文科学·社会科学版）》2003年第6期。

俄罗斯的贫富差距与社会分化　徐向梅，《当代世界与社会主义》2003 年第 6 期。

中国社会中间阶层的发展和问题　温静，《社会》2003 年第 7 期。

如何理解“中等收入阶层”？　李培林，《中国党政干部论坛》2003 年第 7 期。

南京市流动人口职业培训现状的调查　钱雪飞，《社会》2003 年第 9 期。

农民工流动对其社会关系网络的影响　罗忆源，《青年研究》2003 年第 11 期。

中国社会分化的悖论及正论达成路径　石秀印、许叶萍，《江苏社会科学》2004 年第 1 期。

我国三峡移民研究的现状与趋势　风笑天、王小璐，《社会科学研究》2004 年第 1 期。

危机动员与中国社会团体的发展　徐家良，《中国行政管理》2004 年第 1 期。

身份化制度区隔——改革前中国社会分化和流动机制的形成及公正性问题　陈光金，《江苏社会科学》2004 年第 1 期。

全面理解“共同富裕”思想，正确认识当代中国的社会分化　吴鹏森，《南京师范大学学报（社会科学版）》2004 年第 1 期。

转型加速期城市社会分层结构的划分　郑杭生、刘精明，《社会科学研究》2004 年第 2 期。

中国贫困阶层——问题、影响与对策　郑丽箫，《南昌大学学报（人文社会科学版）》2004 年第 2 期。

上海崇明县三峡移民调查　许小玲，《社会》2004 年第 2 期。

经济转型、关系强度与求职行为——一项关于失业群体的实证研究　桂勇、陆德梅、朱国宏，《世界经济文汇》2004 年第 2 期。

社会空间的另一种想象——社会网络分析的结构视野　李林艳，《社会学研究》2004 年第 3 期。

阶层分化研究中的若干争议问题探讨　刘祖云，《社会科学研究》2004 年第 3 期。

对城乡劳动力就业不平等的再思考　朱启臻、李敏、马珍珍，《经济与管理研究》2004 年第 3 期。

消费者对公司社会责任的反应——一项国家与社会关系的考察　郑广怀，《社会学研究》2004 年第 4 期。

集体谈判——建立合作型劳资关系的有效战略　周长城、陈群，《社会科学研究》2004 年第 4 期。

中国人社会地位的获得——阶级继承和代内流动　张翼，《社会学研究》2004 年第 4 期。

转型时期我国就业的社会分层研究　张永春、王力，《人文杂志》2004 年第 4 期。

社会转型中的韩国中产阶级　王建平，《当代亚太》2004 年第 4 期。

教育真的有助于向上社会流动吗——关于教育与社会分层的关系分析　钱民辉，《社会科学战线》2004 年第 4 期。

城市人口的阶层认同现状及影响因素　中国社会科学院“当代中国人民内部矛盾研究”课题组，《中国人口科学》2004 年第 5 期。

中国与韩国社会阶级意识的比较研究　李炜，《社会学研究》2004 年第 5 期。

中国各阶层人口的数量及阶层结构——利用 2000 年第五次全国人口普查所做的估计　张翼、侯慧丽，《中国人口科学》2004 年第 6 期。

社会阶层的身份认同　李春玲，《江苏社会科学》2004 年第 6 期。

新时期统一战线内部相互关系准则定位新探　方茁、庄德水，《南昌大学学报（人文社会科学版）》2004 年第 6 期。

当前我国社会分层结构变化的新趋势　李强，《江苏社会科学》2004 年第 6 期。

在兼顾各阶层利益的基础上突出弱势关怀　吴鹏森、吴海红，《毛泽东邓小平理论研究》2004 年第 7 期。

上海和香港中层管理者工作伦理的比较　周星，《社会》2004 年第 7 期。

妇女农业劳动者劳动参与及社会保障情况的现状分析——江苏省第二期妇女地位调查资料的分层研究　沈艳，《青年研究》2004 年第 7 期。

研究社会流动的意义 陆学艺，《中国党政干部论坛》2004 年第 8 期。

试论中国现代科层制的建构 阙祥才，《科技进步与对策》2004 年第 8 期。

社会流动的影响因素 李炜，《中国党政干部论坛》2004 年第 8 期。

社会结构变迁中的福利依赖与反福利依赖分析 蓝云曦、周昌祥，《西南民族大学学报（人文社会科学版）》2004 年第 8 期。

试析社会阶层分化中的“模糊身份者”现象 张义祯，《青年研究》2004 年第 9 期。

关系网络与竞争中合作策略的运用——对浦口区“马自达”经营者竞争行为的分析 孙建平，《社会》2004 年第 10 期。

交往理性思想——批判与乌托邦 陈志刚，《教学与研究》2004 年第 11 期。

城市居民社会不平等态度的代际差别——以长春市调查为例 张海东，《青年研究》2004 年第 11 期。

网络互动中人际信任概念辨析 白淑英，《学术交流》2004 年第 12 期。

国家与社会让渡关系张力下的中国突生富裕阶层——中国中产阶级的另一种解读 陆丹，《社会》2004 年第 12 期。

如何认识中国新社会结构 宋林飞，《江海学刊》2005 年第 1 期。

社会冲突与阶级意识 李培林，《社会》2005 年第 1 期。

天津市农民工犯罪人口的社会结构特征研究 张宝义、宋严，《中国人口科学》2005 年第 1 期。

生活资源与社会分层——一项对中国中部城市的社会分层研究 刘祖云、戴洁，《江苏社会科学》2005 年第 1 期。

论社会转型与二元社会结构——中国特色的二元社会结构研究之一 刘祖云、胡蓉，《中南民族大学学报（人文社会科学版）》2005 年第 1 期。

阶层研究中的若干理论问题 邹农俭，《江苏社会科学》2005 年第 1 期。

关于中产阶级的理论与现状 李强，《社会》2005 年第 1 期。

当代中国分层研究中的制度主义范式 林克雷、陈建利，《社会科学研究》2005 年第 1 期。

政府与非营利组织的信任关系研究——一个社会学理性选择理论视角的分析 田凯，《学术研究》2005 年第 1 期。

中国城镇社会的阶层分化与阶层关系 李路路，《中国人民大学学报》2005 年第 2 期。

当代中国社会的声望分层——职业声望与社会经济地位指数测量 李春玲，《社会学研究》2005 年第 2 期。

英国中产阶级——文化及其认同 沈晖，《甘肃社会科学》2005 年第 2 期。

社会转型与二元人格结构——中国特色的二元结构研究之二 刘祖云、胡蓉，《中南民族大学学报（人文社会科学版）》2005 年第 2 期。

培育中国特色的中间阶层，构建一个和谐的小康社会 吴鹏森，《南京师范大学学报（社会科学版）》2005 年第 2 期。

关系资本：农民阶层分化的有力路径——安徽两村实地调查 蔡蓊、朱士群，《甘肃社会科学》2005 年第 2 期。

当代中国社会结构与体育人口结构的基本特征 肖焕禹、翁志强、陈玉忠，《上海体育学院学报》2005 年第 2 期。

“关系产权”——产权制度的一个社会学解释 周雪光，《社会学研究》2005 年第 2 期。

“丁字型”社会结构与“结构紧张” 李强，《社会学研究》2005 年第 2 期。

社会分层、住房产权与居住质量 边燕杰、刘勇利，《社会学研究》2005 年第 3 期。

中国的职业阶层与高等教育机会 张玉林、刘保军，《北京师范大学学报（社会科学版）》2005 年第 3 期。

私营企业主阶层的形成及演化 陈光金，《中国党政干部论坛》2005 年第 3 期。

私人与公共——两种关系的混合变形 张静，《华中师范大学学报（人文社会科学版）》2005 年第 3 期。

实践中流动的关系：一种分析视角——以《礼物的流动：一个中国村庄中的互惠原则与社会网络》为例 潘泽泉，《社会学研究》2005 年第 3 期。

社会转型与二元组织结构——中国特色的二元结构研究之三 刘祖云、田北海，《中南民族大学学报（人文社会科学版）》2005 年第 3 期。

结构分割与求职行为对上海市失业人员的实证研究 张襄誉，《社会》2005 年第 3 期。

阶层化：居住空间、生活方式、社会交往与阶层认同——我国城镇社会阶层化问题的实证研究 刘精明、李路路，《社会学研究》2005 年第 3 期。

再论中产阶级：理论、历史与类型学——兼及一种全球化的视野 周晓虹，《社会》2005 年第 4 期。

协调劳动关系是非公有制企业健康发展的重要内容 戴建中，《中国党政干部论坛》2005 年第 4 期。

西方社会分层研究中的两种理论范式 侯钧生、韩克庆，《江海学刊》2005 年第 4 期。

社会转型过程中的职业地位评价——以北大本科学生调查为例 刘爱玉，《青年研究》2005 年第 4 期。

人力资本与我国的社会分化和发展能力 卢汉龙，《毛泽东邓小平理论研究》2005 年第 4 期。

全球化与中国经济发展模式的结构性风险 高柏，《社会学研究》2005 年第 4 期。

阶层地位对城市居民社会网络性质的影响 张文宏，《社会》2005 年第 4 期。

当前中国社会阶层分化的多元动力基础——一种权力衍生论的解释 刘欣，《中国社会科学》2005 年第 4 期。

也谈国有企业工人的行动选择——兼评刘爱玉《选择：国企变革与工人生存行动》 游正林，《社会学研究》2005 年第 4 期。

城市居民社会网络资本的阶层差异 张文宏，《社会学研究》2005 年第 4 期。

社会、市场、价值观：整体变迁的征兆——从职业评价与择业取向看中国社会结构变迁再研究 许欣欣，《社会学研究》2005 年第 4 期。

中国城市社会阶层冲突意识研究 张翼，《中国社会科学》2005 年第 4 期。

市场条件下中国的阶层分化与劳资冲突 石秀印等，《学海》2005 年第 4 期。

论当代中国社会转型的分析框架 林默彪，《马克思主义与现实》2005 年第 5 期。

政府权力精英关系和乡镇企业改制——比较苏南和温州的不同实践 张建君，《社会学研究》2005 年第 5 期。

我国社会阶层结构演化的趋势 朱力，《社会科学研究》2005 年第 5 期。

结构的合理性是构建和谐社会的关键——从社会结构的分化与整合看我国和谐社会的构建 文军、杜玉华，《理论文萃》2005 年第 5 期。

社会结构分析方法新论——以结构单元为起点 朱源，《社会科学辑刊》2005 年第 5 期。

社会多元化发展与社会中间阶层的培育——论构建社会主义和谐社会的前提和基础 胡传明、陈志新，《南昌大学学报（人文社会科学版）》2005 年第 5 期。

略论法治进程中国家与市民社会的关系 潘丽萍，《福建论坛（社科教育版）》2005 年第 5 期。

阶层差异与教育获得——一项关于教育分流的实证研究 方长春、风笑天，《清华大学教育研究》2005 年第 5 期。

关系——一种新的分析单位 刘军，《社会》2005 年第 5 期。

俄罗斯移民问题及其发展趋势 李炜，《人口学刊》2005 年第 5 期。

当前中国社会阶层关系变迁中的非均衡问题 王春光，《社会》2005 年第 5 期。

当前中国社会阶层分化的制度基础 刘欣，《社会学研究》2005 年第 5 期。

当前中国的社会保险在社会分层中的作用 杨伟民，《社会学研究》2005 年第 5 期。

转型时期中国社会的关系维持——从“熟人信任”到“制度信任” 王建民，《甘肃社会科学》2005 年第 6 期。

市场的逻辑与产权结构变迁 邹小华，《经济体制改革》2005 年第 6 期。

社会结构中的“白领”及其社会功能——以 20 世纪 90 年代以来的上海为例 李友梅，《社会学研究》2005 年第 6 期。

社会分层与社会和谐 童星，《社会》2005 年第 6 期。

扩大中等收入者的比重是保证社会和谐发展的不二法则 周晓虹，《学习与探索》2005 年第 6 期。

关于人力资本、社会资本与流动农民社会经济地位关系的研究述评 刘祖云、刘敏，《社会科学研究》2005 年第 6 期。

构建和谐社会与社会结构的调整 陆学艺，《江苏社会科学》2005 年第 6 期。

调整国民收入分配结构是“十一五”时期解决“三农”问题的关键 朱智文，《甘肃社会科学》2005 年第 6 期。

代际关系新走向与代际和谐——评王树新主编的《社会变革与代际关系研究》 李兰宁，《人口与经济》2005 年第 6 期。

分类控制——当前中国大陆国家与社会关系研究 康晓光、韩恒，《社会学研究》2005 年第 6 期。

城市年轻负产阶级的调查与思考——以北京为例 张慧，《青年研究》2005 年第 6 期。

“U”型还是“倒 U”型？——贫富差距演变及成因的社会学分析 尉建文，《理论学刊》2005 年第 6 期。

19 世纪以来中国中产阶层消费文化变迁与特征 郁方，《学术研究》2005 年第 7 期。

转型期中国社会分层结构的制度依据 刘欣，《中国党政干部论坛》2005 年第 9 期。

培育形成合理的社会阶层结构是构建和谐社会的基础 陆学艺，《中国党政干部论坛》2005 年第 9 期。

各阶层的社会不公平感比较分析 李春玲，《中国党政干部论坛》2005 年第 9 期。

党群、干群关系是社会关系和谐的关键 潘允康，《中国党政干部论坛》2005 年第 9 期。

当前我国社会阶层变迁中的不平衡问题 王春光，《中国党政干部论坛》2005 年第 9 期。

从非洲到东亚——亲属研究的普遍性与特殊性 麻国庆，《社会科学》2005 年第 9 期。

建构和谐社会下的阶级合作机制 仇立平，《中国党政干部论坛》2005 年第 10 期。

解析制约农业结构改善的制度性因素 赵海林，《农村经济》2005 年第 11 期。

缓冲与示范——构建和谐社会中中间阶层的社会利益关系协调功能 张宛丽、高鸽，《中国党政干部论坛》2005 年第 24 期。

社会分层结构——机制变革与阶层相互关系 李路路，《江苏社会科学》2006 年第 1 期。

社会网络资本与干部职业地位获得 周玉，《社会》2006 年第 1 期。

社会互构论——从差异走向认同的追求 杨敏，《江苏社会科学》2006 年第 1 期。

人力信息传递与关系网络的变动：以职业流动的个案为例 王水雄、杨颖琳，《社会》2006 年第 1 期。

集体行动何以可能？——关于集体行动动力机制的文献综述 曾鹏、罗观翠，《开放时代》2006 年第 1 期。

社会转型与工人阶级的再形成 沈原，《社会学研究》2006 年第 2 期。

再生产与统治——社会流动机制的再思考 李路路，《社会学研究》2006 年第 2 期。

西方工人阶级形成理论述评——立足中国转型时期的思考 吴清军，《社会学研究》2006 年第

2 期。

社会结构分化与当代社会学取向　高峰，《苏州大学学报（哲学社会科学版）》2006 年第 2 期。

漂泊的家——晋江—香港移民研究　林蔼云，《社会学研究》2006 年第 2 期。

“双色蛋糕”——中间阶层的异质化特征　张伟，《社会》2006 年第 2 期。

集体行动何以成为可能——对一起集体上访、静坐事件的个案研究　游正林，《学海》2006 年第 2 期。

集体行动的原动力机制研究——基于 H 县农民维权抗争的考察　于建嵘，《学海》2006 年第 2 期。

在集体抗议的背后——论中国转型期冲突性集体行动的社会情境　曾鹏、戴利朝、罗观翠，《当代中国研究》2006 年第 2 期。

工人主体性的实践——重述中国近代工人阶级的形成　任焰、潘毅，《开放时代》2006 年第 3 期。

身份污名的建构与社会表征——以天津 N 辖域的农民工为例　管健，《青年研究》2006 年第 3 期。

北京城市贫困劳动人口的就业及社会支持网络调查报告　尹志刚、洪小良，《新视野》2006 年第 3 期。

社会流动、地位市场与经济增长　唐世平，《中国社会科学》2006 年第 3 期。

经济全球化背景下的劳工运动——现象、问题与理论　余晓敏，《社会学研究》2006 年第 3 期。

工人主体性的实践：重塑中国近代工人阶级的形成　任焰、潘毅，《开放时代》2006 年第 3 期。

宿舍劳动体制——劳动控制与抗争的另类空间　任焰、潘毅，《开放时代》2006 年第 3 期。

管理控制与工人抗争——资本主义劳动过程研究中的有关文献述评　游正林，《社会学研究》2006 年第 4 期。

工人阶级形成——体制内与体制外的转换　许叶萍、石秀印，《学海》2006 年第 4 期。

中国政策精英群体的社会资本——基于结构主义视角的分析　朱旭峰，《社会学研究》2006 年第 4 期。

中产阶层的界定方法及实证测度——以珠江三角洲为例　刘毅，《开放时代》2006 年第 4 期。

行动力与制度限制——都市运动中的中产阶层　陈映芳，《社会学研究》2006 年第 4 期。

试析社会分层的十种标准　李强，《学海》2006 年第 4 期。

回到马克思：对中国社会分层研究的反思　仇立平，《社会》2006 年第 4 期。

“中产阶级”研究——疑问与探源　刘长江，《社会》2006 年第 4 期。

流动人口地位获得的非制度途径——流动劳动力与非流动劳动力之比较　李春玲，《社会学研究》2006 年第 5 期。

员工心理契约的结构及其内部关系研究　李原、郭德俊，《社会学研究》2006 年第 5 期。

结构壁垒、体制转型与地位资源含量　边燕杰、李路路、李煜、郝大海，《中国社会科学》2006 年第 5 期。

关系网络的建构：私营企业主的行动逻辑——以辽宁省 d 市为个案　秦海霞，《社会》2006 年第 5 期。

外来工组织与跨国劳工团结网络——以华南地区为例　黄岩，《开放时代》2006 年第 6 期。

生存资源剥夺与传统体制依赖——当代中国工人集体行动的逻辑　唐军，《江苏社会科学》2006 年第 6 期。

网络脱生——创业过程的社会学分析　边燕杰、张磊，《社会学研究》2006 年第 6 期。

社会网络资源在职业配置中的作用　张文宏，《社会》2006 年第 6 期。

劳动力市场结构变迁与人力资本收益　刘精明，《社会学研究》2006 年第 6 期。

“下海”——中国城乡劳动力市场转型中的自雇活动与社会分层（1978～1996）　吴晓刚，《社会学研究》2006 年第 6 期。

“数字鸿沟”——当代社会阶层分析的新视角　李升，《社会》2006 年第 6 期。

新中产阶级的教育消费及其动因探析 陈曙红,《学术交流》2006 年第 9 期。

存在与困惑——中国城市中产阶级的消费张力 王建平,《学术交流》2006 年第 10 期。

社会发展

中国社会转型研究的理论维度 王雅林,《社会科学研究》2003 年第 1 期。

市场经济与公民社会的关系——一种批判的视角 陶传进,《社会学研究》2003 年第 1 期。

人口增长、就业压力与社会经济发展——对全国第五次人口普查数据的分析 陈成文、周秋良,《湖南师范大学社会科学学报》2003 年第 1 期。

机会与约束——中国福利制度转型中非营利部门发展的条件分析 田凯,《社会学研究》2003 年第 2 期。

从“总体小康”到“全面小康”——小康社会的跃迁 田佑中,《南京政治学院学报》2003 年第 2 期。

中日两国现代化变动特征的比较 张经纬,《世界历史》2003 年第 3 期。

小康社会——社会发展的目标整合与模式创新 向德平、陈琦,《中南民族大学学报(人文社会科学版)》2003 年第 3 期。

市民社会的建构与我国政治现代化的实现 高红,《南京师范大学学报(社会科学版)》2003 年第 3 期。

全面小康建设的新观念研究 周运清、张蕾,《中南民族大学学报(人文社会科学版)》2003 年第 3 期。

缓减城市与农村发展平台的坡度 李小敏,《江苏社会科学》2003 年第 3 期。

“新经济”形态与新时期社会发展研究 赖扬恩,《甘肃社会科学》2003 年第 5 期。

区域经济发展的社会机制 孙津,《经济社会体制比较》2003 年第 6 期。

苏联社会主义为何走到尽头 〔俄〕B. B. 阿列克谢耶夫,《当代世界》2003 年第 8 期。

全面建设小康社会的四个关键问题 李培林,《中国经贸导刊》2003 年第 8 期。

经济增长应注重效益的增长 朱庆芳,《中国经贸导刊》2003 年第 8 期。

一流大学评价体系与社会发展 陈星博,《学位与研究生教育》2003 年第 11 期。

反思社会管理模式 李强,《中国审计》2003 年第 14 期。

中国的社会改革问题 一文,《国外社会科学》2004 年第 1 期。

张载社会视觉中的“民胞物与”理想及其时代性 王处辉、宣朝庆,《南开学报(哲学社会科学版)》2004 年第 1 期。

增加社会发展投入——经济社会协调发展的前提 朱庆芳,《中国党政干部论坛》2004 年第 1 期。

现代社会的标准问题 杨玉洁、杨屹,《北京大学学报(哲学社会科学版)》2004 年第 1 期。

全面小康社会建设评价指标体系研究 陈友华,《社会学研究》2004 年第 1 期。

中国小康社会观论略 王处辉、宣朝庆,《社会学研究》2004 年第 2 期。

当代农民维权活动的一个解释框架 于建嵘,《社会学研究》2004 年第 2 期。

世界化——地方化时期的市民文化的形成 金成国、尚咏梅,《社会科学战线》2004 年第 2 期。

论发展的可能性和条件——以发展社会学和发展经济学的比较为视角 童星,《社会科学研究》2004 年第 3 期。

传媒与社会变迁 章辉美,《江汉论坛》2004 年第 3 期。

中国和西方社会世俗化进程的比较 王处辉、邹千江,《人文杂志》2004 年第 4 期。

直面苏南发展“三大”忧患 丁凯,《社会》2004 年第 4 期。

统筹城乡社会发展的战略选择及制度构建 刘炜、黄忠伟，《改革》2004 年第 4 期。

论现代社会发展过程中的文化经济作用 苏日嘎拉图，《内蒙古大学学报（人文社会科学版）》2004 年第 4 期。

武汉、杭州和青岛全面小康比较研究 殷燕敏、陈云、任敏，《武汉大学学报（哲学社会科学版）》2004 年第 5 期。

论社会主义市民社会在当代中国的必然性及其培育与建构 陈志新、胡传明，《南昌大学学报（人文社会科学版）》2004 年第 5 期。

"落地生根"？——三峡农村移民的社会适应 风笑天，《社会学研究》2004 年第 5 期。

提高党的构建社会主义和谐社会的能力 高新民，《理论视野》2004 年第 6 期。

从传统到现代——从大同经验看中国孤残儿童福利的制度选择 尚晓援，《青年研究》2004 年第 7 期。

东南沿海人口迁移的新变化研究 陈美招，《青年研究》2004 年第 9 期。

提高构建社会主义和谐社会的能力 青连斌，《中共石家庄市委党校学报》2004 年第 10 期。

四川藏区典型县域经济发展研究 贾秀兰、魏新春、陈颜、钟海燕，《西南民族大学学报（人文社会科学版）》2004 年第 12 期。

中国经济均衡发展需要解决的若干特殊问题 郭树清，《比较》2004 年总第 15 期。

深化改革的重要突破口 吴忠民，《瞭望》2004 年第 50 期。

建设和谐社会若干重点 丁元竹，《瞭望》2005 年第 1 期。

和谐社会的构建——从社会排斥到社会融合 丁开杰，《当代世界与社会主义》2005 年第 1 期。

社会转型——发展社会学的新议题 孙立平，《社会学研究》2005 年第 1 期。

20 世纪中国三种文武关系模式与国家现代性的成长 李月军，《当代中国研究》2005 年第 2 期。

现代化指标体系构建及其相关问题 陈友华，《社会科学研究》2005 年第 2 期。

社会主义观念与全球化进程 陈劲松、黄凤文，《中国人民大学学报》2005 年第 2 期。

全球背景下的消除贫困 周长城、郭娜，《江海学刊》2005 年第 2 期。

区域差距与区域协调发展 杨敏，《中国人民大学学报》2005 年第 2 期。

关注弱势群体 重视社会公正 构建社会主义和谐社会 俞宁，《毛泽东邓小平理论研究》2005 年第 2 期。

构建和谐社会——转轨路径是遏制越轨的关键 蒋影明，《江海学刊》2005 年第 2 期。

高次元文化传统与民族地区农村现代化——一个土家族村寨 20 世纪思想文化的变迁与启示 萧洪恩、谭媛媛、贺春霞，《中南民族大学学报（人文社会科学版）》2005 年第 2 期。

"破"与"立"——俄罗斯社会转型的历程与现状 赵定东，《东北亚论坛》2005 年第 2 期。

构建社会主义和谐社会的内涵与要求 陆学艺，《中共石家庄市委党校学报》2005 年第 3 期。

温州模式——内涵、特征与价值 方立明、奚从清，《浙江大学学报（人文社会科学版）》2005 年第 3 期。

构建和谐社会的几点认识 邓伟志，《中共杭州市委党校学报》2005 年第 3 期。

超越危机——构建新的社会预警指标体系及其运行平台的设想 阎耀军，《甘肃社会科学》2005 年第 3 期。

关系网络与当代中国基层社会运动——以一个街区环保运动个案为例 石发勇，《学海》2005 年第 3 期。

后单位制时期街区集体抗争的产生及其逻辑——对一次街区集体抗争事件的实证分析 何艳玲，《公共管理学报》2005 年第 3 期。

循环型社会及其评估指标体系 张超，《江海学刊》2005 年第 4 期。

协调好社会阶层关系构建和谐社会 陆学艺，《中国党政干部论坛》2005 年第 4 期。

马克思主义社会发展评价观的创新 向德平、田北海，《中南民族大学学报（人文社会科学版）》2005 年第 4 期。

和谐社会的四个要点 邓伟志，《北方经济》2005 年第 4 期。

构建和谐社会重在解决民生问题 张俊领，《社会主义研究》2005 年第 4 期。

公民社会成长与和谐社会的构建 董明，《深圳大学学报（人文社会科学版）》2005 年第 4 期。

现代性的主题分化与社会学研究范式整合 王建民，《社会》2005 年第 5 期。

社会运行规范化与西北民族社会的和谐 岳天明，《新疆大学学报（哲学人文社会科学版）》2005 年第 6 期。

市民社会与和谐社会构建 陈创生，《岭南学刊》2005 年第 6 期。

人际和谐与社会和谐发展 卜长莉，《学习与探索》2005 年第 6 期。

扩大中等收入者的比重是保证社会和谐发展的不二法则 周晓虹，《学习与探索》2005 年第 6 期。

社会体制改革与和谐社会建构 徐永祥，《学习与探索》2005 年第 6 期。

人口发展与构建和谐社会 彭希哲，《学习与探索》2005 年第 6 期。

社会边界与社会和谐 邹小华，《南昌大学学报（人文社会科学版）》2005 年第 6 期。

和谐与稳定——社群的视野 李骏，《人文杂志》2005 年第 6 期。

从社会学角度看“构建社会主义和谐社会” 李强，《社会科学战线》2005 年第 6 期。

从指标体系看构建和谐社会亟待解决的几个问题 朱庆芳，《中国经贸导刊》2005 年第 8 期。

和谐社会的八大结构和七点建议 李培林，《经济管理》2005 年第 9 期。

论社会主义和谐社会运行机制的建立与完善——从社会学的视角 林梵，《学术交流》2005 年第 9 期。

韩国现代化进程中市民社会的发展 芦恒，《当代亚太》2005 年第 9 期。

构建和谐社会的核心、关键与主导 王煜，《中国党政干部论坛》2005 年第 10 期。

山东经济结构战略性调整的思路创新探讨 姜绍华，《理论学刊》2005 年第 12 期。

和谐社会是公平社会 邓伟志，《毛泽东邓小平理论研究》2005 年第 12 期。

构建和谐社会——拉美的经验教训 吴国平，《南方》2005 年第 16 期。

中国站在新的历史起点上 中国社会科学院“社会现实分析与预测课题组”，《管理世界》2006 年第 1 期。

新发展主义与古典发展主义——中国模式与日本模式的比较分析 高柏，《社会学研究》2006 年第 1 期。

现代性的两种形态——解读齐格蒙特·鲍曼的《流动的现代性》 郇建立，《社会学研究》2006 年第 1 期。

区域差异改革中的国家垄断与收入不平等——基于 2003 年全国综合社会调查资料 郝大海、李路路，《中国社会科学》2006 年第 2 期。

“构建社会主义和谐社会”的社会学研究 谭明方，《武汉大学学报（哲学社会科学版）》2006 年第 2 期。

社会与政治运动理论——框架与反思 赵鼎新，《学海》2006 年第 2 期。

和谐社会建设——宏观逻辑与微观机制 孙立平，《探索与争鸣》2006 年第 3 期。

社会发展与发展型社会政策 徐道稳，《深圳大学学报（人文社会科学版）》2006 年第 3 期。

我国社会矛盾的变化与政府转型 迟福林，《人民论坛》2006 年第 4 期。

现代社会的漂浮——无根的现代性及其呈现 郭强，《社会》2006 年第 4 期。

渐进转型与激进转型在初职进入和代内流动上的不同模式——市场转型分析模型应用于中国转型研究的修订 梁玉成，《社会学研究》2006 年第 4 期。

晚近西方社会运动研究 王冠华，《东岳论丛》2006 年第 5 期。

海外关于中国市场转型论争十五年文献述评 陈那波，《社会学研究》2006 年第 5 期。

社会转型期不完全社会化的特殊表现 王立波，《青年研究》2006 年第 5 期。

中国的发展走到了十字路口 孙立平，《凤凰周刊》2006 年第 8 期。

分支社会学

国家法律与民间规范的冲突和互动——关于社会转型过程中的一项法社会学实证研究 郭星华、王平，《江海学刊》2003 年第 1 期。

经济行为与文化——社会学视野下的跨国企业 周长城、何芳，《武汉大学学报（哲学社会科学版）》2003 年第 1 期。

论身体 郑震，《社会学研究》2003 年第 1 期。

儒家社会学何以可能 李英灿，《孔子研究》2003 年第 1 期。

异乡人的写作——对赛珍珠作品的一种社会学解释 贺晓星、仲鑫，《南京大学学报（哲学·人文科学·社会科学版）》2003 年第 1 期。

中国加入 WTO 与海外华人人才回流 吴开军，《青年研究》2003 年第 1 期。

中国人口出生控制成效的比较分析 梁秋生、李哲夫，《人口研究》2003 年第 1 期。

中外志愿活动比较 江汛清，《青年研究》2003 年第 1 期。

“网络化：企业组织变化的新趋势——北京中关村 200 家高新技术企业的调查” 李培林、梁栋，《社会学研究》2003 年第 2 期。

建设市场经济道德规范的思考 贾秀兰，《社会科学研究》2003 年第 2 期。

经济行动是社会行动的一种特定类型 应千飘，《江西社会科学》2003 年第 2 期。

块状民营经济的经济社会效应分析 陈光金，《中国农村观察》2003 年第 2 期。

论社会资本的运作空间 徐晓军，《华中师范大学学报（人文社会科学版）》2003 年第 2 期。

市场经济秩序与信用失范研究 乌兰察夫、哈布尔，《内蒙古社会科学（汉文版）》2003 年第 2 期。

试论语言社会学在社会变迁和族群关系研究中的应用 马戎，《北京大学学报（哲学社会科学版）》2003 年第 2 期。

“一元单线论”辨析 李小敏，《江海学刊》2003 年第 3 期。

藏族牧区稳定与发展中的权威分析——以基层政府权威和宗教权威为例 舒勉、陈昌文，《西藏研究》2003 年第 3 期。

工业化时期东西方童工问题比较研究 鲁运庚、尹明明，《甘肃社会科学》2003 年第 3 期。

官员权力的有机构成 张岩磊，《江苏社会科学》2003 年第 3 期。

论全球网络环境中的社会风险与控制 田佑中，《现代国际关系》2003 年第 3 期。

生产适应对工程性移民返迁的影响——丹江口水库农村移民返迁意愿调查报告 张勇，《中南民族大学学报（人文社会科学版）》2003 年第 3 期。

试析转型期人力资本的负效应 邓希泉，《人口与经济》2003 年第 3 期。

网上人际信任的建立机制 白淑英，《学术交流》2003 年第 3 期。

新经济社会学的兴起和发展探微 陆德梅，《国外社会科学》2003 年第 3 期。

星座现象的社会学解读 张君敏，《当代青年研究》2003 年第 3 期。

中国公民社会的先声——以业主委员会为例 夏建中，《文史哲》2003 年第 3 期。

“高考移民”现象分析 赖志琼、吴中宇，《当代青年研究》2003 年第 4 期。

产权制度的政治建构——以 h 厂的改造为例 桂勇、邹旻、刘豪兴，《广西民族学院学报（哲学社会科学版）》2003 年第 4 期。

后现代主义视野下的科学知识社会学 郑华秀，《科学技术与辩证法》2003 年第 4 期。

企业起源的社会维度 李文祥，《社会科学战线》2003 年第 4 期。

情感控制的社会学研究初探 郭景萍，《社会学研究》2003 年第 4 期。

文化社会学的转向——分层世界的另一种语境 周怡，《社会学研究》2003 年第 4 期。

中美西部开发之比较 童星、严新明，《社会科学战线》2003 年第 4 期。

从当代中国研究反观国家与社会的关系 王建平，《学术交流》2003 年第 5 期。

对当前我国网上思想道德建设现状及对策的分析 陈星博，《毛泽东邓小平理论研究》2003 年第 5 期。

开展研究性学习 实现教育机会均等——一种微观教育社会学的分析 王守恒，《中国教育学刊》2003 年第 5 期。

论健全与完善我国的政务公开制度 胡松、邹海荣，《南昌大学学报（人文社会科学版）》2003 年第 5 期。

论教育社会学对知识社会学的接纳 钱扑，《教育科学》2003 年第 5 期。

一个口述史学者的口述——定宜庄博士访谈 许斌、定宜庄，《黑龙江民族丛刊》2003 年第 5 期。

国有企业制度变革过程中工人的行动选择——一项关于无集体行动的经验研究 刘爱玉，《社会学研究》2003 年第 6 期。

关于社会风险预警机制问题的思考 邓伟志，《社会科学》2003 年第 7 期。

家长高考择校意愿——湖北省八城镇家长的定量分析 肖洁、李芬，《青年研究》2003 年第 7 期。

试论品牌战略的诚信问题 丁桂兰，《财贸经济》2003 年第 7 期。

基因社会学——科学社会学的新课题 王汉林，《科技进步与对策》2003 年第 8 期。

城市家庭高考志愿填报中的代际差异 乐国林，《青年研究》2003 年第 9 期。

从社会学视角看专业知识的构成及其教育意蕴 崔国富，《现代教育科学》2003 年第 9 期。

社会、集体表征和人类认知——涂尔干的知识社会学 刘文旋，《哲学研究》2003 年第 9 期。

目的地居民对旅游影响的认知态度研究——以浙江省兰溪市诸葛、长乐村为例 黄洁、吴赞科，《旅游学刊》2003 年第 10 期。

屏风村龙灯文化变迁中的国家与社会 朱炳祥、夏循祥，《广西民族学院学报（哲学社会科学版）》2003 年第 10 期。

数字化与时间是“人的发展的空间” 齐鹏，《中国人民大学学报》2003 年第 10 期。

政治社会学——主题、取向与学科 景跃进，《江苏社会科学》2003 年第 10 期。

转轨体制下的权力、关系与资源——关于“秘书腐败”的社会学分析 冯仕政，《江苏社会科学》2003 年第 10 期。

德国成人教育的特点及启示 石人炳，《外国教育研究》2003 年第 10 期。

士人群体与太平天国政治冲突解析 张德顺，《江西社会科学》2003 年第 10 期。

双信息中心式企业组织结构模型及其社会问题研究 周桂林，《学术交流》2003 年第 10 期。

时空框架变迁及电脑网络对语言行为的形塑 郑中玉，《学术交流》2003 年第 11 期。

中华民族精神问题研究述评 俞祖华、赵慧峰，《史学月刊》2003 年第 12 期。

中小企业网络成长中的社会人文因素分析 吴凌芳，《学术研究》2003 年第 12 期。

“非典”期间的社会歧视现象及其成因分析 赵延东，《青年研究》2003 年第 12 期。

论我国法治建设中的法律信仰 郭艳，《青年研究》2003 年第 12 期。

诚信何以可能 邹小华，《南昌大学学报（人文社会科学版）》2004 年第 1 期。

当代农村基督教信仰调查 杜景珍，《中国宗教》2004 年第 1 期。

法律社会学——历史与范式的建构 陆益龙，《江海学刊》2004 年第 1 期。

公共治道的转变与公共伦理学的建立 詹世友、张逸云，《南昌大学学报（人文社会科学版）》

2004 年第 1 期。

教育选择方式及其后果 刘精明，《中国人民大学学报》2004 年第 1 期。

老工业基地社会弱势构成的文化力解析——以老能源工业基地阜新市为例 刘平、宗玛丽，《社会科学辑刊》2004 年第 1 期。

网络社会学建构 夏学銮，《北京大学学报（哲学社会科学版）》2004 年第 1 期。

走出困境——从社会学角度再定位教育思想研究 王彦力，《当代教育科学》2004 年第 1 期。

城乡结合部研究综述 宋国恺，《甘肃社会科学》2004 年第 2 期。

从传统企业转型谈振兴东北 邱泽奇，《吉林大学社会科学学报》2004 年第 2 期。

大众社会中知识分子的立场与使命 徐艳，《内蒙古社会科学（汉文版）》2004 年第 2 期。

论网络书写行为的后现代特性 黄少华，《自然辩证法研究》2004 年第 2 期。

现代社会的"宗教性"阐释——深圳民间宗教研究发微 范丽珠，《社会》2004 年第 2 期。

零度的写作与零度的课程——论"后现代"教育社会学之意义与可能 贺晓星，《南京大学学报（哲学·人文科学·社会科学版）》2004 年第 2 期。

突破边缘化的理论选择——经济学扩张与新经济社会学的回应 刘少杰，《社会科学战线》2004 年第 3 期。

"人力资本失灵"现象与东北老工业基地社会——从李培林、张翼在东北的发现谈起 刘平，《中国社会科学》2004 年第 3 期。

论社会排斥 周林刚，《社会》2004 年第 3 期。

商品的社会性格 张景芬，《马克思主义与现实》2004 年第 3 期。

商业业态变迁与消费行为互动关系论——新型商业业态本土化的社会学视角 张鸿雁、李程骅，《江海学刊》2004 年第 3 期。

身体：以军营新兵训练为例——兼就若干身体理论问题与郑震先生商榷 江中，《社会学研究》2004 年第 3 期。

失业与社会排斥——一个分析框架 曾群、魏雁滨，《社会学研究》2004 年第 3 期。

以《益西卓玛》为个案浅析民间爱情叙事诗中的自杀符号 孙辉，《民族文学研究》2004 年第 3 期。

质疑"社会指标管理法" 邹农俭，《中国党政干部论坛》2004 年第 3 期。

迟到的评论 杨心恒，《社会》2004 年第 4 期。

环境社会学研究综述——对环境社会学学科定位问题的讨论 吕涛，《社会学研究》2004 年第 4 期。

领导行为有效性动态评价方法及实证研究 王英、杜娟、米家宁，《理论探讨》2004 年第 4 期。

四清运动动员模式的政治社会学分析 王玉强，《史学月刊》2004 年第 4 期。

从多维视角透视"代沟"的影响 姚月红，《当代青年研究》2004 年第 5 期。

从养成教育之标准看学校教育 魏莉莉，《当代青年研究》2004 年第 5 期。

等待春天的大陆新娘——一种特殊流动人口的社会学考察 孙琼如，《青年研究》2004 年第 5 期。

共有的空间及其可能——历史社会学视野中的中日关系问题国际研讨会述介 任强，《社会学研究》2004 年第 5 期。

国际关系的历史社会学——关于跨学科特点的分析 王军，《国际论坛》2004 年第 5 期。

科学技术的社会变迁——一个社会学的分析 叶继红、雷德森，《科学管理研究》2004 年第 5 期。

苏南乡村经济精英流向城市现象考察——江苏扬中个案调查资料的定性分析 姚俊，《社会》2004 年第 5 期。

文化社会学发展之争辩——概念、关系及思考 周怡，《社会学研究》2004 年第 5 期。

成人教育与地位获得 王惠珏，《社会》2004 年第 6 期。

技术发展的社会控制研究 韩小谦，《自然辩证法研究》2004 年第 6 期。

建构科学知识社会学的语境分析 刘晓力，《求是学刊》2004 年第 6 期。

经济社会学与嵌入性——对“经济行动”的理论抽象 简斯·贝克尔特、叶鹏飞，《经济社会体制比较》2004 年第 6 期。

论城市流动人口的贫困文化 方晓玲，《青年研究》2004 年第 6 期。

论家族企业的定义 贺志锋，《当代财经》2004 年第 6 期。

美国成人学习不良研究及其启示 闫嵘、俞国良，《心理科学进展》2004 年第 6 期。

嬗变、缺位和弥补：政治安排中私营企业主利益表达——皖南宣城市的实证分析 陶庆，《社会科学研究》2004 年第 6 期。

社会成就归因倾向及其影响因素 罗教讲、涂洪波，《中国人口科学》2004 年第 6 期。

中国与印度未来人口实力比较研究 李建新，《人口学刊》2004 年第 6 期。

追求目的与手段的平衡——一份关于企业伦理的民众调研报告 罗鑫，《社会》2004 年第 6 期。

从分治到融合——近 50 年来我国劳动力移民制度的演变及其影响 文军，《学术研究》2004 年第 7 期。

剖析集群创新——西樵纺织产业集群的案例研究 丘海雄、崔强，《学术研究》2004 年第 7 期。

沿海民企遭遇“民工荒”的社会学观察 侯志阳，《青年研究》2004 年第 8 期。

解读“乙肝歧视”——关于一项“社会病”的学术再界定 郁晓晖，《社会》2004 年第 10 期。

怎样监督“一把手” 邵道生，《中国审计》2004 年第 10 期。

从社会学视角看“绿色管理” 赵向红，《学术交流》2004 年第 11 期。

论积极社会科学的价值意义 任俊，《社会科学》2004 年第 11 期。

协商治理的企业意义——对企业治理结构转换的一项思考 张逸云、尹利民，《企业经济》2004 年第 11 期。

大学高收费约束下的农户高等教育选择——Y 县城 22 户农民的访谈 王一涛、夏守信，《青年研究》2004 年第 12 期。

东北企业改制中的集体主义重建 李文祥，《经济纵横》2004 年第 12 期。

口述史、社会记忆与乡村社会研究——浅谈民事诉讼档案的解读 张佩国，《史学月刊》2004 年第 12 期。

论“在线”生存 何明升、白淑英，《哲学研究》2004 年第 12 期。

人力资本、社会资本与西方终身教育 韩丹、邓涛，《外国教育研究》2004 年第 12 期。

社会变迁——风险与社会控制 李路路，《新华文摘》2004 年第 12 期。

20 世纪中国小说与现代西方小说的社会学比较研究 周成平，《江苏社会科学》2005 年第 1 期。

北京、广州和上海 IT 企业抽样调查 洪大用、王伟红，《经济理论与经济管理》2005 年第 1 期。

城市未成年人理财教育略论 关颖，《当代青年研究》2005 年第 1 期。

反生态民俗——生态问题的另一个视角 钟伯清，《黑龙江民族丛刊》2005 年第 1 期。

福利国家运行的经济社会学分析 徐延辉，《社会主义研究》2005 年第 1 期。

困境呈现与集体主义缺失——现代企业制度效率问题的社会学观察 李文祥，《社会科学战线》2005 年第 1 期。

论法治与习俗——以社会行为为线索的一条社会学进路 李显波，《云南社会科学》2005 年第 1 期。

浅析佛教伦理对解决现代社会问题的作用 李元光，《西南民族大学学报（人文社会科学版）》2005 年第 1 期。

日本少子化及其对教育的影响 石人炳，《人口学刊》2005 年第 1 期。

社会学视野里的社会信用及其体系建设 董才生，《理论探讨》2005 年第 1 期。

天使还是魔鬼——转基因大豆在中国的社会文化考察　郭于华，《社会学研究》2005 年第 1 期。

网络文学的社会学价值　白寅，《求是学刊》2005 年第 1 期。

协调博弈的摆动均衡——企业核心层关系的一个分析　李璐，《社会》2005 年第 1 期。

中国传统慈善文化的历史沿革及现实挑战　蒙长江，《西南民族大学学报（人文社会科学版）》2005 年第 1 期。

职校教师压力的社会学分析　马庆发，《教育发展研究》2005 年第 1 期。

宗教社会学研究的新视角——宗教组织研究　李峰，《宗教学研究》2005 年第 1 期。

走近骨干教师的生活世界——一种社会学分析　王丽琴，《教师教育研究》2005 年第 1 期。

2003～2050 年农村实行计划生育的老年夫妇人数变动预测　郭震威、郭志刚、王广州，《人口研究》2005 年第 2 期。

对人道主义干涉现象的新解读——以社会学方法为研究路径　石慧，《现代法学》2005 年第 2 期。

基层司法的反司法理论？——评苏力《送法下乡》　赵晓力，《社会学研究》2005 年第 2 期。

传统马克思哲学研究模式的历史形成——一种知识社会学审理　张亮，《学术月刊》2005 年第 2 期。

关于按生产要素分配理论依据的思考　陶菁、张敬陶，《企业经济》2005 年第 2 期。

交易秩序的多重面向——寻访新经济社会学　李林艳，《社会学研究》2005 年第 2 期。

全球化工厂体制与道德理念重构　潘毅，《开放时代》2005 年第 2 期。

论管理的社会根源　屈锡华，《社会科学研究》2005 年第 2 期。

论国家利益——一种基于中国政治社会的理论考察　高全喜，《大国》2005 年第 2 期。

软预算约束制度成因研究的现状与逻辑　薛晓斌，《当代经济科学》2005 年第 2 期。

少数民族防治艾滋病的思考　张玉萍，《广西民族学院学报（哲学社会科学版）》2005 年第 2 期。

社会区隔：旅游活动的文化社会学本质——一种基于布迪厄文化资本理论的解读　曹国新，《思想战线》2005 年第 2 期。

司法独立的法社会学反思　徐亚文，《江汉论坛》2005 年第 2 期。

现代企业制度效率问题的社会学思考　张金荣、李文祥，《华中师范大学学报（人文社会科学版）》2005 年第 2 期。

寻找工作与寻找员工——将雇主引入劳动力供求市场的分析　廖文伟、王丽云，《社会》2005 年第 2 期。

中国人口现代化发展的历史与现状　陈友华，《人口学刊》2005 年第 2 期。

中小企业信用担保机制探析　王春娟，《税务与经济》2005 年第 2 期。

2008 年北京奥运会“人文奥运”理念的多文化视角审视　陈玉忠、曲京寅、肖焕禹，《上海体育学院学报》2005 年第 3 期。

安全社会学的社会学理据诠释　颜烨，《甘肃社会科学》2005 年第 3 期。

大众传媒与社会控制——论大众传媒的社会控制功能　章辉美，《社会科学战线》2005 年第 3 期。

法律移植与合法性冲突——现代性语境下的中国基层司法　刘思达，《社会学研究》2005 年第 3 期。

泛珠三角区域劳务合作对贵州民族地区的意义和作用　司亚勤，《贵州民族研究》2005 年第 3 期。

怀旧文化事件的社会学分析　赵静蓉，《社会学研究》2005 年第 3 期。

论情感在道德教育中的作用　党永强，《探索》2005 年第 3 期。

受众——历史渊源和研究起缘　臧海群、邹驯智，《湖南师范大学社会科学学报》2005 年第 3 期。

文化生产力的社会功能　贾岚生，《理论与改革》2005 年第 3 期。

我国非公有制企业的发展与现状　戴建中、刘平青、高勇，《中国党政干部论坛》2005 年第 3 期。

在法律的边缘——部分外地来京工商户经营执照中的“法律合谋”　贺欣，《中国社会科学》2005

年第 3 期。

在理论模型的平台上思考新经济社会学的一个倡导 王水雄，《社会》2005 年第 3 期。

整合性研究——环境社会学最新范式 江莹，《江海学刊》2005 年第 3 期。

制度要素的有机组合：寻租理论评价的一种新的视角——以金融押运行业的制度变革为例 张茂元，《社会》2005 年第 3 期。

滞后与压缩——中国人口生育转变的特征 李建新、涂肇庆，《人口研究》2005 年第 3 期。

中国"三资"企业中的文化冲突与文化创新 陈国贲、黎熙元、陆何慧薇，《社会》2005 年第 3 期。

市民社会——现代社会学的逻辑起点 王浩斌、王飞南，《吉首大学学报（社会科学版）》2005 年第 4 期。

甘肃省体育社会化发展分析 何步文，《甘肃社会科学》2005 年第 4 期。

产权怎样界定——一份集体产权私化的社会文本 折晓叶、陈婴婴，《社会学研究》2005 年第 4 期。

经济学视野中信用的理性分析 祝宝江，《社会科学战线》2005 年第 4 期。

科学论的转折——从科学—哲学传统到社会学的视野 袁海军，《自然辩证法通讯》2005 年第 4 期。

论苏共的意识形态合法性 郝宇青，《社会科学研究》2005 年第 4 期。

情感社会学——研究的现状与趋势 王鹏、侯钧生，《社会》2005 年第 4 期。

下岗、失业工人的行动选择分析——以厦门市调查为例 刘爱玉、王培杰，《中共福建省委党校学报》2005 年第 4 期。

学校的社会角色：期待、现实及选择——基于社会学的审视 吴康宁，《教育研究与实验》2005 年第 4 期。

衍生于传统的文化——以蜡染为例 邱泽奇，《文艺研究》2005 年第 4 期。

谣言实现的社会机制及对信息的治理 李国武，《社会》2005 年第 4 期。

政府信任关系的研究路径与缘起 程倩，《社会科学研究》2005 年第 4 期。

爱国主义教育结构探析 郑志发、黎辉，《南昌大学学报（人文社会科学版）》2005 年第 5 期。

财政社会学研究述评 刘志广，《经济学动态》2005 年第 5 期。

大学排名对高校影响的社会学分析——基于布迪厄场域、资本理论的探析 乐国林、张丽，《现代教育科学》2005 年第 5 期。

大众传媒中歧视问题探究 王磊，《思想战线》2005 年第 5 期。

高等教育价值取向——矛盾冲突及现实抉择 胡弼成，《清华大学教育研究》2005 年第 5 期。

日本生育率下降对高等教育的影响 石人炳，《南京师范大学学报（社会科学版）》2005 年第 5 期。

信息社会学理论概述 朱伟珏，《国外社会科学》2005 年第 5 期。

教育控制的社会学分析 孙新，《教育评论》2005 年第 6 期。

企业生产资源获取方式的研究 蔡禾，《社会》2005 年第 6 期。

人口红利与人口负债——数量界定、经验观察与理论思考 陈友华，《人口研究》2005 年第 6 期。

日常仪式化行为——以知青为例的研究 吴艳红，《社会》2005 年第 6 期。

上海市人口年龄结构与体育人口年龄结构的研究 徐箐，《中国体育科技》2005 年第 6 期。

试论群体性突发事件预防效果评价体系的建构 毕宏音，《理论与现代化》2005 年第 6 期。

体育公众人物形象的社会学探析 卢耿华、黄聚云、王怡，《西安体育学院学报》2005 年第 6 期。

教育概念的社会学分析 马凤岐，《教育理论与实践》2005 年第 7 期。

奥运会与社会凝聚力——从社会学看奥运会的社会效益 陆小聪、张修枫、董鹏，《学术月刊》2005 年第 8 期。

论能源安全对经济社会的影响及其保障　丁润萍，《经济问题》2005 年第 8 期。

重视另一种分化　王汉生，《中国党政干部论坛》2005 年第 9 期。

研究家族企业生命力的新视角　刘平青、张厚义，《经济与管理研究》2005 年第 10 期。

宗教伦理、宗教组织及世俗化因素——刍议宗教伦理研究中的社会学分析路径　李峰，《学术交流》2005 年第 10 期。

人力资本、社会资本与高校毕业生就业——对高校毕业生就业影响因素的研究　陈海平，《青年研究》2005 年第 11 期。

深化大国成长的国际政治社会学研究　郭树勇，《教学与研究》2005 年第 11 期。

科学道德和学术规范教育——高校德育的重要内容　叶继红，《教育发展研究》2005 年第 21 期。

当代教育社会学研究的核心主题及理论建构　钱民辉，《北京大学教育评论》2006 年第 1 期。

教育政策社会学——一种新范式　闫引堂，《比较教育研究》2006 年第 1 期。

科学知识社会学（SSK）视野下的社科情报研究方法论　朱震远，《情报资料工作》2006 年第 1 期。

实质民主与形式自由——对蔡元培民初教育思想的一种知识社会学解读　熊春文，《社会学研究》2006 年第 1 期。

延续的社会主义文化传统——一起国有企业工人集体行动的个案分析　佟新，《社会学研究》2006 年第 1 期。

知识谱系与技工短缺——一个知识社会学解析　李洪君、张小莉，《青年研究》2006 年第 1 期。

职业自主性与国家干预——西方职业社会学研究述评　刘思达，《社会学研究》2006 年第 1 期。

地方望族的权力运作模式——以 w 地区为个案　徐新，《社会》2006 年第 1 期。

广告的社会学思考　郑也夫，《首都师范大学学报（社会科学版）》2006 年第 2 期。

论时尚　郑也夫，《浙江社会科学》2006 年第 2 期。

20 世纪日本与德国崛起成败比较——一种国际政治社会学分析　郭树勇，《上海交通大学学报（哲学社会科学版）》2006 年第 2 期。

不期而遇——社会学对于艺术的几个切入点　于长江，《美术研究》2006 年第 2 期。

国际关系的历史社会学——基于流派的考察　王军，《国际论坛》2006 年第 2 期。

企业的社会资本：概念反思和测量途径——兼评边燕杰、丘海雄的《企业的社会资本及其功效》　刘林平，《社会学研究》2006 年第 2 期。

青年农民工的城市适应——实践社会学研究的发现　符平，《社会》2006 年第 2 期。

生产底层与底层的再生产——从保罗·威利斯的《学做工》谈起　吕鹏，《社会学研究》2006 年第 2 期。

中国企业年金何去何从——从《养老保险管理办法（草案）》谈起　郑秉文，《中国人口科学》2006 年第 2 期。

高等教育扩展与入学机会差异（1978～2003）　刘精明，《社会》2006 年第 3 期。

论大型国有企业失业人员的转型适应与社会认同——基于辽宁省的个案调查　赵定东，《社会》2006 年第 3 期。

企业工会的“制度性弱势”及其形成背景　冯钢，《社会》2006 年第 3 期。

有机的公共生活——从责任建构民主　林尚立，《社会》2006 年第 3 期。

制度堕距与集体行为——对企业职工集体上访事件的分析　李莹，《青年研究》2006 年第 3 期。

北京市弱势人群参与体育活动的社会学分析　王子朴、梁蕾、骆秉全，《中国体育科技》2006 年第 3 期。

房地产市场与国民经济协调发展的实证分析　梁云芳、高铁梅、贺书平，《中国社会科学》2006 年第 3 期。

跨国劳动过程的空间政治——全球化时代的宿舍劳动体制 任焰、潘毅，《社会学研究》2006 年第 4 期。

企业理论对人力资产的研究梳理与再探索 李璐，《社会》2006 年第 4 期。

性别考古与玉璜的社会学观察 陈淳、孔德贞，《考古与文物》2006 年第 4 期。

在比较中呈现革命——读《中国城市的消费革命》 董海军，《社会》2006 年第 4 期。

中美体育社会学异同考 张新萍，《天津体育学院学报》2006 年第 4 期。

文化力量与非主流人群的教育策略——奥格布文化参照框架差异理论述评 胡玉萍，《社会》2006 年第 4 期。

合会的信息汇聚机制——来自温州和台州等地区的初步证据 张翔，《社会学研究》2006 年第 4 期。

社会学分析框架下的图书馆学学科属性与学科建设 刘君，《图书情报工作》2006 年第 4 期。

贝尔纳科学社会学思想再认识 马来平，《科学学研究》2006 年第 5 期。

"二次成长阶段"跨国企业集群的行为特征与规制途径 曹和平，《中国社会科学》2006 年 5 期。

法律性的社会学建构——评尤伊克和西尔贝《法律的公共空间——日常生活中的故事》 陆益龙，《社会学研究》2006 年第 6 期。

转型社会学的新议程——孙立平"社会断裂三部曲"的社会学述评 郭于华，《社会学研究》2006 年第 6 期。

詹姆逊的空间化思考——从超空间到认知测绘美学 董国礼，《社会》2006 年第 6 期。

农村社会学

中国农村的社会主义合作 高红，《当代世界与社会主义》2003 年第 1 期。

湘村湘民访谈实录 樊平，《中国党政干部论坛》2003 年第 1 期。

我国农村小城镇发展的问题及政策取向 赖扬恩，《甘肃社会科学》2003 年第 1 期。

全面建设小康社会必须善待农民 宫希魁，《中国党政干部论坛》2003 年第 1 期。

农村要进行第二次改革，进一步破除计划经济体制对农民的束缚 陆学艺，《中国农村经济》2003 年第 1 期。

农村实现小康要攻克的难点 朱庆芳，《中国党政干部论坛》2003 年第 1 期。

经济发展与村民委员会选举 胡荣，《中共福建省委党校学报》2003 年第 1 期。

国家意志与社会参与——"国家与社会"视角中的计划生育村民自治 许昀，《人口与计划生育》2003 年第 1 期。

对减轻农民负担的思考 韩雪丹，《农村经济》2003 年第 1 期。

当前农村土地纠纷及其解决方式 朱冬亮，《厦门大学学报（哲学社会科学版）》2003 年第 1 期。

村民自治与乡村社会的基层权力结构——以湖北西南部少数民族地区农村为例 孙秋云、钟年，《云南社会科学》2003 年第 1 期。

中国乡村革命研究中的叙事困境——以"土改"研究文本为中心 张佩国，《中国农史》2003 年第 2 期。

乡村社会交换的演变及其生成逻辑 曹海林，《人文杂志》2003 年第 2 期。

"草根力量"与乡村现代化 鲁顺元，《西北民族研究》2003 年第 2 期。

征地农民的市民化——上海市的调查 陈映芳，《华东师范大学学报（哲学社会科学版）》2003 年第 3 期。

社会学视野中农业劳动力流动决策的理论模型——对甘肃省东乡族苜叶里社区的调查 周林刚，《甘肃社会科学》2003 年第 3 期。

当代中国农民政治参与的程度、动机及社会效应　郭正林，《社会学研究》2003 年第 3 期。

来自家族的呼唤：潮汕地区的经济建构——从一个村落的家族组织说起　张仲凯，《中国农村观察》2003 年第 3 期。

在城农民工留城倾向影响因素分析　曾旭晖、秦伟，《人口与经济》2003 年第 3 期。

都市农民工的权益侵害与保护——武汉市农民工权益现状的调查报告　庞文，《城市问题》2003 年第 3 期。

“二元”体制下村民自治的理性思考　潘允康，《社会科学研究》2003 年第 3 期。

流出精英与农村发展　任敏，《青年研究》2003 年第 4 期。

心灵的集团化——陕北骥村农业合作化的女性记忆　郭于华，《中国社会科学》2003 年第 4 期。

农村家族复活与法律权威的建构　庞文、刘祖云，《理论与改革》2003 年第 4 期。

2001 年我国农村小康指标体系实现程度的综合评价和分析　朱庆芳，《中国党政干部论坛》2003 年第 4 期。

乡镇移民安置与社会网络支持　李芬、风笑天，《城市问题》2003 年第 5 期。

家庭背景中的农民迁移行为——以湖北吴氏祠村为例　徐艳，《人口与经济》2003 年第 5 期。

流动农民职业获得途径及其影响因素　王毅杰、童星，《江苏社会科学》2003 年第 5 期。

城市性与农民工的城市适应　江立华，《社会科学研究》2003 年第 5 期。

农村土地的社会功能与失地农民的利益补偿　徐琴，《江海学刊》2003 年第 6 期。

农村“怕子成龙”现象分析　李全生，《青年研究》2003 年第 6 期。

农村税费改革实施的制度障碍和政策选择　刘炜，《学术交流》2003 年第 6 期。

农村村干部直选研究引发的若干理论问题　杨善华、罗沛霖、刘小京、程为敏，《社会学研究》2003 年第 6 期。

论退耕还林中农民面临的社会风险　谭磊，《人口与经济》2003 年第 6 期。

农民工问题要从根本上治理　陆学艺，《特区理论与实践》2003 年第 7 期。

制约村民自治的文化因素——长阳县村民选举调查报告　李彩霞、朱玲怡，《统计与决策》2003 年第 8 期。

农业产业化中政府、企业、农户的互动与博弈——从资源优化与再分配的角度看　吕鹏，《经济纵横》2003 年第 8 期。

深圳市农村非公经济发展与青年工作的创新　谭建光，《青年研究》2003 年第 11 期。

我国当代农民素质的结构、特征和影响因素——来自对湖北三个行政村问卷调查结果的分析　冯桂林，《江汉论坛》2003 年第 12 期。

改革开放以来中国农村族权与政权的关系　范和生，《中国行政管理》2003 年第 12 期。

村民心中的父母官——对湖北省长阳县农村居民的调查　龚晓华，《统计与决策》2003 年第 12 期。

少数民族山村村民自治的民间基础分析——对湖北省长阳土家族自治县龙舟坪镇 8 个村庄问卷调查结果的解读和阐释　孙秋云，《民族研究》2004 年第 1 期。

贫困地区农村社会保障制度的建设与完善　苏东海，《北京大学学报（哲学社会科学版）》2004 年第 1 期。

困境与出路——后集体时代农村五保供养工作研究　洪大用、房莉杰、邱晓庆，《中国人民大学学报》2004 年第 1 期。

管庄的土地转包　管兵，《社会学研究》2004 年第 1 期。

村落终结的社会逻辑——羊城村的故事　李培林，《江苏社会科学》2004 年第 1 期。

村落研究——解说模式与社会事实　兰林友，《社会学研究》2004 年第 1 期。

从血缘群到公民化：共和国时代安徽农村宗族变迁研究　王朔柏、陈意新，《中国社会科学》2004 年第 1 期。

论农民工在城市的生存与现代性　江立华，《郑州大学学报（哲学社会科学版）》2004年第1期。

中国农村的纠纷与解决途径——关于中国农村法律意识与法律行为的实证研究　郭星华、王平，《江苏社会科学》2004年第2期。

农民失地与安置失地农民　胡俊生，《社会》2004年第2期。

农民集体上访的发生机理——实证研究　郑卫东，《中国农村观察》2004年第2期。

流动农民社会支持网探析　王毅杰、童星，《社会学研究》2004年第2期。

非正式制度探析——乡村社会的视角　李怀，《西北民族研究》2004年第2期。

村庄兼并与乡村社区重建的理性选择　曹海林，《社会科学辑刊》2004年第2期。

村民政治参与状况及其影响因素分析——长阳县村民选举的调查与思考　代岷嵋、朱玲怡，《统计与决策》2004年第2期。

象征地权与文化经济——福建阳村的历史地权个案研究　张小军，《中国社会科学》2004年第3期。

流动民工现代性的探讨　蔡志海，《华中师范大学学报（人文社会科学版）》2004年第3期。

土地、圈地与中国的农民问题　邵道生，《中国土地》2004年第3期。

弱社区记忆下的村庄权力结构——赣中山区一个自然村落的个案调查　袁小平，《社会》2004年第3期。

农村法律实现障碍及其消解的社会学分析　刘应君、杨美新，《内蒙古社会科学（汉文版）》2004年第3期。

解决农村贫困问题是全面建设小康社会的基础工程　陈立新、柏秀艳，《中央民族大学学报（哲学社会科学版）》2004年第3期。

对村民自治制度下家族问题的理论反思　唐军、陈午晴、侯红蕊，《社会学研究》2004年第3期。

从社会资本理论看农民对农村大学生的“巴结”　胡巧蓉，《社会》2004年第3期。

透视集体上访事件中的村民与乡村干部　郑卫东，《青年研究》2004年第3期。

通向城市的阶梯——20世纪后期一个苏北村庄的教育志　张玉林，《南京大学学报（哲学·人文科学·社会科学版）》2004年第4期。

农民工在流动中面临的社会体制问题　王春光，《中国党政干部论坛》2004年第4期。

苏南乡村精英流向城市现象考察——江苏扬中个案调查资料的定性分析　姚俊，《青年研究》2004年第4期。

国家的在场与家族共同体的消亡——以摩哈苴彝汉杂居村为例　朱炳祥、普珍，《中南民族大学学报（人文社会科学版）》2004年第4期。

二元社会结构的再生产——中国农村面源污染的社会学分析　洪大用、马芳馨，《社会学研究》2004年第4期。

中国政府与农民关系研究述评——对当代中国社会学学者相关成果的考察　俞弘强，《厦门大学学报（哲学社会科学版）》2004年第5期。

自愿性与强制性之间——中国农村合作医疗的制度嵌入性与可持续性发展分析　顾昕、方黎明，《社会学研究》2004年第5期。

试论字辈在村庄里的特点和功能　郭茂灿，《社会》2004年第5期。

村级组织的农地调控权　毛丹、王萍，《社会学研究》2004年第6期。

正确认识农业结构调整的几个问题　赵海林，《改革与战略》2004年第6期。

农民增收是全面建设小康社会的重中之重　王翠绒，《人口与经济》2004年第6期。

农村居民对村委会选举的评价研究——对湖北省长阳县1281名农村居民的实证调查　雷洪、胡书芝，《中南民族大学学报（人文社会科学版）》2004年第6期。

关于农村移民子女的初级社会化问题初探——农村移民子女及其家庭情况的初步调查　谭舒，《四川大学学报（哲学社会科学版）》2004 年第 6 期。

工分制下农户的经济行为——对恰亚诺夫假说的验证与补充 张江华，《社会学研究》2004 年第 6 期。

村落公共空间与村庄秩序基础的生成——兼论改革前后乡村社会秩序的演变轨迹 曹海林，《人文杂志》2004 年第 6 期。

需要怎样的农村金融 王晓毅，《江苏农村经济》2004 年第 8 期。

农村青年在村级治理中的政治意识分析 高旺，《青年研究》2004 年第 11 期。

农村劳动力转移的路径选择 阮晓莺、魏澄荣，《农业经济》2004 年第 11 期。

村民委员会直接选举问题的社会学思考 江昀，《农村经济》2004 年第 12 期。

集体产权在中国乡村生活中的实践逻辑——社会学视角下的产权建构过程 申静，《社会学研究》2005 年第 1 期。

关中村治模式的关键词 贺雪峰，《人文杂志》2005 年第 1 期。

城乡发展失调的历史演变——生活实体农民与社会设置农民分离的历史过程 付少平，《农业现代化研究》2005 年第 1 期。

影响村民社会交往的因素分析 胡荣，《厦门大学学报（哲学社会科学版）》2005 年第 2 期。

农民城乡流动与农村社会结构变迁 钱雪飞，《江西社会科学》2005 年第 2 期。

都市村社共同体——有关农民城市化组织方式与生活方式的个案研究 蓝宇蕴，《中国社会科学》2005 年第 2 期。

当代中国农民维权组织的发育与成长——基于衡阳农民协会的实证研究 于建嵘，《中国农村观察》2005 年第 2 期。

“国家与社会”框架下的中国乡村研究综述 郑卫东，《中国农村观察》2005 年第 2 期。

宗族在村治中的地位——周城白族村的田野观察 朱炳祥、蔡磊，《中南民族大学学报（人文社会科学版）》2005 年第 3 期。

中国乡村治理——结构与类型 贺雪峰、董磊明，《经济社会体制比较》2005 年第 3 期。

中国农村人口问题与中国可持续发展 叶文虎、宁淼，《中国人口·资源与环境》2005 年第 3 期。

乡村政治研究诸问题——对应星批评的回应和进一步思考 仝志辉，《社会学研究》2005 年第 3 期。

日常生活政治化与农村妇女的公共参与——以宁夏 y 市郊区巴村为例 杨善华、柳莉，《中国社会科学》2005 年第 3 期。

经济发展与竞争性的村委会选举 胡荣，《社会》2005 年第 3 期。

关于村民自治主体性的若干思考 程为敏，《中国社会科学》2005 年第 3 期。

当前农村社会发展状况的总体评估 陆益龙，《江海学刊》2005 年第 3 期。

村干部权力竞争解释模型之比较——兼述村干部权力的成就型竞争 王思斌，《北京大学学报（哲学社会科学版）》2005 年第 3 期。

厂民关系的历史变迁：一种影响农村稳定因素的分析——侧重于制度分析与行动者分析相结合的解释 叶凯、肖唐镖，《中国农村观察》2005 年第 3 期。

从新功能主义理论角度看农村“赌码”现象 万江红、胡艳华，《中南民族大学学报（人文社会科学版）》2005 年第 3 期。

“农民工”——制度安排与身份认同 陈映芳，《社会学研究》2005 年第 3 期。

浙江农民的流动交易方式与其经济现代化——以浙江省义乌市后乐村为个案 张兆曙，《人文地理》2005 年第 4 期。

西递、宏村古村落的股份合作制经营模式设计 梁德阔，《中国人口·资源与环境》2005 年第 4 期。

社会学视野下的当代中国乡村债务　杨发祥，《甘肃社会科学》2005年第4期。

社会边缘群体对社会稳定的影响及对策——以哈尔滨建筑业农民工为例　曲文勇、周桂林，《学术交流》2005年第4期。

评村民自治研究的新取向——以《选举事件与村庄政治》为例　应星，《社会学研究》2005年第5期。

农民工的管理与服务机制探析——以“中国农民工反贫困项目”为例　占少华，《青年研究》2005年第5期。

简析城市农民工市民化的障碍及实现途径　胡平，《农村经济》2005年第5期。

流动农民留城定居意愿影响因素分析　王毅杰，《江苏社会科学》2005年第5期。

茶馆观察——农村公共空间的复兴与基层社会整合　戴利朝，《社会》2005年第5期。

关于中国村落共同体的论战　李国庆，《社会学研究》2005年第6期。

乡镇干部群体的角色实践及其弱势化：一项类型学的观察——以湖南塘镇为例　董海军，《社会》2005年第6期。

乡村社会变迁中的村落公共空间——以苏北窑村为例考察村庄秩序重构的一项经验研究　曹海林，《中国农村观察》2005年第6期。

全球乡村治理视野下的中国乡村治理的个案分析　周运清、王培刚，《社会》2005年第6期。

农民合作经济组织发展的现状、问题和对策　朱国云，《江海学刊》2005年第6期。

经济体制变革与村庄公共权威的蜕变——以苏南某村为案例　宋婧、杨善华，《中国社会科学》2005年第6期。

国际乡村治理模式视野下的中国乡村治理问题研究　王培刚、庞荣，《中国软科学》2005年第6期。

关于中国村落共同体的论战——以“戒能—平野论战”为核心　李国庆，《社会学研究》2005年第6期。

断裂与弥补——农民工权益保障中的法与政府角色　江立华、符平，《社会科学研究》2005年第6期。

场域、惯习与农民生育行为——布迪厄实践理论视角下农民生育行为　刘中一，《社会》2005年第6期。

对一类新农民工行为选择的社会学分析　孙湛宁，《青年研究》2005年第7期。

农村民间金融组织发展现状分析——湖北省两地区农村民间金融组织发展现状的调查与比较　万江红、胡艳华，《农业经济》2005年第8期。

关注农村阶层关系的新变化　樊平，《中国党政干部论坛》2005年第9期。

增权——“农民工讨薪”案例的分析及其启示　张云昊，《青年研究》2005年第9期。

街头务工的进城农民——以福州市为例的调查思考　陈宇海，《青年研究》2005年第10期。

中国新一轮乡镇改革——一个简略的评论　石磊，《青年研究》2005年第10期。

推进社会主义新农村建设　张晓山，《人民论坛》2005年第10期。

社会理性视野下的“民工荒”探索　何海涛、许涛，《西南民族大学学报（人文社会科学版）》2005年第12期。

乡村关系研究的视角与进路　贺雪峰、苏明，《社会科学研究》2006年第1期。

我国农民的社会分层结构和特征——一个基于全国1185份调查问卷的分析　林坚、马彦丽，《湘潭大学学报（哲学社会科学版）》2006年第1期。

社会资本与中国农村居民的地域性自主参与——影响村民在村级选举中参与的各因素分析　胡荣，《社会学研究》2006年第2期。

农村地区收入差异与人力资本积累　邹薇、张芬，《中国社会科学》2006年第2期。

从征地过程看村干部的行动逻辑——以华东、华中三个村庄的征地事件为例　齐晓瑾、蔡澍、傅春晖，《社会》2006 年第 2 期。

中国农村社会转型及其困境　贺雪峰，《东岳论丛》2006 年第 2 期。

乡镇社区发展模式和道路比较研究　周沛，《南京大学学报（哲学·人文科学·社会科学版）》2006 年第 2 期。

中国农村的教育收益率研究　赵力涛，《中国社会科学》2006 年第 3 期。

社会化小农——动机与行为　邓大才，《华中师范大学学报（人文社会科学版）》2006 年第 3 期。

法村社会支持网络的整体结构研究块模型及其应用　刘军，《社会》2006 年第 3 期。

“再识农户”与社会化小农的建构　徐勇，《华中师范大学学报（人文社会科学版）》2006 年第 3 期。

乡村房产纠纷中的成员权及其实践逻辑　张佩国，《社会》2006 年第 4 期。

寮村的“张公信仰”及其祭祀圈的扩大——当前中国东南宗族重建过程中村落文化整合的个案研究张友庭，《社会》2006 年第 4 期。

村落纠纷中的“外人”　陈柏峰，《社会》2006 年第 4 期。

围绕农民健康问题——政府、市场、社会的互动　景天魁，《河北学刊》2006 年第 4 期。

论农民市民化的动因及其支持系统　文军，《华东师范大学学报（哲学社会科学版）》2006 年第 4 期。

遭遇修路事件的村庄选举双重选择的集体行动　刘玉照，《社会》2006 年第 5 期。

寻求整合的分化：权力关系的独特作用——来自 h 村的一项经验研究　周怡，《社会学研究》2006 年第 5 期。

农村流动人口的“半城市化”问题研究　王春光，《社会学研究》2006 年第 5 期。

公益活动与中国乡村社会资源　范丽珠，《社会》2006 年第 5 期。

公产与私产之间——公社解体之际的村队成员权及其制度逻辑　张佩国，《社会学研究》2006 年第 5 期。

集体化与农民平均主义心态的形成——关于房屋的故事　卢晖临，《社会学研究》2006 年第 6 期。

通向乡村革命的桥梁——三十年代地方师范学校与中国共产主义的转型　丛小平，《二十一世纪》2006 年 8 月号。

“教育救助”在构建农村社会保障体系中的作用——基于福建省漳州市军溪村的调查　徐延辉、谢芳，《学习与实践》2006 年第 10 期。

新生存主义——新型农民工的生存之道　程启军、曾小龙，《青年研究》2006 年第 11 期。

城市社会学

中国城市郊区化研究的评价与展望　张文新，《城市规划汇刊》2003 年第 1 期。

走向法治化的中国社会——我国城市居民法治意识与法律行为的实证研究　郭星华，《江苏社会科学》2003 年第 1 期。

试论改革以来的中国城市扶贫　洪大用，《中国人民大学学报》2003 年第 1 期。

公共空间与私有空间——城市住宅空间的社会学思考　李程骅，《江海学刊》2003 年第 1 期。

中国城市扶贫政策的缺陷及其改进方向分析　洪大用，《江苏社会科学》2003 年第 2 期。

现阶段中国城市的贫困问题及反贫困政策　关信平，《江苏社会科学》2003 年第 2 期。

中国城市郊区化的特点及应对思路　江莹，《江海学刊》2003 年第 3 期。

乡村都市化与都市村民的宗族生活——广州城中三村研究　孙庆忠，《当代中国史研究》2003 年第 3 期。

城镇贫困——结构成因与文化发展　贺巧知、慈勤英，《城市问题》2003年第3期。

劳动力市场化配置与再就业流动障碍分析——城镇失业与再就业问题研究　刘宝驹，《社会科学研究》2003年第4期。

中美两国城市贫困区位化比较研究　李潇、王道勇，《城市问题》2003年第5期。

选举的仪式化功能——从业委会选举来看城市基层民主实践中的博弈　白杨，《社会科学》2003年第5期。

人力资本、再就业与劳动力市场建设　赵延东，《中国人口科学》2003年第5期。

进城人口的户籍制度改革　邹农俭，《经济社会体制比较》2003年第5期。

国家、市民社会与公民权利——兼评我国近年来的市民社会话语　王小章，《浙江大学学报（人文社会科学版）》2003年第5期。

加强区域中心城市外来劳动人口管理与服务工作的调查与思考——以青岛为例　李炜、刘同昌，《人口与经济》2003年第6期。

当前我国城市社群隔离产生的原因、危害及对策　郑传贵，《城市问题》2003年第6期。

社会经济地位与网络资源——以东北的两家国有工厂为例　李铒金，《社会学研究》2003年第6期。

人类城市化的"城市文化基因"与"城市社会再造文化因子"论——城市社会进化的人类学与社会学新视角　张鸿雁，《社会科学》2003年第9期。

城市社区流动人口计划生育的管理模式　江立华，《人口与计划生育》2003年第11期。

城市贫困者的自助与他助——从提升贫困者社会资本角度的透视　胡杰成，《青年研究》2003年第12期。

世博会的市民参与和市民素质——一项关于上海市虹口区市民的抽样调查　缪一民，《社会》2004年第1期。

上海市民对世博会的态度和社会参与　徐珂，《社会》2004年第1期。

经济转型与城市贫困人口生活状况的变化　尹海洁、关士续，《中国人口科学》2004年第2期。

福州城市社区残疾人就业状况调查　张秀梅，《社会》2004年第2期。

城市空间社会结构变迁三论　轩明飞、陈俊峰，《社会》2004年第2期。

城市基层社会的深层权力秩序　李友梅，《社会学》2004年第2期。

一个城市家庭革命的社会实践　李德滨，《社会》2004年第3期。

世界城市圈理论及其实践对中国城市发展的启示　项光勤，《世界经济与政治论坛》2004年第3期。

上海市民的社会生活状况评价调查报告　徐珂，《社会》2004年第3期。

浦东开发的社情与民意　陆康强，《社会》2004年第3期。

城市贫困群体的社会分裂与融合　何汇江，《人文杂志》2004年第3期。

城市在职青年的继续教育研究——对湖北省四城市在职青年的成人教育参与的研究　唐美玲、风笑天，《青年研究》2004年第3期。

农民市民化——从农民到市民的角色转型　文军，《华东师范大学学报（哲学社会科学版）》2004年第3期。

从乡村到都市：融入与隔离——关于民工与城市居民社会距离的实证研究　郭星华、储卉娟，《江海学刊》2004年第3期。

城市社会学与城市发展学术研讨会暨城市社会学专业委员会（筹）成立大会综述　潘允康，《社会学研究》2004年第4期。

城市居民社会资本的来源及作用——网络观点与调查发现　边燕杰，《中国社会科学》2004年第4期。

无形城市——新时空背景下的城市形态 高峰、汤茜草，《社会》2004 年第 5 期。

举办国际体育大赛对大城市的经济、文化综合效应之研究 肖锋、姚颂平、沈建华，《上海体育学院学报》2004 年第 5 期。

管治视野下的我国城市社会功能性结构 张宝锋，《甘肃社会科学》2004 年第 5 期。

“社会空间视角”——当代城市社会学研究的新视角 司敏，《社会》2004 年第 5 期。

西北民族地区城市地域空间结构研究 高永久、刘庸，《中南民族大学学报（人文社会科学版）》2004 年第 6 期。

高速城市化背景下的街头贩假者及其“职业化”——以北京 zgc 地区调查为例 陈鸿，《社会》2004 年第 6 期。

从“单位管理”到“社区服务”——论城市人口与计划生育工作模式的双重转变 慈勤英、许闹，《人口与经济》2004 年第 6 期。

城市职业乞丐现象透析 管健，《社会》2004 年第 6 期。

城市居民社会网络的阶层构成 张文宏、李沛良、阮丹青，《社会学研究》2004 年第 6 期。

城市化与道德嬗变 潘允康，《道德与文明》2004 年第 6 期。

论城市化定义的嬗变与分歧 刘志军，《中国农村经济》2004 年第 7 期。

关于城市发展战略的思考 梁兴辉，《现代城市研究》2004 年第 9 期。

政府与非政府组织在城市社区福利建设中的关系探讨 李晓凤，《科技进步与对策》2004 年第 10 期。

广州市外来人员子女教育模式的社会学分析 沈小革，《青年研究》2004 年第 11 期。

“武汉 883”与城市政府工作重心下移的功能设置研究 周梦玲，《中南民族大学学报（人文社会科学版）》2004 年第 S2 期。

中国城市居民的环境意识 洪大用，《江苏社会科学》2005 年第 1 期。

物业运作：从国家中分离出来的新公共空间——国家权力过度化与社会权利不足之间的张力 张磊、刘丽敏，《社会》2005 年第 1 期。

社会空间的极化与隔离——一项有关城市空间消费的社会学分析 潘泽泉，《社会科学》2005 年第 1 期。

城市社区的国家与社会：现实诉求和路径依赖——对 c 市“市长公开电话”的个案研究 赵定东，《社会》2005 年第 2 期。

城市道路交通环境的社会学分析 丁良川，《城市问题》2005 年第 2 期。

作为道德方案的城市空间生态 潘泽泉，《社会科学辑刊》2005 年第 3 期。

中国城市收入分配中的集团因素（1986～1995） 王天夫、王丰，《社会学研究》2005 年第 3 期。

中国城市化过程中城乡关系问题探究 朱海龙，《甘肃社会科学》2005 年第 3 期。

西部城市安全与突发公共事件的应对和处置 孙元明，《甘肃社会科学》2005 年第 3 期。

都市化进程中华南宗族的演变动态——以南景村为例 高崇，《浙江大学学报（人文社会科学版）》2005 年第 3 期。

城市的内在混合性——一项关于多元文化主义的批评 陈国赉，《江苏社会科学》2005 年第 3 期。

城市拆迁的利益冲突——一个社会学解析 李怀，《西北民族研究》2005 年第 3 期。

市民对中国城市化进程中的社会问题认知——中国六城市电话调查报告 张鸿雁、闵学勤，《社会科学》2005 年第 4 期。

农民市民化——当代中国社会学的重要研究主题 郑杭生，《甘肃社会科学》2005 年第 4 期。

城市化进程中的非农就业 邹小华，《内蒙古社会科学（汉文版）》2005 年第 4 期。

我国人口城镇化的特点及其成因探析 沈关宝，《江苏社会科学》2005 年第 5 期。

社会排斥与城市贫困家庭的住房问题 崔凤、毛凤彦，《学习与探索》2005 年第 5 期。

城市生态社区的构建研究 吴智刚、缪磊磊，《华南师范大学学报（社会科学版）》2005 年第 5 期。

城市空间的社会与“城市文化资本”论——城市公共空间市民属性研究 张鸿雁，《城市问题》2005 年第 5 期。

城市居民收入分配现状的社会学分析 李迎生，《社会科学战线》2005 年第 5 期。

流动人口在北京中心区和近远郊区分布差异的调查研究 鲁奇，《地理科学》2005 年第 6 期。

“城中村”问题的制度成因及治理思路——城市土地资源优化配置的重要环节 王华春、唐任伍、陆劲，《宁夏社会科学》2005 年第 6 期。

“边缘区”城市化的困境与反思 轩明飞，《思想战线》2005 年第 6 期。

要重视城市居民的“基本生活需要”——中国七城市的调查 王征、唐钧、张时飞，《中国党政干部论坛》2005 年第 7 期。

我国城市贫困家庭第二代就业问题研究 孙莹，《青年研究》2005 年第 9 期。

城市问题及其报道的梳理——一个人文学者眼中的城市 郑也夫，《中国记者》2005 年第 9 期。

街头务工的进城农民——以福州市为例的调查思考 陈宇海，《青年研究》2005 年第 10 期。

城乡居民主观生活质量比较研究初探 邢占军，《社会》2006 年第 1 期。

城市居民个人背景与职业适应性研究——以杭州市为例 范成杰，《社会》2006 年第 1 期。

市场转型与下岗工人 谢桂华，《社会学研究》2006 年第 1 期。

被动城市化群体城市适应性与现代性获得中的自我认同——基于南京市 561 位失地农民的实证研究 张海波、童星，《社会学研究》2006 年第 2 期。

中国城市居民的社会网络资本与个人资本 王卫东，《社会学研究》2006 年第 3 期。

社区组织行政化——表现、原因及对策分析 向德平，《学海》2006 年第 3 期。

北京城市贫困劳动人口的就业及社会支持网络调查报告 尹志刚、洪小良，《新视野》2006 年第 3 期。

城市休闲发展评估指标体系研究 郑胜华、刘嘉龙，《自然辩证法研究》2006 年第 3 期。

“单位型社区”居民政治参与的微观机制——对 Z 社区的个案研究 张宝锋，《晋阳学刊》2006 年第 4 期。

我国城市居民生活质量评价体系的构建与实际测度 范柏乃，《浙江大学学报（人文社会科学版）》2006 年第 4 期。

上海城市居住空间分异的社会学研究 杨上广、王春兰，《社会》2006 年第 6 期。

城市居民信任的构成及影响因素 胡荣、李静雅，《社会》2006 年第 6 期。

J 市农民为什么不愿做市民——城郊农民的安全经济学 毛丹、王燕锋，《社会学研究》2006 年第 6 期。

互联网使用与中国城市化——“数字鸿沟”的空间层面 汪明峰，《社会学研究》2006 年第 6 期。

组织与社区研究

组织公正感研究进展 李晔、龙立荣、刘亚，《心理科学进展》2003 年第 1 期。

物业管理——城市社区管理体制的创新 张襄誉、廖晓峰，《城市问题》2003 年第 1 期。

社区情境与城乡弱智儿童教育模式的差异——对北京市弱智儿童案例的分析 刘丽敏，《社会学研究》2003 年第 1 期。

全面建设小康社会与社区党建创新——以迈向现代化国际大都市的上海城市基层社区为例 李友梅，《毛泽东邓小平理论研究》2003 年第 1 期。

组织公平感研究对人力资源管理的启示 李晔、龙立荣，《外国经济与管理》2003 年第 2 期。

网络社会控制的悖论 童星、严新明，《社会科学研究》2003 年第 2 期。

社区商业的理论与模式 沈萌萌，《城市问题》2003 年第 2 期。

社区建设抑或“社会”建设——社会结构视野中的社区建设 徐道稳，《城市问题》2003年第2期。

论网络交往伦理 黄少华、魏淑娟，《科学技术与辩证法》2003年第2期。

关于社区体育社会化的思考 唐忠新，《体育文化导刊》2003年第2期。

从“单位”到“社区”——困厄还是出路？ 轩明飞，《内蒙古社会科学（汉文版）》2003年第2期。

社区组织体制创新刍议 夏玉珍、李骏，《华中师范大学学报（人文社会科学版）》2003年第3期。

治理理论与中国城市社区建设 冯玲、王名，《理论与改革》2003年第3期。

社区建设——构建中国的市民社会 李骏，《人文杂志》2003年第3期。

社会网络、文化制度与求职行为：嵌入问题 桂勇、陆德梅、朱国宏，《复旦学报（社会科学版）》2003年第3期。

论网络空间的社会特性 黄少华，《兰州大学学报（社会科学版）》2003年第3期。

论非营利组织在居民参与社区公益活动中的地位和作用 李伟梁，《理论与改革》2003年第3期。

国家话语与社区实践——中国城市社区建设目标解读 刘继同，《社会科学研究》2003年第3期。

从依附到相对自主——国家、市场与社区关系模式的战略转变 刘继同，《毛泽东邓小平理论研究》2003年第3期。

第三部门的发展与我国的城市社区建设 李亚雄，《华中师范大学学报（人文社会科学版）》2003年第3期。

突发性事件中非政府组织的地位和作用 陈文江，《兰州大学学报（社会科学版）》2003年第4期。

社区仪式及其在社区社会资本创建中的作用——以西北弓村“转灯”仪式的实地研究为例 奂平清，《西北民族研究》2003年第4期。

“社区教育”的概念架构 顾东辉，《广西民族学院学报（哲学社会科学版）》2003年第4期。

从居民委员会到社区委员会——内源性革命与民间社会的兴起 刘继同，《社会科学辑刊》2003年第4期。

城市家庭问题社区干预的思考——天津市河北区家庭问题社区干预调查分析 汪洁，《社会科学研究》2003年第4期。

中间组织在社区中的作用 王春光，《城市管理》2003年第6期。

从“社区”到“脱域的共同体”——现代性视野下的社区和社区建设 王小章、王志强，《学术论坛》2003年第6期。

我国城市基层社会管理体制的变迁——从单位制、街居制到社区制 何海兵，《管理世界》2003年第6期。

社区工作中的社会支持网络构建及其意义 周沛，《社会科学研究》2003年第6期。

单位作为一种制度——关于单位研究的一种视角 胡伟、李汉林，《江苏社会科学》2003年第6期。

论我国城市社区福利的建设及运作机制 江立华，《江汉论坛》2003年第10期。

从一元、二元到多元——论社区服务理念的创新 夏玉珍、李骏，《江汉论坛》2003年第10期。

从“单位管理”到“社区服务” 慈勤英，《人口与计划生育》2003年第11期。

苏南城市郊区化与社区重建 张明，《社会》2003年第12期。

旧城社区弱势居住群体与居住质量改善研究 王晓鸣，《城市规划》2003年第12期。

开放型城市社区——全面建设小康社会的必然路径 陈星博，《马克思主义与现实》2004年第1期。

转型期我国城市社区建设的政治学分析 刘为民，《求实》2004年第1期。

城市社区精神文明建设研究 洪鉴、贾秀兰，《西南民族大学学报（人文社会科学版）》2004年第

1 期。

组织内的异构现象——r 大学自习占位“制度”分析　郑辉，《社会》2004 年第 2 期。

中国都市地区普通公众参加社会捐助活动的意愿和行为取向分析　刘能，《社会学研究》2004 年第 2 期。

虚拟社区中的规则及其服从——以天涯社区为例　郭茂灿，《社会学研究》2004 年第 2 期。

老工业基地的城市社区组织模式探讨——以沈阳市 h 社区为例　靳枫，《社会科学辑刊》2004 年第 2 期。

地方市民社会与中间组织的多样化　李在烈、尚咏梅，《经济纵横》2004 年第 2 期。

当代一个小姓移民宗族组织的成因与功能——对江苏省大冈镇 x 姓宗族组织的个案研究　雷洪、奚春华，《社会》2004 年第 2 期。

超越正式与非正式的界限——当代组织社会学对组织的理解　翁定军，《社会》2004 年第 2 期。

族裔资本与美国华人移民社区的转型　周敏、林闽钢，《社会学研究》2004 年第 3 期。

社会转型时期单位体制的政治功能与生存空间　武中哲，《文史哲》2004 年第 3 期。

略论广西汉壮人口比例的变化与趋势　梁茂春，《中央民族大学学报（哲学社会科学版）》2004 年第 3 期。

中国城市社区非营利组织面临的问题与发展趋势　赵巍、齐绩，《社会主义研究》2004 年第 4 期。

建构城市公共领域——论城市社区功能的重新定位　刘玉能，《浙江大学学报（人文社会科学版）》2004 年第 4 期。

大城市回族社区的社会文化功能——南京市七家湾回族社区研究　张鸿雁、白友涛，《民族研究》2004 年第 4 期。

组织外形化：非协调约束下的组织运作——一个研究中国慈善组织与政府关系的理论框架　田凯，《社会学研究》2004 年第 4 期。

“社区参与”的微观机制研究　陈万灵，《学术研究》2004 年第 4 期。

BBS 群体特征的社会网络分析　彭小川、毛晓丹，《青年研究》2004 年第 4 期。

从“行政社区”到“公民社区”——由中西比较分析看中国城市社区建设的走向　陈云松，《城市发展研究》2004 年第 4 期。

“典型单位制”对东北老工业基地社区发展的制约　田毅鹏，《吉林大学社会科学学报》2004 年第 4 期。

上海社区建设强政府色彩的反思与启示　郭圣莉，《城市管理》2004 年第 4 期。

社区矫正与当代社会学的使命　郑杭生，《江西社会科学》2004 年第 5 期。

当代同业公会的特征及问题初探——对温州同业商会的研究　姜惕麒，《社会》2004 年第 5 期。

不同居住区居民社区参与的差异性比较——对上海两个社区居民参与情况的调查　张红霞，《社会》2004 年第 5 期。

论组织社会学之建构性张力及其消解　赵孟营，《人文杂志》2004 年第 6 期。

中国民族地区城市化发展战略与对策创新　张鸿雁、陈俊峰，《社会科学》2004 年第 6 期。

我国城市社区建设中的管理与自治　杨伟民，《管理世界》2004 年第 6 期。

群体需求与环境资源的失衡——关于民办自闭症教育生存状况的个案调查分析　魏爱棠，《中国特殊教育》2004 年第 6 期。

单位与代际地位流动——单位制在衰落吗？　余红、刘欣，《社会学研究》2004 年第 6 期。

城市社区建设中的全能主义倾向　沈新坤，《社会》2004 年第 6 期。

有所为，有所不为——关于社区建设定位问题的思考　宋杰、程金，《社会》2004 年第 7 期。

谁来拯救吸毒归来者——试论社区司法社工体系的作用及其功能　陈君贤，《社会》2004 年第 7 期。

社区在中国发展过程中的两种形态比较——比较分析“浙江村”和“超级村庄” 胡丹凤，《社会》2004 年第 7 期。

块区与社区治理——以上海市康健街道为例 张洁慧，《社会》2004 年第 7 期。

近十年我国民间组织研究综述 万江红、张翠娥，《江汉论坛》2004 年第 8 期。

社区工作在我国的发展 贾秀兰，《西南民族大学学报（人文社会科学版）》2004 年第 9 期。

温州民间商会：自主治理的制度分析——温州服装商会的典型研究 陈剩勇、马斌，《管理世界》2004 年第 12 期。

城市社区建设的体制创新与社会工作 徐永祥，《探索与争鸣》2004 年第 12 期。

组织和制度创新与变迁的社会过程——一种拟议的综合分析 李汉林、渠敬东、夏传玲、陈华珊，《中国社会科学》2005 年第 1 期。

我国城市社区建设的资源调动实践模式比较——上海外滩街与广州逢源街的个案比较 黎熙元、童晓频，《学术研究》2005 年第 1 期。

群体符号边界如何形成？——以北京基督新教群体为例 方文，《社会学研究》2005 年第 1 期。

论建设和谐社区文化的重要作用及建设措施 洪鉴，《西南民族大学学报（人文社会科学版）》2005 年第 1 期。

论城市社区文化建设 陈颜，《西南民族大学学报（人文社会科学版）》2005 年第 1 期。

中国城市社区选举的想象——从功能阐释到过程分析 刘春荣，《社会》2005 年第 1 期。

组织合法性——在组织理性与事实的社会组织之间 赵孟营，《北京师范大学学报（社会科学版）》2005 年第 2 期。

“逆向软预算约束”——一个政府行为的组织分析 周雪光，《中国社会科学》2005 年第 2 期。

西方公民社会观适合中国吗？ 海贝勒、绍斯米卡特，《南开学报（哲学社会科学版）》2005 年第 2 期。

组织社会学的研究视野与问题——“转型中国的组织现象研究”学术研讨会综述 李怀，《社会》2005 年第 2 期。

五饼二鱼——社区运动与都市生活 庄雅仲，《社会学研究》2005 年第 2 期。

社会学视野下的组织公民行为分析 郭晓薇，《学习与探索》2005 年第 2 期。

技术与组织的互构——以信息技术在制造企业的应用为例 邱泽奇，《社会学研究》2005 年第 2 期。

城市社区民主建设与制度性约束——上海市居委会改革个案研究 石发勇，《社会》2005 年第 2 期。

无形的观念如何塑造有形的组织——对组织社会学新制度学派的一个回顾 曹正汉，《社会》2005 年第 3 期。

中国的社会政治参与——以社区为例 海贝勒，《马克思主义与现实》2005 年第 3 期。

中介组织在土地流转中的地位与作用 钟涨宝、狄金华，《农村经济》2005 年第 3 期。

中国城市社区建设的可持续性与社会资本的重构——以广州市逢源街安老服务为例 黎熙元、童晓频，《中山大学学报（社会科学版）》2005 年第 3 期。

我国行业性中介组织治理的公共政策 林闽钢，《科学学研究》2005 年第 3 期。

我国农村民间金融组织研究述评 万江红、狄金华、张翠娥，《经济师》2005 年第 3 期。

社区维权行动与社区工作的专业化 李伟梁，《重庆社会科学》2005 年第 3 期。

和谐社会的组织运作：一种社会资本的分析视角——以广东南海专业镇为例 吴军民、刘汉辉，《理论与改革》2005 年第 4 期。

非营利组织理事会——一个资源依赖视角的解释 马迎贤，《经济社会体制比较》2005 年第 4 期。

商品房住宅区公共物业自治管理制度分析——以上海水仙苑小区为例 顾玫，《社会》2005 年第

4 期。

“有限社区”理论质疑居委会权威 顾骏，《社区》2005 年第 4 期。

中国城市基层自治组织的“内卷化”及其成因 何艳玲、蔡禾，《中山大学学报（社会科学版）》2005 年第 5 期。

公民参与、群众参与与社区参与 杨敏，《社会》2005 年第 5 期。

城市社区建设中政府与非政府组织互动关系的建立和演变——对华爱社和尚思社区中心的个案研究 范明林、程金，《社会》2005 年第 5 期。

社区意识分析的理论建构 高鉴国，《文史哲》2005 年第 5 期。

社区治理与权力秩序的重构——对上海市 KJ 社区的研究 张虎祥，《社会》2005 年第 5 期。

城市业主维权运动——特点及其影响 邹树彬，《深圳大学学报（人文社会科学版）》2005 年第 5 期。

“互动合作”的制度变迁模型——以武汉市江汉区社区建设为例 王敬尧，《华东师范大学学报（哲学社会科学版）》2005 年第 5 期。

城市“社区”是否可能？——关于农村邻里空间与城市邻里空间的比较分析 桂勇，《贵州师范大学学报（社会科学版）》2005 年第 6 期。

草根的全球化与本土化——我国和西方城市社区发展的比较研究 任远，《社会科学研究》2005 年第 6 期。

转型期我国城市社区自治的参与不足——困境与突破 李建斌、李寒，《江西社会科学》2005 年第 6 期。

业主维权运动：产生原因及动员机制——对北京市几个小区个案的考查 张磊，《社会学研究》2005 年第 6 期。

生存理性主导下的创业实践——以广州城乡结合部的成衣社区为例 高崇，《思想战线》2005 年第 6 期。

社区建设中的国家与社会关系模式 马晓燕、刘敏，《甘肃社会科学》2005 年第 6 期。

非政府组织发展及其在和谐社会中的建构功能 范斌，《马克思主义与现实》2005 年第 6 期。

城市政府工作进社区与执政能力创新——“武汉 883 行动计划”与和谐社区建设研究 周运清，《中南民族大学学报（人文社会科学版）》2005 年第 6 期。

中国民间组织发展的三大不利性制度因素分析 王晨，《社会科学》2005 年第 10 期。

社会转型时期城市社区建设的新思路 赵选忠，《改革与战略》2005 年第 12 期。

对组织社会学 50 年来发展的反思 李国武，《国外社会科学》2006 年第 1 期。

中国的城市“街道”管理体制改革与社区发展 何海兵，《当代中国研究》2006 年第 1 期。

从社区研究看社会学的中国风格——以学科理想与知识建构为视角的分析 宣朝庆、王处辉，《河北学刊》2006 年第 1 期。

现代社会中组织与社会的联结——理性的类型关联 赵孟营，《宁夏社会科学》2006 年第 1 期。

组织格局——抽象社会中的社会组织 赵孟营，《北京师范大学学报》2006 年第 2 期。

全球化、国际非政府组织与中国民间组织的发展 马秋莎，《开放时代》2006 年第 2 期。

当代西方社会的非营利组织——美国、加拿大非营利组织考察报告 李培林、徐崇温、李林，《河北学刊》2006 年第 2 期。

“社区”及其相关概念辨析 童星、赵夕荣，《南京大学学报（哲学·人文科学·社会科学版）》2006 年第 2 期。

自我行动的逻辑理解“新传统主义”与中国单位组织的真实的社会建构 汪和建，《社会》2006 年第 3 期。

社团合作与中国公民社会的有机团结 高丙中，《中国社会科学》2006 年第 3 期。

城市社区建设与公民社会之培育互动 杨寅，《法制论丛》2006 年第 3 期。

社区组织行政化——表现、原因及对策分析 向德平，《学海》2006 年第 3 期。

单位分割与集体抗争 冯仕政，《社会学研究》2006 年第 3 期。

“单位型社区”居民政治参与的微观机制 张宝锋，《晋阳学刊》2006 年第 4 期。

组织与制度的嵌入性及其自然演化——论《教育思想的演进》对组织与制度变迁研究的启示 吴建平，《社会》2006 年第 5 期。

社区慈善超市如何做久做大？ 张彦，《社会科学》2006 年第 6 期。

从社区归属感看中国城市社区建设 单菁菁，《中国社会科学院研究生院学报》2006 年第 6 期。

政社分工与合作——社区建设体制与改革研究 徐永祥，《东南学术》2006 年第 6 期。

城市社区——共同体还是“互不相关的邻里” 桂勇、黄荣贵，《华中师范大学学报（人文社会科学版）》2006 年第 6 期。

社区建设就是重建基层生活 顾骏，《社区》2006 年第 8 期。

国家权力与城市空间——当代中国城市基层社会治理变革 彭勃，《社会科学》2006 年第 9 期。

老年研究

养老基金和责任积累——中国面临的选择 罗宾·布莱克本、俞弘强，《经济社会体制比较》2003 年第 1 期。

城市老年人口与已婚子女同住的观念与现实 约翰·罗根、边馥芹，《中国人口科学》2003 年第 2 期。

论我国养老金制度改革中的转制成本 李骏，《改革与理论》2003 年第 3 期。

观念与需求：社会养老制度设计的重要依据——东北老工业基地养老方式与需求意愿的调查与分析 宋宝安、杨铁光，《吉林大学社会科学学报》2003 年第 3 期。

从上海看中国老年人口贫困与保障 于学军，《人口研究》2003 年第 3 期。

城市空巢老人生活状况和社会支持体系分析 赵芳，《南京师范大学学报（社会科学版）》2003 年第 3 期。

成功老龄化研究——以北京老年人为例 杜鹏，《人口研究》2003 年第 3 期。

陕西省城乡社区老年人生活质量调查研究 韩亚利，《西安交通大学学报（医学版）》2003 年第 4 期。

论老年弱势群体社会支持体系的构建 高灵芝，《理论学刊》2003 年第 4 期。

中韩两国人口老龄化及其老年人口问题的比较分析 姜向群，《人口学刊》2003 年第 6 期。

我国人口老龄化宏观对策研究 课题组，《宏观经济研究》2003 年第 6 期。

我国老龄化现状与老年人力资源开发 李兴华，《理论探索》2003 年第 6 期。

老年人养老模式选择的影响因素研究 邓颖，《中国公共卫生》2003 年第 6 期。

人口老龄化与我国农村社会养老保险制度缺陷分析 王金安，《数量经济技术经济研究》2003 年第 7 期。

空巢老人心理健康状况研究 李德明，《中国老年学杂志》2003 年第 7 期。

中国城市居民主观幸福感量表在老年群体中的应用 邢占军，《中国老年学杂志》2003 年第 10 期。

全面小康社会中的老年社会保障体系建设 丁润萍，《经济问题》2003 年第 10 期。

关注农村老年妇女的情感生活 柴定红，《社会》2003 年第 11 期。

关注“夕阳”——对本市老年人生活状况的调查报告 吴爱珍，《上海统计》2003 年第 11 期。

不同养老方式下老年人心理健康状况的比较研究 吴振云，《中国老年学杂志》2003 年第 11 期。

老年人传媒接触状况的调查与分析 陈勃、樊国宝，《社会科学》2003 年第 12 期。

人口年龄结构老龄化与养老保障改革 田雪原，《中国经贸导刊》2003 年第 14 期。

社会转型期家庭和国家的养老作用　裴晓梅，《广西民族学院学报（哲学社会科学版）》2003 年第 24 期。

人口老龄化与社区养老　王俊霞，《求实》2003 年第 Z1 期。

中国特色的人口老龄化过程、前景和对策　邬沧萍，《人口研究》2004 年第 1 期。

中国老年人口高龄化趋势及原因的国际比较分析　王琳，《人口与经济》2004 年第 1 期。

中国高龄老年人口性别比的社会经济差异　陈卫，《人口研究》2004 年第 1 期。

责任伦理与城市居民的家庭养老——以“北京市老年人需求调查”为例　杨善华、贺常梅，《北京大学学报（哲学社会科学版）》2004 年第 1 期。

社会支持与老年人口生活满意度的关系研究　李建新，《中国人口科学》2004 年第 1 期。

俄罗斯的老年问题及退休金制度　李炜，《中国人口科学》2004 年第 1 期。

对山东两个民办养老机构的比较研究　孙艳艳、王炜，《社会》2004 年第 1 期。

人口老龄化、经济发展与老年社会福利设施建设——以南京市为例　陈友华，《人口学刊》2004 年第 2 期。

以生命历程范式浅析老年群体中的不平等现象　成梅，《人口研究》2004 年第 3 期。

理论老年抚养比与实际老年抚养比偏离分析　肖周燕，《人口研究》2004 年第 3 期。

城市老年人参与社会公益活动的意愿及其影响因素　陈茗，《人口学刊》2004 年第 3 期。

老年人生活质量测量与评价研究　张继海，《中国老年学杂志》2004 年第 4 期。

中国农村养老意愿和养老方式的研究　李建新、于学军、王广州、刘鸿雁，《人口与经济》2004 年第 5 期。

对我国当前人口老龄化问题研究的概念和理论探析　姜向群，《人口学刊》2004 年第 5 期。

城市老龄社区构建问题三议　宋言奇，《城市规划汇刊》2004 年第 5 期。

我国老龄人口结构精算估计及对养老模式的影响分析　贾辉，《财经科学》2004 年第 5 期。

社区养老助老服务的取向、问题与对策研究　王辅贤，《社会科学研究》2004 年第 6 期。

老年弱势群体社会支持体系的分析与思考　高灵芝，《社会科学战线》2004 年第 6 期。

国外人口老化理论的心理学研究述评　乐国安，《心理科学》2004 年第 6 期。

关于老年人主观幸福的研究——对中国及日本老年人幸福观的调查分析　雷秀雅，《社会科学研究》2004 年第 6 期。

老年知识分子再创造自我效能感的调查研究　冯春，《中国老年学杂志》2004 年第 7 期。

当前我国养老问题及对策研究　王芝兰，《经济师》2004 年第 7 期。

中国高龄老人的社会经济与健康状况　曾毅，《中国人口科学》2004 年第 S1 期。

老年人的心理特征因素对生活满意度的影响　王莹，《中国人口科学》2004 年第 S1 期。

影响老年人再婚质量的个人和社会因素　王俊宁、张小山，《中国人口科学》2005 年第 1 期。

生育与死亡转变对人口老龄化和老年抚养的影响　鲍思顿、顾宝昌、罗华，《中国人口科学》2005 年第 1 期。

流迁老年人口研究——国外文献评述　宋健，《人口学刊》2005 年第 1 期。

老年人口生活质量的涵义与内容确定　刘渝林，《人口学刊》2005 年第 1 期。

城市社区生活不能自理老人居家养老生活质量评估指标体系探索　刘晶，《人口学刊》2005 年第 1 期。

城市社区生活不能自理居家老人生活质量评估和改善的研究　刘晶，《人口与经济》2005 年第 2 期。

我国空巢老人家庭状态　黄润龙，《人口与经济》2005 年第 2 期。

院舍照顾还是社区照顾？——中国养老模式的可能取向探讨　吕新萍，《人口与经济》2005 年第 3 期。

老年人口变化对传媒接触需求的影响——基于代群效应的预测分析　陈勃、欧阳珊，《南昌大学学报（人文社会科学版）》2005 年第 3 期。

国外缓解人口老龄化压力的举措　高飞，《社会科学辑刊》2005 年第 3 期。

老年人力资源开发的策略构想　王树新，《人口研究》2005 年第 3 期。

社会支持对老年人心理健康影响的研究　陈立新，《人口研究》2005 年第 4 期。

论老年人力资源的保护与开发　侯旭平，《理论学刊》2005 年第 4 期。

老年歧视与老年社会工作　易勇、风少杭，《中国老年学杂志》2005 年第 4 期。

在自发性、诱致性与强制性之间——多支柱养老保障模式的制度分析及建构　辛本禄，《学习与探索》2005 年第 5 期。

论当代中国老年人的心理特点与生存价值　宋宝安、蒲新微，《社会科学战线》2005 年第 5 期。

老年人生活幸福度及其影响因素分析　唐莉，《中国公共卫生》2005 年第 5 期。

我国老年人的社会支持与服务　严建雯，《心理科学》2005 年第 6 期。

如何理解老龄社会及其特点　党俊武，《人口研究》2005 年第 6 期。

农村老年人口健康视角中的农村养老保障问题的战略思考　金小桃，《人口与经济》2005 年第 6 期。

老年人人格特征与认知功能　苗茂华，《中国心理卫生杂志》2005 年第 6 期。

北京市女性老年人口的现状及未来发展趋势分析　安冰洁，《妇女研究论丛》2005 年第 6 期。

人口老龄化问题及其对策研究　朱步楼，《人口与计划生育》2005 年第 7 期。

中国老年人口生活质量评价指标体系的构造　刘渝琳，《重庆大学学报（自然科学版）》2005 年第 8 期。

人口老龄化对我国农村经济发展的影响　刘丽华，《农村经济》2005 年第 8 期。

从指标体系看老龄人口的贫困化　朱庆芳，《中国党政干部论坛》2005 年第 8 期。

工业化国家城乡统筹农村老年保障体系建设　丁少群，《中国劳动》2005 年第 9 期。

西方老年消费行为研究路径与模型评介　刘超、卢泰宏，《外国经济与管理》2005 年第 11 期。

老年人口生活质量评价系统的设计与实现　刘渝妍，《重庆大学学报（自然科学版）》2005 年第 11 期。

构建农村社会养老保险制度的基本思路　许海燕，《农村经济》2005 年第 11 期。

发挥老年人才作用　促进社会和谐发展　孙桂琴，《清华大学教育研究》2005 年第 S1 期。

中国人口老龄化的发展趋势与特点　杨光辉，《中国人口科学》2005 年第 S1 期。

老年妇女的社会支持系统研究——一项基于浙江省的分析　郅玉玲，《华东理工大学学报（社会科学版）》2006 年第 2 期。

中国台湾地区人口老龄化与老年人社会保障　尹豪、龚莹，《人口学刊》2006 年第 3 期。

老年人口养老意愿的社会学分析　宋宝安，《吉林大学社会科学学报》2006 年第 4 期。

中国农村老年人最低社会养老金制度的必要性、可行性和可能的社会效益　申策、JohnWilliamson，《中国农村经济》2006 年第 8 期。

青少年研究

新世纪的北京青年　余逸群、纪秋发，《青年研究》2003 年第 1 期。

社会不可忽视的一个新群体——论流动儿童所面临的畸形社会化　张翼、风笑天，《当代青年研究》2003 年第 1 期。

青少年文化异化现象的社会学分析　任敏，《当代青年研究》2003 年第 1 期。

青年失业现象、原因及对策分析　吴森富，《青年研究》2003 年第 1 期。

青年人际交往的新景观——谈手机短信在人际沟通中的矛盾性　郜键，《当代青年研究》2003 年第 1 期。

农村青少年辍学的非经济因素　张士菊，《青年研究》2003 年第 1 期。

当代大学生责任观的调查报告　王燕，《青年研究》2003 年第 1 期。

校园网络新闻应对突发事件的传播环境与机制分析　徐楠等，《青年研究》2003 年第 2 期。

女大学生就业的弱势原因与强势关怀　赵霞，《青年研究》2003 年第 2 期。

近十年我国青年择偶标准研究述评　种道平，《青年研究》2003 年第 2 期。

凤凰落地之后——对农村落榜回乡青年的调查与分析　李全生，《青年研究》2003 年第 2 期。

当代中国大学生政治亚文化分析　楚成亚，《青年研究》2003 年第 2 期。

站在物质与精神天平上的 bobo 族　吕纳，《当代青年研究》2003 年第 3 期。

天津市青年主观生活质量的调查分析　李莹，《青年研究》2003 年第 3 期。

流浪少年儿童的救助与回归　张明锁，《青年研究》2003 年第 3 期。

当代中学生偶像崇拜的后现代特征　闽丽，《青年研究》2003 年第 3 期。

青年的犯罪被害问题研究　王志强，《青年研究》2003 年第 4 期。

浅析大学生就业过程中的失信行为　胡解旺，《青年研究》2003 年第 4 期。

流动儿童与社会的整合　周皓、章宁，《中国人口科学》2003 年第 4 期。

进城务工青年的需求及其潜能开发——以天津市开发区为例　关颖，《青年研究》2003 年第 4 期。

儿童虐待——一个不容忽视的全球问题　马韵，《青年研究》2003 年第 4 期。

传统，还是非传统？——对 16 名同居大学生的调查分析　袁浩淇，《当代青年研究》2003 年第 4 期。

城市青年的职业适应——独生子女与非独生子女的比较研究　风笑天、王小璐，《江苏社会科学》2003 年第 4 期。

中国生育文化的转型与青少年发展问题研究　许改玲，《社会科学研究》2003 年第 5 期。

学生整容热探因　倪赤丹，《当代青年研究》2003 年第 5 期。

全球化对青少年同一性形成的影响　李艾丽莎、张庆林，《青年研究》2003 年第 5 期。

青少年事务发展与青年组织的政治合法性——社会转型期共青团发展战略的一个社会学视角　王艳，《当代青年研究》2003 年第 5 期。

青少年社会政策——文本内容分析　陈涛，《青年研究》2003 年第 5 期。

守望大学生的道德底线　叶庆松，《青年研究》2003 年第 6 期。

大学生消费观的大众传媒影响因素分析　周春霞、彭光芒，《统计与决策》2003 年第 6 期。

大学生对职业的评价及分析　胡荣，《厦门大学学报（哲学社会科学版）》2003 年第 6 期。

大学生道德选择矛盾性研究　张弛，《青年研究》2003 年第 6 期。

成人仪式——从生活教育到政治教育　董海军、易勇，《思想战线》2003 年第 6 期。

“新生代”，一个难以界定的概念——以湖南省青玄村为例　赵芳，《社会学研究》2003 年第 6 期。

大学生手机消费现状调查分析报告　张卫军，《青年研究》2003 年第 7 期。

从恐慌到离校——“非典时期”的大学生状态分析　万惠仪、方正伟，《青年研究》2003 年第 7 期。

从佛山市的调查看当前外出务工青年的社会支持网络　梅方权，《青年研究》2003 年第 7 期。

“回归司法”与犯罪青少年教育权法律保护　席小华，《青年研究》2003 年第 7 期。

对“两面派”儿童的一种社会学解读　王海英，《学前教育研究》2003 年第 7 ~ 8 期。

关于构建中国青少年发展指标体系的思考　张华，《青年研究》2003 年第 8 期。

都市里的辍学青少年——以上海为例　董小苹、程福财，《青年研究》2003 年第 8 期。

“非典”时期大学生焦虑水平及其对健康态度的评价分析　辛省平，《青年研究》2003 年第 8 期。

流动儿童发展状况调查——对北京、深圳、绍兴、咸阳四城市的访谈报告　张秋玲等，《青年研究》2003 年第 9 期。

当代大学生择业心理调查研究　范巍，《青年研究》2003 年第 9 期。

北京市青少年物质主义态度的实证分析　张红霞、王晨，《青年研究》2003 年第 9 期。

中国儿童福利政策模式与城市流浪儿童议题　刘继同，《青年研究》2003 年第 10 期。

满意度对青年接受思想政治教育的影响　许叶萍，《青年研究》2003 年第 10 期。

高校“校漂族”研究　胡解旺，《青年研究》2003 年第 10 期。

越轨社会学视角下的青少年犯罪　刘能，《青年研究》2003 年第 11 期。

新街角青年的浮现——对湖南 H 镇一类青年的调查与分析　符平，《青年研究》2003 年第 11 期。

试析 2003 年高校毕业生就业难的形成原因　邓希泉、安国启，《青年研究》2003 年第 11 期。

问卷调查方法在青年研究中的介绍与运用状况——20907 项问卷调查的分析　周春霞，《青年研究》2003 年第 12 期。

越轨社会学视角下的青少年犯罪（续）　刘能，《青年研究》2003 年第 12 期。

流动农民对其适龄子女的教育选择分析——结构二重性的视角　李芬、慈勤英，《青年研究》2003 年第 12 期。

学校教育与学生社会化个性的培养——一个社会学、人类学的跨学科分析　岳天明，《甘肃社会科学》2004 年第 1 期。

青少年心中的榜样——江苏省扬州市青少年榜样崇拜的调查分析　王晓燕，《青年研究》2004 年第 1 期。

青少年从众心理的社会学分析　李颖，《教育评论》2004 年第 1 期。

流动儿童义务教育情况报告　王芳、陈蓓丽、马贵侠，《当代青年研究》2004 年第 1 期。

国有企业青年职工职业适应性研究　胡仕勇，《当代青年研究》2004 年第 1 期。

对流动儿童学校之合理性的思考与建议　周皓、陈玲，《人口与经济》2004 年第 1 期。

用人单位聘用大学毕业生状况的调查报告　王远伟、谢宝国，《青年研究》2004 年第 1 期。

我国特殊困难儿童的福利需求分析及其应有的干预策略　孙莹，《青年研究》2004 年第 1 期。

我国九城市流动儿童生存和受保护状况调查　邹泓、屈智勇、张秋凌，《青年研究》2004 年第 1 期。

青年择偶过程——转型期的嬗变　徐安琪、李煜，《青年研究》2004 年第 1 期。

台湾青年选民的政治认同与走向　唐德中、王安，《青年研究》2004 年第 2 期。

权利与义务对等的高校贫困生资助模式探讨　徐晓军，《人文杂志》2004 年第 2 期。

青少年体育意识跨文化比较探讨　虞重干、李志清、刘志民，《上海体育学院学报》2004 年第 2 期。

全球化背景下深圳特区青年工作的变革与发展　吴先浪，《青年研究》2004 年第 2 期。

海峡两岸青年思想观念比较分析　周智，《青年研究》2004 年第 2 期。

对理工类大学生政治理论课认知水平的调查　檀江林，《青年研究》2004 年第 2 期。

青少年犯罪原因的理论探索　吴碧君，《当代青年研究》2004 年第 3 期。

韩国青年的失业问题　申东润，《社会》2004 年第 3 期。

城市在职青年的继续教育研究——对湖北省四城市在职青年的成人教育参与的研究　唐美玲、风笑天，《青年研究》2004 年第 3 期。

黑龙江青工技能素质状况调查报告　高洪贵，《青年研究》2004 年第 3 期。

网络同辈群体与青少年社会化　姚俊、张丽，《当代青年研究》2004 年第 4 期。

网络对青少年成长的影响　张彦，《当代青年研究》2004 年第 4 期。

谁来照看孩子——从“托教”中探析流动人口子女家庭教育的困惑和需求　庞翠明，《社会》2004 年第 4 期。

社会资本与大学生就业关系研究　陈成文、谭日辉，《高等教育研究》2004 年第 4 期。

流动人口子女教育的社会支持因素分析　许传新、陈国华，《青年研究》2004 年第 4 期。

中小学生纪律处分状况研究——对北京市700余名中小学生的调查与分析　茅锐等，《青年研究》2004年第5期。

象牙塔中的基督徒——北京市大学生基督教信仰状况调查　左鹏，《青年研究》2004年第5期。

弱势青少年生存状况与社会支持　杨雄，《社会科学》2004年第5期。

贫困大学生的生存现状与心态——对武汉某高校贫困大学生的调查　高强、李进，《社会》2004年第5期。

从养成教育看青少年的素质提升　曾燕波，《当代青年研究》2004年第5期。

城市低学历待业青年的职业期望研究　乔世东，《青年研究》2004年第5期。

北京大学生媒体应用情况调查　吕巧平、胡咏梅，《青年研究》2004年第6期。

Hip-Pop文化在青少年中的流行性分析　李凡卓，《青年研究》2004年第6期。

网络社区中的青年文化表征　李志宏，《社会》2004年第7期。

离婚家庭青少年研究——一个独特个案的反思　韩晓燕、魏雁滨，《青年研究》2004年第7期。

由"木子美现象"看青年自我塑造　王丽，《社会》2004年第8期。

现阶段大学毕业生就业困难与择业定位分析　陈喆，《社会》2004年第8期。

华中某市高校同性恋者的个案研究　刘影、张小山，《青年研究》2004年第8期。

关注未成年人、家庭及其城市——青少年犯罪问题的社会学思考　关颖，《青年研究》2004年第8期。

对中国未成年人取保候审制度的法律审视　虞浔，《青年研究》2004年第8期。

城市青年初始职业获得及机制——以杭州市为例　范成杰，《社会》2004年第8期。

就业制度改革过程中社会资本与大学生地位获得研究　陈成文、邝小军，《青年研究》2004年第9期。

城市独生子女青少年的传媒生活与社会化——全国14城市青少年传媒接触状况的调查分析　杜荟苑，《青年研究》2004年第9期。

五个国家中学生价值观的比较和分析　许惠英，《青年研究》2004年第10期。

青年失业的特征及成因——基于国际视角的考察　毕先萍，《青年研究》2004年第10期。

儿童休闲：被遗忘的角落——我国城市儿童休闲状况调查及其分析　王小波，《青年研究》2004年第10期。

青年企业白领流动状况初探——苏州工业园区企业白领调查　聂玉梅，《青年研究》2004年第11期。

南昌市儿童保护制度的演变　尚晓援、伍晓明、杨洋，《青年研究》2004年第11期。

广州市外来人员子女教育模式的社会学分析　沈小革，《青年研究》2004年第11期。

大学生孝道观的调查研究　邓凌，《青年研究》2004年第11期。

青少年健康素质的隐忧——大城市少年儿童生活方式调查　关颖、孙宏艳，《青年研究》2004年第12期。

另一种声音——从互联网看当代中国青年的国家民族意识　林晓珊，《青年研究》2004年第12期。

孩子的经济成本——转型期的结构变化和优化　徐安琪，《青年研究》2004年第12期。

关于进城务工就业农民子女教育问题研究的文献综述　蔡霞，《上海教育科研》2004年第12期。

大学生思想政治教育状况调查报告——以武汉理工大学为例　方涛，《青年研究》2004年第12期。

另一种声音——从互联网看当代中国青年的国家民族意识　林晓珊，《青年研究》2004年第12期。

大学的教育功能与大学生的全面发展　风笑天，《中国青年研究》2005年第1期。

转型期青年成才的六大障碍　郭杨，《人才开发》2005年第1期。

社会位移对学生社会化的影响　吴碧君，《当代青年研究》2005年第1期。

青年"充权"理论与自我实现——2004年海外青年研究的一个热点问题　苏颂兴，《青年研究》

2005 年第 1 期。

教育机会均等下的我国高考招生地区差异　琚四化，《青年研究》2005 年第 1 期。

《北京规则》与我国对未成年犯的刑事诉讼保护　冯亚景，《青年研究》2005 年第 1 期。

中国九城市流动儿童发展与需求调查　邹泓、屈智勇、张秋凌，《青年研究》2005 年第 2 期。

解密“街角青年”——一种越轨社会学和亚文化理论的研究　黄海，《青年研究》2005 年第 2 期。

独生子女的社会行为取向　欧阳晓明，《青年研究》2005 年第 2 期。

未成年人违法犯罪的现状、特点及对策——中部 A 省未成年犯调查　徐晓军、夏玉珍，《江苏社会科学》2005 年第 3 期。

青少年社会化——理论探讨与经验研究述评　风笑天，《青年研究》2005 年第 3 期。

媒介暴力对青少年的影响　王玲宁、张国良，《青年研究》2005 年第 3 期。

流动儿童的城市适应性研究——对北京市一所打工子弟学校的个案调查　郭良春等，《青年研究》2005 年第 3 期。

大学生群体眼中的南京大屠杀——对南京高校 1000 名学生的调查　李浩升、石城，《青年研究》2005 年第 3 期。

“大话”文化与青年亚文化资本——对《大话西游》现象的一项社会学考察　姚爱斌，《文艺理论与批评》2005 年第 3 期。

走进“围城”的独生子女——概念、规模与质疑　风笑天，《江苏社会科学》2005 年第 3 期。

人口学分布、社会福利水平和亚群分析——中国 15～24 岁青少年的社会发展概况　刘能，《青年研究》2005 年第 4 期。

青年失业——不协调发展及其警示　方巍，《青年研究》2005 年第 4 期。

恢复性司法与青少年犯罪防控　刘晓梅，《青年研究》2005 年第 4 期。

手机短信与中学生“私域”的生成——某市中学生手机短信的文本分析　夏雪，《青年研究》2005 年第 5 期。

青少年研究的新趋势——恢复力研究述评　李燕平，《青年研究》2005 年第 5 期。

大学生网络依赖及其团体干预方法初探　白羽、樊富珉，《青年研究》2005 年第 5 期。

北京市青年流动人口艾滋病知识水平及教育模式选择　张朝雄，《青年研究》2005 年第 5 期。

虚拟社区青少年越轨行为的分析与对策——以四川青年为例　高培文，《西南民族大学学报（人文社会科学版）》2005 年第 6 期。

当代大学生职业观念的错位及矫正　金钊、于贯生，《西南民族大学学报（人文社会科学版）》2005 年第 6 期。

日常仪式化行为——以知青为例的研究　吴艳红、J，David Knottnerus，《社会》2005 年第 6 期。

农村孤儿的成因及其现状分析——以武汉市郊李集镇、山坡镇义务教育阶段的孤儿为例　杨生勇、徐晓军，《青年研究》2005 年第 6 期。

男孩偏好的再考察　王文卿、潘绥铭，《社会学研究》2005 年第 6 期。

进城务工青年技能培训现状及发展诉求调查——以哈尔滨市 400 名进城务工青年为例　高洪贵，《青年研究》2005 年第 6 期。

孤残儿童家庭寄养效果的实证研究——对北京大兴区礼贤镇的调查分析　吴鲁平、韩小雷、刘文斌，《青年研究》2005 年第 6 期。

服刑家庭子女生活状况及发展需求调查　徐浙宁、冯萍，《青年研究》2005 年第 6 期。

大学生思想政治教育的社会学意蕴　刘松涛，《毛泽东思想研究》2005 年第 6 期。

从社会转型的视角解析当前我国青少年面临的信仰危机　李庆真，《青年研究》2005 年第 6 期。

国际视野中的青年——定义、属性和问题　赵化刚，《青年研究》2005 年第 7 期。

市场、社会、国家与流动人口子女的教育——以浦东新区的民工子弟学校为例　黄剑波、成功，

《青年研究》2005年第8期。

江苏省小学生健康调查——对江苏省8307名小学生的调查与分析 张媛,《青年研究》2005年第8期。

父母的过高期待与中学生的压力关系的研究 赵芳、赵烨烨,《青年研究》2005年第8期。

福建大学生眼中的台湾 林晓珊,《青年研究》2005年第8期。

网络发展对大学生群体影响的利弊及应对措施 贾秀兰,《西南民族大学学报(人文社会科学版)》2005年第9期。

网德教育与青少年发展 张彦,《当代青年研究》2005年第9期。

福清市出国移民的代际变化研究——以该市某中学99级高三某班为个案 翁才敏,《青年研究》2005年第9期。

儿童的抚育成本——安徽省阜南县农村儿童抚育成本的个案研究 尚晓援、李振刚,《青年研究》2005年第9期。

中国第一代城市独生子女的社会适应 风笑天,《教育研究》2005年第10期。

美国关于流动儿童教育问题的研究与实践 石人炳,《比较教育研究》2005年第10期。

流动儿童少年学习困难的非智力因素分析——多次转学经历的个案研究 赵娟,《青年研究》2005年第10期。

对留守儿童问题的研究综述 叶敬忠,《农业经济问题》2005年第10期。

新技术媒体与青少年文化变局 祝华新、赖龙威,《青年研究》2005年第11期。

社会教育的失责与青少年发展问题的生成 孙抱弘,《当代青年研究》2005年第11期。

人力资本、社会资本与高校毕业生就业——对高校毕业生就业影响因素的研究 陈海平,《青年研究》2005年第11期。

兰州城区流动人口子女义务教育状况调查 李荣华,《青年研究》2005年第11期。

违法犯罪青少年的司法保护——社会服务令 龚小玲,《青年研究》2005年第12期。

孩子效用——转型期的特征与结构变化 徐安琪、张亮,《青年研究》2005年第12期。

大学生职业地位获得实证研究 宛恬伊,《青年研究》2005年第12期。

从"撒谎"看流浪儿童的机构救助 王水雄、李伟,《青年研究》2005年第12期。

学生越轨行为的理论分析与对策 徐瑞,《教育发展研究》2005年第13期。

课堂控制——一种社会学的解读 李德显,《教育理论与实践》2005年第23期。

从社会学视角看弱势群体"差生群"生成原因及对策 王后雄,《教育科学》2005年第25期。

大学生异常行为的特点及其产生的社会机制分析 戴朝霞,《求实》2005年第S1期。

游走在"高尚"与"平庸"之间——当代青年的道德困境与道德教育选择 张华,《青年研究》2006年第1期。

我的地盘我做主——试析手机对青少年私域建构的影响 姜赟,《青年研究》2006年第1期。

谁动了我的手机——某市中学生手机使用状况调查 史云桐,《青年研究》2006年第1期。

拥有与匮乏——重庆市中学生利用网络教育资源情况调查 胡之骐、何英,《青年研究》2006年第2期。

分割劳动力市场与高校毕业生失业 刘帆,《青年研究》2006年第2期。

儿童性安全现状及思考 王进鑫,《青年研究》2006年第2期。

丛飞事件的反思——从学生工作的角度谈高校的感恩教育 梁勤儒、王燕芳、陈昌龄,《青年研究》2006年第2期。

社会记忆及其建构一项关于知青集体记忆的研究 王汉生、刘亚秋,《社会》2006年第3期。

青少年网络同居亚文化的社会学分析 钟一彪,《当代青年研究》2006年第3期。

青少年对父母亲职及亲子关系质量的认知——香港与上海的比较 石丹理、韩晓燕、李美羚,《社会》2006 年第 3 期。

农村留守儿童的规模问题评述　罗国芬，《青年研究》2006 年第 3 期。

中国社会的急剧变化对青少年成长和教育的挑战　许叶萍，《青年研究》2006 年第 4 期。

认知自我与体验社会——城市青年主观生活质量研究　张蕾，《青年研究》2006 年第 4 期。

都市、纹身与符号——都市青年纹身的社会学透视　沈一兵，《青年研究》2006 年第 4 期。

低生育村落分年龄段生育意愿比较　郑卫东，《青年研究》2006 年第 4 期。

大学生权利救助的第三条道路——论学校社会工作者的介入　易钢、肖小霞，《青年研究》2006 年第 4 期。

社会流动的脉络与机制——以大学生求职为例　郑丹丹、张芳，《青年研究》2006 年第 5 期。

区隔与认同：农民工子弟的人际交往现状研究——以南京市一所民工子弟学校为例　李运庆，《青年研究》2006 年第 5 期。

青少年亲社会行为的概念表征研究　寇彧、张庆鹏，《社会学研究》2006 年第 5 期。

留守儿童问题性别差异调查分析——以福建省为例　郭少榕，《青年研究》2006 年第 5 期。

弱势青少年研究——一个批判性述评　程福财，《青年研究》2006 年第 6 期。

青年失业与社会关系排斥风险　曾群、陆景丽，《青年研究》2006 年第 6 期。

家庭资本与城乡学业成就差异——基于实证调查基础上的相关分析　蒋国河、闫广芬，《青年研究》2006 年第 6 期。

青少年形象的媒介呈现　潘辽粤，《青年研究》2006 年第 7 期。

构建适合大学生需求的高校职业指导新体系——对大学生职业指导需求的调查　孟红莉，《青年研究》2006 年第 7 期。

《青年研究》2001～2005 年引文分析　张朝雄、杨凡，《青年研究》2006 年第 7 期。

社会支持系统的断裂与弥合——基于脆弱儿童实际生活状况的分析　顾江霞，《青年研究》2006 年第 8 期。

批判与重构：未成年人累犯问题——从本体学角度的思考　陈伟，《青年研究》2006 年第 8 期。

对毕业生就业中“在岗不签”现象的分析　杨建义，《青年研究》2006 年第 8 期。

代际冲突与青年话语的变迁　吴小英，《青年研究》2006 年第 8 期。

流浪儿童的街头生活及其“受害”——基于民族志调查的发现　程福财，《青年研究》2006 年第 9 期。

基于 BBS 的青年群体形态研究　张春生，《青年研究》2006 年第 9 期。

“农民工”子女的基础教育——主要以北京市朝阳区为例　黄剑波，《青年研究》2006 年第 9 期。

中国孤儿状况分析　尚晓援、程建鹏，《青年研究》2006 年第 10 期。

我国青年农民的非农职业选择——初职、现职及期望　葛晓巍、林坚，《青年研究》2006 年第 10 期。

为现代公民举行成人仪式　谢昌逵，《青年研究》2006 年第 10 期。

生养孩子的非经济成本研究——以上海为例　刘汶蓉、徐安琪，《青年研究》2006 年第 10 期。

漂在北京——隐性就业的大学毕业生调查　左鹏、桑李娜，《青年研究》2006 年第 10 期。

艾滋病孤儿的社会支持网络：现状与构建——基于湖北省随州、襄樊两市问卷调查　陆一琼、杨生勇，《青年研究》2006 年第 10 期。

转型期青年工人权利意识与维权现状研究　杨莉，《青年研究》2006 年第 11 期。

分层视野中的社会化分析——关于农村大学生生活方式转型的一种描述　扈海鹂，《青年研究》2006 年第 11 期。

大学生就业的主观违约博弈分析　董艳、李家军、赵侃，《青年研究》2006 年第 11 期。

大学生“网络求助”：时尚背后的困境——以西南某大学学生“卖身救母”事件为例　张北坪，

《青年研究》2006年第11期。

新时期大学生党性认知差异的实证分析　龚波、袁金辉，《青年研究》2006年第12期。

农村籍大学生大学生活适应调查　张亿全、高燕，《青年研究》2006年第12期。

国家战略与青年发展　杨雄，《青年研究》2006年第12期。

当今中国榜样教育之尴尬——后现代主义的解读　陈卓，《青年研究》2006年第12期。

当代未成年人价值观的演变特点与影响因素——对安徽省24206名未成年人的调查分析　叶松庆，《青年研究》2006年第12期。

大学生对美国人关注的十大问题的态度与看法调查研究　陈生洛，《青年研究》2006年第12期。

性别研究

性别平等社会化——一个长期而艰难的过程　张美生、马文颖，《妇女研究论丛》2003年第1期。

老年父母家庭照顾中的性别研究概观——以香港的个案研究为例　黄何明雄、周厚萍、龚淑媚，《社会学研究》2003年第1期。

两种体制下的中国城市妇女就业　蒋永萍，《妇女研究论丛》2003年第1期。

教育与城镇妇女就业相关性分析　庄平、毕伟玉，《人口与经济》2003年第1期。

"新妇女史"在中国大陆的兴起　刘文明，《史学理论研究》2003年第1期。

当知识遭遇性别——女性主义方法论之争　吴小英，《社会学研究》2003年第1期。

女性主义社会学方法论探析　张宛丽，《浙江学刊》2003年第1期。

挑战与应对：妇联工作群众化的新态势——以南通市妇女发展与妇联工作为个案的研究（之二）孙正娟、田蓉，《江海学刊》2003年第2期。

"双重外来者"的生活——女性婚姻移民的生活经历分析　谭琳、苏珊·萧特、刘惠，《社会学研究》2003年第2期。

中国东北地区劳动力市场中的女性性工作者　黄盈盈、潘绥铭，《社会学研究》2003年第3期。

收入性别差异的表现形式与特点　慈勤英、田雨杰、许闹，《人口学刊》2003年第3期。

心灵的集体化——陕北骥村农业合作化的女性记忆　郭于华，《中国社会科学》2003年第4期。

妇女与福利——女性主义福利理论评介　刘继同，《妇女研究论丛》2003年第4期。

发展与问题——泰国性产业中的中国妇女　朱和双、李金莲，《青年研究》2003年第4期。

单位制度变迁过程中的城市女性职业发展障碍　揭艾花，《浙江大学学报（人文社会科学版）》2003年第4期。

温洛克（winrock）"妇女能力建设与农村发展项目"培训个案研究　章立明，《妇女研究论丛》2003年第5期。

对信息化时代女性话语仍被"消音"的思考　石艳、张小山，《青年研究》2003年第5期。

我国非正规就业的性别特征分析　谭琳、李军峰，《人口研究》2003年第5期。

对现阶段中国妇女解放与发展道路的理论思考　王晶，《人口学刊》2003年第5期。

无法分隔的公私领域——以下岗女性为例看职业地位和家庭地位的交织关系　郑丹丹，《妇女研究论丛》2003年第6期。

女性消费文化的社会意义分析　郭景萍，《湖南师范大学社会科学学报》2003年第6期。

试论巴赫金有关理论对妇女研究的启发与借鉴　吴菁，《妇女研究论丛》2003年第6期。

评价性别平等的标准及存在的问题　黄智君，《妇女研究论丛》2003年第6期。

城镇职业女性弱势地位与相关社会政策的思考　方刚，《南开学报（哲学社会科学版）》2003年第6期。

自愿独身的女性　柯毅萍，《社会》2003年第7期。

未婚青年性态度与性行为的最新报告　徐安琪，《青年研究》2003 年第 8 期。

非公有制企业外来女工权益保障现状　刘米娜，《青年研究》2003 年第 9 期。

从女生就业状况透视扩招形势下就业难问题　张志英、张彦通，《青年研究》2003 年第 9 期。

对外来女工群体的价值观分析　何艳玲，《青年研究》2003 年第 10 期。

外来女工权益保障与生存状况调查报告　“外来女工权益保障和生存状况”课题组，《妇女研究论丛》2003 年第 Z1 期。

妇联所处网络关系的厘清——对妇联定位及其路径选择的一点思考　周健，《妇女研究论丛》2004 年第 1 期。

“性骚扰”概念的泛化、窄化及应对措施　沈奕斐，《妇女研究论丛》2004 年第 1 期。

中国大陆女性社会学课程建设现状与发展趋势　王金玲，《妇女研究论丛》2004 年第 2 期。

“女大学生陪聊”现象的社会性别分析　雷茜，《社会》2004 年第 2 期。

夫妻权力模式与女性家庭地位满意度研究　徐安琪，《浙江学刊》2004 年第 2 期。

影响我国女性就业参与的因素分析　王小波，《社会》2004 年第 3 期。

女性越轨理论百年述评　孙中欣，《思想战线》2004 年第 3 期。

论两性关系得以建立的规则——由夫妻个人条件的相似性检验社会交换理论　蔡鑫，《思想战线》2004 年第 3 期。

妇女史与社会性别的启示　杜芳琴、裔昭印、刘文明、李银河、郑永福、吕美颐，《史学理论研究》2004 年第 3 期。

女工——一个重生的社会阶层　李若建，《社会学研究》2004 年第 4 期。

性别发展与全面小康指标体系　周长城、姚琴，《江苏社会科学》2004 年第 4 期。

亲密关系暴力——男性与女性谁更具攻击性　刘娇，《社会》2004 年第 4 期。

妇女、家庭与生育　李银河，《江苏社会科学》2004 年第 4 期。

传统两性性别特征的时代变迁：淡化与互渗　张慧，《社会》2004 年第 4 期。

城市青年的生育意愿——现状与比较分析　风笑天，《江苏社会科学》2004 年第 4 期。

产业女工发展面临的障碍——对江苏省产业女工调查数据分析　朱考金、陈建兵，《青年研究》2004 年第 4 期。

安徽省 C 县 L 村外出女工工作生活状况调查　戚良艳，《青年研究》2004 年第 4 期。

女性传统美的扼杀——金小仙典型形象的社会学分析　徐英春，《齐鲁学刊》2004 年第 5 期。

理解普通妇女——兼谈女性研究的方法论问题　杨善华，《妇女研究论丛》2004 年第 5 期。

对性别研究和女性主义的认识　李培林，《妇女研究论丛》2004 年第 5 期。

家庭策略还是个人自主？农村劳动力外出决策模式的性别分析　谭深，《浙江学刊》2004 年第 5 期。

谈社会性别研究的中国实践　翁乃群，《妇女研究论丛》2004 年第 5 期。

性社会学基本命题的实证　潘绥铭，《社会学研究》2004 年第 6 期。

现阶段中国社会分化与性别分层　张宛丽，《浙江学刊》2004 年第 6 期。

女性个人自主性——解读离婚现象的新视角　王纪芒，《妇女研究论丛》2004 年第 6 期。

农村妇女参与村委会选举的现状及其影响因素——湖北省长阳县农村调查小结　张勇，《社会》2004 年第 6 期。

甘肃赵村娃娃亲的研究　孙淑敏，《青年研究》2004 年第 6 期。

女农业劳动者劳动参与及社会保障情况的现状分析——江苏省第二期妇女地位调查资料的分层研究　沈艳，《青年研究》2004 年第 7 期。

女性创业特征素描——上海私营企业 30 位女性业主的个案调查　费涓洪，《社会》2004 年第 8 期。

女性就业的边缘化——中国目前的职业性别隔离状况及其原因　蓝李焰，《中共福建省委党校学报》2004年第9期。

择偶模式和性别偏好研究——西方理论和本土经验资料的解释　李煜、徐安琪，《青年研究》2004年第10期。

20世纪50年代的妇女解放和男女义务平等——中国城市夫妻的经历与感受　左际平，《社会》2005年第1期。

推进妇女研究进入社科研究和学科建设主流　杨玉静，《妇女研究论丛》2005年第1期。

企业女职工的特殊权益保护现状——以福建省为例　陈红霞，《青年研究》2005年第1期。

将妇女/性别研究纳入中国社会科学研究的主流　谭琳，《妇女研究论丛》2005年第1期。

阶级的失语与发声——中国打工妹研究的一种理论视角　潘毅，《开放时代》2005第2期。

张载"性"概念之内涵探微　叶文英、杨柱才，《南昌大学学报（人文社会科学版）》2005年第2期。

尚未完成由传统向现代的转变——山东女性生活方式管窥　王毅平，《妇女研究论丛》2005年第2期。

当前农村已婚妇女外出就业动因的社会学分析——以潘村的个案研究为例　潘振飞，《妇女研究论丛》2005年第2期。

未成年人养成教育中的家庭责任　关颖，《当代青年研究》2005年第3期。

女性主义的知识范式　吴小英，《国外社会科学》2005年第3期。

性别与社会研究的新进展　王金玲，《山西师范大学学报（社会科学版）》2005年第4期。

社会转型期妇女社会地位的边缘化　王晓燕，《学习与探索》2005年第4期。

河北平安村的"续夫"婚姻　高永平，《社会》2005年第4期。

夫妻权力和妇女家庭地位的评价指标——反思与检讨　徐安琪，《社会学研究》2005年第4期。

中学女生身体意识的社会学研究　刘琳琳，《当代青年研究》2005年第5期。

试析中国女性群体的分化与分层　王小波，《妇女研究论丛》2005年第5期。

社会记忆中的性别偏好　刘中一，《妇女研究论丛》2005年第5期。

性别偏好的生成——一个生命历程理论视角的考察　刘中一，《山西师范大学学报（社会科学版）》2005年第6期。

哈佛大学性别课程讨论的130个问题及其启示　肖巍，《妇女研究论丛》2005年第6期。

社会转型期农村女性青年的社会流动——以皖北C村为例　陈占江，《青年研究》2005年第8期。

"超级女声现象"透视　向荣高，《青年研究》2005年第10期。

我国课程编制的文化性缺失——一种社会学视角的反思与建构　李东，《教育发展研究》2005年第14期。

将社会性别平等观念纳入农村反贫困政策与实践的主流　赵群，《妇女研究论丛》2005年第Z1期。

颠覆与建构1990年代以来英文学界中国女性群体形象研究　叶敏磊、毛升，《社会》2006年第1期。

"铁姑娘"再思考——中国文化大革命期间的社会性别与劳动　金一虹，《社会学研究》2006年第1期。

职业流动的性别差异及其成因——江苏省第二期妇女地位调查数据分析　陈芳，《青年研究》2006年第7期。

婚姻家庭

改革开放对家庭结构的影响　可凌玮、郭学贤，《郑州大学学报（哲学社会科学版）》2003年第1期。

家庭养老在不同文化背景下的地位及前途　李光勇，《人口学刊》，2003年第1期。

维吾尔族妇女婚姻家庭生活及其变迁 周亚成，《西北民族研究》2003 年第 2 期。

农村养老保障与计划生育工作拓展——安徽省的实证研究 孙中锋、马芒、黄鹂、赵捷，《人口与经济》2003 年第 3 期。

婚姻对中国高龄老人健康长寿影响的性别差异分析 顾大南，《中国人口科学》，2003 年第 3 期。

华北农村家庭结构变动研究——立足于冀南地区的分析 王跃生，《中国社会科学》2003 年第 3 期。

论五四时期探求家庭变革的社会思潮 陈文联，《社会科学辑刊》2003 年第 3 期。

家务分配及其公平性——上海市的经验研究 徐安琪、刘汶蓉，《中国人口科学》2003 年第 3 期。

家庭革命——1949～1968 年中国农村和城市的政治、爱情与离婚 玛格丽特·伍、卢春天，《国外社会科学》2003 年第 3 期。

家庭对农业劳动力流动作用的多因素分析——对甘肃省东乡族苜叶里社区的调查 周林刚，《西北民族研究》2003 年第 3 期。

中国生育率的地区差异及其政策选择 陈友华、陆建新，《人口与经济》2003 年第 4 期。

文化转型下中国农村家庭养老探析 高和荣，《思想战线》2003 年第 4 期

北京市独生子女生育意愿的调查 李嘉岩，《中国人口科学》2003 年第 4 期。

香港地区家庭住户结构变迁的探讨 王建平，《中国人口科学》2003 年第 4 期。

中国阶层内婚制的延续 张翼，《中国人口科学》2003 年第 4 期。

现阶段中国农村血缘与姻缘博弈现象探析 张国庆，《许昌学院学报》2003 年第 4 期。

夫妻关系“定势”与权力策略 郑丹丹、杨善华，《社会学研究》2003 年第 4 期。

城市家庭问题社区干预的思考——天津市河北区家庭问题社区干预调查分析 汪洁，《社会科学研究》2003 年第 4 期。

家庭的变化与法社会学 南方晓，《国外社会科学》2003 年第 5 期。

计划生育与家庭养老的经济供养能力 贺巧知，《人口与经济》2003 年第 5 期。

国外双职家庭研究的现状与展望 田浩，《心理科学》2003 年第 5 期。

不良家庭类型与子女心理健康 曹欢，《西南师范大学学报（人文社会科学版）》2003 年第 5 期。

婚姻存续时间及其影响因素——对 44209 宗协议离婚案的实证分析 王有智、彭飞，《青年研究》2003 年第 6 期。

华北农民家庭人口生存条件分析——对 20 世纪 30～40 年代冀南农村的考察 王跃生，《历史研究》2003 年第 6 期。

北京市生育水平和出生性别比及外来人口影响 郭志刚，《中国人口科学》2003 年第 6 期。

高校婚姻家庭现状及提高家庭生活质量的对策 朱伯兰，《西南民族大学学报（人文社会科学版）》2003 年第 9 期。

十五年来中国女性择偶标准的变化 钱铭怡、王易平、章晓云、朱松，《北京大学学报（哲学社会科学版）》2003 年第 9 期。

现代社会婚姻稳定家庭幸福的道德要素 王秀华，《福建论坛（经济社会版）》2003 年第 10 期。

婚姻与纵向社会流动——上海市民的婚姻观念 秦海霞，《社会》2003 年第 10 期。

社会学视角中的家庭道德法制教育 黄教珍，《江西社会科学》2003 年第 12 期。

刍论我国现代生育文化的成因 周全德，《人口与计划生育》2003 年第 12 期。

城市贫困、社会排斥和社会极化——当代西方城市贫困研究 钱志鸿、黄大志，《国外社会科学》2004 年第 1 期。

从填报高考志愿看城市家庭的代际关系和教育问题——2003 年高考考生/家长填报志愿情况调查报告 王处辉、余晓静，《高等教育研究》2004 年第 1 期。

兄妹婚型洪水神话的误读与再解读 章立明，《中南民族大学学报（人文社会科学版）》2004 年第

2 期。

家庭政策的悖论 N. 吉尔伯特，《国外社会科学》2004 年第 2 期。

关于生育政策调整的人口模拟方法探讨 郭志刚，《中国人口科学》2004 年第 2 期。

“四二一”结构——一种特殊的社会、家庭和代际关系的混合体 梁秋生，《人口学刊》2004 年第 2 期。

一个城市家庭革命的社会实践 李德滨，《社会》2004 年第 3 期。

论新时期中国涉外婚姻的特征与走向——以上海市为例 丁金宏，《中国人口科学》2004 年第 3 期。

城市流动人口计划生育的管理模式——问题与对策 江立华，《华中师范大学学报（人文社会科学版）》2004 年第 3 期。

民族间农民婚嫁行为变迁的比较研究——来自湖北 432 户农户家庭的调查 史清华，《浙江大学学报（人文社会科学版）》2004 年第 4 期。

出生性别比持续升高的人口伦理学分析 王翠绒、易想和，《人口研究》2004 年第 4 期。

人口与生育政策变动对代际关系的影响 王树新，《人口与经济》2004 年第 4 期。

婚姻形式与男孩偏好——对中国农村三个县的考察 靳小怡、李树茁、弗尔德曼，《人口研究》2004 年第 5 期。

中国家庭与老年人居住安排的变化 曾毅、王正联，《中国人口科学》2004 年第 5 期。

民族间农民生育行为的比较研究 史清华，《中国人口科学》2004 年第 5 期。

计划生育先进地区人口发展所面临的问题与启示——以江苏省南通市为例 陈友华，《人口与经济》2004 年第 5 期。

基本三角与家庭事务决策权解析 桂罗敏，《社会》2004 年第 5 期。

家庭隐私观代际差异比较研究 董小苹，《青年研究》2004 年第 6 期。

俄罗斯学者对单亲家庭子女问题的研究 蓝瑛波，《社会》2004 年第 7 期。

打工妹的婚姻逆迁移研究 邓智平，《社会》2004 年第 7 期。

流动人口家庭子女教养方式的质性研究 赵娟，《青年研究》2004 年第 8 期。

“三次婚宴”现象考察——对一例婚姻个案的“过程—事件”分析 陈世海、钟祥虎、詹海玉，《青年研究》2004 年第 8 期。

日本家庭主妇阶层的形成 王立波，《社会》2004 年第 10 期。

女性婚姻家庭观的国际比较 徐安琪，《社会》2004 年第 10 期。

农村家庭的嬗变 王运浦，《集团经济研究》2004 年第 10 期。

农村子女外出务工对留守老人的影响 杜鹏、丁志宏、李全棉、桂江丰，《人口研究》2004 年第 11 期。

不变的情结与开放的心灵——关于当代青年婚姻家庭观念现状的报告与阐释 袁阳，《西南民族大学学报（人文社会科学版）》2005 年第 1 期。

中国城市家庭贫富分化的基本特征和原因分析 唐灿，《凤凰周刊》2005 第 1 期。

中国老年人口的生活状况与贫困发生率估计 王德文、张恺悌，《中国人口科学》2005 年第 1 期。

中国城乡社会家庭结构与功能的变迁 唐灿，《浙江学刊》2005 年第 2 期。

中国城市家庭生活的变迁与连续性 Whyte, M. K.,《开放时代》2005 年第 3 期。

走进“围城”的独生子女——概念、规模与质疑 风笑天，《江苏社会科学》2005 年第 3 期。

农村家庭子女性别结构对家庭教育投资行为的影响实证研究——基于湖北省随州市农村家庭的调查 龚继红、钟涨宝，《青年研究》2005 年第 3 期。

家庭背景与教育分流——教育分流过程中的非学业性因素分析 方长春，《社会》2005 年第 4 期。

老年人日常生活照料资源与社区助老服务的发展 贾云竹，《社会学研究》2005 年第 5 期。

子女的代际支持行为对农村老年人生活满意度的影响研究 张文娟、李树茁，《人口研究》2005 年第 5 期。

信任、忠诚与家族主义困境　李新春，《新经济》2005 年第 5 期。

论婚姻过程中的权力资源分配和权力冲突协商——一项微观社会运行层次的考察　李晓凤、王培刚，《中南民族大学学报（人文社会科学版）》2005 年第 5 期。

皖北农村青年生育观念转变的社会学分析——以马村的个案研究为例　马培津，《青年研究》2005 年第 7 期。

家庭保障在现代社会保障体系中的功能及地位浅析　刘振杰，《经济问题探索》2005 年第 7 期。

深圳流动人口婚姻家庭状况调查报告　迟书君，《青年研究》2005 年第 11 期。

农村法理秩序与礼治秩序冲突探究——当前农村事实婚姻分析　徐晓虹，《青年研究》2005 年第 11 期。

亲子关系促进工作坊——家庭社会工作的示范　张莉萍，《华东理工大学学报（社会科学版）》2006 年 1 期。

当代中国家庭结构变动分析　王跃生，《中国社会科学》2006 年第 1 期。

城市在职青年的婚姻期望与婚姻实践　风笑天，《青年研究》2006 年第 2 期。

城市贫困家庭的社会支持网研究　洪小良、尹志刚，《北京社会科学》2006 年第 2 期。

中国传统财产继承背后的文化逻辑——家系主义　高永平，《社会学研究》2006 年第 3 期。

当代中国城乡家庭结构变动比较　王跃生，《社会》2006 年第 3 期。

家庭：和谐社会建设中的功能变迁和政策支持　徐安琪、张亮、刘汶蓉，《社会科学》2006 年第 4 期。

我国城市第一代独生子女父母的生命历程——从中年空巢家庭的出现谈起　赵莉莉，《青年研究》2006 年第 6 期。

外婚制与人类社会起源　张岩，《社会学研究》2006 年第 6 期。

新生代农民工与市民通婚意愿及影响因素研究　许传新，《青年研究》2006 年第 9 期。

生养孩子的非经济成本研究——以上海为例　刘汶蓉、徐安琪，《青年研究》2006 年第 10 期。

生活方式与消费

中国消费者行为研究综述　杨晓燕，《经济经纬》2003 年第 1 期。

我国网络消费的问题分析　何明升，《学术交流》2003 年第 1 期。

论哈萨克还子习俗及其成因　李景，《中南民族大学学报（人文社会科学版）》2003 年第 1 期。

生活方式与生活质量——中国社会福利研究的独特视角　刘继同，《华中师范大学学报（人文社会科学版）》2003 年第 2 期。

生活方式与消费文化——一个问题、一种思路　黄平，《江苏社会科学》2003 年第 3 期。

生活方式的理论魅力与学科建构——生活方式研究的过去与未来 20 年　王雅林，《江苏社会科学》2003 年第 3 期。

当代中国人的生活方式——多维度的解析　刘能，《广西民族学院学报（哲学社会科学版）》2003 年第 4 期。

休闲——一种文化价值观的转变　刘耳，《自然辩证法研究》2003 年第 5 期。

对消费社会的一项社会学考察　李骏，《理论导刊》2003 年第 5 期。

“我买什么则我是什么”——谈现代消费的建构意义　倪赤丹，《青年研究》2003 年第 5 期。

“生活方式：理论与实践的新发展”研讨会综述　唐魁玉，《社会学研究》2003 年第 5 期。

消费社会的社会机制——一项社会学的考察　李骏、邓国彬，《改革与战略》2003 年第 6 期。

武汉市工薪阶层的住房消费意向　肖洁，《统计与决策》2003 年第 11 期。

外出流动对农村青年生活方式的影响——以 C 村若干青年农民为例 崔如斌、徐荣祥,《青年研究》2003 年第 11 期。

论民族休闲生活方式的变迁 周鸿,《江汉论坛》2003 年第 12 期。

对当前在校大学生消费结构的调查与思考 陶余奎、李诚,《中南民族大学学报(人文社会科学版)》2003 年第 S1 期。

西方生活方式研究理论综述 马姝、夏建中,《江西社会科学》2004 年第 1 期。

集体消费与社会不平等——对当代资本主义都市社会的一种分析视角 蔡禾、何艳玲,《学术研究》2004 年第 1 期。

生活方式研究的理论定位与当代意义——兼论马克思关于生活方式论述的当代价值 王雅林,《社会科学研究》2004 年第 2 期。

西北农村地区的文化消费——现状及其引导 岳天明,《社会》2004 年第 7 期。

农民进城务工经历对其家庭生活消费方式的影响——来自湖北、四川、江西三省的调查 刘程、邓蕾、黄春桥,《青年研究》2004 年第 7 期。

我国大学生体育生活方式调查 伍晓军,《青年研究》2004 年第 8 期。

休闲体育消费研究——一种文化与社会学的解读 李文波,《江西社会科学》2004 年第 9 期。

中国儿童的消费行为(1995～2002) 詹姆斯·U. 麦克尼尔、Chyon-Hwe Yeh、Pphd 著,《青年研究》2004 年第 10 期。

儿童休闲:被遗忘的角落——我国城市儿童休闲状况调查 王小波,《青年研究》2004 年第 10 期。

农村人情消费状况研究——鄂北大山村调查 马春波、李少文,《青年研究》2004 年第 12 期。

消费心理研究的新方向 方正伟,《商业研究》2004 年第 15 期。

白领群体生活方式的一项实证研究 夏建中、姚志杰,《江苏社会科学》2005 年第 1 期。

小城镇青年的消费行为 李冰,《当代青年研究》2005 年第 3 期。

消费模式的社会构成及其社会影响 武中哲,《山东师范大学学报(人文社会科学版)》2005 年第 3 期。

消费时尚的社会学分析 黄勇,《西南师范大学学报(人文社会科学版)》2005 年第 4 期。

"两栖"消费行为的社会学分析 王宁,《中山大学学报(社会科学版)》2005 年第 4 期。

调整收入分配关系与构建和谐社会 付诚,《社会科学战线》2005 年第 5 期。

消费文化与中国现代化 王忠武,《学习与探索》2005 年第 6 期。

网络消费管理模式初探 何明升,《情报科学》2005 年第 7 期。

消费主义——一种异化的生活方式 何静、李艳,《学术交流》2005 年第 11 期。

消费社会研究述评 姜继红、郑红娥,《学术研究》2005 年第 11 期。

从"月光族"到"年清族"——都市白领阶层消费理念分析 李庆真,《青年研究》2005 年第 11 期。

城乡居民主观生活质量比较研究初探 邢占军,《社会》2006 年第 1 期。

迈向"虚无之物"的日常生活消费实践一个消费者的视野 张敦福,《社会》2006 年第 2 期。

消费——解释、批判与辩护 郑也夫,《河南社会科学》2006 年第 2 期。

世界 120 个国家的生活质量比较 郑宗生、吴述尧、何传启,《理论与现代化》2006 年第 4 期。

政府购买与居民消费的实证研究 潘彬、罗新星、徐选华,《中国社会科学》2006 年第 5 期。

社会问题

预防艾滋病将带来的社会经济效益 潘绥铭,《中国党政干部论坛》2003 年第 3 期。

信息时代:群体突发事件如何应对——广东非典型肺炎恐慌的思考 李香平,《青年研究》2003 年第3期。

关于"聋人青少年犯罪" 田友谊，《青年研究》2003年第3期。

社会转型时期群体性事件研究 向德平、陈琦，《社会科学研究》2003年第4期。

网络的生产——以一个地方性黑市经济的演化为关键案例 唐丽，《社会学研究》2003年第5期。

计算机犯罪的多因素分析与犯罪社会学的发展 张彦，《社会学研究》2003年第5期。

社会转型与公德缺失 杨光飞，《社会主义研究》2004年第1期。

我国当前的信任危机与社会安全 冯仕政，《中国人民大学学报》2004年第2期。

失业的社会后果——欧美文献回顾 曾群，《国外社会科学》2004年第2期。

需从人类安全视角关注的领域——娱乐服务业中的艾滋病高危现象及社会干预研究 夏国美、杨秀石，《社会科学》2004年第4期。

越轨，在生存与失范之间——对进城农村妇女卖淫问题的考察 李正东，《社会》2004年第5期。

童工现象分析 尹明明、鲁运庚，《人口与经济》2004年第5期。

使用假证——一种资源获取的非合法化形式 陈鸿，《青年研究》2004年第5期。

论城市流动人口的贫困文化 方小玲，《青年研究》2004年第6期。

对艾滋病患者的归因及其帮助研究 刘娟娟，《青年研究》2004年第7期。

偷渡路上的福建女——对福建沿海地区女性非法移民的社会学考察 孙琼如，《青年研究》2004年第8期。

六合彩赌博现象的社会学分析 钟祥虎，《社会》2004年第10期。

未成年人的重新犯罪问题分析 王志强，《青年研究》2004年第11期。

社会学视域中的我国职务犯罪 熊时升，《求实》2004年第11期。

巫术对中国民间崇拜的影响 孙小金，《西南民族大学学报（人文社会科学版）》2005年第1期。

当代中国邪教信众的分析 吴东升，《江海学刊》2005年第1期。

艾滋病干预实践中社会理论的鉴别分析 高云，《社会科学研究》2005年第1期。

腐败的溯源与清源 吴敬琏，《云南农村经济》2005年第2期。

已婚群体网恋行为及其角色冲突研究 何海涛、刘慧娟，《中南民族大学学报（人文社会科学版）》2005年第2期。

权利失衡与利益协调——城市贫困群体利益表达的困境 陈剩勇、林龙，《青年研究》2005年第2期。

"仪式的俘虏"——大学生参与非法传销的调查 朱磊，《当代青年研究》2005年第2期。

他们不再是孩子了——关于"新失业群体"现状的社会学报告 吕鹏，《社会》2005年第4期。

适用辩诉交易解决未成年人犯罪案件的构想 苏甜，《青年研究》2005年第4期。

红包、信任与制度 李伟民，《中山大学学报（社会科学版）》2005年第5期。

当代中国邪教传播探析 吴东升，《江苏社会科学》2005年第6期。

艾滋病、污名和社会歧视——中国乡村社区中两类人群的一个定量分析 刘能，《社会学研究》2005年第6期。

大学校园黑车现象——在福州大学城的调查 刘新玲、郭锦胜、苏淑珍，《青年研究》2005年第7期。

初次吸毒行为的社会学解析 蒋涛、朱玲怡，《青年研究》2005年第8期。

吸毒者家庭环境因素分析 严红英、陶志阳，《青年研究》2005年第10期。

城市流浪乞讨人员救助管理模式的分析与创新 赵有声、杨钊、蒋山花，《重庆社会科学》2005年第10期。

论中国艾滋病社会预防模式的变革 夏国美，《社会科学》2005年第11期。

跨国公司的正负影响 邓玮，《党政论坛》2005年第11期。

“贫困文化”视野中的上海流失生问题 魏莉莉、董小苹、罗国振，《当代青年研究》2005 年第 11 期。

中国艾滋病“问题”解析 潘绥铭、黄盈盈、李楯，《中国社会科学》2006 年第 1 期。

社会建构论——社会问题理论研究的一种新视角 闫志刚，《社会》2006 年第 1 期。

青少年犯罪与社会化矫正——以社区矫正对象 Y 某为典型个案 金碧华，《青年研究》2006 年第 1 期。

教师“贿赂”学生现象的社会学剖析 王九红，《江苏教育：教育管理版》2006 年第 1 期。

地下“六合彩”在农村社会的运作逻辑——关系与信任的运用 邓燕华，《社会》2006 年第 1 期。

城市夫妻间的婚内暴力冲突及其对健康的影响 王天夫，《社会》2006 年第 1 期。

中国社会主要群体弱势化趋向问题研究 吴忠民，《东岳论丛》2006 年第 2 期。

为了生活使用暴力与暴力对生活的毁灭——暴力性私力救济发生的结构性原因之法律社会学考察 王启梁，《云南大学学报（法学版）》2006 年第 2 期。

网络黑帮——危及社会秩序的现实问题 王新，《青年研究》2006 年第 2 期。

他者的历史与身体的政治——读《危险的愉悦：20 世纪上海的娼妓问题与现代性》 毕向阳，《社会学研究》2006 年第 2 期。

中国转型期的社会风险分布与抗风险机制 吴雪明、周建明，《上海行政学院学报》2006 年第 3 期。

大众传媒对农民艾滋病认知和态度的影响 王玲宁，《青年研究》2006 年第 3 期。

吸毒人群社会支持网研究——对重庆市南岸区戒毒所的调查 蒋涛，《社会》2006 年第 4 期。

中国自然失业率的测量与解析 曾湘泉、于泳，《中国社会科学》2006 年第 4 期。

失范的三维分析模型 朱力，《江苏社会科学》2006 年第 4 期。

自我控制、价值观与青少年犯罪的关系 屈智勇、邹泓、段晓英，《青年研究》2006 年第 5 期。

泰坦尼克定律——中国艾滋病风险分析 景军，《社会学研究》2006 年第 5 期。

社会性别、人口流动与艾滋病风险 夏国美、杨秀石，《中国社会科学》2006 年第 6 期。

社会排斥视角下的“新失业群体”现象研究 陈庆滨，《青年研究》2006 年第 7 期。

城市认同、制度性障碍与“民工荒”现象——长三角、珠三角和中西部地区实地调查 李超海、唐斌，《青年研究》2006 年第 7 期。

困境中的选择与选择中的困境——关于“新失业群体”择业与失业逻辑的研究 秘舒，《青年研究》2006 年第 8 期。

艾滋病防治——一个社会工作的视角 安民兵，《中国初级卫生保健》2006 年第 10 期。

社会政策与社会工作

生活质量与需要满足——五十年来中国社会福利研究概述 刘继同，《云南社会科学》2003 年第 1 期。

全面建设小康社会与弱势群体的社会救助 郑杭生、李迎生，《中国人民大学学报》2003 年第 1 期。

改革以来中国城市扶贫工作的发展历程 洪大用，《社会学研究》2003 年第 1 期。

争论与分歧——对社会保障最新研究的综述 杨立雄，《中国人口科学》2003 年第 2 期。

刑法客观主义和主观主义的融合 周光权，《江苏社会科学》2003 年第 2 期。

新民主主义革命时期中国共产党的农村税费政策 肖铁肩、周批改，《中共党史研究》2003 年第 2 期。

社会保障与全面建设小康社会——著名社会学家邓伟志教授访谈录 宋宏，《经济师》2003 年第 2 期。

论社会工作中的社区保障　周沛，《江海学刊》2003 年第 2 期。

城市扶贫与可持续生计　唐钧，《江苏社会科学》2003 年第 2 期。

“三年自然灾害”时期我国省级政府对灾荒的反应和救助研究　周飞舟，《社会学研究》2003 年第 2 期。

英国社会救助制度的历史变迁与核心争论　刘继同，《国外社会科学》2003 年第 3 期。

退役军官就业保护——模式选择与建构　廖国庚，《湖南师范大学社会科学学报》2003 年第 3 期。

社会分化过程中的弱势群体及其政策选择　崔凤、张海东，《吉林大学社会科学学报》2003 年第 3 期。

关于社会工作发展中的几个问题　周沛，《江苏社会科学》2003 年第 3 期。

失业者社会援助与再就业的选择——以湖北省武汉市为例　慈勤英，《中国人口科学》2003 年第 4 期。

社会保障：权利还是恩赐——从历史角度的分析　杨立雄，《财经科学》2003 年第 4 期。

促进“再就业”的对策思路　张超，《现代经济探讨》2003 年第 4 期。

一种有特色的社会救助模式——昆明“孤残儿童家庭寄养模式”评析　李迎生，《云南社会科学》2003 年第 5 期。

增权——社会工作理论与实践的新视角　陈树强，《社会学研究》2003 年第 5 期。

农村税费改革的制度缺陷和政策出路　刘炜，《经济纵横》2003 年第 5 期。

经济全球化的双重影响及我国的对策选择　黄丽惠，《亚太经济》2003 年第 5 期。

加入 WTO 与中国社会保障改革　崔凤、毛凤彦，《东北亚论坛》2003 年第 5 期。

从政策生育率看中国生育政策的多样性　郭志刚、张二力、顾宝昌、王丰，《人口研究》2003 年第 5 期。

从 SARS 看社会危情中的两种逻辑与对策　刘精明，《求是学刊》2003 年第 5 期。

城市贫困人群社会救助政策及其效果研究　关信平、安妮、陈卫民、赵午、李铀，《中国卫生经济》2003 年第 5 期。

社会福利——中国社会的建构与制度安排特征　刘继同，《北京大学学报（哲学社会科学版）》2003 年第 6 期。

建构中国的发展型家庭政策　张秀兰、徐月宾，《中国社会科学》2003 年第 6 期。

改革中弱势群体的政策支持　王思斌，《北京大学学报（哲学社会科学版）》2003 年第 6 期。

作为公正的发展　景天魁，《社会科学战线》2003 年第 6 期。

全面建设小康社会与社会救助制度的全面转型　李迎生，《社会科学研究》2003 年第 6 期。

农民工社会养老保险政策的比较分析　周涛，《人口与经济》2003 年第 6 期。

就业保障的难点与政府作为　周春梅，《江海学刊》2003 年第 6 期。

后现代语境下的社会工作辅导模式探索　童敏，《厦门大学学报（哲学社会科学版）》2003 年第 6 期。

福利制度运行机制——动力、风险及后果分析　徐延辉、林群，《社会学研究》2003 年第 6 期。

试述新民主主义革命时期毛泽东的社会工作观　蒙长江，《西南民族大学学报（人文社会科学版）》2003 年第 7 期。

从管制到救助——流浪乞讨人员救助制度分析　王思斌，《中国党政干部论坛》2003 年第 7 期。

女性就业弱势群体的社会支持对策　赖志琼、吴中宇，《统计与决策》2003 年第 9 期。

断裂与弥合——社会转型与保障制度建设　王思斌，《中国行政管理》2003 年第 9 期。

我国农村社会保障制度创新研究　杨立雄，《中国软科学》2003 年第 10 期。

水价对城市居民用水行为影响的研究进展　褚俊英，《中国给水排水》2003 年第 11 期。

中国社会科学院社会学所所长景天魁谈社保改革的难点与突破口　于滨，《瞭望》2003 年第

19 期。

关于建立公正、积极、高效的社会救助体系的建议　葛道顺，《中国经贸导刊》2003 年第 20 期。

特大危机管理中的政府防治与民间救援　朱国云，《江海学刊》2004 年第 1 期。

从人道主义到公民权利——现代社会福利政治道德观念的历史演变　钱宁，《社会学研究》2004 年第 1 期。

非协调转型背景下中国社会工作教育的发展　王思斌，《北京科技大学学报》2004 年第 1 期。

社区矫正中个案社会工作方法运用的经验实证研究　费梅萍，《华东理工大学学报》2004 年第 2 期。

体制性约束、经济失衡与财政政策　吕炜，《中国社会科学》2004 年第 2 期。

社会政策研究的开放性和挑战性　杨伟民，《中国人民大学学报》2004 年第 2 期。

社会政策的基本逻辑——兼论社会工作者的角色　童敏，《社会》2004 年第 2 期。

如何消化失业这个历史包袱　孙立平，《吉林大学社会科学学报》2004 年第 2 期。

救助管理站的困境与出路　路学仁，《社会科学》2004 年第 2 期。

从平均到公正——中国社会政策的演进　吴忠民，《社会学研究》2004 年第 2 期。

地方国家、经济干预和农村贫困——一个中国西南村落的个案分析　古学斌、张和清、杨锡聪，《社会学研究》2004 年第 2 期。

地域革新体系和地域均衡发展——韩国政府的新政策实验　金永玎、王静，《社会科学战线》2004 年第 2 期。

"进城"，还是"回乡"？——农民工社会保障政策的路径选择　杨立雄，《湖南师范大学社会科学学报》2004 年第 2 期。

中国城镇居民最低生活保障制度的回顾、问题及政策选择　杨立雄，《中国人口科学》2004 年第 3 期。

社会保障与农民工权益维护　柳长兴，《农业经济》2004 年第 3 期。

浅淡贵州民族地区农村社会保障　桂海君，《贵州民族研究》2004 年第 3 期。

当前我国社会保障制度的断裂与弥合　王思斌，《中国特色社会主义研究》2004 年第 3 期。

社会福利的文化透视——观点与简评　毕天云，《社会学研究》2004 年第 4 期。

历代王朝治瑶赋役政策的社会历史分析　刘志军，《贵州民族研究》2004 年第 4 期。

近喜远忧的持续超低生育率——以苏州为例　陈友华，《江苏社会科学》2004 年第 4 期。

人命几何——政策分析中如何确定生命的市场价值　石磊，《青年研究》2004 年第 4 期。

重庆市非公有制企业外来务工青年权益保障现状及调查　共青团重庆市委"非公经济与青年发展"专题调研组，《青年研究》2004 年第 5 期。

发展型社会政策——实现科学发展的一个操作化模式　张秀兰、徐月宾，《中国社会科学》2004 年第 5 期。

底线公平与社会保障的柔性调节　景天魁，《社会学研究》2004 年第 6 期。

社会政策时代与政府社会政策能力建设　王思斌，《中国社会科学》2004 年第 6 期。

应对高风险社会　洪大用，《瞭望》2004 年第 6 期。

山东省就业困难群体及其社会支持　王毅平，《理论学刊》2004 年第 6 期。

企业性质、政府缺位、集体协商与外来女工的权益保障　刘林平、郭志坚，《社会学研究》2004 年第 6 期。

论农村社会保障制度的梯度推进　陈军，《系统工程》2004 年第 6 期。

构建中国发展型的社会政策——"科学发展观与社会政策"笔谈　李培林、王思斌、梁祖彬、周弘、张秀兰，《中国社会科学》2004 年第 6 期。

通过社会救助实施社会保护——基于弱势群体的社会保障制度重构　杨立雄，《中国软科学》2004

年第 7 期。

单亲家庭子女福利及其法律、政策援助　徐安琪，《青年研究》2004 年第 7 期。

以土地换保障——解决失地农民问题的可行之策　张时飞、唐钧、占少华，《红旗文稿》2004 年第 8 期。

建立我国特殊困难儿童社会支持系统的基本策略——培育和发展社区和非营利组织　孙莹，《青年研究》2004 年第 9 期。

“执政为民”要以公众参与为基石　阿诤，《中国党政干部论坛》2004 年第 9 期。

社会政策概念框架与卫生政策战略地位　刘继同，《中国卫生》2004 年第 10 期。

医院“红包”现象与医疗体制转型　黄毅，《社会》2004 年第 10 期。

社会工作评估——层次深入模型　吴伟东，《社会》2004 年第 10 期。

完善社会救助，促进社会和谐　洪大用，《教学与研究》2004 年第 12 期。

完善社会保障制度刍议　黄瑞，《西南民族大学学报（人文社会科学版）》2005 年第 1 期。

三峡移民的社会适应策略　苏红、许小玲，《思想战线》2005 年第 1 期。

健全社会稳定机制与社会工作教育的介入　蓝云曦，《西南民族大学学报（人文社会科学版）》2005 年第 1 期。

关于失地农民权益保障的几点思考　陈文三、赵海林，《改革与战略》2005 年第 1 期。

从新二元社会分析到社会政策选择——老工业基地下岗失业治理问题研究　刘平，《社会科学辑刊》2005 年第 1 期。

社会工作的认识论之争——实证主义对社会建构主义　何雪松，《华东理工大学学报》2005 年第 1 期。

转型时期中国社会工作专业教育发展的路径与策略——理论解释与经验反思　熊跃根，《华东理工大学学报》2005 年第 1 期。

社会工作者在我国城市反贫困中的使命和角色　孙莹，《华东理工大学学报》2005 年第 1 期。

中国社会福利政策建构的理论诠释　沈洁，《社会保障研究》2005 年第 1 期。

资产建设与社会保障　唐钧，《江苏社会科学》2005 年第 2 期。

资产社会政策与中国社会保障体系重构　杨团、孙炳耀，《江苏社会科学》2005 年第 2 期。

制度与参与——下岗失业人员缴纳基本养老保险行为研究　毕向阳，《社会学研究》2005 年第 2 期。

引入资产建设要素，破解农保工作困局——呼图壁县的经验与启示　张时飞，《江苏社会科学》2005 年第 2 期。

镶嵌、自主与弱势群体的社会资本重建　葛道顺，《江苏社会科学》2005 年第 2 期。

出生性别比控制政策的认知及社会支持——对湖北省 8 县市的调查分析　龚文娟、慈勤英、王友华，《人口与经济》2005 年第 2 期。

冲突的策略——以 s 市三峡移民的生活适应为例　翁定军，《社会》2005 年第 2 期。

“福利模式”比较研究与福利改革实证分析——政治经济学的角度　郑秉文，《学术界》2005 年第 3 期。

资产社会政策——对社会政策范式的一场革命　杨团，《中国社会保障》2005 年第 3 期。

志愿服务与弱势群体的权利保障　李迎生，《教学与研究》2005 年第 3 期。

试论中国城市低保制度实践的延伸效果及其演进方向　洪大用，《社会》2005 年第 3 期。

社会政策需创新理念　景天魁，《中国社会保障》2005 年第 3 期。

社会政策的四维视角　徐道稳，《社会科学研究》2005 年第 3 期。

征地中的民主村务实验　王国林、章笑力，《浙江大学学报（人文社会科学版）》2005 年第 4 期。

一项急需而有价值的社会工作介入手法——论企业社会工作　周沛，《社会科学研究》2005 年第

4 期。

新中国建立初期弱势群体及其社会救助研究 高冬梅，《中共党史研究》2005 年第 4 期。

现代社会工作的基本特征——制度化利他主义 郭景萍，《社会科学研究》2005 年第 4 期。

社会政策、社会性别和中国的儿童遗弃问题 尚晓援、伍晓明、李海燕，《青年研究》2005 年第 4 期。

论政府在农村社会保障制度建设中的角色 李迎生，《社会科学研究》2005 年第 4 期。

福利慈善、社会资本与社会发展——论宗教在当代中国社会中的参与需要和可能 黄剑波，《广西民族研究》2005 年第 4 期。

生命周期与社会保障——一项对下岗失业工人生命历程的社会学探索 郭于华、常爱书，《中国社会科学》2005 年第 5 期。

中国政府在社会福利中的角色重建 徐月宾、张秀兰，《中国社会科学》2005 年第 5 期。

现阶段我国农村劳动力转移就业背景下社会政策的主要议题及模式选择 关信平，《江苏社会科学》2005 年第 5 期。

论医疗给付结构对农民参与合作医疗意愿的影响 王艳，《中国农村观察》2005 年第 5 期。

新农村建设与农村社会保障 杨团，《学习与实践》2005 年第 5 期。

政策导向、汲取能力与卫生公平 王绍光，《中国社会科学》2005 年第 6 期。

流浪儿童救助保护的能力建设 王思斌，《中国青年政治学院学报》2005 年第 6 期。

政策下的管理缺失——一个半农半牧区草场管理的案例研究 王晓毅，《华中师范大学学报（人文社会科学版）》2005 年 6 期。

社会保障与女性成才 徐延辉，《经济社会体制比较》2005 年第 6 期。

论北欧学者对于其福利国家体制的研究、论争及其论争的逻辑基础 林卡，《国外社会科学》2005 年第 6 期。

国家责任本位的体现——“江村”农民基本养老保险的实践与思考 严新明，《人口与经济》2005 年第 6 期。

德国医疗保障制度变迁及其启示 高连克，《社会科学辑刊》2005 年第 6 期。

城市贫困的制度思维 张小军、裴晓梅，《江苏社会科学》2005 年第 6 期。

中国正在走向社会政策时代 王思斌，《中国卫生》2005 年第 7 期。

社会保险与企业社会责任 谭兵，《学术研究》2005 年第 7 期。

合理定位政府在我国社会保障中的职能 张逸云、段艳丰，《企业经济》2005 年第 7 期。

立足现实、面向未来——农村养老保障制度改革的“过渡模式”设计 李迎生，《毛泽东邓小平理论研究》2005 年第 10 期。

社会政策成立的依据与实践的可能性——吉林省大学生对教育部“禁令”的态度的调查 赵定东、赵山，《青年研究》2005 年第 11 期。

下岗失业群体的社会保障制度与实践运作 吴清军，《现代经济探讨》2005 年第 12 期。

弱势群体的增权及模式选择 范斌，《学术研究》2005 年第 12 期。

劳动力价格——打破恶性循环的关节点 孙立平，《中国社会保障》2005 年第 12 期。

社会政策与社会和谐 李迎生，《教学与研究》2005 年第 12 期。

论效率、公平与共同富裕 张长升，《学术交流》2005 年第 12 期。

从基金收支平衡看养老保险扩面需求以及应对策略 朱冬梅，《经济与管理研究》2005 年第 12 期。

城乡低保制度——历史、现状与前瞻 唐钧，《红旗文稿》2005 年第 18 期。

医疗服务体系改革思路 葛延风、王晓明，《产业经济动态》2005 年第 21 期。

国外保障困难群体的主要政策措施及启示 葛道顺，《中国经贸导刊》2005 年第 22 期。

儒家社会工作学的教育与实践模式 钟桂男，《华东理工大学学报（社会科学版）》2006 年第 1 期。

体制转变中社会工作的职业化进程 王思斌，《北京科技大学学报（社会科学版）》2006 年第 1 期。

社会政策视角下的城乡协调发展与和谐社会建设 王思斌，《河北学刊》2006 年第 1 期。

体制转变中社会工作的职业化进程 王思斌，《北京科技大学学报》2006 年第 1 期。

制度学习与医疗社会工作的发展 邓锁，《北京科技大学学报》2006 年第 2 期。

社会政策实施与社会工作的发展 王思斌，《江苏社会科学》2006 年第 2 期。

和谐社会建设与农村老年社会政策的发展 王思斌，《人口研究》2006 年第 2 期。

中国社会保障制度改革的目标定位新探 李迎生，《社会》2006 年第 2 期。

城中村的社区保障及城市化意义——以广州一城中村为例的研究 蓝宇蕴、郭正林，《社会科学战线》2006 年第 2 期。

社会公平——构建和谐社会的重要推动力量 陈文江、周亚平，《甘肃社会科学》2006 年第 2 期。

当代西方社会的非营利组织——美国、加拿大非营利组织考察报告 李培林、徐崇温、李林，《河北学刊》2006 年第 2 期。

中国社会福利的改革与发展 窦玉沛，《社会保障研究》2006 年第 2 期。

中国转型期的社会风险分布与抗风险机制 吴雪明、周建明，《上海行政学院学报》2006 年第 3 期。

中国本土社会工作专业实践的基本处境及其督导者的基本角色 童敏，《社会》2006 年第 3 期。

失业者的再就业选择——最低生活保障制度的微观分析 慈勤英、王卓祺，《社会学研究》2006 年第 3 期。

从汲取型政权到“悬浮型”政权——税费改革对国家与农民关系之影响 周飞舟，《社会学研究》2006 年第 3 期。

构建整合社会福利制度探讨 夏学銮，《北京大学学报（哲学社会科学版）》2006 年第 3 期。

国家与社会——社会福利体系结构性变迁规律与制度框架特征 刘继同，《社会科学研究》2006 年第 3 期。

社会发展与发展型社会政策 徐道稳，《深圳大学学报（人文社会科学版）》2006 年第 3 期。

弱势儿童的社会保护——社会政策的视角 李迎生，《西北师范大学学报（社会科学版）》2006 年第 3 期。

完善社会救助，构建和谐社会——2005 年社会救助实践与研究的新进展 洪大用，《东岳论丛》2006 年第 3 期。

制度变迁与教育不平等的产生机制——中国城市子女的教育获得（1966 ~ 2003） 李煜，《中国社会科学》2006 年第 4 期。

中国政策精英群体的社会资本——基于结构主义视角的分析 朱旭峰，《社会学研究》2006 年第 4 期。

中国社会保障研究——回顾与展望 徐延辉，《社会科学研究》2006 年第 4 期。

社会成本规避中的政策选择悖论 以济南市前屯居“旧村改造”为个案 轩明飞，《社会》2006 年第 4 期。

福利三角——一个社会政策分析的范式 彭华民，《社会学研究》2006 年第 4 期。

体制因素与专业认同 史柏年，《华东理工大学学报》2006 年第 4 期。

治理低保福利依赖的对策 周昌祥，《中共福建省委党校学报》2006 年第 5 期。

市场化与国家规制——转型期城镇劳动力市场中的收入分配 刘精明，《中国社会科学》2006 年第 5 期。

中国公共政策议程设置的模式 王绍光，《中国社会科学》2006 年 5 期。

民间组织与社会治理 卢汉龙，《探索与争鸣》2006 年第 5 期。

我国社会政策的弱势性及其转变 王思斌，《学海》2006 年第 6 期。

社区公共服务的性质与供给——兼以 JN 市的社区服务中心为例 高鉴国，《东南学术》2006 年第 6 期。

试论社会投资思想及对我国社会福利政策的启示 范斌，《学海》2006 年第 6 期。

共同善与分配正义——社群主义的社会福利思想及其对社会政策研究的启示 钱宁，《学海》2006 年第 6 期。

和谐社会建构中的民间社会组织及其社会政策 徐永祥，《学海》2006 年第 6 期。

分税制十年——制度及其影响 周飞舟，《中国社会科学》2006 年第 6 期。

组织嵌入性与求职——以高校毕业生就业为例 侯龙龙、李锋亮，《社会》2006 年第 6 期。

人民调解的社会化与再组织对上海市杨伯寿工作室的个案分析 熊易寒，《社会》2006 年第 6 期。

嵌入社会框架的社会福利模式——理论与政策反思 彭华民、宋祥秀，《社会》2006 年第 6 期。

"两维四分"与"三位一体"——关于农民工社会政策的建构 童星、张海波，《学习与实践》2006 年第 8 期。

"教育救助"在构建农村社会保障体系中的作用——基于福建省漳州市军溪村的调查 徐延、谢芳，《学习与实践》2006 年第 10 期。

儿童健康照顾与国家福利责任——重构中国现代儿童福利政策框架 刘继同，《中国青年研究》2006 年第 12 期。

幸福指数的政策意义 邢占军，《红旗文稿》2006 年第 12 期。

社会心理学

美国的法治社会与民众心理认知 苏珊·西尔比、王晓蓓，《江苏社会科学》2003 年第 1 期。

邓小平《党与民主政权》一文中的政治—社会心理学思想——邓小平政治—社会心理学思想研究之二 方海韵、方强，《陕西师范大学学报（哲学社会科学版）》2003 年第 1 期。

城乡青少年焦虑和抑郁症状调查 屈坚定，《青年研究》2003 年第 1 期。

关于心理咨询与治疗本土化的思考 汪新建、张秋霞，《甘肃社会科学》2003 年第 2 期。

公仆人格及其形成和发展的社会学分析 陈建斌，《江汉论坛》2003 年第 2 期。

城市化进程中的民工心理 龚昊，《青年研究》2003 年第 3 期。

信息不对称与非典时期的公众反应 闵学勤，《南京大学学报（哲学·人文科学·社会科学版）》2003 年第 5 期。

跨文化适应影响因素研究述评 陈慧、车宏生、朱敏，《心理科学进展》2003 年第 6 期。

传播的畸变——对"SARS"传言的一种社会心理学分析 周晓虹，《社会学研究》2003 年第 6 期。

三大心理学派人性观之探索与比较 陈秋燕，《西南民族大学学报（人文社会科学版）》2004 年第 1 期。

公共场合陋习的博弈论及心理学分析——以随地吐痰为例 于辉，《社会》2004 年第 1 期。

从心理层面看性别角色差异对女性的影响 杨青，《社会》2004 年第 1 期。

社会文化与性别选择价值的自我认同——基于湖北农村部分县市的个案访谈资料 慈勤英，《人口研究》2004 年第 2 期。

村民自治制度下少数民族乡村精英的心态与行为分析——以湖北西部土家族地区农村为例 孙秋云，《中南民族大学学报（人文社会科学版）》2004 年第 3 期。

偏见与新的回应——中国社会信任状况的制度分析 董才生，《社会科学战线》2004 年第 4 期。

人情、面子与权力的再生产——情理社会中的社会交换方式 翟学伟，《社会学研究》2004 年第 5 期。

西部民族地区教师心理健康状况及影响因素分析 陈秋燕、钱敏、郭娅，《西南民族大学学报（人文社会科学版）》2004 年第 9 期。

健康主体心理与健康社会的互动关系初探 赵晓歌，《河南师范大学学报（哲学社会科学版）》2005 年第 1 期。

Prilleltensky 关于心理学研究道德含义的评估体系简介 钱敏、张进辅，《西南民族大学学报（人文社会科学版）》2005 年第 1 期。

边际人心态及其影响因素——三峡农村跨省外迁移民的实证研究 唐利平，《中国人口科学》2005 年第 2 期。

国外有关主观幸福感影响因素的研究 黄立清、邢占军，《国外社会科学》2005 年第 3 期。

当前中国社会价值观的存在特点 邹千江，《社会科学辑刊》2005 年第 4 期。

“社会认同的理论与经验研究”工作坊召开研讨会 杨宜音，《社会学研究》2005 年第 4 期。

中国社会心理学方法论初探 翟学伟，《南京大学学报（哲学·人文科学·社会科学版）》2005 年第 5 期。

人缘取向——中庸之道的人际实践——对中国人社会行为取向模式的再探讨 沈毅，《南京大学学报（哲学·人文科学·社会科学版）》2005 年第 5 期。

论社会歧视的社会心理根源及其消除方式——社会心理学视野下的社会歧视 黄家亮，《思想战线》2005 年第 5 期。

社会心理学的话语转向及其学术议题——评《话语与社会心理学》 肖文明、乔纳森·波特、玛格丽特·韦瑟雷尔，《社会学研究》2005 年第 6 期。

分类控制——当前中国大陆国家与社会关系研究 康晓光、韩恒，《社会学研究》2005 年第 6 期。

“挂在”网上的上班聊天族——熟悉的陌生人 黄佩，《青年研究》2005 年第 7 期。

“言语行为”的社会学分析——一个语言学和社会学结合的尝试 唐礼勇，《自然辩证法研究》2005 年第 8 期。

企业中的心理契约强度研究 刘洋，《经济论坛》2005 年第 12 期。

建设和谐社会应注意社会心态的变化 李培林，《中国经贸导刊》2005 年第 19 期。

关于“思想”的若干问题——一种社会学分析 吴康宁，《教育理论与实践》2005 年第 23 期。

城市青年信任的特征——对 10 城市 1239 位青年的调查 奚春华，《青年研究》2006 年第 2 期。

高校里的新传统主义——由“校长日”制度看学校与学生的关系 何明洁，《社会》2006 年第 3 期。

财政分权与省以下政府间关系的演变——对 20 世纪 80 年代 A 省财政体制改革中政府间关系变迁的个案研究 张闫龙，《社会学研究》2006 年第 3 期。

个体与宏观社会的心理关系——社会心态概念的界定 杨宜音，《社会学研究》2006 年第 4 期。

当前我国社会矛盾的新特点及其正确处理 郑杭生，《中国特色社会主义研究》2006 年第 4 期。

现代认同——在自我中寻找人的本性 〔加〕查尔斯·泰勒，陶庆译，《理论动态》2006 年第 5 期。

幸福度下降——现代性的一种未预期后果 文军，《社会观察》2006 年第 6 期。

民众力量：一种临时性权力关系的生产与消解——对“西安宝马案”中“平民精英团体”的分析 陈纪、冉昆玉，《青年研究》2006 年第 11 期。

人类学与民族学

论地理和宗教在藏族丧葬风俗中的作用 焦治平、陈昌文，《西藏研究》2003 年第 3 期。

口述史的田野作业和文献 胡鸿保、王红英，《广西民族学院学报（哲学社会科学版）》2003 年第

3期。

口述历史的制作与口述传统的发掘 孙庆忠，《广西民族学院学报（哲学社会科学版）》2003年第3期。

赛博人类学——关于学科的争论、研究方法和研究内容 杨立雄，《自然辩证法研究》2003年第4期。

解读客家传统村落社会——读刘大可著《闽西武北的村落文化》 甘满堂，《中共福建省委党校学报》2003年第4期。

对于关公信仰的人类学分析 刘志军，《民族研究》2003年第4期。

一位青年"土"博士婚礼的文化人类学研究 任敏，《青年研究》2003年第5期。

求解科技进步中的社会问题——文化人类学的一种视角 郭璇，《科技进步与对策》2003年第21期。

武当山道教九月初九真武斋醮法事实录——宗教人类学考察报告 庞丽君，《中南民族大学学报（人文社会科学版）》2004年第1期。

神圣与世俗——傣族的"听经"风俗 蔡小晃，《北京大学学报（哲学社会科学版）》2004年第1期。

古典与现代、学科与分支——人类学学者访谈录之二十六 徐杰舜、景军，《广西民族学院学报（哲学社会科学版）》2004年第1期。

都市村庄：南景——一个学术名村的人类学追踪研究 孙庆忠，《广西民族学院学报（哲学社会科学版）》2004年第1期。

中国传统人物称谓习俗的文化透视 徐少舟，《江汉论坛》2004年第2期。

一个古老神话的再生与传承——湖北长阳廪君神话考察报告 龚浩群，《中南民族大学学报（人文社会科学版）》2004年第2期。

破解民族地区的"政府干预情结" 王俊敏，《内蒙古大学学报（人文社会科学版）》2004年第4期。

《西方人类学名著提要》导论 王铭铭，《西北民族研究》2004年第4期。

透视转基因——一项社会人类学视角的探索 郭于华，《中国社会科学》2004年第5期。

理解民族关系的新思路——少数族群问题的"去政治化" 马戎，《北京大学学报（哲学社会科学版）》2004年第6期。

继嗣与交换：地域社会的构成——对摩哈苴彝村的历史人类学分析 朱炳祥，《民族研究》2004年第6期。

说香史 王铭铭，《西北民族研究》2005年第1期。

人类学视野下的文化相对主义及其反思 杨雪晶，《思想战线》2005年第1期。

国家、区域政治与地方性——以华北b镇"苯中毒"事件为例的多点民族志实验 童根兴，《社会》2005年第1期。

从眼光向下回到历史现场——社会学人类学对近代中国史学的影响 桑兵，《中国社会科学》2005年第1期。

人类学作为文化批评？——关于《作为文化批评的人类学》及其他 赵丙祥，《社会学研究》2005年第2期。

浅谈民族学中的主位研究和客位研究 岳天明，《中央民族大学学报（哲学社会科学版）》2005年第2期。

民族社会学的视角与定义新论 赵利生，《贵州民族研究》2005年第2期。

泾川完颜家族祖先遗像考释 何志虎、贺晓燕，《甘肃社会科学》2005年第2期。

近二十年来人类学汉族社会研究述评 孙庆忠，《民族研究》2005年第2期。

从布迪厄实践理论看人类学田野工作 谢元媛，《云南社会科学》2005 年第 2 期。

继承与反思——记云南三个人类学田野工作地点的“再研究” 王铭铭，《社会学研究》2005 年第 2 期。

追寻村落——对两种不同的人类学田野研究的省思 许斌、胡鸿保，《思想战线》2005 年第 3 期。

村落社会研究与民族志方法 刘朝晖，《民族研究》2005 年第 3 期。

人类学反思性民族志研究——一个范式的六种尝试 高丙中，《思想战线》2005 年第 5 期。

以法律多元为基础的民族志研究 高丙中、章邵增，《中国社会科学》2005 年第 5 期。

当代欧美教育人类学研究的核心主题与趋势 钱民辉，《北京大学学报（哲学社会科学版）》2005 年第 5 期。

宗族的民族性特征及其在村民自治中的表达——对捞车土家族村和摩哈苴彝族村的观察 朱炳祥，《民族研究》2005 年第 6 期。

我国民族社会学内涵与方法述论——兼议马戎的民族社会学研究 彭红艳、孙秋云，《中南民族大学学报（人文社会科学版）》2005 年第 6 期。

出生性别比的社会经济决定因素——对 2000 年中国最大的 36 个少数民族的分析 罗华、鲍思顿，《人口研究》2005 年第 6 期。

海外人类学的乡土中国研究 孙庆忠，《社会科学》2005 年第 9 期。

2005 年民族学与人类学的研究 杨圣敏，《外国哲学》2005 年第 12 期。

一座博物馆—庙宇建筑的民族志——论成为政治艺术的双名制 高丙中，《社会学研究》2006 年第 1 期。

民族志文本与“真实”叙事 陈庆德、郑宇，《社会学研究》2006 年第 1 期。

伯林与自由民族主义——从观念分析向社会学视野的转换 刘擎，《社会学研究》2006 年第 2 期。

跳出原居民人类学的陷阱——次原居民人类学的立场、提纲与实践 张少强、古学斌，《社会学研究》2006 年第 2 期。

“当代人类学学科建设与发展”专题研讨——（1）理论性与人类学 陈庆德，《中山大学学报（社会科学版）》2006 年第 2 期。

“当代人类学学科建设与发展”专题研讨——（2）人类学国外民族志与中国社会科学的发展 高丙中，《中山大学学报（社会科学版）》2006 年第 2 期。

“当代人类学学科建设与发展”专题研讨——（3）人类学研究之于“和谐关系” 彭兆荣，《中山大学学报（社会科学版）》2006 年第 2 期。

“当代人类学学科建设与发展”专题研讨——（4）迈向 21 世纪的中国人类学 周大鸣，《中山大学学报（社会科学版）》2006 年第 2 期。

中国社会科学需要培育扎实的民族志基本功 高丙中，《民间文化论坛》2006 年第 2 期。

民族志发展的三个时代 高丙中，《广西民族学院学报》2006 年第 3 期。

三　社会学界重大活动

第36届世界社会学大会在北京召开

2004年7月7~11日，第36届世界社会学大会在北京隆重召开。本次大会是国际社会学学会成立一百多年来首次在中国举办，也是世界社会学大会第一次在日本以外的亚洲国家举行。此次会议的主题是“全球化背景下的社会变迁”。来自51个国家和地区的代表近1200人参加了大会，其中国外代表621人。大会收到论文及摘要1424篇。这既是世界社会学大会参会人数最多的一次大会，也是中国社会科学院建院以来承办的规模最大的一次国际会议。中央电视台3个频道（1套、4套、新闻频道），新华社、中新网、人民日报、光明日报等媒体都对大会进行了报道。

大会开幕式在人民大会堂隆重举行。全国政协副主席、中国社会科学院院长陈奎元，社科院副院长李慎明、江蓝生，秘书长朱锦昌出席了开幕式。开幕式由江蓝生主持，李慎明致开幕词。北京市副市长范伯元、联合国教科文组织代表杜铭那克、国际社会学学会主席本-拉斐尔（Eliezer Ben-Rafael）、国际社会学学会前主席佐佐木正道（Sasaki Masamichi）、国际社会学协会原会长欧门（T. K. Oommen）、福特基金会代表沙琳（Sarch Cook）、中国社会学会会长陆学艺以及广东省人民政府代表李子彪出席了会议并讲话。

因病未能参加大会的世界著名社会学家沃勒斯坦（Immanuel Wallerstein）在给大会发来的祝词中说：“第36届世界社会学大会在北京召开，这是社会学和社会科学走向真正国际化的历史性一步。只有当知识在世界各地具有社会基础，只有世界各地的实践者能够进行真正的对话时，知识才能够成熟。中国是世界的很大一部分，有悠久的文化传统。但在世界的知识领域，中国一直未能得到充分的代表，中国对世界知识的贡献未得到充分的认识。愿这次在北京召开的大会，能结束这种学术隔绝。”

95岁高龄的中国著名社会学家费孝通先生在病榻上给大会发来了贺信。他在贺信里说：“20世纪70年代末以来，中国现代化的加速转型过程，成为中国社会学发展的沃土。这25年来，中国社会学家努力回答社会发展和变迁中提出的重大问题，推出了一大批有价值的研究成果，也培养了一批社会学新人。当今的全球化过程也使中国的社会学更加融入国际社会。”他还说：“希望通过这次大会，进一步推动中外社会学家的合作和交流，共同开创世界社会学发展的新局面。”

会上共组织了4场由21位知名社会学家领衔的主题演讲，演讲者为欧门（T. K. Oommen，印度尼赫鲁大学）、施卢赫特（Wolfgang Schluchter，德国海德堡大学）、郑杭生（中国人民大学）、青木保（Tamotsu Aoki，日本政策研究大学院大学）、本-拉斐尔（国际社会学学会主席）、景天魁（中国社会科学院）、阿瑞基（Giovanni Arrighi，约翰霍普金斯大学）、多博列尼科夫（V. I. Dobrenkov，莫斯科大学）、特尔本（Goran Therborn，瑞典社会科学管理委员会）、李强（清华大学）、富永健一（Kenichi Tominaga，东京大学）、林南（杜克大学）、马戎（北京大学）、李培林（中国社会科学院）、韩相震（Han San-jin，汉城大学）、边燕杰（香港科技大学）、杜干（Mattei Dogan，法国国家科研中心）、迪·贺斯（Dean Hirsch，世界宣明会）、李友梅（上海大学）、佐佐木正道（国际社会学学会前主席）、宋林飞（江苏社会科学院）。会议期间还组织了各种类型的学术交流活动，其中，特别论坛3个，专题论坛89个，独立论坛2个（具体名称见文后附表）。这些学术活动的内容涉及发展战略、城市化、就业、人口、收入分配、医疗保健、贫困救助、大众教育、社会保障、环境保护等社会学多个领域。近几十年来，国际社会学界一直关注经济与社会的协调、人的全面发展、节约资源和保护环境等问题，在这次大会上，中外社会学家相互切磋和交流，对于推进学术研究和社会的协调发展具有积极意义。会上还发表了《世界社会学家北京宣言》。

大会取得了圆满成功，受到与会代表的高度称赞，国际社会学学会主席本-拉斐尔回国后专门向大会组委会发来感谢信。代表们就以下几方面达成共识：一是在全球化给世界带来一系列机遇和挑战的情况下，应该更加尊重各国人民的自主选择，尊重各国人民的利益，平等互利，和谐共处；二是在经济全球化迅速扩展的情况下，应该更加注意保护和发展文化的多样性，提倡多种文化之间的交流和对话；三是造福人类应该成为社会学界的共同责任。通过这次大会，将继续巩固和发展与国际社会学界的联系和学术交流，携手共创人类社会平等、和谐、可持续发展的美好未来。

附1：《世界社会学家北京宣言》

世界社会学家北京宣言

（2004年7月7日）

为了推动在21世纪建立和平、公正、相互依存和共同发展的国际新秩序，实现联合国千年首脑会议确定的千年发展目标，我们，来自世界各国的社会学家、国际组织代表、非政府或非营利组织的代表，以及关心世界社会发展的各国各界人士，聚集在北京，藉第36届世界社会学大会召开之际，共同发表《世界社会学家北京宣言》。

（一）国际新秩序的基本原则

人类，不分性别、民族、种族、国家、宗教、文化，要以平等、互利、共存、合作和共同发展为基本原则，为免除饥馑、病痛、愚昧、压迫和暴力的威胁，实现共享的生活幸福和社会繁荣，努力建立21世纪国际新秩序。

（二）经济增长和社会发展

经济增长是社会发展的基础，但社会进步和人类福祉才是发展的终极目标和真正内涵。增长不等于发展，发展必须关注平民教育、医疗健康、就业、收入分配、社会保障、贫困救济、生态环境等社会价值。

（三）国家和区域发展

在世界经济增长的过程中，国家和区域之间的发展差距具有进一步扩大的趋势。发展中国家和地区应当努力通过政治经济体制改革和发展经济，提高国民收入水平和社会福利水平，发达国家和地区则应更多地承担起缩小发展差距和减少贫困的责任，建立起互惠共荣的国家和区域之间的发展关系。

（四）以人为本和全面、协调、可持续的发展

社会发展要以人为本，注重发展的全面、协调和可持续性，注重政治、经济和文化的协调发展，注重人和自然的协调发展。

（五）增长收益的分享

贫富差距的急剧扩大是对社会发展和稳定的一个威胁，要在促进经济增长和维护社会公正的前提下，通过制度设计，使所有的人都有可能分享经济增长和社会发展的收益。

（六）技术创新和扩大就业

就业已经成为困扰世界各国的一个社会问题，技术的创新和进步并不必然地带来就业的增长，扩大就业和保证人们的安居乐业应当成为今后社会发展的一项重要内容。

（七）全球化与文化的多样性

要在承认和尊重国家和地区文化多样性的前提下，促进经济全球化趋势朝着有利于社会开放、文化的融合以及资源优化配置的方向发展。

我们呼吁所有的国家、政府、国际组织、企业、非政府和非营利组织、社会各界人士，共同承担起责任，为建立21世纪和平、公正、相互依存和共同发展的国际新秩序而努力。

附2：特别论坛题目

1. 400个巨型城市

2. 全球世界的宗教

3. 妇女和公共生活中的动力

附 3：专题论坛题目

序　号	论　坛　名　称
1	转型中的当代政府：在地区融合与全球化的影响之下
2	全球化和青年社会学
3	亚洲第三条道路的社会学
4	比较视角下的全球—地方体系
5	全球化时代国家人口统计学/社会学的数据收集和处理系统
6	经济和社会的新趋势
7	全球化时代的儿童福利
8	社会资本和社会网络
9	全球可持续发展：环境社会学的亚太视角
10	全球化和日本的城市
11	被经验和实践不断改变的范式——环境与持续性
12	全球化：上海浦东龙头的辐射效应
13	比较视角下的现代性理论：从现代性到多重现代性、社会进化、价值与宗教
14	全球化和劳动力流动：以中国为例
15	现代化和宗教变迁：基督教信仰
16	信息技术的文化、社会、心理影响
17	全球化时代的劳动
18	市场转型的论争
19	东亚综合社会调查：发展、设计和贡献
20	全球化时代的非政府组织运动
21	宗教与全球化
22	全球化时代的社会运动和集体行动
23	世界历史视野中的国家、市场和社会运动
24	发展中国家以及发达国家贫困社区的健康与福利状况探讨
25	全球范围中社会和技术的共建
26	灾难社会学
27	东欧前社会主义国家的社会变迁：一种社会学的思考
28	全球化时代的转型
29	批判社会理论和亚洲的对话
30	发展中国家以及发达国家贫困社区的青年及其越轨行为
31	东亚社会改革中的社会福利与社会保障
32	2008 年北京奥运会的社会影响

续 表

序 号	论 坛 名 称
33	社区与组织
34	当代应用社会学：情感、身体和沟通
35	大众文化中的社会学
36	东亚国家的家庭变迁——比较的观点
37	文化多元主义与全球化
38	社会科学交叉点上的比较社会学
39	比较社会学的最新研究
40	全球化和工业领域：社会学视野中的东亚经济
41	全球性研究—全球性知识？
42	不同性别中的性
43	社会变迁与社会关系的转系
44	发展中国家的老龄化和社会支持
45	社会运动中的女性
46	亚洲的国家、社会和经济：全球化中的政治经济学
47	亚洲的军事社会学
48	全球视野下的迁移、民族多元性及公民性问题
49	全球化、移民和反贫困
50	对全球化的适应：社会资本的角色
51	资本主义、文化和东方主义萌芽
52	变革时期中的文化多元化问题
53	东北亚的国家和市民社会
54	中国转型期工业经济的职场管理和工人的参与
55	性关系、民族主义与社会变革
56	全球化与女性
57	全球化时代应用社会学的位置
58	流动、跨国主义和社会转型
59	全球化、文化和交流
60	全球化、传统和多种现代性
61	全球化时期中的老龄化世界：老龄化人口群对于社会政策的影响
62	异化理论和研究：新的方向
63	全球化、异化与反抗
64	异化的流行文化：文化不反映现实的特性
65	全球的民主化：有分歧的观点
66	全球化、主体性和集体行动
67	语言、少数族群和全球化
68	全球化时代的社会价值观

续 表

序　号	论 坛 名 称
69	东亚社会和全球化
70	超越东方主义：东亚的视角
71	亚洲国家的性别政治
72	国家与安全
73	全球化与环境保护主义
74	社会分层与社会流动
75	民族科学对于世界社会学知识发展的贡献
76	中国农村的村庄自治与现代化：农村的公共社会与草根组织
77	后社会主义中国的国家、家庭和性别转型
78	国家和私营部门的角色：关注逐步增长的老年人口
79	老龄化和生命周期
80	宏观和微观结构的全球化：集中与分化
81	东亚社会的全球文化
82	信用卡与新信用卡市场中的信任问题
83	变迁世界中的家庭、婚姻和儿童
84	不安全的时代：日常生活中的社会冲突、暴力和和平的建立
85	发展项目中的社会评价：全球和地方的视角
86	全球化背景下的多重现代性：社会理论和多重现代性
87	社会政策发展新趋势
88	加拿大的文化多元主义：对创作公平社会的挑战
89	人口政策和生殖健康

李培林、景天魁研究员为中共中央政治局集体学习讲解

2005年2月21日，中共中央政治局进行第二十次集体学习，这次集体学习安排的内容是“努力构建社会主义和谐社会”。由中共中央总书记胡锦涛主持。胡锦涛在学习中强调：要加强对构建社会主义和谐社会重大问题的调查研究和理论研究，着力提高构建社会主义和谐社会的本领，把社会主义和谐社会建设的各项工作落到实处。

中国社会科学院社会学研究所李培林研究员、景天魁研究员就“努力构建社会主义和谐社会”这一问题做了讲解，并谈了他们的有关看法和建议。讲述的主要内容有：

（1）社会主义和谐社会的科学内涵。对于这一问题主要介绍了国内理论界关于“社会主义和谐社会”的主要观点、国外关于协调社会关系的主要观点和做法以及构建社会主义和谐社会需要把握的几个方面。

（2）构建社会主义和谐社会面临的新形势。构建社会主义和谐社会，涉及政治、经济、社会、文化等各个领域，在这些方面我们面临着新的形势。随着改革的深入和经济的发展，与改革初期相比，不仅我们今天面对的主要问题发生了一些变化，同时，阶级阶层结构、城乡和区域结构、人口和就业结构、社会组织结构、文化和价值方面也都发生了深刻的变化，此外还包括资源、环境状况的变化和世界格局的变化。这些都说明，我国已经进入了一个改革和发展的新时期。认清这些形势，并对当前的形势做出科学判断，是构建社会主义和谐社会的前提条件。

（3）构建社会主义和谐社会需要着力解决的几个问题。构建社会主义和谐社会需要着重处理好以下四个关系：一是经济与社会的关系，二是政府与社会的关系，三是利益与价值的关系，四是公平与效率的关系。

（4）构建社会主义和谐社会的几点建议。基于构建社会主义和谐社会需要把握的几个方面，结合当前构建社会主义和谐社会所面临的新形势，为了处理好以上四大关系，提出了以下几点建议：建立更有利于协调发展的公共财政体制；理顺分配秩序，完善社会保障体系；建立社会宏观调控机制，提高社会管理能力；加强公民意识教育，增强社会凝聚力；大力开展对社会主义和谐社会的理论研究。

之后，政治局就此题目展开了讨论。胡锦涛发表了讲话。他指出，调查研究是我们的谋事之基、成事之道。各级党委、政府和领导干部要切实加强对本地区本部门和谐社会建设有关情况和工作的调查研究，全面分析和把握社会建设和管理的发展趋势，为制定政策、开展工作奠定坚实的基础。要加强对社会结构发展变化的调查研究，深入认识和分析阶层结构、城乡结构、区域结构、人口结构、就业结构、社会组织结构等方面情况的发展变化和发展趋势，以利于深入认识在发展社会主义市场经济和对外开放的条件下我国社会发展的特点和规律，更好地推进社会建设和管理。要加强对社会利益关系发展变化的调查研究，深入认识和分析我国社会利益结构、利益关系等方面情况的发展变化和发展趋势，以利于完善政策措施，更好地统筹各方面的利益关系和利益要求。要加强对维护社会稳定工作的调查研究，深入认识和分析公共安全、社会治安等方面情况的发展变化和发展趋势，以利于健全维护社会稳定的有效机制，保证广大人民群众安居乐业。各级领导干部要深入基层、深入群众、深入实际，通过开展广泛深入的调查研究，切实提高思想认识水平，切实提高政策水平，切实提高工作水平，努力把构建社会主义和谐社会的各项工作落实好。

胡锦涛指出，做好任何一项工作都离不开理论指导。与社会主义经济、政治、文化建设一样，我们对社会主义社会建设的理论研究和实践探索还有大量工作要做，因而尤其需要在实践的基础上加强理论研究。要加强马克思列宁主义、毛泽东思想、邓小平理论和“三个代表”重要思想关于社会主义社会建设理论的研究，并用来指导我们构建社会主义和谐社会的各项工作。要加强对我国历史上关于社会建设理论的研究，按照去伪存真、去粗取精的要求，努力做到古为今用。要注意研究国外社会建设理论，借鉴其积极成果。要通过深入系统的理论研究，深化对构建社会主义和谐社会的规律性认识，使我们关于新形势下构建社会主义和谐社会的理论更加完备，使我们推进社会主义和谐社会建设的工作更加富有成效。

胡锦涛强调，建设民主法治、公平正义、诚信友爱、充满活力、安定有序、人与自然和谐相处的社会主义和谐社会，要求我们必须提高管理社会事务的本领、协调利益关系的本领、处理人民内部矛盾的本领、维护社会稳定的本领。要适应社会主义市场经济发展和社会结构深刻变化的新情况，深入研究社会管理规律，更新社会管理观念，推进社会建设和管理的改革创新，尽快形成适应我国社会发展要求和人民群众愿望、更加有效的社会管理体制。要坚持把最广大人民的根本利益作为党和国家一切工作的根本出发点和落脚点，进一步增强决策的科学性、全面性、系统性，善于正确反映和兼顾不同方面的利益，努力使全体人民共享改革发展的成果，朝着共同富裕的方向不断前进。要加强对新形势下人民内部矛盾产生的原因特别是深层次原因的分析研究，完善各项政策措施和工作部署，转变工作作风，健全处理人民内部矛盾的方式方法，及时妥善处理人民内部矛盾。要正确把握改革发展稳定的关系，切实落实维护社会稳定的工作责任制，确保社会安定团结。

会后，胡锦涛总书记与李培林、景天魁等人握手并进行了亲切的交谈。他说：“现在提出构建社会主义和谐社会，是社会学发展的一个很好的时机，也可以说是社会学的春天吧！你们应当更加深入地进行对社会结构和利益关系的调查研究，加强对社会建设和社会管理思想的研究。”总书记还询问了国内社会学研究的情况，鼓励社会学研究所要做出表率。胡锦涛总书记的讲话充分体现出社会学在构建社会主义和谐社会中的重大作用。社会学工作者要抓住机遇，要认识到新的历史时代赋予我们社会学更艰巨、更光荣的使命，社会学也迎来了更大的发展机会。

著名社会学家、人类学家费孝通教授在北京逝世

2005年4月24日22时38分，著名社会学家、人类学家和社会活动家，中国民主同盟的卓越领导人，中国共产党的亲密朋友，第七、八届全国人民代表大会常务委员会副委员长，中国人民政治协商会议第六届全国委员会副主席，中国民主同盟中央委员会名誉主席费孝通同志在北京逝世，享年95岁。

费孝通教授1910年11月2日出生于江苏吴江市一个重视学校教育的家庭，4岁进入母亲创办的蒙养院，开始接受正规教育。1928年，费孝通入东吴大学，读完两年医学预科，因受当时革命思想影响，决定不再学医，而学社会科学。1930年到北平入燕京大学社会学系，1933年毕业获社会学学士学位后，考入清华大学社会学及人类学系作研究生；1935年毕业于清华大学研究院后入英国伦敦经济政治学院学习，师从人类学家马林诺夫斯基。1938年获伦敦大学博士学位，毕业论文《江村经济》（又译《中国农民的生活》）被认为是社会人类学实地调查的一个里程碑。

费孝通教授是国际知名的社会学及人类学大师，他回国后一直致力发展社会学及人类学教育与研究事业，积极推动社会学发展，是中国社会学及人类学的奠基者，中国社会学会的创立亦得力于费孝通教授。他曾于多所著名大学执教，历任云南大学燕京社会学研究室主任、清华大学社会学教授、中央民族学院副院长、中国科学院学部委员、中国社科院社会学研究所所长、北京大学社会学人类学研究所所长、中国社会学学会会长、中国民主同盟主席、中国人民政治协商会议副主席、全国人民代表大会常务委员会副委员长、香港特别行政区基本法起草委员会副主任。20世纪80年代初，费老率先提出了“苏南模式”、“温州模式”、“珠江模式”和针对不同形态的经济区域进行类型研究的方法。20世纪80年代后，他又推出了全国一盘棋的研究模式。为表彰费孝通教授在社会学、人类学研究中的杰出贡献，1980年，国际应用人类学会授予他该年度马林诺夫斯基名誉奖；1981年11月，英国皇家人类学会授予他社会学最高奖项——赫胥黎奖章；1982年12月，英国伦敦大学伦敦经济政治学院授予他荣誉院士称号；1987年获美国不列颠百科全书奖；1988年获大英百科全书奖；1993年获日本福冈亚洲文化大奖。

费孝通教授学术成就卓越，著作等身，尤以城乡社会学及文化人类学扬名遐迩。主要著作有《江村经济》、《禄村农田》、《人性与机器》、《内地农村》、《生育制度》、《乡土中国》、《民族与社会》、《边区开发与社会调查》、《行行重行行》等共900余部（篇），近千万字。其作品《乡土中国》和《江村经济》是研究中国经济、社会及文化必读之选。

费孝通教授不仅学贯中西，而且治学严谨，开启了我国社会学界良好的研究氛围。他非常重视社会学的本土化，强调实地调查，基本每年都要外出调查好几次，云南、广西、海南、甘肃等地他都走遍了，而且重点放在农村。他常说自己虽然是“一介书生”，但“一生富民”。他的一生都在为人民富裕起来而努力。中国社会科学院社会学研究所前所长陆学艺教授说：“……费老走了。我们失去了一位什么事情都习惯向他请教的长者，也失去了一座知识分子的里程碑。他不仅是学术泰斗，也是做人楷模。”历史学家、华东师范大学历史系教授许纪霖说：“作为社会学家、作为学者，费老在他那一代人里算是成就最大的。”他认为：费老有鲜明的“后五四知识分子”的特点，既接受了严格的学术训练，又受到“五四”精神的熏陶。他有很强的社会关怀，但又是专家，“学有所本”这正是我们所期望的知识分子的性格。费老的书生气和睿智，是“后五四”那一代人的底色，相当厚重，后来的知识分子很难再有。20世纪知识分子最好的一代人就是他们那一代人，既接受了好的西学训练，又保持了中国传统文化中好的东西。而那一代人正一个一个地离开，随着他们的远去，我们与他们那一代人就只剩下象征性的联系了。费老的辞世也是一个象征：20世纪，我们真的和它告别了。中国社会科学院社会科学文献出版社社长、中国社会学会秘书长谢寿光说：“费老对中国的社会学发展有着不可磨灭的贡献，尤其对恢复和重建社会学工作功不可没。他开创了社会学前沿调查的工作方法，他的《乡土中国》等著作和调查方法在国内外都有着巨大的影响。费老的逝世无疑是中国社会学界的一大损失。但是他留下了巨大的学术和精神财富，他的治学经历、他所开拓的领域，都会给我们这些从事社会学研究的人带来有益的启示。”

费孝通教授逝世后，中共中央办公厅、全国人民代表大会常务委员会、国务院办公厅、中共中央组织部，以及中国社会科学院、北京大学、清华大学等单位都送了花圈。他生前工作过的教学、研究机构北京大学、中国社会科学院社会学研究所和他的家中，以及他的老家江苏吴江开弦弓村都设置了灵堂供各界人士吊唁。南开大学社会学系与民盟南开大学委员会举行追思会，师生陷入深切的悲痛与缅怀中。

4月29日，费孝通教授的遗体告别仪式在北京八宝山革命公墓礼堂隆重举行。礼堂庄严肃穆，哀乐低回，正厅上方悬挂着黑底白字的横幅“沉痛悼念费孝通同志”，横幅下方是费孝通同志的遗像。费孝通同志的遗体安卧在鲜花翠柏丛中，身上覆盖着鲜红的中华人民共和国国旗。胡锦涛、温家宝、贾庆林、曾庆红等党和国家领导人在哀乐声中缓步来到费孝通同志的遗体前肃立默哀，向费孝通同志的遗体三鞠躬，并与家属一一握手表示慰问。在费孝通教授病重期间和逝世后，前往医院看望或以各种形式向其亲属表示慰问的还有：江泽民、吴邦国、黄菊、吴官正、李长春、罗干、王乐泉、回良玉、刘淇、刘云山、吴仪等党和国家领导人。中共中央办公厅、全国人大常委会办公厅、国务院办公厅、全国政协办公厅、中央和国家机关有关部门，费孝通同志的生前好友，家乡代表以及社会各界逾6000人前往送别。

中国社会学会 2005 年学术年会暨第六届理事会在合肥召开

2005 年 10 月 10 ~13 日，中国社会学会 2005 年学术年会暨第六届理事会在合肥召开。中国社会科学院秘书长朱锦昌同志，中共安徽省委常委、省委宣传部长臧世凯同志出席开幕式并讲话。中国社会学会会长陆学艺研究员致开幕词，郑杭生会长宣读了名誉会长、著名社会学家雷洁琼教授为大会写来的贺信。会议围绕“和谐社会构建：中国社会学的使命”主题进行了学术探讨，并选举了新一届学会理事会领导班子。

会上，郑杭生教授、李培林研究员、宋林飞研究员分别做了“构建和谐社会的几个热点、难点问题”、“东方现代化与中国经验”、“中国模式的成功与未来”的主旨报告。与会代表围绕和谐社会的现代意义、和谐社会与社会阶层结构、和谐社会与社会安全、和谐社会与社会公平、和谐社会与社会保障、和谐社会与社会政策等 6 个专题进行了分组讨论。出席会议的专家学者约 300 人，提交论文 160 多篇，并进行了论文评奖。

在本次会议上还召开了第六届理事会，郑杭生做“中国社会学会第五届理事会工作报告”，李强做“关于《中国社会学会章程》的修改说明”。理事会选举产生了新一届领导班子，郑杭生任会长，李培林任常务副会长，邓伟志、王思斌、卢汉龙、刘敏、李强、谷迎春、宋林飞、赵子祥、蔡禾、潘允康任副会长，谢寿光任秘书长。

附表　中国社会学会第六届理事会名单

姓　　名		所　属　机　构
名誉会长 2 人	雷洁琼	全国人大常委会
	陆学艺	中国社会科学院社会学研究所
顾问 14 人 （以姓氏笔画排序）	韩明谟	北京大学社会学系
	何耀华	云南省社会科学院
	景天魁	中国社会科学院社会学研究所
	刘绪贻	武汉大学历史系

续附表

姓　　名		所属机构
顾问 14 人（以姓氏笔画排序）	刘中荣	华中理工大学社会学系
	宋家鼎	中国社会科学院科研局
	宋书伟	北京社会科学院
	苏　驼	南开大学社会学系
	王　辉	天津社会科学院
	王　康	中国政法大学
	王志诚	北京市政协
	吴　铎	华东师范大学法律政治系
	徐经泽	山东大学社会学系
	詹一之	四川省社会科学院
会长 1 人	郑杭生	中国人民大学
常务副会长（法人代表）1 人	李培林	中国社会科学院社会学研究所
副会长 10 人（以姓氏笔画排序）	蔡　禾	中山大学社会学系
	邓伟志	上海大学社会学系
	谷迎春	浙江省社会科学院
	李　强	清华大学社会学系
	刘　敏	甘肃省社会科学院
	卢汉龙	上海社会科学院社会学研究所
	潘允康	天津社会科学院社会学研究所
	宋林飞	江苏省社会科学院
	王思斌	北京大学社会学系
	赵子祥	辽宁社会科学院
常务理事 61 人（按行政区划排序）	李培林	中国社会科学院社会学研究所
	李汉林	中国社会科学院社会学研究所
	黄　平	中国社会科学院外事局
	王延中	中国社会科学院科研局
	郑杭生	中国人民大学
	李路路	中国人民大学社会学系
	李　强	清华大学社会学系
	孙立平	清华大学社会学系
	马　戎	北京大学社会学人类学研究所
	王思斌	北京大学社会学系
	谢寿光	社会科学文献出版社
	王　煜	北京社会科学院社会学研究所
	王怀超	中共中央党校科学社会主义教研部

续附表

姓　　名		所属机构
常务理事61人（按行政区划排序）	吴忠民	中共中央党校社会学教研室
	潘允康	天津社会科学院社会学研究所
	白红光	南开大学社会学系
	关信平	南开大学社会工作系
	牛苏林	河南省社会科学院法学社会学研究所
	周伟文	河北省社会科学院社会发展研究所
	秦谱德	山西省社会科学院社会学研究所
	赵子祥	辽宁社会科学院
	曹晓峰	辽宁社会科学院社会学研究所
	邴　正	吉林省社会科学院
	刘少杰	吉林大学社会学系
	王雅林	哈尔滨工业大学社会发展研究所
	赵瑞政	黑龙江省社会科学院社会学研究所
	邓伟志	上海大学社会学系
	李友梅	上海大学
	卢汉龙	上海社会科学院社会学研究所
	彭希哲	复旦大学人口研究所
	徐永祥	华东理工大学社会管理学院
	宋林飞	江苏省社会科学院
	叶南客	南京市社会科学院
	周晓虹	南京大学社会学系
	王金玲	浙江省社会科学院社会学研究所
	冯　钢	浙江大学人文学院社会学系
	谷迎春	浙江省社会科学院
	黄家海	安徽省委党校
	王开玉	安徽省社会科学院社会学研究所
	黎　昕	福建省社会科学院社会学研究所
	张友琴	厦门大学社会学系
	王明美	江西省社会科学院社会学研究所
	李善峰	山东省社会科学院社会学研究所
	马广海	山东大学社会学系
	纪德尚	郑州大学软科学研究中心
	钟涨宝	华中农业大学社会学系
	雷　洪	华中科技大学社会学系
	江立华	华中师范大学社会学系
	方向新	湖南省社会科学院社会学法学研究所

续附表

姓　　名		所属机构
常务理事 61 人（按行政区划排序）	谢俊贵	湖南师范大学社会学系
	蔡　禾	中山大学社会学系
	王　宁	中山大学社会学系
	李秋洪	中共广西防城港市委宣传部
	廖　逊	海南省省委党校
	陈昌文	四川大学公共管理学院
	史昭乐	贵州省社会科学院社会学研究所
	乔亨瑞	云南省社会科学院社会学研究所
	王　继	陕西师范大学政治经济学院社会学系
	石　英	陕西省社会科学院社会学研究所
	刘　敏	甘肃省社会科学院
	陈文江	兰州大学社会学系
特邀常务理事 12 人（以姓氏笔画排序）	操学诚	共青团中央宣传部
	陈　立	国家人口和计划生育委员会规划司
	葛延风	国务院发展研究中心社会部
	李守信	国家发改委社会发展司
	牟君发	中央政法委
	谭　琳	全国妇联妇女研究所
	王奋宇	科技部中国科技促进发展中心社会发展部
	王振耀	民政部救济救灾司
	叶小文	国家宗教事务局
	于法鸣	国家劳动和社会保障部就业司
	张秋俭	全国总工会书记处
	张荣华	全国人大
秘书长 1 人	谢寿光	社会科学文献出版社
副秘书长 6 人	汪小熙	中国社会科学院社会学研究所
	刘世定	北京大学社会学系
	沈　原	清华大学社会学系
	洪大用	中国人民大学社会学系
	王春光	中国社会科学院社会学研究所
	范广伟	社会科学文献出版社
理事 202 人（按行政区划排序）		
北京 32 人	王延中	中国社会科学院科研局
	黄　平	中国社会科学院外事局
	谢寿光	社会科学文献出版社
	李培林	中国社会科学院社会学研究所

续附表

姓	名	所属机构
北京32人	李汉林	中国社会科学院社会学研究所
	苏国勋	中国社会科学院社会学研究所
	折晓叶	中国社会科学院社会学研究所
	渠敬东	中国社会科学院社会学研究所
	郑杭生	中国人民大学
	杨雅彬	中国社会科学院社会学研究所
	洪大用	中国人民大学社会学系
	李路路	中国人民大学社会学系
	王思斌	北京大学社会学系
	马　戎	北京大学社会学人类学研究所
	李　强	清华大学社会学系
	戴建中	北京社会科学院社会学所
	孙立平	清华大学社会学系
	邱泽奇	北京大学社会学系
	赵孟营	北京师范大学哲学与社会学院社会学系
	王　煜	北京社会科学院社会学研究所
	包智明	中央民族大学民族学与社会学学院
	陈　涛	中国青年政治学院社会工作与管理系
	时立荣	北京科技大学文法学院
	范燕宁	首都师范大学政法学院社会学与社会工作系
	应　星	中国政法大学社会学院
	张　蓉	中国农业大学人文与发展学院社会学系
	刘　梦	中华女子学院
	尹志刚	北京市委党校社会学教研部
	田玉荣	北京工业大学社会工作系
	李志军	中央财经大学社会学系
	王怀超	中共中央党校科学社会主义教研部
	吴忠民	中共中央党校社会学教研室
天津6人	潘允康	天津社会科学院社会学研究所
	唐忠新	天津社会科学院社会学研究所
	王来华	天津社会科学院舆情研究所
	白红光	南开大学社会学系
	侯钧生	南开大学法政学院
	关信平	南开大学社会工作系
河北5人	孙世芳	河北省社会科学院
	周伟文	河北省社会科学院社会发展研究所

续附表

姓名		所属机构
河北 5 人	王文录	河北省社会科学院人口研究中心
	吕红平	河北大学人口研究所
	李克荣	河北科技大学文法学院
山西 4 人	吕世辰	山西师范大学政法学院
	邢　媛	山西大学社会学系
	秦谱德	山西省社会科学院社会学研究所
	李美峰	太原市社会科学院
辽宁 4 人	赵子祥	辽宁社会科学院
	曹晓峰	辽宁社会科学院社会学研究所
	沈殿忠	辽宁社会科学院社会学研究所
	刘　平	沈阳师范大学社会学系
吉林 6 人	胡海波	东北师范大学政法学院社会学系
	邴　正	吉林省社会科学院
	刘少杰	吉林大学社会学系
	田毅鹏	吉林大学哲学社会学院
	付　诚	吉林省社会科学院社会学研究所
	宋宝安	吉林大学社会发展研究中心
黑龙江 8 人	唐魁玉	哈尔滨工业大学人文与社会科学学院哲学社会学系
	何明升	哈尔滨工业大学人文与社会科学学院
	王爱丽	黑龙江省社会科学院社会学研究所
	李德滨	哈尔滨市社会科学院社会学研究所
	王雅林	哈尔滨工业大学社会发展研究所
	赵瑞政	黑龙江省社会科学院社会与科技发展研究所
	曲文勇	黑龙江大学社会学系
	刘　军	哈尔滨工程大学人文学院社会学系
上海 19 人	张　彦	上海财经大学经济社会学系
	鲍宗豪	上海华夏社会发展学院
	张乐天	复旦大学社会学系
	李友梅	上海大学
	曹锦清	华东理工大学社会学系
	徐安琪	上海社会科学院社会学研究所
	李建勇	华东政法学院社会学系
	杨　雄	上海社会科学院青少年研究所
	马西恒	上海市委党校城市社会研究所
	陈映芳	华东师范大学社会学系
	蔡　麟	同济大学文法学院哲学与社会学系

续附表

姓　名		所属机构
上海19人	朱贵平	上海应用技术学院社会科学系
	邓伟志	上海大学社会学系
	彭希哲	复旦大学人口研究所
	徐永祥	华东理工大学社会管理学院
	卢汉龙	上海社会科学院社会学研究所
	罗国振	华东师范大学
	吴元浩	上海市人民检察院
	叶兴华	上海市民政局
江苏12人	黄忠晶	江南大学法政学院社会学系
	叶南客	南京市社会科学院
	宋林飞	江苏省社会科学院
	童　星	南京大学社会学系
	夏文信	江苏警察学院
	周晓虹	南京大学社会学系
	高　峰	苏州大学社会学系
	冯必扬	中共江苏省委党校社会学教研部
	陈阿江	河海大学社会学系
	姚兆余	南京农业大学人文学院社会学系
	陈　颐	江苏省社会科学院社会学研究所
	邹农俭	南京师范大学社会发展学院
浙江6人	冯　钢	浙江大学社会学系
	谷迎春	浙江省社会科学院
	杨建华	浙江省社会科学院社会学研究所
	卢福营	浙江师范大学法政经济学院
	王金玲	浙江省社会科学院社会学研究所
	秦均平	杭州师范学院政经学院社会学系
安徽7人	方　青	安徽师范大学社会学院
	钟玉海	合肥工业大学人文经济学院
	朱士群	安徽大学研究生部
	王邦虎	安徽大学社会学系
	方金友	安徽省社会科学院社会学研究所
	黄家海	安徽省委党校
	王开玉	安徽省社会科学院社会学研究所
福建6人	黄陵东	福建省委党校社会发展研究所
	许斗斗	福州大学人文社会科学院社会学系
	苏振芳	福建师范大学社会学研究所

续附表

姓　名		所属机构
福建6人	黎　昕	福建省社会科学院社会学研究所
	胡　荣	厦门大学社会学系
	张友琴	厦门大学社会学系
江西7人	王明美	江西省社会科学院社会学研究所
	陈水根	江西省社会科学院社会学研究所
	武任恒	江西科技师范学院社科部
	熊时升	江西师范大学政法学院哲学与社会学系
	黄大建	江西财经大学人文学院社会学系
	胡伯项	南昌大学社会学系
	肖唐镖	江西省委党校
山东5人	崔　凤	中国海洋大学法学院社会学系
	李善峰	山东省社会科学院社会学研究所
	高鉴国	山东大学哲学与社会发展学院社会工作系
	彭立荣	山东省社会科学院社会学研究所
	马广海	山东大学哲学与社会发展学院社会学系
河南4人	纪德尚	郑州大学软科学研究中心
	牛苏林	河南省社会科学院法学社会学研究所
	张明锁	郑州大学应用社会学研究所
	王金山	河南财经学院哲学与社会学系
湖北11人	江立华	华中师范大学社会学系
	向德平	武汉大学社会学系
	钟涨宝	华中农业大学社会学系
	刘崇顺	武汉市社会科学院社会学研究所
	雷　洪	华中科技大学社会学系
	周长城	武汉大学社会学系
	周运清	武汉大学社会学系
	孙秋云	华中科技大学社会学系
	谭明方	中南财经政法大学社会学研究所
	夏玉珍	华中师范大学社会学系
	万江红	华中农业大学社会学系
湖南7人	刘文明	中南大学法学院社会学系
	章辉美	中南大学法学院社会学系
	方向新	湖南省社会科学院社会学法学研究所
	陈树林	湖南省宗教局
	谢俊贵	湖南师范大学社会学系
	陈成文	湖南师范大学社会学系

续附表

姓　　名		所　属　机　构
湖南7人	应若平	湖南农业大学人文学院
广东6人	张书琛	广东商学院人文传播学院社会学系
	谢建社	广州大学社会学系
	蔡　禾	中山大学社会学系
	王　宁	中山大学政务学院社会学系
	郑梓桢	广东省社会科学院社会学所
	范　英	广东省社会科学界联合会
广西3人	李秋洪	中共广西防城港市委宣传部
	谢　舜	广西大学社会科学与管理学院
	李文华	广西师范大学政管学院
海南1人	廖　逊	海南省省委党校
重庆5人	俞　萍	重庆工商大学政治与社会发展学院
	钟瑶奇	重庆市社会科学院社会学研究所
	王辅贤	重庆社会工作职业学院
	徐　宪	重庆工商大学政治与社会发展学院
	秦启文	西南师范大学社会学与公共管理学院
四川4人	陈昌文	四川大学公共管理学院
	胡冰霜	四川大学公共管理学院社会学系
	郭　虹	四川省社会科学院社会学研究所
	刘俊哲	西南民族大学社会学系
贵州6人	肖先治	贵州省社会科学院
	李建军	贵州大学
	史昭乐	贵州省社会科学院社会学研究所
	罗玉达	贵州大学社会学系
	张羽琼	贵州师范大学历史系社会工作专业
	吴晓萍	贵州民族学院社会发展学院社会学系
云南5人	张桥贵	云南民族大学
	鲁　刚	云南民族大学人文学院社会学系
	乔亨瑞	云南省社会科学院社会学研究所
	钱　宁	云南大学民族学与社会学学院社会工作系
	王彦斌	云南大学民族学与社会学学院社会学系
陕西5人	张永春	西安市社会科学院
	石　英	陕西省社会科学院社会学研究所
	王　继	陕西师范大学政治经济学院社会学系
	付少平	西北农林科技大学人文学院社会学系
	赵文龙	西安交通大学人文社会科学院社会学系

续附表

姓　　名		所属机构
甘肃5人	陈文江	兰州大学哲学社会学院
	张玉斌	兰州市社会科学院
	贾应生	西北师范大学政法学院社会学系
	刘　敏	甘肃省社会科学院
	文　化	西北民族大学社会人类学·民俗学学院
青海1人	梅　岩	青海师范大学人文学院社会学系
宁夏1人	高桂英	宁夏大学西部发展研究中心
专业委员会11人（以姓氏笔画排序）	董鸿扬	黑龙江省社会科学院社会学研究所
	范伟达	复旦大学社会发展与公共政策学院
	关　颖	天津社会科学院社会学研究所
	厉以贤	北京师范大学教育学院
	卢元镇	华南师范大学体育科学学院
	童乘珠	公安部二局
	王处辉	南开大学社会学系
	魏久明	中共中央党史研究室
	于长江	北京大学社会学人类学研究所
	张厚义	中国社会科学院社会学研究所
	张玉矶	国家发改委

四　社会学大事记

社会学大事记（2003～2006）

2003

1月13～15日　由中国社会学会生活方式研究专业委员会（筹）、哈尔滨工业大学人文与社会科学学院、黑龙江大学等单位联合发起并承办的“生活方式：理论与实践的新发展研讨会”在哈尔滨市召开。与会代表就生活方式的回顾与展望、消费与生活质量问题、休闲与时间利用、家庭与性生活方式的变迁、生活史与社会变迁和信息化对生活方式的影响等问题进行了研讨。

1月20～21日　中国（海南）改革发展研究院与联合国开发计划署联合主办了“中国农村妇女土地权益保护暨农村改革新突破国际研讨会”。

2月21～22日　由中国人民银行货币政策司、外经贸部国际经济技术交流中心和中国社会科学院贫困问题研究中心联合举办的“小额信贷与中国扶贫研讨会”在北京举行。会议得到了联合国开发计划署和福特基金会的资助。

4月　华东政法学院社会学系及法社会学研究所正式成立，李建勇任系主任、所长。

7月　中国经济体制改革杂志社、中国社会服务及发展研究中心（香港）、国际行动援助中国办公室、翟城村村民委员会等多家机构在70多年前晏阳初先生进行“定县实验”的旧址创办了“晏阳初乡村建设学院”。

8月20～22日　中国社会科学院社会学研究所与南京大学社会学系在南京联合主办“‘中国社会学的新发展与走向’暨《中国社会学年鉴（1999～2002）》编纂学术研讨会”。

8月28日　中央财经大学成立社会学系，系主任李志军。

9月15～16日　国务院发展研究中心农村部、浙江省农业和农村工作办公室、浙江省委宣传部、浙江省社会科学界联合会、浙江大学联合举办“中国农村全面小康建设研讨会”。

10月22～24日　2002年教育部社会学学科教学指导委员会暨社会学系系主任联席

会在厦门大学举行。本次会议的中心内容是针对社会学（社会工作）专业的自查评估情况，讨论如何加强社会学学科教学的规划，并围绕当前教育面临的挑战与机遇研讨相应的对策。

10 月 31 日～11 月 2 日　由中国社会学会主办，四川大学公共管理学院社会学系、四川省中英性病艾滋病防治合作项目办公室、四川省社会学学会共同承办的 2003 年中国社会学年会在成都举行。本次年会主题为“全面建设小康社会与中国社会结构变迁”。

11 月 1～2 日　由上海社会科学院主办的“全国社会科学与艾滋病：理论与实践研讨会”在上海召开。

11 月 5 日　第三届“胡绳青年文学奖”揭晓，社会学类的获奖作品为渠敬东的《缺席与断裂：有关失范的社会学研究》、色音的《东北亚的萨满教——韩中日俄蒙萨满教比较研究》。

12 月 3～4 日　“社会主义初级阶段男女平等理论研讨会”在北京召开。

12 月 20 日　吉林省社会学年会召开。

2004

2 月 21 日　清华大学公共管理学院 NGO 研究所组织了主题为“乡村政治研究”的学术沙龙。

3 月　河海大学正式成立社会学系，系主任陈阿江。

3 月 19～21 日　中国社会科学院社会学研究所与浙江大学社会思想与文化批评中心及浙江大学人文学院国际文化学系联合举办“历史社会学视野中的中日关系问题国际研讨会”。

3 月 29 日下午，中央综治委预防青少年违法犯罪工作领导小组办公室组织召开了“青少年违法犯罪形势分析及对策研讨会”。

4 月　中南财经政法大学社会学研究所正式成立，所长谭明方。

4 月 7～11 日　由中国农村社会学学会与中共江西省委党校共同举办的“全国统筹城乡经济社会协调发展理论研讨会”在南昌召开。会上进行了农村社会学专业委员会理事会换届选举，郭书田、陆学艺当选为会长。

4 月 8～9 日　《求是》杂志社政治编辑部、广东省邓小平理论和“三个代表”重要思想研究中心、广东省社会科学界联合会在广东省珠海市联合召开“科学发展观与全面小康社会理论研讨会”。

5 月　中国老年学学会老年学教学与研究专业委员会召开第一届中国老年学学科建设研讨会。

5 月 12～13 日　“全国博士后‘中国社会运行与变迁’学术研讨会”在北京大学召开。与会者围绕中国社会运行与变迁过程中共同感兴趣的研究课题展开学术讨论。

5 月 15～17 日　由中国社会学会和天津社会科学院联合举办的“城市社会学与城市发展学术研讨会”在天津召开。会上成立了“中国城市社会学专业委员会（筹）”，其办事机构设在天津社会科学院。

6 月　由《中国社会科学》杂志社、《国际社会科学杂志》、北京师范大学社会发展与公共政策研究所共同主办的“科学发展观与社会政策研讨会”在北京师范大学举行。

6 月 21 日　“长三角地区人口发展战略研讨会”在上海召开。

7 月 3 ~4 日　为促进海峡两岸社会学者的交流与合作，推动中国社会学研究事业的繁荣和发展，汇集两岸学者的研究思路与成果，深入探讨中国社会全球化过程中的制度转型等重大问题，清华大学社会学系与台湾东海大学社会学系、香港科技大学社会科学部联合举办“全球化与地方化：本地社会的制度转型学术研讨会”。

7 月 7 ~11 日　第 36 届世界社会学大会在北京隆重召开。本次大会是国际社会学会成立一百多年来首次在中国举办，也是世界社会学大会第一次在日本以外的亚洲国家举行。此次会议的主题是“全球化背景下的社会变迁”。来自 51 个国家和地区的代表近 1200 人参加了大会，其中国外代表 621 人。大会收到论文及摘要 1424 篇。这既是世界社会学大会参会人数最多的一次大会，也是中国社会科学院建院以来承办的规模最大的一次国际会议。中央电视台 3 个频道（1 套、4 套、新闻频道），新华社、中新网、人民日报、光明日报等媒体都对大会进行了报道。

7 月 10 ~12 日　云南大学承办的“第三次全国高校女性学学科建设会议——21 世纪中国女性发展研究学术研讨会”在昆明召开。

7 月 13 ~18 日　由吉林大学社会学系主办的“全球化与区域发展：振兴东北国际学术研讨会”在长春举行。

7 月 28 日　“当代中国社会结构变迁研究”课题组和社会科学文献出版社联合召开“当代中国社会流动学术研讨暨《当代中国社会流动》出版座谈会”，会上推出了“当代中国社会结构变迁研究”课题组的最新研究成果《当代中国社会流动》（研究报告）。

8 月 28 日　北京大学社会学系、中国社会工作教育协会联合召开“中日妇女就业与社会福利制度比较研究国际学术研讨会”。

9 月 22 ~23 日　由中国妇女研究会主办、黑龙江省妇女发展研究会及黑龙江省妇女研究所承办的“全面建设小康社会，促进性别平等研讨会”在黑龙江省哈尔滨市召开。

10 月 11 ~12 日　中国人民大学社会学理论与方法研究中心和厦门大学社会学系在厦门联合举办“现代化反思：理论与政策学术研讨会”。

10 月 18 ~20 日　中山大学举办了全国性的“社会转型期中国的组织现象研讨会”。

10 月 21 日　清华大学举办“制度实践与反思学术研讨会”。

10 月 23 日　由清华大学社会学系“下岗失业社会保障制度在实践中的运作研究”课题组主办的“制度与实践：失业人员社会保障问题与研究的学术研讨会”在清华大学老年学研究中心召开。会议就当前与下岗失业人员相关的社会保障制度建设与制度在实践运行中出现的问题进行了研讨。

10 月 23 ~24 日　由香港科技大学组织管理系和中山大学社会学系联合举办的“转型中国的组织现象研究学术研讨会”在广州召开。

10 月 24 ~25 日　“人口与可持续发展战略国际研讨会”在上海召开。

11 月 5 ~8 日　“教育部高等学校社会学学科教学指导委员会及全国社会学系系主任联席会议”在杭州召开。

11 月 9 ~10 日　由安徽省社会科学院、安徽省政府研究室、安徽省社会保障研究会联合召开的“全国扩大中等收入者比重，构建和谐社会学术研讨会”在合肥市举行。

11 月 12～13 日　“华人社会口述历史工作研讨会”作为香港大学社会学系和香港大学亚洲研究中心《香港口述历史档案计划》的一部分在香港举行。

11 月 24 日　由中国社会学会、中国社会科学院社会学研究所、社会科学文献出版社及“当代中国社会结构变迁研究”课题组联合举办的“和谐社会及其运行机制学术研讨会”在北京举行。

12 月 4～5 日　中国（海南）改革发展研究院（简称中改院）在海口主办了第 52 次中国改革国际论坛“中国农民组织建设国际研讨会”。

12 月 18～20 日　“中国社会工作教育协会年会”在北京召开。

12 月 19～21 日　由深圳民族精神与中国发展研究中心、安徽省社会科学院、全国“三个代表”重要思想研究会、中国社会科学院农村发展研究所、经济日报农村版等单位联合举办的“全面建设小康社会与中国‘三农’问题学术研讨会”在安徽省合肥市召开。

12 月 25 日　北京市社会学会召开学术年会。

2005

1 月 1～3 日　晏阳初乡村建设研究院研究部在北京举办关于乡村建设的研讨会。

2 月 21 日　在中共中央政治局进行的第二十次集体学习上，中国社会科学院社会学研究所李培林研究员和景天魁研究员就“努力构建社会主义和谐社会”的问题进行了讲解，并阐述了他们的有关看法和建议。

2 月 26～27 日　南京大学社会学系举办了“人类学与当代中国社会变迁国际学术研讨会”。

3 月　武汉大学“社会学理论工作坊”创建。该工作坊旨在增进国内外社会学同行间的学术交流，促进社会学理论、方法和实证研究的发展，提高武汉大学社会学自身的学术水平和学生培养层次。第一讲由周雪光主持，题目为“‘逆向软约束’：一个政府行为的组织分析”。

4 月 1～7 日　首届“社会干预研讨工作会”在清华大学召开。台湾世新大学社会发展研究所一行 7 人就研究和推动“社会学干预方法”与清华大学社会学系同仁进行了交流、讨论。

4 月 24 日 22 时 38 分　著名社会学家、人类学家和社会活动家，中国民主同盟的卓越领导人，中国共产党的亲密朋友，第七、第八届全国人民代表大会常务委员会副委员长，中国人民政治协商会议第六届全国委员会副主席，中国民主同盟中央委员会名誉主席费孝通同志在北京逝世，享年 95 岁。

5 月 16 日　中国人民大学老年学研究所、北京大学老年学研究所、北京老年病医疗研究中心、中国老年学学会老年学教学与研究专业委员会在中国人民大学逸夫会议中心召开“第二届中国老年学学科建设研讨会”。

5 月 17～18 日　中国社会科学院社会学研究所社会心理学研究室举办“社会认同的理论与经验研究工作坊”。

5 月 20～21 日　河海大学在南京举办“移民、环境与发展学术研讨会”。

5 月 21 日　国家统计局在北京召开“农村全面小康监测研讨会暨《2004 年中国农村全面小康监测报告》”首发式。

6 月 7 ~8 日　华中科技大学中国乡村治理研究中心召开了以“农民行动单位与村治模式”为主题的研讨会。

6 月 15 日　北京社会主义学院、市社科联、市科协、市社团办、北京奥运经济研究会共同举行了“构建和谐社会与民间组织发展研讨会”。

6 月 17 日　南开大学在天津举办“劳动力转移就业的社会政策学术研讨会”。

7 月　中国政法大学社会学院正式成立。

7 月 23 日　由江西师范大学承办的中国科学社会主义学会 2005 年年会暨构建社会主义和谐社会理论研讨会在南昌召开。

7 月 30 ~8 月 2 日　由中国社会科学院社会政策研究中心与中国社会工作教育协会、南开大学、北京师范大学、清华大学联合举办的“第一届社会政策国际论坛暨系列讲座”在天津举行。

8 月 22 ~23 日　由南开大学社会史研究中心、南开大学历史学院共同主办的“近五百年来中国社会结构变迁国际学术研讨会”在南开大学召开。

9 月 17 ~18 日　中国人民大学社会学理论与方法研究中心与社会学系在北京召开“中国特色社会学——历史·现状·未来学术研讨会”。

9 月 19 ~22 日　由中国社会科学院主办的“第二届中国—古巴学术研讨会”在北京举行。会议就经济发展与改革、社会主义发展、社会公正与消除贫困、社会政策与社会保障等专题进行了研讨。

9 月 23 ~25 日　由中国人民大学社会保障研究中心、日本社会保障研究会、日本社会政策学会、韩国比较政策研究会等联合在北京举办“首届社会保障国际论坛”。

9 月 24 ~25 日　由中国社会科学院哲学研究所主办，中国医学科学院和中国协和医科大学生命伦理研究中心协办的“反对工作场所性骚扰的伦理、法律和社会问题专家研讨会”在北京召开。此次研讨会是中国社会科学院和福特基金会合作项目——“生殖健康与伦理学”的内容之一。

9 月 25 日　河北省社会学与社会发展研究会成立，孙世芳当选为会长。

10 月 10 ~12 日　清华大学、北京大学、美国杜克大学三校发展论坛在北京召开。此次论坛的宗旨是：探讨全球化背景下各个民族国家不同的经济社会发展道路及相关的发展模式。

10 月 11 ~13 日　中国社会学会 2005 年学术年会暨第六届理事会在合肥召开。本次会议由安徽省社会学会承办，木次会议的主题为“和谐社会构建：中国社会学使命”。会上进行了换届选举，郑杭生当选为会长。

10 月 16 ~18 日　中国人民大学召开“中国性研究的起点与使命国际研讨会”。

10 月 17 日　中国社会工作协会举办“关怀两岸婚姻与家庭研讨会”。

10 月 22 ~26 日　由上海大学社会学系、香港科技大学组织管理系、上海高校社会学E-研究院联合主办，以“倡导专业规范、培养研究队伍、打造学术共同体”为宗旨的“第二届组织社会学实证研究工作坊”在上海大学召开。

10 月 26 日　“全国社区建设与和谐社会研讨会”在武汉召开。

10月26～28日 由国家人口和计划生育委员会、联合国人口基金、人口与发展南南合作伙伴组织和国际计生联主办的“人口与发展国际援助研讨会”召开。

10月27～29日 由中国社会科学院和瑞典高等亚太研究所联合主办，中国社会科学院社会学研究所承办的“中国—瑞典经济发展和社会政策研讨会”在北京举行。

10月29～31日 由中国宋庆龄基金会、联合国儿童基金会主办，中国教育部、商务部、卫生部、中国少年先锋队全国委员会等单位协办的“21世纪的儿童与社会可持续发展——首届儿童发展国际论坛”在北京举行。

11月1～2日 由中国人民大学乡村建设中心和新华社经济信息部联合主办的“新农村建设：实践反思与展望研讨会”在中国人民大学举行。

11月3日 由中国社会科学院主办、亚洲开发银行资助、中国社会科学院社会政策研究中心承办的“农村社区卫生服务体系与政策研讨会”在北京召开。

11月5～6日 由河北省文明办、河北省社会科学院、秦皇岛市委、中国社会学会、河北省社会学与社会发展研究会联合在秦皇岛举办“构建和谐社会，促进社会文明理论与实践理论研讨会”。

11月11～13日 “落实科学发展观，构建农村和谐社会暨纪念李守经教授学术研讨会”在华中农业大学召开。

11月22日 首都师范大学、北京市社会学会、北京市社会科学院联合主办的“社会学—社会工作教育与社会和谐国际学术研讨会”召开。

12月23～25日 山东省社会学学会第五次会员代表大会暨2005年学术年会在济南市召开。会上进行了换届选举，周日光当选为会长。

12月24日 吉林省社会学学会2005年学术年会暨第五届会员代表大会召开，会上进行了换届选举，邴正当选为会长。

2006

2月16日 北京大学举办“北京大学第一次国际教育社会学研讨会”。

3月 “新时期社会协调机制建设问题研究”课题组与上海市社科联、复旦大学联合举办“民间组织与和谐社会理论研讨会”。

3月25～26日 由中国（海南）改革发展研究院主办的“中国新农村建设：乡村治理与乡镇政府改革国际研讨会”在海口举行，会议就新农村建设过程中的理论和现实问题展开了深入探讨。

4月1～5日 中国西南民族研究学会第十三次学术年会暨“构建西南民族地区和谐社会学术研讨会”在云南省红河市举行。

4月24日 中央民族大学民族学与社会学院在文科楼一层报告厅举办了“费孝通教授逝世一周年暨从事民族研究70周年纪念讲座”。

5月4～6日 由清华大学社会学系和台湾世新大学社会发展研究所合办的“首届行动社会学学术研讨会”在北京召开。本次会议的主旨是：在当前中国社会大转型的背景下，打破以往研究陷入的迷思，指出当前中国社会学研究所面对的“真问题”，寻求适合探索转型逻辑的社会学理论和研究方法，实现这一学科的学术性及其现实关怀。

5 月 15 ~17 日　由中国社会科学院和印度社会科学理事会主办，社会学所承办的“变迁中的中国和印度社会”学术研讨会在北京举行。会议分三个议题：①中国和印度的中间阶层；②中国和印度的农村发展；③中国和印度的家庭研究。

5 月 20 日　由首都青年编辑记者协会主办、创维集团协办的“创维总编论坛”在北京举行。本次论坛的主题是“多元结构下的新农村建设”。

5 月 27 ~28 日　福建省社会学会第四届会员大会暨 2006 年会在厦门大学隆重召开，胡荣当选为会长。

6 月 3 日　民政部最低生活保障司在北京举办“中国农村社会救助政策研讨会”。

6 月 18 ~19 日　“社会主义新农村建设与人口计生网络发展研讨会”在河北省定州市召开。

6 月 19 ~21 日　华东理工大学商学院、清华大学、哈尔滨工程大学和上海大学共同发起组织了“第一届社会网及关系管理研讨班”。

6 月 19 日 ~7 月 13 日、7 月 17 日 ~8 月 10 日　北京大学—密歇根大学联合研究院兴办的跨学科研究型人文社会科学学院在北京执行了两个暑期课程项目：全球化跨学科中国研究和中国计量社会科学研究。6 月 19 日开始由威斯康星 - 麦迪逊大学社会学系教授 Nora Cate Schaeffre 主讲社会研究调查方法；7 月 17 日起由密歇根大学生物统计系教授、社会研究院研究员 James M. Lepkowski 主讲抽样调查方法。

6 月 21 ~22 日　由南开大学社会工作与社会政策系、联合国教科文组织北京办事处联合主办的“人类安全与和谐社会：中国与亚洲国际学术研讨会”在南开大学召开。

6 月 23 ~25 日　由中华文化社会福利事业基金会和山东大学共同主办的“2006 年两岸社会福利学术研究会”在山东大学召开。

6 月 24 ~25 日　由浙江大学法学院政治学与行政管理系、浙江大学地方政府与社会治理研究中心和英国诺丁汉大学中国政策研究所联合主办的“非政府部门与中国地方治理和可持续发展国际研讨会”在杭州举行。

7 月 1 ~2 日　中国人民大学“中国农民工问题与社会保护研讨会”在中国人民大学逸夫会议中心召开。

7 月 7 ~8 日　由中国环境科学学会环境经济学专业委员会、中国环境规划院、南京大学联合举办的“建设环境友好型社会经济政策研讨会”在苏州召开。

7 月 15 ~17 日　由中国社会学会主办，山西省社会学学会承办、太原市政府协办的“中国社会学会 2006 年学术年会”在太原市召开。会议的主题为“科学发展，共享和谐”。

7 月 16 ~20 日　华中科技大学中国乡村治理研究中心以“经验研究与中国社会科学本土化”为题在山东青州举办第四届农村研究方法高级研讨班。

7 月 21 日　由中国生活方式研究专业委员会主办、南京市社会科学院承办的“全国城市生活方式转型与文化产业发展研讨会”在南京召开。

7 月 23 ~29 日　国际社会学协会第十六届世界大会在南非的德班市举行。本次大会的主题是：全球化世界中的社会生存质量。中国代表谭琳、谭深、宋月萍、阎明、李春玲等出席了大会。

8 月 7 日　由澳门青少年犯罪研究学会、中国青少年犯罪研究会及南京大学犯罪预防与控制研究所主办，澳门青少年犯罪研究学会承办的“青少年违法犯罪现况及理论学术研讨会”7日在澳门举行。

8月10～13日　2006年度教育部高校社会学学科教学指导委员会暨系主任联席会议在沈阳师范大学召开。本次会议的主题：社会学教学与社会学的未来，并设以下研讨专题：①社会学教学与社会学研究的中国化；②社会工作教学与社会工作者的职业化；③社会学教学与区域社会发展；④社会学教学与社会政策研究。

8月22日　由国务院扶贫开发领导小组办公室、国务院西部地区开发领导小组办公室、四川省人民政府、重庆市人民政府、四川大学和中国西部开发研究联合体共同主办，联合国开发计划署（UNDP）、世界银行（the World Bank）、中国留美经济学会（CES）联合协办，四川大学和成都市人民政府具体承办的“反贫困与国际区域合作国际研讨会”在成都举行。

8月24～25日　中国人民大学社会学理论与方法研究中心和北京大学社会学系联合举办了“面对东亚社会变迁的当代社会理论国际学术研讨会”。

9月　中国人民大学举办了“第二届中日韩社会保障国际论坛”。

9月15日　由北京丰台区利智康复中心主办，中国社会科学院社会政策研究中心、清华大学NGO研究所、中国NGO法律支持网、义派律师事务所协办的“中国民间组织公益产权现状与立法走向研讨会”在北京召开。

9月18日　由中国社会科学院与欧盟委员会就业与社会事务总司等机构共同举办的“中国与欧盟就业与社会政策经验研讨会”在布鲁塞尔举行。

10月19～20日　由中国社会科学院社会学研究所和联合国教科文组织北京办事处联合举办的“农村劳动力流动与相关社会政策国际研讨会”在北京举行。

10月20～22日　“中国社会心理学会第六次全国会员代表大会暨2006年学术年会”在安徽省黄山市召开。本次学术年会的主题为：和谐社会与社会心理学。大会还进行了换届改选。

10月21日　中国人民大学组织举办“组织社会学实证研究工作坊”。

10月25日　由中国劳动和社会保障部共同发起的“中国社会保障论坛首届年会”在北京钓鱼台国宾馆举行。本次论坛的主题是：和谐社会与社会保障。

10月28日　中国社会科学院召开“第一届中国社会学博士后论坛”。该论坛由中国社会科学院和中国博士后基金会共同主办，中国社会科学院博士后流动站、社会学博士后流动站、北京博士后联谊会、社会学博士后联谊会联合承办。论坛的主题为“构建和谐社会中的中国社会学”。

10月28日　中国政法大学社会学院召开“社会学进入中国高校百年座谈会”。

10月28～29日　值建系20周年之际，山东大学社会学系在济南举办了“新乡村建设学术研讨会”。本次研讨会的主旨是：继承20世纪30年代“乡村建设”运动中前辈学人的理论传统和他们救国济民的实践精神，探讨当前新农村建设的内涵及途径、乡村社会秩序及其运作逻辑等。

11月3日　国务院扶贫办、世界银行“中国贫困评估国际研讨会”在北京召开。

11月11～12日　中国人民大学社会学理论与方法研究中心与社会学系联合举办“首届中国环境社会学学术研讨会”。

11 月 13 ~14 日　由中山大学历史人类学研究中心主办，哈佛大学哈佛燕京学社协办的“亚洲无边界——历史人类学研讨会”在中山大学召开。

11 月 18 ~19 日　中国人民大学社会学理论与方法研究中心、上海市委党校城市社会研究所、华东理工大学社会学系和华东理工大学社会工作系在上海联合举办了“社会建设理论与实践创新学术研讨会”。

11 月 24 ~26 日　“文化多样性与当代世界国际学术研讨会”在中山大学熊德龙学生活动中心开幕。这次研讨会也是为配合“国际人类学与民族学联合会第十六届（2008）世界大会”而举办的一次“热身”。与会学者们围绕以下话题展开了学术交流和研讨：女性民族人类学；全球化与文明对话；中国和亚太地区的移民、海外华人和国际移民；文化多样性与文化遗产保护；民族文化与社会发展研讨；都市化问题；社会性别研究；民族服饰与非物质文化遗产；社会变迁与经济发展；影视人类学研讨与展播。

11 月 29 日　国务院扶贫办与人民日报社联合主办的“贫困地区建设和谐新农村理论研讨会”在北京召开。

12 月 16 日　由中国社会工作教育协会西南片区分会主办，重庆工商大学政治与社会发展学院承办的“职业化前景下中国西南地区社会工作教育发展学术研讨会”在重庆举行。

12 月 16 ~17 日　由中华慈善总会、中国社会学会和无锡市人民政府联合主办，中国社会科学院社会学研究所、社会政策研究中心，江苏省慈善总会，无锡市慈善总会，无锡市灵山慈善基金会联合举办的“中华慈善文化（无锡）论坛暨首届市长慈善论坛”在无锡举行。

12 月 16 ~17 日　中山大学政务学院社会学系与法国巴黎高等师范学院社会学系、巴黎政治学学院社会变迁研究所在中山大学举办“消费社会学前沿问题国际研讨会”。这次会议是中山大学和巴黎高师校际交流合作的具体成果之一。研讨会的主题是：以全球化为大背景，就中、法两国的一些重要消费现象进行深层次理论探讨和交流。

12 月 18 日　由南开大学主办的“农村劳动力转移就业的社会政策研究学术研讨会”在天津召开。

12 月 23 日　由上海市社会学学会主办，复旦大学社会发展与公共政策学院承办的“上海市社会学学会第七届会员代表大会暨 2006 年学术年会”在复旦大学举行。会议的主题是“社会结构转型与和谐社会构建”。

12 月 23 日　由四川省社会科学院社会学所承办的四川省社会学年会在成都召开，本次年会的主题是：科学发展，共享和谐。

12 月 30 日　北京市社会学学会举办“和谐社会：自主创新与文化交融学术研讨会”。

五　社会学界重大课题介绍

国家社会科学基金资助项目一览表（社会学部分）（2003～2006）

项 目 名 称	负责人	类 别	立项时间	所属机构
社会监督机制及其效度	景天魁	重点项目	2003	中国社会科学院社会学研究所
中国城市化进程中的社会问题研究	张鸿雁	重点项目	2003	南京大学
转型社会中社会成员身份认同研究	张 静	重点项目	2003	北京大学社会学系
中国百县（市）经济社会跟踪调查	何秉孟	重点项目	2003	中国社会科学院
西部大开发与青年价值观变迁研究	赵喜顺	重点项目	2003	四川省社会科学院
城市社区建设中的治理结构研究	夏建中	重点项目	2003	中国人民大学社会学系
趋向小康生活的城乡居民的生活方式类型研究	陶 冶	一般项目	2003	上海社会科学院社会学研究所
扩大中等收入者比重问题研究	王开玉	一般项目	2003	安徽省社会科学院社会学研究所
社会理论的核心范畴	于 海	一般项目	2003	复旦大学社会学系
改革开放以来中国社会价值观变迁研究	黄希庭	一般项目	2003	西南师范大学心理学研究所
西方家庭治疗理论的新进展研究	汪新建	一般项目	2003	南开大学法政学院社会学系
中国城市社区居民参与质量研究	张秀兰	一般项目	2003	北京师范大学
市场转型中的女私营企业家研究	刘林平	一般项目	2003	中山大学社会学系

续 表

项目名称	负责人	类别	立项时间	所属机构
改革开放以来中国社会代际价值观及其变迁研究	廖小平	一般项目	2003	长沙电力学院社会发展研究所
新疆多民族混合家庭研究	李晓霞	一般项目	2003	新疆社会科学院民族研究所
艾滋病性危险行为扩散的社会学研究	杨廷忠	一般项目	2003	浙江大学社会医学研究所
乡镇财政与基层政权运行研究	刘汉屏	一般项目	2003	江西财经大学财政金融学院
网络社会行为及其管理	黄少华	一般项目	2003	兰州大学哲学与社会学系
网络互动：一般理论与实证研究	何明升	一般项目	2003	哈尔滨工业大学哲学社会学系
经济全球化下的亚洲妇女劳动力跨境流动研究	韩嘉玲	一般项目	2003	北京社会科学院社会学所
社会转型期中国劳动力市场中的性别排斥与对策	潘锦棠	一般项目	2003	中国人民大学劳动人事学院
新形势下区域性大规模失业治理研究	刘　平	一般项目	2003	沈阳师范大学社会学系
失业者社会救助与再就业的选择	慈勤英	一般项目	2003	华中科技大学社会学系
内蒙古城镇居民消费观念和消费行为的调查与分析	陈红艳	一般项目	2003	内蒙古社会科学院社会学研究所
被征地农民的社会心理与行为策略研究	陈传锋	一般项目	2003	宁波大学心理学研究所
人际关系与互动：社会转型时的中国人的社会心理与行为策略研究	佐　斌	一般项目	2003	华中师范大学
西部多民族地区民族关系现状的调查研究	马　戎	一般项目	2003	北京大学社会学系
云南省民族关系现状的调查与研究	郭家骥	一般项目	2003	云南省社会科学院
北京、重庆、沈阳及兰州四城市贫困人口生活形态研究	张小军	一般项目	2003	清华大学社会学系
城市化进程中的农村社会保障问题研究	张友琴	一般项目	2003	厦门大学社会学系
城市社区治理结构研究	王　颖	一般项目	2003	中国社会科学院社会学研究所

续　表

项　目　名　称	负责人	类　别	立项时间	所属机构
中国农业生产新型服务体系的社会学研究	胡剑锋	一般项目	2003	浙江工程学院
中国城市化进程中城市移民的犯罪问题研究	张宝义	一般项目	2003	天津社会科学院
西部大开发中少数民族地区人才开发配套政策研究	杨万夫	一般项目	2003	宁夏大学西部发展研究中心
西部开发过程中水资源利用和保护的社会学研究	霍有光	一般项目	2003	西安交通大学人文社会科学学院
社会工作在我国发展的社会条件与机制研究	孙　莹	一般项目	2003	中国青年政治学院
现行医疗保障制度下的职工求医行为研究	蔡国萱	一般项目	2003	广州市社会科学院
自杀与应对	库少雄	一般项目	2003	中南民族大学民族学与社会学学院
抑制宗族势力巩固村民自治制度推行成效的实施方案研究	瞿州莲	一般项目	2003	吉首大学政法学院
长江三角洲地区社区股份合作制推行中的社会问题研究	张江华	一般项目	2003	上海大学文学院社会学系
先秦社会思想研究	孟天运	一般项目	2003	青岛大学法学院社会学系
金三角的云南人：泰北云南人的历史记忆与认同	杨　慧	一般项目	2003	云南大学人文学院人类学系
当代西方社会心理学的主要研究范式及其应用研究	方　文	一般项目	2003	北京大学社会学系
社会学视野中的社会预测基本原理研究	阎耀军	一般项目	2003	天津社会科学院
当前中国社会阶层分化趋势的实证分析	李春玲	一般项目	2003	中国社会科学院社会学研究所
失地农民利益补偿问题研究	徐　琴	一般项目	2003	江苏省社会科学院社会学研究所
中国第一代独生子女的社会适应	风笑天	一般项目	2003	南京大学社会学系
经济全球化时代中国城市青少年价值结构的多重性及其对社会教育的影响	吴鲁平	一般项目	2003	中国青年政治学院科研处
退耕还林还草参与式评估研究	牛　昉	一般项目	2003	陕西省社会科学院社会学研究所

续 表

项目名称	负责人	类别	立项时间	所属机构
中国流浪少年儿童预防、救助与回归	张明锁	一般项目	2003	郑州大学
循环型社会的理论探索与战略设计——以江苏为例	叶南客	一般项目	2003	江苏省社会科学院
转轨国家的社会保障制度	梁启东	一般项目	2003	辽宁社会科学院
中国社会发展的结构性障碍研究	谢志强	一般项目	2003	中共中央党校科学社会主义教研部
西方社会运动理论研究	冯仕政	青年项目	2003	中国人民大学社会学系
当代西方社会学理论的新进展	文　军	青年项目	2003	华东师范大学法政学院社会学系
欠发达地区城乡居民生活质量指标体系及其应用研究	陆汉文	青年项目	2003	广西大学社会科学与管理学院
城乡结合部突发性群体冲突及对策研究	李一平	青年项目	2003	中共杭州市委党校
规制与发展：网络社会控制研究	李　一	青年项目	2003	中共浙江省委党校发展研究所
汉区少数民族的社会、文化与人际疏离感研究	杨　东	青年项目	2003	西南师范大学
改革开放以来中国农民价值观变迁研究	康来云	青年项目	2003	中共河南省委党校
西部地区城市贫困家庭的生活形态研究	黄　勇	青年项目	2003	贵州省社会科学院社会学研究所
一个村庄在改革年代的都市经历	刘朝晖	青年项目	2003	厦门大学人类学研究所
三峡移民在广东适应性的人类学研究	程　瑜	青年项目	2003	中山大学人类学系
农民专业合作组织创新发展的社会学研究	侯建华	青年项目	2003	河北省社会科学院社会发展研究所
走出土地的农家绣女	叶继红	青年项目	2003	苏州大学社会学院社会学系
老年人与传媒：互动关系的现状分析及前景预测	陈　勃	青年项目	2003	南昌大学新闻与传播学院
中国社会学基础理论重建研究	李培林	重大委托项目	2004	中国社会科学院社会学研究所
新发展观的学理基础与东北区域发展应用研究	王雅林	重点项目	2004	哈尔滨工业大学

续 表

项 目 名 称	负责人	类 别	立项时间	所属机构
人类学、社会学理论切入临终关怀研究的综合成果	庄孔韶	重点项目	2004	中国人民大学人类学研究所
社会学理性选择理论与方法研究	刘少杰	重点项目	2004	吉林大学社会学系
大城市发展模式的比较研究	潘允康	重点项目	2004	天津社会科学院社会学研究所
“五个统筹”与新发展观研究	向德平	一般项目	2004	武汉大学社会学系
统筹城乡发展中的农村支持体系研究	张佩国	一般项目	2004	上海大学社会学系
中国社会信任结构与社会信用体系建设研究	董才生	一般项目	2004	吉林大学哲学社会学院
突发事件的预警和应急机制研究	苗兴壮	一般项目	2004	广州市社会科学院社会学与社会政策研究所
我国市场经济体制下非营利组织的生成模式和协调发展机制	时立荣	一般项目	2004	北京科技大学文法学院
中国当代中等收入者的社会态度研究	严翅君	一般项目	2004	中共江苏省委党校社会学教研部
法律援助的实证研究	郭星华	一般项目	2004	中国人民大学社会与人口学院
社会转型过程中的农村社会风险研究	方　青	一般项目	2004	安徽师范大学社会学院
重构的公共空间：变迁中的公民性与社区公共参与	杨宜音	一般项目	2004	中国社会科学院社会学研究所
农民工与社会变迁——以近代苏南为中心	池子华	一般项目	2004	苏州大学社会学院
社会转型时期工人权利意识的衍生和培育	冯同庆	一般项目	2004	中国劳动关系学院
老工业基地职业结构变迁的综合研究	王立波	一般项目	2004	沈阳师范大学社会学系
建构中国社会心理学理论的方向：视角、方法与模型	翟学伟	一般项目	2004	南京大学社会学系
中国社会心理学理论研究	乐国安	一般项目	2004	南开大学法政学院
在押毒品罪犯社会认知过程与人格特征的动态研究	张　锋	一般项目	2004	云南师范大学教育科学与管理学院
同乡组织：进城农民的边缘化生存与非正式支持系统研究	周伟文	一般项目	2004	河北省社会科学院

续 表

项目名称	负责人	类别	立项时间	所属机构
社会网络分析的基本理论与方法研究	林聚任	一般项目	2004	山东大学哲学与社会发展学院
以制度建构推动中西部城镇化演进的机制研究	王 耀	一般项目	2004	河南省社会科学界联合会
中外都市圈发展比较研究	董晓峰	一般项目	2004	兰州大学城市规划设计研究院
大城市发展的中外比较研究	李国庆	一般项目	2004	中国社会科学院社会学研究所
粮食主产区农民增收及其国家支持体系研究	吴照云	一般项目	2004	江西财经大学
国家政策与乡村社会稳定的关系研究	邱新有	一般项目	2004	江西师范大学政治与行政管理学院
农村地方政权退化与对策研究	胡 荣	一般项目	2004	厦门大学社会学系
农村土地流转的社会学研究	钟涨宝	一般项目	2004	华中农业大学文法学院
农村土地流转的社会学研究	陈成文	一般项目	2004	湖南师范大学
城市化进程中的流动农民与郊区失地农民的社会网络研究	童 星	一般项目	2004	南京大学社会学系
农村税费改革问题的社会学研究	邹农俭	一般项目	2004	南京师范大学社会学系
城市建设征地和拆迁中的利益冲突及其调整	张汝立	一般项目	2004	北京师范大学政治学院
农村土地流转的社会学研究	董国礼	一般项目	2004	上海大学社会学系
失业下岗社会保障制度的实际运作	郭于华	一般项目	2004	清华大学社会学系
市场经济条件下的中国离婚女性研究	易松国	一般项目	2004	深圳大学
少数民族流动人口的管理及权益保障研究	傅慧明	一般项目	2004	广西社会科学院
中国东南沿海城市“外来散工”研究	周大鸣	一般项目	2004	中山大学人类学系
中国社会主要群体弱势化问题研究	吴忠民	一般项目	2004	中共中央党校科学社会主义教研部
中国城市住房制度改革与城市社会分层体系变迁	李 斌	一般项目	2004	中南大学
当代中国大中城市职业乞丐现象研究	范 斌	一般项目	2004	华东理工大学社会学院

续　表

项　目　名　称	负责人	类　别	立项时间	所属机构
转型经济中的后集体主义：华西村急剧分化之后的整合逻辑	周　怡	一般项目	2004	南京大学出版社
关于中国乡村建设与改造的案例研究	许欣欣	一般项目	2004	中国社会科学院社会学研究所
基本养老保险制度中政府作用研究	李连友	一般项目	2004	湖南大学
博弈论与社会学：理论视角和模型	刘世定	一般项目	2004	北京大学社会学系
当代中国社会阶层间的封闭性研究	徐晓军	一般项目	2004	华中师范大学社会学系
科学社会研究中的社会学与人类学视角比较研究	赵万里	一般项目	2004	南开大学社会学系
民俗与日常生活——关于民俗学若干理论问题的思考	周福岩	一般项目	2004	辽宁大学文化传播学院
社会研究中的“话语—文本分析”：后现代思潮的社会学意涵初探之一	谢立中	一般项目	2004	北京大学社会学系
象征人类学理论方法研究	瞿明安	一般项目	2004	云南大学人类学系
城市农民工与市民的社会距离：一个制度分析	卢国显	青年项目	2004	中国人民公安大学治安系
社会学与经济学制度分析范式的差异与融汇	王胜利	青年项目	2004	陕西师范大学政治经济学院
风险与管理：风险社会学的缘起与范式	周志家	青年项目	2004	厦门大学社会学系
多元文化视野下的西南民族儿童社会化研究	陈世联	青年项目	2004	重庆师范大学
西北回族地区中间阶层的形成及其特征发展趋势研究	马丽娟	青年项目	2004	宁夏社会科学院
当代中国济贫政策制订之探索：模型、评价与建议	顾东辉	青年项目	2004	复旦大学社会学系
社会网络方法及应用	刘　军	青年项目	2004	黑龙江大学哲学与公共管理学院
城市贫困人口的社会支持网研究	贺寨平	青年项目	2004	天津师范大学
农村税费改革的社会学研究	周飞舟	青年项目	2004	北京大学社会学系
当代中国社会转型过程中的女性职业变动的研究	蒋美华	青年项目	2004	郑州大学

续 表

项目名称	负责人	类别	立项时间	所属机构
当今中国城市居民主观幸福感研究	邢占军	青年项目	2004	中共山东省委党校
西方社会政策理论最新发展的研究	彭华民	重点项目	2005	南开大学社会工作与社会政策系
中国“综合社会调查（GSS）”项目研究与设计	李路路	重点项目	2005	中国人民大学社会学系
建立社会舆情汇集和分析机制研究	王来华	重点项目	2005	天津社会科学院
西部基础教育可持续发展战略研究	王根顺	重点项目	2005	兰州大学教育学院
20世纪西方“消费社会”理论及中国语境化问题研究	莫少群	一般项目	2005	南京师范大学
环境社会学：理论、方法与实证研究	林　兵	一般项目	2005	吉林大学哲学社会学院
卢曼社会系统理论研究	秦明瑞	一般项目	2005	北京大学社会学系
市场中的信任——经济社会学的分析	李伟民	一般项目	2005	中山大学社会学系
虚拟社会和现实社会的关系研究	何明升	一般项目	2005	哈尔滨工业大学人文学院
自由、共同体与人的实践——马克思的现代性批判	王小章	一般项目	2005	浙江大学人文学院社会学系
建立和完善突发事件的预警和应急机制研究	张维平	一般项目	2005	浙江财经学院
社会主义市场经济条件下的工会政策	冯　钢	一般项目	2005	浙江大学社会学系
社会转型时期的群体性事件研究——以政府与民众关系为视角的比较分析	肖唐镖	一般项目	2005	中共江西省委党校
转型期中国社会风险预警及其干预机制研究	夏玉珍	一般项目	2005	华中师范大学社会学系
关于私营企业主阶层意识与阶级认同的实证研究	李宝梁	一般项目	2005	天津社会科学院社会学研究所
教育大众化进程中高校毕业生的社会资本与就业指导研究	姜继红	一般项目	2005	扬州大学发展规划研究室
教育公平与社会分层研究	刘精明	一般项目	2005	中国人民大学社会学系
教育公平与社会分层研究	钱民辉	一般项目	2005	北京大学社会学系

续 表

项 目 名 称	负责人	类 别	立项时间	所属机构
社会分层与工农利益保障	金 泗	一般项目	2005	辽宁社会科学院社会学研究所
社会结构的变化与阶层的主观认同	陆晓文	一般项目	2005	上海社会科学院社会学研究所
城镇化过程中失地农民问题研究——失地农民的就业和社会保障模式比较及政策创新	江 渝	一般项目	2005	中共四川省委党校
高等教育转型背景下西部地区精英层人才储备问题研究	史昭乐	一般项目	2005	贵州省社会科学院社会学研究所
我国现代化关键时期的高新技术园区社会学研究	纪德尚	一般项目	2005	郑州大学
劳动关系及冲突的社会学研究	游正林	一般项目	2005	中国劳动关系学院
劳动力市场中的社会排斥问题研究：以性别歧视为例	张抗私	一般项目	2005	东北财经大学富虹经济学院
农村劳动力转移与城乡协调发展研究	何 军	一般项目	2005	南京农业大学经济管理学院
农村劳动力转移与城乡协调发展——以内蒙古地区为例	苏 浩	一般项目	2005	内蒙古社会科学院
中国社会转型期城市非正规就业及其社会政策研究	张 彦	一般项目	2005	上海财经大学人文学院
负性内隐社会认知（恐怖、攻击等）的研究	杨治良	一般项目	2005	华东师范大学心理学系
国民的公正观及其影响因素研究：模型与对策	杜建政	一般项目	2005	河南大学
情感的社会学理论探视与现实研究	郭景萍	一般项目	2005	广东商学院人文学院
情感社会学新进展评析	成伯清	一般项目	2005	南京大学社会学系
地域社会的构成：从传统到现代	朱炳祥	一般项目	2005	武汉大学法学院社会学系
民俗文化遗产保护与社会发展研究	刘铁梁	一般项目	2005	北京师范大学文学院
农村民间金融组织的社会学研究	万江红	一般项目	2005	华中农业大学文法学院社会学系
农村民间金融组织的社会学研究——以西部小额信贷组织为例	王 卓	一般项目	2005	四川大学公共管理学院

续 表

项 目 名 称	负责人	类 别	立项时间	所属机构
社会转型中的民间组织研究——农村专业合作组织与乡村治理	侯小伏	一般项目	2005	山东省社会科学院
边疆民族地区构建社会主义和谐社会进程中的社会稳定问题调查研究——以云南为例	鲁 刚	一般项目	2005	云南民族大学人文学院社会学系
构建社会主义和谐社会的城乡利益协调机制研究	廖清成	一般项目	2005	中共江西省委党校
构建社会主义和谐社会的社会回应机制研究	戚 攻	一般项目	2005	中共重庆市委党校
构建中国国家教育考试制度多样化与社会稳定的社会学研究	张宝昆	一般项目	2005	云南师范大学高等教育科学研究所
农民工问题与和谐社会建设研究	马雪松	一般项目	2005	江西省社会科学院
中国、俄罗斯、东欧社会转型比较	王义祥	一般项目	2005	华东师范大学法政学院社会学系
社会转型期社会政策框架与卫生政策战略地位	刘继同	一般项目	2005	北京大学公共卫生学院
社会转型下的福利依赖与反福利依赖研究——社会工作发展及对反福利依赖的介入研究	周昌祥	一般项目	2005	重庆工商大学政治与社会发展学院
中国城市基层社会再整合研究——作为一项社会政策的社会资本重构	黎熙元	一般项目	2005	中山大学港澳珠江三角洲研究中心
中国社会救助体系的建设：比较制度分析的启示	顾 昕	一般项目	2005	北京师范大学社会发展与公共政策研究所
残疾人就业问题研究	郑东亮	一般项目	2005	劳动和社会保障部劳动科学研究所
跨越式发展进程中的西藏青少年	阿 旺	一般项目	2005	共青团西藏自治区委员会
社会学视角下的河南艾滋病疫情高发村、艾滋病人群及相关政策研究	刘 倩	一般项目	2005	河南省社会科学院
社区矫正研究	张 昱	一般项目	2005	华东理工大学应用社会学所
转型期新疆少数民族弱势群体研究	阿迪力·买买提	一般项目	2005	新疆师范大学
农村社会养老保障制度的基础框架研究	米 红	一般项目	2005	厦门大学国家农村社会保险研究中心

续 表

项目名称	负责人	类别	立项时间	所属机构
农村社会养老保障制度的基础框架研究	李澍卿	一般项目	2005	河北省社会科学院
农村新型合作医疗制度研究	邓　波	一般项目	2005	江西师范大学
老工业基地改造中社区冲突与社区建设研究	卜长莉	一般项目	2005	长春理工大学文法学院
中国慈善捐赠机制研究	高鉴国	一般项目	2005	山东大学哲学与社会发展学院
城市新移民问题研究	张文宏	一般项目	2005	上海大学文学院
集体行为与制度建设：房地产市场中的合约纠纷	王天夫	青年项目	2005	清华大学社会学系
社会转型时期的群体性事件研究	赵玉芳	青年项目	2005	西南师范大学
沿海富村派系演变与村庄权力结构稳定性研究	吴思红	青年项目	2005	中共杭州市委党校
城镇化过程中失地农民问题研究	孙文华	青年项目	2005	中共江苏省委党校社会学部
城乡文化冲突与跨文化传播	袁　艳	青年项目	2005	华中科技大学
农村劳动力转移与城乡协调发展研究	甘满堂	青年项目	2005	福州大学社会学系
我国农村青年人力资源开发的新特点及其长效机制研究	窦鹏辉	青年项目	2005	西北农林科技大学
社会转型中的民间组织研究——民间组织合法性机制的建立	吕新萍	青年项目	2005	首都经济贸易大学劳动经济学院
1980～2000年代中国与俄罗斯社会转型模式比较研究	赵定东	青年项目	2005	沈阳师范大学社会学系
博弈与社会结构——一项和谐社会的基本功能	王水雄	青年项目	2005	中国人民大学社会与人口学院社会学系
社会主义和谐社会评估指标体系研究	张　超	青年项目	2005	江苏省社会科学院社会学研究所
中国社会转型过程中的社会政策创新问题研究	林　梅	青年项目	2005	中共中央党校科学社会主义教研部
家庭社会工作在自愿戒毒工作中的应用研究	钟　莹	青年项目	2005	华南农业大学人文科学学院社会工作系
社会变迁中的青少年问题研究	辛自强	青年项目	2005	北京师范大学心理学院
社会变迁中的青少年问题研究——对“街角青少年”的审视	黄　海	青年项目	2005	湖南省社会科学院社会学法学研究所

续 表

项目名称	负责人	类别	立项时间	所属机构
农村新型合作医疗研究	赵卫华	青年项目	2005	北京工业大学人文社会科学学院
城市基层社会变迁与邻里社会资本研究	桂　勇	青年项目	2005	复旦大学社会学系
中国水库外迁移民置换安置模式的个案研究	马德峰	青年项目	2005	苏州大学（中国）农村城镇化研究中心
城市新移民的社会学研究——以上海的台湾人为例	何雪松	青年项目	2005	华东理工大学应用社会学研究所
中国制度变迁过程中的员工参与问题研究	李汉林	重点项目	2006	中国社会科学院社会学研究所
全体社会成员共享社会发展成果问题的社会学研究	石秀印	一般项目	2006	中国社会科学院社会学研究所
西部少数民族失地农民状况实证调研与方略对策研究	胡晓登	一般项目	2006	贵州省社会科学院
青海藏区民族宗教问题与西藏、新疆社会稳定关系研究	绽小林	一般项目	2006	青海民族学院社会科学系
外来农民工融入城市问题研究	方向新	一般项目	2006	湖南省社会科学院社会学法学研究所
农民工的城市公共服务体系研究	金南顺	一般项目	2006	大连大学大连社会经济研究所
当代中国社会发展分化与整合研究	杨建华	一般项目	2006	浙江省社会科学院
村委会“组合竞选制”的经验研究	辛秋水	一般项目	2006	安徽省社会科学院
进城务工人员社会保障问题研究	陈　颐	一般项目	2006	江苏省社会科学院社会学研究所
女性社会学视野中的少数民族妇女流动	杨国才	一般项目	2006	云南民族大学少数民族女性与社会性别研究部
西方现代社会理论与当代思潮	苏国勋	一般项目	2006	中国社会科学院社会学研究所
农村贫困地区环境友好型社会建设研究	汪中华	一般项目	2006	哈尔滨理工大学
理性、格局与制度：组织社会学的理论基础研究	赵孟营	一般项目	2006	北京师范大学哲学与社会学学院社会学系
老工业基地新贫困群体共享社会发展成果问题研究	张海东	一般项目	2006	吉林大学哲学社会学院

续 表

项 目 名 称	负责人	类 别	立项时间	所属机构
构建农村社会和谐发展的水库移民后期扶持机制研究	张春美	一般项目	2006	江西农业大学经济贸易学院
建设和谐社区、和谐村镇研究	张 明	一般项目	2006	苏州大学社会与发展研究所
农村组织化程度与社会主义新农村建设研究	王毅平	一般项目	2006	山东省社会科学院
社会主义新农村建设平等问题研究	严晓萍	一般项目	2006	河北省社会科学院
欠发达地区社会主义新农村建设研究	王明美	一般项目	2006	江西省社会科学院
建设社会主义新农村的社会学研究	陆益龙	一般项目	2006	中国人民大学社会学系
新农村社会建设中公共产品供给研究	吴春梅	一般项目	2006	华中农业大学文法学院
城市化进程中的失地农民转型研究	秦启文	一般项目	2006	西南大学
西部城镇社区自治组织与构建社会主义和谐社会研究	荀关玉	一般项目	2006	曲靖师范学院
西部地区和谐社会建设问题研究	张永春	一般项目	2006	西安市社会科学院
城郊农民市民化问题研究	毛 丹	一般项目	2006	浙江大学地方政府与社会治理研究中心
外来农民工融入城市问题研究	郭 虹	一般项目	2006	四川省社会科学院社会学研究所
外来农民工融入城市问题研究	高 峰	一般项目	2006	苏州大学（中国）农村城镇化研究中心
外来农民工融入城市问题研究	谢建社	一般项目	2006	广州大学
性别平等与和谐社会建设理论与实践研究	张 柟	一般项目	2006	中共江苏省委党校
我国重大社会性突发事件社会管理研究	朱 力	一般项目	2006	南京大学社会学系
在我国社会管理体系中建立前馈控制系统的研究	阎耀军	一般项目	2006	天津社会科学院社会学研究所
公共品供给与农村和谐社会建设	董磊明	一般项目	2006	华中科技大学中国乡村治理问题研究中心
社会主义新农村建设中政府主导与乡村社会自主性的关联性研究	陈洪生	一般项目	2006	中共江西省委党校

续 表

项 目 名 称	负责人	类 别	立项时间	所属机构
当代中国流行文化研究	仓理新	一般项目	2006	首都师范大学出版社
社会主义新农村文化建设研究	李明泉	一般项目	2006	四川省社会科学院研究生部
新时期的多元文化互动与我国少数民族地区和谐社会构建模式的创新	黄 骏	一般项目	2006	广西民族学院政法学院
构建和谐社会的社会心理研究	翁定军	一般项目	2006	上海大学
防治家庭暴力的社区模式、心理干预方法与和谐社区构建的研究	张亚林	一般项目	2006	中南大学
老年人社会适应的现状评估及对策研究	陈 勃	一般项目	2006	南昌大学社会学系
蒙古语族民族（东乡族、保安族、裕固族、土族、达斡尔族）文化变迁与构建和谐社会研究	文 化	一般项目	2006	西北民族大学社会人类学·民俗学学院
城市社区自组织能力研究	杨贵华	一般项目	2006	集美大学社区建设与社会发展研究中心
和谐社会构建过程中新型社会救助体系研究	周 沛	一般项目	2006	南京大学社会学系
收入分配与社会公平研究	刘 欣	一般项目	2006	复旦大学社会发展与公共政策学院
社会工作者职业化：社会福利的制度创新与本土社会工作发展策略研究	钱 宁	一般项目	2006	云南大学公共管理学院
社会工作职业化的实证研究	王瑞鸿	一般项目	2006	华东理工大学社会工作系
专业社会工作介入社会性突发性事件精神救助系统构建研究	柯佳敏	一般项目	2006	重庆师范大学社会工作系
年龄歧视与老年人虐待问题研究	姜向群	一般项目	2006	中国人民大学社会与人口学院
融合与共享：中国残疾青少年社区参与及其支持保障体系研究	邓 猛	一般项目	2006	华中师范大学
青少年网络社会问题研究	王金山	一般项目	2006	河南财经学院
拐卖/拐骗妇女儿童问题研究	王金玲	一般项目	2006	浙江省社会科学院社会学所
加快西北少数民族地区经济发展与环境友好型社会建设研究	陈兴鹏	一般项目	2006	兰州大学资源环境学院

续 表

项 目 名 称	负责人	类 别	立项时间	所属机构
阶层内卷化现象与中国社会阶层结构变动	王申贺	一般项目	2006	中共山东省委党校
性别平等与社会和谐视野下的出生婴儿性别比偏高问题研究	周全德	一般项目	2006	河南省社会科学院
转型期社会歧视问题研究	李 强	一般项目	2006	南开大学社会心理学系
当代中国流行文化研究	臧海群	一般项目	2006	兰州大学哲学社会学院
浙江发展经验研究	张炎兴	一般项目	2006	绍兴文理学院经济与管理学院
中国人情绪健康指标体系的建立及评估工具的开发研究	王晓钧	一般项目	2006	深圳大学师范学院
维护社会稳定过程中不同社会群体心态研究	马 皑	一般项目	2006	中国政法大学社会学院
青少年网络成瘾的发生机制及矫治方法研究	戴秀英	一般项目	2006	宁夏医学院
中国女性社会学学科化的知识建构	张李玺	一般项目	2006	中华女子学院
构建和谐社会的国民素质问题研究	林世选	一般项目	2006	河南师范大学
乡村集市变迁与新农村建设	奂平清	青年项目	2006	中国人民大学社会与人口学院
外来农民工融入城市问题研究	刘玉照	青年项目	2006	上海大学社会学系
农民工群体的阶层形成和身份认同	卢晖临	青年项目	2006	北京大学社会学系
新农村建设进程中西部农村医疗保障的长效运行机制研究	孟宏斌	青年项目	2006	陕西省社会科学院
中国煤矿安全生产的社会学研究	颜 烨	青年项目	2006	华北科技学院
道德社会学引论	龚长宇	青年项目	2006	湖南师范大学社会学系
进城务工人员共享城市发展成果的社会学研究	张春龙	青年项目	2006	江苏省社会科学院社会学研究所
农村教育问题的社会学研究	龚继红	青年项目	2006	华中农业大学文法学院社会学系
外来农民工融入城市过程分析及社会工作服务模式研究	黄晓燕	青年项目	2006	南开大学周恩来政府管理学院
外来农民工融入城市社会网络研究	单菁菁	青年项目	2006	中国社会科学院城市发展与环境研究中心

续 表

项 目 名 称	负责人	类 别	立项时间	所属机构
流动儿童与城市社会的融合	王毅杰	青年项目	2006	河海大学社会学系
当代中国中等收入阶层的实证研究	程丽香	青年项目	2006	中共福建省委党校
全球化背景下中国区域经济发展模式的内在危机和制度创新	甄志宏	青年项目	2006	上海财经大学人文学院
新中国以来的消费政策研究	郑红娥	青年项目	2006	北京大学社会学系
流动儿童的社会适应研究	曾守锤	青年项目	2006	华东理工大学社会工作系
单位制变革与劳动力市场中的性别不平等问题研究	武中哲	青年项目	2006	山东经济学院社会学系
当代中国大学教育基金会研究	陈秀峰	青年项目	2006	华中师范大学社会学系
改善城市农民工生殖健康服务的可及性模式研究	寸洪斌	青年项目	2006	云南大学公共管理学院
城镇非正规就业女性群体的社会保障权益及社会支持模式研究	唐斌尧	青年项目	2006	济南大学法学院
转型时期中国城镇亚贫困问题与相关社会政策研究	姚建平	青年项目	2006	华北电力大学人文与社会科学学院
建设社会主义新农村背景下的中等职业教育体制与农村人力资源开发研究	汪　雁	青年项目	2006	国家发展和改革委员会小城镇改革发展中心
留守经历对农村儿童影响机制的研究	佘　凌	青年项目	2006	上海社会科学院青少年研究所

中国社会科学院课题一览表
（社会学部分）（2003～2006）

项　目　名　称	负 责 人	立项时间	课题类型
公共资源与社会稳定：全面建设小康社会机制研究	黄　平 王晓毅	2003	重大 A 类
定性研究方法计算机化	夏传玲	2003	重大 B 类
社会调查数据库	陈婴婴	2003	重大 B 类
当代中国人的生活动力	陈午晴	2003	重大 B 类
现阶段中国社会中间阶层现状：对“海归派”的个案研究	张宛丽	2003	重大 B 类
员工工作：生活冲突的结构及相关因素分析	李　原	2003	所级课题
中西文化中的性别问题	李银河	2003	所级课题
说谎的研究	徐　冰	2003	所级课题
企业组织变迁和创新过程中的信任	陈华珊	2003	所级课题
消费对个人现代性特质的影响	李春华	2003	所级课题
流动中的社会排斥：对农民工状况的一项实证研究	占少华	2003	所级课题
中国基金会创立之初之研究	张时飞	2003	所级课题
东亚与西方的现代性之比较——从文化的角度看	夏　光	2003	所级课题
体制转换时期的社会心态研究	杨宜音	2003	所级课题
公共服务义务化：社会协调发展的社会人类学分析	罗红光	2004	重大 A 类
社区转型的制度建构过程：乡村工业社区组织与制度变迁研究	折晓叶	2004	重大 A 类
现代性及其历史演变——现代世界在文明的共享与多元性下如何构建自己的社会	郑　菁	2004	重大 B 类
管理中的监控手段使用研究	王俊秀	2004	所级课题
道与言：中西方语言观的比较研究	覃方明	2004	所级课题

续 表

项　目　名　称	负 责 人	立项时间	课题类型
当代中国儿童身高发育的制度决定因素	宋时歌	2004	所级课题
中外“工作福利”制度比较研究：社会建构视角	葛道顺	2004	所级课题
中国农村改革中的“逆分化现象”	王　颉	2004	所级课题
社会流动与社会阶层/阶级意识之关系研究	李　炜	2004	所级课题
构建社会主义和谐社会的基本社会跟踪调查	李培林	2005	重大 A 类
和谐社会中的组织团结研究	李汉林	2005	院重点
劳资关系从冲突到和谐的实现方式研究	石秀印	2005	院重点
反思青年研究：从 80 年代以来青年话语变迁的视角	吴小英	2005	院重点
农村性别权力关系研究	李银河	2005	所级课题
大陆私营企业家社会网络的“拟似家族特征”与经济回报个案的研究	赵　锋	2005	所级课题
城市高龄老人社区照护系统的形成及其发展中的问题	张小曼	2005	所级课题
青少年越轨行为与犯罪相关性研究：兼评我国目前社区矫正工作对青少年行为规制与促进其社会化过程中存在的问题	陈　昕	2005	所级课题
职业性别分割与两性收入差距	李春玲	2005	所级课题
中国现代化进程中“仇富心理”现象研究	沈　杰	2005	所级课题
《实施纲要》效能测评体系及实施方案研究	葛道顺	2005	所级课题
当前社会心态基本状况调查	景天魁	2005	所级课题
我国城乡社区发展调查	景天魁	2006	国情调研
社会学所调查点建设	李汉林	2006	国情调研
构建和谐社会全国抽样追踪调查研究	李培林	2006	国情调研
正确处理群众利益关系，构建和谐社会	王春光	2006	国情调研
社会心态及其变动趋势的分析与预测	杨宜音	2006	院重大
中国城市家庭结构与家庭关系变迁	李银河	2006	院重大
广义线性回归模型分析和计算机软件分析研究	赵　平	2006	院重点
劳动力市场的性别不平等与职业地位获得的性别差异	李春玲	2006	院重点
文化模式与社会秩序建构的演变	张旅平	2006	所级课题
全球化与工业化背景下的儿童肥胖症：一个国际比较研究	宋时歌	2006	所级课题
企业劳动控制的所有制差异	宓小雄	2006	所级课题
当代中国社会变迁、社会意识及政治参与调查报告与资料汇编	许欣欣	2006	所级课题
国家规制与宗教组织的发展——历史与现实的研究	何　蓉	2006	所级课题

六　社会学博士点情况介绍

中国社会科学院研究生院社会学系博士点

中国社会科学院研究生院社会学系成立于1982年，同年批准招收博士生。费孝通是我系最早的导师。第一任系主任吴承义；第二任系主任何建章，副系主任沈大德；第三任系主任杨雅彬，副系主任沈原；第四任系主任李培林；现任系主任陈光金。

社会学系现有博士生指导教师12人。截至2006年12月，已毕业博士研究生87人，在读博士生33人。

博士生导师一览表

导师姓名	专业方向	导师姓名	专业方向
陆学艺	农村社会学	黄　平	发展与知识社会学
景天魁	发展社会学	折晓叶	组织与制度变迁
李培林	企业组织与社会发展	王延中	社会保障
苏国勋	社会理论	陈婴婴	社会分层与流动
李汉林	社会结构与社会组织	罗红光	社会人类学
李银河	家庭社会学	傅崇兰	发展战略规划

2003～2006年博士生情况一览表

博士生姓名	论　文　题　目	导　师	毕业时间
邹　君	合作医疗的制度分析——90年代以来中国江苏农村居民医疗保障机制的研究	景天魁	2003
徐　冰	两面性与真诚性——对中国人自我概念的诠释学取向的深描	苏国勋	2003
马春华	市场化与中国农村家庭的性别关系——社会变迁过程中川西竹村家庭性别关系的变化	李银河	2003
毕天云	社会福利场域的惯习——两个少数民族的福利文化研究	景天魁	2003
张林江	围绕农村土地的权利博弈——不确定产权的一种经验分析	陆学艺	2003

续 表

博士生姓名	论 文 题 目	导 师	毕业时间
黄宣耀	初级市场的形成与农村社会变迁——一个公路交通扶贫项目的社会学分析	陆学艺	2003
蓝宇蕴	都市里的村庄——关于一个“新村庄共同体”的实地研究	李培林	2003
宋言奇	论城市历史环境的保护设计	傅崇兰	2003
白晨曦	天人合一：从哲学到建筑——基于传统哲学观的中国建筑文化研究	傅崇兰	2003
单菁菁	城市社区情感研究	傅崇兰	2003
王俊秀	监控的边界	景天魁	2004
赵卫华	当代中国居民消费分化的社会学分析	陆学艺	2004
肖　英	反思与自反：社会学中的“反身性”研究	苏国勋	2004
李晓华	水库建设项目社会评价研究	苏国勋	2004
孟雨岩	城市居住空间结构研究	傅崇兰	2004
王秀云	城市经营模式研究	傅崇兰	2004
罗静红	断裂与重组的社会过程——三峡库区外迁移民的个案分析	李汉林	2005
胡　伟	制度变迁过程中的县级政府行为——对安吉县个案的分析和研究	李汉林	2005
刘育新	当代中国居民收入差距的结构化研究	李培林	2005
熊春文	教育民主主义的兴起——民初教育精神的知识社会学研究	苏国勋	2005
邓万春	动员、市场风险与农民行为	景天魁	2005
李芳英	围屋里的世界——赣南客家家族的个案研究	李银河	2005
黄志红	城市居住区空间结构模式的演变	傅崇兰	2005
曹文明	城市广场的人文研究	傅崇兰	2005
沈　红	结构与主体：石门坎贫困社区的文化变迁	李汉林	2006
夏传玲	组织的权力运作模型——兼论所有制差异	李汉林	2006
李晓婷	三种权力视野下中国大学组织变迁研究	陆学艺	2006
宋国恺	社会学在中国的兴起与社会改良思想	陆学艺	2006
游正林	转轨中的国有企业干群关系研究（1979～2005）	李培林	2006
顾金土	乡村工业污染的社会机制研究	景天魁	2006
代堂平	监控与表达——计划生育下乡的权力逻辑分析	李银河	2006
王建光	真实和虚构之外——有关说谎的社会学研究	苏国勋	2006
罗　静	还原市场迷思中的社会——从社会学的视野看中国股市坐庄现象	黄　平	2006
尉建文	关系网络与资源获取——私营企业主关系网络建构与运作的社会学分析	李培林	2006
鲁　哲	论现代市民社会的形成对城市治理结构的影响	傅崇兰	2006
李　倩	我国宜居城市问题研究	傅崇兰	2006
王　旭	转变区域非均衡发展的中原城市群崛起模式研究	傅崇兰	2006
蒋丽芸	中国区域经济一体化中的港、澳合作发展模式研究	傅崇兰	2006

地址：中国社会科学院社会学研究所；邮政编码：100732；联系电话：(010)65248032；联系人：陆会平；电子信箱：luhp@cass.org.cn；网址：www.sociology.cass.cn

北京大学社会学系博士点

北京大学社会学系1985年批准招收博士研究生。1986年10月社会学系和社会学研究所联合申请并建立了当时全国仅有的文科博士后流动站。现任系主任马戎；现有博士生导师17人；截至2006年共有博士生133人。

博士生导师一览表

导师姓名	专业方向	导师姓名	专业方向
马　戎	社会学、教育社会学、民族社会学、城乡社会学	刘世定	经济社会学、城乡社会学
夏学銮	社会学	郭志刚	社会统计学、城乡社会学、社会学方法
杨善华	社会学、家庭社会学、社会学理论	蔡　华	文化人类
邱泽奇	组织社会学	王铭铭	文化研究、民族社会学、社会人类学
王思斌	组织社会学、社会学、劳动社会学	卢淑华	社会学研究方法
张　静	法律社会学、政治社会学	林　彬	社会学研究方法
高丙中	人类学、社会人类学、民俗研究、文化研究	费孝通	民族社会学、社会人类学
谢立中	社会学理论、社会发展与现代化、族群与地域文化研究、社会学理论	周　星	社会人类学

2003～2006年博士生情况一览表

博士生姓名	论　文　题　目	导　师	毕业时间
张美川	施特劳斯的现代性批判及其启示	谢立中	2006.12
康　敏	“平常”的变奏：一个马来村庄日常生活的民族志	高丙中	2006.6
王纪芒	妇女的解放与被解放：一项基于北京市退休妇女生命历程的个案研究	杨善华	2006.6
赵玉燕	巫蛊、惧感与旅游：山江苗族社会的历史与文化再生产	高丙中	2006.6

续 表

博士生姓名	论 文 题 目	导 师	毕业时间
蒲宇飞	选择性分权：关于中国社会变迁中增长：稳定机制的一项研究	刘世定	2006.6
孙 力	公共利益部门化：以彩票发行管理体制为例	王思斌	2006.6
邓 锁	双重制度约束与组织的选择性同构：对社会转型期非营得医院个案的分析	王思斌	2005.12
李宏伟	制度转型与组织采纳：ISO9000 在中国电子制造企业中的扩散	王思斌	2005.6
葛建军	当代中国妇女生育间隔研究：基于分层线性模型（HLM）的分析	郭志刚	2005.6
韩俊魁	中缅边境拉祜西的亲属制度	蔡 华	2005.6
澜 清	中国哈尼族奕车人的亲属制度	蔡 华	2005.6
谢元媛	敖鲁古雅鄂温克生态移民：一个规划现代化的个案	高丙中	2005.6
王雪梅	博弈性互动、社会资本向度与社区整合：基于回迁社区“组建业主委员会”事件的经验研究	马 戎	2005.6
齐 心	走向有限功能社区：对一个城市居住小区的社会网络分析	谢立中	2004.12
杨渝东	定居中的迁徙：一个苗族村落的民族志研究	谢立中	2004.12
龚浩群	信徒与公民：泰国曲乡的政治民族志	王铭铭	2004.11
陈 波	西藏农村传统社会网络的变迁：一个村落的研究	马 戎	2004.6
王 微	共同实践中的制度性吸纳：一个农民工正式劳务市场的个案研究	王思斌	2004.5
姚 立	北京城区中年人的精神健康研究：“夹心代”角色对心理抑郁的影响	卢淑华、林彬	2004.5
张红霞	多重社会因素对青少年广告态度的影响研究	马 戎	2004.5
陈 鸿	违规群体的规则：透视中关村贩假群体	郭志刚	2004.5
李国武	扩散与聚集：原发型产业集群开成机制的理论及经验研究	刘世定	2004.5
孙 龙	层级结构基层的政治市场：中国乡村直接选举的案例分析	刘世定	2004.5
王水雄	镶嵌式博弈：对转型社会市场秩序的剖析	刘世定	2004.5
刘 萍	麻札阿勒迪村维吾尔人的亲属制度	蔡 华	2004.5
叶金莲	内缩式基金组织的双重面相：对两个类社区基金的个案研究	王思斌	2004.5
俞弘强	被动城市化视角下地方政府与农民的关系：对国家与社会关系的一种解读	杨善华	2004.5
郑 莉	理解鲍曼：鲍曼“现代性与后现代性”论述中的分析策略研究	谢立中	2004.5
袁 岳	独立干预性建构与选择性社会关联的建立：行动研究取向下的城市边缘社区公共空间建设过程研究	王思斌	2004.5
张文霞	利益表达的阻滞与社会自组织的成长：H 市出租车行业的个案研究	杨善华	2004.5
柳 莉	日常生活视角下的农村妇女公共参与：对宁夏 Y 市郊区巴村的个案研究	杨善华	2003.12
吕文浩	中国文化的现代意义：潘光旦社会学思想研究（1922～1949）	费孝通、王铭铭	2003.12
刘 畅	自我的重塑：对陕西关中地区外出女农民工的个案研究	杨善华	2003.8
闫 钟	乐户：一个贱民群体的变迁	周星、高丙中	2003.8

续 表

博士生姓名	论 文 题 目	导 师	毕业时间
林光江	都市独生子女的生活和社会的儿童观：对北京市儿童家长的调查	周 星	2003.8
何 蓉	经济学的分野，社会学的走向：马克斯·韦伯的社会—经济研究	刘世定	2003.6
梁茂春	社会结构、交往态度和族群特征：大瑶山族际通婚影响因素分析	马 戎	2003.6
刘 军	法村社会支持网络：一个整体研究的视角	郭志刚	2003.6
谢子平	强制与负债：江西省 GX 县乡村公共债务研究	刘世定	2003.6
褚建芳	人神之间：云南芒市一个傣族村寨的仪式生活与等级秩序	王铭铭	2003.6
梁永佳	地域崇拜的等级结构：大理喜洲仪式与文化的田野考察	费孝通、王铭铭	2003.6
刘爱玉	国有企业制度变革过程中工人的行动选择：一项关于无集体行动的经验研究	王思斌	2003.6

地址：北京市海淀区颐和园路 5 号法学楼 5210 室；邮政编码：100871；联系电话：(010) 62751934；联系人：马戎；电子信箱：marong@pku.edu.cn；网址：www.disa.pku.edu.cn

中国人民大学社会学系博士点

中国人民大学社会学系于1987年成立，1993年设立社会学理论与方法博士点；2001年设立人类学博士点；2004年设立社会心理学（应用心理学）博士点。郑杭生教授、李强教授曾担任过中国人民大学社会学系主任，现任系主任是李路路教授。博士生导师群体研究方向有：理论社会学及其应用、中国文化与文化研究、城市社会学与社区研究、社会发展与社会政策、社会政策理论与应用、社会分层、组织研究、经济社会学、现代社会学理论、性社会学、法律社会学、民族文化与社会史、汉人社会研究、影视人类学、社会心理学、理论社会心理学、应用社会心理学等。1996年至今，我系已毕业博士生为86人，在读博士生为76人。

博士生导师一览表

导师姓名	专业方向	导师姓名	专业方向
郑杭生	理论社会学及其应用	沙莲香	中国文化与文化研究、社会心理学
李路路	社会分层、组织研究	潘绥铭	性社会学
夏建中	城市社会学与社区研究	郭星华	法律社会学
洪大用	社会发展与社会政策	庄孔韶	汉人社会研究、影视人类学
李迎生	社会政策理论与应用	胡鸿保	民族文化与社会史
刘少杰	经济社会学、现代社会学理论	俞国良	理论社会心理学、应用社会心理学

2003～2006年博士生情况一览表

博士生姓名	论文题目	导师	毕业时间
于显洋	新型组织运作模式研究——对我国特许经营组织本土化问题的探讨	李强	2003
刘精明	国家、阶层群体与教育——教育获得的社会学研究	李强	2003
甘满堂	社区神崇拜与村庙信仰共同体——福建民间信仰的宗教社会学研究	李强	2003
卢国显	制度非均衡与交往非对称	李强	2003
胡连奎	城市街道社区内国家与社会关系研究	郑杭生	2003

续 表

博士生姓名	论 文 题 目	导 师	毕业时间
章 谦	中国社会转型和非营利组织的发展	郑杭生	2003
周平军	当前国有企业经营管理者动力机制研究	郑杭生	2003
龚长宇	义利选择与社会运行——对中国社会转型期义利问题的一种伦理社会学的研究	郑杭生	2003
王 欢	“残留孤儿”日本适应性研究——“血脉边际人”根性特征	沙莲香	2003
梁丽萍	中国人的宗教心理——山西佛教徒与基督教徒宗教认同特点研究	沙莲香	2003
王卫东	互联网的社会心理学研究——方法及实证	沙莲香	2003
王彦斌	企业组织管理与组织认同研究——企业管理中的组织认同及其相关影响因素的理论与实证分析	沙莲香	2003
何汇江	城市贫困人口的认同研究——对北京丰台区城市贫困人口的调查	沙莲香	2003
左旭东	媒介发展与网络认同研究——以人民网与人民日报受众调查为例	沙莲香	2004
姚建平	消费方式的身份认同功能分析——一个县城居民的实证研究	沙莲香	2004
王君柏	不确定性情景下的心理预期与行为选择——一项以彩票消费为例的经济心理学研究	沙莲香	2004
蔡 鑫	长期性伴侣关系中的“滚动权力模式”	潘绥铭	2004
张 春	晏阳初乡村改造的十大信条及其实践——兼论平教运动的现实启示	郑杭生	2004
杨 敏	社会行动的意义效应：行动与秩序和结构的同构互生——关于社会转型加速期现代性特征的一种研究	郑杭生	2004
刘仲翔	疾病模式、求医行为与农民生活——以定县为例的医学社会学研究	郑杭生	2004
何珊君	法与非政治公共领域——一种社会学分析	郑杭生	2005
赵文龙	转型时期的社会信用：一种经济社会学的分析	郑杭生	2005
奂平清	华北乡村集市变迁与社会结构转型——以定州的实地研究为例	郑杭生	2005
汪 雁	市场导向和家庭保障惯习指引下的农户经济行为——基于社会转型加速期定州市农村的经验研究	郑杭生	2005
仓理新	书籍传播与社会发展——文化社会学与首都出版产业研究	郑杭生	2005
郑惠英	中国企业的社会公益事业发展研究	沙莲香	2005
刘高峰	风险认知、判断与决策——我国居民保险需求与消费心理研究	沙莲香	2005
张向东	农民工的认同和适应研究	沙莲香	2005
许 斌	扎根与弥散：回汉杂居村落社区权力结构变迁（1949~2004）	胡鸿保	2005
高永平	平安村的家庭财产继承	郑也夫	2005
马 姝	基层政权合法性的再生产——L社区自治实践的考察与分析	夏建中	2005
张宝锋	我国城市社区治理结构的重建——治理理论的视角	夏建中	2005
黄盈盈	“身体”、“性”及其关系的主体构建——基于70年代出生的北京工薪阶层女性的日常生活研究	潘绥铭	2005
莫丽霞	村落视角的性别偏好研究——场域与理性和惯习的建构机制	潘绥铭	2005
洪小良	城市贫困家庭的社会关系网络与社会支持	李 强	2005

续 表

博士生姓名	论　文　题　目	导　师	毕业时间
刘中一	乡村事件中的性、文化与权力——一起乡村通奸案的社会人类学研究	胡鸿保	2005
马永清	吸毒越轨行为与社会变迁	胡鸿保	2006
曹　媞	对安利传销过程的人类学观察	庄孔韶	2006
黄　琦	中国成年人婚内性关系与非婚性关系比较研究	潘绥铭	2006
欧阳海燕	中国女企业家社会支持研究——以中小企业女企业家为主的谈话分析	沙莲香	2006
王　洁	受众对“身体写作”文本的解读与构建	潘绥铭	2006
王道勇	国家与农民关系的地方性表达——以定州城郊J村失地农民与基层政权的互动为例	郑杭生	2006
张永华	由晏阳初定县实验看中国社会转型的主体角色问题	郑杭生	2006
张纯琍	当代中国邪教发生机制与政策选择——社会学视角下的邪教问题研究	郑杭生	2006
潘鸿雁	适应与变迁：社会转型加速期华北农村非常规核心家庭关系研究——以定州农村为例	郑杭生	2006
姚　伟	关系网络、制度结构与经济绩效——一项关于企业集群的经济社会学分析	刘少杰	2006

地址：中国人民大学逸夫会议中心科研楼A座206；邮政编码：100872；联系电话：(010) 82502544；联系人：富晓星；电子信箱：fuxiaoxing@126.com；网址：ssps.ruc.edu.cn

南京大学社会学系博士点

1986年，南京大学获得社会学硕士学位授予权，成为国内第一批恢复社会学的综合性大学之一；10年之后的1996年，南京大学获得社会学博士学位授予权；2003年，南京大学建立社会学博士后流动站；2007年8月，南京大学社会学学科成为国家重点学科。

南京大学社会学系现任系主任为周晓虹教授，现有教授14人，其中博士研究生导师10人。教师中具有博士学位者28人，占教师总数的82%，其中11人具有美国、英国、日本、德国、芬兰和中国香港等国家与地区著名大学的博士学位，另有1人具有德国海德堡大学的硕士学位。

为了开拓博士研究生的学术视野，南京大学社会学系除了召开各类国际国内学术研讨会、召开不定期的"社会学研讨会"外，还设立了定期的"访问教授制度"，邀请国内外著名社会学家、人类学家为研究生开设专门的课程。在倡导学术自由之风气、培养独立思考之能力的同时，鼓励博士研究生从事具有理论探索意义的经验研究，并为从事经验研究的博士研究生设立了"博士论文研究基金"。近年来，南京大学社会学系的博士研究生在《中国社会科学》、《社会学研究》等国家级学术刊物和其他核心刊物上发表论文百余篇，有多名博士研究生还在自己的博士论文基础上出版了具有一定学术水平的著作，并晋升为教授和副教授，成为多家社会学研究和教学机构的负责人。

博士生导师一览表

导师姓名	专业方向	导师姓名	专业方向
宋林飞	社会政策、经济社会学	周　怡	文化社会学、中国乡村研究
周晓虹	社会心理学、中国研究	范　可	社会人类学与中国研究
张鸿雁	城市社会学、社区研究	林　卡	社会政策与社会工作
风笑天	社会学方法、家庭社会学	陈友华	人口社会学
翟学伟	中国人社会行为研究	朱　力	社会问题研究

2003～2006 年博士生情况一览表

博士生姓名	论 文 题 目	导 师	毕业时间
刘培峰	转型期乡镇私营企业主的生成与发展——以丹阳市若干私营企业主的创业史为例	宋林飞	2003
何兰萍	社会转型期的大众文化与现代性体验	宋林飞	2003
廖国庚	转业军官的职业角色转换——以转业到长沙市的转业军官为例	宋林飞	2003
方 青	构建农村社会保障制度的条件与机制	宋林飞	2003.2
张岩磊	关于官员权力社会价值规律的社会学探讨	宋林飞	2003.2
李 俊	弱势群体的利益诉求——50 封联名上访信的解析	宋林飞	2004
王成斌	农民外出就业与乡村社会的变迁——兴曲村调查	宋林飞	2004
李泽才	非制度化行动与群体性事件——农村中小学教师工资拖欠问题研究	宋林飞	2004
钱再见	失业弱势群体及其社会支持研究	宋林飞	2004
布恩马	迈向市场经济的老挝——一种经济社会学的探讨	宋林飞	2004.9
潘伟荣	转型期职业股民的社会学研究——来自南京市的个案分析	宋林飞	2004.9
孙正娟	制度转型与城市农民工劳动权益问题研究——南京市农民工调查	宋林飞	2004.9
朱 力	失范与规范：社会转型期的失范问题研究	宋林飞	2005
王建平	当代中国城市中产阶级消费行为研究	周晓虹	2004.9
王小章	经典社会理论与现代性	周晓虹	2004.9
沈 晖	当代中国中产阶级认同研究	周晓虹	2005
许 荣	当前中国中产阶级的文化品位——五大城市中产阶级文化消费调查	周晓虹	2005
郑 震	从流行的实践思考身体的形式——身体理论的基本框架	周晓虹	2005.7
胡正文	台湾中产阶层的消费态度、消费行为及其影响因素	周晓虹	2005.9
陈曙红	中产阶级与文化资本——五大城市中产阶级的教育获得与传承	周晓虹	2006
王奕红	中产阶级群体休闲的社会学研究——以五大城市为例	周晓虹	2006
王晓燕	控制与依附——扬州中小私营企业主的政治参与	周晓虹	2006
赵 芳	一个流动群体的社会分化——青玄村外出务工人员研究	张鸿雁	2004.5
蔡政忠	社区本位教育——台湾高中职学校与社区关系研究	张鸿雁	2004.9
徐明宏	杭州茶馆——一种城市休闲方式的社会学分析	张鸿雁	2005.3
高 红	自治与整合：社团组织与政府的关系研究——以南京市社团为个案	张鸿雁	2005
李程骅	城市商业新业态与消费行为变革——以南京为样本的社会学研究	张鸿雁	2005
刘湘萍	区隔城市——南京 1994～2004 房地产报纸广告的社会研究	张鸿雁	2005
唐晓岚	南京城市居住生态分化现象研究——对城市居住空间的城市社会学分析	张鸿雁	2005
陈俊峰	郊区居住分异的社会学研究——以江宁东山新区为例	张鸿雁	2005
江 莹	南京秦淮河污染与治理的社会学研究	张鸿雁	2006
乐 章	合作医疗制度变迁（1958～1985）——长阳个案研究	风笑天	2006
唐利平	重建关系网络——三峡外迁移民个案研究	风笑天	2006
唐美玲	“成家”与“立业”：青年白领女性的工作家庭冲突	风笑天	2006

地址：南京汉口路 22 号南京大学社会学系；邮政编码：210093；联系电话：(025)83592801；联系人：严玲；电子信箱：social@ nju. edu. cn；网址：www. sociology. nju. edu. cn

南开大学社会学系博士点

南开大学社会学博士点设立于1997年，1998年正式招生。共有7位博士生导师。2003年以来毕业的博士生人数为55人。目前，该博士点面向国内外招收社会学理论与方法、社会心理学、科学社会学、中国社会思想史、社会政策与社会工作、教育社会学等研究方向的博士生，并承担各级各类的科研项目。此外，南开大学设有社会学（一级学科）博士后流动站。

该博士点有关负责人如下：

社会学与心理学学位委员会主任：关信平

社会学系主任：白红光

社会工作与社会政策系主任：关信平

社会心理学系主任：乐国安

博士生导师一览表

导师姓名	专业方向	导师姓名	专业方向
乐国安	社会心理学	刘珺珺	科学社会学
汪新建	社会心理学	赵万里	科学社会学
关信平	社会政策与社会工作	侯钧生	社会学理论与方法
王处辉	中国社会思想史、教育社会学		

2003～2006年博士生情况一览表

博士生姓名	论文题目	导师	毕业时间
程胜利	经济全球化背景下的当代城市贫困问题研究	关信平	2005.4
吴成军	戒毒社区的理论与方法研究	关信平	2005.4
郑飞北	短缺经济条件下的生计保障、社会公平与经济效率	关信平	2006.5
韩克庆	全球化对中国社会分层的影响	侯钧生	2003.4
刘晓梅	迪尔凯姆法律社会学思想研究	侯钧生	2004.4

续 表

博士生姓名	论 文 题 目	导 师	毕业时间
李 淼	乡村利益共同体与基层政权的正和博弈	侯钧生	2004. 4
薛小斌	中国市场转型过程中企业软预算约束的社会学研究	侯钧生	2005. 4
金小红	吉登斯结构化理论的逻辑	侯钧生	2005. 4
王 东	中国当代法律移植现象的社会学考察	侯钧生	2005. 4
伍学军	理性化的限制及其突破——哈贝马斯的交往行为理论及其方法论意义	侯钧生	2006. 4
王旭光	我国官方体育社团的社会合法性研究——对全国性单项体育协会的分析	侯钧生	2006. 4
翟丽宏	科尔曼“法人行动”理论研究	侯钧生	2006. 4
王 鹏	社会学视野中的情感研究	侯钧生	2006. 4
陈钟林	缺权与增能：天津市单亲生活适应经验的叙说分析	侯钧生	2006. 4
杨明光	转型期大学生行为失范的社会学研究	侯钧生	2006. 4
李 文	企业运用项目化管理后的员工态度研究——以天津天士力制药股份有限公司为例	侯钧生	2006. 10
周小兵	乡村建筑与文化变迁：当代中国农村个人住宅与公共设施建设的个案研究	刘珺珺	2003. 4
郭大水	社会学的三种经典研究模式：涂尔干、韦伯、托马斯的社会学方法论	刘珺珺	2003. 6
莫少群	批判与阐释：20 世纪西方消费社会研究初探	刘珺珺	2004. 4
王汉林	技术的社会型塑——镇江香醋酿制技术变迁的社会学考察	刘珺珺	2004. 4
叶继红	传统技艺与文化再生——对苏州镇湖绣女及刺绣活动的社会学考察	刘珺珺	2004. 4
王来华	城市新贫困与社会脱离——对天津市两个社区中下岗失业者的实地调查	刘珺珺	2004. 9
李承宏	互惠原则，互酬原则与关系网络——两个水族村落礼物交换的实地考察	刘珺珺	2004. 9
覃明兴	移民的社会适应研究——以广西扶贫自愿性移民为例	刘珺珺	2005. 4
刘锦春	仪式、象征与秩序——对民俗活动“旺火”的研究	刘珺珺	2005. 4
朱凌飞	现象与影像——对 DV 传媒文化的人类学考察	刘珺珺	2005. 4
宣朝庆	泰州学派的精神世界与乡村建设实践——16 世纪中国民众思想研究	王处辉	2004. 4
邹千江	近代中国社会思想的转换及其限制——对 1840～1949 年中国思想文化冲突的功能研究	王处辉	2005. 4
胡翼鹏	中国隐士的身份确立及其社会影响研究	王处辉	2006. 4
鞠春彦	论中国传统乡土社会控制——立足清代家训和家法族规的研究	王处辉	2006. 4
詹启生	自我概念的结构模型及行动效应	乐国安	2003. 4
陈燕丽	阅读行为的社会心理学研究	乐国安	2004. 9
王晓霞	文化视野中的当代中国人际关系——人际关系本土社会心理学研究	乐国安	2004. 10
王军杰	法制建设对越轨行为控制机制研究	乐国安	2004. 10

续 表

博士生姓名	论　文　题　目	导　师	毕业时间
管　健	马丁·布伯的对话哲学对心理学的理论与实践影响	乐国安	2005.4
李　强	白血病患者临床心理干预研究	乐国安	2005.4
李　磊	社会心理学视角的心理契约与契约行为	乐国安	2005.4
梁福成	儿童心理发展过程的 ERP 研究	乐国安	2005.4
尹虹艳	人才派遣员工的企业承诺与职业承诺研究	乐国安	2006.4
李绍洪	社会心理定势的理论与实证研究	乐国安	2006.4
周一骑	感应与意义体悟——传统心性修养之学的核心问题	乐国安	2006.4
马　莹	弗洛伊德精神分析理论的认知特征及其在中国的适用性研究	乐国安	2006.10
刘春雪	两种取向的社会心理学研究	乐国安	2006.10

地址：南开大学周恩来政府管理学院社会工作与社会政策系；邮政编码：300071；联系电话：13920620667；联系人：关信平；电子信箱：guanxp@nankai.edu.cn；网址：zfxy.nankai.edu.cn

上海大学社会学系博士点

上海大学社会学系成立于1980年，是中国大陆恢复社会学后全国最早设立的社会学院系，现任系主任为邓伟志教授。上海大学社会学系是上海高校社会学E-研究院的依托单位，拥有国内高校唯一的社会学专业学术刊物《社会》。上海大学社会学是“211”工程重点建设学科、上海市第二期优势重点学科、国家重点学科。上海大学社会学学科以“立足上海，依托长三角，引领学科发展，培育学派风格”为发展宗旨，以“现代社会中的人类合作机制”为核心论题，逐步培育出组织决策分析、社会网络与社会分层研究、社区研究和民间社会认同研究等四个特色鲜明、优势突出的重点研究方向。2000年，上海大学社会学系获得社会学博士学位授权点，2005年获得人类学博士学位授权点。该系现有博士生导师10名，挂靠、兼职博士生导师15名；已毕业博士研究生27人，在读67人。

博士生导师一览表

导师姓名	专业方向	导师姓名	专业方向
李友梅	组织社会学	张江华	经济人类学
沈关宝	城乡社区研究	张佩国	历史人类学
邓伟志	家庭社会学	安维复	科学社会学
张文宏	社会网络与社会分层	李向平	宗教社会学
仇立平	社会结构与社会分层	陆小聪	体育社会学

2003~2006年博士生情况一览表

博士生姓名	论文题目	导师	毕业时间
李　峰	乡村教会的组织结构及其运行机制	李向平	2004.10
郭　强	知识与行动的结构化关联——吉登斯结构化理论的改造性阐释	邓伟志	2005.3
李　琼	冲突的构成及其边界——以湖南省S县某事件研究为中心	李向平	2005.3
宗　明	秩序重构的组织社会学分析	李友梅	2005.3

续 表

博士生姓名	论 文 题 目	导 师	毕业时间
徐 新	二十世纪无锡地区望族的权力实践	邓伟志	2005. 3
翁定军	冲突的策略	李友梅	2005. 3
严 泉	民国初年的制宪与民主转型	朱学勤	2005. 3
陈秋玲	区域社会资本：开发区发展的目标与路径依赖	沈关宝	2005. 7
秦海霞	关系网络的建构：私营企业主的行动逻辑——以辽宁省 D 市为个案	李友梅	2005. 7
秦 琴	当代乡村社会中的“社会资本”研究——以鄂西北 X 村为例	邓伟志	2005. 7
张虎祥	社区治理与权力秩序的重构——对上海市康健社区的研究	李友梅	2005. 7
任慧颖	非营利组织的社会行动与第三领域的建构	杨俊一	2005. 7
牛喜霞	农村土地交易中社会资本运作研究——以宁夏 T 县杨村为个案	杨俊一	2005. 7
苏春艳	社会网络与职业获得——转型期下岗失业女工再就业过程研究	杨俊一	2005. 7
谢建社	地方权力的冲突——转型时期赣西村宗族与乡村政府互动关系	李向平	2005. 9
王 芳	行动者、公共空间与城市环境问题——以上海 A 城区为个案	沈关宝	2006. 4
杨 雄	青春期与性——中国大城市青少年性意识性行为跟踪研究	邓伟志	2006. 4
肖 倩	制度再生产：中国农民的分家实践——以赣中南冈村为例	李瑜青	2006. 4
陆自荣	和谐合理性——儒家思想合理性之研究	李向平	2006. 4
马伊里	合作困境的组织社会学分析——一项关于政府机构间孤岛现象生成机理的研究	李友梅	2006. 4
邓 玮	法律场域的行动逻辑——一项关于行政诉讼的社会学研究	李瑜青	2006. 10
唐 斌	禁毒非营利组织及其运作机制研究——以上海市 S 社会工作机构为个案	阎 立	2006. 10
于英香	企业组织虚拟化现象——一种因果机制的研究	李友梅	2006. 10
丁云亮	阶级话语的叙述与表象——1950 年代上海工人之文化经验	袁 进	2006. 10
刘 芳	时尚杂志与中产阶级女性身份	袁 进	2006. 10
秦 钠	中日都市社区教育比较研究——以上海和大阪为例	沈关宝	2006. 10
金 波	人事档案制度的社会功能	杨俊一	2006. 10

地址：上海市上大路 99 号上海大学社会学系；邮政编码：200444；联系电话：(021) 66134142；联系人：陈小红；电子信箱：chen. xiaohong@ shu. edu. cn；网址：cla. shu. edu. cn

中山大学社会学系博士点

中山大学社会学学科继承和综合了原国立中山大学和私立岭南大学的传统，从1930年代就开始招收社会学的研究生，1981年成为全国首批恢复社会学并获得社会学专业硕士授予权的学系之一；2000年获得博士学位授予权；2006年获得社会学一级学科博士学位授予权；2007年被批准为广东省重点学科。自2001年招收博士生以来，共招收博士生76名，授予博士学位14人，其中2006年招收博士生12名；现有博导7名，兼职博导1名；现任系主任王宁。

中山大学社会学博士点在城市社会学、社区研究、发展社会学、产业集群研究、农民工研究、港澳社会研究、大跃进时期的人口研究、消费社会学等研究领域独具特色，取得突出成绩。该博士点主要招生方向包括：城市社会研究、经济社会学、人口与社会变迁、发展社会学、劳工研究、社会工作与社会政策、消费社会学。本学科点有教授9名、副教授7名、讲师10名，师资力量雄厚，其中具有博士学位者16名。现有博士生导师7名，硕士生导师18名（含博士生导师）。

中山大学社会学研究资源丰富，依托国家发展与改革委员会设立的中国高等教育文献保障体系CALIS华南中心，具有30平方米的电话访问室一个，还拥有包括投影设备的各种研究仪器设备器材18项。本学科拥有图书资料35.5万册、中外文期刊351种，借助中山大学图书馆和广东网络图书馆，可以使用包括超星、NETLibrary、Ebrary等电子图书数据库，并建立起包括中国期刊网全文数据库（CNKI）、人大复印资料报刊全文、万方数据资源系统、中国资讯行数据库、CALIS西文期刊目次数据库（CCC）、ARL、EBSCOHost、SpringerLink、JSTOR数据库等涵盖本学科中外文核心期刊的资源检索和信息收集网络。

博士生导师一览表

导师姓名	专业方向	导师姓名	专业方向
蔡　禾	招生方向为城市社会学，专长于西方社会学理论、城市社会学理论、社区与组织研究、城市社会问题与社会政策研究	刘祖云	招生方向为发展社会学，专长于社会学理论、社会学本土化、社会发展研究

续 表

导师姓名	专业方向	导师姓名	专业方向
李若建	招生方向为人口与社会发展，专长于社会统计方法、人口社会学、当代中国社会变迁	罗观翠	招生方向为社会工作和社会政策，专长于社区工作、社会保障、社会福利、社会工作理论与实务
丘海雄	招生方向为经济社会学，专长于国有企业的产权和组织改革研究、产业集群研究、研究方法和统计分析	刘林平	招生方向为组织社会学，主要研究领域为劳工研究、网络研究、专长于农民工研究
王　宁	招生方向为消费社会学，专长于社会学理论、质性研究方法、消费社会学、旅游社会学、制度社会学的研究	陈健民	兼职博导，招生方向为政治社会学

2003～2006 年博士生情况一览表

博士生姓名	论　文　题　目	导　师	毕业时间
冯　华	关系与企业经济交易行为——转型期中国企业间经济交易行为分析	蔡　禾	2004.6
吴凌芳	企业集群中的行动者——中山市大涌镇红木家具企业集群的社会学研究	丘海雄	2004.6
何　艳	后单位制时期中国街区中的国家与社会：基于乐街的个案研究	蔡　禾	2004.12
贺志峰	家族企业二元代理模型研究——身份、社会交换与家族企业代理关系	丘海雄	2005.6
周林刚	社会支持网与障碍人士的权能感研究——基于广州和兰州两城市的调查	蔡　禾	2005.6
周　鸿	迈入生意场——湘南农村当代商人阶层形成的资本与惯习	李若建	2005.6
黄世英	地方政府法团主义和地方社会法团主义——中越陶瓷专业产品区的比较研究	丘海雄	2005.6
沈小革	珠江三角洲流动人口子女教育公平问题的研究——一种文化再生产现象的分析	李若建	2006.6
吴军民	行业协会的组织运作：资源、关系与行动者	丘海雄	2006.6
李　怀	“城中村”改造中的地方政府、村集体与村民——基于广州X村的个案研究	蔡　禾	2006.6
曾　鹏	社区网络与集体行动——以GZ市两个新型都市社区为例	罗观翠	2006.6
郑卫东	村落社会变迁与生育文化——以日照市东村为例	李若建	2006.6
戴利朝	农民组织化与基层社区整合——以江西省D村为中心的实地研究	李若建	2006.6
叶涯剑	空间重构中的权力与日常生活——基于一个城市公园的案例研究	李若建	2006.6

地址：中国广州新港西路135号中山大学政治与公共事务管理学院社会学与社会工作系；邮政编码：510275；联系电话：（020）84037380；联系人：王宁；电子信箱：prof_wangning@163.com，lpswn@mail.sysu.edu.cn；网址：gms.sysu.edu.cn：8080/soc/chinese/default.asp

华中师范大学社会学系博士点

华中师范大学于1993年成立社会学与行政学系，1994年开始招收社会学专业本科和硕士研究生，2002年挂靠政治学一级学科招收政治社会学方向的博士研究生。2003年经国务院学位委员会批准，获得社会学专业博士学位授予权。目前承担多项国家社科基金课题和教育部重大项目的研究，主要特色研究方向有：社会学理论、城市社会学、农村社会学、人口社会学等。现任系主任江立华，现有博士生导师3人，已毕业博士生6人，在读博士生15人。

博士生导师一览表

导师姓名	专业方向	导师姓名	专业方向
郑杭生	城市社会学、人口社会学	慈勤英	福利社会学、人口社会学
江立华	社会学理论		

2003~2006年博士生情况一览表

博士生姓名	论文题目	导师	毕业时间
徐晓军	乡镇街坊：结构与关系	郑杭生	2005.7
张兆曙	非常规行动与社会变迁	郑杭生、江立华	2006.7
蔡志海	农民进城：处于传统与现代之间的中国农民	郑杭生、江立华	2006.12
李伟梁	城市利益关系的社区调整及其发展趋势	郑杭生	2007.6
陈秀峰	当代中国大学基金会运作机制研究	郑杭生	2007.6
王　勇	城市化进程中失地农民的利益表达	郑杭生、江立华	2007.6

地址：湖北省武汉市华中师范大学社会学系；邮政编码：430079；联系电话：（027）67868324；联系人：黄启明；电子信箱：hqm1163023@sina.com；网址：ccnu.com.cn/sk

吉林大学社会学系博士点

吉林大学社会学系筹建于1988年，先由人口研究所主办，后由哲学社会学院主办。现设有社会学、社会工作两个本科专业。1996年获得社会学硕士学位授予权，2003年获得社会学博士学位授予权，是国内学术界公认的具有较强实力的社会学教学和研究基地。现有教授6人，副教授4人，教师中有教育部跨世纪优秀人才1人，教育部新世纪优秀人才1人，博士生导师4人，现任系主任田毅鹏，在读博士生37人。该博士点已形成文化社会学、当代社会学理论、发展社会学、社会保障等稳定的研究方向。

博士生导师一览表

导师姓名	专业方向	导师姓名	专业方向
邴　正	文化社会学	田毅鹏	发展社会学、中外社会思想和社会发展
刘少杰	现代社会理论、制度社会学	宋宝安	社会保障

地址：吉林省长春市前进大街2699号吉林大学哲学社会学院；邮政编码：130012；联系电话：（0431）85168215；联系人：朱文君；电子信箱：zsyz@ mail. jlu. edu. cn；网址：zsy. jlu. edu. cn

清华大学社会学系博士点

清华大学社会学系博士点于2003年10月批准成立，并于同年开始对外招生。现任系主任李强教授，现有博士生导师6人，已毕业学生10人，在读博士生32人。

博士生导师一览表

导师姓名	专业方向	导师姓名	专业方向
李　强	应用社会学、城市社会学	景　军	医学社会学
孙立平	转型社会学	张小军	文化人类学
郭于华	农村社会学	罗家德	应用社会学、社会网

2003~2006年博士生情况一览表

博士生姓名	论　文　题　目	导　师	毕业时间
李　斌	位置能力和市场能力：长沙市六个单位住房利益分化研究	李　强	2003.9
周红云	村级治理中的社会资本因素分析——对山东C县和湖北G市等地若干村落的实证研究	李　强	2004.7
杨　敏	何为社区，为何参与？——中国城市社区建设运动的个案分析	郭于华	2005.7
吕文江	理性与文化之间：一桩土地纠纷之分析	景　军	2005.7
陈星博	强制与遵从：收容遣送制度研究——北京市个案剖析	李　强	2005.7
毕向阳	从草民到公民——当代北京都市运动	孙立平	2005.7

地址：清华大学社会学系；邮政编码：100084；联系电话：(010) 62795086；联系人：李彩霞；电子信箱：soc@tsinghua.edu.cn；网址：sociology.tsinghua.org.cn

武汉大学社会学系博士点

武汉大学社会学系经国务院学位委员会批准，于2003年获社会学博士学位授予权。现任系主任是朱炳祥教授。本博士点共设有：社会人类学、中国社会思想史、民俗学、教育学、经济社会学、生活质量研究、行为社会学、发展社会学、城市社会学、社会政策等10个研究方向。共有博士生导师5人，博士生35人。

博士生导师一览表

导师姓名	专业方向	导师姓名	专业方向
朱炳祥	社会人类学	桂　胜	中国社会思想史、民俗学、教育学
周长城	经济社会学、生活质量研究	罗教讲	经济社会学、行为社会学
向德平	发展社会学、城市社会学、社会政策		

2003～2006年博士生情况一览表

博士生姓名	论　文　题　目	导　师	毕业时间
张　蕾	国际视野下的生活质量指标体系研究	周长城	2007.6
谢旖隽	城市贫困家庭子女教育公平研究——以长沙市某社区低保家庭为例	刘祖云	2007.6
戴　洁	中国城市社会分层：基于2003年全国综合调查（CGSS）的社会分层研究	刘祖云	2007.6

地址：武汉大学社会学系；邮政编码：430072；联系电话：13477057589；联系人：朱炳祥；电子信箱：zhubingxiang2009@yahoo.com.cn；网址：www.whu.edu.cn

华东理工大学社会学系博士点

本学科于2005年获社会学博士学位授予权，并于2006年开始招收攻读社会学博士学位的研究生，同期获准建设的还有社会学硕士学位一级学科、人口学硕士学位授权点、人类学硕士学位授权点；徐永祥教授为学科带头人及导师组长，张广利教授为现任系主任。本博士点共设有：社会工作与社会服务、农村社会变迁与"三农"研究、社会转型与社会问题、经济增长与社会发展、社会福利与社会政策、社会组织与社会管理等6个研究方向。共有博士生导师8人，在读博士生11人。目前，本学科已初步形成了年龄结构合理、学术梯队完整、学术力量雄厚、重大学术成果迭出的发展优势。

博士生导师一览表

导师姓名	专业方向	导师姓名	专业方向
徐永祥	社会工作与社会服务	范　斌	社会福利与社会政策
曹锦清	农村社会变迁与"三农"研究	李俞清	社会组织与社会管理
张　昱	社会工作与社会服务	石良平	经济增长与社会发展
张广利	社会转型与社会问题	纪晓岚	社会福利与社会政策

地址：上海市徐汇区梅陇路130号社会学系；邮政编码：200237；联系电话：13916075349；联系人：张广利；电子信箱：guanglizhang@ecust.edu.cn；网址：www.ecust.edu.cn

河海大学社会学系博士点

20世纪80年代中期，河海大学开始社会学教学与研究工作；90年代初期开始在马克思主义理论思想政治教育、技术经济及管理专业培养社会学方向的研究生。2003年获得社会学二级学科硕士学位授予权并开始招生，2005年获得社会学二级学科博士学位授予权和社会学一级学科硕士学位授予权。截至2007年9月，共有在读博士研究生8人，在读硕士研究生81人，已获得硕士学位20人。

河海大学社会学学科教师17人，其中教授9人，副教授4人，具有博士学位教师7人，在读博士3人。这些教师分别任职于社会学系、中国移民研究中心、政治学系、社会保障系。学科方向有移民社会学、城乡社会学、项目社会评价、环境社会学、政治社会学等。

社会学系负责社会学学科的日常工作。现有博士生导师4人，现任系主任陈阿江教授，副主任王毅杰副教授。

博士生导师一览表

导师姓名	专业方向	导师姓名	专业方向
施国庆	移民社会学、项目社会评价	陈绍军	移民社会学、项目社会评价
陈阿江	农村社会学、环境社会学	赵永乐	农村社会学

地址：江苏省南京市西康路1号河海大学社会学系；邮政编码：210098；联系电话：(025) 86285193；联系人：王毅杰；电子信箱：sociology@hhu.edu.cn；网址：sociology.hhu.edu.cn

复旦大学社会学系博士点

复旦大学社会学专业于2006年获博士学位授予权，2007年设立博士后流动站，加上原有的社会学、人类学、人口学硕士点和社会学本科专业，形成了完整的学科体系。现任系主任刘欣教授。目前该系有教师19位，其中教授9位，博士生导师7位；在读博士生10位。该专业致力于培养社会学专业的高级人才，使所培养的研究生具备同国际学术界对话的基础，具备独立开展学术研究尤其是经验研究的能力，同时也具有国际比较研究的视野。

博士生导师一览表

导师姓名	专业方向	导师姓名	专业方向
刘　欣	社会分层	范丽珠	宗教与民间社会研究
张乐天	社区研究	孙时进	社会心理学
周　怡	文化与社会	于　海	城市社会学
谢遐龄	社会结构		

地址：上海市邯郸路220号复旦大学社会学系；邮政编码：200433；联系电话：（021）65643053；联系人：廖永梅；电子信箱：ymliao@ fudan. edu. cn；网址：www. fudan. edu. cn

华中科技大学社会学系博士点

华中科技大学社会学系是我国社会学恢复、重建以后最早创办的社会学系之一。社会学系现有2个教研室：社会学、社会工作与社会保障；4个研究机构：社会保障研究所、人口研究所、社会调查研究中心、中国乡村治理研究中心；2个本科专业：社会学、社会工作。2006年增设社会学、社会保障两个博士点。现任系主任雷洪，副系主任孙秋云、丁建定。

社会学系设有资料室，有专业图书12000册，专业期刊120种，4000册。建有3个实验室：专业计算机实验室，有计算机80余台；电话访问实验室，有30台可直拨的电话及管理系统；社会工作实验室，设有个案工作室3个、家庭工作室1个、系统工作室1个。

社会学系现有教师23人，其中教授8人，副教授11人。在校学生本科、硕士、博士共计500余人。

博士生导师一览表

导师姓名	专业方向	导师姓名	专业方向
丁建定	福利社会学、社会保障	孙秋云	文化社会学、文化人类学
吴　毅	政治社会学、政治人类学	贺雪峰	农村社会学
石人炳	人口社会学、老年社会保障	雷　洪	社会问题、社会学中层理论
吴中宇	劳动社会学、社会保障		

地址：湖北省武汉市洪山区珞瑜路1037号；邮政编码：430074；联系电话：(027) 87543152；联系人：邵丽霞；电子信箱；soci@ mail. hust. edu. cn；网址：soci. hust. edu. cn

厦门大学社会学系博士点

厦门大学社会学博士点于2006年批准设立，2007年开始招生，现有博士生导师5人，设有农村社会学、社会政策、移民社会学、女性社会学和社会保障等研究方向，系主任和博士点负责人为胡荣教授。

博士生导师一览表

导师姓名	专业方向	导师姓名	专业方向
胡　荣	农村社会学	叶文振	女性社会学
张友琴	社会政策	徐延辉	社会保障
李明欢	移民社会学		

地址：厦门大学公共事务学院；邮政编码：361005；联系电话：（0592）2182402；联系人：陈素蜜；电子信箱：ggswyjs@ xmu. edu. cn；网址：spa. xmu. edu. cn

七　全国社会学机构目录

全国社会科学院系统机构目录

序号	单位名称	所长	通讯地址	邮编	联系电话	传真	电子信箱、网址
1	中国社会科学院社会学研究所	李培林	北京市建国门内大街5号	100732	(010)85195555	(010)65138276	ios@ cass. org. cn; www. sociology. cass. cn
2	北京社会科学院社会学研究所	戴建中 冯晓英	北京市朝阳区北四环中路33号	100101	(010)64877641	(010)64877641	daijianzhong@ sina. com; daijianzhong49@ 163. com fxy-926@ sina. com
3	天津社会科学院社会学研究所	张宝义	天津市南开区迎水道7号	300191	(022)23075332	(022)23622739(院)	panyonga@ public. tpt. tj. cn
4	河北省社会科学院社会学研究所	周伟文	河北省石家庄市裕华西路423号	050051	(0311)83080335	(0311)83080334	
5	山西省社会科学院社会学研究所	谭克俭	太原市并州南路116号	030006	(0351)5691876		skydrp@ sohu. com
6	内蒙古社会科学院社会学研究所	陈红艳	呼和浩特市大学东路129号	010010	(0471)4956944	(0471)4954831	
7	辽宁社会科学院社会学研究所	沈殿忠	沈阳市皇姑区泰山路86号	110031	(024)86120497	(024)86806209(院)	sdz2008@ sohu. com
8	吉林省社会科学院社会学研究所	付　诚	长春市自由大路5399号	130033	(0431)84638337	(0431)84638377	fuchengsky@ 163. com
9	黑龙江省社会科学院社会学研究所	王爱丽	哈尔滨市道里区友谊路501号	150018	(0451)86497726		shxs9708@ sina. com
10	哈尔滨市社会科学院社会学研究所	刘轶梅	哈尔滨市道里区柳树街9号	150010	(0451)53954585		flzy2000@ sina. com
11	上海社会科学院社会学研究所	卢汉龙	上海市淮海中路622弄7号	200020	(021)63857490	(021)53063062	shxs@ sass. org. cn
12	江苏省社会科学院社会学研究所	陈　颐	南京市虎踞北路12号	210013	(025)83391033		

续 表

序号	单位名称	所长	通讯地址	邮编	联系电话	传真	电子信箱、网址
13	浙江省社会科学院社会学研究所	王金玲	杭州省府路2号楼	310025	(0571)87053207	(0571)87053223(院)	
14	杭州市社会科学院社会学研究所	傅立群	杭州市延安路472号	310006	(0571)85811582		
15	安徽省社会科学院社会学研究所	沈耀春	合肥市卫港安徽省社会科学院9楼	230053	(0551)3438362	(0551)3438358(院)	
	安徽省社会结构研究中心	王开玉	合肥市卫港安徽省社会科学院11楼		(0551)3438396		wky11111@sina.com
16	福建省社会科学院社会学研究所	黎　昕	福州市柳河路18号	350001	(0591)83731611	(0591)83791479(院)	sklixin@163.com
17	福州市社会科学院经济社会研究所	叶　翔	福州市八一七中路798号金安大厦9楼	350004	(0591)83222206	(0591)83221548	
18	江西省社会科学院社会学研究所	马雪松	江西省南昌市洪都北大道649号	330077	(0791)8592692		
19	山东省社会科学院社会学研究所	李善峰	山东省济南市舜耕路56号	250002	(0531)82704585		shfl@126.com
20	济南市社会科学院社会学研究所	吕荣斌	济南市马鞍山路14号	250002	(0531)82027518	(0531)82905913	lizhan0531@yahoo.com.cn
21	河南省社会科学院法学社会学研究所	牛苏林	郑州市金水区丰产路21号	450052	(0371)63948045 63611202	(0371)63933398(院)	niusulin@sina.com
22	湖北省社会科学院社会学研究所	徐楚桥	武汉市东湖路165号	430077	(027)86789437	(027)86783511	
23	武汉市社会科学院社会学研究所	郭　昀	武汉市汉口发展大道3081号	430015	(027)82628047		
24	湖南省社会科学院社会学研究所	方向新	长沙市德雅村湖南省社会科学院社会学法学研究所	410003	(0731)4211257	(0731)4211763	
25	广东省社会科学院社会学与人口学研究所	郑梓桢	广东省广州市天河北路369号	510610	(020)38804236	(020)38804236	zzz@tuntown.com
26	广州市社会科学院社会学研究所	蔡国萱	广州市新市云安路119号	510410	(020)86464095	(020)86464566	cgx@gzass.net
27	广西社会科学院社会学研究所	周可达	广西南宁市新竹路5号	530022	(0771)5886040	(0771)5886040	
28	四川省社会科学院社会学研究所	郭　虹	四川省成都市青羊宫	610072	(028)87017620	(028)87017620	shehuixuesuo@163.com

续 表

序号	单位名称	所长	通讯地址	邮编	联系电话	传真	电子信箱、网址
29	成都市社会科学院社会学与法制研究所	王　健	成都市锦江区晨辉北路1号	610023	(028)68106685		
30	重庆市社会科学院社会学研究所	蒲奇军	重庆市江北区桥北村270号	400020	(023)67767542	(023)67767539	puqijun@ tom. com
31	贵州省社会科学院社会学研究所	史昭乐	贵州省贵阳市梭石巷19号	550002	(0851)5931565	(0851)5931565	
32	云南省社会科学院社会学研究所	乔亨瑞	云南省昆明市环城西路577号	650034	(0871)4154718(O)4171393(H)	(0871)4154718	isyass@ public. km. yn. cn
33	陕西省社会科学院社会学研究所	石　英	陕西省西安市含光南路177号	710065	(029)85254008	(029)85251573	
34	西安市社会科学院社会学研究所	赵银侠	西安市西影路74号	710054	(029)85519695;13619295631	(029)85525011(院)	zhaoyinx@ 163. com
35	甘肃省社会科学院社会学研究所	包晓霞	甘肃省兰州市安宁区健康路143号	730070	(0931)7761728	(0931)7768029	
36	兰州市社会科学院社会学研究所	张玉斌	兰州市南滨河东路735号	730030	(0931)8460241	(0931)8476421	yubinzhang655@ 163. com
37	青海省社会科学院哲学社会学研究所	拉毛措(副)	西宁市上滨河路1号	810000	(0971)8450775	(0971)8452423(院)	
38	宁夏社会科学院社会学研究所	吴克泽	银川新市区新分校宁夏社科院社会学所	750021	(0951)2074545		

全国社会学教学机构目录

（按行政区划排列*，同一地区以汉语拼音为序）

	负责人	通讯地址	邮 编	联系电话	电子信箱、网址
北京大学社会学系	谢立中	北京市海淀区颐和园路5号法学楼	100871	（010）62751675	webmaster@ mail. disa. pku. edu. cn http：//www. disa. pku. edu. cn
北京工业大学人文社会科学学院社会学研究所	唐 军	北京市朝阳区平乐园100号北京工业大学人文学院基础楼1004室	100022	（010）67396398	tangjun_ bjut@ hotmail. com
北京工业大学人文社会科学学院社会工作系	田玉荣	北京市朝阳区平乐园100号北京工业大学人文学院基础楼1107室	100022	（010）67392191	tianyurong@ bjut. edu. cn
北京建筑工程学院文法学院社会工作系		北京市西城区展览馆路1号	100044	（010）68318739	http：//www2. bicea. edu. cn/xc. sheke/index. htm
北京科技大学文法学院社会学与政治学系	陆 俊	北京市海淀区学院路30号	100083	（010）62332007	wfoffice@ hss. usth. edu. cn http：//www. usth. edu. cn/wenfa
北京理工大学人文社会科学学院社会工作专业		北京市海淀区中关村南大街5号	100081	（010）68942801	http：//202. 204. 80. 51

* 各行政区划的排列顺序按中国地图出版社2006年版《中华人民共和国行政区划简册》确定。

续 表

	负责人	通讯地址	邮 编	联系电话	电子信箱、网址
北京师范大学哲学与社会学学院社会学系	赵孟营	北京市新街口外大街19号北京师范大学主楼A区5楼	100875	(010) 58808191	deplnu@126.com
民政部管理干部学院社会工作系	郭伟和	北京东燕郊学院街25号	101601		http://www.ccacollege.cn
清华大学社会学系	李 强	北京市海淀区	100084	(010) 62795086	soc@tsingha.edu.cn http://rwxy.tsinghua.edu.cn/htmls/xi/society.asp
首都师范大学政法学院社会学与社会工作系	范燕宁	北京市西三环北路83号	100089	(010) 68902309	fan-yn@263.net
中共北京市委党校（北京行政学院）社会学教研部	侯亚非	北京市西城区车公庄大街6号	100044	(010) 68007084	http://www.bac.gov.cn/web/swdx/index.aspx
中国传媒大学政治与法律学院社科系	冯宋彻	北京市朝阳区定福庄东街1号	100024	(010) 65779235	http://skxy.cuc.edu.cn/news/default.htm
中国农业大学人文与发展学院社会学系	赵旭东	北京市海淀区清华东路17号	100083	(010) 62733142	xudong@cau.edu.cn http://cohd.cau.edu.cn/cohdshx
中国青年政治学院社会工作学院社会工作与管理系	许丽雅	北京市西三环北路25号	100089	(010) 88567627	contact@mydomain.com http://dept.cyu.edu.cn/sw
中国青年政治学院社会工作学院社会学系	樊新民	北京市西三环北路25号中国青年政治学院办公楼513	100089	(010) 88568495	http://dept.cyu.edu.cn/sw
中国人民大学社会学系	李路路	北京市海淀区中关村大街59号中国人民大学资料楼818	100872	(010) 62511447 62513355	sociology@mail.ruc.edu.cn http://sociology.ruc.edu.cn
中国社会科学院研究生院社会学系	李培林	北京市建国门内大街5号	100732	(010) 65248032	llhhpp@263.net http://www.gscass.net.cn
中国政法大学社会学院	乐国安	北京市昌平区府学路27号	102249	(010) 58909593	cuplshxy@163.com http://shxy.cupl.edu.cn
中华女子学院社会工作系	刘 梦	北京市朝阳区育慧东路1号	100101	(010) 84659087 84659089	http://www.cwu.edu.cn/yxjs/index.asp

续 表

	负责人	通讯地址	邮 编	联系电话	电子信箱、网址
中央财经大学社会发展学院社会学系	包胜勇	北京市海淀区学院南路39号	100081	(010) 62288634	http://202.205.213.32
中央民族大学民族学与社会学学院	包智明	北京市海淀区中关村南大街27号	100081	(010) 68932301	http://mzx.cun.edu.cn
南开大学周恩来政府管理学院社会工作与社会政策系	关信平	天津市卫津路94号	300071	(022) 23508391 23505930 23506232	socialpolicy@nankai.edu.cn
南开大学周恩来政府管理学院社会学系	白红光	天津市卫津路94号	300071	(022) 23508391	linhm@office.nankai.edu.cn http://zfxy.nankai.edu.cn/gxjs/gxjs_shxx.asp
天津师范大学政治与行政学院应用社会学系	贺寨平	天津市宾水西道延长线天津师范大学主校区	300387	(022) 23766069	http://59.67.74.2/zxxy
河北大学政法学院社会学系	张文翠	河北省保定市五四东路180号	071002	(0312) 5073230	http://stu.hbu.cn/zhfa/index.asp
河北科技大学文法学院社会学系	于金秀	河北省石家庄市裕华东路70号	050018		http://depart.hebust.edu.cn/depart/renwenxy/index.asp
山西大学哲学社会学学院社会学研究室	高成新	山西省太原市坞城路92号	030006	(0351) 7010488	http://www.sxu.edu.cn/yuanxi/zhexue/default.aspx
山西师范大学政法学院社会学研究所	吕世辰	山西省临汾市贡院街1号山西师范大学1号教学楼3层	041004	(0357) 2118712	http://sxtu.edu.cn/change/xyxs/zfx/pages/default.htm
太原科技大学人文社会科学系	乔中国	山西省太原市瓦流路	030024	(0351) 6223377	rwskx@sina.com
内蒙古大学民族学与社会学学院社会学系	道尔吉	内蒙古自治区呼和浩特市大学西路235号内蒙古大学主楼	010021	(0471) 4994414 4994415	ndmpa@imu.edu.cn http://202.207.3.61/jxig/society/societyindex.htm
内蒙古师范大学社会学民俗学学院	额斯尔门德	内蒙古自治区呼和浩特市昭乌达路81号	010022	(0471) 4393025	shxx@imnu.edu.cn
东北财经大学人文学院社会学系	徐祥运	辽宁省大连市沙河口区尖山街217号	116025	(0411) 84710501	xuxiangyun63@163.com
沈阳师范大学社会学学院	刘　平	辽宁省沈阳市皇姑区黄河北大街253号	110034	(024) 86592519	http://210.30.208.151
北华大学政法学院社会学系	刘清玉	吉林省吉林市华山路3999号	132013	(0432) 4608152	http://www.beihua.edu.cn/zfxy

续 表

	负责人	通讯地址	邮 编	联系电话	电子信箱、网址
长春工业大学人文学院社会工作教研室	樊金娥	吉林省长春市延安大路17号	130012	(0431)85118209	http://rw.ccut.edu.cn
长春理工大学法学院社会学系	邸焕双	吉林省长春市	130000	(0431)85583029	http://fx.cust.edu.cn/main/index.asp
长春师范学院政法学院	徐晓晖	吉林省长春市吉长公路北线3号	130032		http://www.cncnc.edu.cn/fenyuan/zhengfa/index.htm
东北师范大学政法学院哲学系(社会学系)	庞立生	吉林省长春市人民大街5268号	130024	(0431)4520601	http://zf.nenu.edu.cn
吉林大学社会工作系		吉林省长春市前进大街2699号	130012	(0431)85166361 85166364	
吉林大学哲学社会学院社会学系	田毅鹏	吉林省长春市前卫路10号	130012	(0431)85168215	http://zsy.jlu.edu.cn/index.php
吉林农业大学人文学院社会学系	兰亚春	吉林省长春市新城大街2888号	130118	(0431)84533015	lyc0431@yahoo.com.cn http://col.jlau.edu.cn/renwen/index.asp
大庆石油学院人文科学学院	李金华	黑龙江省大庆市高新技术开发区发展路199号	163318	(0459)6503983	http://www1.dapi.edu.cn/renwen/index.asp
东北农业大学人文社会科学学院社会科学系	王春林	黑龙江省哈尔滨市香坊区木材街59号	150030	(0451)55190740	http://rwxy.neau.edu.cn/jigou3.asp
哈尔滨工程大学人文社会科学学院社会学系	刘 军	黑龙江省哈尔滨市南岗区南通大街145号	150001	(0451)82569732 82589531	liry2@163.com http://Shss.hrbeu.edu.cn
哈尔滨工业大学人文与社会科学学院社会学系	唐魁玉	黑龙江省哈尔滨市南岗区西大直街92号	150001	(0451)86413869	http://202.118.236.115
哈尔滨工业大学人文与社会科学学院社会工作系	何明升	黑龙江省哈尔滨市南岗区西大直街92号	150001	(0451)86412114	web@hit.edu.cn
哈尔滨商业大学法学院社会工作教研室	姜思学	黑龙江省哈尔滨市松北区学院路1号	150028	(0451)84865047	hsdskb@126.com
黑龙江八一农垦大学人文社会科学学院社会工作系		黑龙江大庆高新技术产业开发区	163319	(0459)6819272	http://www.hlaflru.edu.cn/yuanxi/rw/index.asp
黑龙江大学哲学与公共管理学院	曲文勇	黑龙江省哈尔滨市学府路74号	150080	(0451)86608615	http://210.46.97.15/HD_page/2055181-7140-1.html
黑龙江科技学院人文社会科学学院社会工作系	陈 英	黑龙江省哈尔滨市松北区糖厂街1号	150027	(0451)88036581	http://renwen.usth.edu.cn/index.asp
复旦大学社会发展与公共政策学院社会工作系	顾东辉	上海市邯郸路220号	200433	(021)65643490	http://www.ssdpp.fudan.edu.cn

续 表

	负责人	通讯地址	邮 编	联系电话	电子信箱、网址
复旦大学社会发展与公共政策学院社会学系	刘 欣	上海市邯郸路 220 号	200433	(021) 65642735	http://www.ssdpp.fudan.edu.cn
华东理工大学社会与公共管理学院社会工作系		上海市梅陇路 130 号	200237	(021) 64253302	http://cpsa.ecust.edu.cn
华东理工大学社会与公共管理学院社会学系	张广利	上海市梅陇路 130 号	200237	(021) 64251054	http://cpsa.ecust.edu.cn
华东师范大学法政学院社会学系	陈映芳	上海市中山北路 3663 号	200062	(021) 62232336	hsdshx@163.comhttp://www.slp.ecnu.edu.cn/jgsz/05.htm
华东政法大学社会学系	李建勇	上海市松江大学园区龙源路 555 号	201620	(021) 67790095	http://202.121.166.74
上海财经大学人文学院经济社会系	张 彦	上海市国定路 777 号	200433	(021) 65904790	http://www.shufe.edu.cn/rwxy/jjsh/htm
上海大学文学院社会学系	李友梅	上海市宝山区上大路 99 号	200436	(021) 66134142	http://cla.shu.edu.cn/deptmess/social/sy.html
上海师范大学社会学系法政学院	吴珍英	上海市徐汇区桂林路 100 号	200234	(021) 64322821	http://fazheng.shnu.edu.cn
上海政法学院社会学与社工系	章友德	上海青浦区外青松公路 7989 号	201701	(021) 39225889	http://www.shipl.edu.cn/Default.aspx
同济大学法政学院社会学系	蔡 麟	上海市四平路 1239 号	201900	(021) 65985635	http://alsch.tongji.edu.cn/zhexue/default.aspx
中共上海市委党校（上海行政学院）城市社会研究所	马西恒	上海市虹漕南路 200 号	200233	(021) 64842249	liwencui@sina.com
河海大学公共管理学院社会学系	陈阿江	江苏省南京市西康路 1 号	210098	(025) 83786381 83787376	http://ggy.hhu.edu.cn/mainindex.asp
江南大学法政学院社会学系	吕庆广	江苏省无锡市蠡湖大道 1800 号	214122	(0510) 85910563	http://fazheng.jiangnan.edu.cn/index.asp
江苏省行政学院社会学与社会管理教研部	冯必扬	江苏省南京市建邺路 168 号	210004	(025) 4466172－5601、5603	shhx@sdx.js.cn http://www.sdx.js.cn/web/shehuixue/index.htm
南京财经大学法学院社会工作系	李 宁	江苏省南京市亚东新城区文苑路 3 号	210046	(025) 84028363	http://210.28.80.21/xygk/law/index.asp
南京大学社会学系	周晓虹	江苏省南京市汉口路 22 号	210093	(025) 83592801 83593524	social@nju.edu.cn www.sociology.nju.edu.cn/index.net
南京工业大学公共管理学院社会工作系	卜 林	江苏省南京市新模范马路 5 号	210009	(025) 83597794	http://ggglxy.njut.edu.cn/index.asp
南京理工大学人文与社会科学学院社会学系	季芳桐	江苏省南京市孝陵卫 200 号	210094	(025) 84315237	http://rwxy.njust.edu.cn

续 表

	负责人	通讯地址	邮 编	联系电话	电子信箱、网址
南京农业大学人文学院社会学系	姚兆余	江苏省南京市卫岗1号	210095	（025）84395215 84396816	social@ njau. edu. cn http：//rw. njau. edu. cn/soc/index. asp
南京师范大学社会发展学院社会学与社会工作系	白友涛	江苏省南京市宁海路122号南京师范大学社会发展学院	210097	（025）83598437	http：//www2. njnu. edu. cn/sfy/index. htm
苏州大学社会学院社会学系	高 峰	江苏省苏州市工业园区独墅湖高等教育园	215021	（0512）65880545	http：//shxy. suda. edu. cn
苏州科技学院人文学院	唐利平	江苏省苏州市环山路21号	215009	（0512）68414958	http：//rwxy. usts. edu. cn
扬州大学社会发展学院社会工作教研室		江苏省扬州市四望亭路180号	225002	（0514）7975432	fzxy@ yzu. du. cn http：//www. yzu. edu. cn/xyweb/fzxy/index. htm
中国矿业大学社会工作专业	李全彩	江苏省徐州市解放南路	221008		http：//cllp. cumt. edu. cn/index. asp
杭州电子科技大学人文学院	方建中	浙江省杭州市下沙	310018	（0571）86919045 86919046	http：//rwxy. hdu. edu. cn
浙江大学人文学院社会学系	赖金良	浙江省杭州市天目山路148号浙江大学西溪校区行政楼二楼	310028	（0571）88273226	http：//www. ch. zju. edu. cn/index. php
浙江工商大学公共管理学院社会工作系	张敏杰	浙江省杭州市西湖区教工路149号	310035	（0571）28008332	
浙江林学院人文学院社会学系	张本效	浙江省杭州市临安东湖小区学一楼	310000	（0571）63740066	jinling@ zjfc. edu. cn
浙江师范大学法政与公共关系学院社会工作系		浙江省金华市迎宾大道688号	321004	（0579）82298642	http：//fzj. zjnu. net. cn/Index. html
浙江树人大学人文学院社会工作系	吴土良	浙江省杭州市拱墅区树人路8号	310015	（0571）88297123	
安徽大学社会学系	王邦虎	安徽省合肥市肥西路3号	230039	（0551）5106174	http：//210. 45. 208. 115/wwwuser/shx/main. asp
安徽师范大学社会学院社会学系	方 青	安徽省芜湖市花津南路安徽师范大学南校区	241003	（0553）5910598	http：//www. ahnu. edu. cn/site/social
安庆师范学院人文与社会学院社工教研室	储 庆	安徽安庆菱湖南路128号	246011	（0556）5300052	http：//210. 45. 168. 35：8080/lishixi
福建师范大学公共管理学院		福建省福州市仓山区上三路	350007	（0591）22868282	http：//glxy. fjnu. edu. cn
福州大学人文社会科学学院社会学系	许斗斗	福建省福州市福州大学旗山校区	350108	（0591）22866577	xudd125@ sina. com http：//www. cnpabo. com/renwen/index. asp

续 表

	负责人	通讯地址	邮 编	联系电话	电子信箱、网址
闽江学院社会工作系	林友华	福建省福州市大学城文贤路 1 号	350002	(0591) 3753903	
厦门大学公共事务学院社会学系	胡 荣	福建省厦门市	361005	(0592) 22188169	sociology@ xmu. edu. cnhttp：//spa. xmu. edu. cn/sh. asp
漳州师范学院历史与社会学系	邓文金	福建省漳州市县前直街 36 号	363000	(0596) 2591449	http：//www. fjzs. edu. cn/history/index. htm
中共福建省委党校社会发展研究所	刘大可	福建省福州市鼓楼区柳河路 61 号	350001	(0591) 22853120	
江西财经大学人文学院社会学系	唐 斌	江西省南昌市庐山南大道	330013	(0791) 3843212	http：//rwxy. jxufe. cn/
江西科技师范学院法学院社会学系	曾丽萍	江西南昌昌北开发区枫林大街	330013	(0791) 3805937	http：//www. ncsy. edu. cn/department/fxy
江西师范大学政治学院哲学与社会学系	胡 宜	江西省南昌市紫阳大道 99 号瑶湖校区	330022	(0791) 8120510	http：//www. jxsdzf. com/index. asp
南昌大学法学院社会学系	陈 勃	江西省南昌市红谷滩新区学府大道 999 号	330031	(0791) 3969444	http：//www. ncu. edu. cn
南昌航空大学文法学院社会工作系		江西省南昌市丰和南大道 696 号	330000	(0791) 3863625	http：//www. wolongshan. net
济南大学法学院社工系	李宗华	山东省济南市济微路 106 号	250022	(0531) 89736118	http：//sl. ujn. edu. cn/news/jgszsg. htm
青岛理工大学人文与社会科学学院社会工作系	于晶莉	山东省青岛市经济开发区长江中路 2 号	266520	(0532) 86879924	http：//rwsk. qtech. edu. cn
曲阜师范大学日照校区政治与社会发展学院农村研究中心	张晓琼	山东省日照市烟台路 029 号	276826		ynzxq@ yahoo. com. cn http：//zz. qrnu. edu. cn/
山东大学哲学社会发展学院社会工作系	高鉴国	山东省济南市山东大学东校区老校哲学与社会发展学院	250100	(0531) 88377150	http：//www. sps. sdu. edu. cn/sps60
山东大学哲学社会发展学院社会学系	林聚任	山东省济南市山东大学东校区老校哲学与社会发展学院	250100	(0531) 8567150	http：//www. sps. sdu. edu. cn/index1024. html
山东建筑大学法政学院社会工作教研室	刘 群	山东省济南市临港开发区凤鸣路	250101	(0531) 86361280	fushide133@ sohu. com http：//sites. sdjzu. edu. cn/fazhengxueyuan
山东经济学院社会发展学院	刘志扬	山东省济南市历下区二环东路 7366 号	250014	(0531) 88525246	http：//web. sdie. edu. cn/shx/index. asp
山东理工大学法学院社会学系		山东省淄博市张店区张周路 12 号 2 号楼 3 楼	255049	(0533) 2782277	http：//law. sdut. edu. cn/2006B

续 表

	负责人	通讯地址	邮 编	联系电话	电子信箱、网址
中国海洋大学法政学院	徐祥民	山东省青岛市松岭路238号	266100	(0532) 66781856 66781851	http://www2.ouc.edu.cn/fzxy/index.asp
河南财经学院哲学与社会学系	乔法容	河南省郑州市文化路80号	450000	(0371) 63519170	http://www3.hnufe.edu.cn/jxky/ml1/
郑州大学公共管理学院社会工作管理系	蒋美华	河南郑州市科学大道100号	450052	(0371) 67762213	http://gggl.zzu.edu.cn
郑州轻工业学院法政系社会工作教研室		河南省郑州市东风路5号	450002	(0371) 63556623	fzx@zzuli.edu.cn http://fzx.zzuli.edu.cn/
湖北经济学院社会科学系	苏文慧	湖北省武汉市江夏藏龙岛科技园区洋湖大道特1号	430205	(027) 81977041	shkx@hbue.edu.cn http://skx.hbue.edu.cn/structure/sy/index
湖北民族学院民族学与社会学学院	刘伦文	湖北省恩施市	445000	(0718) 8438745	hbmyshx@126.com http://public.hbmy.edu.cn/shx
华中科技大学社会学系	雷 洪	湖北省武汉市洪山区珞瑜路1037号	430074	(027) 87558016	soci@mail.hust.edu.cn http://soci.hust.edu.cn/cn/index.asp
华中农业大学文法学院社会学系	钟涨宝	湖北省武汉市南湖狮子山街一号	430070	(027) 87286890	Http://wf.hzau.edu.cn/index.asp
华中师范大学社会学系	江立华	湖北省武汉市珞瑜路152号华中师范大学三号教学楼6楼	430079	(027) 67868324 67868325	social@huazhonguniversity.edu.cn http://ccnu.com.cn/sk
江汉大学政法学院	李腊生	湖北省武汉市经济技术开发区	430056	(027) 84226925	zfxy@jhun.edu.cn http://zfxy.jhun.edu.cn
武汉大学社会科学学部社会学系	朱炳祥	湖北省武汉市珞珈山	430072	(027) 87883654	http://shxx.edu.cn
武汉理工大学政治与行政学院社会学系	成原君	湖北省武汉市珞狮路122号	430070	(027) 86551207	http://public.whut.edu.cn/rwsk
中南财经政法大学社会学研究所	谭明方	湖北省武汉市洪山区南湖南路1号	430073	(027) 87813209	tanmingfang@163.com
中南民族大学民族学与社会学学院社会学教研室	李伟梁	湖北省武汉市洪山区民院路708号中南民族大学5号教学楼1楼	430074	(027) 67843791	scuecms@yahoo.com.cn http://www.scuec.edu.cn/ms
湖南农业大学人文社会科学学院社会工作系	张云英	湖南省长沙市芙蓉区湖南农业大学第九教学楼	410128	(0731) 4617003	http://61.187.55.45/rwxy
湖南师范大学公共管理学院社会学系	陈成文	湖南省长沙市	410081	(0731) 8872683	ggglxy@hunnu.edu.cn http://ggxy.hunnu.edu.cn/index.htm

续 表

	负责人	通讯地址	邮 编	联系电话	电子信箱、网址
湘潭大学哲学与历史文化学院社会学系	陈占江	湖南省湘潭市	411105	(0732)8293591	seasky190@163. com http：//web. xtu. edu. cn：8081/zsxy/Index. html
中南大学法学院社会学系	陈立新	湖南省长沙市韶山南路22号中南大学铁道校区	410083	(0731)2655152	http：//www. csulaw. cn/index. asp
广州大学公共管理学院社会学系	陈 潮	广东省广州市城外环西路230号	510405	(020)39366786	ggnews2006@sina. com http：//ggxy. gzhu. edu. cn/index. asp
华南农业大学公共管理学院社会工作系	卓彩琴	广东省广州市天河区五山华南农业大学17号楼	510642	(020)85283291	ggglxy@scau. edu. cn http：//xy. scau. edu. cn/gongguan
华南农业大学公共管理学院社会学系	王建平	广东省广州市天河区五山华南农业大学17号楼	510642	(020)85283291	ggglxy@scau. edu. cn http：//xy. scau. edu. cn/gongguan
中山大学政治与公共事务管理学院社会学与社会工作系	王 宁	广东省广州市新港西路135号	510275	(020)84113170	http：//sociology. sysu. edu. cn/chinese/default. asp
广西大学公共管理学院社会工作系		广西壮族自治区南宁市大学路100号	530004	(0771)3235665	http：//www2. gxu. edu. cn/ggxy
广西大学公共管理学院社会学系	牟 坚	广西壮族自治区南宁市大学路100号	530004		okwmj@126. com http：//www2. gxu. edu. cn/ggxy
广西民族学院民族学与社会学学院	周建新	广西壮族自治区南宁市大学东路188号	530006	(0771)3262518	http：//msy. gxun. edu. cn
广西师范大学法学院社会学与社会工作系	李昌阳	广西壮族自治区桂林市育才路15号	541004	(0773)5829293	http：//www2. gxnu. edu. cn/law/index. asp
桂林工学院人文社会科学系社工教研室		广西壮族自治区桂林市七星区建干路12号	541004		http：//departs. glite. edu. cn/skb/index. htm
海南大学三亚学院社会发展学院	沈关宝	海南省三亚市迎宾大道	572022	(0898)88386000	http：//shefa. syxyhn. com/index. asp
重庆城市管理职业学院民政学院社会工作教研室	齐 芳	重庆市巴南区走马梁景竹三村1号	400055	(023)89025166	cqyuemy@126. com http：//www. cswu. cn/mzy/
重庆工商大学政治与社会发展学院	邓 蓉	重庆市南岸区学府大道19号	400000	(023)62769234	http：//psds. ctbu. edu. cn
重庆科技学院人文社会科学系	彭晓玲	重庆市渝中区石油路1号	400042	(023)89092022	pengxiaolingpxl@163. com http：//222. 180. 188. 198/xy/rwx

续 表

	负责人	通讯地址	邮 编	联系电话	电子信箱、网址
重庆师范学院政治与社会学院	柯佳敏	重庆市沙坪坝区天陈路12号	400047	(023)65362724	zsgy@ cqnu. edu. cn http://zsxy. cqnu. edu. cn/homepage
西南大学文学与社会发展学院	秦启文	重庆市北碚区	400715	(023)68253529	qqw@ swu. edu. cn http://whxy. swu. edu. cn/index2. jsp
西南政法大学中国社会稳定与危机管理研究中心		重庆市沙坪坝区壮志路2号	400031		http://shwd. net
成都理工大学文法学院社会学系	郭 军	四川省成都市成华区二仙桥东三路一号	610059	(028)84078977	http://www. wfxy. cdut. edu. cn
四川大学公共管理学院社会学与心理学系	陈昌文	四川省成都市望江路四川大学望江校区	610064	(028)85418790	http://ggglxy. scu. edu. cn/sub_ index/xssz_ index. htm
四川农业大学人文社科院社会工作系	赵晓霞	四川省雅安市	625014		http://rwsk. sicau. edu. cn/sw
四川省社会科学院社会学研究所	郭 红	四川省成都市一环路西一段155号	610072	(028)87017620	shehuixuesuo@ 163. com
西南交通大学人文社会科学学院应用社会学研究中心	骆 玲	四川省成都市二环路北一段111号	610031	(028)87600818	http://202. 115. 65. 97
西南民族大学社会学系	袁 阳	四川省成都市一环路南四段	610041	(028)85522045	http://www. swun. edu. cn/swun/template/shkxb/index. php
贵州大学法学院社会学系	杨军昌 刘 郁	贵州省贵阳市花溪区贵州大学北校区	550025	(0851)8292154	http://www. gzu. edu. cn/pub/lay. html
贵州民族学院社会发展学院	吴晓萍	贵州省贵阳市花溪区	550025	(0851)3610994	ssd3610994@ 126. com http://www. gznc. edu. cn/yxsz/shfzxy
昆明学院政教系社会工作专业	王 宁	云南省昆明市昆师路2号	650031		http://www. kmnc. net
云南大学公共管理学院社会学与社会工作系	钱 宁	云南省昆明市翠湖北路2号	650091	(0871)5031416	http://www. spa. ynu. edu. cn/structure/index
云南民族大学人文学院社会学民族学系	徐祖祥	云南省昆明市一二一大街134号	650031	(0871)5132511	http://www. ynni. edu. cn/rwenxy/zhuye. htm
陕西师范大学政治经济学院社会学系		陕西省西安市长安南路199号	710062	(029)85310050	zzjjxy@ snnu. edu. cn http://pelp. snnu. edu. cn

续 表

	负责人	通讯地址	邮 编	联系电话	电子信箱、网址
西安交通大学人文学院社会学系	赵文龙	陕西省西安市威宁西路28号	710049	(029) 82664438	wlzhao@ mail. xjtu. edu. cn http：//www. xjtu. edu. cn/yxsz
西北农林科技大学人文学院	张 红	陕西杨凌邰城路22号 西北农林科技大学北校区	712100	(029) 87092324	http：//www. nwsuaf. edu. cn
西北政法大学哲学与社会发展学院	张志周	陕西省西安市长安南路300号	710063		http：//zhexue. nwupl. cn/index. asp
兰州大学哲学社会学院社会学系	陈文江	甘肃省兰州市天水南路222号	730000		http：//zheshexi. lzu. edu. cn
兰州理工大学人文学院	叶 进	甘肃省兰州市七里河区兰工坪路287号	730050	(0931) 2976027	http：//yuanxi. lut. cn/sk
西北民族大学社会人类学·民俗学学院		甘肃省兰州市西北新村1号	730030	(0931) 2938192	hsms@ 21cn. com http：//dwzy. xbmu. edu. cn/shxx
西北师范大学政法学院社会学系	李 怀	甘肃省兰州市	730070	(0931) 7971312 7971218	zfxy@ nwnu. edu. cn
青海师范大学人文学院社会学系	梅 岩	青海省西宁市五四南路36号	810008		http：//www. qhnu. edu. cn/depart/qhnurwxy/j_sh. htm/
新疆大学政管学院社会学系	吴 琼	新疆乌鲁木齐市胜利路14号	830046	(0991) 8588177	
新疆师范大学人文学院文化人类学研究所	地木拉提·奥迈尔	新疆乌鲁木齐市新医路19号	830054	(0991) 4332067	http：//www1. wjnu. edu. cn/fjxy
香港城市大学应用社会科学系		香港九龙达之路		(00852) 27888991 27888996	ssgo@ cityu. edu. hk
香港大学社会学系	柯群英	香港薄扶林道		(00852) 28592299 28592052	www. hku. hk/sociodept socidept@ hkucc. hku. hk
香港浸会大学社会工作系	黄昌荣	香港九龙九龙塘联福道34号低座校舍第一座一楼		(00852) 34117105 34117151	sowk@ hkbu. edu. hk http：//www. hkbu. edu. hk/sowk
香港浸会大学社会学系		香港九龙九龙塘联福道34号低座校舍第一座一楼		(00852) 34117131	soc@ hkbu. edu. hk
香港科技大学社会科学部	宝克(Erik Baark)	香港九龙清水湾		(00852) 23587787	http：//www. ust. hk/websosc
香港理工大学应用社会科学系	阮曾媛琪	香港九龙红磡		(00852) 27665773	ssdept@ inet. polyu. edu. hk

续 表

	负责人	通讯地址	邮 编	联系电话	电子信箱、网址
香港岭南大学社会学系及社会政策系		香港屯门		(00852) 26167192 26167163	http://www.LN.edu.hk/socsp socsp@LN.edu.hk
香港树仁大学社会工作系	陈秀娴	香港北角宝马山慧翠道10号		(00852) 25707110	http://www.hksyu.edu/sw
香港中文大学社会学系	李沛良	香港新界沙田		(00852) 26096604	http://www.cuhk.edu.hk/socsociology@cuhk.edu.hk
澳门大学社会学系	郝志东	澳门凼仔徐日升寅公马路		(00853) 3974202	http://www.umac.mo/fsh/soc
澳门高等校际学院社工学院				(00853) 7964400	http://www.iium.edu.mo
台湾大学建筑与城乡研究所	夏铸九	台湾台北市大安区罗斯福路四段一号		(00886-2) 33665855	http://www.bp.ntu.edu.tw
台湾大学社会工作系	王丽容	台湾台北市大安区罗斯福路四段一号		(00886-2) 33661242、3	ntusw@ntu.edu.tw
台湾大学社会学系	曾嬿芬	台湾台北市大安区罗斯福路四段一号		(00886-2) 33661216 33661222	http://social.ntu.edu.tw social@ntu.edu.tw
台湾东海大学社会学系	黄金麟	台湾台中市中港路三段181号		(00886-4) 23590121-2975、6、7、8、9	http://soc.thu.edu.tw
台湾东吴大学社会学系	张家铭	台湾台北市士林区临溪路70号		(00886-2) 28819471-6294、6302	http://www.scu.edu.tw/society society@scu.edu.tw
台湾佛光大学社会学系	林大森	台湾宜兰县礁溪乡林美材林尾路160号		(00886-3) 9871000-23401	http://www.fgu.edu.tw/social
台湾辅仁大学社会工作系	张振成	台湾台北县新庄市中正路510号		(00886-2) 29052610 29052988	sw@mails.fju.edu.tw http://www.socialwork.fju.edu.tw
台湾辅仁大学社会学系暨研究所		台湾台北县新庄市中正路510号		(00886-2) 29052641	http://www.soci.fju.edu.tw D63@mails.fju.edu.tw
台湾高雄医学大学医学社会学系暨社会工作学系	陈武宗	台湾高雄市三民区十全一路100号		(00886-7) 3121101-2195	http://ms.kmu.edu.tw ms@kmu.edu.tw
台湾南华大学应用社会学系暨社会学研究所	翟本瑞	台湾嘉义县大林镇中坑里中坑32号		(00886-5) 2721001-2391	http://society.nhu.edu.tw society@mail.nhu.edu.tw

续 表

	负责人	通讯地址	邮 编	联系电话	电子信箱、网址
台湾清华大学人文社会学系	蔡英俊	台湾新竹市光复路二段101号		(00886－3) 5742793 5715131－34592	http：//www. dhss. nthu. edu. tw dhss@ my. nthu. edu. tw
台湾世新大学社会发展研究所		台湾台北市木栅路一段17巷1号		(00886－2) 22368225－3512	http：//cc. shu. edu. tw/e62 e62@ cc. shu. edu. tw
台湾世新大学社会心理学系	孔祥明	台湾台北市木栅路一段17巷1号		(00886－2) 22368225－3532	socpsy@ cc. shu. edu. tw
台湾台北大学社会学系	沈幼荪	台湾台北市民生东路三段67号		(00886－2) 25009081	http：//www. ntpu. edu. tw soc@ mail. ntpu. edu. tw
台湾元智大学社会学系	谢登旺	台湾桃园县中坜市内坜远东路135号		(00886－3) 4638800－161、162	http：//www. yzu. edu. tw/yzit/sc scdept@ saturn. yzu. edu. tw
台湾元智大学咨讯社会学研究所	曾淑芬	台湾桃园县中坜市内坜远东路135号		(00886－3) 4638800－2306	ifchyi@ saturn. yzu. edu. tw http：//weber. infosoc. yzu. edu. tw
台湾政治大学社会学系	关秉寅	台湾台北市116文山区指南路二段64号		(00886－2) 29387060	http：//sociology. nccu. edu. tw
台湾中正大学劳工关系暨劳工研究所	黄良志	台湾嘉义县民雄乡大学路168号社会科学一馆		(00886－5) 2720411－22301	labor@ ccu. edu. tw http：//www. ccu. edu. tw/labor

全国社会学会机构目录

序号	单位名称	负责人	通讯地址	邮编	联系电话	传真	电子信箱、网址
1	中国社会学会	郑杭生	中国人民大学社会学系	100872	(010)62511169		zhenghs@ ruc. edu. cn
2	北京市社会学会	郑杭生	中国人民大学社会学系	100872	(010)62511169		zhenghs@ ruc. edu. cn
3	天津市社会学会	侯钧生	天津市卫津路94号南开大学社会学系	300071	(022)23502350	(022)23500327	
4	河北省社会学与社会发展研究会	孙世芳	河北省石家庄市裕华西路423号河北省社科院社会学所	050051	(0311)83080335	(0311)83080334	
5	山西省社会学会	秦谱德	山西省太原市并州南路116号山西省社科院社会学所	030006	(0351)6118618		
6	辽宁省社会学会	李光天	沈阳市皇姑区泰山路86号	110031	(024)86120497(刘晓男)	(024)86806029	lasscxf@ 163. com
7	吉林省社会学会	邴　正	吉林省长春市自由大路5399号吉林省社科院	130033	(0431)4638325		bingzheng@ 163. com
8	黑龙江省社会学会	范洪才	哈尔滨市道里区友谊路501号	150018	(0451)86497888		
9	上海市社会学会	邓伟志	上海上大路99号上海大学文学院社会学系	200444	(021)66134268	(021)66134142	
10	江苏省社会学会	宋林飞	南京虎踞北路12号	210013	(025)83391464	(025)83312385	
11	浙江省社会学会	谷迎春	浙江省杭州市省府路2号楼浙江省社科院社会学所	310025	(0571)87053155(钟其)	(0571)87053223	zqaq001@ 163. com

续 表

序号	单位名称	负责人	通讯地址	邮编	联系电话	传真	电子信箱、网址
12	安徽省社会学会	黄家海	安徽省合肥市安徽省委党校	210053	(0551)2676621 13905514251 (王开玉)	(0551) 3438358	wky11111@sina. com
13	福建省社会学会	胡 荣	厦门市厦门大学公共事务学院社会学系	361005	(059) 22188169		hurong@ xmu. edu. cn
14	江西省社会学会	王明美	南昌市洪都北大道 649 号江西省社科院内	330077	13970835106		wwmmmm123@sina. com
15	山东省社会学会	周日光	济南市舜公路 56 号	250002	(0531) 82704585	(0531) 82973044	sdsociology@126. com
16	河南省社会学会	葛纪谦	郑州市金水区丰产路 21 号 河南省社科院社会学所	450052	(0371)63611202 63948045	(0371) 63933398	niusulin@sina. com
17	湖北省社会学会	刘中荣	华中师范大学社会学系(挂靠)	430079	(027) 67868324		
18	武汉市社会学会	刘崇顺	武汉市汉口发展大道 3081 号武汉市社会科学院	430019	(027)86268047 62288102		
19	湖南省社会学会	文选德	长沙市德雅村湖南省社科院社会学法学研究所	410003	(0731)4414919 (杨天斌秘书长)	(0731) 4307941	ytb925@ yahoo. com. cn
20	广东省社会学会	范 英	广州市黄华路 4 号之二 广东省社会科学联合会	510050	(020)83830214 13902241990		fhyaaaa@ 163. com
21	广西社会学会	邓壬富(常务副会长)	广西南宁市新竹路 5 号 广西社会科学院	530022	(0771) 5879762		
22	四川省社会学会	陈昌文	成都望江路 29 号 四川大学望江校区公共管理学院大楼社会学系	610064	(028) 85418790	(028) 85417066	
23	重庆市社会学会	俞 萍	重庆市江北区观音桥洋河 1 村 14 号 2－1	400020	(023) 67863979		yp67863979@vip. sina. com
24	贵州省社会学会	史昭乐	贵州省贵阳市梭石巷 19 号	550002	(0851) 5931565	(0851) 5931565	
25	云南省社会学会	何耀华	云南省昆明市环城西路 577 号	650032	(0871)5112105 13033368369		
26	甘肃省社会学会	刘 敏	甘肃省兰州市安宁区健康路 143 号	730070	(0931)7761127 (张彦珍)7761111 (H)	(0931) 7768029	

北京工业大学人文社会科学学院

北京工业大学人文社会科学学院成立于2000年3月，由原北京工业大学社科部、文学艺术研究所和心理咨询中心等单位合并而成，现设马克思主义理论学科部、社会工作系、广告学系、中国语言文化系、艺术教研室、心理学教研室等6个教学单位，设社会学研究所、社会政策研究与评估中心、人力资源研究中心、科学技术与社会研究所、国内外科技政策追踪分析与研究中心、文化创意产业研究所、现代广告研究中心等7个科研机构，拥有社会学、科学技术哲学和马克思主义中国化3个硕士点。截至2007年6月，学院在岗教职工82人，其中专任教师和科研人员71人，行政、教辅人员11人；教师中有教授10人、副教授26人，其中博士生导师1人、硕士生导师22人。

• 北京工业大学人文社会科学学院院长陆学艺等与俄罗斯友谊大学学者合影

北京工业大学人文社会科学学院在建院之初即聘请著名社会学家、中国社会科学院荣誉学部委员、中国社会学会名誉会长、中国社会科学院社会学研究所原所长陆学艺教授出任院长。作为学科带头人，陆学艺教授推动了北京工业大学社会学学科从无到有的建设。2000年筹办社会工作本科专业，2002年开始招收本科生，2006年第一届学生毕业；2003年成立北京经济社会发展研究院人力资源研究中心。随着一批高中级社会学专业人才的引进，人文社会科学学院社会学师资力量不断加强，北京工业大学社会学研究所遂于2005年成立，同年申报社会学硕士点并获批准，实现了北京工业大学法学门类研究生学科点零的突破，并于2007年首次招收社会学专业硕士研究生9名。此外，陆学艺教授自2003年开始在北京工业大学“管理科学与工程”博士点上招收和培养“社会发展与社会管理”方向的博士研究生，现有在校博士生5人，已毕业博士生1人。目前，北京工业大学人文社会科学学院社会学学科部正积极努力去申报和建设新学科点，力争将社会学专业的人才培养和学科建设再推向一个新的高度。

北京工业大学人文社会科学学院社会学学科以社会学研究所和社会工作系为核心，结合了科学技术与社会研究所、社会政策研究与评估中心、人力资源研究中心等机构的力量，拥有一个社会学专业硕士点（内设发展社会学、城市社会学及社会工作与社会政策三个研究方向）和一个社会工作本科专业，通过课题研究和组织培训选拔和培养人才，形成了一支由20多人组成的，结构合理、团结协作的高素质教学科研团队，其中教授6人，副教授7人，近60%的专任教师拥有博士学位。

目前，社会学作为“具有潜在优势和特色”的学科已被正式纳入北京工业大学“十一五”期间“211工程”规划重点建设的学科行列，同时也被确定为“十一五”期间人文社科学院重点

• 北京工业大学人文社会科学学院教师与社会工作系学生

建设的龙头学科。

社会学学科的科研以社会学研究所为依托进行，在社会学理论、社会结构、城乡关系、科学社会学、家庭社会学、社会政策和社会工作等领域的研究中具有较强的实力。近年来，社会学学科教师共承担科研项目22项，其中国家级项目3项，科研经费230多万元；共出版专著10部，发表论文40余篇，许多成果在学术界和全社会都产生了重要的影响。特别是由陆学艺教授主编、本学科教师为主要成员撰写的中国可持续发展的大型学术论著和文化工程——《中国可持续发展总纲(国家卷)》中的第15卷——《中国社会进步与可持续发展》2007年初正式出版，在国内外引起了较大的反响；以同样方式形成的另一部重要专著《晋江模式新发展——中国县域现代化道路探索》也于2007年出版，正在实施的还有另外一项重大课题“北京社会发展60年”，这些已出和待出的成果可以为政府的管理决策，特别是为和谐首都建设和城市科学治理提供有价值的经验资料和决策建议。

社会学学科的教学以社会工作系为依托进行，2002年开始招生，现有在校本科生200多人。社会工作以社会学、心理学为主要学科基础，运用社会工作专业理论、方法与技巧，向学生系统传授相关的知识并培养相关的技能，以使他们能够识别作为弱势群体的个人与家庭、团体及社区发展的需要，能在社会政策、社会服务与管理以及实务方面自助开展工作，能协助个人、家庭及社区发展潜能以解决困扰他们发展的问题。北京工业大学人文社会科学学院社会工作专业高度重视学生实践能力的培养，从建专业开始，社会工作系就建立了社会工作基础实验室，此外还开辟了金鱼池社区等校外社会实践基地数十个，形成了具有自身特色的社会工作专业教学和实践模式。

在认真进行人才培养并积极推进学科建设的常规工作的同时，北京工业大学人文社会科学学院社会学学科部还积极开展国内外的学术交流活动，特别在对外合作与交流方面取得了积极的成果，建立了与法国国家科学研究中心劳动社会学研究所和经济社会学研究所、美国夏威夷大学社会工作学院、加拿大麦狄逊海特学院、日本一桥大学、俄罗斯人民友谊大学人文社会科学学院等机构的合作关系，并在合作研究、师资培训等方面开展了实质性的合作。

北京工业大学人文社会科学学院社会学学科部是中国社会学界的一支新军，全体教研人员愿意加强与学界同仁的交流与合作，共同推动中国社会学快速、健康地向前发展。

通讯地址：北京市朝阳区平乐园100号
邮政编码：100022
电　　话：(010) 67391781、67396398
传　　真：(010) 67391781、67396398
电子信箱：rw.bjut@yahoo.com
网　　址：http://www.bjut.edu.cn/college/rwskxy

中央财经大学社会发展学院社会学系

中央财经大学社会学系正式成立于2003年，现为社会发展学院下设的三个专业系之一（还有心理学系和国际政治系）。四年来，在我们自身的全力拼搏、积极努力之下，在学界同仁的大力帮助之下，我们的学科发展、师资队伍建设和学生培养等各方面都取得了可喜的进步。

社会学系现有社会学一个本科专业，从2003年开始招生，已有五届本科生，目前在校本科生86名；现有社会经济学（2005年开始招生）和社会学（2007年开始招生）两个硕士点，已有三届研究生，目前在校研究生32名。目前我们正在积极地为申报人口学专业的硕士点和社会学专业的博士点而努力。

社会学专业是校级重点建设学科，围绕着社会学理论及其应用、经济社会学、人口社会学、社会政策和社会心理学等方向开展了大量研究。近四年来，共出版专著9部，教材3部，在《社会学研究》、《人口研究》等刊物上发表了学术论文80多篇。目前共承担国家级和省部级课题7项，横向课题10项，校级课题12项。

社会学系拥有一支专业扎实、结构合理、蓬勃向上的师资队伍，现共有专任教师11人，其中教授2人，副教授4人，讲师5人，全部具有博士学位。我们正在通过引进高层次人才和现有教师出国进修等方式进一步提升师资队伍的实力和水平。

作为新建不久的专业，社会学系高度重视学生的培养质量，探索了以课堂教学为主，以本科生导师制、读书会和社会实践为辅的本科生综合培养模式，经过四年多的实践，成效十分显著。

社会学系十分注重学术交流，设有双周学术沙龙活动，还不定期地邀请国内外著名专家学者来我校举办学术讲座，这些活动有力地推动了我系学术研究的开展。

中央财经大学社会学系的全体教师愿意与学界同仁开展更广泛的交流，并期待得到学界同仁更多的指导和支持。

黑龙江省社会科学院社会学研究所

该所初创于1980年，经过近30年发展逐渐形成以社会学为省级重点学科，以应用社会学、农村社会学、发展社会学为特色的社会学研究机构和研究生教学机构。现任副所长(主持工作)王爱丽，所长助理鲁锐；学科带头人王爱丽，后备带头人王欣剑(俄罗斯圣彼得堡国立技术大学社会管理硕士)；硕士生导师为王爱丽、董鸿扬、赵瑞政、鲁锐、王欣剑。所下设四个室：理论研究室、应用研究室、社会问题研究中心办公室、资料室。目前全所共14人，其中研究员4人，副研究员4人，助理研究员2人，实习研究员4人。

王爱丽研究员，辽宁大学经济学硕士、香港理工大学社会工作硕士，享受省政府特殊津贴。主要研究领域为家庭社会学、发展社会学。担任中国社会学会理事、中国生活方式专业委员会秘书长等职。曾在美国芝加哥大学、香港中文大学做访问学者。近年主持或参与主持了国际、国家级、省级课题15项，获省社科优秀成果青年一等奖1项，青年二等奖2项，中国社会学学会优秀论文一等奖1项。

• 所负责人王爱丽

董鸿扬研究员，毕业于北京大学哲学系，享受国务院特殊津贴，以东北地域文化、生活方式、社区发展研究而著名。

赵瑞政研究员，哲学硕士，享受省政府特殊津贴，在农村社会学、社会保障领域著述颇丰。

鲁锐研究员、王欣剑副研究员分别以消费社会学和社会保障、社会学理论研究见长。

• 董鸿扬、赵瑞政指导年轻人

通讯地址：黑龙江省哈尔滨市道里区友谊路501号　邮政编码：150018
电　　话：(0451) 86497726、86497510　(0451) 86497512(所长)
电子信箱：shxs9708@sina.com, xueeraiwo@hotmail.com(所长)

哈尔滨工业大学社会学系

哈尔滨工业大学社会学系独立建系于 2006 年 2 月，其前身是 1998 年成立的哲学社会学系，以及 1995 年成立的社会学教研室。社会学系现有教师 11 人（一人为双聘教师），其中教授 5 人，副教授 2 人，讲师 5 人；系主任唐魁玉教授，副主任白淑英副教授、徐占忱博士。社会学专业实验室负责人为尹海洁教授。系内设有社会学本科专业（1999 年开始招生，2005 年被评为黑龙江省重点专业）和一级学科硕士点（2005 年获得授予权，可覆盖社会学、人口学 4 个二级学科），并设有社会工程与管理学科博士点（何明升教授为学科点负责人），博士生导师 3 人［何明升教授、王雅林教授和高柏教授（美国杜克大学社会学系高柏教授为兼职教授）］，社会学专业硕士生导师 7 人（何明升教授、王雅林教授、唐魁玉教授、刘耳教授、尹海洁教授、白淑英副教授和徐占忱副教授）。现有教师已有 5 人获得博士学位，其他中青年教师均为国内名校的在职博士候选人。

• 何明升教授

社会学系现招收的本科生系社会学/英语双学位生。通过5年的系统学习，毕业生将成为既具有扎实的英语基本功，又掌握社会学知识和技能的复合型人才，可获得英语与社会学两个学士学位。该专业开设社会学概论、社会心理学、国外社会学理论、中国社会思想史、社会调查方法、社会统计学、经济社会学、社区概论、社会工作概论、发展社

• 王雅林教授

会学等主干课程，并注重计算机、高等数学等反映理工科大学特色的知识技能的培养训练。本系现有本科生110余人，自1996年以来，招收社会学专业研究生（含经济社会学和法社会学方向）121人，其中在读硕士研究生36人，已获得硕士学位85人（截止到2007年7月）。本系教师王雅林教授和何明升教授自2000年起已招收博士研究生40余人，获得博士学位20余人。

本系目前的主要研究方向为：①网络社会学与互联网社会工程学研究；②人类生活方式研究；③发展社会学及非物质型经济社会研究；④社会学研究方法。近10年来，承担的国家社会科学基金、美国福特基金、省社会科学基金课题主要有“信息化对我国社会生活的影响及社会良性运行研究”、“中国大城市居民闲暇生活质量及社会问题研究”、“因特网对我国网民生活方式的影响及社会控制研究”、“网络互动：一般理论与实证研究”、“科学发展观的学理基础与东北区域应用研究”等10余项；出版的主要学术专著、教材、译著有《延伸地带》、《城市休闲》、《网络消费：理论模型与行为分析》、《中外城市闲暇生活方式比较》、《叩开网络化生存之门》、《社会统计软件SPSS》、《女性的休闲》、《日本经济的悖论》等10余部；科研成果获奖16项，其中省级一等奖4项、二等奖5项，三等奖6项；在《中国社会科学》、《社会学研究》、《哲学研究》、《管理工程学报》、《情报学报》、《自然辩证法研究》、《中国软科学》、《学习与探索》等国内外重要期刊上发表学术论文200余篇，被《新华文摘》（5次）、《中国社会科学文摘》（3次）等全文转载20余次。

我系与美国匹林斯顿大学、杜克大学、斯坦福大学、拉玛大学，德国科隆大学，日本大阪大学，韩国汉阳大学，澳大利亚纽卡索大学，加拿大多伦多大学、滑铁卢大学和新西兰奥克兰理工大学等进行了多次学术交流。

通讯地址：哈尔滨工业大学社会学系237信箱
邮政编码：150001
电　　话：（0451）86416989　　传　　真：（0451）86416920

华东政法大学社会学系

华东政法大学为了适应现代法治社会发展对懂得法律的社会学高级专门人才的需要，于2003年5月正式成立社会学系，并于2003年9月面向上海和华东其他地区招收了首批社会学专业的本科生。社会学系是该校直属于校部领导的独立的系，现共拥有教学行政人员和辅导员4名，专职教员12名，其中教授1名、副教授5名、讲师6名，拥有博士学位的8名。社会学系绝大部分教师毕业于复旦大学、南京大学、南开大学、华东师大、中国社会科学院、中山大学和上海大学等国内著名大学。其中系主任李建勇教授获得华东师大理学博士和社会学硕士学位、加拿大不列颠哥伦比亚（UBC）大学法硕士学位，并曾经在美国耶鲁大学法学院及社会学系（1993～1995）和UBC大学法学院（1996～1998）作过常年访问学者和副研究员；系副主任易益典副教授毕业于南开大学社会学系；现任支部书记唐和平老师毕业于复旦大学哲学系。除此之外，该系教师与美国、加拿大、英国、法国、日本、新加坡、澳大利亚和香港等国家和地区的著名高校的社会学和法学学科的同仁有着广泛的学术联系和交流，目前，该系已经与国外著名高校社会学系建立了跨校的系际合作关系。本系现设有社会学和社会工作两个本科专业，每年招生100人。第一届社会学专业本科毕业生就业去向很好，主要有国家机关、专业社会统计分析机构、外企人力资源部、市场研究公司、非政府组织等，另有部分毕业生考上校内外法学和社会学专业研究生。第一次就业率（至毕业当年7月初）高达93%。社会学系拥有两个研究所：法社会学研究所（所长李建勇教授）和社会调查研究所（所长李俊副教授），两个研究所近几年承担和完成了大量的研究课题。研究人员在过去的三年里取得了显著的科研成果，发表学术论文累计逾百篇，主编司法部和上海电大等7本统编教材，承担或参加完成的上海市和跨市课题9个，主持完成国际合作课题1个，现正在主持上海市教委课题1个、国家课题1个。学校重点课程建设4门。

• 社会学系李建勇主任于2006年6月在英国牛津大学法学院演讲时与牛津大学论坛主持人丹尼斯教授合影

南京大学社会学系

南京大学的前身是国立中央大学和金陵大学。早在1928年中央大学就成立了社会学系，后由曾任国民政府教育部高教司司长的孙本文教授担任系主任，成为当时中国最早的社会学教学研究机构之一；1930年金陵大学也成立了社会学系，由著名社会学家柯象峰教授任系主任。1986年，南京大学设立社会学硕士点，成为国内第一批恢复社会学的综合性大学之一。1988年10月，南京大学成立社会学系，设立社会学专业；1996年继北大和中国人民大学之后成为国内高等学校中第三个拥有社会学博士学位授予权的单位；2003年8月，南京大学社会学系获准建立社会学博士后流动站；2007年8月，南京大学社会学科被教育部列为“国家重点学科”。2008年南京大学社会学系将迎来中央大学社会学系建系80周年和南京大学社会学系复建20周年的重要历史时刻。

重建以后的南京大学社会学系在近 20 年的时间里在社会学研究方面取得了比较突出的业绩，出版了大量的学术著作，在《中国社会科学》、《社会学研究》、《历史研究》等国家一级专业刊物和诸种英文 SSCI 刊物上发表学术论文数十篇，其他 CSSCI 论文数百篇；并于 2001 年秋出版连续性出版物《社会理论丛刊》，2005 年春出版另一连续性出版物《中国研究》。

南京大学社会学系现设有社会学、社会工作和应用心理学三个本科专业；社会学、人类学、人口学、基础心理学和应用心理学五个硕士点；社会学专业博士点，以及社会学博士后流动站。在社会学专业方面形成了从本科到博士后的完整的国民高等教育体系。

社会学系下设社会学教研室、社会工作与社会政策教研室、人类学教研室和心理学教研室。另设有南京大学人文社会科学重点研究基地“中国社会与文化研究中心”，以及南京大学城市科学研究中心、南京大学社会心理学研究所、南京大学社会文化人类学研究所、南京大学社会政策研究所和南京大学国际市场调查所等研究机构。这些科研和教学机构近年来承担国家社会科学重大招标项目和教育部重大攻关项目4项，国家社会科学基金项目、教育部社会科学基金项目、学校及海外科研项目数十项，在社会学及相关领域产生了较大的影响。

• 学术研讨会是南京大学社会学系的常规节目之一，图为2007年5月南京大学社会学系与中国社会科学院外事局、社会科学文献出版社、日本爱知大学和国际大学联盟共同举办的第二届“中国社会与中国研究”国际学术研讨会开幕式。本次研讨会有来自11个国家和地区的70余位学者参加。

• 每年6～7月，南京大学社会学系都会邀请国内外著名社会学家和人类学家举办各类暑期班。图为2007年暑假，学生们参加新加坡国立大学社会学系教授布莱恩·特纳和日本名古屋大学社会学系西原和久教授在南京大学联袂开设的“西方社会学理论的新进展”课程。

• 已经连续举办了近90期的“社会学研讨会”一直就是南京大学校园内的一道亮丽的风景线，图为英国伦敦经济学院人类学教授Charies Stafford（石瑞）在做“人类学与中国研究”的学术讲演。

• 最吸引学生的还有社会学系举办的“社会学人类学影视沙龙”，每次一部精彩的电影，加上特邀嘉宾的精彩点评，常常会使学生们在电影散场之后仍然流连忘返。

安徽省社会学学会

• 安徽省社会学学会会长黄家海

安徽省社会学学会成立于1983年，是全国成立较早的一个省级社会学会。2005年6月召开第三届理事大会，省领导张平、张春生、田唯谦、赵培根为名誉会长，程必定、王佛生、杨秀起为顾问，会长黄家海，副会长刘奇、刘惠、王开玉、钟玉海、朱士群、方青、马建、王东生，秘书长蔡宪，共有常务理事31人，理事92人。

学会自成立以来，在各个不同历史时期，先后开展了大量的学术研究活动。如：社会主义初级阶段的社会问题研究、中部省会城市合肥社会阶层结构研究、扩大中等收入者比重研究、社会转型中的农村社会风险研究、构建农村社会保障的条件和机制研究、建设学习型组织中国化条件研究等。多次承担或参与国家和省级重点课题，受到省内外社会学界的关注。党的十六大以来，学会先后开展了构建和谐社会、新农村建设的社会学研究，中国农民工子女问题研究，企业社会责任、安徽山区经济等课题的学术研究。2005 年 10 月，承办了中国社会学会 2005 年学术年会暨第六届理事大会。2006 年参与了国家社科规划重点课题“全国百村经济社会——霍山县落儿岭村调查”。先后出版《中国中部地区省会城市社会结构——合肥市社会阶层调查》、《社会问题探索》、《社会学家谈和谐社会》、《社会学视角下的和谐社会》、《中国中等收入者研究》等学术专著。是安徽省省属学会中很有影响的学会之一。

学会下设三个专业委员会，即城市工作社会学专业委员会、旅游社会学专业委员会、农村社会学专业委员会。会刊《安徽社会学》，学会网站：www.ahshxh.net。

安徽省社会学学会城市专业委员会

• 安徽省社会学学会副会长王开玉

安徽省社会学学会城市专业委员会是安徽省社会学学会下属的二级学术团体，设在安徽省经济发展最为活跃的沿江城——芜湖市。专业委员会由对城市社会学有一定研究的专家、学者和城市工作者，以及对城市社会学关心和支持的社会各界人士组成。专业委员会的宗旨和活动形式是：以服务社会为己任，坚持“二为”方向，贯彻“双百”方针，运用社会学的理论和方法，以现代化城市工作为中心，研究和探索城市发展与经济、政治、文化、社会建设的关系。通过社会实践调查、理论研讨、举办报告会、学术专题讲座、承担课题、出版学术专著、发表论文、提供政府决策咨询和社会服务等形式开展工作，为推进我省城市建设和发展提供理论支持和政策决策咨询。

城市专业委员会自 2007 年 5 月成立以来，积极开展学术报告会、专题研讨和社会调研等多方面的活动，所承担的省级调研课题《城郊结合部农村妇女文化生活状况调查》、《芜湖市非公有制企业党建状况调查与分析》已顺利结项。目前专业委员会结合芜湖市委、市政府“坚持科学发展，打造五大优势”（产业发展优势、城乡一体化发展优势、制度优势、社会环境优势和先进文化优势）大讨论活动，深入实际调查研究，发挥学术活动和理论研究在推动城市科学发展、构建和谐社会中的思想库和智囊团作用。

通讯地址：安徽省合肥市卫港安徽省社会科学院11楼安徽省社会结构研究中心
邮政编码：230053
联 系 人：王开玉
电　　话：(0551)3438396
电子信箱：wky11111@sina.com

中国海洋大学法政学院社会学研究所

中国海洋大学法政学院社会学研究所现有专兼职研究人员 15 人，其中专职研究人员 7 人，兼职研究人员 8 人；专兼职研究人员中有教授 11 人、副教授 4 人，具有博士学位的有 14 人。研究所具有社会学硕士学位授予权，其主要研究方向为海洋社会学、环境社会学、农村社会学、社会政策等。

中国海洋大学是一所以海洋、水产学科为显著特色的、国家“211”工程和“985”工程重点建设的教育部直属重点综合性大学，学校提出的“强化发展特色，协调发展综合；以特色带动综合，以综合强化特色”的学科发展思路，为全校的人文社会科学的发展指明了方向。因此，中国海洋大学的社会学学科在发展之初就明确了自己的海洋特色，第一个提出了“海洋社会学”这一研究领域和发展思路。经过几年努力，中国海洋大学的社会学学科在“海洋社会学”研究方面已经取得了一些成就。第一，有了自己的学术平台。中国海洋大学的社会学学科以“海洋社会学”为特色先后参加了教育部人文社会科学重点研究基地——中国海洋大学海洋发展研究院和国家“985”哲学社会科学创新基地——“海洋发展研究”的申报和建设工作，“海洋社会学”不仅为上述两个“基地”的申报和建设做出了自己的贡献，而且拥有了自己的学术平台，我们相信充分利用两个“基地”提供的学术资源，“海洋社会学”的发展空间将是非常广阔的。另外，2006 年社会学硕士学位授予权的获得也为中国海洋大学社会学学科的发展奠定了一个良好的基础，该硕士点是国内第一个也是至今唯一一个招收海洋社会学研究方向的硕士点。第二，承担了一些重要科研项目。如徐祥民教授承担的教育部哲学社会科学重大攻关项目“中国海洋发展战略研究”、庞玉珍教授承担的教育部课题“海洋社会学的理论建构与实证研究”和山东省社科规划项目“海洋开发与社会变迁——青岛市社会流动调查”，以及崔凤教授承担的教育部人文社会科学重点研究基地重大项目“海洋发展对沿海社会变迁的影响研究”等，都为“海洋社会学”的学科发展奠定了良好基础。第三，发表了一些有关“海洋社会学”的学术论文和出版了国内第一部海洋社会学著作。如庞玉珍教授发表的《海洋社会学：海洋问题的社会学阐释》一文是国内第一篇有关“海洋社会学”的论文，其后崔凤教授发表的《海洋社会学：社会学应用研究的一项新探索》对海洋社会学和海洋社会的基本含义做了进一步的明确，并对海洋社会学的研究内容进行了探讨，由崔凤教授主编的《海洋与社会——海洋社会学初探》为国内第一部海洋社会学著作。目前，研究所开展的有关海洋社会学研究的主要内容包括海洋观调查与研究、海洋区域社会发展研究、海洋社会群体与社会组织研究、海洋环境问题研究、“渔业、渔村、渔民”问题研究、海洋文化研究、海洋政策研究等。

近五年来，研究所研究人员共主持省部级以上科研项目 20 多项，出版学术著作近 30 部，主要集中在海洋社会学、环境社会学、农村社会学和社会政策方面。

通讯地址：山东省青岛市崂山区松岭路238号
邮政编码：266100
联 系 人：崔凤、同春芬、王书明
电　　话：(0532)66781255、66781250
电子信箱：cuifeng@ouc.edu.cn、tongchunfen@126.com、shumw@sohu.com

河南师范大学青少年问题研究中心

河南师范大学青少年问题研究中心（以下简称“中心”）于 2003 年 3 月成立，2005 年被批准为河南省高等学校人文社科重点研究基地，是河南省惟一的青少年问题专门研究机构。

“中心”在主任高中建教授、副主任罗建平教授的带领下，专注于青少年问题的研究，展现出勃勃生机。目前共设有四个研究室：青少年理论问题研究室、青少年社会问题研究室、青少年教育问题研究室、青少年发展问题研究室。“中心”现有 3 个硕士授权点，目前已毕业硕士研究生 23 人，在读 50 人。

“中心”汇集了校内外教育学、伦理学、心理学、法学、社会学、政治学等相关学科的专家、学者，现有专兼职研究人员 30 人，教授 12 人，副教授 11 人；其中包括陆士桢、风笑天、张耀灿、郑永廷等知名专家。研究人员中，博士生导师 5 人，有博士学位的 8 人，在读博士 7 人。学术队伍结构合理、素质较高。

“中心”自成立以来，在科研方面取得了一定的成绩，出版著作 8 部，发表学术论文近 300 篇，其中核心刊物 152 篇。承担课题 150 余项，其中国家级课题 2 项，省部级课题 23 项，厅局级课题 100 多项，累计科研经费达 60 余万元。科研成果获各种奖励 55 项，其中省级社会科学优秀成果奖 12 项，省级实用社会科学优秀成果奖 10 项，省教学科研优秀成果奖 8 项，各类厅局级奖 25 项，许多研究成果在实际应用中效益显著。

此外，“中心”围绕着青少年健康成长的现实性问题，开展了一系列的学术交流活动。曾先后邀请王顺生、段忠桥、史柏年、刘少杰、陈涛、陈树强、王笃强等专家学者到“中心”讲学或开展学术交流。并结合中心的课题研究，举办了“社会工作与青少年问题学术研讨会”、“河南省社会工作理论与实践学术研讨会”、“青少年发展状况学术研讨会”等学术会议。“中心”研究人员也多次外出参加会议或学习交流，这对“中心”的学术研究起到了很好的促进作用。

通讯地址：河南省新乡市建设路46号
邮政编码：453007
电　　话：(0373)3329311
电子信箱：gaozhongjian@sina.com

武汉大学社会学系

• 武汉大学社会学系独立后第一届领导班子成员（从左至右）：周长城（副系主任）朱炳祥（系主任）、殷晓红（总支书记）王红（总支副书记）、桂胜（副系主任）

• 武汉大学社会学系学生暑期实践活动

武汉大学是中华人民共和国教育部直属的重点综合性大学，社会学系是其下属的一个直属系。在20世纪20年代，武汉大学就先后开设了社会学课程，设立社会学专业。我国著名学者李达、李汉俊等教授先后在武汉大学讲授社会学课程。1952年院系调整后，社会学专业停办。1979年以来，随着我国社会学学科的恢复与重建，武汉大学是率先恢复社会学教学，重建社会学专业的全国10所高校之一。1983年在武汉大学哲学系建立社会学教研室，开始在全校开设社会学课程。1986年原国家教委批准武汉大学成立社会学专业，同年开始招收本科生。1990年开始在马克思主义哲学硕士点上招收社会学方向硕士研究生。1992年8月成立武汉大学社会学研究所。1994年2月社会学系正式成立(与哲学系合署办公)。1997年3月，在学科归类思想的指导下，社会学作为一个相对独立的系调整到武汉大学法学院。2005年10月25日，经学校批准，社会学系从法学院成建制划出，成为武汉大学直属系。武汉大学社会学系现有社会学博士学位授权点，社会学、人类学、民俗学三个硕士学位授权点，社会学、社会工作两个本科专业，形成了从本科到博士招收、培养的完整的专门人才培养体系。现任系主任朱炳祥教授，书记殷晓红。

武汉大学社会学系现有专业教师16人，其中教授6人，副教授5人，讲师5人。社会学系独立之后第一届领导班子建立以来，系领导积极努力地创造条件，着重加强提高现有师资队伍的专业素质和高水平师资的引进工作。

武汉大学社会学系先后主持和承担国家社会科学基金重点项目、教育部重大攻关项目以及国家、教育部及湖北省一般基金项目共20余项，主持国家有关部委和省市有关部门委托项目10余项，主持和承担欧盟等国际合作项目近10项。近年来武汉大学社会学系获全国高校人文社会科学优秀成果奖以及湖北省社会科学优秀成果奖近10项，先后出版学术专著10余部，发表学术论文300余篇，形成了科研领域蓬勃发展的局面。

武汉大学图书馆及武汉社会学系资料室具有丰富的社会科学藏书。为进一步完善办学条件，社会学系积极加强图书资料的订购和与国内外大学、科研机构建立图书资料的交流与合作关系。社会学系还设有先进的多媒体教室、电子阅览室等教学设施，较好地满足了教学与科研的要求。

武汉大学社会学系十分注重与国内外高水平大学的联系与合作。经常邀请世界各地的专家学者来我系短期讲学；派遣教师和学生出国讲学、研究、访问、学习或考察；先后与美国、加拿大、欧盟、日本、澳大利亚以及中国港台地区20余个学术机构和办学实体建立了稳定和持久的交流与合作关系；并计划邀请外籍教授长期在我系执教。

通讯地址：湖北省武汉市武昌珞珈山武汉大学社会学系
邮政编码：430072　　电　　话：(027)68753860
传　　真：(027) 68753654　　电子信箱：zhubingxiang@yahoo.com.cn
网　　址：http://shxx.whu.edu.cn

华中科技大学社会学系

一　系历史沿革

华中科技大学社会学系是我国社会学恢复、重建以后最早创办的社会学系之一。1980 年 12 月成立社会学研究室；1983 年 7 月成立社会学研究所，知名社会学家王康教授兼任所长；1985 年 10 月成立社会学系，并建立社会学硕士点，招收第一届全日制硕士研究生；1988 年招第一届全日制本科生；1996 年建立华中科技大学社会调查研究中心；2000 年 9 月增设社会工作本科专业；2001 年增设社会保障硕士点；2002 年建立社会保障研究所和人口研究所；2003 年增设应用心理学硕士点；2004 年建立华中科技大学中国乡村治理研究中心；2006 年设社会学、社会保障两个博士点，同年，获得社会学硕士学位一级学科授予权。

二　机构与学科

社会学系现有 2 个教研室：社会学、社会工作与社会保障；4 个研究机构：社会保障研究所、人口研究所、社会调查研究中心、中国乡村治理研究中心；学位点：社会学、社会保障 2 个博士点，社会学一级学科硕士点（含社会学、人口学、人类学、民俗学）、社会保障、应用心理学 6 个硕士点，社会学、社会工作 2 个本科专业。现任系主任雷洪，副系主任孙秋云、丁建定。

三　教师队伍

现有教师23人，其中教授7人，副教授11人，形成了一支以拥有博士、硕士学位的中青年教师为骨干的队伍。

四　教学、科研条件

自 1982 年建立图书资料室，设有阅览室和藏书室，现有专业图书 12000 册，专业期刊 120 种，总计 4000 册。

建有 3 个实验室：专业计算机实验室，有计算机 80 余台；电话访问实验室，有 30 台可直拨的电话及管理系统；社会工作实验室，设有个案工作室 3 个、家庭工作室 1 个、小组工作室 1 个、系统工作室 1 个。

与地方政府合作，建立了 3 个稳固的教学、科研实习基地，可一次性接纳专业教学实习人员 150 人。

五　近年研究概况

近 10 年来主持的科研课题 60 多项，其中重大课题 20 余项，国家社科基金、国家自然科学基金近 10 项，美中交流协会福特基金项目 3 项，国际劳工组织项目 1 项，国家教育部、省社会科学基金、省人口与计划生育委员会等省部级项目近 10 项；科研经费 500 多万元。出版（发表）论著、教材、论文 600 余部（篇）。

• 社会学系师生观摩实习基地选举

• 社会学系学生前往云梦县做关于农村合作医疗状况的调查和宣传工作

• 社会学系承办全国第二届社会工作师资培训班

附：博士生导师一览表

导师姓名	专业方向
丁建定	福利社会学、社会保障
孙秋云	文化社会学、文化人类学
吴　毅	政治社会学、政治人类学
贺雪峰	农村社会学
石人炳	人口社会学、老年社会保障
雷　洪	社会问题、社会学中层理论
吴中宇	劳动社会学、社会保障

电子信箱：soci@mailhust.edu.cn
电　　话：(027) 87543152、87543252
网　　址：http://soci.hust.edu.cn

中南大学社会学系

中南大学坐落在我国历史文化名城长沙市，是教育部直属的全国重点综合性大学。学校是国家首批实施“211 工程”重点建设的高校，也是国家“985 工程”部省重点共建的高水平大学。中南大学拥有国家重点学科 17 个，国家重点实验室和国家工程研究中心 4 个，国家级人才培养基地和教学基地 5 个。

中南大学社会学系于 1999 年筹建，2000 年招收首届社会学本科生，同年获得社会学专业硕士学位授予权并招收硕士研究生；2003 年获得人类学专业硕士学位授予权，2005 年设立社会学一级学科硕士点，同年增设人口学硕士点。社会学二级学科的学科带头人为李斌教授；人类学带头人为杨成胜副教授；人口学带头人为李桂平教授。目前有博士生导师 1 人，硕士生导师 13 人。

教师队伍

社会学系有教师 17 人，教授 5 人，客座教授 5 人，副教授 8 人，博士（含博士后）6 人，形成了以拥有博士、硕士学位的中青年教师为骨干的队伍。其中系主任李斌教授 2003 年博士毕业于清华大学社会学系，2006 年于北京师范大学民俗学与社会发展研究所博士后出站，2006 年入选“教育部新世纪优秀人才支持计划”，主要从事社会政策、社会流动等方面的研究；章辉美教授为中南大学管理工程学科的博士生导师，主要研究方向为社会发展和社会问题、社会政策；李桂平教授 2006 年博士毕业于中南大学管理学院，目前的研究方向为经济社会学、人口经济学；潘泽泉教授于 2006 年博士毕业于南京大学社会学系，目前主要从事理论社会学、发展社会学和社会心理学方面的研究；谢新华副教授 1999 年毕业于日本立正大学文化社会学专业，目前的研究方向为社会人类学、中日文化比较；董海军副教授于 2007 年博士毕业于南京大学社会学系，主要从事社会学研究方法、青年社会学方面的研究；谷中原副教授为湖南农业大学农业经济管理专业（农村发展方向）博士，主要从事交通社会学、农村社会学方面的研究；另外还有多名教师在中央民族大学、上海大学等著名高校攻读博士学位。

科研成果

近十年来，中南大学社会学系的教师在学术研究领域产生了一定的影响，先后承担了几十项国家、教育部、省、市社会科学研究项目，在城乡社会发展、社会分层和社会流动、人口与社会发展、文化人类学和民俗学、交通社会学、住房政策等方向上逐渐形成了自己的研究特长和学术优势。从 2001 年到现在，本系教师共承担课题 50 项。其中，国家社会科学基金重大课题 1 项，国家社科基金、国家自然科学基金 4 项(2007 年获得 2 项国家社科基金)，国家教育部、省社会科学基金等项目 20 多项。出版社会学专著(编著 50 余本，目前正在由社会科学文献出版社出版“中南大学社会学文丛 · 和谐中国系列”大型丛书。发表教学与科研论文 500 余篇，在《社会学研究》、《国外社会科学》、《社会》、《战略与管理》等国内核心期刊上发表多篇文章，其中多篇文章被《中国社会科学文摘》、《光明日报》、《新华文摘》、《高等学校文科学报文摘》、《人大复印资料》等全文转载。

另外，中南大学社会学系教师特别重视一年一度的社会学年会。2005 年，李斌、李丽递交的论文《和谐社会建构与城市农民工的住房》以及刘文明、巩迅的《演奏和谐的半音：农村留守妻子的婚姻与情感生活》获年会论文二等奖。2006 年，杨成胜、林祥柽的《城中村居民生活满意度研究——以长沙市为例》获年会论文二等奖；2007 年，李斌、池慧灵的《农村居民的病患观与健康公正》获年会论文一等奖，董海军的《按势分配与社会公正：乡镇煤矿背后的利益关系》获年会论文二等奖。

学术交流

中南大学社会学系同国内外社会学界保持着密切的学术交流，从 2000 年至今，先后聘请了中国人民大学的郑杭生教授、李路路教授，中国社会科学院的李培林教授，清华大学的李强教授、孙立平教授、景军教授，香港科技大学的丁学良教授，美国密歇根大学的王政教授等到系讲学。

中南大学社会学系于 2007 年 7 月 19 ～ 22 日在湖南长沙成功举办了“社会公正与和谐社会建设”论坛，论坛收到国内外寄来的研究论文 80 多篇，出版了论文专辑《社会公正与和谐社会建设》(上、下)。

• 中南大学党委书记李健教授为香港科技大学丁学良教授举行客座教授受聘仪式

学生培养

中南大学社会学系为社会共培养学生 500 多人。目前，中南大学社会学系每年招收 60 名左右的本科生，40 ～ 50 名研究生（包括社会学、人口学、人类学三个硕士点），研究生的录取可以接收具有保送资格的本科毕业生。中南大学社会学系强调学生理论素养和分析、解决现实问题能力的训练培养，注重学生的实地调查和市场调研，培养的学生深受社会欢迎。目前中南大学社会学系在农村和城市分别建设有 8 个校外实习基地，为学生认识社会创造了良好条件。广大毕业生在国家政府机关、新闻机构、中外企业、高等院校、科研院所及相关机构中发挥着重要作用。

• 学生在农村从事社会调查

科研机构

和谐社会研究中心（负责人李斌教授）
中南大学中国社会与发展研究中心（负责人潘泽泉教授）
中南大学文化人类学研究中心（负责人杨成胜副教授）
湖南区域文化与社会发展研究中心（筹）
当代中国研究中心（筹）

主要研究领域

社会公正与和谐社会研究
湖南区域文化与少数民族地区发展研究
城乡社会发展研究
社区研究的理论、方法与应用
社会分层与社会流动研究
社会心理与组织行为研究
交通社会学研究
医学社会学研究
环境与社会经济发展研究
文化与社会传播研究

研究特色

立足于现实发展的湖南区域文化与少数民族地区发展
注重实地调查、市场调研和社区研究方法的运用
注重现实问题与理论探讨相结合的学术传统
多学科交叉，尤其是社会学、人类学以及民俗学相结合的研究方法
城乡社会发展研究、社区研究

广州大学广州发展研究院

广州大学广州发展研究院是广东省高校人文社会科学重点研究基地、广州大学直属校级科研机构。研究院以"广州社会、经济、文化发展"为研究重点，形成自己的研究特色，构建了多学科的创新发展平台。研究院以各研究所为依托，整合全校人文社科，乃至理科、工科各学科的力量，形成一支具有校内校外专职、兼职学术人员的强大的研究队伍。

研究院以课题为主线，以服务学校和服务社会教学、科研为宗旨，以专题研究和综合研究为发展方向，积极组织和参与广州地区乃至国内外的学术交流活动，积极为广州各级政府和企事业单位提供研究与咨询服务，努力把研究院建成广州大学对外学术研究与学术交流的重要平台。

研究院在广东省教育厅的直接关怀下确定了三大研究方向："广州社会发展"、"广州经济发展"、"广州文化发展"。三大研究方向对应成立了三个研究基地：第一方向，与广州市总工会合作，成立"广州市工运研究基地"，专门研究新产业工人（农民工）的特点、问题与对策；第二方向，与广州市花都区狮岭镇政府合作，成立"广州市狮岭发展研究中心"，专门研究新时期农村基层特别是专业镇的发展特点、问题与对策；第三方向，与广州市少年宫合作，成立"广州市青少年成长问题研究所"，专门研究新时期青少年成长中出现的问题与对策。此外还成立"技术推广应用中心"、"广州市社会工作学会"，积极开展各项学术活动。

研究院下设社会学研究所、人口与外来工问题研究所等 12 个研究机构。2004 年 9 月～2007 年 8 月，以专职研究人员和以研究院名义申请立项的课题有 51 项。其中国家级 3 项："新经济背景下中国特大城市二元空间结构模式研究"、"全球化与新经济背景下大都市城市重构的研究"、"外来工融入城市问题研究"，教育部重点项目"农民工教育模式探索"；省政府重点项目——"珠三角经济专志"、"广东省政权志"、"广东残疾人事业存在的问题、原因及对策研究"；广州市重大项目——"广州改革开放 30 年经验总结"等以及省市级一般课题 43 项。

研究院还十分重视横向项目的开发，目前正在承担"广州职工工资集体协商制度研究"、"广州非公企业工会组建及其作用发挥研究"等研究项目。

2004 年 9 月～2007 年 8 月，研究院出版专著 16 部，其中国家级出版社出版 6 部，省市级出版社出版 10 部。此外，发表论文近百篇，其中核心报刊 39 篇；获奖成果 10 余项。

研究院每年出版一部《广州发展研究》专集，举办一次具有重大影响的全国学术研讨会。

通讯地址：广东省广州市桂花岗东1号
邮政编码：510405
联 系 人：办公室主任张群崧老师
电　　话：(020)31873409
传　　真：(020)86236001

华南农业大学公共管理学院
社会学系 社会工作系

华南农业大学公共管理学院诞生于2005年6月18日，是学校为了加快向综合性大学发展的步伐，推动社会学和公共管理两大学科的更快发展而组建的新学院。

• 社会学系承办中国社会学会2007年学术年会分论坛——"社会学视野下的新农村建设"

截止到2007年9月，学院已有在编教师88人，来自国内外五十余所大学和科研机构，其中教授8人，副教授16人，具有博士学位的18人，在职博士生15人，有硕士生导师10余人。学院另聘请了蔡禾、风笑天、徐永祥、沈关宝、王乐夫、莫岳云等知名学者为兼职教授，还从香港有关大学和机构聘请了9位注册社工为兼职实习督导教师。今后两三年学院还将继续以较优厚的待遇陆续引进二三十位博士以上高层次人才。现有本科生3600余人，是华南农业大学20多个学院中学生规模最大的几个学院之一。

学院现有6个系7个专业：社会工作系、社会学系、公共事业管理系、行政管理系、劳动与社会保障系、土地资源管理系（设有土地资源管理专业和房地产开发与物业管理专业方向）。设有5个研究中心：农村社区建设研究中心、农村社会调查研究中心、农村社会学研究中心、青少年社会工作研究中心、国土资源研究中心。广东省社会学学会"农村社会学专业委员会"挂靠学院。设有土地资源管理实验室、管理信息实验室、办公自动化实验室、模拟社会工作实验室（小组室、个案室）、社会统计分析实验室。建有四十多个教学实习基地。

• 社会学系张兴杰教授等应邀到俄罗斯进行学术交流，考察莫斯科郊区农庄

学院现任院长张兴杰，社会学教授；党委书记易钢，社会工作学教授。

社会工作系和社会学系现有20余位教师，其中教授4人（张兴杰、易钢、向安强、胡武贤）、副教授8人，具有博士学位的8人，

• 社工系易钢教授在广东省第三届社工节上致辞

• 社工专业同香港的联系已常态化，每年都有数十名师生到港访问交流

• 台北大学社工系11位教师来院交流

• 社工系师生主办的“北斗星社区”被评为“全国高校十佳学术网站”

在职博士生 7 人。两系同港澳台的多所大学和机构建立了密切联系和合作关系，多数教师都有到港澳台、国外交流考察的经历。教师的主要科研方向有三：农村社会学、发展社会学、青少年社会工作。自 2005 年以来，两系教师主持国家级课题 3 项、教育部和广东省部省级课题 11 项、厅级课题 7 项、横向委托课题 10 余项，到校总经费 200 余万元；出版专著和教材 15 部，在核心期刊上发表学术论文百余篇。

社会工作和社会学是“十五”、“十一五”期间校、院重点发展的两个骨干专业。其中社会工作专业开办于1999 年，是广东省开办时间最早、师资力量较强、历年招生规模最大、办学条件较优、办学特色鲜明、办学成效显著、社会反响良好的专业。

社会工作系现任系主任为卓彩琴副教授，副主任为钟莹副教授（中山大学社会学系在职博士生）；社会学系现任系主任为王建平博士、副教授，副主任为杨慧讲师（南京大学社会学系在职博士生）。

通讯地址：广东省广州市天河区五山街　　邮政编码：510642
学院电话、传真：(020)85283291　　电子信箱：ggglxy@scau.edu.cn
社会学系电话：(020)85283083　　社会工作系电话：(020)85283150

西北农林科技大学社会学系

西北农林科技大学是国家“985”、“211”重点建设学校，人文学院是学校中一个多学科发展的学院，现有农业与农村社会发展二级博士学位点一个，有科学技术史、社会学、环境与资源保护法学、职业技术教育学、农业与农村社会发展、科学技术哲学、专门史、马克思主义基本原理、马克思主义中国化、思想政治教育10个硕士学位点。有社会学、法学2个本科专业。社会学本科专业于1997年开始招生，现有在校生240余名，社会学硕士研究生从2004年开始招生，现有在校生40余名。专业开办10年来，在中国农村社会学会副理事长、博士生导师邹德秀教授带领下，目前已经形成了老中青学术梯队，专业教师中有教授4名，副教授3名，讲师3名，助教1名。近年来围绕农村社会学开展了广泛的研究，先后主持完成了国家社会科学基金，国家自然科学基金，陕西省社会科学基金，农业部、教育部等国家、省、部委研究课题16项，出版了《中国农业文化》、《地区贫困与贫困地区开发》、《农业技术传播与农村社会管理研究》等学术专著10余部，发表论文200余篇，初步形成了农业文化、贫困问题、农村教育与知识传播社会学等特色研究领域。

通讯地址：陕西省杨凌示范区西北农林科技大学人文学院
邮政编码：712100
电　　话：(029)87092324、87091617
传　　真：(029)87092030
网　　址：http://www.nwsuaf.edu.cn

社会学调查实验室——上海南康科技*

上海南康科技是计算机辅助调查系统领域的领导者，拥有近 10 年的行业经验，是国内最早从事计算机辅助调查系统的企业。公司被评为上海市十佳软件明星企业、上海市高新技术企业。同时还是微软最大的代理商之一，年销售额过亿，公司在众多城市有长期合作伙伴。

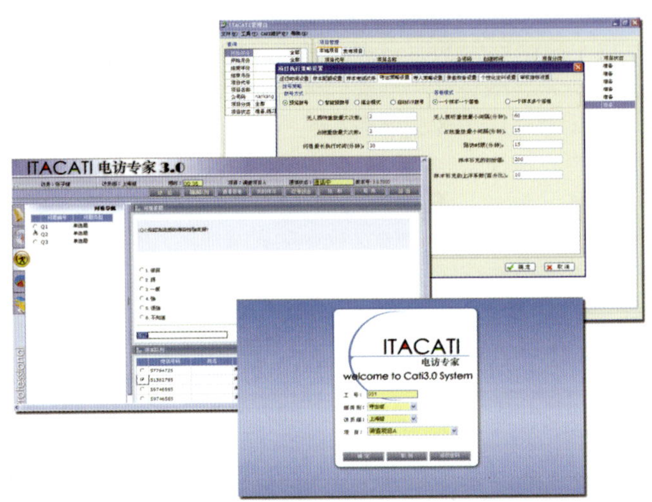

计算机辅助调查（Computer Assisted Interviewing）系统简称 CAI 系统，南康科技拥有国内最齐全的 CAI 系统产品线，包括：电访专家（ITACATI）、面访专家（ITACAPI）、面访专家掌上版（ITACAPI-PDA），网络调查专家（ITACAWI）以及访谈专家（Net-FGD）。拥有 4 ~ 5 年的行业领先优势，产品间无缝兼容，并可用于联合调查。

南康科技的 CAI 系统被评定为科技 A 类产品，是国内最早被高校采用，用于教学研究的系统，也是惟一针对社会学进行功能优化的系统。南康科技的 CAI 系统是国内惟一通过 ISO 9000 认证的 CAI 系统，市场占有率超过 70%（在高校社会学系中的市场占有率甚至高达 90%），用户遍布 20 余个省，坐席量突破 6000 坐席，系统经过 500 个以上配额、200 万以上大样本量压力测试，是国内最为稳定的系统。

南康科技拥有 10 多年的异地服务经验，并在北京和广州设有 2 个分公司，专职服务人员平均拥

* 上海交通大学创办于 1896 年，其前身为南洋公学。1993 年，三位交大研究生创办了自己的公司，怀着对母校的一片挚爱，将其命名为“上海南洋微电子联营公司”。 几年以后，公司业务规模迅速扩大，为了给更多的优秀人才提供施展才华的舞台，公司实施了改制和拆分，于是就有了三家以南字开头的公司，分别为“南洋微电子”、“南康科技”、“南广电子”。

有 4 年以上的服务经验，并定期接受服务培训，从历年的客户满意度调查结果显示，我们的客户满意度高达 95%。

南康科技的 CAI 系统能够成为高校社会学系理想的实验室选择，是因为它具有以下性质和特点：

必要性：政府、企业、科研机构的广泛使用，需要更多相关人才；就业压力需要学生具备更多先进技术、实践经验。

适用性：利于学生形象直观、全面系统了解调查理论与技巧；“集中一室”、“打电话”等特性，较好解决了高校学生需要更多实践与实验经费相对不足的矛盾；“电脑自动控制”、“监听”、“录音”等功能，较好解决了学生多、教师少，调查质量难监控的问题。

多用途：学生实验室，开设计算机辅助调研课程，科研数据采集工具，对外技术、业务交流平台，承接外部调查项目。

可行性：相关设备均易获得；环境准备妥当，4 天完成系统培训与安装；30 年高速发展，院校的应用已较为成熟，并已积累了大量相关理论与案例；建设成本低、资金投入少，是“便宜的实验室”。

易用性：“一次培训”＋“一个项目”＋“一套手册”＝“顺畅使用”；本专业教师就可完成系统常规服务，IT 技能要求不高；“视窗”、“所见即所得”等人性化设计，使系统使用、维护简单、易学。

社会学系用户及部分其他院系用户（排名不分先后）：

南京大学社会学系
华中科技大学社会学系
上海大学文学院社会学系
北京师范大学哲学与社会学学院
山东建工学院社会学系
浙江工商大学社会学系
杭州电子科技大学社会学系
浙江师范大学社会学系
西安交通大学社会学系
安徽师范大学社会学系
复旦大学社会学系
南开大学社会学系
沈阳工程学院社会学系
云南大学社会学系
湖南师范大学社会学系
哈尔滨工业大学社会学系
东北大学社会学系
北京联合大学营销学

深圳大学社会学系
华东理工大学社会学系
成都信息工程学院社会学系
苏州大学社会学系
上海社会科学院
北京社会科学院
上海财经大学统计系
东华大学市场营销系
厦门大学统计系
上海交通大学管理学院
南京师范大学新闻与传播学院
华东师范大学统计系
江苏大学统计系
暨南大学新闻与传播学院
南京铁道工程技术学院统计系
华中农业大学社会学系
内蒙古财经大学

图书在版编目（CIP）数据

中国社会学年鉴 2003～2006/中国社会科学院社会学研究所编. —北京：社会科学文献出版社，2008.3

ISBN 978-7-5097-0068-6

Ⅰ. 中… Ⅱ. 中… Ⅲ. 社会学-中国-2003～2006-年鉴 Ⅳ. C91-54

中国版本图书馆 CIP 数据核字（2008）第 018191 号

中国社会学年鉴 2003～2006

编　　者 / 中国社会科学院社会学研究所

出 版 人 / 谢寿光
总 编 辑 / 邹东涛
出 版 者 / 社会科学文献出版社
地　　址 / 北京市东城区先晓胡同 10 号
邮政编码 / 100005
网　　址 / http://www.ssap.com.cn
网站支持 / （010）65269967
责任部门 / 教材事业部（010）65281150
电子信箱 / jiaocai@ssap.cn
项目经理 / 范广伟
责任编辑 / 谢蕊芬　崔　岩
责任校对 / 闫燕铭　盛　起
责任印制 / 盖永东

总 经 销 / 社会科学文献出版社发行部
（010）65139961　65139963
经　　销 / 各地书店
读者服务 / 市场部（010）65285539
排　　版 / 北京鑫联必升文化发展有限公司
印　　刷 / 北京季蜂印刷有限公司

开　　本 / 787×1092 毫米　1/16
印　　张 / 32
插图印张 / 1.5
字　　数 / 818 千字
版　　次 / 2008 年 3 月第 1 版
印　　次 / 2008 年 3 月第 1 次印刷

书　　号 / ISBN 978-7-5097-0068-6/D·0028
定　　价 / 120.00 元